여러분의 합격을 응원하는

해커스공무원의 특별 혜택

FREE 공무원 회계학 특강

해커스공무원(gosi.Hackers.com) 접속 후 로그인 ▶ 상단의 [무료강좌] 클릭하여 이용

회독용 답안지(PDF)

해커스공무원(gosi.Hackers.com) 접속 후 로그인 ▶ 상단의 [교재·서점 → 무료 학습 자료] 클릭 ▶
본 교재의 [자료받기] 클릭하여 이용

▲ 바로가기

해커스공무원 온라인 단과강의 20% 할인쿠폰

AC5B594B44A5C4UZ

해커스공무원(gosi.Hackers.com) 접속 후 로그인 ▶ 상단의 [나의 강의실] 클릭 ▶
좌측의 [쿠폰등록] 클릭 ▶ 위 쿠폰번호 입력 후 이용

* 등록 후 7일간 사용 가능(ID당 1회에 한해 등록 가능)

합격예측 온라인 모의고사 응시권 + 해설강의 수강권

5989422D96857A5Z

해커스공무원(gosi.Hackers.com) 접속 후 로그인 ▶ 상단의 [나의 강의실] 클릭 ▶
좌측의 [쿠폰등록] 클릭 ▶ 위 쿠폰번호 입력 후 이용

* ID당 1회에 한해 등록 가능

쿠폰 이용 관련 문의 **1588-4055**

단기 합격을 위한
해커스공무원 커리큘럼

입문

탄탄한 기본기와 핵심 개념 완성!

누구나 이해하기 쉬운 개념 설명과 풍부한 예시로 부담없이 쌩기초 다지기

TIP 베이스가 있다면 **기본 단계**부터!

기본+심화

필수 개념 학습으로 이론 완성!

반드시 알아야 할 기본 개념과 문제풀이 전략을 학습하고
심화 개념 학습으로 고득점을 위한 응용력 다지기

기출+예상 문제풀이

문제풀이로 집중 학습하고 실력 업그레이드!

기출문제의 유형과 출제 의도를 이해하고 최신 출제 경향을 반영한
예상문제를 풀어보며 본인의 취약영역을 파악 및 보완하기

동형모의고사

동형모의고사로 실전력 강화!

실제 시험과 같은 형태의 실전모의고사를 풀어보며 실전감각 극대화

마무리

시험 직전 실전 시뮬레이션!

각 과목별 시험에 출제되는 내용들을 최종 점검하며 실전 완성

PASS

해커스공무원

정윤돈 회계학

단원별 기출문제집

해커스공무원

정윤돈

약력

성균관대학교 경영학과 졸업

현 | 해커스공무원 회계학 강의
현 | 해커스 경영아카데미 재무회계 전임(회계사, 세무사)
현 | 해커스금융 전임(신용분석사, 매경TEST)
현 | 미래세무회계 대표 회계사
현 | 삼일아카데미 외부교육 강사
전 | 삼정회계법인 감사본부(CM본부)
전 | 한영회계법인 금융감사본부(FSO)
전 | 한영회계법인 금융세무본부(FSO TAX)
전 | 대안회계법인 이사

저서

해커스공무원 정윤돈 회계학 기본서 재무회계
해커스공무원 정윤돈 회계학 기본서 원가관리회계·정부회계
해커스공무원 정윤돈 회계학 단원별 기출문제집
해커스 IFRS 중급회계 입문
해커스 IFRS 중급회계 1/2
해커스 세무사 IFRS 객관식 재무회계
해커스 세무사 IFRS 재무회계연습
해커스 IFRS 재무회계 키 핸드북
해커스 신용분석사 1부 이론 + 적중문제

공무원 시험의 해답
회계학 시험 합격을 위한 필독서

방대한 기출문제의 학습을 앞두고 막막할 수험생 여러분을 위해 해커스가 쉽고 명료하게 풀어내고 암기할 수 있는 기출문제집을 만들었습니다.

회계학 학습에 기본이 되는 기출문제를 효과적으로 학습할 수 있도록 다음과 같은 특징을 가지고 있습니다.

첫째, 각 PART별로 대표문제 및 기출문제를 수록하였습니다.

둘째, 상세한 해설과 다회독을 위한 다양한 장치를 수록·제공하였습니다.

셋째, 최신 출제 경향을 반영한 실전동형모의고사 10회분을 수록하였습니다.

최소한의 시간으로 최대한의 학습 효과를 낼 수 있는 다음의 학습 방법을 추천합니다.

첫째, 기본서와의 연계학습을 통해 각 단원에 맞는 기본 이론을 확인하고 쉽게 암기할 수 있습니다.

둘째, 정답이 아닌 선택지까지 모두 학습함으로써 다채로운 문제 유형에 대처할 수 있는 능력을 기를 수 있습니다.

셋째, 반복 회독학습을 통해 출제유형에 익숙해지고, 자주 출제되는 개념을 스스로 확인할 수 있습니다.

더불어, 공무원 시험 전문 사이트인 해커스공무원(gosi.Hackers.com)에서 교재 학습 중 궁금한 점을 나누고 다양한 무료 학습 자료를 함께 이용하여 학습 효과를 극대화할 수 있습니다.

부디 <해커스공무원 정윤돈 회계학 단원별 기출문제집>과 함께 공무원 회계학 시험의 고득점을 달성하고 합격을 향해 한걸음 더 나아가시기를 바랍니다.

정윤돈

차례

I 재무회계

PART 01 재무회계와 회계원칙

PART 02 회계원리

PART 03 재무제표 표시와 현재가치

PART 04 재고자산

PART 05 유형자산

PART 06 투자부동산과 무형자산

PART 07 충당부채와 중간재무보고

PART 08 금융부채

PART 09 자본

PART 10 금융자산(1) - 현금및현금성자산

PART 11 금융자산(2) - 금융자산 일반

PART 12 고객과의 계약에서 생기는 수익

PART 13 건설계약

PART 14 회계변경 및 오류수정

PART 15 주당이익

PART 16 현금흐름표

PART 17 법인세회계

PART 18 합병과 관계기업투자주식

PART 19 재무비율

PART 20 재무보고를 위한 개념체계

PART 21 차입원가의 자본화

PART 22 복합금융상품

PART 23 종업원급여

II 원가관리회계, 정부회계

이 책의 활용법

문제해결 능력 향상을 위한 단계별 구성

유형 01 [일반적으로 인정된 회계원칙(GAAP)과 한국채택국제회계기준(K-IFRS)] GAAP

기본서 PART 01 재무회계와 회계원칙 → CH 2. 일반적으로 인정된 회계원칙(GAAP)과 한국채택국제회계기준(K-IFRS) → ■ 일반적으로 인정된 회계원칙(GAAP) ▶ 19p

대표문제 □□□ 2021년 국가직 9급

회계정보와 관련한 설명으로 옳지 않은 것은?

① 경영자는 회계정보를 생산하여 외부 이해관계자들에게 공급하는 주체로서 회계정보의 공급자이므로 수요자는 아니다.
② 경제의 주요 관심사는 유한한 자원을 효율적으로 사용하는 것인데, 회계정보는 우량기업과 비우량기업을 구별하는데 이용되어 의사결정에 도움을 준다.
③ 회계정보의 신뢰성을 확보하기 위하여 기업은 회계기준에 따라 재무제표를 작성하고, 외부감사인의 감사를 받는다.
④ 외부감사는 전문자격을 부여받은 공인회계사가 할 수 있다.

해설 **설명 중 옳지 않은 것: 경영자도 회계정보의 수요자에 해당한다.**
보고기업의 경영진은 해당 기업에 대한 재무정보에 관심이 있지만 경영진은 그들이 필요로 하는 재무정보를 내부에서 구할 수 있기 때문에 일반목적재무보고서에 의존할 필요가 없으나 회계정보를 필요로 하므로 회계정보의 수요자는 맞다.

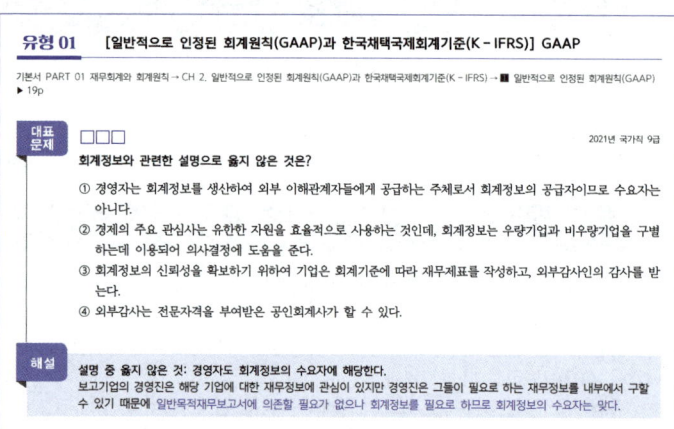

STEP 1 유형별 문제를 통해 출제유형 파악

기출문제 분석을 통해 엄선한 재무회계의 이론을 총 23개의 PART 및 각각의 유형으로 분류하였습니다. 각 유형별 최적의 풀이법을 제시함으로 회계학 시험의 유형별 전략 수립이 가능합니다.

▼

02 답 ③

1월 말의 매출총이익: 7,000
= 매출 31,000 - 매출원가 24,000
(1) 매출: 31,000 = 15,000 + 16,000
1) 1월 20일(1차 판매): 15,000 = 판매 수량 100개 × 판매 단위원가 @150
2) 1월 28일(2차 판매): 16,000 = 판매 수량 100개 × 판매 단위원가 @160
(2) 매출원가: 24,000 = 11,000 + 13,000
1) 1월 20일(1차 판매): 11,000 = 판매 수량 100개 × 평균 단위원가 @110
2) 1월 28일(2차 판매): 13,000 = 판매 수량 100개 × 평균 단위원가 @130

참고사항 이동평균법(= 계속기록법 & 가중평균법)에 따른 평균 단위원가의 계산
평균 단위원가(이동평균법)
(1) 1월 20일(1차 판매) 적용: @110 = (15,000 + 7,000) ÷ 200
1) 기초 재고자산: 15,000 = 기초 수량 150개 × 단위당 취득원가 @100
2) 1차 구매분: 7,000 = 구매 수량 50개 × 단위당 취득원가 @140
(2) 1월 28일(2차 판매) 적용: @130 = (11,000 + 15,000) ÷ 200
1) 1차 판매 시 잔여 수량: 11,000 = 잔여 수량 100개 × 평균 단위원가 @110
2) 2차 구매분: 15,000 = 구매 수량 100개 × 단위당 취득원가 @150

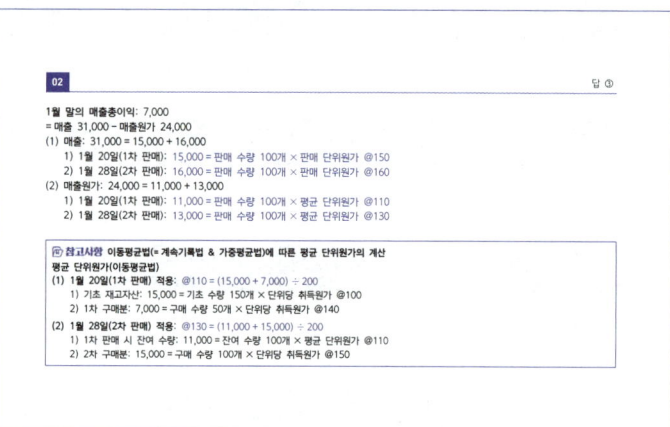

STEP 2 상세한 해설을 통한 이론 학습

문제풀이와 동시에 회계학의 이론을 요약·정리할 수 있도록 상세한 해설을 수록하였습니다. 이를 통해 방대한 분량의 회계학 내용 중 시험에서 주로 묻는 핵심 개념들이 무엇인지 확인하고, 이론을 다시 한 번 복습할 수 있습니다.

▼

1회 실전동형모의고사

소요시간: ________ / 15분 맞힌 답의 개수: ________ / 20

정답 및 해설 p.276

문 1. 근본적 질적 특성에 관한 설명으로 옳지 않은 것은?
① 완전한 서술은 필요한 기술과 설명을 포함하여 정보이용자가 서술되는 현상을 이해하는데 필요한 모든 정보를 포함하는 것이다.
② 재무정보가 예측가치를 갖기 위해서 그 자체가 예측치 또는 예상치일 필요는 없다.
③ 재무정보가 과거 평가에 대해 피드백을 제공한다면 확인가치를 갖는다.
④ 오류가 없다는 것은 현상의 기술에 오류나 누락이 없고, 보고 정보를 생산하는 데 사용되는 절차의 선택과 적용 시 절차 상 완벽함을 의미한다.

문 3. ㈜도도는 스마트폰을 매입하여 판매하는 기업으로 한 가지 모델만을 취급하고 있다. ㈜도도는 계속기록법으로 재고자산을 회계처리하고 있으며 단가는 가중평균법으로 계산하고 있다. 3월 초 보유중인 스마트폰은 10개이고 단가는 ₩50이며, 3월 한 달간 스마트폰의 매입과 매출에 관한 기록은 다음과 같다. 3월의 매출원가는 얼마인가?

3월 5일	스마트폰 20개를 개당 ₩80에 매입하다.
3월 12일	스마트폰 10개를 개당 ₩120에 판매하다.
3월 18일	스마트폰 10개를 개당 ₩100에 매입하다.
3월 25일	스마트폰 15개를 개당 ₩140에 판매하다.

① ₩2,050 ② ₩2,000
③ ₩1,900 ④ ₩1,752

STEP 3 실전동형모의고사를 통한 실전 대비

학습 마무리 단계에서 실전과 유사하게 문제풀이 연습을 할 수 있도록 실전동형모의고사 10회분을 수록하였습니다. 이를 통해 그동안 학습한 내용들을 정리하고, 시간 안배 및 마인드 컨트롤 등의 실전을 대비한 훈련이 가능합니다.

정답의 근거와 오답의 원인, 관련이론까지 짚어주는 정답 및 해설

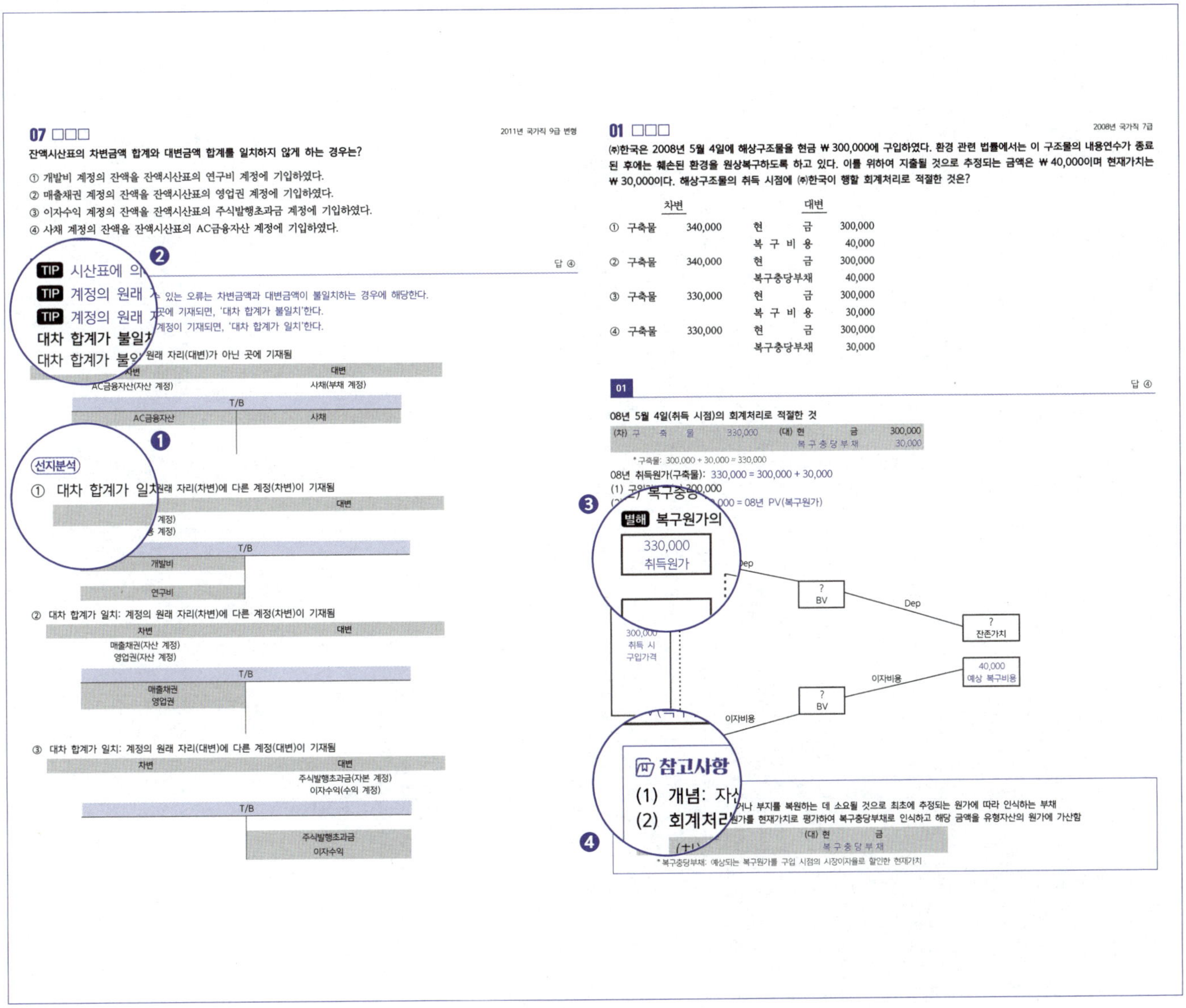

❶ 선지분석

정답인 선지뿐만 아니라 오답인 선지에 대해서도 상세한 설명을 수록하여 빈틈없이 학습할 수 있습니다.

❷ Tip

문제 해결을 위해 필요한 이론 및 회계기준을 제시하였습니다. 이를 통해 유형별 문제 풀이에 필요한 내용을 정리할 수 있습니다.

❸ 별해

해당 문제에 대한 여러 문제 풀이 방식을 제시하였습니다. 다양한 문제 풀이 방법을 통해 각자에게 맞는 학습법을 파악할 수 있습니다.

❹ 참고사항

문제 풀이에 필요한 관련 개념을 상세히 수록하였습니다. 주요 개념을 다양한 시각에서 폭넓게 학습할 수 있습니다.

I

재무회계

PART 01

재무회계와 회계원칙

본 과목 풀이 시 기업의 보고기간(회계기간)은 매년 1월 1일부터 12월 31일까지이며, 기업은 계속해서 한국채택국제회계기준을 적용해 오고 있다고 가정한다. 또한, 자료에서 제시하지 않은 사항(예 법인세효과 등)은 고려하지 않는다.

유형 01 [일반적으로 인정된 회계원칙(GAAP)과 한국채택국제회계기준(K - IFRS)] GAAP

기본서 PART 01 재무회계와 회계원칙 → CH 2. 일반적으로 인정된 회계원칙(GAAP)과 한국채택국제회계기준(K - IFRS) → 1 일반적으로 인정된 회계원칙(GAAP) ▶ 15p

대표문제

□□□ 2021년 국가직 9급

회계정보와 관련한 설명으로 옳지 않은 것은?

① 경영자는 회계정보를 생산하여 외부 이해관계자들에게 공급하는 주체로서 회계정보의 공급자이므로 수요자는 아니다.

② 경제의 주요 관심사는 유한한 자원을 효율적으로 사용하는 것인데, 회계정보는 우량기업과 비우량기업을 구별하는데 이용되어 의사결정에 도움을 준다.

③ 회계정보의 신뢰성을 확보하기 위하여 기업은 회계기준에 따라 재무제표를 작성하고, 외부감사인의 감사를 받는다.

④ 외부감사는 전문자격을 부여받은 공인회계사가 할 수 있다.

해설

설명 중 옳지 않은 것: 경영자도 회계정보의 수요자에 해당한다.
보고기업의 경영진은 해당 기업에 대한 재무정보에 관심이 있지만 경영진은 그들이 필요로 하는 재무정보를 내부에서 구할 수 있기 때문에 일반목적재무보고서에 의존할 필요가 없으나 회계정보를 필요로 하므로 회계정보의 수요자는 맞다.

참고사항 회계정보이용자의 구성

구분	회계정보이용자의 구성
외부정보이용자	현재 및 잠재적 투자자(지분상품 또는 채무상품 보유자)
	대여자 및 기타 채권자(매입채무, 미지급금 등)
	일반 대중, 정부 및 규제기관(감독당국)
내부정보이용자	경영자, 이사회, 기타 관리자

* 일반목적재무보고의 주요 정보이용자: 현재 및 잠재적 투자자, 대여자 및 그 밖의 채권자

정답 ①

01 □□□

2020년 국가직 9급

「주식회사 등의 외부감사에 관한 법률」상 기업의 재무제표 작성 책임이 있는 자는?

① 회사의 대표이사와 회계담당 임원(회계담당 임원이 없는 경우에는 회계업무를 집행하는 직원)
② 주주 및 채권자
③ 공인회계사
④ 금융감독원

01 답 ①

재무제표의 작성책임자는 대표이사와 회계담당 임원이다.

유형 02 [일반적으로 인정된 회계원칙(GAAP)과 한국채택국제회계기준(K - IFRS)] K - IFRS

기본서 PART 01 재무회계와 회계원칙 → CH 2. 일반적으로 인정된 회계원칙(GAAP)과 한국채택국제회계기준(K - IFRS) → 2 한국채택국제회계기준(K - IFRS)
▶ 17p

대표 문제 □□□

2021년 국가직 9급

한국채택국제회계기준의 특징과 관련된 설명 중에서 옳지 않은 것은?

① 연결재무제표를 주재무제표로 작성함으로써 개별기업의 재무제표가 보여주지 못하는 경제적 실질을 더 잘 반영할 수 있을 것으로 기대된다.

② 「주식회사 등의 외부감사에 관한 법률」의 적용을 받는 모든 기업이 한국채택국제회계기준을 회계기준으로 삼아 재무제표를 작성하여야 한다.

③ 과거 규정 중심의 회계기준이 원칙 중심의 회계기준으로 변경되었다.

④ 자산과 부채의 공정가치 평가 적용이 확대되었다.

해설

설명 중 옳지 않은 것: 모든 기업이 한국채택국제회계기준을 회계기준으로 삼는 것은 아니다. 비상장기업의 경우, 외부감사대상이라도 일반기업회계기준을 적용할 수 있다.

참고사항 우리나라 회계기준의 구성

구분		적용되는 회계기준	
상장기업		원칙	한국채택국제회계기준 적용
비상장기업	외부감사대상	원칙	일반기업회계기준 적용
		예외	한국채택국제회계기준 적용 가능
	비외부감사대상	원칙	중소기업회계기준 적용
		예외	일반기업회계기준, 한국채택국제회계기준 적용 가능

정답 ②

01 □□□

2011년 국가직 7급

한국채택국제회계기준(K-IFRS)의 도입과 관련한 설명으로 옳지 않은 것은?

① 공시체계가 연결재무제표 중심으로 전환되어 내부거래가 제거된 연결재무정보가 공시되므로 회계투명성과 재무정보의 질이 높아진다.
② 회계처리의 기본원칙과 방법론을 제시하는 데 주력하는 원칙 중심의 기준체계로 복잡한 현실을 모두 규율할 수 없어 기업의 규제회피가 쉬워진다.
③ 자본시장의 투자자에게 기업의 재무상태 및 내재가치에 대한 의미 있는 투자정보를 제공하는 데 중점을 두어 공정가치 회계가 확대 적용된다.
④ 한국회계기준원 및 규제기관에 대한 질의와 회신의 역할이 축소되어 기업 회계담당자들의 전문성이 절실하게 요구된다.

01 답 ②

설명 중 옳지 않은 것: 원칙 중심의 기준체계로 복잡한 현실을 모두 규율할 수 없어 기업의 규제회피가 어렵다.

참고사항 한국채택국제회계기준
(1) 2007년 말 제정된 회계기준으로서 2009년부터 기업은 이를 선택적으로 적용하며 2011년부터는 모든 상장기업이 의무적으로 K-IFRS를 적용해야 함
(2) 원칙주의에 따라 제정된 기준으로서 구체적인 상황에서의 회계처리방법은 자세하게 기술되어 있지 않음
(3) 연결재무제표를 주재무제표로 사용함
(4) 기업이 보유하고 있는 금융자산 및 부채의 가치를 공정가치(시장가치)로 평가하도록 하고 있음
(5) 재무제표 구성 항목이 바뀌어 대차대조표는 재무상태표로, 손익계산서는 기존 손익계산서에서 재무상태표의 기타포괄손익을 포함하는 포괄손익계산서로 변경되고 이익잉여금처분계산서는 삭제되었음
(6) 손실충당금은 예상되는 손실이 아닌 실제 발생 손실에 근거해 충당금을 적립하도록 설정해야 함
(7) 이전의 회계기준은 자산과 부채의 측정 속성으로 역사적 원가를 원칙으로 하였으나 한국채택국제회계기준은 공정가치 측정을 기본원칙으로 하고 있음. 그 예로 유형자산의 재평가모형과 투자부동산의 공정가치모형이 전면 도입되었고 '공정가치 측정'의 기준서가 제정되었음

02 □□□

2011년 국가직 9급

한국채택국제회계기준에 대한 설명으로 옳지 않은 것은?

① 2011년부터 상장법인은 한국채택국제회계기준을 의무적으로 적용하여야 한다.
② 과거의 기업회계기준이 규칙 중심의 회계기준이었던 데 비하여 한국채택국제회계기준은 원칙 중심의 회계기준이다.
③ 한국채택국제회계기준은 연결재무제표를 주재무제표로 한다.
④ 한국채택국제회계기준은 과거의 기업회계기준에 비해 자산과 부채를 측정함에 있어 공정가치보다는 역사적 원가를 반영하도록 하고 있다.

02 답 ④

설명 중 옳지 않은 것: 한국채택국제회계기준은 공정가치 측정을 기본원칙으로 하고 있다.

PART 02 회계원리

본 과목 풀이 시 기업의 보고기간(회계기간)은 매년 1월 1일부터 12월 31일까지이며, 기업은 계속해서 한국채택국제회계기준을 적용해 오고 있다고 가정한다. 또한, 자료에서 제시하지 않은 사항(예 법인세효과 등)은 고려하지 않는다.

유형 01 [거래의 기록] 회계등식

기본서 PART 02 회계원리 → CH 1. 거래의 기록 → 1 회계등식 ▶ 22p

대표문제 □□□ 2013년 지방직 9급

다음 자료에 따른 당기의 수익총액은?

• 기초 자산	₩ 50,000	• 기초 부채	₩ 30,000
• 기말 자산	₩ 90,000	• 기말 부채	₩ 40,000
• 당기 비용총액	₩ 120,000		

① ₩ 140,000
② ₩ 150,000
③ ₩ 160,000
④ ₩ 170,000

해설

당기의 수익총액: 150,000
= 당기순이익 30,000 - 총 비용 (-)120,000
(1) 자본(기초): 20,000 = 자산 50,000 - 부채 30,000
(2) 자본(기말): 50,000 = 자산 90,000 - 부채 40,000
(3) 자본의 증감: 30,000 = 기말 50,000 - 기초 20,000
(4) 당기순이익: 30,000 = 자본의 증감 30,000
  * 이외 거래는 없으므로 자본의 증감만큼 당기순이익 증가

별해 실제시험 풀이용 TOOL 적용

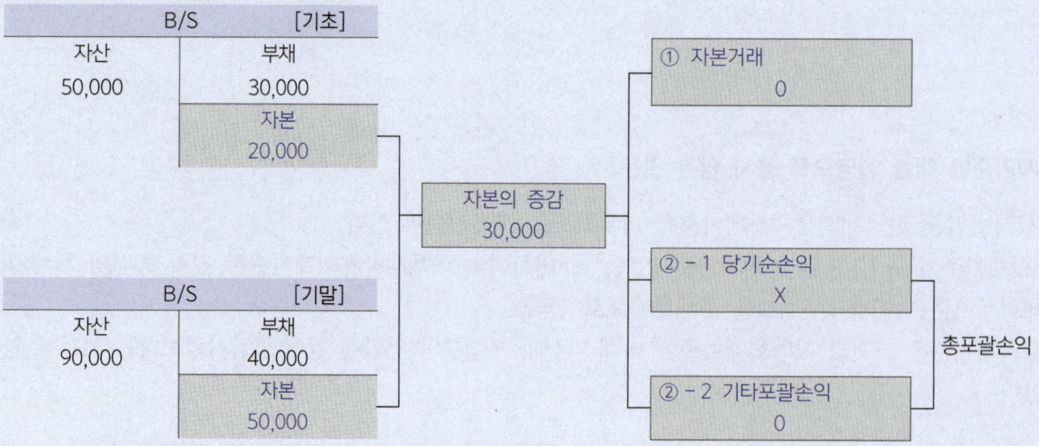

⇒ 50,000 - 20,000 = X
  ∴ X = 30,000
⇒ 수익: 150,000 = 30,000 + 120,000

정답 ②

01 □□□

2020년 국가직 7급

20×1년 기초 재무상태표와 기말 재무상태표의 자산 및 부채의 총액이 다음과 같고 수익과 비용의 합계액이 각각 ₩10,000,000과 ₩8,000,000인 경우, 20×1년의 추가적인 지분출자액은? (단, 배당금은 고려하지 않는다.)

구분	기초	기말
자산총액	₩50,000,000	₩30,000,000
부채총액	₩65,000,000	₩20,000,000

① ₩20,000,000
② ₩23,000,000
③ ₩26,000,000
④ ₩29,000,000

01

답 ②

×1년의 추가적인 지분출자액: 23,000,000
= 자본의 증감 25,000,000 - 당기순이익 2,000,000
(1) 자본(기초): (-)15,000,000 = 자산 50,000,000 - 부채 65,000,000
(2) 자본(기말): 10,000,000 = 자산 30,000,000 - 부채 20,000,000
(3) 자본의 증감: 25,000,000 = 기말 10,000,000 - 기초 (-)15,000,000
(4) 당기순이익: 2,000,000 = 총 수익 10,000,000 - 총 비용 8,000,000

별해 실제시험 풀이용 TOOL 적용

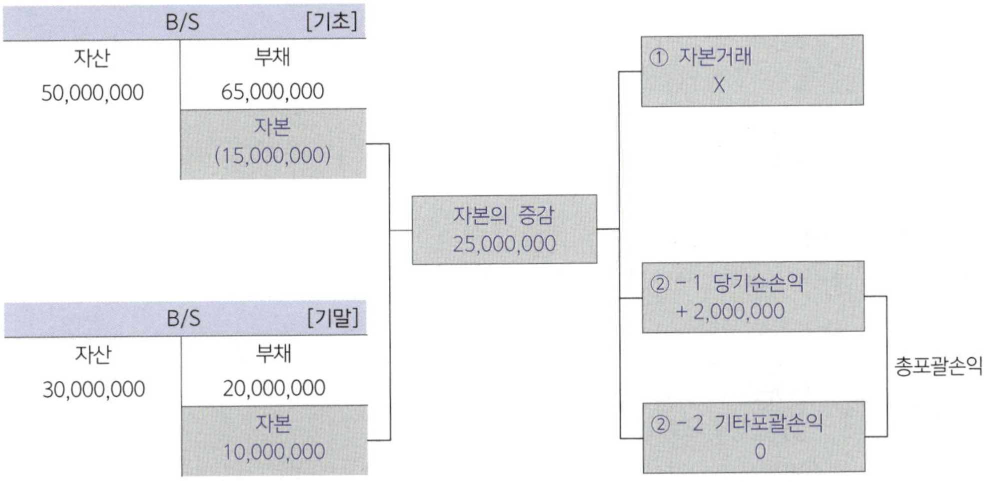

⇒ 10,000,000 - (-)15,000,000 = X + 2,000,000
∴ X = 23,000,000

02 □□□

2013년 국가직 9급

㈜한국은 2012년 1월 1일에 영업을 시작하여 2012년 12월 31일 다음과 같은 재무정보를 보고하였다. 재무제표의 설명으로 옳지 않은 것은?

• 현금	₩ 500,000	• 자본금	₩ 200,000
• 사무용 가구	₩ 1,000,000	• 재고자산	₩ 350,000
• 매출	₩ 3,000,000	• 미지급금	₩ 200,000
• 잡비	₩ 50,000	• 매출원가	₩ 2,000,000
• 매입채무	₩ 600,000	• 감가상각비	₩ 100,000

① 재무상태표에 보고된 총자산은 ₩1,850,000이다.

② 재무상태표에 보고된 총부채는 ₩800,000이다.

③ 손익계산서에 보고된 당기순이익은 ₩800,000이다.

④ 재무상태표에 보고된 총자본은 ₩1,050,000이다.

02

답 ③

(1) 자산: 1,850,000
= 현금 500,000 + 사무용 가구 1,000,000 + 재고자산 350,000

(2) 부채: 800,000
= 매입채무 600,000 + 미지급금 200,000

(3) 자본: 1,050,000
1) 계산방법 1: 1,050,000 = 자산 1,850,000 - 부채 800,000
2) 계산방법 2: 1,050,000 = 자본금 200,000 + 이익잉여금 850,000

(4) 당기순이익: 850,000
1) 계산방법 1: 850,000 = 자본 1,050,000 - 자본금 200,000
2) 계산방법 2: 850,000 = 매출 3,000,000 - 매출원가 2,000,000 - 감가상각비 100,000 - 잡비 50,000

참고사항 ㈜한국의 기말 B/S

B/S			[기말]
자산	1,850,000	부채	800,000
		자본	1,050,000

03 □□□

2017년 국가직 7급

㈜한국은 20×1년 1월 1일 영업을 시작하였다. 20×1년 12월 31일 총자산과총부채는 각각 ₩350,000과 ₩200,000이었으며, 20×1년도의총포괄이익은 ₩125,000이었다. 그리고 20×1년 중에 배당금 ₩5,000을 현금으로 지급하였다. ㈜한국의 20×1년 1월 1일 시점의 순자산 장부금액은?

① ₩5,000

② ₩30,000

③ ₩50,000

④ ₩150,000

03 답 ②

(1) 기말자본 = 기말자산 350,000 - 기말부채 200,000 = 150,000
(2) 기말자본 150,000 = 기초자본X + 총포괄이익 1125,000 - 현금배당 5,000
→ 기초자본X = ₩ 30,000

04 □□□

㈜한국의 당기 포괄손익계산서에 보고할 당기순이익은?

- 기초자본은 자본금과 이익잉여금으로만 구성되어 있다.
- 기말자산은 기초자산에 비해 ₩ 500,000 증가하였고, 기말부채는 기초부채에 비해 ₩ 200,000 증가하였다.
- 당기 중 유상증자 ₩ 100,000이 있었다.
- 당기 중 기타포괄손익 - 공정가치 측정 금융자산의 평가손실 ₩ 10,000을 인식하였다.
- 당기 중 재평가모형을 적용하는 유형자산의 재평가이익 ₩ 20,000을 인식하였다. (단, 전기 재평가손실은 없다.)

① 180,000
② 190,000
③ 200,000
④ 210,000

04 답 ②

기말자본 300,000 증가 = 유상 증자 100,000 - 기타포괄손익 - 공정가치 측정 금융자산 평가손실 10,000 + 재평가잉여금 20,000 + 당기순이익 → 당기순이익 = 190,000

별해 실제시험 풀이용 TOOL 적용

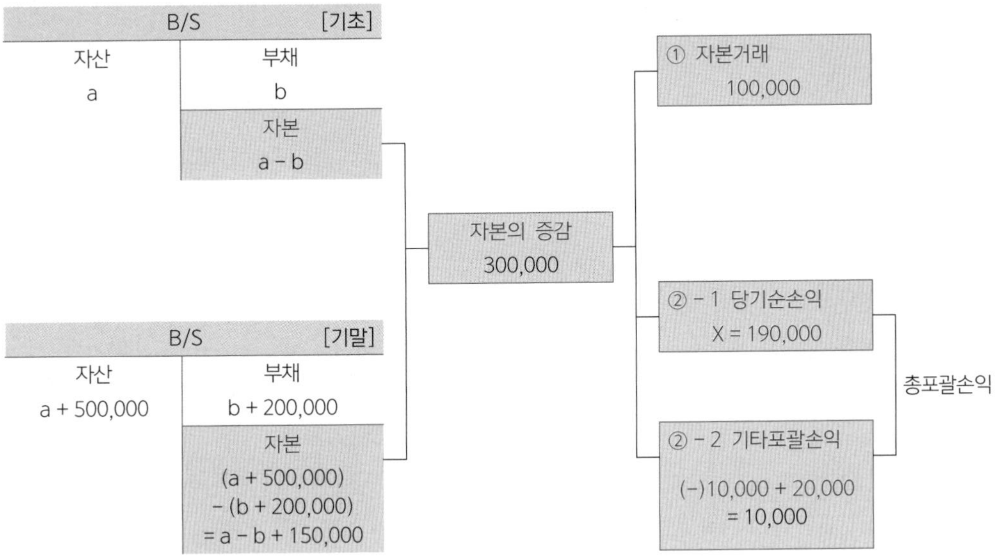

유형 02 [거래의 기록] 회계적 거래의 식별

기본서 PART 02 회계원리 → CH 1. 거래의 기록 → 2 회계적 거래의 식별 ▶ 28p

대표 문제 □□□ 2011년 국가직 7급

회계상 거래로 파악될 수 있는 내용으로 옳지 않은 것은?

① ㈜창업은 손실처리하였던 ₩500,000,000의 매출채권 중 ₩100,000,000을 채권추심기관을 통하여 회수하였다.
② ㈜창업은 당해 연도 말 은행차입금에 대한 만기를 5년간 더 연장하는 것에 대하여 은행 측 승인을 받았다.
③ ㈜창업은 보관 중인 자재에 대한 재고조사에서 도난으로 인해 장부상의 금액보다 ₩500,000,000에 해당되는 재고자산이 부족한 것을 확인하였다.
④ ㈜창업은 제품전시회를 통하여 외국바이어와 ₩1,000,000,000의 수출판매계약과 함께 현지 대리점개설을 위한 양해각서(MOU)를 교환하였다.

해설

회계상 거래로 파악될 수 있는 내용으로 옳지 않은 것: 양해각서의 교환
양해각서의 교환은 단순 계약에 해당함
∴ 재무상태의 변동(×), 거래(×)

(선지분석)
① (1) 채권추심 ⇒ 현금이 들어왔고, 이에 따라 재무상태의 변동(○)
(2) 금액의 명시 ⇒ 신뢰성 있게 측정 가능(○)
∴ 재무상태의 변동(○), 거래(○)
② 만기연장에 대한 승인 ⇒ 새로운 부채로의 전환(기존 부채의 감소 & 신규 부채의 증가)
∴ 재무상태의 변동(○), 거래(○)
③ 도난 ⇒ 재무상태의 변동(○)
∴ 재무상태의 변동(○), 거래(○)

참고사항 양해각서
어떤 사업의 이해당사자들이 본계약 체결 이전에 교섭 중간결과를 바탕으로 서로 양해된 사항을 확인 · 기록할 때 사용되는 문서

정답 ④

01 □□□

2012년 지방직 9급

다음은 기업에서 발생한 사건들을 나열한 것이다. 이 중 회계상의 거래에 해당되는 것을 모두 고른 것은?

ㄱ. 현금 ₩50,000,000을 출자하여 회사를 설립하였다.
ㄴ. 원재료 ₩30,000,000을 구입하기로 계약서에 날인하였다.
ㄷ. 종업원 3명을 고용하기로 하고 근로계약서를 작성하였다. 계약서에는 월 급여액과 상여금액을 합하여 1인당 ₩2,000,000으로 책정하였다.
ㄹ. 회사 사무실 임대계약을 하고 보증금 ₩100,000,000을 송금하였다.

① ㄱ, ㄴ, ㄷ, ㄹ
② ㄱ, ㄴ, ㄹ
③ ㄱ, ㄹ
④ ㄴ, ㄷ

01 답 ③

회계상의 거래에 해당되는 것: ㄱ, ㄹ
ㄱ. 출자하여 설립: 현금·자본금 증가 ⇒ 재무상태의 변동(○)
∴ 재무상태의 변동(○), 거래(○)
ㄹ. 보증금 송금: 현금 감소 ⇒ 재무상태의 변동(○)
∴ 재무상태의 변동(○), 거래(○)

(선지분석)
ㄴ. 계약서에 날인: 계약 체결만 된 상태에 해당함(= 단순 계약)
∴ 재무상태의 변동(×), 거래(×)
ㄷ. 근로계약서 작성: 계약 체결만 된 상태에 해당함(= 단순 계약)
∴ 재무상태의 변동(×), 거래(×)

02 □□□

2025년 국가직 9급

회계상 거래가 아닌 것은?

① 사무실을 1개월 후에 1년간 임차하기로 임대인과 계약 체결
② 업무에 사용하던 비품의 자연재해로 인한 파손
③ 제품생산을 위한 기계장치의 사용
④ 공장건물에 대한 수선 후 청구서 수령

02 답 ①

계약의 체결은 회계상 거래에 해당하지 않는다.

(선지분석)
② 비품의 파손은 회계상 거래에 해당한다.
③ 감가상각은 회계상 거래에 해당한다.
④ 용역을 제공받고 청구서를 수령한 경우 부채가 발생하므로 회계상 거래에 해당한다.

유형 03 [장부기록의 과정] 계정의 의의

기본서 PART 02 회계원리 → CH 2. 장부기록의 과정 → 1 계정의 의의 ▶ 29p

대표문제 □□□ 2012년 국가직 9급

다음 중 그 잔액이 시산표의 대변에 나타나지 않는 항목은?

① 대여금 ② 미지급비용
③ 자본금 ④ 선수수익

해설

시산표의 대변에 나타나지 않는 항목: 대여금
* 대여금은 자산 계정(차변 자리)임

(선지분석)
② 미지급비용은 부채 계정(대변 자리)이다.
③ 자본금은 자본 계정(대변 자리)이다.
④ 선수수익은 부채 계정(대변 자리)이다.
  * 선수수익: 대가를 미리 받고 '용역'을 제공함
  * 선수금: 대가를 미리 받고 '재화'를 제공함

정답 ①

유형 04 [장부기록의 과정] 거래의 분개

기본서 PART 02 회계원리 → CH 2. 장부기록의 과정 → 2 거래의 분개 ▶ 30p

대표문제 □□□ 2013년 국가직 9급

㈜한국이 차입금 ₩1,000과 이자 ₩120을 현금으로 변제 및 지급하였다. 이 거래에 대한 분석으로 옳은 것은?

① (차) 자산의 증가 (대) 부채의 증가와 수익의 발생
② (차) 자산의 증가 (대) 자산의 감소와 수익의 발생
③ (차) 부채의 감소와 비용의 발생 (대) 자산의 감소
④ (차) 자산의 증가와 비용의 발생 (대) 자산의 감소

해설

거래에 대한 분석으로 옳은 것

(차) 부채의 감소 비용의 발생	(대) 자산의 감소

선지분석

차입금의 변제 시 회계처리

(차) 차입금(부채)	1,000	(대) 현금(자산)	1,120
이자비용(비용)	120		

정답 ③

01 □□□

2015년 국가직 9급

다음 자료로 회계처리할 때 나타나지 않는 거래의 형태는? (단, 상품의 매매는 계속기록법을 적용한다.)

- 현금으로 자기주식 ₩1,000,000을 취득하다(원가법 적용).
- 리스계약에 의하여 기계를 ₩5,000,000에 취득하고 이를 금융리스로 처리하다.
- 감채기금으로 ₩1,000,000을 예치하다.
- 원가 ₩150,000인 상품을 ₩200,000에 외상판매하다.
- 주주로부터 업무용 토지 ₩500,000을 무상으로 기부받다.

① 부채의 감소
② 부채의 증가
③ 자본의 감소
④ 비용의 발생

01

답 ①

TIP 회계처리를 통해 거래의 8요소를 판단하여야 한다.

나타나지 않는 거래의 형태: 부채의 감소

선지분석 거래의 분석

(1) 자기주식의 취득

(차) 자기주식(자본 감소)	(대) 현 금(자산 감소)

(2) 리스계약의 금융리스 처리
* 리스계약 체결 = 자산의 증가 & 부채의 증가

(차) 사용권자산(자산 증가)	(대) 리 스 부 채(부채 증가)

(3) 감채기금의 예치

(차) 예 치 금(자산 증가)	(대) 현 금(자산 감소)

(4) 상품의 외상판매

(차) 매출채권(자산 증가)	(대) 매 출(수익 발생)
(차) 매출원가(비용 발생)	(대) 재 고 자 산(자산 감소)

(5) 자산의 무상수증
* 주주와의 거래 = 자본으로 처리

(차) 토 지(자산 증가)	(대) 자산수증이익(자본 증가)

유형 05 [장부기록의 과정] 전기

기본서 PART 02 회계원리 → CH 2. 장부기록의 과정 → 3 전기 ▶ 33p

대표문제 □□□ 2021년 국가직 9급

다음과 같은 현금 원장의 내용에 기반하여 추정한 날짜별 거래로 옳지 않은 것은?

현금

1/15	용역수익	70,000	1/2	소모품	50,000
1/18	차입금	100,000	1/5	비품	75,000
			1/31	미지급급여	20,000

① 1월 2일 소모품 구입을 위하여 현금 ₩50,000을 지급하였다.
② 1월 15일 용역을 제공하고 현금 ₩70,000을 수취하였다.
③ 1월 18일 차입금 상환을 위하여 현금 ₩100,000을 지급하였다.
④ 1월 31일 미지급급여 ₩20,000을 현금으로 지급하였다.

해설

거래 중 옳지 않은 것: 1월 18일의 거래는 차입을 통하여 현금 ₩100,000을 수령한 거래에 해당한다.

선지분석

(1) 1월 2일 소모품 관련 회계처리

(차) 소모품(자산 증가)	50,000	(대) 현금(자산 감소)	50,000

(2) 1월 15일 용역의 제공 관련 회계처리

(차) 현금(자산 증가)	70,000	(대) 용역수익(수익 발생)	70,000

(3) 1월 18일 차입 관련 회계처리

(차) 현금(자산 증가)	100,000	(대) 차입금(부채 증가)	100,000

(4) 1월 31일 급여 관련 회계처리

(차) 미지급급여(부채 감소)	20,000	(대) 현금(자산 감소)	20,000

정답 ③

01 □□□

2023년 국가직 9급

㈜한국의 20×1년 말 소모품 관련 총계정원장은 다음과 같다.

현금

		5/1	₩100,000

소모품

12/31	₩20,000		

소모품비

5/1	₩100,000	12/31	₩20,000

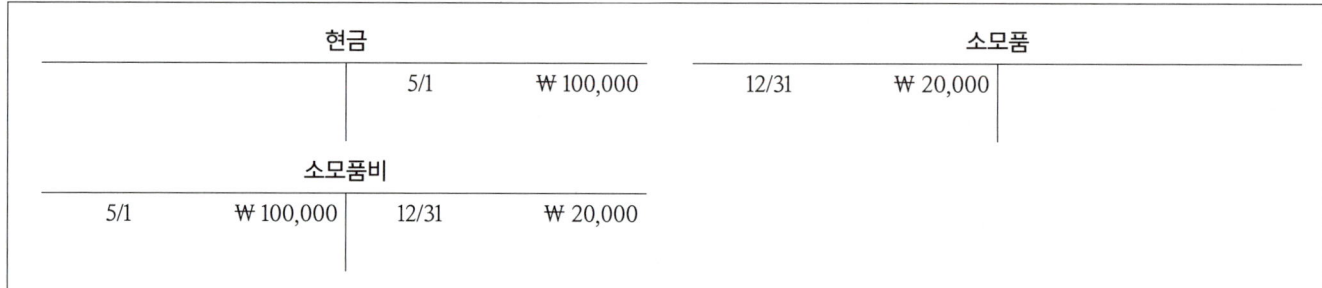

㈜한국의 20×1년 회계처리에 관한 설명으로 옳지 않은 것은?

① 소모품과 관련하여 비용으로 인식한 금액은 ₩20,000이다.
② 소모품 관련 수정분개는 '(차)소모품 ₩20,000 (대)소모품비 ₩20,000'이다.
③ 기말 소모품 잔액은 ₩20,000이다.
④ 5월 1일 소모품 구입 시 지출한 현금 ₩100,000을 전액 비용으로 처리하였다.

01 답 ④

일자별 회계처리

[5월 1일]			
(차) 소 모 품 비	100,000	(대) 현 금	100,000
[12월 31일]			
(차) 소 모 품	20,000	(대) 소 모 품 비	20,000

⇒ 소모품과 관련하여 비용처리 된 금액은 ₩80,000(= 100,000 - 20,000)이다.

유형 06 [장부기록의 과정] 장부의 마감

기본서 PART 02 회계원리 → CH 2. 장부기록의 과정 → 5 장부의 마감 ▶ 36p

대표문제 □□□

2020년 국가직 9급

다음은 ㈜한국의 20×1년 12월 31일 현재의 수정후시산표 잔액이다.

계정과목	차변	계정과목	대변
현금	₩ 20,000	매입채무	₩ 20,000
매출채권	₩ 10,000	차입금	₩ 100,000
재고자산	₩ 5,000	감가상각누계액	₩ 50,000
토지	₩ 100,000	손실충당금	₩ 2,000
건물	₩ 200,000	자본금	?
매출원가	₩ 10,000	이익잉여금	₩ 9,000
감가상각비	₩ 5,000	매출	₩ 20,000
급여	₩ 1,000		
합계	₩ 351,000	합계	₩ 351,000

㈜한국의 20×1년 12월 31일 현재 재무상태표의 이익잉여금과 자본총계는?

	이익잉여금	자본총계
①	₩ 13,000	₩ 163,000
②	₩ 13,000	₩ 150,000
③	₩ 10,000	₩ 150,000
④	₩ 10,000	₩ 163,000

해설

(1) 20×1년 12월 31일 현재 이익잉여금: 13,000

매출원가	10,000	이익잉여금	9,000
감가상각비	5,000	매출	20,000
급여	1,000		
⇒ 12월 31일 이익잉여금: 13,000 (대차차액)			

(2) 20×1년 12월 31일 현재 자본총계: 163,000

현금	20,000	매입채무	20,000
매출채권	10,000	차입금	100,000
재고자산	5,000	감가상각누계액	50,000
토지	100,000	손실충당금	2,000
건물	200,000	⇒ 12월 31일 자본총계: 163,000 (대차차액)	

정답 ①

01 □□□

2021년 국가직 9급

㈜한국의 수정후시산표상 자산, 부채, 수익, 비용, 자본금 금액이 다음과 같을 때, 기초 이익잉여금은?

계정과목	금액	계정과목	금액
매출	₩ 120,000	현금	₩ 130,000
매출원가	₩ 100,000	재고자산	₩ 200,000
급여	₩ 50,000	매입채무	₩ 170,000
선급비용	₩ 70,000	미지급금	₩ 50,000
미지급비용	₩ 80,000	미수수익	₩ 50,000
자본금	₩ 40,000	기초 이익잉여금	?

① ₩ 40,000
② ₩ 110,000
③ ₩ 140,000
④ ₩ 300,000

01 답 ③

TIP 단순 시산표 작성으로 풀이하여도 답을 산출할 수 있다.

기초 이익잉여금: 140,000

시산표상 자본 = 자산 - 부채 = 자본금 + 기초 이익잉여금 + 수익 - 비용

(1) 시산표상 자본: 150,000 = 자산 - 부채
150,000 = (130,000 + 200,000 + 50,000 + 70,000) - (170,000 + 50,000 + 80,000)

(2) 시산표상 자본: 150,000 = 자본금 + 기초 이익잉여금 + 수익 - 비용
150,000 = 40,000 + X + 120,000 - (100,000 + 50,000)
∴ X = 140,000

02 □□□

2016년 국가직 9급

다음은 ㈜한국의 임차료와 지급어음의 장부마감 전 계정별 원장이다. 장부마감 시 각 계정별 원장에 기입할 내용으로 옳은 것은?

임차료			
현금	₩ 50,000	선급비용	₩ 40,000

지급어음			
		외상매입금	₩ 50,000

① 임차료 계정 원장의 차변에 차기이월 ₩ 10,000으로 마감한다.
② 임차료 계정 원장의 대변에 집합손익 ₩ 10,000으로 마감한다.
③ 지급어음 계정 원장의 대변에 차기이월 ₩ 50,000으로 마감한다.
④ 지급어음 계정 원장의 차변에 집합손익 ₩ 50,000으로 마감한다.

02 답 ②

기입할 내용으로 옳은 것: 임차료 계정 원장의 대변에 집합손익으로 마감한다.

(선지분석)

(1) 임차료(비용) 관련 회계처리

(차) 집 합 손 익	10,000	(대) 임 차 료	10,000

(2) 지급어음(부채) 관련 회계처리

(차) 지 급 어 음	50,000	(대) 차 기 이 월	50,000

03 □□□

2022년 지방직 9급

다음 ㈜한국의 재무자료를 이용한 이익잉여금은?

• 현금	₩ 2,000	• 매출채권	₩ 2,500
• 선수수익	₩ 800	• 대손충당금(매출채권)	₩ 300
• 재고자산	₩ 3,000	• 기계장치	₩ 14,000
• 매입채무	₩ 1,500	• 감가상각누계액(기계장치)	₩ 5,000
• 자본금	₩ 4,000	• 이익잉여금	?

① ₩ 9,900
② ₩ 10,700
③ ₩ 11,000
④ ₩ 16,000

03 답 ①

(1) 자산합계: 2,000(현금) + 2,500(매출채권) - 300(대손충당금) + 3,000(재고자산) + 14,000(기계장치) - 5,000(감가상각누계액)
= 16,200
(2) 부채합계: 800(선수수익) + 1,500(매입채무) = 2,300
(3) 자본합계: (1) - (2) = 13,900
(4) 이익잉여금: 13,900 - 4,000(자본금) = 9,900

유형 07 [장부기록의 과정] 시산표와 복식부기의 자기검증기능

기본서 PART 02 회계원리 → CH 2. 장부기록의 과정 → 6 시산표와 복식부기의 자기검증기능 ▶ 38p

대표 문제

□□□ 2020년 국가직 7급

시산표를 작성하는 중 차변 합계와 대변 합계가 일치하지 않은 것을 발견하였다. 이와 관련하여 시산표상 차변 합계와 대변 합계가 일치하지 않는 원인은?

① ₩50,000의 매입채무를 현금으로 상환하면서 분개를 누락하였다.
② ₩30,000의 토지를 외상으로 구입하면서 분개는 정확하게 하였지만, 원장으로 전기할 때 토지 계정 대신 건물 계정 차변에 ₩30,000, 미지급금 계정 대변에 ₩30,000으로 전기하였다.
③ [(차) 매출채권 ₩35,000 / (대) 매출 ₩35,000]의 분개를 원장으로 전기할 때 매출채권 계정 차변에 ₩53,000, 매출 계정 대변에 ₩35,000으로 전기하였다.
④ 건물 수선비를 현금 지급하면서 차변에 건물 ₩10,000, 대변에 현금 ₩10,000으로 분개하였다.

해설

원장으로 전기할 때 매출채권 계정에 서로 다른 금액으로 전기하였다.

T/B			
매출채권	53,000	매출	35,000

≠

선지분석

① 분개를 누락하였다.

T/B			

=

② 분개는 정확하게 하였지만, 원장으로 전기할 때 토지 계정 대신 건물 계정에 전기하였다.

T/B			
건물	30,000	미지급금	30,000

=

④ 건물수선비를 현금 지급하면서 서로 같은 금액으로 분개하였다.

T/B			
건물	10,000	현금	10,000

=

정답 ③

01 □□□

2021년 국가직 9급

다음의 분개장 기록 내역 중 시산표 작성을 통해 항상 자동으로 발견되는 오류만을 모두 고르면?

ㄱ. 기계장치를 ₩800,000에 처분하고, '(차) 현금 ₩800,000 / (대) 기계장치 ₩80,000'으로 분개하였다.
ㄴ. 건물을 ₩600,000에 처분하고, '(차) 현금 ₩600,000 / (대) 토지 ₩600,000'으로 분개하였다.
ㄷ. 토지를 ₩300,000에 처분하고, '(차) 토지 ₩300,000 / (대) 현금 ₩300,000'으로 분개하였다.
ㄹ. 신입사원과 월 ₩500,000에 고용계약을 체결하고, '(차) 급여 ₩500,000 / (대) 미지급비용 ₩500,000'으로 분개하였다.

① ㄱ
② ㄱ, ㄹ
③ ㄱ, ㄴ, ㄷ
④ ㄱ, ㄴ, ㄷ, ㄹ

01 답 ①

TIP 시산표에 의해서 발견할 수 있는 오류는 차변 금액과 대변 금액이 불일치하는 경우에 해당한다.
TIP 계정의 원래 자리가 아닌 곳에 기재되면, '대차의 합계가 불일치'한다.

ㄱ. 시산표에 의해 발견되는 오류

(차)	현금	800,000	(대)	기계장치	80,000

≠

(선지분석)

ㄴ. 다른 계정과목에 잘못 전기하였을 때 ⇒ 시산표에 의해서 발견할 수 없는 오류에 해당한다.

(차)	현금	600,000	(대)	토지	600,000

=

ㄷ. 분개장에서 원장에 대차를 반대로 전기하였을 때 ⇒ 시산표에 의해서 발견할 수 없는 오류에 해당한다.

(차)	토지	300,000	(대)	현금	300,000

=

ㄹ. 고용계약을 체결: 계약 체결만 된 상태에 해당한다(= 단순 계약).
∴ 재무상태의 변동(X), 거래(X)

02 □□□

2012년 지방직 9급

시산표에 의해 발견되지 않는 오류는?

① 매출채권 ₩720,000을 회수하고, 현금 계정 ₩720,000을 차변 기입하고, 매출채권 계정에 ₩702,000을 대변 기입하다.
② 매출채권 ₩300,000을 회수하고, 현금 계정 ₩300,000을 차변 기입하고, 매출채권 계정에 ₩300,000을 차변 기입하다.
③ 매출채권 ₩550,000을 회수하고, 현금 계정 ₩550,000을 차변 기입하고, 매출채권 계정 대신 매입채무 계정에 ₩550,000을 대변 기입하다.
④ 위 모든 오류가 시산표를 작성하는 과정에서 발견될 수 있다.

02 답 ③

TIP 시산표에 의해서 발견할 수 없는 오류는 차변 금액과 대변 금액이 일치하는 경우에 해당한다.

TIP 계정의 원래 자리에 다른 계정이 기재되면, '대차의 합계가 일치'한다.

시산표에 의해 발견되지 않는 오류

(차) 현금	550,000	(대) 매입채무	550,000

선지분석

①

(차) 현금	720,000	(대) 매출채권	702,000

≠

②

(차) 현금	300,000	(대)	
매출채권	300,000		

≠

유형 08 [회계순환과정] 결산수정분개

기본서 PART 02 회계원리 → CH 3. 회계순환과정 ▶ 41p

대표문제 □□□ 2019년 국가직 7급

㈜한국은 매월 말 결산을 하고 재무제표를 작성한다. ㈜한국의 20×1년 3월 31일 수정전시산표상 총 수익과 총 비용은 각각 ₩10,000과 ₩4,500이다. 다음과 같은 수정분개사항이 있다고 할 때, 20×1년 3월 31일에 보고할 포괄손익계산서상 당기순이익은?

- 직원의 3월 급여 ₩900이 발생하였으며 4월 10일에 지급될 예정이다.
- 3월 건물 임대료 ₩500이 발생하였으나 아직 현금으로 수취하지 못하였다.
- 건물에 대한 3월 감가상각비가 ₩400이다.
- 2월에 구입하여 자산으로 기록한 소모품 중 3월에 사용한 소모품은 ₩200이다.
- 2월에 선수수익으로 계상한 금액 중 3월에 제공한 용역이 ₩1,200이다.

① ₩4,500 ② ₩5,200
③ ₩5,700 ④ ₩6,100

해설

20×1년 3월 31일에 보고할 포괄손익계산서상 당기순이익: 5,700
= 수정 전 당기순이익 5,500 + 가산 항목 1,700 - 차감 항목 1,500

(1) 수정 전 당기순이익: 5,500 = 10,000 - 4,500
  1) 수정 전 총 수익: 10,000
  2) 수정 전 총 비용: 4,500

(2) 가산 항목: 1,700 = 500 + 1,200
  1) 미수수익: 500
  2) 선수수익의 실현분: 1,200
  * 선수분에 해당하는 수익을 실현한 만큼 선수수익(부채)이 감소하여 N/I(+)가 증가

(차) 선 수 수 익	1,200	(대) 용 역 매 출	1,200

(3) 차감 항목: 1,500 = 900 + 400 + 200
  1) 미지급급여: 900
  2) 감가상각비: 400
  3) 사용한 소모품: 200

별해 실제시험 풀이용 TOOL 적용

T/B	
자산	부채
+900 +400 +200	+ 500 + 1,200
⇓	⇓
N/I(-) 1,500	N/I(+) 1,700

(1) 미지급급여(부채) ↑: N/I(-)
(2) 미수수익(자산) ↑: N/I(+)
(3) 감가상각비(비용) ↑: N/I(-)
(4) 사용 소모품(자산) ↑: N/I(-)
(5) 선수수익 실현(부채) ↓: N/I(+)

정답 ③

01 □□□

2021년 국가직 9급

다음은 ㈜한국과 관련된 거래이다. 기말수정분개가 재무제표에 미치는 영향으로 옳은 것은? (단, 기간은 월할 계산한다.)

- 8월 1일 건물을 1년간 임대하기로 하고, 현금 ₩2,400을 수취하면서 임대수익으로 기록하였다.
- 10월 1일 거래처에 현금 ₩10,000을 대여하고, 1년 후 원금과 이자(연 이자율 4%)를 회수하기로 하였다.
- 11월 1일 보험료 2년분 ₩2,400을 현금 지급하고, 보험료로 회계처리하였다.

① 자산이 ₩2,100만큼 증가한다.
② 비용이 ₩200만큼 증가한다.
③ 수익이 ₩100만큼 증가한다.
④ 당기순이익이 ₩900만큼 증가한다.

01

답 ④

기말수정분개가 재무제표에 미치는 영향

(1) 자산의 증감: 2,300 증가
(+) 2,300 = 미수이자 (+) 100 + 선급보험료 (+) 2,200

(2) 부채의 증감: 1,400 증가
* 선수임대료: (+) 1,400

(3) 비용의 증감: 2,200 감소
* 보험료: (-) 2,200

(4) 수익의 증감: 1,300 감소
(-) 1,300 = 임대료수익의 취소 (-) 1,400 + 이자수익 (+) 100

(5) 당기순이익의 증감: 900 증가
* 당기순이익: (+) 900 = 수익 (-) 1,300 - 비용 (-) 2,200

참고사항 거래별 회계처리

(1) 임대료 관련 회계처리(8월 1일)

(차) 임 대 료 수 익	1,400	(대) 선 수 임 대 료	1,400

* 선수임대료: 2,400 × (12 - 5)/12 = 1,400

(2) 이자수익 관련 회계처리(10월 1일)

(차) 미 수 이 자	100	(대) 이 자 수 익	100

* 미수이자: 10,000 × 4% × 3/12 = 100

(3) 보험료 관련 회계처리(11월 1일)

(차) 선 급 보 험 료	2,200	(대) 보 험 료	2,200

* 미수이자: 2,400 × (24 - 2)/24 = 2,200

02 □□□

2019년 국가직 9급

다음은 창고임대업을 영위하는 ㈜한국의 20×1년 결산 관련 자료이다.

계정	내용
보험료	• 기초 선급보험료 잔액 ₩3,000 • 7월 1일에 보험을 갱신하고 1년분 보험료 ₩12,000을 현금으로 지급하고 자산으로 회계처리함
임대료	• 기초 선수임대료 잔액 ₩3,000 • 4월 1일에 임대차계약을 갱신하고 1년분 임대료 ₩24,000을 현금으로 수령하고 수익으로 회계처리함

보험료와 임대료가 20×1년도 세전이익에 미치는 영향은? (단, 보험료와 임대료 이외의 다른 계정은 고려하지 않으며, 기간은 월할 계산한다.)

① ₩12,000
② ₩15,000
③ ₩18,000
④ ₩21,000

02

답 ①

20×1년도 세전이익에 미치는 영향: 12,000
= 가산 항목 21,000 − 차감 항목 9,000

(1) 가산 항목: 21,000
임대료: 21,000 = 기초 3,000 + 가산 수정 18,000
* 수익 증가분: 18,000 = 24,000 × 9/12

선수임대료					
감	소	21,000	기	초	3,000
기	말	6,000	증	가	24,000

(2) 차감 항목: 9,000
보험료: 9,000 = 기초 3,000 + 가산 수정 6,000
* 비용 증가분: 6,000 = 12,000 × 6/12

선급보험료					
기	초	3,000	감	소	9,000
증	가	12,000	기	말	6,000

참고사항 거래별 회계처리

(1) 보험료 관련 회계처리

(차) 비용	3,000	(대) 선급보험료	3,000
(차) 선급보험료	12,000	(대) 현금	12,000
(차) 보험료	6,000	(대) 선급보험료	6,000

* 보험료: 12,000 × 6/12 = 6,000

(2) 임대료 관련 회계처리

(차) 선수임대료	3,000	(대) 임대료수익	3,000
(차) 현금	24,000	(대) 임대료수익	24,000
(차) 임대료수익	6,000	(대) 선수임대료	6,000

* 임대료수익: 24,000 × 3/12 = 6,000

03 □□□

2018년 국가직 7급

20×1년 초 설립된 ㈜한국의 20×1년 수정전시산표를 근거로 계산한 당기순이익은 ₩300,000이다. 다음 20×1년 중 발생한 거래의 분개에 대하여 결산수정사항을 반영하여 계산한 수정 후 당기순이익은? (단, 결산수정분개는 월 단위로 계산한다.)

일자	기중분개		결산수정사항
3월 1일	(차변) 토　　지 (대변) 현　　금	₩1,000,000 ₩1,000,000	토지는 재평가모형을 적용하며, 기말 공정가치는 ₩1,050,000
10월 1일	(차변) 선급보험료 (대변) 현　　금	₩ 120,000 ₩ 120,000	1년분 화재보험료를 미리 지급함
11월 1일	(차변) 현　　금 (대변) 임 대 수 익	₩ 90,000 ₩ 90,000	6개월분 임대료를 미리 받음
12월 1일	(차변) 현　　금 (대변) 단기차입금	₩1,000,000 ₩1,000,000	차입 시 이자율 연 6%, 이자와 원금은 6개월 후 일괄상환조건

① ₩180,000　　② ₩205,000
③ ₩235,000　　④ ₩255,000

03　　답 ②

×1년의 수정 후 당기순이익: 205,000
= 수정 전 당기순이익 300,000 − 차감 항목 95,000

(1) 차감 항목: 95,000 = 30,000 + 60,000 + 5,000
  1) 선급보험료: 30,000
    * 보험료(경과분): 30,000 = 120,000 × 3/12
  2) 선수임대료: 60,000
    * 임대료(차기분): 60,000 = 90,000 × (6 − 2) / 6
  3) 이자부담의무: 5,000
    * 이자비용(발생분): 5,000 = 1,000,000 × 6% × 1/12

(2) 당기순이익에 반영되지 않는 항목
  토지에 대한 재평가잉여금: 기타포괄손익(OCI)에 해당

별해 실제시험 풀이용 TOOL 적용

T/B		
자산	부채	(1) 선급보험료(자산) ↓: N/I(−) (2) 선수임대료(부채) ↑: N/I(−) (3) 이자부담의무(부채) ↑: N/I(−)
+30,000 +60,000 + 5,000		
⇓	⇓	
N/I(−) 95,000	N/I(+) 0	

04 □□□

2018년 서울시 9급

㈜서울은 12월 말 결산법인이며 〈보기〉는 기말수정사항이다. 기말수정분개가 ㈜서울의 재무제표에 미치는 영향으로 가장 옳은 것은? (단, 법인세는 무시한다.)

〈보기〉

- 3월 1일에 1년간 보험료 ₩300,000을 현금으로 지급하면서 전액 보험료로 기록하였다.
- 4월 1일에 소모품 ₩300,000을 현금으로 구입하면서 전액 소모품으로 기록하였다. 기말에 실사한 결과 소모품은 ₩70,000으로 확인되었다.
- 5월 1일에 1년간 건물 임대료로 ₩300,000을 수취하면서 전액 임대료수익으로 기록하였다.

① 자산이 ₩180,000만큼 증가한다.
② 부채가 ₩100,000만큼 감소한다.
③ 비용이 ₩180,000만큼 증가한다.
④ 당기순이익이 ₩80,000만큼 감소한다.

04 답 ③

기말수정분개가 재무제표에 미치는 영향

(1) 자산: 180,000 과대계상(= 차감 수정)
= 선급보험료 (+) 50,000 + 소모품의 사용 (-) 230,000

(2) 부채: 100,000 과소계상(= 가산 수정)
* 선수임대료: (+) 100,000

(3) 수익: 100,000 과대계상(= 차감 수정)
* 임대료수익의 취소 (-) 100,000

(4) 비용: 180,000 과소계상(= 가산 수정)
* 보험료 취소 (-) 50,000 + 소모품비 (+) 230,000

(5) 당기순이익: 280,000 감소
* 당기순이익: (-) 280,000 = 수익 (-) 100,000 - 비용 180,000

별해 실제시험 풀이용 TOOL 적용

T/B

자산	부채
50,000 ↑ 230,000 ↓	100,000 ↑
비용	**수익**
50,000 ↓ 230,000 ↑	100,000 ↓

자본총계에 미치는 영향
280,000 ↓

참고사항 거래별 회계처리

(1) 보험료 관련 회계처리

(차) 보 험 료	300,000	(대) 현 금	300,000
(차) 선 급 보 험 료	50,000	(대) 보 험 료	50,000

* 보험료: 300,000 × (12 - 10) / 12 = 50,000

(2) 소모품 관련 회계처리

(차) 소 모 품	300,000	(대) 현 금	300,000
(차) 소 모 품 비	230,000	(대) 소 모 품	230,000

* 소모품비: 300,000 - 70,000 = 230,000

(3) 임대료 관련 회계처리

(차) 현 금	300,000	(대) 임 대 료 수 익	300,000
(차) 임 대 료 수 익	100,000	(대) 선 수 임 대 료	100,000

* 임대료수익: 300,000 × (12 - 8) / 12 = 100,000

05 □□□

2018년 지방직 9급

㈜한국의 2017년 수정전시산표와 결산수정사항을 근거로 재무상태표에 공시될 자본은?

〈2017년 수정전시산표〉

현금	₩ 15,000	매입채무	₩ 3,000
매출채권	₩ 5,000	미지급금	₩ ?
재고자산	₩ 3,500	단기차입금	₩ 25,000
토지	₩ 10,000	감가상각누계액	₩ ?
건물	₩ 50,000	자본금	₩ 10,000
소모품	₩ 1,500	이익잉여금	₩ 21,000
매출원가	₩ 2,500	매출	₩ 18,000
보험료	₩ 500		
급여	₩ 1,000		
합계	₩ 89,000	합계	₩ 89,000

〈결산수정사항〉

- 광고선전비 ₩ 1,000이 발생하였으나 결산일 현재 지급하지 않았다.
- 결산일 현재 소모품 잔액은 ₩ 500이다.
- 건물은 2016년 7월 1일 취득하였으며 취득원가 ₩ 50,000, 내용연수 4년, 잔존가치 ₩ 10,000, 연수합계법을 적용하여 월할 감가상각한다.
- 토지는 2017년 중 취득하였으며 2017년 결산 시 공정가치모형을 적용한다. 2017년 말 공정가치는 ₩ 7,000이다.
- 단기차입금은 무이자 조건이며, 매출채권에 대한 손실충당금은 고려하지 않는다.

① ₩ 29,000　　② ₩ 26,000
③ ₩ 22,500　　④ ₩ 5,000

05 답 ②

17년 재무상태표에 공시될 자본: 26,000
= 수정전시산표상 자본총계 45,000 − 결산수정분개가 자본에 미치는 영향 19,000

(1) 수정전시산표상의 당기순이익: 14,000
　= 매출 18,000 − 매출원가 2,500 − 보험료 500 − 급여 1,000

(2) 수정전시산표상의 자본총계: 45,000
　= 자본금 10,000 + 이익잉여금 21,000 + 당기순이익 14,000

(3) 결산수정분개가 자본에 미치는 영향: (−) 19,000
　= 광고선전비 (−) 1,000 + 소모품비 (−) 1,000 + 감가상각비 (−) 14,000 + 재평가손실 (−) 3,000

* 감가상각비(17년): (−) 14,000
$= [(50{,}000 - 10{,}000) \times \frac{4}{(4+3+2+1)} \times 6/12] + [(50{,}000 - 10{,}000) \times \frac{3}{(4+3+2+1)} \times 6/12]$
= (−) 8,000 + (−) 6,000
* 재평가손실: (−) 3,000 = 7,000 − 10,000

별해 실제시험 풀이용 TOOL 적용

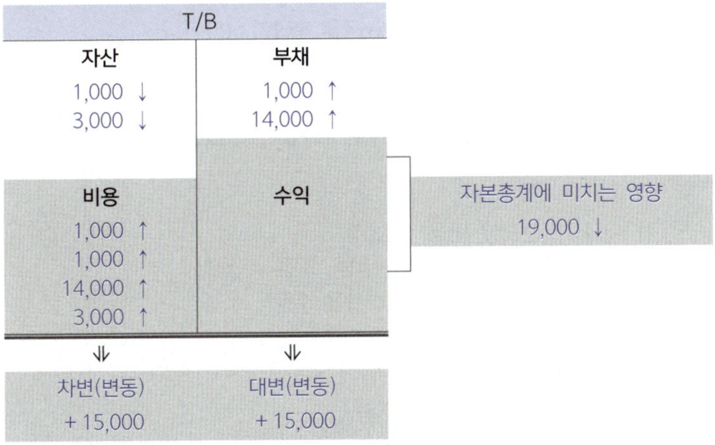

참고사항 거래별 회계처리

(1) 광고비 관련 회계처리

(차) 광 고 비	1,000	(대) 미 지 급 비 용	1,000

(2) 소모품 관련 회계처리

(차) 소 모 품 비	1,000	(대) 소 모 품	1,000

* 소모품비: 1,500 − 500 = 1,000

(3) 감가상각 관련 회계처리

(차) 감 가 상 각 비	14,000	(대) 감가상각누계액	14,000

* 감가상각비: $[(50{,}000 - 10{,}000) \times \frac{4}{(4+3+2+1)} \times 6/12] + [(50{,}000 - 10{,}000) \times \frac{3}{(4+3+2+1)} \times 6/12] = 14{,}000$

(4) 재평가 관련 회계처리

(차) 재 평 가 손 실	3,000	(대) 토 지	3,000

* 재평가손실: 10,000 − 7,000 = 3,000

06 □□□

㈜한국이 다음 결산수정사항들을 반영한 결과에 대한 설명으로 옳은 것은?

〈수정전시산표 잔액〉

자산	₩ 120,000	부채	₩ 80,000
수익	₩ 90,000	비용	₩ 70,000

〈결산수정사항〉

- 당기 중 건물을 임대하면서 현금 ₩ 6,000을 받고 모두 수익으로 처리하였다. 이 중 당기에 해당하는 임대료는 ₩ 2,000이다.
- 당기 중 보험료 ₩ 5,000을 지급하면서 모두 자산으로 처리하였다. 이 중 다음 연도에 해당하는 보험료는 ₩ 2,000이다.
- 차입금에 대한 당기 발생이자는 ₩ 1,000이다.
- 대여금에 대한 당기 발생이자는 ₩ 2,000이다.

① 수정후시산표상의 수익은 ₩ 92,000이다.
② 수정후시산표상의 비용은 ₩ 78,000이다.
③ 수정후시산표상의 당기순이익은 ₩ 14,000이다.
④ 수정후시산표상의 자산총액은 ₩ 121,000이다.

06 답 ③

수정후시산표상 계정별 잔액

(1) 수정후시산표상 자산: 119,000
= 수정 전 자산 120,000 + 자산 조정 (−) 1,000
* 자산: 1,000 과대계상(= 차감 수정)
1) 선급보험료: (−) 3,000
2) 미수이자: (+) 2,000

(2) 수정후시산표상 부채: 85,000
= 수정 전 부채 80,000 + 부채 조정 5,000
* 부채: 5,000 과소계상(= 가산 수정)
1) 선수수익: (+) 4,000
2) 미지급이자: (+) 1,000

(3) 수정후시산표상 수익: 88,000
= 수정 전 수익 90,000 + 수익 조정 (−) 2,000
* 수익: 2,000 과대계상(= 차감 수정)
1) 임대료수익: (−) 4,000
2) 이자수익: (+) 2,000

(4) 수정후시산표상 비용: 74,000
= 수정 전 비용 70,000 + 비용 조정 4,000
* 비용: 4,000 과소계상(= 가산 수정)
1) 보험료: (+) 3,000
2) 이자비용: (+) 1,000

(5) 수정후 당기순이익: 14,000
* 당기순이익: (+) 14,000 = 수익 88,000 − 비용 74,000

별해 실제시험 풀이용 TOOL 적용

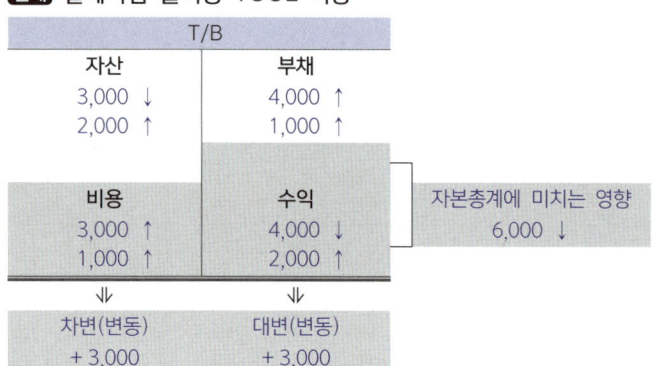

T/B

자산	부채
3,000 ↓ 2,000 ↑	4,000 ↑ 1,000 ↑
비용	**수익**
3,000 ↑ 1,000 ↑	4,000 ↓ 2,000 ↑
⇓	⇓
차변(변동) + 3,000	대변(변동) + 3,000

자본총계에 미치는 영향
6,000 ↓

07 □□□

2017년 국가직 7급

㈜한국은 실지재고조사법을 사용하고 있으며 20×1년 수정 전 당기순이익은 ₩1,000,000이다. 다음의 20×1년도 결산정리사항을 반영한 후에 계산되는 ㈜한국의 당기순이익은?

• 매출채권 현금 회수	₩130,000
• 기말 재고상품의 누락	₩ 40,000
• 비용으로 처리한 사무용품 미사용액	₩ 70,000
• FVPL금융자산의 평가이익	₩ 70,000
• 외상매입금 현금 지급	₩150,000
• 선수수익의 실현	₩ 30,000
• 이자수익 중 선수분	₩100,000

① ₩1,010,000
② ₩1,020,000
③ ₩1,040,000
④ ₩ 1,110,000

07 답 ④

반영 후 당기순이익: 1,110,000
= 수정 전 당기순이익 1,000,000 + 가산 항목 210,000 − 차감 항목 100,000

(1) 가산 항목: 210,000 = 40,000 + 70,000 + 70,000 + 30,000
  1) 기말 재고상품: 40,000
    * 기말 재고자산(자산)의 증가액만큼 매출원가(비용)가 감소하여 N/I(+)가 증가

(차) 재고자산(기말)	40,000	(대) 매 출 원 가	40,000

  2) 미사용 사무용품: 70,000
  3) FVPL금융자산의 평가이익: 70,000
  4) 선수수익의 실현분: 30,000

(2) 차감 항목: 100,000
  선수이자: 100,000
  * 선수분에 해당하는 수익을 취소한 만큼 선수이자(부채)가 증가하여 N/I(−)가 증가

(차) 이 자 수 익	100,000	(대) 선 수 이 자	100,000

별해 실제시험 풀이용 TOOL 적용

T/B	
자산	부채
+ 100,000	+ 40,000 + 70,000 + 70,000 + 30,000
⇓	⇓
N/I(−) 100,000	N/I(+) 210,000

(1) 기말 재고자산(자산) ↑: N/I(+)
(2) 미사용 사무용품(자산) ↑: N/I(+)
(3) FVPL금융자산평가이익(자산) ↑: N/I(+)
(4) 선수수익 실현(부채) ↓: N/I(+)
(5) 선수이자(부채) ↑: N/I(−)

08 □□□

2015년 지방직 9급

㈜한국의 결산수정사항이 다음과 같은 경우, 기말수정분개가 미치는 영향으로 옳지 않은 것은? (단, 법인세비용에 미치는 영향은 없다고 가정한다.)

> • 4월 1일 1년간의 보험료 ₩12,000을 지급하고 전액을 선급보험료 계정에 차기하였다.
> • 당해 회계연도의 임대료수익 ₩6,000이 발생되었으나 12월 31일 현재 회수되지 않고 다음 달 말일에 회수할 예정이다.

① 수정후잔액시산표의 대변 합계는 ₩6,000만큼 증가한다.
② 당기순이익이 ₩3,000만큼 증가한다.
③ 자산총액이 ₩3,000만큼 감소한다.
④ 부채총액은 변동이 없다.

08

답 ②

기말수정분개가 재무제표에 미치는 영향

(1) 자산: 3,000 과대계상(= 차감 수정)
(2) 부채: 영향 없음
(3) 수익: 6,000 과소계상(= 가산 수정)
(4) 비용: 9,000 과소계상(= 가산 수정)
(5) 당기순이익: 3,000 감소
  * 당기순이익: (-) 3,000 = 수익 6,000 - 비용 9,000

별해 실제시험 풀이용 TOOL 적용

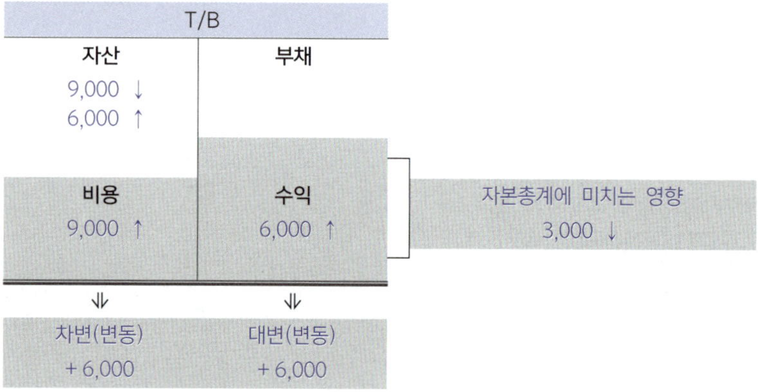

참고사항 거래별 회계처리

(1) 보험료 관련 회계처리

(차) 보험료	9,000	(대) 선급보험료	9,000

* 보험료: 12,000 × (12 - 3)/12 = 9,000

(2) 임대료수익 관련 회계처리

(차) 미수수익	6,000	(대) 임대수익	6,000

09 □□□

2015년 지방직 9급

결산과정에서 아래의 수정사항을 반영하기 전 법인세비용차감전순이익이 ₩100,000인 경우, 수정사항을 반영한 후의 법인세비용차감전순이익은? (단, 수정전시산표상 재평가잉여금과 기타포괄손익 - 공정가치 측정 금융자산평가손익의 잔액은 없다.)

- 선급보험료 ₩30,000 중 1/3의 기간이 경과하였다.
- 대여금에 대한 이자발생액은 ₩20,000이다.
- 미지급급여 ₩4,000이 누락되었다.
- 자산 재평가손실 ₩50,000이 누락되었다.
- 기타포괄손익 - 공정가치 측정 금융자산평가이익 ₩16,000이 누락되었다.
- 자기주식처분이익 ₩30,000이 누락되었다.

① ₩ 56,000
② ₩ 72,000
③ ₩102,000
④ ₩106,000

09

답 ①

반영 후 법인세비용차감전순이익: 56,000
= 수정 전 순이익 100,000 + 가산 항목 20,000 - 차감 항목 64,000

(1) 가산 항목: 20,000
 대여금이자: 20,000

(2) 차감 항목: 64,000 = 10,000 + 4,000 + 50,000
 1) 선급보험료: 10,000
  * 보험료(경과분): 10,000 = 30,000 × 1/3
 2) 미지급급여: 4,000
 3) 재평가손실: 50,000
  * 재평가손실의 N/I 반영의 이유: OCI와 우선 상계 후 N/I로 인식하는데, 제시된 수정전시산표상 OCI 잔액이 없음

(3) 당기순이익에 반영되지 않는 항목
 1) FVOCI금융자산의 평가이익: 기타포괄손익(OCI)에 해당
 2) 자기주식처분이익: 자본거래(자본잉여금)에 해당

별해 실제시험 풀이용 TOOL 적용

T/B

자산	부채
+ 10,000 + 4,000 + 50,000	+ 20,000
⇓	⇓
N/I(-) 64,000	N/I(+) 20,000

(1) 선급보험료(자산) ↓: N/I(-)
(2) 대여금이자(자산) ↑: N/I(+)
(3) 미지급급여(부채) ↑: N/I(-)
(4) 재평가손실(자산) ↓: N/I(-)

10 □□□

2015년 국가직 9급

㈜한국의 2014년 12월 31일 결산 시 당기순이익 ₩400,000이 산출되었으나, 다음과 같은 사항이 누락되었다. 누락 사항을 반영할 경우의 당기순이익은? (단, 법인세는 무시한다.)

> • 기중 소모품 ₩50,000을 구입하여 자산으로 기록하였고 기말 현재 소모품 중 ₩22,000이 남아있다.
> • 2014년 12월분 급여로 2015년 1월 초에 지급 예정인 금액 ₩25,000이 있다.
> • 2014년 7월 1일에 현금 ₩120,000을 은행에 예금하였다. (연 이자율 10%, 이자 지급일은 매년 6월 30일)
> • 2014년도의 임차료 ₩12,000이 미지급 상태이다.

① ₩341,000
② ₩347,000
③ ₩353,000
④ ₩369,000

10

답 ①

반영 후 당기순이익: 341,000
= 수정 전 당기순이익 400,000 + 가산 항목 6,000 - 차감 항목 65,000

(1) 가산 항목: 6,000
 미수이자: 6,000
 * 미수이자(6개월분): 6,000 = 120,000 × 10% × 6/12

(2) 차감 항목: 65,000 = 28,000 + 25,000 + 12,000
 1) 사용한 소모품: 28,000
  * 소모품(사용분): 28,000 = 50,000 - 22,000

소모품					
기	초	0	사	용	28,000
매	입	50,000	기	말	22,000

 2) 미지급급여: 25,000
 3) 미지급임차료: 12,000

별해 실제시험 풀이용 TOOL 적용

T/B	
자산	부채
+ 28,000 + 25,000 + 12,000	+ 6,000
⇓	⇓
N/I(-) 65,000	N/I(+) 6,000

(1) 미사용 소모품(자산) ↓: N/I(-)
(2) 미지급급여(부채) ↑: N/I(-)
(3) 미수이자(자산) ↑: N/I(+)
(4) 미지급임차료(부채) ↑: N/I(-)

11 □□□

2023년 국가직 9급

㈜한국은 20×1년 7월 1일 창고를 임대하고 1년분 임대료 ₩300,000을 현금 수령하여 임대료수익으로 회계처리하였다. ㈜한국이 임대료와 관련하여 기말 수정분개를 하지 않은 경우, ㈜한국의 재무제표에 미치는 영향에 대한 설명으로 옳은 것은? (단, 기간은 월할 계산한다.)

① 부채와 당기순이익이 모두 과대계상된다.
② 부채는 과소계상되고 당기순이익은 과대계상된다.
③ 자산과 당기순이익이 모두 과소계상된다.
④ 자산은 과소계상되고 당기순이익은 과대계상된다.

11 답 ②

(1) 결산수정분개

(차) 임 대 료 수 익*	150,000	(대) 선 수 수 익	150,000

* 300,000 × 6/12 = 150,000

(2) 결산수정분개를 수행하면 수익이 감소하고 부채가 증가한다. 문제에서는 결산수정분개를 하지 않았을 때의 영향을 물었으므로 그 반대로 수익은 증가하고 부채는 감소하여 당기순이익은 증가하게 된다.

12 □□□

2023년 지방직 9급

㈜한국은 20×1년 7월 초 현금 ₩10,000을 정기예금(연 이자율 10%, 1년 만기, 이자는 만기일시지급 조건)에 가입하고, 20×1년 말 결산 시 정기예금에 대한 이자수익을 장부에 기록하지 않았다. 이러한 기말수정분개 누락이 20×1년 말 자산과 20×1년 당기순이익에 미치는 영향을 바르게 연결한 것은? (단, 기간은 월할 계산한다)

	자산	당기순이익
①	₩500 과소계상	₩500 과소계상
②	₩500 과대계상	₩500 과대계상
③	₩1,000 과소계상	₩1,000 과소계상
④	₩1,000 과소계상	₩1,000 과대계상

12 답 ①

(1) 결산수정분개

(차) 미 수 이 자*	500	(대) 이 자 수 익	500

* 10,000 × 10% × 6/12 = 500

(2) 결산수정분개를 수행하면 자산과 당기순이익이 500 증가한다. 결산수정분개 누락의 영향을 물었으므로 자산과 당기순이익이 500 과소계상된다.

13 □□□

2023년 국가직 9급

다음은 상품매매기업인 ㈜한국의 재고자산에 대한 자료이다. 실지재고조사법에 따른 결산수정분개로 옳은 것은?

> • 기초상품재고액: ₩1,000　　• 당기상품매입액: ₩6,000
> • 기말상품재고액: ₩2,000

① (차) 상품 ₩2,000　(대) 매입 ₩7,000
　　　매출원가 ₩5,000

② (차) 매입 ₩5,000　(대) 매출원가 ₩5,000

③ (차) 매입 ₩6,000　(대) 매출원가 ₩7,000
　　　상품 ₩1,000

④ (차) 상품 ₩2,000　(대) 상품 ₩1,000
　　　매출원가 ₩5,000　　매입 ₩6,000

13　　답 ④

(1) 매출원가 = 기초 1,000 + 당기매입 6,000 − 기말 2,000 = 5,000

(2) 결산수정분개

(차)	상품	2,000	(대)	상품	1,000
	매출원가	5,000		매입	6,000

유형 09 [종합] 결산수정분개의 다양한 풀이방법

기본서 PART 02 회계원리 → CH 3. 회계순환과정 ▶ 41p

■ 결산수정분개 풀이방법 A형

01 □□□ 2020년 국가직 9급

20×1년 초 설립한 ㈜한국의 20×1년 말 수정전시산표는 회계기록상 계정잔액의 오류가 없었음에도 불구하고, 차변 합계와 대변 합계가 일치하지 않았다.

계정과목	차변	대변
현금	₩ 200	
매출	₩ 300	
매출채권	₩ 500	
건물	₩ 1,000	
미지급금		₩ 150
재고자산	₩ 200	
선급보험료		₩ 50
자본금		₩ 1,000
소모품	₩ 30	
선수수익	₩ 50	
미수수익		₩ 10
차입금		₩ 500
매입채무	₩ 50	
임차비용	₩ 30	
급여	₩ 30	
합계	₩ 2,390	₩ 1,710

위의 수정전시산표상의 오류와 다음 결산조정사항을 반영한 후 ㈜한국의 20×1년 말 수정후시산표상 차변 합계는? (단, ㈜한국은 저가법 적용 시 재고자산평가충당금 계정을 사용한다.)

- 20×1년 말 재고자산의 순실현가치는 ₩10으로 확인되었다.
- 차입금의 차입일은 20×1년 7월 1일, 연 이자율 4%, 만기 1년이며, 이자는 차입원금 상환 시 일시지급한다.

① ₩1,850　② ₩2,050
③ ₩2,250　④ ₩2,590

01

답 ③

20×1년 말 수정후시산표상 차변 합계: 2,250

= 수정 후 합계금액 2,050 + 재고자산평가손실 190 + 이자비용 10

(1) 수정 후 합계금액: 2,050

= 수정 전 합계 2,390 + 가산 항목 (50 + 10) - 차감 항목 (300 + 50 + 50)

* 수정전시산표상 오류수정 및 수정 후 합계금액

계정과목	차변	대변
수정 전 합계	2,390	1,710
매출		300
선급보험료	50	
선수수익		50
미수수익	10	
매입채무		50
수정 후 합계	2,050	2,050

(2) 재고자산평가손실: 190 = 200 - 10

(3) 이자비용: 10 = 500 × 4% × 6/12

참고사항 **거래별 회계처리**

(1) 재고자산 관련 회계처리

(차) 재고자산평가손실	190	(대) 평 가 충 당 금	190

* 재고자산평가손실: 200 - 10 = 190

(2) 차입금 관련 회계처리

(차) 이 자 비 용	10	(대) 미 지 급 비 용	10

* 이자비용: 500 × 4% × 6/12 = 10

02 □□□

2014년 국가직 7급

㈜한국의 2013년 12월 31일 수정전잔액시산표의 차변 합계와 대변 합계는 각각 ₩3,000,000이었다. 다음의 사항을 반영한 ㈜한국의 수정후잔액시산표의 차변 합계는?

• 선급임차료의 소멸	₩ 200,000
• 건물감가상각비(감가상각누계액 설정법)	₩ 450,000
• 미지급급여	₩ 250,000
• FVPL금융자산의 평가이익	₩ 150,000

① ₩3,650,000
② ₩3,850,000
③ ₩3,900,000
④ ₩4,050,000

02 답 ②

TIP 대차평균의 원리를 이용해 대변의 합계로 정답을 도출할 수 있다.
수정후잔액시산표의 차변 합계: 3,850,000
= 3,000,000 + 450,000 + 250,000 + 150,000

별해 실제시험 풀이용 TOOL 적용

T/B	
자산	부채
− 200,000 + 150,000	+ 450,000 + 250,000
+ 200,000 + 450,000 + 250,000	+ 150,000
⇓	⇓
차변(합계) 3,850,000	대변(합계) 3,850,000

(1) 선급임차료(자산) ↓: N/I(−)
(2) 감가상각비(비용) ↑: N/I(−)
(3) 미지급급여(부채) ↑: N/I(−)
(4) FVPL금융자산평가이익(자산) ↑: N/I(+)

참고사항 거래별 회계처리

(1) 선급임차료(자산) 관련 회계처리

(차) 임 차 료	200,000	(대) 선 급 임 차 료	200,000

(2) 감가상각비(비용) 관련 회계처리

(차) 감 가 상 각 비	450,000	(대) 감 가 상 각 누 계 액	450,000

(3) 미지급급여(부채) 관련 회계처리

(차) 급 여	250,000	(대) 미 지 급 급 여	250,000

(4) FVPL금융자산평가이익(자산) 관련 회계처리

(차) FVPL금융자산	150,000	(대) FVPL금융자산평가이익	150,000

01 □□□

2020년 국가직 9급

㈜한국의 다음 기말조정사항에 대한 수정분개가 당기순이익에 미치는 영향(증가 또는 감소)이 나머지 셋과 다른 것은?

① 당기 7월 1일에 1년 만기 정기예금(연 6% 이자율)에 가입하고 현금 ₩1,000,000을 입금하였으나, 결산일까지 이자 수령일이 도래하지 않아 이자 관련 회계처리는 하지 않았다.

② 비품에 대한 당기 감가상각비 ₩30,000을 회계처리하지 않았다.

③ 당기 11월 1일에 소모품을 ₩50,000에 현금으로 구입하고 자산으로 인식하였다. 기말 결산일에 미사용 소모품 ₩20,000이 남아있음을 확인하였다.

④ 당기 4월 1일부터 회사 건물을 ㈜민국에게 1년간 임대하고, 1개월에 ₩10,000씩 1년분 임대료 ₩120,000을 현금으로 받아 전액 수익으로 기록하였다.

01 답 ①

당기순이익에 미치는 영향이 다른 것

당기손익의 증가: 자산 증가 & 수익 발생

(차) 금 융 자 산	1,000,000	(대) 현 금	1,000,000
(차) 미 수 수 익	30,000	(대) 이 자 수 익	30,000

* 이자수익: 1,000,000 × 6% × 6/12 = 30,000

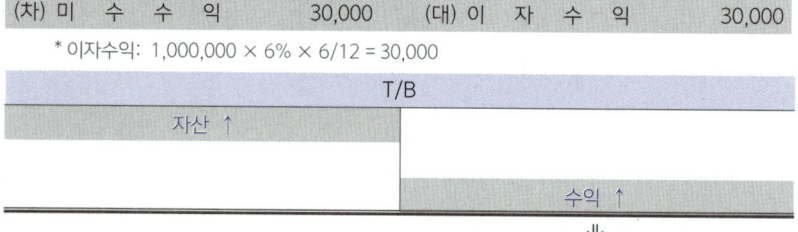

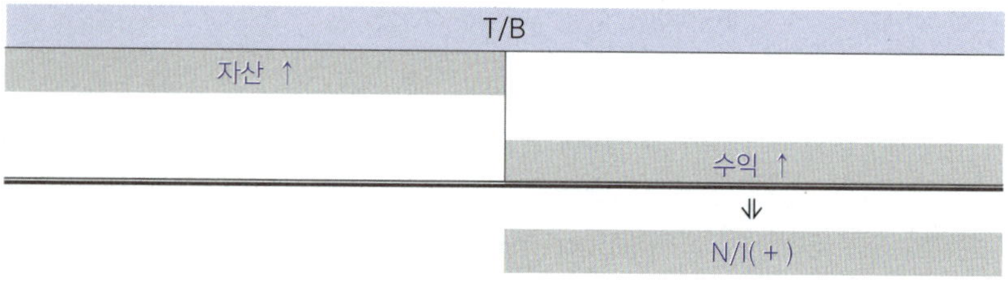

(선지분석)

② 당기손익의 감소: 부채 증가 & 비용 발생

(차) 감 가 상 각 비	30,000	(대) 감가상각누계액	30,000

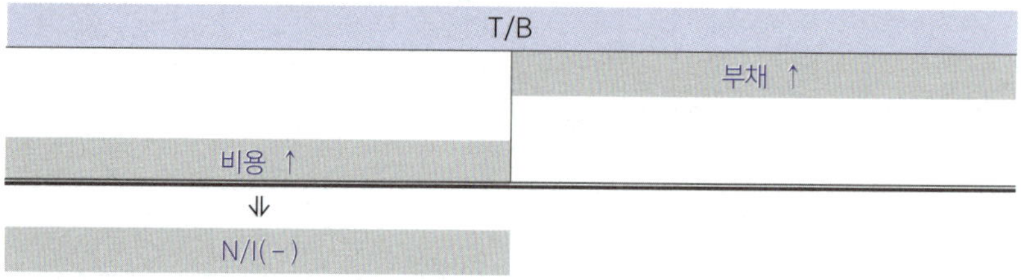

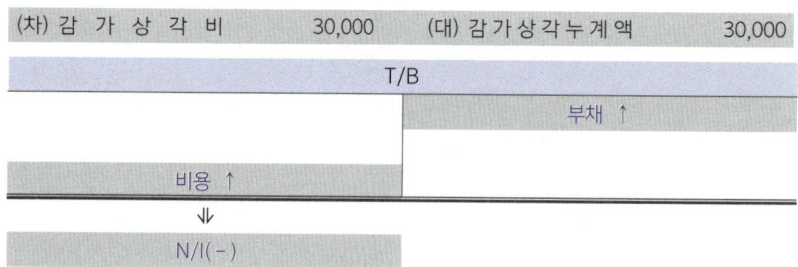

③ 당기손익의 감소: 자산 감소 & 비용 발생

(차) 소 모 품	50,000	(대) 현 금	50,000
(차) 소 모 품 비	30,000	(대) 소 모 품	30,000

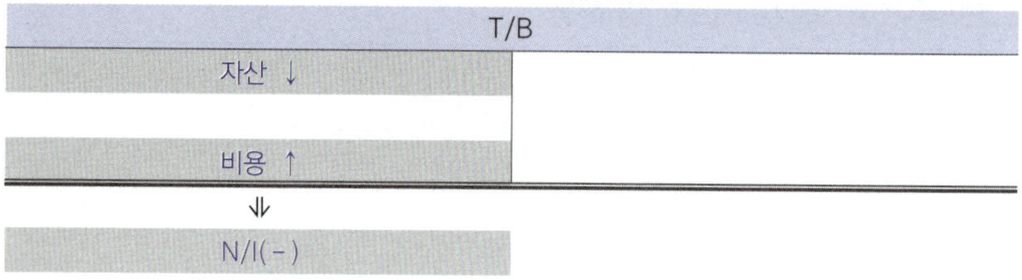

④ 당기손익의 감소: 부채 증가 & 수익 취소

(차) 현 금	120,000	(대) 임 대 료 수 익	120,000
(차) 임 대 료 수 익	30,000	(대) 선 수 임 대 료	30,000

* 선수임대료: 120,000 - {120,000 × [(12 - 3)/12]} = 30,000

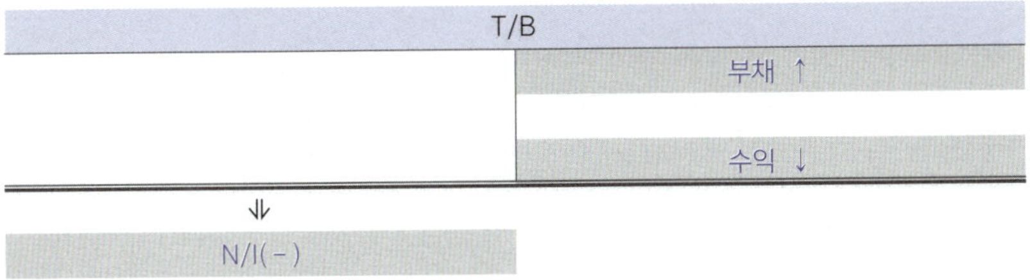

■ 결산수정분개 풀이방법 C형

01 □□□ 2017년 지방직 9급

㈜한국의 2014년 말 수정전시산표와 결산정리사항은 다음과 같다. 결산정리사항을 반영한 2014년 말 재무상태표상의 자산총액은?

수정전시산표

현금	₩ 92,000	매입채무	₩ 32,000
매출채권	65,000	손실충당금 - 매출채권	2,000
상품	5,000	단기차입금	35,000
매입	100,000	미지급금	50,000
건물	300,000	미지급비용	10,000
임차료	10,000	감가상각누계액 - 건물	30,000
급여	7,500	자본금	250,000
보험료	3,500	이익잉여금	40,000
이자비용	5,000	매출	135,000
		임대수익	4,000
	₩ 588,000		₩ 588,000

<결산정리사항>

- 2014년 말 재고자산은 ₩ 3,500이다.
- 건물 ₩ 300,000은 2013년 1월 1일에 취득하였고 정액법(내용연수 10년, 잔존가치 ₩ 0)으로 상각한다. (단, 건물은 원가모형을 적용한다.)
- 보험료 미경과액은 ₩ 1,750이다.
- 2014년 말 현재 매출채권의 회수가능액을 ₩ 60,000으로 추정하였다.

① ₩ 397,250
② ₩ 430,000
③ ₩ 462,250
④ ₩ 530,000

01

답 ①

TIP '매입' 문구로 실지재고조사법에 따른 회계처리임을 유추하여야 한다.

14년 말 재무상태표상의 자산총액: 397,250

자산		
현금		92,000
매출채권	65,000 - 손실충당금 5,000	60,000
상품	5,000	
	매출원가(실지재고조사법): 101,500 ⇒	3,500
매입	100,000	
건물	300,000 - (300,000 × 2 / 10)	240,000
선급보험료		1,750
합계		397,250

참고사항 실지재고조사법과 계속기록법의 비교

실지재고조사법은 수정전시산표의 기초 재고와 매입분이 모두 사라지고 기말 재고자산이 재무상태표에 재고자산으로 기록된다. 만약 감모와 평가손실이 없다면, 계속기록법은 수정전시산표의 기말 재고자산이 재무상태표에 재고자산으로 기록된다.

실지재고조사법하의 시점별 재고자산 회계처리

(1) 매입 시점

(차) 매입	100,000	(대) 현금	100,000

(2) 판매 시점

(차)	-	(대)	-

(3) 기말 시점

(차) 매출원가	101,500	(대) 재고자산(기초)	5,000
재고자산(기말)	3,500	매입	100,000

* 매출원가: (5,000 + 100,000) - 3,500 = 101,500

02 □□□

2013년 국가직 7급

다음은 ㈜한국의 2012년 12월 31일 종료되는 회계연도의 수정전시산표의 계정 일부이다.

• 선급보험료	₩ 60,000	• 이자수익	₩ 40,000
• 임차료	₩ 30,000	• 소모품비	₩ 5,000
• 상품	₩ 100,000	• 매입	₩ 800,000

다음 자료를 고려하여 결산수정분개를 완료했을 때, 당기순이익에 미치는 영향은?

- 선급보험료는 2012년 12월 1일에 6개월분 화재 보험료를 현금 지급한 것이다.
- 이자수익은 2012년 10월 1일에 6개월분의 선이자를 현금으로 받은 것이다.
- 임차료는 2012년 11월 1일에 3개월분 임차료를 현금 지급한 것이다.
- 결산일 현재 미사용한 소모품은 ₩ 2,000이다.
- 기말 실지재고조사 결과 상품재고는 ₩ 120,000이다.

① ₩ 782,000 감소
② ₩ 798,000 감소
③ ₩ 812,000 감소
④ ₩ 828,000 감소

02

답 ②

TIP '매입' 문구로 실지재고조사법임을 유추하여야 한다.

당기순이익에 미치는 영향: (-) 798,000

= 가산 항목 12,000 - 차감 항목 810,000

(1) 가산 항목: 12,000 = 10,000 + 2,000

1) 선급임차료: 10,000

* 선급임차료(1개월분): 10,000 = 30,000 × (3 - 2)/3

2) 미사용 소모품: 2,000

(2) 차감 항목: 810,000 = 10,000 + 20,000 + 780,000

1) 선급보험료: 10,000

* 선급보험료(1개월분): 10,000 = 60,000 × 1/6

2) 선수이자수익: 20,000

* 선수이자(3개월분): 20,000 = 40,000 × (6 - 3)/6

3) 매출원가: 780,000

* 매출원가: 780,000 = (100,000 + 800,000) - 120,000

재고자산			
기초	100,000	매출원가	780,000
매입	800,000	기말	120,000

별해 실제시험 풀이용 TOOL 적용

T/B	
자산	부채
+ 10,000 + 20,000 + 780,000	+ 10,000 + 2,000
⇓	⇓
N/I(-) 810,000	N/I(+) 12,000

(1) 선급보험료(자산) ↓: N/I(-)
(2) 선수이자수익(부채) ↑: N/I(-)
(3) 선급임차료(자산) ↑: N/I(+)
(4) 미사용 소모품(자산) ↑: N/I(+)
(5) 매출원가(비용) ↑: N/I(-)

참고사항 실지재고조사법과 계속기록법의 비교

실지재고조사법은 수정전시산표의 기초 재고자산과 매입분이 모두 사라지고 기말 재고자산이 재무상태표에 재고자산으로 기록된다. 만약 감모와 평가손실이 없다면, 계속기록법은 수정전시산표의 기말 재고자산이 재무상태표에 재고자산으로 기록된다.

실지재고조사법하의 시점별 재고자산 회계처리

(1) 매입 시점

(차)	매입	800,000	(대) 현금	800,000

(2) 판매 시점

(차)	-		(대)	-

(3) 기말 시점

(차)	매출원가	780,000	(대) 재고자산(기초)	100,000
	재고자산(기말)	120,000	매입	800,000

* 매출원가: (100,000 + 800,000) - 120,000 = 780,000

03 □□□

2022년 국가직 9급

㈜한국은 20×1년 말 결산 중 다음 항목에 대한 기말수정분개가 누락된 것을 발견하였다. 누락된 기말수정분개가 20×1년 당기순이익에 미치는 영향은? (단, 기간은 월할 계산한다.)

- 20×1년 7월 1일 1년치 보험료 ₩120,000을 현금지급하고 전액 선급보험료로 처리하였다.
- 20×1년 1월 1일 자산으로 계상된 소모품 ₩200,000 중 12월 말 현재 보유하고 있는 소모품은 ₩100,000이다.
- 20×1년 3월 1일 사무실 일부를 임대하고 1년치 임대료 ₩240,000을 현금으로 수령하면서 전액 수익으로 처리하였다.

① ₩60,000 증가
② ₩100,000 증가
③ ₩60,000 감소
④ ₩200,000 감소

03

답 ④

선급보험료(120,000 × 6/12) + 소모품(100,000) + 선수임대료(240,000 × 2/12) = 200,000 감소

04 □□□

2022년 국가직 9급

㈜한국은 휴대전화 판매를 영위하는 회사이며, 다음의 거래를 누락한 상태에서 당기순이익을 ₩40,000으로 산정하였다. 다음 거래를 추가로 반영할 경우 포괄손익계산서상 당기순이익은?

• 미수이자수익 발생	₩ 10,000
• 선수수익의 수익실현	₩ 40,000
• 매출채권의 현금회수	₩ 20,000
• 매입채무의 현금상환	₩ 7,000
• 미지급이자비용 발생	₩ 3,000

① ₩50,000
② ₩87,000
③ ₩100,000
④ ₩110,000

04

답 ②

40,000 + 10,000 + 40,000 − 3,000 = 87,000

* 매출채권의 현금회수, 매입채무의 현금상환은 당기손익에 미치는 영향이 없음

■ 결산수정분개 풀이방법 D형

01 □□□ 2014년 국가직 9급

㈜한국의 2012년 말 소모품 재고액은 ₩50,000이다. ㈜한국은 2013년 중에 소모품 ₩100,000어치를 현금으로 구입하고 이를 소모품비로 회계처리하였다. 2013년 말에 소모품 재고를 실사한 결과 ₩70,000의 소모품이 남아있음을 확인하였다. 이와 관련하여 2013년 말의 결산수정분개로 옳은 것은?

① (차) 소 모 품 20,000 (대) 소모품비 20,000
② (차) 소모품비 20,000 (대) 소 모 품 20,000
③ (차) 소 모 품 30,000 (대) 소모품비 30,000
④ (차) 소모품비 30,000 (대) 소 모 품 30,000

01 답 ①

소모품과 관련된 결산수정분개

(차) 소 모 품	20,000	(대) 소 모 품 비	20,000

* 소모품비: 100,000 − [(50,000 + 100,000) − 70,000] = 20,000

별해 수정전시산표와 수정후시산표의 비교

T/B [수정 전]

소모품	50,000	
소모품비	100,000	
	150,000	

T/B [수정 후]

소모품	70,000	
소모품비	80,000	
	150,000	

⇒ 수정 후 소모품비(사용분): 80,000 = 기초 50,000 + 매입 100,000 − 기말 70,000
∴ 결산수정분개로 소모품 가산 수정 & 소모품비 차감 수정

02 □□□ 2013년 국가직 9급

㈜한국의 수정전시산표상 소모품은 ₩160,000이고, 기말 현재 남아있는 소모품이 ₩70,000이다. 수정분개로 옳은 것은?

① (차) 소모품비 ₩90,000 (대) 소 모 품 ₩90,000
② (차) 소모품비 ₩70,000 (대) 소 모 품 ₩70,000
③ (차) 소 모 품 ₩90,000 (대) 소모품비 ₩90,000
④ (차) 소 모 품 ₩70,000 (대) 소모품비 ₩70,000

02 답 ①

소모품의 수정분개

(차) 소 모 품 비	90,000	(대) 소 모 품	90,000

* 소모품: 160,000 − 70,000 = 90,000

별해 수정전시산표와 수정후시산표의 비교

T/B [수정 전]

소모품	160,000	
	160,000	

T/B [수정 후]

소모품	70,000	
소모품비	90,000	
	160,000	

⇒ 수정 후 소모품비(사용분): 90,000 = 수정 전 160,000 − 기말 70,000
∴ 결산수정분개로 소모품 차감 수정 & 소모품비 가산 수정

03 □□□

2022년 국가직 9급

㈜한국은 보험료 지급 시 전액을 자산으로 회계처리하며 20×1년 재무상태표상 기초와 기말 선급보험료는 각각 ₩200,000과 ₩310,000이다. 20×1년 중 보험료를 지급하면서 자산으로 회계처리한 금액이 ₩1,030,000이라면, 20×1년 포괄손익계산서상 보험료 비용은?

① ₩520,000
② ₩920,000
③ ₩1,030,000
④ ₩1,140,000

03 답 ②

기초 선급보험료 200,000 + 증가(자산처리금액) 1,030,000 = 감소(비용처리) 920,000(역산) + 기말 선급보험료 310,000

■ 결산수정분개 풀이방법 E형

01 □□□

2011년 지방직 9급

㈜한국은 기초 소모품이 ₩5,000이었고, 기중에 소모품 ₩6,000을 추가로 구입하고 자산으로 처리하였다. 기말에 남아 있는 소모품이 ₩3,000이라면, 소모품과 관련된 기말수정분개는?

	차변		대변	
①	소모품비	8,000	소 모 품	8,000
②	소 모 품	3,000	소모품비	3,000
③	소모품비	3,000	소 모 품	3,000
④	소 모 품	8,000	소모품비	8,000

01 답 ①

소모품과 관련된 수정분개

(차) 소 모 품 비	8,000	(대) 소 모 품	8,000

* 소모품: (5,000 + 6,000) - 3,000 = 8,000

참고사항 소모품의 T계정 분석

소모품			
기초	5,000	사용	8,000
매입	6,000	기말	3,000

■ 결산수정분개 풀이방법 F형

01 □□□

2017년 국가직 9급

수정전시산표와 수정후시산표의 비교를 통한 수정분개 추정으로 옳지 않은 것은?

구분	계정과목	수정전시산표	수정후시산표
①	이자비용	₩ 3,000	₩ 5,000
	미지급이자	₩ 1,000	₩ 3,000
②	상품	₩ 1,500	₩ 2,500
	매입	₩ 6,000	₩ 0
	매출원가	₩ 0	₩ 5,000
③	선급보험료	₩ 2,400	₩ 1,200
	보험료	₩ 2,000	₩ 3,200
④	선수임대수익	₩ 1,800	₩ 1,200
	임대수익	₩ 1,500	₩ 2,100

	차변		대변	
①	이자비용	₩ 2,000	미지급이자	₩ 2,000
②	매출원가	₩ 6,000	매입	₩ 7,000
	상품	₩ 1,000		
③	보험료	₩ 1,200	선급보험료	₩ 1,200
④	선수임대수익	₩ 600	임대수익	₩ 600

01 답 ②

수정분개로 옳지 않은 것: 상품 매입의 수정분개

(차) 매출원가	5,000	(대) 상품	1,500
상품	2,500	매입	6,000

02 □□□

2016년 국가직 9급

다음의 자료를 이용하여 행한 수정분개로 옳지 않은 것은?

수정전시산표 항목		수정분개 사항	
상 품 매 입	₩ 100,000 ₩ 600,000	기말 상품재고액	₩ 300,000
소 모 품 소 모 품 비	₩ 200,000 ₩ 0	기말 소모품재고액	₩ 50,000
임 차 료 선 급 임 차 료	₩ 100,000 ₩ 0	기말 미경과 임차료	₩ 50,000
감 가 상 각 비 감가상각누계액 - 건물	₩ 0 ₩ 100,000	당기 건물 감가상각비	₩ 100,000

① (차) 상품 ₩ 200,000 (대) 매입 ₩ 600,000
매출원가 ₩ 400,000
② (차) 소모품비 ₩ 150,000 (대) 소모품 ₩ 150,000
③ (차) 임차료 ₩ 50,000 (대) 선급임차료 ₩ 50,000
④ (차) 감가상각비 ₩ 100,000 (대) 감가상각누계액 - 건물 ₩ 100,000

02 답 ③

수정분개로 옳지 않은 것: 선급임차료의 수정분개

(차) 선급임차료	50,000	(대) 임차료	50,000

* 임차료: 100,000 - 50,000 = 50,000

03 □□□

(주)한국의 2012년 12월 31일 수정전시산표와 추가적 정보는 다음과 같다. 수정분개로 옳은 것은?

〈수정전시산표〉

계정과목	잔액
매 출 채 권	₩ 200,000
선 수 수 익	₩ 60,000
선급임차료	₩ 120,000
선급보험료	₩ 24,000

〈추가적 정보〉

ㄱ. 2012년 12월 31일을 기준으로 선수수익의 3분의 1에 해당하는 용역을 제공하였다.
ㄴ. 2012년 9월 1일 1년분의 보험료를 지급하고, 선급보험료로 회계처리하였다.
ㄷ. 대금이 회수되지 않은 용역 제공분 ₩ 6,000에 대하여 회계처리하지 않았다.
ㄹ. 6개월분의 선급임차료에 대한 거래는 2012년 10월 1일에 발생하였다.

① ㄱ: (차) 선 수 수 익 ₩ 20,000 (대) 매 출 원 가 ₩ 20,000
② ㄴ: (차) 선급보험료 ₩ 8,000 (대) 보 험 료 ₩ 8,000
③ ㄷ: (차) 현 금 ₩ 6,000 (대) 용 역 매 출 ₩ 6,000
④ ㄹ: (차) 임 차 료 ₩ 60,000 (대) 선급임차료 ₩ 60,000

03 답 ④

ㄹ. 선급임차료의 수정분개

(차) 임 차 료	60,000	(대) 선 급 임 차 료	60,000

* 선급임차료: 120,000 × (6 − 3)/6 = 60,000

(선지분석)

ㄱ. 용역의 제공의 수정분개

(차) 선 수 수 익	20,000	(대) 용 역 수 익	20,000

* 선수수익: 60,000 × 1/3 = 20,000

ㄴ. 보험료의 지급의 수정분개

(차) 보 험 료	8,000	(대) 선 급 보 험 료	8,000

* 선급보험료: 24,000 × 4/12 = 8,000

ㄷ. 누락분의 수정분개

(차) 미 수 수 익	6,000	(대) 용 역 매 출	6,000

■ 결산수정분개 풀이방법 G형

01 □□□ 2017년 지방직 9급

㈜한국은 2015년 3월 1일에 건물 임대 시 1년분 임대료 ₩360,000을 현금으로 수취하고 임대수익으로 처리하였으나 기말에 수정분개를 누락하였다. 그 결과 2015년도 재무제표에 미치는 영향으로 옳은 것은?

① 자산총계 ₩60,000 과대계상
② 자본총계 ₩60,000 과소계상
③ 부채총계 ₩60,000 과소계상
④ 비용총계 ₩60,000 과대계상

01 답 ③

누락사항이 재무제표에 미치는 영향: 부채총계 60,000 과소계상

참고사항 회계처리의 비교와 기말수정분개

(1) 회사의 회계처리

(차) 현금	360,000	(대) 임대수익	360,000

(2) 올바른 회계처리

(차) 현금	360,000	(대) 임대수익	300,000
		선수수익	60,000

* 임대수익: 360,000 × 10/12 = 300,000
* 선수수익: 360,000 - 300,000 = 60,000

⇒ 선수수익(부채) 60,000 과소계상

(3) 기말수정분개

(차) 임대수익	60,000	(대) 선수수익	60,000

02 □□□

2016년 국가직 7급

㈜한국은 보험업을 영위하는 회사이며, 보험상품을 판매 시점에 전액 부채로 인식하는 회계처리방식을 선택하고 있다. ㈜한국은 기중에 보험상품 ₩20,000을 ㈜대한에 판매하였다. ㈜한국과 맺은 보험계약과 관련하여 ㈜대한이 수행한 결산수정분개는 다음과 같다. ㈜한국이 ㈜대한과 맺은 보험계약에 대해 수행해야 할 결산수정분개로 옳은 것은?

(차변) 보험료비용	₩10,000	(대변) 선급보험료	₩10,000

	차변		대변	
①	선수보험료	₩10,000	보험료수익	₩10,000
②	보험료비용	₩10,000	선급보험료	₩10,000
③	보험료수익	₩10,000	선수보험료	₩10,000
④	선수보험료	₩10,000	선급보험료	₩10,000

02

답 ①

㈜한국의 결산수정분개

(차) 선 수 보 험 료	10,000	(대) 보 험 료 수 익	10,000

참고사항 회계처리의 비교

(1) ㈜한국의 회계처리

1) 계약 시점

(차) 현 금	20,000	(대) 선수보험료(부채)	20,000

2) 기말 시점

(차) 선수보험료(부채)	10,000	(대) 보 험 료 수 익	10,000

(2) ㈜대한의 회계처리

1) 계약 시점

(차) 선급보험료(자산)	20,000	(대) 현 금	20,000

2) 기말 시점

(차) 보 험 료 비 용	10,000	(대) 선급보험료(자산)	10,000

유형 10 회계원리 종합 서술형 문제

01 □□□

2016년 국가직 9급

회계기간 말에 행할 결산수정사항이 아닌 것은?

① 기중에 사용된 소모품 금액을 소모품 계정으로부터 소모품비 계정으로 대체한다.
② 거래 중인 회사의 부도로 기대신용손실이 확정된 매출채권에 대해 손실충당금과 상계처리한다.
③ 건물에 대한 감가상각비를 인식한다.
④ 실지재고조사법에 따라 상품에 대한 매출원가를 인식한다.

01 답 ②

기대신용손실이 확정된 매출채권에 대해 손실충당금과 상계표시하는 것은 기중 거래에 해당한다.

참고사항 손실충당금의 T계정 및 관련 회계처리

(1) 손실충당금의 T계정

손실충당금		
손 상 확 정	기 초	
	회 수	
기 말	설 정	손상차손

(2) 손상의 확정(기중)

(차) 손 실 충 당 금	(대) 매 출 채 권

(3) 손상차손의 인식(기말)

(차) 손 실 충 당 금 채 권 손 상 차 손	(대) 매 출 채 권

02 □□□

2015년 국가직 9급

시산표를 작성함으로써 발견할 수 있는 오류는?

① 상품을 판매한 거래에 대하여 두 번 분개한 경우
② 거래를 분개함에 있어서 차입금 계정의 차변에 기록하여야 하는데 대여금 계정의 차변에 기록한 경우
③ 실제 거래한 금액과 다르게 대변과 차변에 동일한 금액을 전기한 경우
④ 매출채권 계정의 차변에 전기해야 하는데 대변으로 전기한 경우

02 답 ④

TIP 시산표에 의해서 발견할 수 있는 오류는 차변 금액과 대변 금액이 불일치하는 경우에 해당한다.
TIP 계정의 원래 자리가 아닌 곳에 기재되면, '대차의 합계가 불일치'한다.

시산표에 의해 발견될 수 있는 오류
차변 금액과 대변 금액의 불일치로 인한 오류 ⇒ 시산표에 의해서 발견할 수 있는 오류에 해당한다.

선지분석

① 특정 거래 전체를 이중으로 기입한 경우 ⇒ 시산표에 의해서 발견할 수 없는 오류에 해당한다.
② 다른 계정과목으로 잘못 분개하였을 때 ⇒ 시산표에 의해서 발견할 수 없는 오류에 해당한다.
③ 분개는 틀렸으나 대차의 금액은 일치하는 경우 ⇒ 시산표에 의해서 발견할 수 없는 오류에 해당한다.

03 □□□

2012년 국가직 7급

결산정리사항 중 당기순이익에 미치는 영향이 나머지와 다른 하나는?

① 선급보험료 계상
② 선수임대료 계상
③ 채권 손상차손 계상
④ 미지급이자 계상

03 답 ①

당기순이익에 미치는 영향이 다른 것
당기손익의 증가: 자산(선급보험료) 증가

(차) 보 험 료	(대) 현 금
(차) 선 급 보 험 료(자산 증가)	(대) 보 험 료(비용 취소)

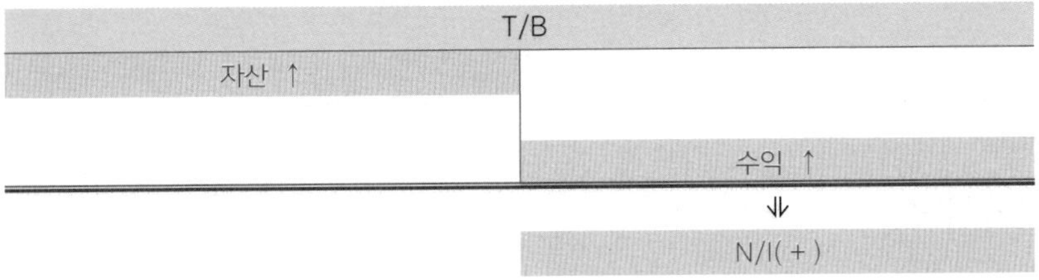

(선지분석)
② 당기손익의 감소: 부채(선수임대료) 증가

(차) 현 금	(대) 임 대 료 수 익
(차) 임대료수익(수익 취소)	(대) 선수임대료(부채 증가)

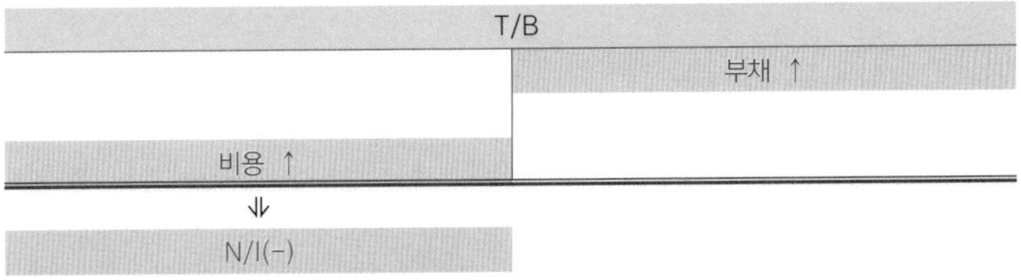

③ 당기손익의 감소: 비용(채권 손상차손) 발생

(차) 손 실 충 당 금 채권손상차손(비용 발생)	(대) 매 출 채 권(자산 감소)

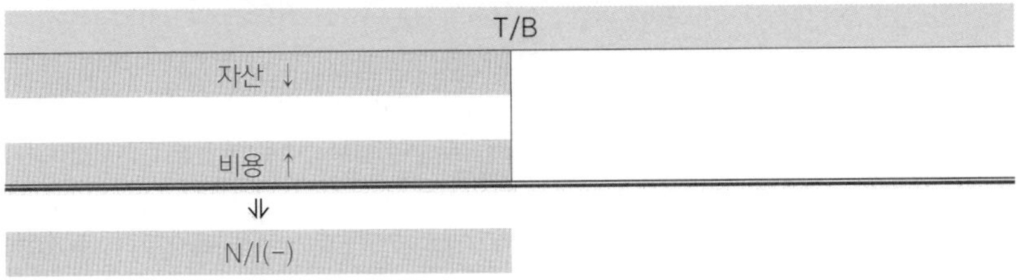

④ 당기손익의 감소: 부채(미지급이자) 증가

(차) 현 금	(대) 금 융 부 채
(차) 이 자 비 용(비용 발생)	(대) 현 금 미 지 급 이 자(부채 증가)

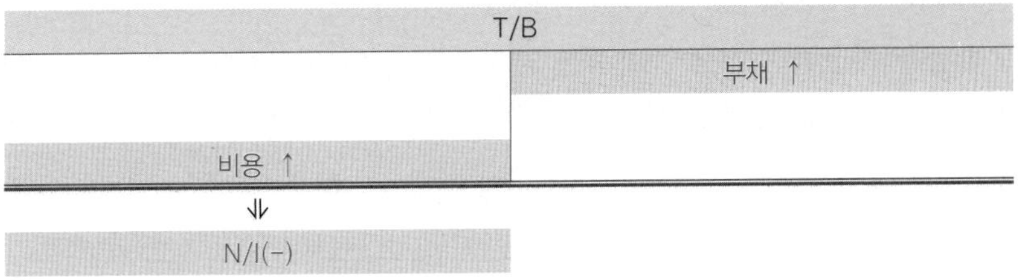

04 □□□

2012년 지방직 9급

다음은 기업에서 발생한 사건들을 나열한 것이다. 이 중 회계상의 거래에 해당되는 것을 모두 고른 것은?

ㄱ. 현금 ₩50,000,000을 출자하여 회사를 설립하였다.
ㄴ. 원재료 ₩30,000,000을 구입하기로 계약서에 날인하였다.
ㄷ. 종업원 3명을 고용하기로 하고 근로계약서를 작성하였다. 계약서에는 월 급여액과 상여금액을 합하여 1인당 ₩2,000,000으로 책정하였다.
ㄹ. 회사 사무실 임대계약을 하고 보증금 ₩100,000,000을 송금하였다.

① ㄱ, ㄴ, ㄷ, ㄹ
② ㄱ, ㄴ, ㄹ
③ ㄱ, ㄹ
④ ㄴ, ㄷ

04 답 ③

회계상의 거래에 해당되는 것: ㄱ, ㄹ이다.
ㄱ. 출자하여 설립: 현금·자본금 증가 ⇒ 재무상태의 변동(○)
∴ 재무상태의 변동(○), 거래(○)
ㄹ. 보증금 송금: 현금 감소 ⇒ 재무상태의 변동(○)
∴ 재무상태의 변동(○), 거래(○)

선지분석
ㄴ. 계약서에 날인: 계약 체결만 된 상태에 해당함(= 단순 계약)
∴ 재무상태의 변동(×), 거래(×)
ㄷ. 근로계약서 작성: 계약 체결만 된 상태에 해당함(= 단순 계약)
∴ 재무상태의 변동(×), 거래(×)

05 □□□

2012년 지방직 9급

계정과목에 대한 설명으로 옳지 않은 것은?

① 대여금: 타인에게 현금을 대여했을 때 사용하는 계정으로, 자산 계정이다.
② 손실충당금: 기말 매출채권으로부터의 현금유입액의 현재가치를 나타내기 위해 사용하는 매출채권 총액의 차감계정으로, 자산의 차감계정이다.
③ 선급비용: 비용으로 인식하기 전에 미리 대금을 지급한 경우에 사용하는 계정으로, 부채 계정이다.
④ 선수수익: 수익으로 인식하기 전에 미리 대금을 수취한 경우에 사용하는 계정으로, 부채 계정이다.

05 답 ③

계정과목에 대한 설명으로 옳지 않은 것: 선급비용(자산): 비용으로 인식하기 전에 미리 대금을 지급한 경우에 사용하는 계정이다.

06 □□□

2012년 지방직 9급

㈜한국은 보험료를 1년 단위로 납부한다. 보험료 납부 시에 일괄적으로 보험료로 비용으로 처리한 후, 기말 결산 시에 미경과분에 대하여 선급비용으로 수정분개처리를 하지 않았다면 당기에 기업에 미치는 영향은?

① 자산, 순이익, 자본의 과대계상
② 자산, 순이익, 자본의 과소계상
③ 부채의 과대계상, 순이익과 자본의 과소계상
④ 당기에 아무런 영향 없음

06 답 ②

당기에 기업에 미치는 영향

자산과 비용의 증감에 따른 당기순익과 자본에 미치는 영향

자산	비용		당기순이익		자본
과소계상	과대계상	⇒	과소계상	⇒	과소계상
과대계상	과소계상	⇒	과대계상	⇒	과대계상

참고사항 회계처리의 비교와 기말수정분개

(1) 회사의 회계처리

(차) 보 험 료(비용 발생)	(대) 현 금(자산 감소)

(2) 올바른 회계처리

(차) 보 험 료(비용 발생)	(대) 현 금(자산 감소)
선급보험료(자산 증가)	

⇒ 선급보험료만큼 자산 과소계상, 비용 과대계상

(3) 기말수정분개

(차) 선급보험료(자산 증가)	(대) 보 험 료(비용 취소)

07 □□□

2011년 국가직 9급 변형

잔액시산표의 차변금액 합계와 대변금액 합계를 일치하지 않게 하는 경우는?

① 개발비 계정의 잔액을 잔액시산표의 연구비 계정에 기입하였다.
② 매출채권 계정의 잔액을 잔액시산표의 영업권 계정에 기입하였다.
③ 이자수익 계정의 잔액을 잔액시산표의 주식발행초과금 계정에 기입하였다.
④ 사채 계정의 잔액을 잔액시산표의 AC금융자산 계정에 기입하였다.

07

답 ④

TIP 시산표에 의해서 발견할 수 있는 오류는 차변금액과 대변금액이 불일치하는 경우에 해당한다.
TIP 계정의 원래 자리가 아닌 곳에 기재되면, '대차 합계가 불일치'한다.
TIP 계정의 원래 자리에 다른 계정이 기재되면, '대차 합계가 일치'한다.

대차 합계가 불일치하는 경우

대차 합계가 불일치: 계정의 원래 자리(대변)가 아닌 곳에 기재됨

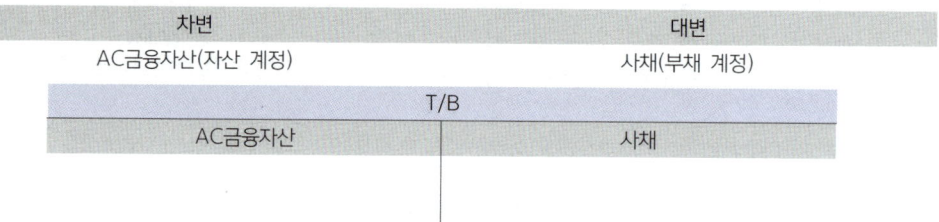

차변	대변
AC금융자산(자산 계정)	사채(부채 계정)

T/B	
AC금융자산	사채

(선지분석)

① 대차 합계가 일치: 계정의 원래 자리(차변)에 다른 계정(차변)이 기재됨

차변	대변
개발비(자산 계정) 연구비(비용 계정)	

T/B	
개발비	
연구비	

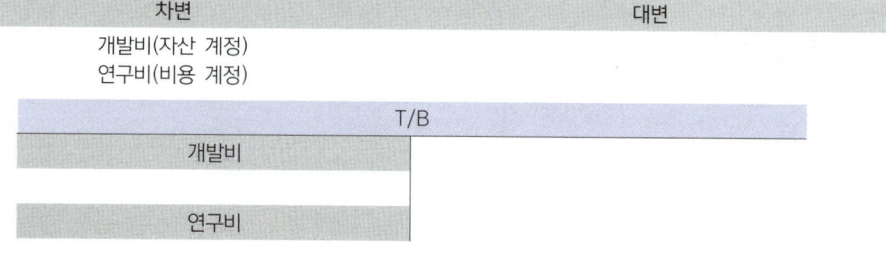

② 대차 합계가 일치: 계정의 원래 자리(차변)에 다른 계정(차변)이 기재됨

차변	대변
매출채권(자산 계정) 영업권(자산 계정)	

T/B	
매출채권 영업권	

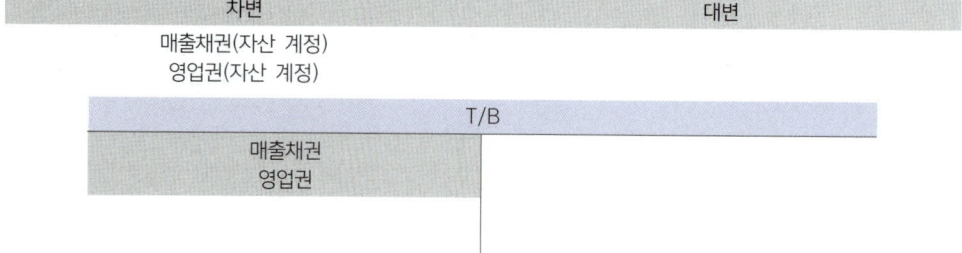

③ 대차 합계가 일치: 계정의 원래 자리(대변)에 다른 계정(대변)이 기재됨

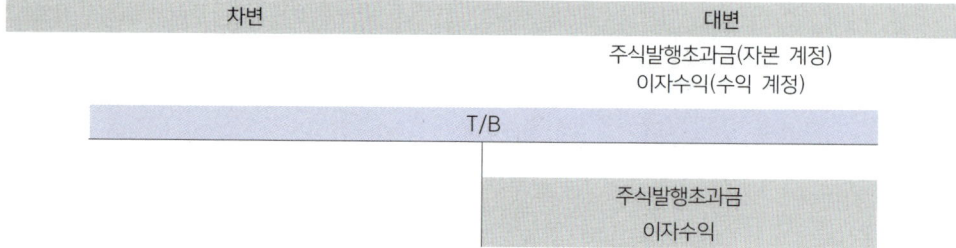

차변	대변
	주식발행초과금(자본 계정) 이자수익(수익 계정)

T/B	
	주식발행초과금 이자수익

08 □□□

2010년 국가직 9급

회계상의 거래는 분개와 전기의 과정을 거쳐 계정에 기입된다. 다음은 어떤 계정에 대한 전기 내역의 일부이다. 이때 (㉠) 속에 기입할 계정과목으로 옳은 것은?

(㉠)

(차변)	(대변)
⁝	⁝
3월 5일 매출 ×××	3월 10일 현금 ×××
3월 30일 손실충당금 ×××	3월 15일 매출환입 ×××
⁝	⁝

① 매출채권
② 상품
③ 손상차손
④ 매입채무

08 답 ①

계정과목으로 옳은 것: 매출채권
상기의 내용은 매출채권 계정에 대한 전기 내역의 일부에 해당한다.

> **참고사항 거래별 회계처리**
> (1) **매출 발생:** 매출채권 증가
>
> | | |
> |---|---|
> | (차) 매출채권(자산 증가) | (대) 매 출(수익 발생) |
>
> (2) **현금의 유입:** 매출채권 감소
>
> | | |
> |---|---|
> | (차) 현 금(자산 증가) | (대) 매출채권(자산 감소) |
>
> (3) **매출환입 발생:** 매출채권 감소
>
> | | |
> |---|---|
> | (차) 매 출(수익 취소) | (대) 매출채권(자산 감소) |

09 □□□

2010년 국가직 9급

시산표를 작성하는 목적 중의 하나는 회계기록상의 오류를 발견하는 데 있다. 다음 중 시산표에서 발견될 수 없는 오류는?

① 특정 거래를 중복하여 기입한 오류
② 총계정원장의 대변금액을 시산표의 차변에 기입한 오류
③ 총계정원장의 현금 계정잔액을 시산표에 기입하지 않은 오류
④ 분개장의 차변금액을 총계정원장의 대변에 기입한 오류

09 답 ①

TIP 시산표에 의해서 발견할 수 없는 오류는 차변 금액과 대변 금액이 일치하는 경우에 해당한다.
TIP 계정의 원래 자리에 다른 계정이 기재되면, '대차의 합계가 일치'한다.
시산표에 의해 발견될 수 없는 오류: 어떤 거래가 이중으로 분개된 경우
⇒ 시산표에 의해서 발견할 수 없는 오류에 해당한다.

10 □□□

2010년 국가직 9급

기말 결산 시 수정분개를 할 때 고려해야 하는 것으로, 차기에 현금유입 또는 유출을 수반하는 계정 중에 '미수수익'과 '미지급비용'이 있다. 두 계정에 관한 설명으로 가장 옳은 것은?

① 당기 미지급비용이 증가하든 미수수익이 증가하든 차기 현금이 감소한다.

② 당기 미지급비용이 증가하면 일반적으로 차기 현금이 감소하지만 당기 미수수익이 증가하면 일반적으로 차기 현금은 증가한다.

③ 당기 미지급비용이 증가하면 일반적으로 차기 현금이 증가하지만 당기 미수수익이 증가하면 차기 현금의 증감에는 영향이 없다.

④ 당기 미지급비용이 증가하든 미수수익이 증가하든 차기 현금이 증가한다.

10

답 ②

계정에 대한 설명으로 옳은 것: 당기 미지급비용(부채)의 증가는 차기 현금의 감소, 당기 미수수익(자산)의 증가는 차기 현금의 증가

계정과목	증감	당기 재무제표효과와 현금흐름	차기 재무제표효과와 현금흐름
미수수익	증가	자산의 증가, 수익의 발생	자산의 감소, 현금의 유입
	감소	자산의 감소, 현금의 유입	잔여분, 증가분에 따라 분석
미지급비용	증가	부채의 증가, 비용의 발생	부채의 감소, 현금의 유출
	감소	부채의 감소, 현금의 유출	잔여분, 증가분에 따라 분석

참고사항 발생에 대한 결산수정분개의 예시

(1) **미수수익**: 차기에 현금이 증가

(차) 미 수 수 익(자산 증가)	(대) ○ ○ 수 익(수익 발생)
(차) 현 금(자산 증가)	(대) 미 수 수 익(자산 감소)

(2) **미지급비용**: 차기에 현금이 감소

(차) ○○비용(비용 발생)	(대) 미지급비용(부채 증가)
(차) 미지급비용(부채 감소)	(대) 현 금(자산 감소)

11 □□□

2024년 국가직 9급

20×1년 4월 1일 ㈜한국은 1년 만기 정기예금(연 이자율 6%)에 현금을 예치하였으며, 만기일에 원금과 이자를 수취한다. ㈜한국이 결산일에 이자에 대한 회계처리를 누락한 경우, 20×1년 말 재무제표에 미치는 영향으로 옳은 것은?

① 부채에 영향은 없고, 당기순이익이 과대계상된다.

② 자산과 당기순이익이 모두 과소계상된다.

③ 자산은 과대계상되고, 당기순이익은 과소계상된다.

④ 자산과 자본은 과소계상되고, 당기순이익은 과대계상된다.

11

답 ②

(1) 결산수정분개: (차) 미수이자 (대) 이자수익

(2) 자산 과소계상, 수익 과소계상, 당기순이익 과소계상, 자본 과소계상

12 □□□

2024년 국가직 7급

다음 결산수정분개 중 자산이 감소하고 비용이 발생하는 것은?

① 수익은 발생하였으나 아직 현금을 수취하지 않아 이를 인식하기 위한 결산수정분개
② 비용은 발생하였으나 아직 현금을 지출하지 않아 이를 인식하기 위한 결산수정분개
③ 선수임대료 중 기간 경과로 수익이 실현된 부분을 인식하기 위한 결산수정분개
④ 선급보험료 중 기간 경과된 부분을 비용으로 인식하기 위한 결산수정분개

12 답 ④

결산수정분개

(차) 비 용	XXX	(대) 선급보험료(자산)	XXX	→ 자산의 감소, 비용의 발생

선지분석

①	(차) 수취채권(자산)	XXX	(대) 수 익	XXX	→ 자산의 증가, 수익의 발생
②	(차) 비 용	XXX	(대) 미지급금(부채)	XXX	→ 부채의 증가, 비용의 발생
③	(차) 선수임대료(부채)	XXX	(대) 수 익	XXX	→ 부채의 감소, 수익의 발생

PART 03 재무제표 표시와 현재가치

본 과목 풀이 시 기업의 보고기간(회계기간)은 매년 1월 1일부터 12월 31일까지이며, 기업은 계속해서 한국채택국제회계기준을 적용해 오고 있다고 가정한다. 또한, 자료에서 제시하지 않은 사항(예 법인세효과 등)은 고려하지 않는다.

유형 01 [재무제표의 목적과 전체 재무제표, 일반 사항] 전체 재무제표

기본서 PART 03 재무제표 표시와 현재가치 → CH 1. 재무제표의 목적과 전체 재무제표, 일반 사항 → 2 전체 재무제표 ▶ 70p

대표문제 □□□ 2012년 국가직 9급

한국채택국제회계기준에 의한 재무제표의 종류가 아닌 것은?

① 재무상태표　② 포괄손익계산서
③ 현금흐름표　④ 사업보고서

해설

사업보고서는 한국채택국제회계기준에 의한 재무제표의 종류에 해당하지 않는다.

참고사항 한국채택국제회계기준에 의한 재무제표

(1) 기말 재무상태표
(2) 기간 포괄손익계산서
(3) 기간 자본변동표
(4) 기간 현금흐름표
(5) 주석(유의적인 회계정책의 요약 및 그 밖의 설명으로 구성)
(6) 전기에 관한 비교정보
(7) 회계정책을 소급하여 적용하거나, 재무제표의 항목을 소급하여 재작성 또는 재분류하는 경우 전기 기초 재무상태표

정답 ④

유형 02 [재무제표의 목적과 전체 재무제표, 일반 사항] 재무제표의 일반 사항

기본서 PART 03 재무제표 표시와 현재가치 → CH 1. 재무제표의 목적과 전체 재무제표, 일반 사항 → 3 일반 사항 ▶ 71p

대표문제 □□□ 2017년 국가직 9급

재무제표 작성 및 표시에 대한 설명으로 옳지 않은 것은?

① 경영진은 재무제표를 작성할 때 계속기업으로서의 존속가능성을 평가해야 한다.
② 기업은 현금흐름 정보를 제외하고는 발생기준 회계를 사용하여 재무제표를 작성한다.
③ 중요하지 않은 항목은 성격이나 기능이 유사한 항목과 통합하여 표시할 수 있다.
④ 매출채권에 대해 손실충당금을 차감하여 순액으로 측정하는 것은 상계표시에 해당한다.

해설

설명 중 옳지 않은 것: 손실충당금 차감으로 순액으로 측정하는 것은 상계표시의 예시에 해당하지 않는다.

(선지분석)
① 계속기업의 가정의 설명에 해당한다.
② 현금흐름표는 현금기준에 따라 작성되며, 이를 제외한 재무제표는 발생기준에 따라 작성된다.
③ 유사한 항목은 중요성 분류에 따라 재무제표에 구분하여 표시한다. 상이한 성격이나 기능을 가진 항목은 구분하여 표시하고, 유사한 성격이나 기능을 가진 항목은 중요성에 따라 중요하면 구분하여 표시하고, 중요하지 않으면 통합하여 표시한다.

정답 ④

01 □□□ 2020년 지방직 9급

재무제표 표시에 제시된 계속기업에 대한 설명으로 옳지 않은 것은?

① 경영진은 재무제표를 작성할 때, 계속기업으로서의 존속가능성을 평가하지 않는다.
② 경영진이 기업을 청산하거나 경영활동을 중단할 의도를 가지고 있지 않거나, 청산 또는 경영활동의 중단 외에 다른 현실적 대안이 없는 경우가 아니면 계속기업을 전제로 재무제표를 작성한다.
③ 계속기업으로써의 존속능력에 유의적인 의문이 제기될 수 있는 사건이나 상황과 관련된 중요한 불확실성을 알게 된 경우, 경영진은 그러한 불확실성을 공시하여야 한다.
④ 재무제표가 계속기업의 기준하에 작성되지 않는 경우에는 그 사실과 함께 재무제표가 작성된 기준 및 그 기업을 계속기업으로 보지 않는 이유를 공시하여야 한다.

01 답 ①

설명 중 옳지 않은 것: 경영진은 재무제표를 작성할 때, 계속기업으로서의 존속가능성을 평가한다.

02 □□□

2015년 국가직 7급

기업회계기준서 제1001호 '재무제표 표시'에 따른 상계표시의 내용으로 옳지 않은 것은?

① 재고자산에 대한 재고자산평가충당금을 차감하여 관련 자산을 순액으로 상계표시한다.

② 충당부채와 관련된 지출을 제3자와의 계약관계에 따라 보전받는 경우, 당해 지출과 보전받는 금액은 상계하여 표시할 수 있다.

③ 투자자산 및 영업용자산을 포함한 비유동자산의 처분손익은 처분대가에서 그 자산의 장부금액과 관련 처분비용을 차감하여 표시한다.

④ 외환손익 또는 단기매매금융상품에서 발생하는 손익과 같이 유사한 거래의 집합에서 발생하는 차익과 차손이 중요한 경우에는 구분하여 표시한다.

02

답 ①

설명 중 옳지 않은 것: 재고자산평가충당금 차감으로 순액으로 측정하는 것은 상계표시의 예시에 해당하지 않는다.

선지분석

②, ③ 상계표시의 예시에 해당하는 항목이다.

④ 외환손익 또는 단기매매금융상품에서 발생하는 손익과 같이 유사한 거래의 집합에서 발생하는 차익과 차손은 순액(≒ 상계)으로 표시한다. 그러나 그러한 차익과 차손이 중요한 경우에는 구분하여 표시한다.

참고사항 재무제표 요소의 상계

(1) **상계표시의 원칙**: 한국채택국제회계기준에서 요구하거나 허용하지 않는 한 자산과 부채, 그리고 수익과 비용은 상계하지 아니함. 다만, 동일 거래에서 발생하는 수익과 관련 비용의 상계표시가 거래나 그 밖의 사건의 실질을 반영한다면 그러한 거래의 결과는 상계하여 표시함

(2) **상계표시의 예시에 해당하는 항목**

1) 투자자산 및 영업용자산을 포함한 비유동자산의 처분손익은 처분대가에서 그 자산의 장부금액과 관련 처분비용을 차감하여 표시함

2) 충당부채, 우발부채, 우발자산에 따라 인식한 충당부채와 관련된 지출을 제3자와의 계약관계에 따라 보전받는 경우, 당해 지출과 보전받는 금액

3) 외환손익 또는 단기매매금융상품에서 발생하는 손익과 같이 유사한 거래의 집합에서 발생하는 차익과 차손은 순액(≒ 상계)으로 표시함. 그러나 그러한 차익과 차손이 중요한 경우에는 구분하여 표시함

(3) **상계표시의 예시에 해당하지 않는 항목**: 재고자산에 대한 재고자산평가충당금과 매출채권에 대한 손실충당금과 같은 평가충당금을 차감하여 관련 자산을 순액으로 측정하는 것은 상계표시에 해당하지 아니함. 재고자산평가충당금이나 손실충당금은 부채가 아니라 자산의 차감 계정이므로 이를 해당 자산에서 차감 표시하는 것은 자산과 부채의 상계가 아니기 때문임

03 □□□

2021년 국가직 7급

재무제표 표시에 대한 설명으로 옳지 않은 것은?

① 상이한 성격이나 기능을 가진 항목은 구분하여 표시하며, 다만 중요하지 않은 항목은 성격이나 기능이 유사한 항목과 통합하여 표시할 수 있다.
② 재무제표의 표시통화를 천 단위나 백만 단위로 표시할 때 중립성이 제고될 수 있으며, 이러한 표시는 금액 단위를 공시하고 중요한 정보가 누락되지 않는 경우에 허용될 수 있다.
③ 전체 재무제표(비교정보를 포함)는 적어도 1년마다 작성하며, 보고기간종료일을 변경하여 재무제표의 보고기간이 1년을 초과하거나 미달하는 경우 재무제표 해당 기간뿐만 아니라 보고기간이 1년을 초과하거나 미달하게 된 이유와 재무제표에 표시된 금액이 완전하게 비교 가능하지는 않다는 사실을 추가로 공시한다.
④ 재무제표 항목의 표시나 분류를 변경하는 경우 실무적으로 적용할 수 없는 것이 아니라면 비교금액도 재분류해야 하며, 비교금액을 재분류할 때 재분류의 성격, 재분류된 개별 항목이나 항목군의 금액, 재분류의 이유를 공시한다(전기 기초 포함).

03

답 ②

설명 중 옳지 않은 것: 재무제표의 표시통화를 천 단위나 백만 단위로 표시할 때 이해가능성이 제고될 수 있으며, 이러한 표시는 금액 단위를 공시하고 중요한 정보가 누락되지 않는 경우에 허용될 수 있다.

04 □□□

2024년 국가직 9급

재무제표 표시에 대한 설명으로 옳지 않은 것은?

① 경영진은 재무제표를 작성할 때 계속기업으로서의 존속가능성을 평가해야 한다.
② 기업은 현금흐름 정보를 제외하고는 발생기준 회계를 사용하여 재무제표를 작성한다.
③ 당기 재무제표를 이해하는 데 목적적합하다면 서술형 정보의 경우에도 비교정보를 포함한다.
④ 회계기준에서 표시방법의 변경을 요구하는 경우에도 재무제표의 표시와 분류는 매기 동일하여야 한다.

04

답 ④

회계기준에서 표시방법의 변경을 요구하는 경우에는 다른 표시방법을 적용한다.

05 □□□

2024년 국가직 7급

재무제표 표시의 일반사항에 대한 설명으로 옳지 않은 것은?

① 「한국채택국제회계기준」에 따라 작성된 재무제표(필요에 따라 추가공시한 경우 포함)는 공정하게 표시된 재무제표로 본다.
② 「한국채택국제회계기준」을 준수하여 재무제표를 작성하는 기업은 그러한 준수 사실을 주석에 명시적으로 기재할 필요는 없다.
③ 거의 모든 상황에서 공정한 표시는 관련 「한국채택국제회계기준」을 준수함으로써 달성된다.
④ 부적절한 회계정책은 이에 대하여 공시나 주석 또는 보충 자료를 통해 설명하더라도 정당화될 수 없다.

05 답 ②

「한국채택국제회계기준」을 준수하여 재무제표를 작성하는 기업은 그러한 준수 사실을 주석에 명시적으로 기재하여야 한다.

06 □□□

2023년 국가직 9급

재무제표의 표시에 대한 설명으로 옳지 않은 것은?

① 당기손익과 기타포괄손익은 단일의 포괄손익계산서에 두 부분으로 나누어 표시할 수 있지만 당기손익 부분을 별개의 손익계산서로 표시할 수 없다.
② 「한국채택국제회계기준」에 따라 작성된 재무제표(필요에 따라 추가공시한 경우 포함)는 공정하게 표시된 재무제표로 본다.
③ 「한국채택국제회계기준」에서 요구하거나 허용하지 않는 한 자산과 부채 그리고 수익과 비용은 상계하지 아니한다.
④ 재무제표가 「한국채택국제회계기준」의 요구사항을 모두 충족한 경우가 아니라면 주석에 「한국채택국제회계기준」을 준수하여 작성되었다고 기재하여서는 아니 된다.

06 답 ①

당기손익과 기타포괄손익은 단일의 포괄손익계산서에 두 부분으로 나누어 표시할 수 있지만 당기손익 부분을 별개의 손익계산서로 표시할 수 있다.

07 □□□

2023년 국가직 7급

재무제표 표시의 일반사항에 대한 설명으로 옳지 않은 것은?

① 「한국채택국제회계기준」에 따라 작성된 재무제표(필요에 따라 추가공시한 경우 포함)는 공정하게 표시된 재무제표로 본다.
② 「한국채택국제회계기준」을 준수하여 재무제표를 작성하는 기업은 그러한 준수 사실을 주석에 명시적으로 기재할 필요는 없다.
③ 거의 모든 상황에서 공정한 표시는 관련 「한국채택국제회계기준」을 준수함으로써 달성된다.
④ 부적절한 회계정책은 이에 대하여 공시나 주석 또는 보충 자료를 통해 설명하더라도 정당화될 수 없다.

07 답 ②

「한국채택국제회계기준」을 준수하여 재무제표를 작성하는 기업은 그러한 준수 사실을 주석에 명시적으로 기재하여야 한다.

유형 03 [재무상태표] 자산과 부채의 유동·비유동의 구분

기본서 PART 03 재무제표 표시와 현재가치 → CH 2. 재무상태표 → 2 자산과 부채의 유동·비유동의 구분 ▶ 78p

대표문제 □□□ 2020년 국가직 7급

재무상태표에 대한 설명으로 옳지 않은 것은?

① 기업이 재무상태표에 유동자산과 비유동자산, 그리고 유동부채와 비유동부채로 구분하여 표시하는 경우, 이연법인세자산(부채)은 유동자산(부채)으로 분류한다.
② 유동성 순서에 따른 표시방법이 신뢰성 있고 더욱 목적적합한 정보를 제공하는 경우를 제외하고는 유동자산과 비유동자산, 유동부채와 비유동부채로 재무상태표에 구분하여 표시한다.
③ 유동자산은 주로 단기매매 목적으로 보유하고 있는 자산과 비유동금융자산의 유동성 대체부분을 포함한다.
④ 보고기간 후 12개월 이상 결제를 연기할 수 있는 무조건의 권리를 가지고 있지 않으면 유동부채로 분류한다.

해설

설명 중 옳지 않은 것: 이연법인세자산(부채)은 유동자산(부채)으로 분류하지 않는다.

정답 ①

01 □□□ 2023년 지방직 9급

재무제표 표시에 대한 설명으로 옳지 않은 것은?

① 유동성 순서에 따른 표시방법을 적용할 경우 모든 자산과 부채는 유동성의 순서에 따라 표시한다.
② 금융회사와 같은 일부 기업의 경우에는 오름차순이나 내림차순의 유동성 순서에 따른 표시방법으로 자산과 부채를 표시하는 것이 유동/비유동 구분법보다 신뢰성 있고 더욱 목적적합한 정보를 제공한다.
③ 기업이 명확히 식별 가능한 영업주기 내에서 재화나 용역을 제공하는 경우, 재무상태표에 유동자산과 비유동자산 및 유동부채와 비유동부채를 구분하여 표시한다.
④ 기업이 기존의 대출계약조건에 따라 보고기간 후 적어도 12개월 이상 부채를 차환하거나 연장할 것으로 기대하고 있고, 그런 재량권이 있더라도, 보고기간 후 12개월 이내에 만기가 도래한다면 유동부채로 분류한다.

01 답 ④

기업이 기존의 대출계약조건에 따라 보고기간 후 적어도 12개월 이상 부채를 차환하거나 연장할 것으로 기대하고 있고, 그러한 재량권이 있는 경우 보고기간 후 12개월 이내에 만기가 도래하더라도 비유동부채로 분류한다.

02 □□□

2018년 국가직 7급

유동자산과 유동부채에 대한 설명으로 옳지 않은 것은?

① 기업의 정상영업주기 내에 실현될 것으로 예상하거나, 정상영업주기 내에 판매하거나 소비할 의도가 있는 자산은 유동자산으로 분류한다.

② 보고기간 후 12개월 이내에 실현될 것으로 예상되는 자산은 유동자산으로 분류한다.

③ 보고기간 후 12개월 이상 부채의 결제를 연기할 수 있는 무조건의 권리를 가지고 있지 않은 부채는 유동부채로 분류한다.

④ 매입채무와 같이 기업의 정상영업주기 내에 사용되는 운전자본의 일부 항목이라도 보고기간 후 12개월 후에 결제일이 도래할 경우 비유동부채로 분류한다.

02 답 ④

설명 중 옳지 않은 것: 정상영업주기 내에 사용되는 운전자본의 일부인 항목은 정상영업주기 내에 결제되기 때문에 보고기간 후 12개월 후에 결제일이 도래한다고 하더라도 유동부채로 분류한다.

참고사항 **유동부채**

정상영업주기 내에 결제가 예상되는 부채는 유동부채로 분류한다. 다만, 정상영업주기를 명확하게 식별할 수 없는 경우에는 정상영업주기를 12개월인 것으로 가정한다. 따라서, 보고기간 후 12개월 이내에 결제되는 부채는 유동부채로 분류하게 된다.

03 □□□

2020년 국가직 7급

재무상태표에 대한 설명으로 옳지 않은 것은?

① 기업이 재무상태표에 유동자산과 비유동자산, 그리고 유동부채와 비유동부채로 구분하여 표시하는 경우, 이연법인세자산(부채)은 유동자산(부채)으로 분류한다.

② 유동성 순서에 따른 표시방법이 신뢰성 있고 더욱 목적적합한 정보를 제공하는 경우를 제외하고는 유동자산과 비유동자산, 유동부채와 비유동부채로 재무상태표에 구분하여 표시한다.

③ 유동자산은 주로 단기매매목적으로 보유하고 있는 자산과 비유동금융자산의 유동성 대체 부분을 포함한다.

④ 보고기간 후 12개월 이상 결제를 연기할 수 있는 무조건의 권리를 가지고 있지 않으면 유동부채로 분류한다.

03 답 ①

기업이 재무상태표에 유동자산과 비유동자산, 그리고 유동부채와 비유동부채로 구분하여 표시하는 경우, 이연법인세자산(부채)은 비유동자산(부채)으로 분류한다.

04 □□□

2017년 국가직 7급

20×3년 12월 31일 현재 ㈜한국의 재무제표 정보를 이용하여 계산한 유동자산 금액은?

- 20×1년 10월 1일 3년 만기로 발행한 사채의 장부금액 ₩100,000이 남아 있다.
- 결산일 현재 만기가 8개월 남은 정기예금 ₩200,000이 있다.
- 당좌예금 ₩50,000이 있다.
- 만기가 3년 남은 정기적금 ₩500,000이 있다.
- ₩100,000에 취득한 당기손익 - 공정가치 측정 금융자산의 기말 공정가치가 ₩150,000이다.

① ₩900,000
② ₩500,000
③ ₩400,000
④ ₩350,000

04 답 ③

×3년 말의 유동자산 금액: 400,000
= 정기예금 200,000 + 당좌예금 50,000 + 금융자산 150,000

(1) 유동자산에 해당하는 항목
  1) 만기가 8개월 남은 정기예금: 200,000
    * 보고기간 후 12개월 이내 실현 예상 자산에 해당
  2) 당좌예금: 50,000
    * 현금및현금성자산에 해당
  3) 당기손익 - 공정가치 측정 금융자산: 150,000
    * 단기매매 목적 보유자산에 해당

(2) 유동자산에 해당하지 않는 항목
  1) 3년 만기로 발행한 사채: 부채
  2) 만기가 3년 남은 정기적금: 비유동자산

참고사항 유동자산

(1) 유동자산의 개념: 보고기간 후 12개월 이내 또는 정상영업주기 이내에 실현될 것으로 예상하는 자산

(2) 유동자산의 대표적인 사례
  1) 단기매매 목적 보유자산(비유동금융자산의 유동성대체부분 포함)
  2) 보고기간 후 12개월 이내에 실현될 것으로 예상하는 자산
  3) 현금이나 현금성자산으로서, 교환이나 부채상환 목적으로의 사용에 대한 제한 기간이 보고기간 후 12개월 이상이 아닌 자산
  4) 기업의 정상영업주기 내에 실현될 것으로 예상하거나, 정상영업주기 내에 판매하거나 소비할 의도가 있는 자산

(3) 비유동자산: 유동자산 외 모든 자산

05 □□□

2013년 국가직 9급

다음은 ㈜한국의 외상거래와 관련된 내용이다. 2013년도 재무제표에 미치는 영향으로 옳지 않은 것은?

> ㈜한국은 2012년 4월 1일 계약금 명목으로 거래처로부터 ₩20,000을 수령하고, 2013년 2월 1일 원가 ₩50,000인 제품을 ₩80,000에 외상으로 판매하였다. 외상대금 ₩60,000은 2014년 12월 1일에 회수할 예정이다 (단, 재고자산은 계속기록법을 적용한다.)

① 선수금의 감소
② 수익의 증가
③ 비유동자산의 증가
④ 순유동자산의 증가

05

답 ③

설명 중 옳지 않은 것: 위의 거래 중 비유동자산에 해당하는 항목은 없다.
매출채권, 재고자산은 유동자산에 해당하는 항목으로 위의 거래 중 비유동자산에 해당하는 항목은 없다.

(선지분석)

① 2012년 4월 1일의 거래로 선수금은 감소한다.

(차) 현금	20,000	(대) 선수금	20,000

② 2013년 2월 1일의 거래로 수익은 증가한다.

(차) 선수금	20,000	(대) 매출	80,000
매출채권	60,000		
(차) 매출원가	50,000	(대) 재고자산	50,000

④ 순유동자산의 증가액: 30,000 = 현금 20,000 + 매출채권 60,000 − 재고자산 50,000

유형 04 [포괄손익계산서] 포괄손익계산서의 표시방법 및 비용의 분류

기본서 PART 03 재무제표 표시와 현재가치 → CH 3. 포괄손익계산서 → 2 포괄손익계산서의 표시방법 및 비용의 분류 ▶ 84p

대표 문제 □□□

2020년 국가직 9급

포괄손익계산서에 대한 설명으로 옳지 않은 것은?

① 비용을 기능별로 분류하는 기업은 감가상각비, 기타 상각비와 종업원급여비용을 포함하여 비용의 성격에 대한 추가 정보를 공시한다.
② 재분류조정을 주석에 표시하는 경우에는 관련 재분류조정을 반영한 후에 당기손익의 항목을 표시한다.
③ 수익과 비용의 어느 항목도 당기손익과 기타포괄손익을 표시하는 보고서 또는 주석에 특별손익 항목으로 표시할 수 없다.
④ 유형자산재평가잉여금을 이익잉여금으로 대체하는 경우 그 금액은 당기손익으로 인식하지 않는다.

해설

설명 중 옳지 않은 것: 재분류조정을 주석에 표시하는 경우에는 관련 재분류조정을 반영한 후에 기타포괄손익의 항목을 표시한다.

정답 ②

01 □□□

2019년 서울시 7급

기타포괄손익 중 재분류조정이 가능한 것은?

① 유형자산의 재평가잉여금
② 확정급여제도의 재측정요소
③ 기타포괄손익 - 공정가치 측정 항목으로 지정한 지분상품의 평가손익
④ 기타포괄손익 - 공정가치 측정 채무상품의 평가손익

01 답 ④

기타포괄손익 - 공정가치 측정 채무상품의 평가손익은 기타포괄손익 항목으로서 재분류조정이 가능하다.

02 □□□

2019년 국가직 9급

㈜한국은 포괄손익계산서에 표시되는 비용을 매출원가, 물류원가, 관리활동원가 등으로 구분하고 있다. 이는 비용 항목의 구분표시방법 중 무엇에 해당하는가?

① 성격별 분류
② 기능별 분류
③ 증분별 분류
④ 행태별 분류

02 답 ②

제시된 구분법은 비용의 기능별 분류의 설명에 해당한다.

03 □□□

2017년 지방직 9급

재무제표 표시 중 포괄손익계산서에 대한 설명으로 옳지 않은 것은?

① 기타포괄손익의 항목(재분류조정 포함)과 관련한 법인세비용 금액은 포괄손익계산서나 주석에 공시하지 않는다.
② 기업의 재무성과를 이해하는 데 목적적합한 경우에는 당기손익과 기타포괄손익을 표시하는 보고서에 항목, 제목 및 중간합계를 추가하여 표시한다.
③ 한 기간에 인식되는 모든 수익과 비용 항목은 한국채택국제회계기준이 달리 정하지 않는 한 당기손익으로 인식한다.
④ 기업은 수익에서 매출원가 및 판매비와 관리비(물류원가 등을 포함)를 차감한 영업이익(또는 영업손실)을 포괄손익계산서에 구분하여 표시한다.

03 답 ①

설명 중 옳지 않은 것: 재분류조정을 포함한 기타포괄손익의 항목과 관련한 법인세비용 금액은 포괄손익계산서나 주석에 공시한다.

04 □□□

2017년 국가직 9급

2016년 초에 설립된 ㈜한국의 손익 자료가 다음과 같을 때, 2016년도의 당기순이익은? (단, 손상차손은 없다고 가정한다.)

• 매출	₩ 2,000,000
• 매출원가	₩ 500,000
• 유형자산 감가상각비	₩ 100,000
• 임대수익	₩ 100,000
• FVPL금융자산 평가손실	₩ 200,000
• FVOCI금융자산 평가손실	₩ 100,000
• 유형자산 재평가잉여금	₩ 200,000
• 이자비용	₩ 100,000

① ₩ 1,000,000
② ₩ 1,100,000
③ ₩ 1,200,000
④ ₩ 1,300,000

04 답 ③

16년 말의 당기순이익: 1,200,000
= 매출 2,000,000 - 매출원가 500,000 - 감가상각비 100,000 + 임대수익 100,000 - 평가손실 200,000 - 이자비용 100,000

(1) 당기순손익 항목
1) 매출: (+) 2,000,000
2) 매출원가: (-) 500,000
3) 감가상각비: (-) 100,000
4) 임대수익: (+) 100,000
5) FVPL금융자산의 평가손실: (-) 200,000
6) 이자비용: (-) 100,000

(2) 기타포괄손익 항목
1) FVOCI금융자산의 평가손실
2) 유형자산의 재평가잉여금

05 □□□

2022년 지방직 9급

재무제표 표시에 대한 설명으로 옳지 않은 것은?

① 보고기간 말 이전에 장기차입약정을 위반했을 때 대여자가 즉시 상환을 요구할 수 있는 채무는 보고기간 후 재무제표 발행승인일 전에 채권자가 약정위반을 이유로 상환을 요구하지 않기로 합의하더라도 유동부채로 분류한다.
② 기타포괄손익의 항목(재분류조정 포함)과 관련한 법인세비용 금액은 포괄손익계산서나 주석에 공시한다.
③ 비용의 성격별 분류는 기능별 분류보다 재무제표이용자에게 더욱 목적적합한 정보를 제공할 수 있지만 비용을 성격별로 배분하는데 자의적인 배분과 상당한 정도의 판단이 개입될 수 있다.
④ 재분류조정은 포괄손익계산서나 주석에 표시할 수 있으며, 재분류조정을 주석에 표시하는 경우에는 관련 재분류조정을 반영한 후에 기타포괄손익의 항목을 표시한다.

05 답 ③

설명 중 옳지 않은 것: 비용의 기능별 분류는 성격별 분류보다 재무제표이용자에게 더욱 목적적합한 정보를 제공할 수 있지만 비용을 기능별로 배분하는데 자의적인 배분과 상당한 정도의 판단이 개입될 수 있다.

06 □□□

2016년 국가직 7급

포괄손익계산서에 대한 설명으로 옳지 않은 것은?

① 비용을 기능별로 분류하는 기업은 감가상각비, 기타 상각비와 종업원급여비용을 포함하여 비용의 성격에 대한 추가 정보를 공시한다.

② 수익과 비용 항목의 별도 공시가 필요할 수 있는 상황은 유형자산의 취득, 투자자산의 취득, 소송사건의 해결을 포함한다.

③ 비용은 빈도, 손익의 발생가능성 및 예측가능성의 측면에서 서로 다를 수 있는 재무성과의 구성요소를 강조하기 위해 세분류로 표시하며, 성격별로 분류하거나 기능별로 분류하여 표시한다.

④ 수익과 비용 항목이 중요한 경우, 그 성격과 금액을 별도로 공시한다.

06 답 ②

설명 중 옳지 않은 것: 수익과 비용 항목의 별도 공시가 필요할 수 있는 상황은 유형자산의 처분, 투자자산의 처분, 소송사건의 해결을 포함한다.

참고사항 비용의 분류방법

(1) 성격별 분류방법
1) 비용을 그 성격별로 통합하며, 성격별로 분류한다는 것은 각 항목의 유형별로 구분표시한다는 의미
2) 미래 현금흐름을 예측하는 데 유용하고 기능별로 재배분하지 않음

(2) 기능별 분류방법
1) 매출원가, 그리고 물류원가와 관리활동원가 등과 같이 기능별로 분류
2) 비용을 기능별로 분류하는 경우 성격에 대한 추가 정보를 공시해야 함
3) 목적적합한 정보를 제공할 수 있지만 기능별로 판단하는데 자의적인 배분과 판단이 개입될 수 있음

(3) 방법별 장점의 비교

구분	장점
기능별 분류법	목적적합한 정보의 제공
성격별 분류법	미래 현금흐름을 예측하는 데 유용

참고사항 포괄손익계산서에 수익과 비용 항목의 별도 공시가 필요할 수 있는 상황

(1) 유형자산의 처분
(2) 투자자산의 처분
(3) 중단영업
(4) 소송사건의 해결
(5) 기타 충당부채의 환입
(6) 기업 활동에 대한 구조조정과 구조조정충당부채의 환입
(7) 재고자산을 순실현가능가치로 감액하거나 유형자산을 회수가능액으로 감액하는 경우의 그 금액과 그러한 감액의 환입

07 □□□

2016년 지방직 9급

단일 포괄손익계산서를 작성할 때, 당기순손익의 산정 이후에 포함될 수 있는 것만을 모두 고른 것은?

ㄱ. 당기손익 - 공정가치 측정 금융자산평가이익
ㄴ. 기타포괄손익 - 공정가치 측정 금융자산평가손실
ㄷ. 해외사업장 환산외환차이
ㄹ. 유형자산의 손상차손
ㅁ. 확정급여제도의 재측정요소
ㅂ. 세후 중단영업손익

① ㄱ, ㄴ, ㄹ
② ㄴ, ㄷ, ㅁ
③ ㄴ, ㄷ, ㅂ
④ ㄷ, ㅁ, ㅂ

07 답 ②

당기순손익의 산정 이후에 포함될 수 있는 항목은 기타포괄손익 항목을 의미하며 ㄴ, ㄷ, ㅁ이 해당된다.
ㄴ. FVOCI금융자산의 평가손실: 기타포괄손익 항목
ㄷ. 해외사업장 환산외환차이: 기타포괄손익 항목
ㅁ. 확정급여제도의 재측정요소: 기타포괄손익 항목

(선지분석)
ㄱ. FVPL금융자산의 평가이익: 당기순손익 항목
ㄹ. 유형자산의 손상차손: 당기순손익 항목
ㅂ. 세후 중단영업손익: 중단영업손익 항목(당기순손익의 산정 이전에 가감)

08 □□□

2014년 국가직 9급

상품매매기업이 비용의 기능별 분류법에 따라 단일의 포괄손익계산서를 작성하는 경우 최소한 표시해야 할 항목이 아닌 것은?

① 법인세비용
② 매출원가
③ 금융원가
④ 특별손실

08 답 ④

특별손익의 항목은 포괄손익계산서 및 주석에 표시할 수 없다.

참고사항 포괄손익계산서에 표시하는 항목
(1) 수익(유효이자율법을 사용하여 계산한 이자수익은 별도 표시)
(2) 금융원가
(3) 지분법 적용 대상인 관계기업과 공동기업의 당기순손익에 대한 지분
(4) 법인세비용
(5) 중단영업의 합계를 표시하는 단일금액

09 □□□

2014년 국가직 9급

기타포괄손익 항목 중 재분류조정과 관련하여 성격이 다른 것은?

① 재평가잉여금

② 기타포괄손익 - 공정가치 측정 금융자산(채무상품)평가손익

③ 해외사업환산손익

④ 현금흐름위험회피 파생상품평가손익 중 위험회피에 효과적인 부분

09 답 ①

유형·무형자산의 재평가잉여금의 변동손익은 재분류되지 않는 항목에 해당한다.

참고사항 기타포괄손익의 후속적 당기손익 재분류

(1) 재분류조정 가능 항목

1) FVOCI금융자산(채무상품)에 대한 투자에서 발생한 손익: 처분 시 재분류
2) 해외사업환산손익: 해외사업장 매각 시 재분류
3) 파생상품의 평가손익(현금흐름위험회피 중 비금융상품 아님): 예상 거래가 당기손익 인식 시 재분류
4) 재분류되는 지분법기타포괄손익: 예상 거래가 당기손익 인식 시 재분류

(2) 재분류조정 불가능 항목

1) 순확정급여부채(자산)의 재측정요소
2) 유형·무형자산의 재평가잉여금의 변동손익
3) FVOCI금융자산(지분상품)에 대한 투자에서 발생한 손익
4) FVPL금융부채(지정)의 신용위험 변동으로 인한 공정가치 변동손익
5) 파생상품의 평가손익(현금흐름위험회피 중 비금융상품)
6) 재분류되지 않는 지분법기타포괄손익

10 □□□

2012년 지방직 9급

한국채택국제회계기준에서 기타포괄손익 항목에 포함되지 않는 것은?

① 재평가잉여금의 변동

② 확정급여제도의 보험수리적손익

③ 기타포괄손익 - 공정가치 측정 금융자산의 재측정손익

④ 화폐성 항목의 외화환산손익

10 답 ④

화폐성 항목의 외화환산손익은 당기손익으로 인식하므로 기타포괄손익 항목에 해당하지 않는다.

11 □□□

2012년 국가직 9급

한국채택국제회계기준에 따른 비용을 기능별로 분류할 때, 다음 중 매출원가에 영향을 미칠 수 있는 것은?

① 유형자산을 장부금액보다 낮은 가격으로 처분한다.
② 주주총회의 의결에 따라 주주들에게 배당을 지급한다.
③ 제품 구매의 이행을 위한 계약금을 지급한다.
④ 공장 건물에 대한 감가상각비를 계상한다.

11 답 ④

공장 건물에 대한 감가상각비는 매출원가에 영향을 미칠 수 있다.

참고사항 비용의 기능별 분류법
기능별 분류법은 적어도 매출원가를 다른 비용과 분리하여 공시하여야 하므로 매출원가법이라고도 함. 공장 건물에 대한 감가상각비는 판매비와 관리비에 해당하지 않고 제조간접비 성격이므로 매출원가로 봄

12 □□□

2023년 국가직 9급

재무제표의 표시에 대한 설명으로 옳지 않은 것은?

① 당기손익과 기타포괄손익은 단일의 포괄손익계산서에 두 부분으로 나누어 표시할 수 있지만 당기손익 부분을 별개의 손익계산서로 표시할 수 없다.
② 「한국채택국제회계기준」에 따라 작성된 재무제표(필요에 따라 추가공시한 경우 포함)는 공정하게 표시된 재무제표로 본다.
③ 「한국채택국제회계기준」에서 요구하거나 허용하지 않는 한 자산과 부채 그리고 수익과 비용은 상계하지 아니한다.
④ 재무제표가 「한국채택국제회계기준」의 요구사항을 모두 충족한 경우가 아니라면 주석에 「한국채택국제회계기준」을 준수하여 작성되었다고 기재하여서는 아니 된다.

12 답 ①

당기손익과 기타포괄손익은 단일의 포괄손익계산서에 두 부분으로 나누어 표시할 수 있고 당기손익 부분을 별개의 손익계산서로 표시할 수 있다.

유형 05 재무제표 표시와 현재가치 종합 서술형 문제

01 □□□

2019년 서울시 7급

재무제표의 표시에 대한 설명으로 가장 옳은 것은?

① 유동성 순서에 따른 표시방법이 신뢰성 있고 더욱 목적적합한 정보를 제공하는 경우를 제외하고는 자산과 부채를 유동 항목과 비유동 항목으로 구분하여 재무상태표에 표시한다.
② 부적절한 회계정책을 적용할 경우 공시나 주석 또는 보충자료를 통해 설명한다면 정당하다.
③ 기업은 발생기준 회계를 사용하여 모든 재무제표를 작성한다.
④ 수익과 비용의 특별손익 항목은 주석에 표시한다.

01 답 ①

설명 중 옳은 것: 신뢰성 있고 더 목적적합한 정보를 제공한다면 자산과 부채의 일부는 유동성·비유동성 구분법으로, 나머지는 유동성 순서에 따른 표시방법으로 표시하는 것이 허용된다.

(선지분석)

② 부적절한 회계정책은 공시나 주석 또는 보충자료를 통해 설명하더라도 정당화될 수 없다.
③ 기업은 현금흐름에 관한 정보를 제외하고는 발생기준 회계를 사용한다.
④ 특별손익의 항목은 주석에도 표시하지 않는다.

02 □□□

2019년 지방직 9급

재무제표 표시에 대한 설명으로 옳지 않은 것은?

① 재무제표의 목적은 광범위한 정보이용자의 경제적 의사결정에 유용한 기업의 재무상태, 재무성과와 재무상태의 변동에 관한 정보를 제공하는 것이다.
② 전체 재무제표는 적어도 1년마다 작성한다. 따라서 보고기간 종료일을 변경하는 경우라도 재무제표의 보고기간은 1년을 초과할 수 없다.
③ 재무제표의 목적을 충족하기 위하여 자산, 부채, 자본, 차익과 차손을 포함한 광의의 수익과 비용, 소유주로서의 자격을 행사하는 소유주에 의한 출자와 소유주에 대한 배분 및 현금흐름 정보를 제공한다.
④ 재무제표는 위탁받은 자원에 대한 경영진의 수탁책임 결과도 보여준다.

02 답 ②

설명 중 옳지 않은 것: 보고기간 종료일을 변경하여 재무제표의 보고기간이 1년을 초과하거나 미달하는 경우 이를 추가로 공시한다.

03 □□□

2018년 국가직 9급

재무제표 표시에 대한 설명으로 옳은 것은?

① 재무상태표에 자산과 부채는 반드시 유동성 순서에 따라 표시하여야 한다.
② 정상적인 영업활동과 구분되는 거래나 사건에서 발생하는 것으로 그 성격이나 미래의 지속성에 차이가 나는 특별손익 항목은 포괄손익계산서에 구분해서 표시하여야 한다.
③ 부적절한 회계정책이라도 공시나 주석 또는 보충 자료를 통해 잘 설명된다면 정당화될 수 있다.
④ 재무제표 항목의 표시와 분류방법의 적절한 변경은 회계정책 변경에 해당된다.

03

답 ④

설명 중 옳은 것: 재무제표의 표시와 분류방법의 변경은 회계정책의 변경에 해당한다.

선지분석

① 재무상태표에 자산과 부채는 반드시 유동성 순서에 따라 표시할 필요는 없다.
② 특별손익의 항목은 포괄손익계산서 및 주석에 표시할 수 없다.
③ 부적절한 회계정책은 공시나 주석 또는 보충 자료를 통해 설명된다 해도 정당화될 수 없다.

04 □□□

2017년 국가직 7급

자산의 회계처리에 대한 내용으로 옳지 않은 것은?

① 1년 이내에 소멸되는 소모품은 유동자산이다.
② 자동차 회사가 제조한 자동차를 운송하기 위하여 보유하는 차량은 유형자산이고 감가상각을 한다.
③ 커피숍에서 판매를 위해 전시한 커피잔은 재고자산이다.
④ 자체사용 목적으로 건설 중인 건물은 비유동자산이고 감가상각을 한다.

04

답 ④

설명 중 옳지 않은 것: 건설 중인 건물은 감가상각 대상 자산에 해당하지 않는다.

선지분석

① 1년 이내 실현될 것으로 예상되는 자산: 유동자산
② 사용 목적의 보유: 유형자산
③ 판매 목적의 보유: 재고자산

05 □□□

2014년 국가직 7급

재무제표의 작성 및 표시와 관련된 설명으로 옳지 않은 것은?

① 자산과 부채는 각각 유동과 비유동으로 구분해야 하고 유동성이 큰 항목부터 배열한다.

② 현금및현금성자산은 교환이나 부채상환 목적으로의 사용에 대한 제한기간이 보고기간 후 12개월 이상인 경우에는 유동자산으로 분류하지 않는다.

③ 투자자산의 시장가치가 보고기간(2013년) 말과 재무제표 발행승인일 사이에 하락한 경우, 이를 반영하여 2013년 재무상태표의 투자자산 금액을 수정하지 않는다.

④ 상법 등에서 이익잉여금처분계산서의 작성을 요구하는 경우에는 이익잉여금처분계산서를 주석으로 공시한다.

05

답 ①

설명 중 옳지 않은 것: 유동성·비유동성 구분법은 선택사항에 해당한다.
신뢰성 있고 더 목적적합한 정보를 제공한다면 자산과 부채의 일부는 유동성·비유동성 구분법으로, 나머지는 유동성 순서에 따른 표시방법으로 표시하는 것이 허용된다. 따라서, 유동성이 큰 순서대로 표시한다는 표현은 옳지 않은 지문이다.

선지분석

② 현금및현금성자산으로서, 교환이나 부채상환 목적으로의 사용에 대한 제한 기간이 보고기간 후 12개월 이상이 아닌 자산은 유동자산으로 분류한다.

③ 수정을 요하지 않는 보고기간후사건의 설명에 해당한다.

④ 이익잉여금처분계산서는 전체 재무제표에 해당하지 않으며, 주석으로 공시한다.

참고사항 보고기간후사건

(1) **보고기간후사건의 개념**: 보고기간 말과 재무제표 발행승인일 사이에 발생한 유리하거나 불리한 사건

(2) **보고기간후사건의 유형**

1) 수정을 요하는 보고기간후사건
- 보고기간 말에 존재하였던 현재의무가 보고기간 후에 소송사건의 확정에 의해 확인되는 경우
- 보고기간 말에 이미 자산손상이 발생되었음을 나타내는 정보를 보고기간 후에 입수하는 경우나 이미 손상차손을 인식한 자산에 대하여 손상차손금액의 수정이 필요한 정보를 보고기간 후에 입수하는 경우
- 보고기간 말 이전에 구입한 자산의 취득원가나 매각한 자산의 대가를 보고기간 후에 결정하는 경우
- 보고기간 말 이전 사건의 결과로서 보고기간 말에 종업원에게 지급하여야 할 법적 의무나 의제의무가 있는 이익분배나 상여금 지급 금액을 보고기간 후에 확정하는 경우
- 재무제표가 부정확하다는 것을 보여주는 부정이나 오류를 발견한 경우

2) 수정을 요하지 않는 보고기간후사건
- 투자자산의 공정가치 하락
- 배당 선언

(3) 외환손익 또는 단기매매금융상품에서 발생하는 손익과 같이 유사한 거래의 집합에서 발생하는 차익과 차손은 순액(≒ 상계)으로 표시한다. 그러나 그러한 차익과 차손이 중요한 경우에는 구분하여 표시

06 □□□

2014년 국가직 9급

한국채택국제회계기준에서 규정하고 있는 재무제표의 작성과 표시에 대한 설명으로 옳은 것은?

① 자산과 부채를 표시함에 있어 계정과목은 유동과 비유동으로 구분한 다음 유동성이 큰 순서대로 표시한다.
② 부채로 인식하기 위해서는 부채 인식 당시에 상환금액 및 상환시기를 확정할 수 있어야 한다.
③ 주석에는 '적용한 유의적인 회계정책의 요약'보다는 '한국채택국제회계기준을 준수하였다는 사실'을 먼저 표시하는 것이 일반적이다.
④ 현금흐름표 작성 시 배당금 수취는 영업 또는 투자활동으로 분류할 수 있으나 배당금 지급은 재무활동으로 분류하여 표시해야 한다.

06

답 ③

설명 중 옳은 것: 주석에는 '한국채택국제회계기준을 준수하였다는 사실'을 먼저 표시하는 것이 일반적이다.

(선지분석)

① 신뢰성 있고 더 목적적합한 정보를 제공한다면 자산과 부채의 일부는 유동성 · 비유동성 구분법으로, 나머지는 유동성 순서에 따른 표시방법으로 표시하는 것이 허용된다. 따라서, 유동성이 큰 순서대로 표시한다는 표현은 옳지 않은 지문이다.
② 부채는 현재의무의 이행에 따라 경제적효익을 갖는 자원의 유출가능성이 높고 결제될 금액에 대해 신뢰성 있게 측정할 수 있을 때 재무상태표에 인식한다. 다만, 충당부채의 경우 상환금액 및 상환시기를 확정할 수 없어도 부채로 인식할 수 있다.
④ 현금흐름표 작성 시 배당금 수취는 영업 또는 투자활동으로 분류할 수 있으나 배당금 지급은 영업 또는 재무활동으로 분류하여 표시해야 한다.

참고사항 현금흐름표 작성 시 배당금 수취 · 지급의 분류

구분	현금흐름활동
배당금 수취	영업활동 및 투자활동
배당금 지급	영업활동 및 재무활동

PART 04

재고자산

본 과목 풀이 시 기업의 보고기간(회계기간)은 매년 1월 1일부터 12월 31일까지이며, 기업은 계속해서 한국채택국제회계기준을 적용해 오고 있다고 가정한다. 또한, 자료에서 제시하지 않은 사항(예 법인세효과 등)은 고려하지 않는다.

유형 01 [재고자산의 취득원가 및 기말 재고자산 조정] 기말 재고자산 조정

기본서 PART 04 재고자산 → CH 2. 재고자산의 취득원가 및 기말 재고자산 조정 → 2 기말 재고자산의 원가배분 ▶ 115p

대표문제 □□□ 2020년 국가직 7급

다음은 ㈜한국의 20×1년 1월 1일부터 12월 31일까지 재고자산 관련 자료이다. 20×1년 ㈜한국의 매출원가는?

- 기초 재고자산 ₩200,000
- 당기 매입액 ₩1,000,000
- 기말 재고자산 ₩100,000 (창고보관분 실사금액)
- 미착상품 ₩60,000 (도착지인도조건으로 매입하여 12월 31일 현재 운송 중)
- 적송품 ₩200,000 (이 중 12월 31일 현재 80% 판매 완료)
- 시송품 ₩60,000 (이 중 12월 31일 현재 고객이 매입의사 표시를 한 금액 ₩20,000)

① ₩780,000 ② ₩820,000
③ ₩920,000 ④ ₩1,020,000

해설

×1년 말의 매출원가: 1,020,000
= 기초 재고자산 200,000 + 매입 1,000,000 - 수정 재고자산 180,000
(1) 수정 재고자산: 180,000
= 기말 재고자산 100,000 + 재고자산 조정 80,000
→ 재고자산 조정: 80,000 = 40,000 + 40,000
* 적송품: 40,000 = 200,000 × (1 - 0.8)
* 시송품: 40,000 = 60,000 - 20,000
(2) 매출원가: 1,020,000
= 판매가능재고자산 1,200,000 - 수정 재고자산 180,000
→ 판매가능재고자산: 1,200,000 = 기초 재고자산 200,000 + 매입 1,000,000

재고자산			
기초	200,000	매출원가	1,020,000
매입	1,000,000	기말	180,000

참고사항 기말 재고자산 조정 판단

재고자산 조정	1st In 창고	→	2nd My 재고	→	창고실사재고자산 가산(차감) 여부
도착지인도조건 - 구매자	×	→	×	→	조정사항 없음
위탁판매(판매 ○) - 위탁자	×	→	×	→	조정사항 없음
위탁판매(판매 ×) - 위탁자	×	→	○	→	+ 40,000
시용판매(매입의사 표시 ○)	×	→	×	→	조정사항 없음
시용판매(매입의사 표시 ×)	×	→	○	→	+ 40,000
기말 재고자산 조정 항목의 합계					+ 80,000

정답 ④

01 □□□

2021년 국가직 9급

㈜한국의 20×1년 기초 재고자산은 ₩100,000, 당기 매입액은 ₩200,000이다. ㈜한국은 20×1년 12월 말 결산 과정에서 재고자산 실사 결과 기말 재고자산은 ₩110,000인 것으로 파악되었으며, 다음의 사항은 고려하지 못하였다. 이를 반영한 후 ㈜한국의 20×1년 매출원가는?

- 도착지인도조건으로 매입한 상품 ₩20,000은 20×1년 12월 31일 현재 운송 중이며, 20×2년 1월 2일 도착 예정이다.
- 20×1년 12월 31일 현재 시용판매를 위하여 고객에게 보낸 상품 ₩40,000(원가) 가운데 50%에 대하여 고객이 구매의사를 표시하였다.
- 20×1년 12월 31일 현재 ㈜민국에 담보로 제공한 상품 ₩50,000은 창고에 보관 중이며, 재고자산 실사 시 이를 포함하였다.

① ₩170,000
② ₩180,000
③ ₩190,000
④ ₩220,000

01

답 ①

×1년 말의 매출원가: 170,000
= 기초 재고자산 100,000 + 매입 200,000 - 수정 재고자산 130,000

(1) 수정 재고자산: 130,000
  = 기말 재고자산 110,000 + 재고자산 조정 20,000
  재고자산 조정: 20,000
  * 시송품: 20,000 = 40,000 × 50%

(2) 매출원가: 170,000
  = 판매가능재고자산 300,000 - 수정 재고자산 130,000
  판매가능재고자산: 300,000 = 기초 재고자산 100,000 + 매입 200,000

재고자산			
기 초	100,000	매 출 원 가	170,000
매 입	200,000	기 말	130,000

참고사항 기말 재고자산 조정 판단

재고자산 조정	1st In 창고	→	2nd My 재고	→	창고실사재고자산 가산(차감) 여부
도착지인도조건 - 구매자	×	→	×	→	조정사항 없음
시용판매(매입의사 표시 O)	×	→	×	→	조정사항 없음
시용판매(매입의사 표시 ×)	×	→	O	→	+ 20,000
저당상품(창고에 보관 O)	O	→	O	→	조정사항 없음
기말 재고자산 조정 항목의 합계					+ 20,000

02 □□□

2017년 지방직 9급

㈜한국의 2015년 기초 상품은 ₩2,000이고 당기 상품매입액은 ₩15,000이다. 상품에 대해 실지재고조사법을 적용하고 있으며 다음의 자료를 고려하지 않은 기말 상품은 ₩2,000이다. ㈜한국의 2015년 매출원가는? (단, 상품과 관련된 평가손실과 감모손실은 없다고 가정한다.)

- 반품 조건부로 판매한 상품 ₩3,000 중 ₩1,000은 반품률을 합리적으로 추정할 수 있다.
- 2015년 12월 24일에 선적지인도조건으로 매입한 상품 ₩1,000이 2016년 1월 2일에 입고되었다.
- 시용판매한 상품 중 2015년 말 현재 고객이 구입의사를 표시하지 않은 금액은 ₩1,000(판매가격)이며 시용매출의 경우 매출총이익률은 10%다.
- 위탁판매를 하기 위해 발송한 상품 중 기말 현재 수탁자가 보관 중인 적송품은 ₩3,000이다.

① ₩7,100　　② ₩8,100
③ ₩9,100　　④ ₩10,100

02　　답 ④

15년 말의 매출원가: 10,100
= 기초 재고자산 2,000 + 매입 15,000 - 수정 재고자산 6,900

(1) 수정 재고자산: 6,900
　= 기말 재고자산 2,000 + 재고자산 조정 4,900
　재고자산 조정: 4,900 = 1,000 + 900 + 3,000
　* 미착품: 1,000
　* 시송품: 900 = 1,000 × (1 - 0.1)
　* 적송품: 3,000

(2) 매출원가: 10,100
　= 판매가능재고자산 17,000 - 수정 재고자산 6,900
　판매가능재고자산: 17,000 = 기초 재고자산 2,000 + 매입 15,000

재고자산			
기　초	2,000	매 출 원 가	10,100
매　입	15,000	기　말	6,900

참고사항 기말 재고자산 조정 판단

재고자산 조정	1st In 창고	→	2nd My 재고	→	창고실사재고자산 가산(차감) 여부
반품권이 있는 판매	×	→	×	→	조정사항 없음
선착지인도조건 - 구매자	×	→	○	→	+ 1,000
시용판매(매입의사 표시 ○)	×	→	×	→	조정사항 없음
시용판매(매입의사 표시 ×)	×	→	○	→	+ 900
위탁판매(판매 ○) - 위탁자	×	→	×	→	조정사항 없음
위탁판매(판매 ×) - 위탁자	×	→	○	→	+ 3,000
기말 재고자산 조정 항목의 합계					+ 4,900

참고사항 반환재고회수권

반품조건부 상품은 반품률의 추정여부와 관계없이 기말 재고자산에 포함하지 않음

03 □□□

2015년 국가직 9급

다음은 2014년 12월 31일 현재 ㈜한국의 재고자산과 관련한 자료이다. 재무상태표에 표시되는 재고자산의 금액은?

- 매입을 위해 운송 중인 상품 ₩250(선적지인도기준: ₩150, 도착지인도기준: ₩100)
- 시송품 중 매입의사가 표시되지 않은 상품: 판매가격 ₩260(원가에 대한 이익률 30%)
- 적송품 중 판매되지 않은 상품: ₩300
- 창고재고: ₩1,000원(수탁상품 ₩100 포함)

① ₩1,550
② ₩1,610
③ ₩1,710
④ ₩1,750

03 답 ①

14년 말의 재고자산금액: 1,550
= 수정 재고자산 900 + 재고자산 조정 650

(1) 수정 재고자산: 900
　= 기말 재고자산 1,000 - 보관 중인 수탁품 100

(2) 재고자산 조정: 650 = 150 + 200 + 300
　1) 미착품: 150 = 250 - 100
　2) 시송품: 200 = 260 ÷ (1 + 0.3)
　3) 적송품: 300

04 □□□

2012년 국가직 7급

㈜한국은 재고자산의 수량결정방법으로 실지재고조사법을 사용하고 있다. 2011년 말 실지조사의 결과, 파악된 재고자산 금액은 ₩120,000이었다. 다음의 추가 자료를 결산에 반영할 경우 2011년 매출원가는?

- 당기 판매가능재고자산 금액 ₩700,000
- 적송품 ₩40,000(이 중 ₩22,000에 대한 매출계산서가 2011년 12월 26일에 도착하였음)
- 미착상품 ₩15,000(선적지인도조건으로 2011년 12월 30일에 매입처리 되었음)
- 시송품 ₩25,000(이 중 ₩12,000에 대해 고객이 매입의사를 표시하였음)
- 특별주문품 ₩40,000(생산이 완료되어 보관 중임)

① ₩494,000　② ₩534,000
③ ₩574,000　④ ₩592,000

04 답 ③

11년 말의 매출원가: 574,000
= 판매가능재고자산 700,000 - 수정 재고자산 126,000

(1) 수정 재고자산: 126,000
　= 기말 재고자산 120,000 + 재고자산 조정 6,000
　재고자산 조정: 6,000 = 18,000 + 18,000 + 13,000 - 40,000
　* 적송품: 18,000 = 40,000 - 22,000
　* 미착품: 15,000
　* 시송품: 13,000 = 25,000 - 12,000
　* 보관품: 40,000

(2) 매출원가: 574,000
　= 판매가능재고자산 700,000 - 수정 재고자산 126,000

재고자산			
판 매 가 능 재 고 자 산	700,000	매 출 원 가	574,000
		기 말	126,000

참고사항 기말 재고자산 조정 판단

재고자산 조정	1st In 창고	→	2nd My 재고	→	창고실사재고자산 가산(차감) 여부
위탁판매(판매 O) - 위탁자	×	→	×	→	조정사항 없음
위탁판매(판매 ×) - 위탁자	×	→	O	→	+ 18,000
선적지인도조건 - 구매자	×	→	O	→	+ 15,000
시용판매(매입의사 표시 O)	×	→	×	→	조정사항 없음
시용판매(매입의사 표시 ×)	×	→	O	→	+ 13,000
특별주문품 - 생산 후 보관	O	→	×	→	- 40,000
기말 재고자산 조정 항목의 합계					+ 6,000

05 □□□

2012년 국가직 9급

2011년 8월 1일 ㈜한국은 개당 ₩800의 선풍기 400개를 ㈜서울에 판매를 위탁하고 운송비용 ₩1,000을 현금으로 지급하였다. 2012년 12월 31일 현재 200개의 선풍기를 판매하고 200개는 남아 있으며 판매수수료 10%, 판매촉진비 ₩2,000을 차감한 잔액을 회수하였다. 2012년 12월 31일 현재 ㈜한국의 재고자산금액은?

① ₩160,000
② ₩160,500
③ ₩142,000
④ ₩152,000

05

답 ②

12년 말의 재고자산금액: 160,500
= 기말 재고자산 160,000 + 운송비용 500
(1) 기말 재고자산: 160,000 = 200개 × @800
(2) 미배분된 운송비용: 500 = 1,000 × (200개 ÷ 400개)

참고사항 기말 재고자산 조정 판단

재고자산 조정	1st In 창고	→	2nd My 재고	→	창고실사재고자산 가산(차감) 여부
위탁판매(판매 ○) - 위탁자	×	→	×	→	조정사항 없음
위탁판매(판매 ×) - 위탁자	×	→	○	→	+ 160,500
기말 재고자산 조정 항목의 합계					+ 160,500

유형 02 [재고자산의 단위원가 결정방법] 재고자산의 원가흐름의 가정

기본서 PART 04 재고자산 → CH 3. 재고자산의 단위원가 결정방법 → 2 단위원가 결정(= 원가흐름의 가정) ▶ 125p

대표문제 □□□ 2016년 국가직 7급

㈜한국은 재고자산에 대해 가중평균법을 적용하고 있으며, 2016년 상품 거래내역은 다음과 같다. 상품거래와 관련하여 실지재고조사법과 계속기록법을 각각 적용할 경우, 2016년도 매출원가는? (단, 상품과 관련된 감모손실과 평가손실은 발생하지 않았다.)

일자	적요	수량	단가	금액
1월 1일	기초 재고자산	100개	₩8	₩800
3월 4일	매입	300개	₩9	₩2,700
6월 20일	매출	(200개)		
9월 25일	매입	100개	₩10	₩1,000
12월 31일	기말 재고자산	300개		

	실지재고조사법	계속기록법
①	₩1,800	₩1,700
②	₩1,750	₩1,700
③	₩1,700	₩1,750
④	₩1,800	₩1,750

해설

(1) 실지재고조사법 적용에 따른 매출원가: 1,800
= 판매 수량 200개 × 평균 단위원가 @9

(2) 계속기록법 적용에 따른 매출원가: 1,750
= 판매 수량 200개 × 평균 단위원가 @8.75

참고사항 총평균법(= 실지재고조사법 & 가중평균법)에 따른 평균 단위원가의 계산

평균 단위원가(총평균법): @9 = (800 + 2,700 + 1,000) ÷ 500
(1) 기초 재고자산: 800 = 기초 수량 100개 × 단위당 취득원가 @8
(2) 3월 4일(1차 구매분): 2,700 = 구매 수량 300개 × 단위당 취득원가 @9
(3) 9월 25일(2차 구매분): 1,000 = 구매 수량 100개 × 단위당 취득원가 @10

참고사항 이동평균법(= 계속기록법 & 가중평균법)에 따른 평균 단위원가의 계산

평균 단위원가(이동평균법): @8.75 = (800 + 2,700) ÷ 400
(1) 기초 재고자산: 800 = 기초 수량 100개 × 단위당 취득원가 @8
(2) 3월 4일(1차 구매분): 2,700 = 구매 수량 300개 × 단위당 취득원가 @9

정답 ④

01 □□□

2020년 서울시 7급

<보기>는 ㈜서울의 재고자산과 관련된 자료이다. 재고자산에 대한 원가흐름의 가정으로 선입선출법을 적용하는 경우에 평균법을 적용하는 경우 대비 매출원가의 감소액은? (단, 재고자산과 관련된 감모손실이나 평가손실 등 다른 원가는 없으며, ㈜서울은 재고자산 매매거래에 대해 계속기록법을 적용한다.)

<보기>

일자	구분	수량	매입단가
1월 1일	기초 재고자산	100 개	₩ 10
5월 8일	매입	50 개	₩ 13
8월 23일	매출	80 개	
11월 15일	매입	30 개	₩ 4

① ₩ 80
② ₩ 120
③ ₩ 200
④ ₩ 240

01 답 ①

원가흐름의 가정의 차이에 따른 매출원가의 감소액: 80
= 매출원가(평균법) 880 - 매출원가(선입선출법) 800

(1) 매출원가(선입선출법): 800 = 판매 수량 80개 × 단위당 취득원가 @10

(2) 매출원가(평균법)
  1) 평균 단위원가 계산: @11 = [(100개 × @10) + (50개 × @13)] ÷ 150개
  2) 매출원가: 880 = 판매 수량 80개 × 평균 단위원가 @11

02 □□□

2015년 지방직 9급

다음은 ㈜한국의 2015년 1월의 상품매매에 관한 기록이다. 계속기록법에 의한 이동평균법으로 상품거래를 기록할 경우 2015년 1월의 매출총이익은?

일자	내역	수량	매입단가	판매단가
1월 1일	전기 이월	150개	₩100	
1월 15일	현금매입	50개	₩140	
1월 20일	현금매출	100개		₩150
1월 25일	현금매입	100개	₩150	
1월 28일	현금매출	100개		₩160

① ₩2,000 ② ₩4,000
③ ₩7,000 ④ ₩9,000

02 답 ③

1월 말의 매출총이익: 7,000
= 매출 31,000 - 매출원가 24,000
(1) 매출: 31,000 = 15,000 + 16,000
 1) 1월 20일(1차 판매): 15,000 = 판매 수량 100개 × 판매 단위원가 @150
 2) 1월 28일(2차 판매): 16,000 = 판매 수량 100개 × 판매 단위원가 @160
(2) 매출원가: 24,000 = 11,000 + 13,000
 1) 1월 20일(1차 판매): 11,000 = 판매 수량 100개 × 평균 단위원가 @110
 2) 1월 28일(2차 판매): 13,000 = 판매 수량 100개 × 평균 단위원가 @130

참고사항 이동평균법(= 계속기록법 & 가중평균법)에 따른 평균 단위원가의 계산

평균 단위원가(이동평균법)
(1) 1월 20일(1차 판매) 적용: @110 = (15,000 + 7,000) ÷ 200
 1) 기초 재고자산: 15,000 = 기초 수량 150개 × 단위당 취득원가 @100
 2) 1차 구매분: 7,000 = 구매 수량 50개 × 단위당 취득원가 @140
(2) 1월 28일(2차 판매) 적용: @130 = (11,000 + 15,000) ÷ 200
 1) 1차 판매 시 잔여 수량: 11,000 = 잔여 수량 100개 × 평균 단위원가 @110
 2) 2차 구매분: 15,000 = 구매 수량 100개 × 단위당 취득원가 @150

03 □□□

2013년 지방직 9급

다음은 ㈜한국의 2013년 1월 재고자산의 입고 및 판매와 관련된 자료이다. 실지재고조사법을 사용하고 평균법을 적용할 경우 기말 재고자산금액과 매출원가는?

일자	입고		판매량
	수량	단가	
1. 1.	1,000개	₩ 11	
1. 5.	1,000개	₩ 13	2,500개
1. 10.	1,000개	₩ 15	
1. 15.			
1. 25.	1,000개	₩ 17	

	기말 재고자산금액	매출원가
①	₩ 21,000	₩ 31,500
②	₩ 21,000	₩ 35,000
③	₩ 24,500	₩ 31,500
④	₩ 24,500	₩ 35,000

03

답 ②

(1) 1월 말의 재고자산: 21,000
 = (합계 수량 4,000 − 판매 수량 2,500)개 × 평균 단위원가 @14

(2) 1월 말의 매출원가: 35,000
 = 판매 수량 2,500개 × 평균 단위원가 @14

참고사항 총평균법(= 실지재고조사법 & 가중평균법)에 따른 평균 단위원가의 계산

평균 단위원가(총평균법): @14

(1) 계산방법 1: @14 = (@11 + @13 + @15 + @17) ÷ 4

(2) 계산방법 2: @14 = (11,000 + 13,000 + 15,000 + 17,000) ÷ 4,000
 1) 기초 재고자산: 11,000 = 기초 수량 1,000개 × 단위당 취득원가 @11
 2) 1월 5일(1차 구매분): 13,000 = 구매 수량 1,000개 × 단위당 취득원가 @13
 3) 1월 10일(2차 구매분): 15,000 = 구매 수량 1,000개 × 단위당 취득원가 @15
 4) 1월 25일(3차 구매분): 17,000 = 구매 수량 1,000개 × 단위당 취득원가 @17

04 □□□

2013년 국가직 9급

㈜한국의 2012년도 거래는 다음과 같다. 계속기록법을 적용하였을 경우 매출원가는? (단, 개별법을 적용한다.)

- 1월 1일 전기 이월된 상품은 ₩3,000이다.
- 2월 9일 ㈜대한으로부터 상품을 현금으로 구입하였는데, 매입대금 ₩8,000에는 매입운임 ₩1,000이 포함되어 있지 않다.
- 3월 8일 기초 상품을 ㈜민국에 현금으로 ₩4,000에 판매하였다.
- 7월 9일 ㈜대한으로부터 구입한 상품 중 절반을 ㈜민국에 외상으로 ₩5,000에 판매하였다.

① ₩7,500
② ₩7,000
③ ₩4,500
④ ₩4,000

04

답 ①

계속기록법하의 매출원가: 7,500
= 현금판매 3,000 + 외상판매 4,500
(1) 3월 8일(현금판매): 3,000
(2) 7월 9일(외상판매): 4,500 = (8,000 + 1,000) × 1/2

참고사항 순매입액의 계산
매입(순): 9,000 = 매입 8,000 + 매입운임 1,000

05 □□□

2012년 국가직 7급

㈜한국의 6월 중 재고자산 거래가 다음과 같을 때 이에 대한 설명으로 옳지 않은 것은?

일자	적요	수량	단가
6월 1일	월초 재고자산	100개	₩10
6월 9일	매입	300개	₩15
6월 16일	매출	200개	₩25
6월 20일	매입	100개	₩20
6월 28일	매출	200개	₩30

① 회사가 총평균법을 사용할 경우 매출원가는 ₩6,000이다.

② 회사가 선입선출법을 사용할 경우 6월 말 재고자산금액은 ₩2,000이다.

③ 총평균법을 사용할 경우보다 이동평균법을 사용할 경우에 순이익이 더 크다.

④ 계속기록법과 선입선출법을 사용할 경우보다 실지재고조사법과 선입선출법을 사용할 경우에 매출원가가 더 크다.

05 답 ④

TIP 단위당 취득원가가 10 → 15 → 20이므로 인플레이션하의 상황이다.

설명 중 옳지 않은 것: 선입선출법의 경우 계속기록법과 실지재고조사법에 따른 매출원가는 동일하다.

선지분석

① 매출원가: 6,000 = 판매 수량 400 × 평균 단위원가 @15
 (1) 판매 수량: 400 = 1차 판매 수량 200개 + 2차 판매 수량 200개
 (2) 평균 단위원가(총평균법): @15 = (1,000 + 4,500 + 2,000) ÷ 500
  1) 기초 재고자산: 1,000 = 기초 수량 100개 × 단위당 취득원가 @10
  2) 6월 9일(1차 구매분): 4,500 = 구매 수량 300개 × 단위당 취득원가 @15
  3) 6월 20일(2차 구매분): 2,000 = 구매 수량 100개 × 단위당 취득원가 @20

② 재고자산금액(선입선출법): 2,000 = 잔여 수량 100개 × 단위당 취득원가 @20

③ 단위당 취득원가를 분석하면 인플레이션하의 상황이라는 것을 알 수 있다. 따라서 옳은 지문이다.

참고사항 원가흐름의 가정별 재무제표효과와 분석 - 물가의 지속적 상승 & 재고수량 증가 가정

기말 재고자산의 크기		선입선출법 > 이동평균법 > 총평균법 > 후입선출법
매출원가		선입선출법 < 이동평균법 < 총평균법 < 후입선출법
당기순이익		선입선출법 > 이동평균법 > 총평균법 > 후입선출법
법인세비용(과세소득이 있는 경우)		선입선출법 > 이동평균법 > 총평균법 > 후입선출법
현금흐름	법인세효과 ×	선입선출법 =이동평균법 =총평균법 = 후입선출법
	법인세효과 O	선입선출법 < 이동평균법 < 총평균법 < 후입선출법

참고 물가가 지속적으로 하락할 때에는 위의 부호는 반대가 된다.

06 □□□

2011년 지방직 9급

다음은 ㈜대한의 2010년 3월 재고자산의 입고 및 출고에 관한 자료이다. 선입선출법을 적용하는 경우와 총평균법을 적용하는 경우, ㈜대한의 2010년 3월 31일 현재 각각의 재고자산금액은?

일자	내역	수량(개)	단가
3월 1일	월초 재고자산	20	₩100
3월 7일	매입	20	₩100
3월 11일	매출	20	₩150
3월 14일	매입	20	₩130
3월 27일	매출	20	₩200
3월 31일	월말 재고자산	20	

	선입선출법	총평균법
①	₩2,200	₩2,200
②	₩2,200	₩2,600
③	₩2,600	₩2,200
④	₩2,600	₩2,600

06

답 ③

(1) 선입선출법 적용에 따른 재고자산금액: 2,600
= 잔여 수량 20개 × 단위당 취득원가 @130

(2) 총평균법 적용에 따른 재고자산금액: 2,200
= 잔여 수량 20개 × 평균 단위원가 @110

참고사항 **총평균법(= 실지재고조사법 & 가중평균법)에 따른 평균 단위원가의 계산**

평균 단위원가(총평균법): @110 = (2,000 + 2,000 + 2,600) ÷ 60

(1) 기초 재고자산: 2,000 = 기초 수량 20개 × 단위당 취득원가 @100

(2) 3월 7일(1차 구매분): 2,000 = 구매 수량 20개 × 단위당 취득원가 @100

(3) 3월 14일(2차 구매분): 2,600 = 구매 수량 20개 × 단위당 취득원가 @130

07 □□□

2008년 국가직 9급

다음은 7월 한 달 동안 ㈜계룡의 상품 거래내역이다.

거래내용	단가	매입수량	판매수량
7월 1일 재고자산	₩ 400	200	
7월 12일 매입	₩ 500	200	
7월 20일 매출			300
7월 24일 매입	₩ 600	200	
7월 30일 매출			200

㈜계룡은 계속기록법으로 상품의 매매거래를 기록한다. 원가흐름의 가정을 이동평균법에 의할 때, 7월 20일의 거래기록으로 옳은 것은? (단, 상품의 판매단가는 ₩ 600이다.)

	(차)		(대)	
①	외상매출금	180,000	매출	180,000
	매 출 원 가	150,000	상품	150,000
②	외상매출금	180,000	매출	180,000
	매 출 원 가	135,000	상품	135,000
③	외상매출금	180,000	매출	180,000
	매 출 원 가	130,000	상품	130,000
④	외상매출금	180,000	매출	180,000

07

답 ②

7월 20일의 회계처리

(차) 외 상 매 출 금	180,000	(대) 매 출	180,000

* 매출: 300개 × @600 = 180,000

(차) 매 출 원 가	135,000	(대) 재 고 자 산	135,000

* 재고자산: 300개 × @450 = 135,000

참고사항 이동평균법(= 계속기록법 & 가중평균법)에 따른 평균 단위원가의 계산
평균 단위원가(이동평균법): @450 = (@400 + @500) ÷ 2

08 □□□

2022년 국가직 9급

다음은 ㈜한국의 20×1년 상품 매입 및 매출 관련 자료이다. 선입선출법을 적용할 경우, 20×1년도 기말재고자산과 매출총이익을 바르게 연결한 것은? (단, 재고자산 감모 및 평가손실은 발생하지 않았으며, 재고자산 수량결정은 계속기록법에 의한다.)

일자	구분	수량	단가
1월 1일	기초재고	20개	₩150
5월 1일	매입	30개	₩200
7월 1일	매출	25개	₩300
9월 1일	매입	20개	₩180
11월 1일	매출	25개	₩320

	기말재고자산	매출총이익
①	₩3,000	₩5,900
②	₩3,000	₩6,500
③	₩3,600	₩5,900
④	₩3,600	₩6,500

08 답 ④

(1) 기말재고자산: 20개 × @180 = @3,600
(2) 매출액: 25개 × @300 + 25개 × @320 = @15,500
(3) 매출원가: 20개 × @150 + 30개 × @200 = @9,000
(4) 매출총이익: @6,500

09 □□□

2023년 국가직 9급

다음은 ㈜한국의 20×1년 상품과 관련된 자료이다. ㈜한국이 선입선출법을 적용할 경우, 20×1년 기말재고자산 금액은? (단, 재고자산에 대한 감모 및 평가손실은 발생하지 않았다.)

- 기초상품재고액은 ₩5,000(개당 취득원가 ₩500)이다.
- 기중에 상품 100개(개당 매입가격 ₩500)를 매입하였으며, 매입운임으로 개당 ₩50이 지출되었다.
- 기중에 매입한 상품 중 하자가 있어 개당 ₩50의 할인(매입에누리)을 받았다.
- 기중에 상품 50개를 판매하였다.

① ₩25,000　　② ₩30,000
③ ₩35,000　　④ ₩40,000

09

답 ②

(1) 기초상품재고 수량: 기초상품재고액 5,000 ÷ 개당 취득원가 500 = 10개
(2) 기말재고 수량: 기초재고 10개 + 매입 100개 - 판매 50개 = 60개

재고자산					
기	초	10개(@500)	판	매	50개(@500)
매	입	100개(@500)	기	말	60개(@500)

(3) 기말재고자산 금액: 60개 × @500 = ₩30,000

유형 03 [재고자산의 감모손실과 평가손실] 재고자산의 감모손실

기본서 PART 04 재고자산 → CH 4. 재고자산의 감모손실과 평가손실 → 1 재고자산의 감모손실 ▶ 132p

대표문제

□□□ 2020년 국가직 9급

다음은 도 · 소매기업인 ㈜한국의 상품과 관련된 자료이다. 정상적 원인에 의한 재고감모손실은 매출원가로, 비정상적 감모손실은 기타 비용으로 보고하는 경우 ㈜한국이 당기에 인식해야 할 매출원가는? (단, 재고감모손실의 30%는 비정상적 원인, 나머지는 정상적 원인에 의해 발생되었다.)

• 기초 상품	₩ 100,000
• 당기 매입	₩ 900,000
• 기말 상품(장부금액)	₩ 220,000
• 기말 상품(실사금액)	₩ 200,000

① ₩ 766,000 ② ₩ 786,000

③ ₩ 794,000 ④ ₩ 800,000

해설

당기에 인식해야 할 매출원가: 794,000

= 판매가능재고자산 1,000,000 - 비정상감모손실 6,000 - 기말 재고자산 200,000

(1) 감모(비정상): 6,000 = (장부금액 220,000 - 실사금액 200,000) × 감모율 30%

(2) 판매가능재고자산: 1,000,000 = 기초 재고자산 100,000 + 매입 900,000

별해 재고자산의 감모손실과 평가손실 적용에 따른 구조 & 실제시험 풀이용 TOOL 적용

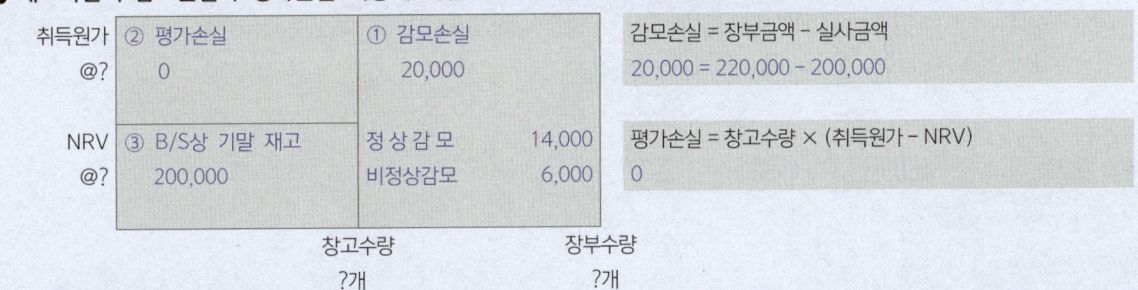

취득원가 @?	② 평가손실 0	① 감모손실 20,000
NRV @?	③ B/S상 기말 재고 200,000	정상감모 14,000 비정상감모 6,000
	창고수량 ?개	장부수량 ?개

감모손실 = 장부금액 - 실사금액
20,000 = 220,000 - 200,000

평가손실 = 창고수량 × (취득원가 - NRV)
0

재고자산			
기초	100,000	판매 정상감모 평가	794,000
		비정상감모	6,000
매입	900,000	기말	200,000
	1,000,000		1,000,000

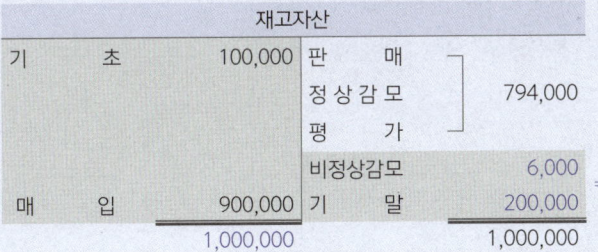

⇒ 재고자산으로 인한 비용의 총액과 매출원가
794,000 = 1,000,000 - (200,000 + 6,000)

정답 ③

01 □□□

2020년 지방직 9급

다음은 ㈜한국의 재고자산 관련 자료로서 재고자산감모손실은 장부상 수량과 실지재고 수량과의 차이에 의해 발생한다. 기말 상품의 실지재고 수량은?

• 기초 상품	₩ 120,000
• 당기 매입액	₩ 900,000
• 장부상 기말 상품(단위당 원가 ₩1,000)	₩ 200,000
• 재고자산감모손실	₩ 30,000

① 100 개　　② 140 개

③ 170 개　　④ 200 개

01 　　답 ③

기말 상품의 실지재고수량: 170개
= 기말 장부수량 200개 - 감모수량 30개

(1) 기말 장부수량: 200개 = 기말 상품재고액 200,000 ÷ 단위당 취득원가 @1,000

(2) 감모수량: 30개 = 감모손실 30,000 ÷ 단위당 취득원가 @1,000

별해 재고자산의 감모손실과 평가손실 적용에 따른 구조 & 실제시험 풀이용 TOOL 적용

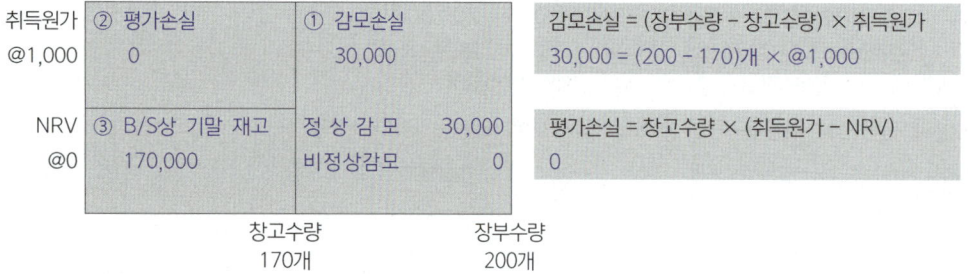

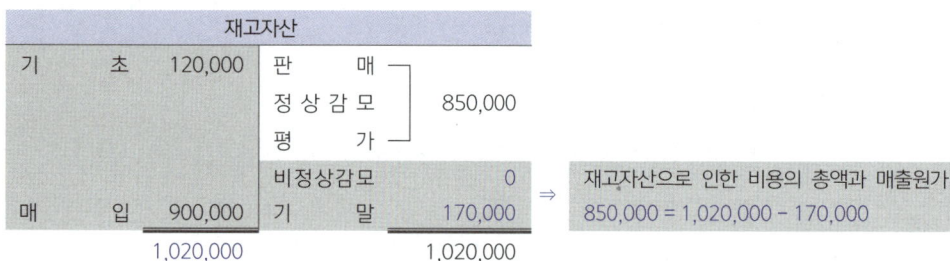

취득원가 @1,000	② 평가손실 0	① 감모손실 30,000
NRV @0	③ B/S상 기말 재고 170,000	정 상 감 모 30,000 비정상감모 0
	창고수량 170개	장부수량 200개

감모손실 = (장부수량 - 창고수량) × 취득원가
30,000 = (200 - 170)개 × @1,000

평가손실 = 창고수량 × (취득원가 - NRV)
0

재고자산			
기　　초	120,000	판　　매 정 상 감 모 평　　가	850,000
		비정상감모	0
매　　입	900,000	기　　말	170,000
	1,020,000		1,020,000

⇒ 재고자산으로 인한 비용의 총액과 매출원가
850,000 = 1,020,000 - 170,000

02 □□□

2007년 국가직 9급

다음 자료를 이용하여 매출총이익을 계산하면 얼마인가? (단, 정상적 원인에 의한 재고감모손실은 매출원가로, 비정상적인 감모손실은 기타 비용으로 보고한다.)

- 기초 상품 ₩1,000(₩10 × 100단위)
- 장부상 기말 상품 ₩1,800(₩10 × 180단위)
- 실제 기말 상품재고수량 150단위(상품재고감모량 중 80%는 원가성이 있음)
- 당기 매입액 ₩9,000
- 당기 매출액 ₩12,000

① ₩4,040　　② ₩3,740
③ ₩3,560　　④ ₩3,500

02　　　답 ③

자료를 이용하여 계산한 매출총이익: 3,560
= 매출 12,000 − 매출원가 8,440
(1) 감모(비정상): 60 = [(장부수량 180 − 실사수량 150)개 × 취득원가 @10] × 감모율 (1 − 80%)
(2) 매출원가: 8,440 = 판매가능재고자산 10,000 − 감모(비정상) 60 − 기말 재고자산 1,500
　* 판매가능재고자산: 10,000 = 기초 재고자산 1,000 + 매입 9,000

별해 **재고자산의 감모손실과 평가손실 적용에 따른 구조 & 실제시험 풀이용 TOOL 적용**

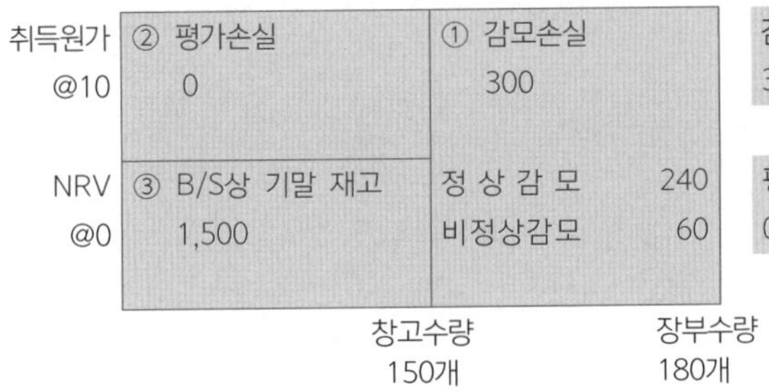

감모손실 = (장부수량 − 창고수량) × 취득원가
300 = (180 − 150)개 × @10

평가손실 = 창고수량 × (취득원가 − NRV)
0

재고자산					
기	초	1,000	판　매 정 상 감 모 평　가		8,440
매	입	9,000	비정상감모		60
			기　말		1,500
		10,000			10,000

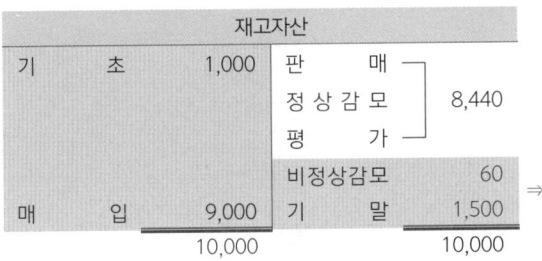

⇒ 재고자산으로 인한 비용의 총액과 매출원가
8,440 = 10,000 − (60 + 1,500)

유형 04 [재고자산의 감모손실과 평가손실] 재고자산의 평가손실과 저가법 적용

기본서 PART 04 재고자산 → CH 4. 재고자산의 감모손실과 평가손실 → 2 재고자산의 평가손실과 저가법 적용 ▶ 133p

대표 문제 □□□

2016년 국가직 7급

㈜한국의 2016년 기초 상품재고는 ₩50,000이고 당기 매입원가는 ₩80,000이다. 2016년 기말 상품재고는 ₩30,000이며, 순실현가능가치는 ₩23,000이다. 재고자산평가손실을 인식하기 전 재고자산평가충당금 잔액으로 ₩2,000이 있는 경우, 2016년 말에 인식할 재고자산평가손실은?

① ₩3,000
② ₩5,000
③ ₩7,000
④ ₩9,000

해설

16년 말의 재고자산평가손실: 5,000
= 기말 재고자산평가충당금 7,000 - 기초 재고자산평가충당금 2,000
* 기말 재고자산평가충당금: 7,000 = 취득원가 30,000 - 순실현가능가치 23,000

참고사항 재고자산의 저가법 회계처리

(차) 재고자산평가손실	5,000	(대) 재고자산평가충당금	5,000

* 평가손실: 7,000 - 2,000 = 5,000

정답 ②

01 □□□

2020년 국가직 7급

㈜한국의 기말 재고자산평가충당금은?

• 재고자산은 실지재고조사법과 총평균법 적용	
• 기말 재고자산 장부상 취득단가	₩85 / 개
• 기말 재고자산 현행대체원가	₩74 / 개
• 기말 재고자산 순실현가치	₩83 / 개
• 기말 재고자산(장부수량)	480개
• 기말 재고자산(실사수량)	476개
• 기초 재고자산평가충당금	₩0

① ₩0
② ₩340
③ ₩952
④ ₩5,236

01 답 ③

기말 재고자산평가충당금: 952
= 창고수량 476개 × @(취득원가 85 − 순실현가능가치 83)

별해 재고자산의 감모손실과 평가손실 적용에 따른 구조 적용

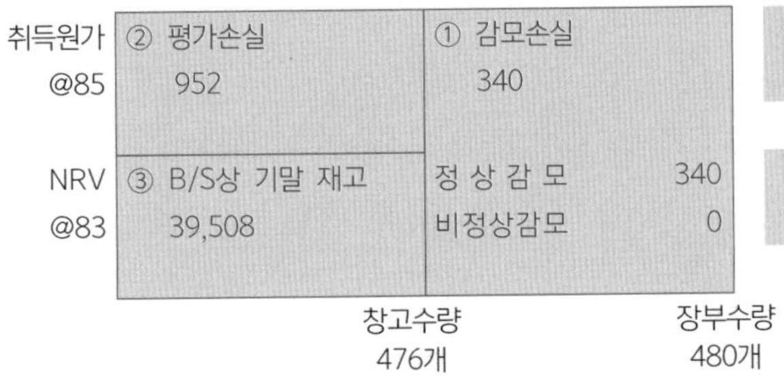

감모손실 = (장부수량 − 창고수량) × 취득원가
340 = (480 − 476)개 × @85

평가손실 = 창고수량 × (취득원가 − NRV)
952 = 476개 × @(85 − 83)

02 □□□

2019년 국가직 7급

㈜한국의 20×1년 기말 재고자산 관련 자료는 다음과 같으며 품목별로 저가법을 적용한다.

품목	수량	취득원가	예상 판매가격	예상 판매비용
상품 a	2	@₩ 5,000	@₩ 7,000	@₩ 1,500
상품 b	3	@₩ 8,000	@₩ 9,000	@₩ 2,000
상품 c	2	@₩ 2,500	@₩ 3,000	@₩ 1,000

기초 상품재고액은 ₩ 50,000, 당기 총 매입액은 ₩ 1,000,000, 매입할인은 ₩ 50,000이며, ㈜한국은 재고자산평가손실을 매출원가에 포함한다. ㈜한국의 20×1년 포괄손익계산서상 매출원가는?

① ₩ 962,000
② ₩ 964,000
③ ₩ 965,000
④ ₩ 1,050,000

02

답 ③

×1년 말의 매출원가: 965,000
= 판매가능재고자산 1,000,000 - 기말 재고자산 35,000

(1) 판매가능재고자산: 1,000,000 = 기초 재고자산 50,000 + 매입(순) 950,000
  * 매입(순): 950,000 = 매입(총) 1,000,000 - 매입할인 50,000

(2) 기말 재고자산: 35,000
  = 상품 a 10,000 + 상품 b 21,000 + 상품 c 4,000
  1) 상품 a: 10,000 = 2개 × @5,000
    * 상품 a: @5,000 = MIN[5,000 , (7,000 - 1,500)]
  2) 상품 b: 21,000 = 3개 × @7,000
    * 상품 b: @7,000 = MIN[8,000 , (9,000 - 2,000)]
  3) 상품 c: 4,000 = 2개 × @2,000
    * 상품 c: @2,000 = MIN[2,500 , (3,000 - 1,000)]

별해 실제시험 풀이용 TOOL 적용

재고자산			
기초	50,000	판매 / 정상감모 / 평가	965,000
		비정상감모	0
매입	950,000	기말	35,000
	1,000,000		1,000,000

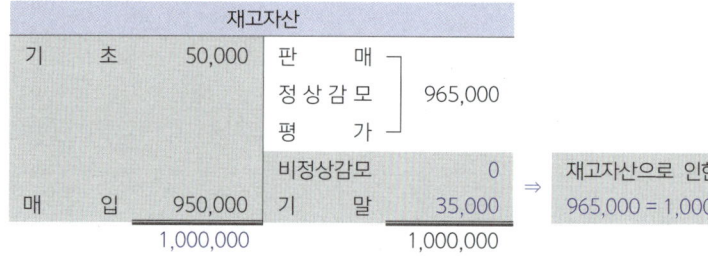

⇒ 재고자산으로 인한 비용의 총액과 매출원가
965,000 = 1,000,000 - 35,000

참고사항 재고자산의 순실현가능가치와 저가법 적용 여부

구분	취득원가	순실현가능가치 or 현행대체원가	저가법 적용 여부
상품 a	5,000	5,500	적용 ×: MIN[5,000 , 5,500]
상품 b	8,000	7,000	적용 O: MIN[8,000 , 7,000]
상품 c	2,500	2,000	적용 O: MIN[2,500 , 2,000]
저가법 적용에 따른 기말 재고자산			35,000

03 □□□

2015년 국가직 7급

다음은 ㈜한국의 재고자산 관련 자료이다. 기말 상품의 실사수량과 단위당 순실현가능가치는? (단, 재고자산감모손실은 실사수량과 장부상 재고수량의 차이로 인해 발생한 계정이며, 재고자산평가손실은 취득원가와 순실현가능가치의 차이로 인해 발생한 계정이다.)

• 기초 상품(재고자산평가충당금 없음)	₩ 20,000
• 당기 매입액	₩ 400,000
• 장부상 기말 상품(단위당 원가 ₩ 2,000)	₩ 200,000
• 재고자산감모손실	₩ 20,000
• 재고자산평가손실	₩ 18,000

	기말 상품 실사수량	기말 상품 단위당 순실현가능가치
①	80개	₩ 1,800
②	80개	₩ 2,000
③	90개	₩ 1,800
④	90개	₩ 2,000

03

답 ③

(1) 기말 상품 실사수량: 90개
= 기말 장부수량 100개 - 감모수량 10개
1) 기말 장부수량: 100개 = 기말 상품재고액 200,000 ÷ 단위당 취득원가 @2,000
2) 감모수량: 10개 = 감모손실 20,000 ÷ 단위당 취득원가 @2,000

(2) 기말 상품 단위당 순실현가능가치: 1,800
= 단위당 취득원가 @2,000 - (평가손실 18,000 ÷ 창고수량 90개)

별해 실제시험 풀이용 TOOL 적용

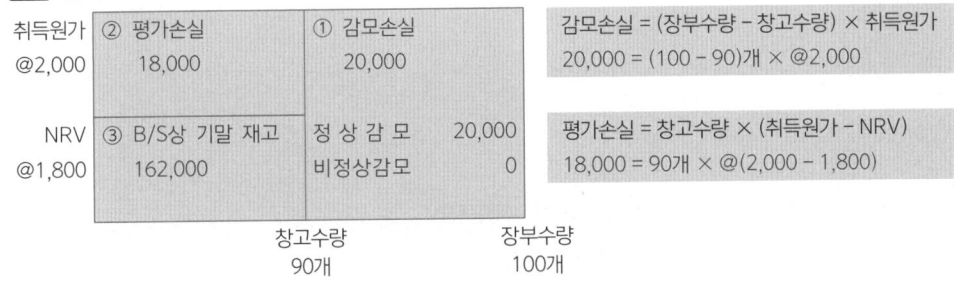

취득원가 @2,000	② 평가손실 18,000	① 감모손실 20,000
NRV @1,800	③ B/S상 기말 재고 162,000	정 상 감 모 20,000 비정상감모 0
	창고수량 90개	장부수량 100개

감모손실 = (장부수량 - 창고수량) × 취득원가
20,000 = (100 - 90)개 × @2,000

평가손실 = 창고수량 × (취득원가 - NRV)
18,000 = 90개 × @(2,000 - 1,800)

재고자산			
기 초	20,000	판 매 정 상 감 모 평 가	258,000
		비정상감모	0
매 입	400,000	기 말	162,000
	420,000		420,000

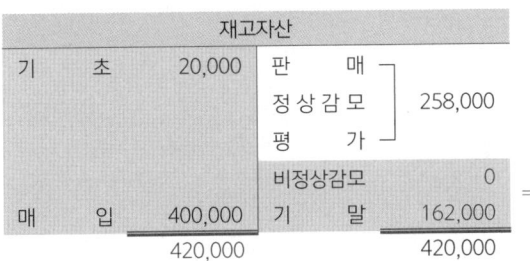

⇒ 재고자산으로 인한 비용의 총액과 매출원가
258,000 = 420,000 - 162,000

04 □□□

2014년 국가직 9급

재고자산평가손실과 정상적 원인에 의한 재고감모손실은 매출원가로, 비정상적인 감모손실은 기타 비용으로 보고하는 경우 다음 자료를 토대로 계산한 매출원가는?

- 판매가능원가(= 기초 재고원가 + 당기 매입원가): ₩ 78,000
- 계속기록법에 의한 장부상 수량: 100개
- 실지재고조사에 의해 파악된 기말 재고수량: 90개
- 재고 부족수량: 40%는 비정상적 원인, 나머지는 정상적 원인에 의해 발생됨
- 기말 재고자산의 원가: @₩ 100
- 기말 재고자산의 순실현가능가치: @₩ 90

① ₩ 69,500
② ₩ 69,300
③ ₩ 68,400
④ ₩ 68,600

04

답 ①

자료를 토대로 계산한 매출원가: 69,500
= 판매가능재고자산 78,000 - 비정상감모손실 400 - 기말 재고자산 8,100
* 비정상감모손실: 60 = [(장부수량 100 - 실사수량 90)개 × 취득원가 @10] × 감모율 40%

별해 **재고자산의 감모손실과 평가손실 적용에 따른 구조 & 실제시험 풀이용 TOOL 적용**

취득원가 @100	② 평가손실 900	① 감모손실 1,000
NRV @90	③ B/S상 기말 재고 8,100	정 상 감 모 600 비정상감모 400
	창고수량 90개	장부수량 100개

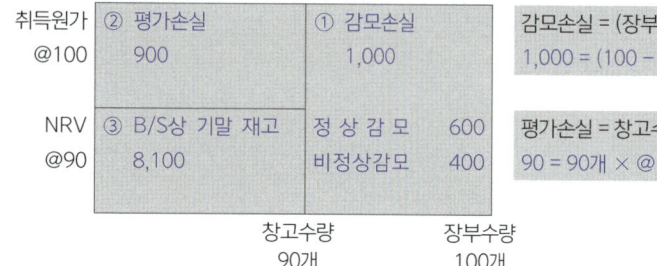

감모손실 = (장부수량 - 창고수량) × 취득원가
1,000 = (100 - 90)개 × @100

평가손실 = 창고수량 × (취득원가 - NRV)
90 = 90개 × @(100 - 90)

재고자산		
기 초	판 매 정 상 감 모 평 가	69,500
	비정상감모	400
매 입	기 말	8,100
78,000		78,000

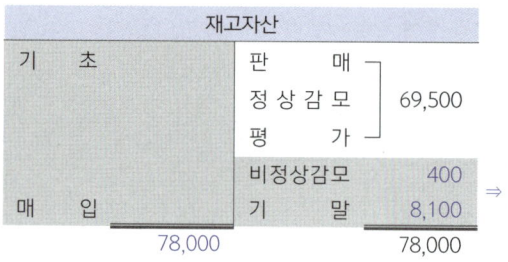

⇒ 재고자산으로 인한 비용의 총액과 매출원가
69,500 = 78,000 - (400 + 8,100)

05 □□□

2013년 국가직 7급

㈜한국은 제품 생산에 투입될 취득원가 ₩200,000의 원재료와 제조원가 ₩240,000의 제품 재고를 보유하고 있다. 원재료의 현행대체원가가 ₩180,000이고 제품의 순실현가능가치가 ₩250,000일 때, 저가법에 의한 재고자산평가손실은?

① ₩30,000
② ₩20,000
③ ₩10,000
④ ₩ 0

05

답 ④

저가법에 의한 재고자산평가손실: 0

(1) 제품의 순실현가능가치가 제조원가보다 높기 때문에 제품에 대해서는 저가법을 적용하지 않는다.

(2) 원재료의 현행대체원가가 장부금액보다 낮더라도 원재료를 투입하여 완성할 제품의 시가가 원가보다 높을 때는 원재료에 대하여 저가법을 적용하지 않는다.

참고사항 재고자산의 순실현가능가치와 저가법 적용 여부

구분	취득원가	순실현가능가치 or 현행대체원가	저가법 적용 여부
제품	240,000	250,000	적용 ×: MIN[240,000 , 250,000]
원재료	200,000	180,000	적용 ×: 적용 제외 대상
저가법 적용에 따른 재고자산평가손실			0

06 □□□

2012년 국가직 7급

다음은 ㈜한국의 상품과 관련된 자료이다. ㈜한국이 당기에 인식해야 할 총 비용은? (단, 비정상적인 감모손실은 없다.)

• 기초 상품	₩ 100,000
• 당기 상품매입액	₩ 700,000
• 기말 장부상 상품(220개, 단가 ₩1,100)	₩ 242,000
• 기말 실제 상품재고수량(200개)	
• 기말 상품 개당 순실현가능가치	₩ 1,000

① ₩ 558,000　　② ₩ 578,000

③ ₩ 580,000　　④ ₩ 600,000

06

답 ④

당기에 인식해야 할 총 비용: 600,000
= 판매가능재고자산 800,000 − 기말 재고자산 200,000
* 판매가능재고자산: 800,000 = 기초 재고자산 100,000 + 매입 700,000

별해 재고자산의 감모손실과 평가손실 적용에 따른 구조 & 실제시험 풀이용 TOOL 적용

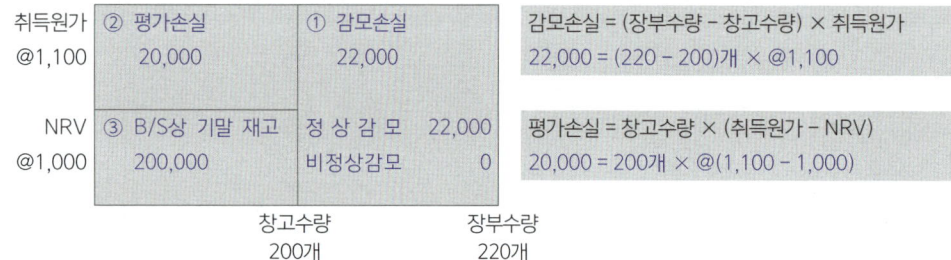

취득원가 @1,100	② 평가손실 20,000	① 감모손실 22,000
NRV @1,000	③ B/S상 기말 재고 200,000	정 상 감 모 22,000 비정상감모 0
	창고수량 200개	장부수량 220개

감모손실 = (장부수량 − 창고수량) × 취득원가
22,000 = (220 − 200)개 × @1,100

평가손실 = 창고수량 × (취득원가 − NRV)
20,000 = 200개 × @(1,100 − 1,000)

재고자산			
기 초	100,000	판 매 정 상 감 모 평 가	600,000
		비정상감모	0
매 입	700,000	기 말	200,000
	800,000		800,000

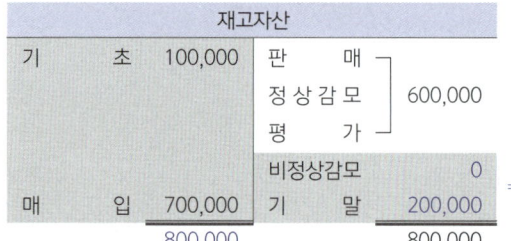

⇒ 재고자산으로 인한 비용의 총액과 매출원가
600,000 = 800,000 − 200,000

07 □□□

2008년 국가직 9급

㈜ABC가 계속기록법과 이동평균법을 적용하여 계산한 기말 상품원가(단위원가)는 @₩ 10이다. 기말 현재 당해 상품의 순실현가능가치(예상 판매가격에서 판매비용을 차감)는 @₩ 9이다. 그리고 장부상 기말 상품수량은 100개이며, 실사에 의한 기말 상품수량은 90개이다. ㈜ABC가 기말 상품에 대한 평가손실을 기록하기 위해 수행할 결산수정분개로서 가장 옳은 것은?

①	(차) 재고자산감모손실	₩ 90	(대) 상 품	₩ 90
②	(차) 재고자산평가손실	₩ 90	(대) 재고자산평가충당금	₩ 90
③	(차) 재고자산평가손실	₩ 100	(대) 재고자산평가충당금	₩ 100
④	(차) 재고자산평가손실	₩ 100	(대) 상 품	₩ 100

07 답 ②

평가손실 기록을 위한 결산수정분개

(차) 재고자산평가손실	90	(대) 재고자산평가충당금	90

* 평가손실: 90개 × @(10 − 9) = 90

(1) 재고자산평가손실: 90 = 실제수량 90개 × @(취득원가 10 − 순실현가능가치 9)
(2) 재고자산평가충당금 증가액: 90 = 기말 재고자산평가충당금 90 − 기초 재고자산평가충당금 0

08 □□□

2024년 지방직 9급

㈜한국의 20×1년 말 재고자산(상품) 관련 자료는 다음과 같다.

• 장부상 재고수량	1,100개
• 실지재고 조사수량	1,000개
• 재고자산감모손실	₩ 50,000
• 재고자산평가손실	₩ 40,000

㈜한국의 20×1년 말 재고자산(상품)의 단위당 순실현가능가치는?

① ₩ 40
② ₩ 460
③ ₩ 500
④ ₩ 540

08 답 ②

(1) 재고자산 감모수량: 장부상 재고수량 1,100개 − 실지재고 조사수량 1,000개 = 100개
(2) 재고자산 단위당 원가: 50,000 ÷ 100개 = 5,000원
(3) 재고자산 평가손실 40,000 = 기말재고수량 1,000개 × 단위당 평가손실 40
(4) 단위당 순실현가능가치: 단위당 원가 500 − 단위당 평가손실 40 = 460

09 □□□

2023년 지방직 9급

㈜한국의 20×1년 재고자산 관련 자료가 다음과 같을 때, ㈜한국의 20×1년 재고자산 매입액은? (단, 재고자산평가손실과 원가성 있는 재고자산감모손실은 포괄손익계산서의 매출원가에 포함한다.)

• 기초 재고자산	₩ 50,000
• 기말 장부상 재고자산 수량	110단위
• 기말 실제 재고자산 수량	100단위
• 기말 장부상 재고자산의 단위당 원가	₩ 1,000
• 기말 재고자산의 단위당 순실현가능가치	₩ 950
• 20×1년 포괄손익계산서상 매출원가	₩ 651,000
• 재고자산감모손실 중 40%는 원가성 없음	

① ₩ 689,000　　② ₩ 694,000
③ ₩ 700,000　　④ ₩ 702,000

09

답 ③

(1) 재고자산 감모수량: 기말 장부상 재고수량 110 − 기말 실제 재고 수량 100 = 10단위
(2) 비정상감모손실: 10단위 × 1,000 × 40% = 4,000
(3) 기말 재고 자산액: 기말 실제 재고 수량 100단위 × NRV950 = 95,000
(4) 기초 재고자산 50,000 + 당기매입액 X = 매출원가 651,000 + 비정상감모손실 4,000 + 기말 재고자산 ₩95,000 = ₩750,000, 당기매입액 X = 700,000

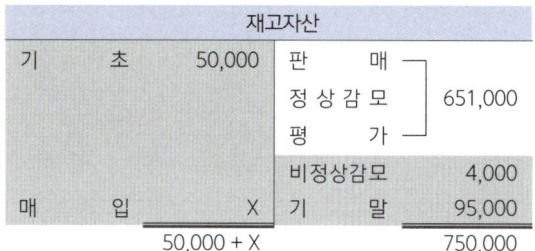

재고자산

기초	50,000	판매 정상감모 평가	651,000
		비정상감모	4,000
매입	X	기말	95,000
	50,000 + X		750,000

10 □□□

2024년 국가직 7급

㈜한국의 20×1년 재고자산(상품) 관련 자료는 다음과 같다.

- 기초 재고자산의 재고자산평가손실충당금은 ₩10,000이며, 이를 차감하기 전 기초 재고자산가액은 ₩50,000이다.
- 기중 재고자산 매입액은 ₩100,000이다.
- 기말 재고자산 현황
  - 단위당 취득원가: ₩100
  - 단위당 순실현가능가치: ₩80
  - 장부수량: 250개
  - 실사수량: 240개
- 재고자산평가손실 또는 재고자산평가손실환입과 재고자산감모손실은 전액 매출원가에 반영한다.

㈜한국의 20×1년 포괄손익계산서상 매출원가는?

① ₩115,000
② ₩120,800
③ ₩125,000
④ ₩130,800

10

답 ②

(1) 기초재고자산: 50,000 − 평가충당금 10,000 = 40,000
(2) 기말재고자산: 실사수량 240개 × 단위당 순실현가능가치 80 = 19,200
(3) 매출원가: 기초재고 40,000 + 당기 매입액 100,000 − 기말 재고자산 19,200 = 120,800

재고자산

기초	50,000	판매 감모 평가	120,800
평가충당금	(10,000)		
매입	100,000	기말	162,000
	140,000		140,000

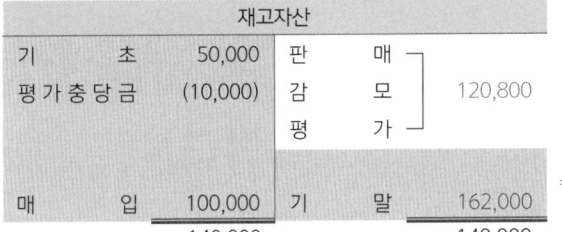

⇒ 재고자산으로 인한 비용의 총액과 매출원가
258,000 = 420,000 − 162,000

유형 05 [특수한 원가배분방법] 매출총이익률법

기본서 PART 04 재고자산 → CH 5. 특수한 원가배분방법 → ❶ 매출총이익률법 ▶ 142p

대표문제

□□□ 2021년 국가직 9급

다음은 20×1년 ㈜한국의 재무제표와 거래 자료 중 일부이다.

기초 매입채무	₩ 4,000
기말 매입채무	₩ 6,000
현금 지급에 의한 매입채무 감소액	₩ 17,500
기초 상품재고	₩ 6,000
기말 상품재고	₩ 5,500
매출총이익	₩ 5,000

20×1년의 손익계산서상 당기 매출액은?

① ₩ 24,000　② ₩ 25,000
③ ₩ 26,000　④ ₩ 27,000

해설

×1년 말의 매출액: 25,000
= 매출원가 20,000 + 매출총이익 5,000
(1) 매입: 19,500
　1) 계산방법 1: 19,500 = 기말 매입채무 6,000 + 현금 지급 17,500 − 기초 매입채무 4,000
　2) 계산방법 2: 19,500 = 외상매입(순) 19,500 − 현금매입 0
(2) 매출원가: 20,000 = 판매가능재고자산 25,500 − 기말 재고자산 5,500
　* 판매가능재고자산: 25,500 = 기초 재고자산 6,000 + 매입 19,500
(3) 당기 매출액: 25,000 = 매출원가 20,000 + 매출총이익 5,000

별해 T계정 풀이법 적용

재고자산			
기초	6,000	매출원가	20,000
매입	19,500	기말	5,500

⇒ 매출원가 = 매출 − 매출총이익
20,000 = X − 5,000
∴ X = 25,000

⇑ 매입(순) = 현금매입 + 외상매입(순)
19,500 = 0 + 19,500

⇑ 매출(순) = 현금매출 + 외상매출(순)
해당 문제 제시된 사항 없음

매출채권			
기초		회수	
외상(순)		기말	

⇑ 외상매출(순) = 매출(순) − 현금매출
해당 문제 제시된 사항 없음

매입채무			
지급	17,500	기초	4,000
기말	6,000	외상(순)	19,500

⇑ 외상매입(순) = 매입(순) − 현금매입
19,500 = 19,500 − 0

정답 ②

01 □□□

2021년 국가직 9급

㈜한국의 재고자산과 관련한 자료가 다음과 같을 때, 홍수로 소실된 상품의 추정원가는?

- 20×1년 1월 1일 기초 상품은 ₩250,000이다.
- 20×1년 7월 31일 홍수가 발생하여 ₩150,000의 상품만 남고 모두 소실되었다.
- 20×1년 7월 31일까지 당기 상품매입액은 ₩1,300,000이다.
- 20×1년 7월 31일까지 당기 상품매출액은 ₩1,200,000이다.
- ㈜한국의 매출총이익률은 20%다.

① ₩200,000　② ₩260,000
③ ₩440,000　④ ₩590,000

01 답 ③

×1년의 홍수로 소실된 상품의 추정원가: 440,000
= 홍수 전 기말 재고자산 추정액 590,000 - 잔여 재고자산 150,000

(1) 기말 재고자산(홍수 전): 590,000
　= 판매가능재고자산 1,550,000 - 매출원가 960,000
　1) 판매가능재고자산: 1,550,000 = 기초 재고자산 250,000 + 매입 1,300,000
　2) 매출원가: 960,000 = 매출 1,200,000 × (1 - 매출총이익률 20%)

(2) 홍수로 소실된 상품의 추정원가: 440,000
　= 기말 재고자산(홍수 전) 590,000 - 기말 재고자산(홍수 후) 150,000

별해 T계정 풀이법 적용

재고자산			
기 초	250,000	매출원가	960,000
매 입	1,300,000	기 말	590,000

⇐ 매출원가 = 매출 × (1 - 매출총이익률)
960,000 = 1,200,000 × (1 - 0.2)

⇒ 손실 전 추정 - 손실 후 잔여 = 손실분
590,000 - 150,000 = 440,000

02 □□□

2020년 국가직 9급

㈜한국의 수정전시산표의 각 계정잔액이 다음과 같다. 매출총이익이 ₩2,000일 때, 총 매입액은?

매출 관련 자료		매입 관련 자료		재고 관련 자료	
총 매 출	₩11,000	총 매 입	?	기초 재고자산	₩600
매출에누리	₩1,000	매입에누리	₩800	기말 재고자산	₩500
매 출 운 임	₩300	매 입 운 임	₩200		

① ₩8,500

② ₩8,600

③ ₩8,700

④ ₩8,800

02 답 ①

기말 시점의 총 매입액: 8,500
= 순 매입 7,900 + 매입에누리 800 - 매입운임 200

(1) 매출(순): 10,000 = 매출(총) 11,000 - 매출에누리 1,000

(2) 매출원가: 8,000 = 매출(순) 10,000 - 매출총이익 2,000

(3) 매입(순): 7,900 = 대변의 합계 8,500 - 기초 재고자산 600
 * 대변의 합계: 8,500 = 매출원가 8,000 + 기말 재고자산 500

(4) 매입(총): 8,500 = 매입(순) 7,900 + 매입에누리 800 - 매입운임 200

별해 T계정 풀이법 적용

재고자산			
기 초	600	매출원가	8,000
매 입	7,900	기 말	500

⇐ 매출원가 = 매출 - 매출총이익
8,000 = 10,000 - 2,000

03 □□□

2019년 서울시 7급

20×9년 7월 1일에 화재로 인하여 ㈜한국의 창고에 보관 중이던 재고자산의 30%가 소실되었다. 20×9년 1월 1일부터 20×9년 7월 1일까지 발생한 관련 회계기록은 〈보기〉와 같다. 화재로 인한 ㈜한국의 재고자산손실액은?

〈보기〉

• 20×9년 기초 재고자산	₩ 1,500
• 20×9년 7월 1일까지의 매입액	₩ 700
• 20×9년 7월 1일까지의 매출액	₩ 2,000
• 매출총이익률	20%

① ₩ 160　② ₩ 180

③ ₩ 200　④ ₩ 220

03

답 ②

×년의 화재로 인한 재고손실액: 180
= 화재 전 기말 재고자산 추정액 600 × 손실률 30%

(1) 기말 재고자산(화재 전): 600
= 판매가능재고자산 2,200 − 매출원가 1,600
1) 판매가능재고자산: 2,200 = 기초 재고자산 1,500 + 매입 700
2) 매출원가: 1,600 = 매출 2,000 × (1 − 매출총이익률 20%)

(2) 화재로 소실된 상품의 추정원가: 180
= 기말 재고자산(화재 전) 600 × 손실률 0.3

별해 T계정 풀이법 적용

재고자산			
기 초	1,500	매출원가	1,600
매 입	700	기 말	600

매출원가 = 매출 × (1 − 매출총이익률)
1,600 = 2,000 × (1 − 0.2)
손실 전 추정 × 손실률 = 손실분
600 × 0.3 = 180

04 □□□

2019년 국가직 7급

㈜대한의 기초 및 기말 재무상태표의 매출채권 잔액은 각각 ₩1,000,000과 ₩2,000,000이고, 기초 매출채권 중 절반이 당기 중에 현금으로 회수되었다. ㈜대한의 당기 매출원가 및 매출총이익율이 각각 ₩7,500,000과 25%인 경우에 ㈜대한의 당기 매출액 중 현금 회수액은?

① ₩7,000,000　　② ₩7,500,000

③ ₩8,000,000　　④ ₩8,500,000

04

답 ④

당기 매출액 중 회수된 현금: 8,500,000
= 당기분 매출채권 회수 9,000,000 - 전기분 현금 회수 500,000

(1) 매출: 10,000,000 = 매출원가 7,500,000 ÷ (1 - 매출총이익률 25%)

(2) 매출채권 회수(당기분): 9,000,000
= 차변의 합계 11,000,000 - 기말 매출채권 2,000,000
* 차변의 합계: 11,000,000 = 기초 매출채권 1,000,000 + 외상매출(순) 10,000,000

(3) 매출액 중 회수된 현금: 8,500,000
= 매출채권 회수(당기분) 9,000,000 - 현금 회수(전기분) 500,000
* 현금 회수(전기분): 500,000 = 기초 매출채권 1,000,000 × 1/2

별해 T계정 풀이법 적용

재고자산			
기 초		매출원가	7,500,000
매 입		기 말	

⇒ 매출원가 = 매출 × (1 - 매출총이익률)
7,500,000 = X × (1 - 0.25)
∴ X = 10,000,000

↑ 매입(순) = 현금매입 + 외상매입(순)
해당 문제 제시된 사항 없음

↑ 매출(순) = 현금매출 + 외상매출(순)
10,000,000 = 0 + 10,000,000

매출채권			
기 초	1,000,000	회 수	9,000,000
외상(순)	10,000,000	기 말	2,000,000

↑ 외상매출(순) = 매출(순) - 현금매출
10,000,000 = 10,000,000 - 0

매입채무			
지 급		기 초	
기 말		외상(순)	

↑ 외상매입(순) = 매입(순) - 현금매입
해당 문제 제시된 사항 없음

05 □□□

2019년 국가직 9급

㈜한국의 20×1년의 상품매출액은 ₩1,000,000이며, 매출총이익률은 20%이다. 20×1년의 기초 상품은 ₩50,000이고 당기의 상품매입액이 ₩900,000이라고 할 때, 20×1년 말의 재무상태표에 표시될 기말 상품재고금액은?

① ₩70,000
② ₩100,000
③ ₩150,000
④ ₩180,000

05 답 ③

×1년의 기말 상품재고금액: 150,000
= 판매가능재고자산 950,000 − 매출원가 800,000

(1) 매출원가: 800,000 = 매출 1,000,000 × (1 − 매출총이익률 20%)

(2) 기말 재고자산: 150,000 = 판매가능재고자산 950,000 − 매출원가 800,000
 * 판매가능재고자산: 950,000 = 기초 재고자산 50,000 + 매입 900,000

별해 T계정 풀이법 적용

재고자산			
기 초	50,000	매출원가	800,000
매 입	900,000	기 말	150,000

⇐

매출원가 = 매출 × (1 − 매출총이익률)
800,000 = 1,000,000 × (1 − 0.2)

06 □□□

2017년 국가직 9급

도 · 소매기업인 ㈜한국의 2016년 1월 1일부터 12월 31일까지 영업활동과 관련된 자료가 다음과 같을 때, 2016년 매출원가는? (단, 모든 매입거래는 외상매입거래이다.)

• 기초 매입채무	₩ 43,000
• 기말 매입채무	₩ 41,000
• 매입채무 현금상환	₩ 643,000
• 기초 재고자산	₩ 30,000
• 기말 재고자산	₩ 27,000

① ₩ 642,000
② ₩ 644,000
③ ₩ 646,000
④ ₩ 647,000

06 답 ②

16년 말의 매출원가: 644,000
= 판매가능재고자산 671,000 − 기말 재고자산 27,000

(1) 외상매입(순): 641,000
  1) 계산방법 1: 641,000 = 차변의 합계 684,000 − 기초 매입채무 43,000
    * 차변의 합계: 684,000 = 기말 매입채무 41,000 + 현금 지급 643,000
  2) 계산방법 2: 641,000 = 현금 지급 643,000 − 매입채무(감소분) 2,000
    * 매입채무(감소분): 2,000 = 기초 매입채무 43,000 − 기말 매입채무 41,000

(2) 매출원가: 644,000
  = 판매가능재고자산 671,000 − 기말 재고자산 27,000
  1) 매입(순): 641,000 = 외상매입(순) 641,000 + 현금매입 0
  2) 판매가능재고자산: 671,000 = 기초 재고자산 30,000 + 매입(순) 641,000

별해 T계정 풀이법 적용

재고자산			
기 초	30,000	매출원가	644,000
매 입	641,000	기 말	27,000

⇐ 매출원가 = 판매가능재고자산 − 기말 재고자산
644,000 = 671,000 − 27,000

⇑ 매입(순) = 현금매입 + 외상매입(순)
641,000 = 0 + 641,000

⇑ 매출(순) = 현금매출 + 외상매출(순)
해당 문제 제시된 사항 없음

매출채권			
기 초		회 수	
외상(순)		기 말	

⇑ 외상매출(순) = 매출(순) − 현금매출
해당 문제 제시된 사항 없음

매입채무			
지 급	643,000	기 초	43,000
기 말	41,000	외상(순)	641,000

⇑ 외상매입(순) = 매입(순) − 현금매입
641,000 = 641,000 − 0

07 □□□

2016년 국가직 7급

㈜한국은 2016년 1월 1일 영업을 개시하였다. 2016년 12월 31일 회계자료가 다음과 같을 때, 2016년도 매출총이익은?

• 매출총액	₩200,000	• 매입에누리	₩1,000	• 임차료	₩5,000
• 매입총액	₩100,000	• 매출운임	₩5,000	• 급여	₩15,000
• 매입운임	₩10,000	• 매출할인	₩5,000	• 매입할인	₩1,000
• 이자수익	₩10,000	• 기말 재고자산	₩15,000	• 기계 처분손실	₩2,000

① ₩102,000　　② ₩112,000

③ ₩122,000　　④ ₩132,000

07　　답 ①

16년 말의 매출총이익: 102,000
= 순 매출액 195,000 − 매출원가 93,000

(1) 매출원가: 93,000
　= 판매가능재고자산 108,000 − 기말 재고자산 15,000
　1) 매입(순): 108,000 = 매입(총) 100,000 − 차감 항목 2,000 + 매입운임 10,000
　　* 차감 항목: 2,000 = 매입에누리 1,000 + 매입할인 1,000
　2) 판매가능재고자산: 108,000 = 기초 재고자산 0 + 매입(순) 108,000

(2) 매출총이익: 102,000
　= 매출(순) 195,000 − 매출원가 93,000
　1) 매출(순): 195,000 = 매출(총) 200,000 − 매출할인 5,000
　2) 매출총이익: 102,000 = 매출(순) 195,000 − 매출원가 93,000

별해 T계정 풀이법 적용

재고자산			
기초	개시 0	매출원가	93,000
매입	108,000	기말	15,000

⇒ 매출원가 = 매출 − 매출총이익
93,000 = 195,000 − X
∴ X = 102,000

↑ 매입(순) = 매입(총) − 차감 항목 + 매입운임
108,000 = 100,000 − (1,000 + 1,000) + 10,000

↑ 매출(순) = 매출(총) − 차감 항목
195,000 = 200,000 − 5,000

08 □□□

㈜한국의 2016년 재고자산 자료가 다음과 같을 때, ㈜한국의 2016년 매출액은?

• 기초 재고자산	₩ 2,000
• 당기 매입액	₩ 10,000
• 기말 재고자산	₩ 4,000
• 매출원가에 가산되는 이익률	10%

① ₩ 6,600　② ₩ 7,200
③ ₩ 8,000　④ ₩ 8,800

08

답 ④

16년 말의 매출액: 8,800
= 매출원가 8,000 × (1 + 원가가산율 10%)

(1) 매출원가: 8,000 = 판매가능재고자산 12,000 - 기말 재고자산 4,000
　* 판매가능재고자산: 12,000 = 기초 재고자산 2,000 + 매입 10,000

(2) 매출: 8,800 = 매출원가 8,000 × (1 + 0.1)

별해 T계정 풀이법 적용

재고자산			
기 초	2,000	매출원가	8,000
매 입	10,000	기 말	4,000

⇒

매출원가 = 매출 ÷ (1 + 원가가산율)
8,000 = X ÷ (1 + 0.1)
∴ X = 8,800

09 □□□

2016년 국가직 9급

다음은 ㈜한국의 2016년 거래 자료이다. 2016년 말 재무상태표상 매입채무 잔액은? (단, 매입거래는 모두 외상거래이다.)

• 기초 매입채무	₩ 8,000
• 당기 중 매입채무 현금 지급액	₩ 35,000
• 기초 재고자산	₩ 12,000
• 기말 재고자산	₩ 11,000
• 당기 매출액	₩ 50,000
• 매출총이익	₩ 10,000

① ₩12,000　② ₩13,000
③ ₩14,000　④ ₩15,000

09 답 ①

16년 말의 매입채무 잔액: 12,000
= 매입채무 계정의 대변의 합계 47,000 − 현금 지급 35,000

(1) 매입(순): 39,000
= 대변의 합계 51,000 − 기초 재고자산 12,000
1) 매출원가: 40,000 = 매출 50,000 − 매출총이익 10,000
2) 대변의 합계: 51,000 = 매출원가 40,000 + 기말 재고자산 11,000

(2) 기말 매입채무: 12,000
= 대변의 합계 47,000 − 현금 지급 35,000
1) 외상매입(순): 39,000 = 매입(순) 39,000 − 현금매입 0
2) 대변의 합계: 47,000 = 기초 매입채무 8,000 + 외상매입(순) 39,000

10 □□□

2014년 지방직 9급

상품매매 기업인 ㈜우리의 결산 시점에서 각 계정의 잔액이 다음과 같을 때 매출원가와 매출총이익은?

• 기초 재고자산	₩ 48,000	• 당기 총 매입	₩ 320,000
• 매입에누리	₩ 3,000	• 매입할인	₩ 2,000
• 매입운임	₩ 1,000	• 매입환출	₩ 4,000
• 당기 총 매출	₩ 700,000	• 매출할인	₩ 16,000
• 매출에누리	₩ 18,000	• 매출환입	₩ 6,000
• 매출운임	₩ 1,000	• 광고비	₩ 39,000
• 급여	₩ 60,000	• 수선유지비	₩ 5,000
• 기말 재고자산	₩ 30,000		

	매출원가	매출총이익
①	₩ 329,000	₩ 331,000
②	₩ 330,000	₩ 330,000
③	₩ 332,000	₩ 328,000
④	₩ 338,000	₩ 362,000

10 답 ②

(1) 결산 시점의 매출원가: 330,000
= 판매가능재고자산 360,000 - 기말 재고자산 30,000
1) 매입(순): 312,000 = 매입(총) 320,000 - 차감 항목 9,000 + 매입운임 1,000
* 차감 항목: 9,000 = 매입에누리 3,000 + 매입할인 2,000 + 매입환출 4,000
2) 판매가능재고자산: 360,000 = 기초 재고자산 48,000 + 매입(순) 312,000

(2) 결산 시점의 매출총이익: 330,000
= 순 매출액 660,000 - 매출원가 330,000
1) 매출(순): 660,000 = 매출(총) 700,000 - 차감 항목 40,000
* 차감 항목: 40,000 = 매출할인 16,000 + 매출에누리 18,000 + 매출환입 6,000
2) 매출총이익: 330,000 = 매출(순) 660,000 - 매출원가 330,000

별해 T계정 풀이법 적용

재고자산			
기초	48,000	매출원가	330,000
매입	312,000	기말	30,000

⇒ 매출원가 = 매출 - 매출총이익
330,000 = 660,000 - X
∴ X = 330,000

↑ 매입(순) = 매입(총) - 차감 항목 + 매입운임
312,000 = 320,000 - (3,000 + 2,000 + 4,000) + 1,000

↑ 매출(순) = 매출(총) - 차감 항목
660,000 = 700,000 - (16,000 + 18,000 + 6,000)

11 □□□

2022년 지방직 9급

㈜한국은 실지재고조사법을 적용하고 있으며, 20×1년 12월 31일 화재로 인해 창고에 보관하고 있던 재고자산 일부가 소실되었다. ㈜한국의 과거 매출총이익률은 25%이고, 20×1년 중 재고자산 거래 내역이 다음과 같을 때, 기말재고자산 추정액은?

• 총매출액	₩ 215,000	• 총매입액	₩ 140,000
• 매입환출	₩ 5,000	• 기초재고자산	₩ 18,000
• 매출에누리	₩ 20,000	• 매입할인	₩ 13,000
• 매입운임	₩ 10,000	• 매출환입	₩ 15,000

① ₩ 5,000
② ₩ 8,000
③ ₩ 15,000
④ ₩ 20,000

11 답 ③

(1) 순매출액: 215,000(총매출액) - 20,000(매출에누리) - 15,000(매출환입) = 180,000
(2) 순매입액: 140,000(총매입액) - 5,000(매입환출) - 13,000(매입할인) + 10,000(매입운임) = 132,000
(3) 판매가능상품: 18,000(기초재고자산) + 132,000 = 150,000
(4) 매출원가: 180,000 × 75% = 135,000
(5) 기말재고자산: 150,000 - 135,000 = 15,000

12 □□□

2022년 지방직 9급

다음은 ㈜한국의 20×1년 상품매매와 관련한 자료이다.

• 매출액	₩ 7,500	• 기초상품재고액	₩ 2,000
• 기초매입채무	₩ 500	• 기말상품재고액	₩ 1,000
• 기말매입채무	₩ 3,000		

㈜한국이 매출원가의 50%를 이익으로 가산하여 상품을 판매할 경우, 20×1년 상품매입을 위한 현금 유출액은?

① ₩ 1,500
② ₩ 2,500
③ ₩ 3,000
④ ₩ 5,000

12 답 ①

(1) 매출원가: 7,500 ÷ (1 + 50%) = 5,000
(2) 매입: 1,000 + 5,000 - 2,000 = 4,000
(3) 현금유출액: 500 + 4,000 - 3,000 = 1,500

13 □□□

2024년 국가직 7급

다음은 ㈜한국의 20×1년 12월 31일 수정전시산표의 일부이다. 20×1년 12월 31일 ㈜한국의 창고에 화재가 발생하여 보관 중인 재고자산이 전부 소실되었다. ㈜한국의 매출총이익률이 40%인 경우 화재로 인해 소실된 기말재고자산은? (단, ㈜한국은 재고자산을 실지재고조사법으로 기록하고 있다.)

수정전시산표

재고자산	₩ 100,000	매출	₩ 510,000
매입	₩ 390,000	매입에누리와 환출	₩ 6,000
매입운임	₩ 30,000	매입할인	₩ 14,000
매출할인	₩ 10,000		

① ₩ 100,000
② ₩ 120,000
③ ₩ 180,000
④ ₩ 200,000

13 답 ④

(1) 매출: 510,000 - 10,000 = 500,000
(2) 매입: 390,000 + 30,000 - 6,000 - 14,000 = 400,000
(3) 손실액: 100,000 + 400,000 - 500,000 × (1 - 40%) = 200,000

14 □□□

2025년 지방직 9급

다음 자료를 이용한 ㈜한국의 당기순이익은?

- 기초총자산 ₩ 400,000
- 기말총자산 ₩ 200,000
- 매출액순이익률 20%
- 총자산회전율(평균총자산 기준) 5회

① ₩ 150,000
② ₩ 200,000
③ ₩ 300,000
④ ₩ 350,000

14 답 ③

(1) 평균자산: (기초 400,000 + 기말 200,000) ÷ 2 = 300,000
(2) 총자산회전율 5회 = 매출액 ÷ 평균자산 300,000, ∴ 매출액: ₩ 1,500,000
(3) 매출액순이익률 20% = 당기순이익 ÷ ₩ 1,500,000 ∴ 당기순이익: ₩ 300,000

15 □□□

2024년 국가직 9급

다음 자료를 이용한 매출총이익은? (단, 회전율 계산 시 기초와 기말의 평균값을 이용한다.)

• 기초 매출채권	₩ 450	• 기말 매출채권	₩ 550
• 기초 재고자산	₩ 360	• 기말 재고자산	₩ 440
• 매출채권회전율	5회	• 재고자산회전율	4회

① ₩ 700
② ₩ 800
③ ₩ 900
④ ₩ 1,000

15

답 ③

(1) 재고자산회전율 4회 = 매출원가 ÷ (기초재고자산 360 + 기말재고자산 440) / 2, ∴ 매출원가 = 1,600
(2) 매출채권회전율 5회 = 매출액 ÷ (기초매출채권 450 + 기말매출채권 550) / 2, ∴ 매출액 = 2,500
(3) 매출총이익 = 매출액 2,500 − 매출원가 1,600 = 900

유형 06 [특수한 원가배분방법] 소매재고법

기본서 PART 04 재고자산 → CH 5. 특수한 원가배분방법 → 2 소매재고법 ▶ 144p

대표문제 □□□ 2018년 서울시 7급

㈜서울은 재고자산의 평가방법으로 저가기준선입선출소매재고법을 사용하고 있다. 〈보기〉의 자료를 근거로 계산한 기말 재고자산의 원가는?

〈보기〉

항목	원가	매가
기초 재고자산	₩ 800	₩ 1,000
당기 매입	₩ 4,200	₩ 6,400
매입운임	₩ 900	
매출액		₩ 4,000
인상액		₩ 500
인상 취소액		₩ 100
인하액		₩ 400
인하 취소액		₩ 200

① ₩ 2,223
② ₩ 2,290
③ ₩ 2,700
④ ₩ 2,781

해설

소매재고법 적용에 따른 기말 재고자산의 원가: 2,700
= 기말 재고자산(매가) 3,600 × 원가율 0.75
* 원가율(선입선출소매재고법): 0.75
= [I − 기초 재고자산(원가)] ÷ [II − 기초 재고자산(매가) + 순인하]
= [5,900 − 800] ÷ [7,600 − 1,000 + 200]

별해 소매재고법의 계산 구조 적용

재고자산			[원가]
기초(원가)	800	매출원가	3,200
매입(원가)	5,100		
(매입에누리)	0		
(매입환출)	0		
(매입할인)	0		
(비정상파손)	0	기말(원가)	2,700
I	5,900		↑

재고자산			[매가]
기초(매가)	1,000	매출	4,000
매입(매가)	6,400	(매출에누리)	0
(매입환출)	0	(매출환입)	0
순인상	400	(매출할인)	0
(순인하)	−200	정상파손	0
		종업원할인	0
(비정상파손)	0	기말(매가)	3,600
II	7,600		↓

× [I − 기초 재고자산(원가)] ÷ [II − 기초 재고자산(매가) + 순인하]
× 0.75 = [5,900 − 800] ÷ [7,600 − 1,000 + 200]

1st 기말 재고자산(매가): 3,600 = II 7,600 − 매출 4,000
2nd 원가율(저가·선입선출법): 0.75
= [I − 기초 재고자산(원가)] ÷ [II − 기초 재고자산(매가) + 순인하]
= [5,900 − 800] ÷ [7,600 − 1,000 + 200]
3rd 기말 재고자산(원가): 2,700 = 기말 재고자산(매가) 3,600 × 원가율 0.75
4th 매출원가: 3,200 = I 5,900 − 기말 재고자산(원가) 2,700

참고사항 원가율에 따른 기말 재고자산과 매출원가의 분석

(1) 가중평균소매재고법: Ⅰ ÷ Ⅱ

* 원가율(가중평균법): 0.776 ≒ 5,900 ÷ 7,600
* 기말 재고자산(원가): 2,794 ≒ 기말 재고자산(매가) 3,600 × 원가율 0.776
* 매출원가: 3,106 = Ⅰ 5,900 - 기말 재고자산(원가) 2,794

(2) 선입선출소매재고법: [Ⅰ - 기초 재고자산(원가)] ÷ [Ⅱ - 기초 재고자산(매가)]

* 원가율(선입선출법): 0.773 ≒ [5,900 - 800] ÷ [7,600 - 1,000]
* 기말 재고자산(원가): 2,783 ≒ 기말 재고자산(매가) 3,600 × 원가율 0.773
* 매출원가: 3,117 = Ⅰ 5,900 - 기말 재고자산(원가) 2,783

(3) 저가기준가중평균소매재고법: Ⅰ ÷ [Ⅱ + 순인하]

* 원가율(저가 · 평균법): 0.756 ≒ 5,900 ÷ [7,600 + 200]
* 기말 재고자산(원가): 2,722 ≒ 기말 재고자산(매가) 3,600 × 원가율 0.756
* 매출원가: 3,178 = Ⅰ 5,900 - 기말 재고자산(원가) 2,722

(4) 저가기준선입선출소매재고법: [Ⅰ - 기초 재고자산(원가)] ÷ [Ⅱ - 기초 재고자산(매가) + 순인하]

* 원가율(저가 · 선입선출법): 0.75 = [5,900 - 800] ÷ [7,600 - 1,000 + 200]
* 기말 재고자산(원가): 2,700 = 기말 재고자산(매가) 3,600 × 원가율 0.75
* 매출원가: 3,200 = Ⅰ 5,900 - 기말 재고자산(원가) 2,700

정답 ③

01 □□□

2021년 국가직 7급

㈜한국은 선입선출법에 의한 원가 기준 소매재고법을 사용하고 있다. 기말 재고자산금액(원가)은 ₩ 1,600이고, 당기매입원가율이 80%인 경우 순인상액과 종업원할인은?

구분	원가	매가
기초 재고자산	₩ 2,000	₩ 4,000
당기 매입액	₩ 16,000	₩ 18,000
매출액		₩ 20,000
순인상액		㉠
순인하액		₩ 1,000
종업원할인		㉡

	순인상액(㉠)	종업원할인(㉡)
①	₩ 1,500	₩ 1,500
②	₩ 1,500	₩ 2,000
③	₩ 3,000	₩ 1,500
④	₩ 3,000	₩ 2,000

01

답 ④

재고자산			[원가]
기 초(원가)	2,000	매 출 원 가	16,400
매 입(원가)	16,000		
(매 입 에 누 리)	0		
(매 입 환 출)	0		
(매 입 할 인)	0		
(비 정 상 파 손)	0	기 말(원가)	1,600
I	18,000		↑

재고자산			[매가]
기 초(매가)	4,000	매 출	20,000
매 입(매가)	18,000	(매 출 에 누 리)	0
(매 입 환 출)	0	(매 출 환 입)	0
순 인 상	㉠	(매 출 할 인)	0
(순 인 하)	(1,000)	정 상 파 손	0
		종 업 원 할 인	㉡
(비 정 상 파 손)	0	기 말(매가)	2,000
II			↓

× [I − 기초 재고자산(원가)] ÷ [II − 기초 재고자산(매가)]
× 0.8 = (18,000 − 2,000) ÷ (II − 4,000)

(1) 원가율(선입선출): 0.8 = 16,000 ÷ (18,000 + ㉠ − 1,000), ㉠: 3,000

(2) 종업원할인: 4,000 + 18,000 + 3,000 − 1,000 = 20,000 + ㉡ + 2,000, ㉡: 2,000

02 □□□

2018년 국가직 9급

㈜한국은 원가 기준 소매재고법을 사용하고 있으며, 원가흐름은 선입선출법을 가정하고 있다. 다음 자료를 근거로 한 기말 재고자산의 원가는?

구분	원가	판매가격
기초 재고자산	₩ 1,200	₩ 3,000
당기 매입액	₩ 14,900	₩ 19,900
매출액		₩ 20,000
인상액		₩ 270
인상 취소액		₩ 50
인하액		₩ 180
인하 취소액		₩ 60
종업원할인		₩ 200

① ₩ 1,890
② ₩ 1,960
③ ₩ 2,086
④ ₩ 2,235

02 답 ③

소매재고법 적용에 따른 기말 재고자산의 원가: 2,086
= 기말 재고자산(매가) 2,800 × 원가율 0.745
* 원가율(선입선출소매재고법): 0.745
= [Ⅰ − 기초 재고자산(원가)] ÷ [Ⅱ − 기초 재고자산(매가)]
= [16,100 − 1,200] ÷ [23,000 − 3,000]

별해 소매재고법의 계산 구조 적용

재고자산			[원가]
기 초(원가)	1,200	매출원가	14,014
매 입(원가)	14,900		
(매입에누리)	0		
(매 입 환 출)	0		
(매 입 할 인)	0		
(비정상파손)	0	기말(원가)	2,086
Ⅰ	16,100		↑

재고자산			[매가]
기 초(매가)	3,000	매 출	20,000
매 입(매가)	19,900	(매출에누리)	0
(매 입 환 출)	0	(매 출 환 입)	0
순 인 상	220	(매 출 할 인)	0
(순 인 하)	−120	정 상 파 손	0
		종 업 원 할 인	200
(비정상파손)	0	기 말(매가)	2,800
Ⅱ	23,000		↓

× [Ⅰ − 기초 재고자산(원가)] ÷ [Ⅱ − 기초 재고자산(매가)]
× 0.745 = [16,100 − 1,200] ÷ [23,000 − 3,000]

1st 기말 재고자산(매가): 2,800 = Ⅱ 23,000 − 매출 20,000 − 종업원할인 200
2nd 원가율(선입선출소매재고법): 0.745
= [Ⅰ − 기초 재고자산(원가)] ÷ [Ⅱ − 기초 재고자산(매가)]
= [16,100 − 1,200] ÷ [23,000 − 3,000]
3rd 기말 재고자산(원가): 2,086 = 기말 재고자산(매가) 2,800 × 원가율 0.745
4th 매출원가: 14,014 = Ⅰ 16,100 − 기말 재고자산(원가) 2,086

03 □□□

2017년 지방직 9급

㈜한국은 재고자산의 평가방법으로 소매재고법을 적용하고 있다. 다음 자료를 이용한 ㈜한국의 2017년 매출원가는? (단, 단위원가 결정방법으로 가중평균법을 적용한다.)

	원가	매가
2017년 기초 재고자산	₩ 250,000	₩ 400,000
2017년 순 매 입 액	₩ 1,250,000	₩ 1,600,000
2017년 매 입 운 임	₩ 100,000	-
2017년 순 매 출 액	-	₩ 1,800,000

① ₩ 1,120,000
② ₩ 1,160,000
③ ₩ 1,280,000
④ ₩ 1,440,000

03

답 ④

소매재고법 적용에 따른 17년의 매출원가: 1,440,000
= Ⅰ 1,600,000 – 기말 재고자산(원가) 160,000

별해 소매재고법의 계산 구조 적용

재고자산			[원가]
기 초(원가)	250,000	매출원가	1,440,000
매 입(원가)	1,350,000		
(매입에누리)	0		
(매 입 환 출)	0		
(매 입 할 인)	0		
(비정상파손)	0	기말(원가)	160,000
Ⅰ	1,600,000		

재고자산			[매가]
기 초(매가)	400,000	매 출	1,800,000
매 입(매가)	1,600,000	(매출에누리)	0
(매 입 환 출)	0	(매 출 환 입)	0
순 인 상	0	(매 출 할 인)	0
(순 인 하)	0	정 상 파 손	0
		종업원할인	0
(비정상파손)	0	기 말 (매 가)	200,000
Ⅱ	2,000,000		

× Ⅰ ÷ Ⅱ
× 0.8 = 1,600,000 ÷ 2,000,000

1st 기말 재고자산(매가): 200,000 = Ⅱ 2,000,000 – 매출 1,800,000
2nd 원가율(가중평균법): 0.8
= Ⅰ ÷ Ⅱ
= 1,600,000 ÷ 2,000,000
* 매입(원가): 1,350,000 = 매입(순) 1,250,000 + 매입운임 100,000
3rd 기말 재고자산(원가): 160,000 = 기말 재고자산(매가) 200,000 × 원가율 0.8
4th 매출원가: 1,440,000 = Ⅰ 1,600,000 – 기말 재고자산(원가) 160,000

04 □□□

2013년 국가직 9급

다음은 ㈜한국의 재고자산과 관련된 자료이다. 기말 재고자산금액은? (단, 평균원가소매재고법을 적용한다.)

구분	매출액 기준	원가 기준
기초 재고자산	₩ 200,000	₩ 150,000
당기 매입액	₩ 1,000,000	₩ 750,000
당기 매출액	₩ 900,000	

① ₩ 200,000　② ₩ 210,000
③ ₩ 225,000　④ ₩ 250,000

04　　답 ③

소매재고법 적용에 따른 기말 재고자산금액: 225,000
= 기말 재고자산(매가) 300,000 × 원가율 0.75
* 원가율(가중평균법): 0.75
　= Ⅰ ÷ Ⅱ
　= 900,000 ÷ 1,200,000

별해 소매재고법의 계산 구조 적용

재고자산			[원가]
기 초(원가)	150,000	매출원가	675,000
매 입(원가)	750,000		
(매입에누리)	0		
(매 입 환 출)	0		
(매 입 할 인)	0		
(비정상파손)	0	기말(원가)	225,000
Ⅰ	900,000		⇑

재고자산			[매가]
기 초 (매 가)	200,000	매 출	900,000
매 입 (매 가)	1,000,000	(매출에누리)	0
(매 입 환 출)	0	(매 출 환 입)	0
순 인 상	0	(매 출 할 인)	0
(순 인 하)	0	정 상 파 손	0
		종업원할인	0
(비정상파손)	0	기말 (매 가)	300,000
Ⅱ	1,200,000		⇓

× Ⅰ ÷ Ⅱ
× 0.75 = 900,000 ÷ 1,200,000

1_{st} 기말 재고자산(매가): 300,000 = Ⅱ 1,200,000 − 매출 900,000
2nd 원가율(가중평균법): 0.75
　= Ⅰ ÷ Ⅱ
　= 900,000 ÷ 1,200,000
3_{rd} 기말 재고자산(원가): 225,000 = 기말 재고자산(매가) 300,000 × 원가율 0.75
4_{th} 매출원가: 675,000 = Ⅰ 900,000 − 기말 재고자산(원가) 225,000

05 □□□

2023년 국가직 7급

㈜한국은 재고자산에 대해 저가기준 선입선출소매재고법을 사용하고 있다. 재고자산 관련 자료가 다음과 같을 경우 기말재고자산은?

구분	원가	판매가
기초재고	₩ 10,000	₩ 20,000
순매입	₩ 180,000	₩ 300,000
순인상액	-	₩ 60,000
순인하액	-	₩ 10,000
순매출	-	₩ 250,000

① ₩ 60,000
② ₩ 70,000
③ ₩ 75,000
④ ₩ 80,000

05

답 ①

소매재고법 적용에 따른 기말 재고자산금액: 60,000
= 기말 재고자산(매가) 120,000 × 원가율 0.5
* 저가기준선입선출소매재고법: 0.5
= [Ⅰ - 기초재고자산(원가)] ÷ [Ⅱ - 기초 재고자산(매가) + 순인상]
= [190,000 - 10,000] ÷ [370,000 - 20,000 + 60,000]

별해 소매재고법의 계산 구조 적용

재고자산			[원가]
기초(원가)	10,000	매출원가	130,000
매입(원가)	180,000		
(매입에누리)	0		
(매입환출)	0		
(매입할인)	0		
(비정상파손)	0	기말(원가)	60,000
Ⅰ	190,000		↑

재고자산			[매가]
기초(매가)	20,000	매출	250,000
매입(매가)	300,000	(매출에누리)	0
(매입환출)	0	(매출환입)	0
순인상	60,000	(매출할인)	0
(순인하)	(10,000)	정상파손	0
		종업원할인	0
(비정상파손)	0	기말(매가)	120,000
Ⅱ	370,000		↓

× [Ⅰ - 기초 재고자산(원가)] ÷ [Ⅱ - 기초 재고자산(매가)]
× 0.5 = [190,000 - 10,000] ÷ [370,000-20,000 + 60,000]

1_{st} 기말 재고자산(매가): 120,000 = Ⅱ 370,000 - 매출 250,000
2_{nd} 원가율(저가기준선입선출소매재고법): 0.5
= [Ⅰ - 기초재고자산(원가)] ÷ [Ⅱ - 기초 재고자산(매가) + 순인상]
= [190,000 - 10,000] ÷ [370,000 - 20,000 + 60,000]
3_{rd} 기말 재고자산(원가): 60,000 ≒ 기말 재고자산(매가) 120,000 × 원가율 0.5
4_{th} 매출원가: 55,500 = Ⅰ 190,000 - 기말 재고자산(원가) 60,000

유형 07 [농림어업] 생물자산

기본서 PART 04 재고자산 → CH 6. 농림어업 ▶ 149p

대표 문제 □□□

2016년 국가직 9급

㈜한국은 2016년 1월 1일에 1년 된 돼지 5마리를 보유하고 있다. ㈜한국은 2016년 7월 1일에 1년 6개월 된 돼지 2마리와 새로 태어난 돼지 3마리를 매입하였다. 돼지의 일자별 마리당 순공정가치가 다음과 같을 때, ㈜한국이 동 생물자산과 관련하여 2016년도 기말 재무상태표에 표시할 생물자산은? (단, 2016년 중 매각 등 감소된 돼지는 없다.)

일자	내용	마리당 순공정가치
2016년 1월 1일	1년 된 돼지	₩ 8,000
2016년 7월 1일	1년 6개월 된 돼지	₩ 12,000
2016년 7월 1일	새로 태어난 돼지	₩ 3,000
2016년 12월 31일	6개월 된 돼지	₩ 5,000
2016년 12월 31일	2년 된 돼지	₩ 15,000

① ₩120,000
② ₩141,000
③ ₩150,000
④ ₩156,000

해설

16년 말의 재무상태표상 생물자산: 120,000
= 7마리분의 순공정가치 105,000 + 3마리분의 순공정가치 15,000
(1) 2년 된 돼지: 7마리(마리당 순공정가치: @15,000)
  * 1월 1일에 1년 된 돼지: 5마리
  * 7월 1일에 1년 6개월 된 돼지: 2마리
(2) 6개월 된 돼지: 3마리(마리당 순공정가치: @5,000)
  * 7월 1일에 태어난 돼지: 3마리

참고사항 매입 시 회계처리

(차)	생물자산(2마리)	24,000	(대) 현 금	24,000
	생물자산(3마리)	9,000	평 가 이 익	9,000

* 현금: 2마리 × @12,000 = 24,000
* 평가이익: 3마리 × @3,000 = 9,000

정답 ①

01 □□□

2022년 지방직 9급

생물자산과 수확물의 인식과 측정에 대한 설명으로 옳지 않은 것은?

① 생물자산에서 수확된 수확물은 수확시점에 공정가치에서 처분부대원가를 뺀 금액으로 측정하여야 한다.

② 생물자산의 공정가치에서 처분부대원가를 뺀 금액을 산정할 때에 추정 매각부대원가를 차감하기 때문에 생물자산의 최초 인식시점에 손실이 발생할 수 있다.

③ 생물자산을 최초에 원가에서 감가상각누계액과 손상차손누계액을 차감한 금액으로 측정하고, 그 이후 그러한 생물자산의 공정가치를 신뢰성 있게 측정할 수 있더라도 최초 적용한 측정방법을 변경하지 않는다.

④ 공정가치에서 처분부대원가를 뺀 금액으로 측정하는 생물자산과 관련된 정부보조금에 다른 조건이 없는 경우에는 이를 수취할 수 있게 되는 시점에만 당기손익으로 인식한다.

01

답 ③

설명 중 옳지 않은 것: 생물자산의 공정가치는 신뢰성 있게 측정할 수 있다고 추정한다. 그러나 생물자산을 최초로 인식하는 시점에 시장 공시가격을 구할 수 없고, 대체적인 공정가치측정치가 명백히 신뢰성 없게 결정되는 경우에는 최초 인식 시점에 한해 그러한 추정에 반론이 제기될 수 있다. 그러한 경우 생물자산은 원가에서 감가상각누계액과 손상차손누계액을 차감한 금액으로 측정한다. 이후 그러한 생물자산의 공정가치를 신뢰성 있게 측정할 수 있게 되면 공정가치에서 처분부대원가를 뺀 금액으로 측정한다.

유형 08 재고자산 종합 서술형 문제

01 □□□ 2020년 서울시 7급

㈜한국은 상품을 외상매출하고 거래대금을 지급받지 않는 대신 거래 상대방에게 상환해야할 같은 금액의 채무를 변제하였다. 이 거래가 ㈜한국의 자산, 부채, 수익 및 순이익에 미치는 영향을 옳게 짝지은 것은? (단, 판매한 상품의 매출원가는 거래대금의 80%이고 재고자산은 계속기록법을 적용한다.)

	자산	부채	수익	순이익
①	감소	감소	증가	증가
②	불변	감소	불변	증가
③	증가	불변	증가	불변
④	감소	불변	증가	불변

01 답 ①

(1) 자산에 미친 영향: 감소(재고자산 0.8A만큼 감소)
(2) 부채에 미친 영향: 감소(차입금 A만큼 감소)
(3) 수익에 미친 영향: 증가(매출 A만큼 증가)
(4) 순이익에 미친 영향: 증가(자산 - 부채 0.2A만큼 증가)

02 □□□ 2018년 지방직 9급

재고자산의 회계처리에 대한 설명으로 옳지 않은 것은?

① 재고자산의 취득 시 구매자가 인수운임, 하역비, 운송기간 동안의 보험료 등을 지불하였다면, 이는 구매자의 재고자산의 취득원가에 포함된다.
② 위탁상품은 수탁기업의 판매 시점에서 위탁기업이 수익으로 인식한다.
③ 재고자산의 매입단가가 지속적으로 하락하는 경우, 선입선출법을 적용하였을 경우의 매출총이익이 평균법을 적용하였을 경우의 매출총이익보다 더 높게 보고된다.
④ 재고자산의 매입단가가 지속적으로 상승하는 경우, 계속기록법하에서 선입선출법을 사용할 경우와 실지재고조사법하에서 선입선출법을 사용할 경우의 매출원가는 동일하다.

02 답 ③

설명 중 옳지 않은 것: 재고자산의 매입단가가 지속적으로 하락하는 경우, 선입선출법을 적용하였을 경우의 매출총이익이 평균법을 적용하였을 경우의 매출총이익보다 더 낮게 보고된다.

참고사항 원가흐름의 가정별 재무제표효과 분석 - 물가의 지속적 상승 & 재고수량 증가 가정

기말 재고자산의 크기		선입선출법 > 이동평균법 > 총평균법 > 후입선출법
매출원가		선입선출법 < 이동평균법 < 총평균법 < 후입선출법
당기순이익		선입선출법 > 이동평균법 > 총평균법 > 후입선출법
법인세비용(과세소득이 있는 경우)		선입선출법 > 이동평균법 > 총평균법 > 후입선출법
현금흐름	법인세효과 ×	선입선출법 = 이동평균법 = 총평균법 = 후입선출법
	법인세효과 ○	선입선출법 < 이동평균법 < 총평균법 < 후입선출법

참고 물가가 지속적으로 하락할 때에는 위의 부호는 반대가 된다.

03 □□□

2017년 국가직 9급

판매자의 기말 재고자산에 포함되지 않는 것은?

① 고객이 구매의사를 표시하지 아니하고, 반환금액을 신뢰성 있게 추정할 수 없는 시용판매 상품
② 위탁판매를 하기 위하여 발송한 후, 수탁자가 창고에 보관 중인 적송품
③ 판매대금을 일정기간에 걸쳐 분할하여 회수하는 조건으로 판매·인도한 상품
④ 도착지인도조건으로 선적되어 운송 중인 미착상품

03 답 ③

판매자의 기말 재고자산에 포함되지 않는 것: 장기할부판매조건 등으로 인도한 상품

(선지분석)
① 반환금액의 신뢰성이 없는 시용판매 상품: 판매자의 기말 재고자산 ○
② 위탁판매의 수탁자 미판매분: 판매자의 기말 재고자산 ○
④ 판매자 입장의 도착지인도조건 미착상품: 판매자의 기말 재고자산 ○

참고사항 선지별 기말 재고자산 조정 판단

(1) 반환금액의 신뢰성이 없는 시용판매 상품

재고자산 조정	1st In 창고	→	2nd My 재고	→	창고실사재고자산 가산(차감) 여부
시용판매(매입의사 표시 ○)	×	→	×	→	조정사항 없음
시용판매(매입의사 표시 ×)	×	→	○	→	가산

(2) 위탁판매의 수탁자 미판매분

재고자산 조정	1st In 창고	→	2nd My 재고	→	창고실사재고자산 가산(차감) 여부
위탁판매(판매 ○) - 위탁자	×	→	×	→	조정사항 없음
위탁판매(판매 ×) - 위탁자	×	→	○	→	가산

(3) 장기할부판매조건 등으로 인도한 상품

재고자산 조정	1st In 창고	→	2nd My 재고	→	창고실사재고자산 가산(차감) 여부
할부판매조건 - 구매자	○	→	○	→	조정사항 없음
할부판매조건 - 판매자	×	→	×	→	조정사항 없음

(4) 판매자 입장의 도착지인도조건 미착상품

재고자산 조정	1st In 창고	→	2nd My 재고	→	창고실사재고자산 가산(차감) 여부
도착지인도조건 - 구매자	×	→	×	→	조정사항 없음
도착지인도조건 - 판매자	×	→	○	→	가산

04 □□□

2017년 국가직 9급

재고자산에 대한 설명으로 옳은 것은?

① 기초 재고자산금액과 당기 매입액이 일정할 때, 기말 재고자산금액이 과대계상 될 경우 당기순이익은 과소계상된다.
② 선입선출법은 기말에 재고로 남아있는 항목은 가장 최근에 매입 또는 생산된 항목이라고 가정하는 방법이다.
③ 실지재고조사법을 적용하면 기록 유지가 복잡하고 번거롭지만 특정 시점의 재고자산 잔액과 그 시점까지 발생한 매출원가를 적시에 파악할 수 있는 장점이 있다.
④ 도착지인도기준에 의해서 매입이 이루어질 경우, 발생하는 운임은 매입자의 취득원가에 산입하여야 한다.

04 답 ②

설명 중 옳은 것: 선입선출법은 먼저 매입한 재고자산이 먼저 판매된 것으로 인식하는 방법이다.

(선지분석)
① 기초 재고자산금액과 당기 매입액이 일정할 때, 기말 재고자산금액이 과대계상 될 경우 매출원가는 과소계상된다. 매출원가의 과소계상 시 당기순이익은 과대계상된다.
③ 계속기록법을 적용하면 기록유지가 복잡하고 번거롭지만 특정 시점의 재고자산 잔액과 그 시점까지 발생한 매출원가를 적시에 파악할 수 있는 장점이 있다.
④ 도착지인도기준에 의해서 매입이 이루어질 경우, 발생하는 운임은 판매자의 비용으로 인식해야 한다.

05 □□□

2022년 국가직 7급

재고자산의 순실현가능가치에 대한 설명으로 옳지 않은 것은?

① 순실현가능가치를 추정할 때에는 재고자산으로부터 실현가능한 금액에 대하여 추정일 현재 사용가능한 가장 신뢰성 있는 증거에 기초하여야 한다.
② 순실현가능가치를 추정할 때 재고자산의 보유 목적도 고려하여야 하는데, 예를 들어 확정판매계약 또는 용역계약을 이행하기 위하여 보유하는 재고자산의 순실현가능가치는 계약가격에 기초한다.
③ 완성될 제품이 원가 이상으로 판매될 것으로 예상하는 경우에는 그 생산에 투입하기 위해 보유하는 원재료 및 기타 소모품을 감액하지 아니하며, 원재료 가격이 하락하여 제품의 원가가 순실현가능가치를 초과할 것으로 예상되더라도 해당 원재료를 순실현가능가치로 감액하지 않는다.
④ 매 후속기간에 순실현가능가치를 재평가하며, 재고자산의 감액을 초래했던 상황이 해소되거나 경제상황의 변동으로 순실현가능가치가 상승한 명백한 증거가 있는 경우에는 최초의 장부금액을 초과하지 않는 범위 내에서 평가손실을 환입한다.

05 답 ③

완성될 제품이 원가 이상으로 판매될 것으로 예상하는 경우에는 그 생산에 투입하기 위해 보유하는 원재료 및 기타 소모품을 감액하지 아니하나, 원재료 가격이 하락하여 제품의 원가가 순실현가능가치를 초과할 것으로 예상된다면 해당 원재료를 순실현가능가치로 감액한다.

06 □□□

2024년 국가직 9급

재고자산에 대한 설명으로 옳지 않은 것은?

① 재고자산은 취득원가와 순실현가능가치 중 낮은 금액으로 측정하고, 취득원가는 매입원가, 전환원가 및 재고자산을 현재의 장소에 현재의 상태로 이르게 하는 데 발생한 기타 원가 모두를 포함한다.

② 재고자산을 순실현가능가치로 감액하는 저가법은 항목별로 적용한다. 그러나 경우에 따라서는 서로 비슷하거나 관련된 항목들을 통합하여 적용하는 것이 적절할 수 있다.

③ 재고자산의 순실현가능가치가 상승한 증거가 명백한 경우 최초의 장부금액을 초과하지 않는 범위 내에서 평가손실을 환입한다. 그 결과 새로운 장부금액은 취득원가와 수정된 순실현가능가치 중 큰 금액이 된다.

④ 순실현가능가치의 상승으로 인한 재고자산 평가손실의 환입은 환입이 발생한 기간의 비용으로 인식된 재고자산 금액의 차감액으로 인식한다.

06 답 ③

재고자산의 순실현가능가치가 상승한 증거가 명백한 경우 최초의 장부금액을 초과하지 않는 범위 내에서 평가손실을 환입한다. 그 결과 새로운 장부금액은 취득원가와 수정된 순실현가능가치 중 작은 금액이 된다.

07 □□□

2025 국가직 9급

재고자산에 대한 설명으로 옳지 않은 것은?

① 통상적인 영업과정에서 판매를 위하여 보유 중이거나 생산 중인 자산은 재고자산에 해당한다.

② 생산이나 용역제공에 사용될 원재료나 소모품은 재고자산에 해당한다.

③ 외부에서 매입하여 재판매하기 위해 보유하는 상품은 재고자산에 해당하지 않는다.

④ 토지도 기업의 주된 영업활동에 따라 재고자산에 해당될 수 있다.

07 답 ③

외부에서 매입하여 재판매하기 위해 보유하는 상품은 재고자산에 해당한다.

PART 05 유형자산

본 과목 풀이 시 기업의 보고기간(회계기간)은 매년 1월 1일부터 12월 31일까지이며, 기업은 계속해서 한국채택국제회계기준을 적용해 오고 있다고 가정한다. 또한, 자료에서 제시하지 않은 사항(예 법인세효과 등)은 고려하지 않는다.

유형 01 [유형자산의 최초 인식과 측정] 최초 인식 시 측정

기본서 PART 05 유형자산 → CH 2. 유형자산의 최초 인식과 측정 → 2 최초 인식 시 측정 ▶ 173p

대표문제 □□□ 2011년 국가직 9급

(주)대한은 다음 자료와 같이 기계장치를 취득하였다. 기계장치의 취득원가는?

• 기계장치 구입가격	₩ 20,000
• 운반비	₩ 1,000
• 설치비	₩ 3,000
• 시운전비	₩ 2,000
• 구입 후 수선비	₩ 2,000

① ₩ 21,000
② ₩ 25,000
③ ₩ 26,000
④ ₩ 28,000

해설

기계장치의 취득원가: 26,000
= 구입가격 20,000 + 가산 항목 6,000
(1) 구입가격: (+) 20,000
(2) 운반비: (+) 1,000
(3) 설치비: (+) 3,000
(4) 시운전비: (+) 2,000
* 구입 후 수선비: 당기비용으로 처리

정답 ③

01 □□□

2017년 국가직 7급

㈜한국은 20×1년 1월 1일 영업을 시작하였다. 20×1년과 20×2년에 발생한 다음 거래들을 참고하여 20×2년 말 재무제표에 자산으로 계상하여야 할 금액은? (단, 일자는 월할 계산하며, 금액 정보가 없는 자산 항목은 계산에 반영하지 않는다.)

일자	내용
20×1. 3. 1.	제품 제작용 기기를 ₩10,000에 구입하면서 운반비 ₩500과 설치비 ₩1,500을 함께 지급하였음. 감가상각은 내용연수 5년, 잔존가치 ₩0으로 정액법을 사용함
20×2. 1. 7.	20×1년 말에 주차장으로 사용할 목적으로 토지를 ₩100,000에 구입하고 구입한 토지 위의 사용하지 못하는 건물에 대한 철거비용으로 ₩20,000을 지급하였음. 철거에서 파생된 고철은 ₩5,000에 처분하였음
20×2. 6. 1.	₩6,000 상당의 소모품을 구입하여 20×2년 12월 31일까지 3/4을 사용하였음
20×2. 7. 1.	₩100,000 상당의 상품을 매입하여 이 중 ₩10,000 상당의 상품은 불량으로 인하여 반품하고 나머지 상품 중 90%는 20×2년 12월 31일까지 판매하였음
20×2. 10. 1.	₩20,000의 무상증자를 실시하였음

① ₩128,100
② ₩133,100
③ ₩134,100
④ ₩153,100

01 답 ②

×2년 말 재무제표에 자산으로 계상할 금액: 133,100
= 기기 7,600 + 토지 115,000 + 소모품 1,500 + 상품 9,000

(1) 기기: (+) 7,600 = (10,000 + 500 + 1,500) − [(12,000 − 0) × (10 + 12)/60]
(2) 토지: (+) 115,000 = 100,000 + (20,000 − 5,000)
(3) 소모품: (+) 1,500 = 6,000 × (1 − 0.75)
(4) 상품: (+) 9,000 = (100,000 − 10,000) × (1 − 0.9)

참고사항 증자거래와 감자거래의 재무제표효과 비교

구분		자본금	자본총계
증자거래	유상증자	증가	증가
	무상증자	증가	변동 없음
감자거래	유상감자	감소	감소
	무상감자	감소	변동 없음

* 무상감자의 경우 감자대가가 없으므로 감자차익만 발생하고, 감자차손은 발생하지 않는다.

02 □□□

2022년 지방직 9급

유형자산의 원가를 구성하는 것은?

① 새로운 시설을 개설하는 데 소요되는 원가
② 경영진이 의도한 방식으로 유형자산을 가동할 수 있는 장소와 상태에 이르게 하는 동안에 재화가 생산된다면 그러한 재화를 판매하여 얻은 매각금액과 그 재화의 원가
③ 유형자산이 경영진이 의도하는 방식으로 가동될 수 있으나 아직 실제로 사용되지는 않고 있는 경우 또는 가동수준이 완전조업도 수준에 미치지 못하는 경우에 발생하는 원가
④ 자산을 해체, 제거하거나 부지를 복구하는 데 소요될 것으로 최초에 추정되는 원가

02 답 ④

자산을 해체, 제거하거나 부지를 복구하는 데 소요될 것으로 최초에 추정되는 원가는 취득원가에 포함한다.

기본서 PART 05 유형자산 → CH 3. 유형자산의 감가상각과 후속 원가, 제거 → 4 감가상각비의 계산 ▶ 179p

대표문제 □□□

2018년 국가직 9급

㈜한국은 20×1년 10월 1일에 기계장치를 ₩1,200,000(내용연수 4년, 잔존가치 ₩200,000)에 취득하고 연수합계법을 적용하여 감가상각하고 있다. 20×2년 말 포괄손익계산서와 재무상태표에 보고할 감가상각비와 감가상각누계액은? (단, 감가상각비는 월할 계산한다.)

① 감가상각비 ₩375,000, 감가상각누계액 ₩475,000
② 감가상각비 ₩375,000, 감가상각누계액 ₩570,000
③ 감가상각비 ₩450,000, 감가상각누계액 ₩475,000
④ 감가상각비 ₩450,000, 감가상각누계액 ₩570,000

해설

(1) ×2년 말의 감가상각비: 375,000

$$= [(1{,}200{,}000 - 200{,}000) \times \frac{4}{(4+3+2+1)} \times 9/12] + [(1{,}200{,}000 - 200{,}000) \times \frac{3}{(4+3+2+1)} \times 3/12]$$

(2) ×2년 말의 감가상각누계액: 475,000
= 100,000 + 375,000

별해 감가상각비의 계산 도식 적용

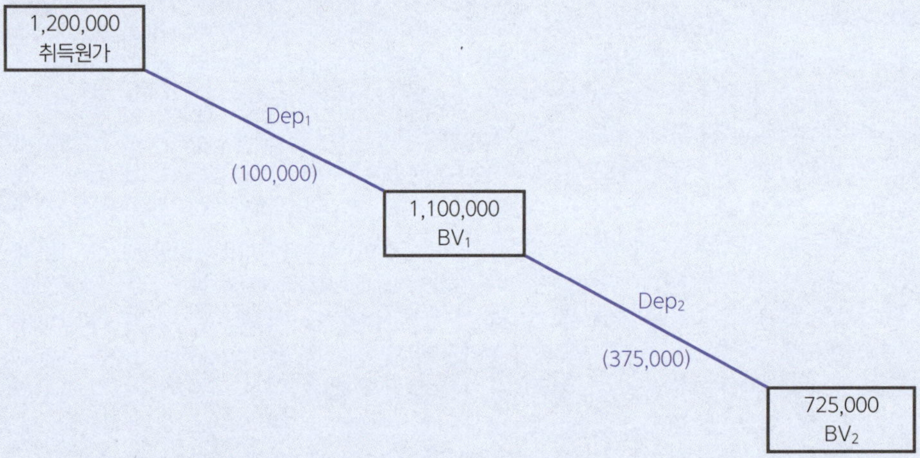

1) ×1년 취득원가(기계): 1,200,000

2) ×1년 Dep: $100{,}000 = (1{,}200{,}000 - 200{,}000) \times \frac{4}{(4+3+2+1)} \times 3/12$

3) ×1년 말 BV: 1,100,000 = 1,200,000 − 1,100,000

4) ×2년 Dep: 375,000

$$= [(1{,}200{,}000 - 200{,}000) \times \frac{4}{(4+3+2+1)} \times 9/12] + [(1{,}200{,}000 - 200{,}000) \times \frac{3}{(4+3+2+1)} \times 3/12]$$

5) ×2년 말 BV: 725,000 = 1,100,000 − 375,000

정답 ①

01 □□□

2025년 지방직 9급

㈜한국은 20×1년 1월 1일 기계장치(원가모형 적용, 내용연수 10년, 정액법 감가상각, 잔존가치 ₩10,000,000)를 ₩100,000,000에 취득하고 즉시 사용하고 있다. 20×3년 말 ㈜한국이 인식할 기계장치의 장부가액은?

① ₩70,000,000
② ₩73,000,000
③ ₩82,000,000
④ ₩100,000,000

01

답 ②

(1) 취득원가: 1,000,000
(2) 정액법 Dep: 9,000,000 = (100,000,000 − 10,000,000) × 1/10
(3) 20×3년 말 BV: 73,000,000 = 100,000,000 − 9,000,000 × 3

02 □□□

2023년 국가직 9급

㈜한국은 20×1년 1월 1일 건물을 ₩110에 취득하였다. 건물의 잔존가치는 ₩10이며, 내용연수는 10년이고, 정액법으로 감가상각을 하기로 하였다. 해당 건물에 대한 감가상각과 관련한 설명으로 옳지 않은 것은?

① 감가상각대상금액 ₩110이 내용연수 10년에 걸쳐 배분된다.
② 20×1년에 인식되는 감가상각비는 ₩10이다.
③ 20×2년 말 해당 건물의 감가상각누계액은 ₩20으로 보고된다.
④ 20×3년 말 해당 건물의 장부금액은 ₩80으로 보고된다.

02

답 ①

감가상각대상금액은 취득원가에서 잔존가치를 차감한 100이다.

(선지분석)

② 20×1년 정액법 dep = (110 − 10) ÷ 10 = 10
③ 20×2년 감가상각누계액 = dep 10 × 2년 = 20으로 보고된다.
④ 20×3년 말 건물 BV = 110 − 10 × 3년 = 80

03 □□□

2021년 국가직 9급

㈜한국은 20×1년 7월 1일 생산에 필요한 기계장치를 ₩1,200,000에 취득(내용연수 4년, 잔존가치 ₩200,000)하였다. 동 기계장치를 연수합계법을 적용하여 감가상각할 때, 20×4년 손익계산서에 보고할 감가상각비는? (단, 원가모형을 적용하고 손상차손은 없으며, 감가상각은 월할 계산한다.)

① ₩50,000
② ₩150,000
③ ₩180,000
④ ₩250,000

03 답 ②

×4년 말의 감가상각비: 150,000

$$= [(1{,}200{,}000 - 200{,}000) \times \frac{2}{(4+3+2+1)} \times 6/12] + [(1{,}200{,}000 - 200{,}000) \times \frac{1}{(4+3+2+1)} \times 6/12]$$

04 □□□

2020년 서울시 7급

㈜서울은 취득원가가 ₩200,000이고 잔존가치가 ₩20,000으로 추정되는 유형자산의 내용연수를 10년으로 예상하고 정액법을 적용하여 6년간 상각하여 왔다. 7차년도에 동 유형자산을 8년 동안 더 사용할 수 있는 것으로 재추정하였고, 잔존가치도 ₩5,000으로 재추정하였다. 7차년도의 감가상각비는?

① ₩10,000
② ₩10,875
③ ₩ 11,125
④ ₩12,875

04 답 ②

7차년도 말의 감가상각비: 10,875
= (92,000 − 5,000) × 1/8

별해 감가상각비의 계산 도식 적용

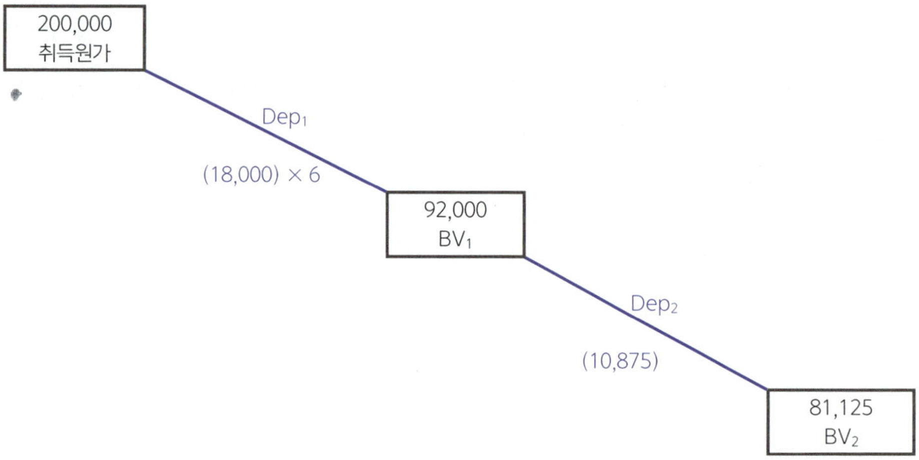

(1) 1년 취득원가(기계): 200,000
(2) 정액법 Dep: 18,000 = (200,000 − 2,000) × 1/10
(3) 6년 말 BV: 92,000 = 200,000 − (18,000 × 6)
(4) 7년 Dep: 10,875 = (92,000 − 5,000) × 1/8
(5) 7년 말 BV: 81,125 = 92,000 − 10,875

05 □□□

2016년 국가직 7급

㈜한국은 2010년 1월 1일 건물을 ₩1,000,000에 구입하여 2015년 12월 31일까지 정액법(내용연수는 10년, 잔존가치 ₩100,000)으로 감가상각하였다. 2016년 1월 1일 동 건물에 대해 감가상각방법을 정액법에서 연수합계법으로 변경하였으며, 잔존가치는 ₩40,000으로 재추정하였고 향후 5년을 더 사용할 수 있을 것으로 예상하였다. 2016년 말에 인식해야 할 동 건물의 감가상각비는? (단, 유형자산에 대해 원가모형을 적용한다.)

① ₩84,000
② ₩ 90,000
③ ₩96,000
④ ₩140,000

05 답 ④

16년 말의 감가상각비: 140,000

$$= (460,000 - 40,000) \times \frac{5}{(5+4+3+2+1)}$$

별해 감가상각비의 계산 도식 적용

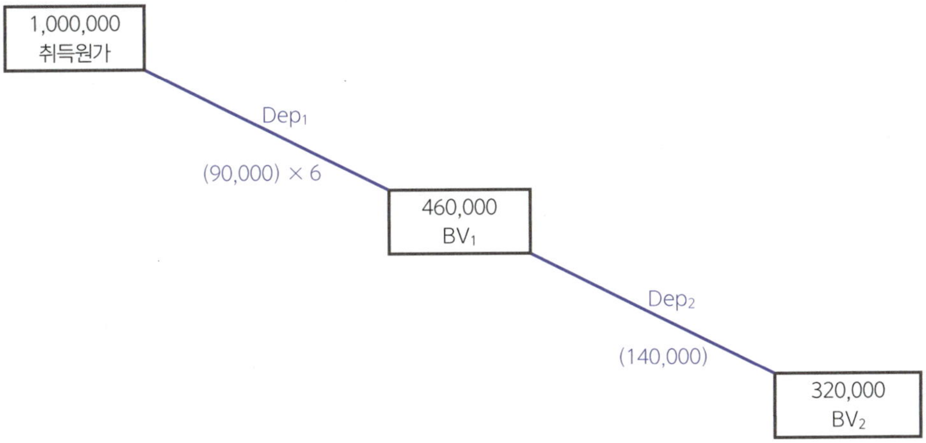

(1) 10년 취득원가(건물): 1,000,000
(2) 정액법 Dep: 90,000 = (1,000,000 − 100,000) × 1/10
(3) 15년 말 BV: 460,000 = 1,000,000 − (90,000 × 6)
(4) 16년 Dep: $140,000 = (460,000 - 40,000) \times \frac{5}{(5+4+3+2+1)}$
(5) 16년 말 BV: 320,000 = 460,000 − 140,000

06 □□□

2014년 국가직 9급

㈜한국은 2012년 초에 업무용 차량운반구를 ₩10,000(내용연수 5년, 잔존가치 ₩0)에 취득하여 정액법으로 감가상각하여 오다가 2013년부터 감가상각방법을 연수합계법으로 변경하였다. 다른 사항은 변화가 없고 원가모형을 적용한다고 가정할 경우, 2013년 말 재무상태표에 표시되는 동 차량운반구의 장부금액은?

① ₩6,000　② ₩5,200
③ ₩4,800　④ ₩4,200

06　답 ③

13년 말의 차량운반구의 장부금액: 4,800
= 8,000 − 3,200

별해 감가상각비의 계산 도식 적용

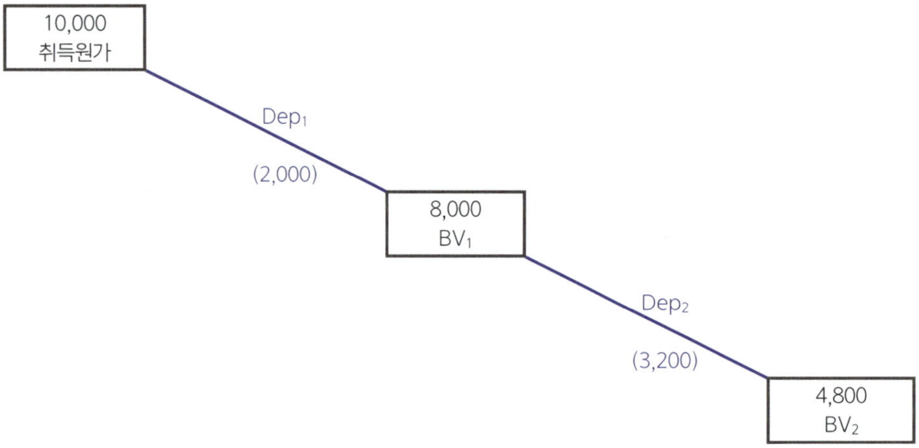

(1) 12년 취득원가(차량): 10,000
(2) 12년 Dep: 2,000 = (10,000 − 0) × 1/5
(3) 12년 말 BV: 8,000 = 10,000 − 2,000
(4) 13년 Dep: $3,200 = (8,000 - 0) \times \frac{4}{(4+3+2+1)}$
(5) 13년 말 BV: 4,800 = 8,000 − 3,200

07 □□□

2013년 국가직 7급

㈜한국은 2011년 5월 1일에 기계장치를 취득하였다. 이 기계장치는 2011년 7월 1일부터 사용하기 시작하였고 정액법으로 감가상각한다. 기계장치의 내용연수는 5년이고 잔존가치는 취득원가의 10%이다. 2012년 말의 감가상각누계액이 ₩810,000일 때, 동 기계의 취득원가는? (단, 기계장치는 월할 상각한다.)

① ₩1,000,000
② ₩2,700,000
③ ₩3,000,000
④ ₩4,000,000

07

답 ③

11년의 기계의 취득원가: 3,000,000
(1) 11년 취득원가(기계): A로 가정
(2) 12년 말 감가상각누계액: 810,000
= (A − 0.1A) × (6 + 12)/60
∴ A = 3,000,000

별해 감가상각비의 계산 도식 적용

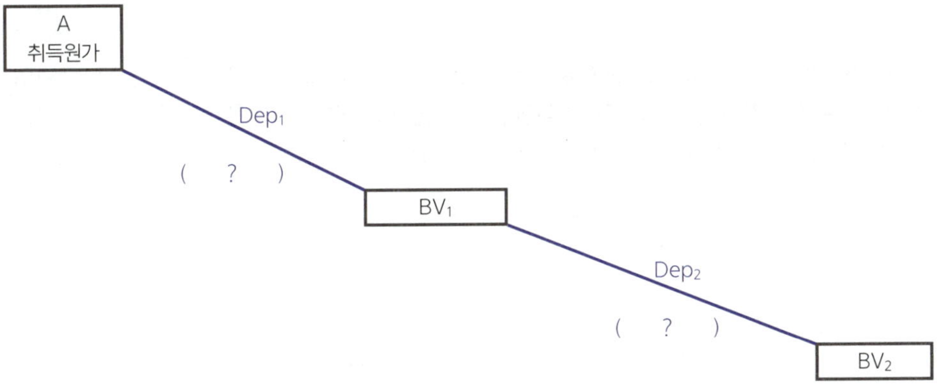

(1) 11년 취득원가(기계): A로 가정
(2) 정액법 Dep: 0.18A = (A − 0.1A) × 12/60
(3) 12년 말 감가상각누계액: 810,000
= (A − 0.1A) × (6 + 12)/60
∴ A = 3,000,000

참고사항 취득원가의 검산
(1) 11년 취득원가(기계): 3,000,000
(2) 11년 Dep: 270,000 = (3,000,000 − 300,000) × 1/5 × 6/12
(3) 11년 말 BV: 2,730,000 = 3,000,000 − 270,000
(4) 12년 Dep: 540,000 = (3,000,000 − 300,000) × 1/5
(5) 12년 말 감가상각누계액: 810,000 = 270,000 + 540,000
(6) 12년 말 BV: 2,190,000 = 2,730,000 − 540,000

08 □□□

2025년 국가직 9급

㈜한국은 20×1년 초에 취득한 기계장치를 원가모형을 적용하여 연수합계법으로 감가상각하고 있다. ㈜한국은 동 기계장치의 내용연수를 4년, 잔존가치는 ₩50,000으로 추정하였다. ㈜한국이 20×3년도에 인식한 감가상각비가 ₩10,000인 경우, 동 기계장치의 취득원가는? (단, 취득 이후 기계장치에 대한 손상은 없다.)

① ₩100,000　　② ₩200,000

③ ₩300,000　　④ ₩400,000

08 답 ①

20×1년 초 기계 취득원가: 100,000

(1) 20×1년 초 기계 취득원가 = A

(2) 20×3년 연수합계법 dep 10,000 = (A − 잔존가치 50,000) × (5 − 3)/10

∴ A = 100,000

09 □□□

2012년 지방직 9급

㈜대한과 ㈜한국은 2010년 1월 1일에 각각 동일한 기계를 ₩100,000에 취득하였다. 두 회사 모두 기계의 내용연수는 4년이고, 잔존가치는 ₩10,000으로 추정한다. 이 기계의 감가상각을 위하여 ㈜대한은 상각률 40%의 정률법을 적용하고, ㈜한국은 연수합계법을 적용한다면, 두 회사의 2011년 12월 31일 재무상태표에 보고되는 이 기계에 대한 감가상각누계액의 차이는?

① ₩1,000　　② ₩4,000

③ ₩5,400　　④ ₩6,000

09 답 ①

감가상각방법에 따른 11년 말의 감가상각누계액의 차이: 1,000
= 64,000 − 63,000

별해 감가상각비의 계산 도식 적용

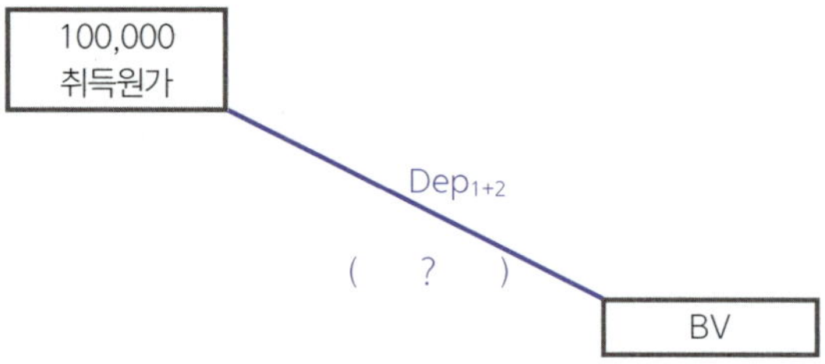

(1) 정률법의 경우
1) 10년 취득원가(기계): 100,000
2) 10년 Dep: 40,000 = (100,000 − 0) × 0.4
3) 11년 Dep: 24,000 = (100,000 − 40,000) × 0.4
4) 11년 말 감가상각누계액: 64,000 = 40,000 + 24,000
5) 11년 말 BV: 36,000 = 100,000 − 64,000

(2) 연수합계법의 경우
1) 10년 취득원가(기계): 100,000
2) 10년 Dep: $36,000 = (100,000 - 10,000) \times \frac{4}{(4+3+2+1)}$
3) 11년 Dep: $27,000 = (100,000 - 10,000) \times \frac{3}{(4+3+2+1)}$
4) 11년 말 감가상각누계액: 63,000 = 36,000 + 27,000
5) 11년 말 BV: 37,000 = 100,000 − 63,000

10 □□□

2010년 국가직 9급

㈜갑은 2009년도 초에 내용연수가 3년이고 잔존가치는 없는 기계장치를 구입하였다. 회사는 감가상각방법으로 정액법, 연수합계법, 이중체감법을 고려하고 있다. 이 기계장치를 구입한 후 3년째 되는 마지막 회계연도에 보고할 감가상각비가 큰 순으로 감가상각방법을 바르게 나열한 것은?

① 정액법 > 연수합계법 > 이중체감법
② 정액법 > 이중체감법 > 연수합계법
③ 이중체감법 > 정액법 > 연수합계법
④ 이중체감법 > 연수합계법 > 정액법

10 답 ①

감가상각비가 큰 순서의 감가상각방법: 정액법 > 연수합계법 > 이중체감법
감가상각방법에 따른 11년 말의 감가상각비의 비교
(1) 09년 취득원가: A로 가정
(2) 정액법 Dep: (A − 잔존가치) × 1/3
(3) 연수합계법 Dep: (A − 잔존가치) × $\frac{1}{(3+2+1)}$
(4) 이중체감법 Dep: (A − 기초 감가상각누계액) × 2/3 × 1/3 × 1/3

11 □□□

2010년 국가직 9급

㈜한국은 2009년 1월 1일에 기계를 ₩100,000에 취득하였다. 이 기계의 내용연수는 4년이고, 잔존가치는 ₩20,000으로 추정된다. 2009년 12월 31일 이 기계의 감가상각을 정액법과 연수합계법을 적용하여 계산할 때 두 방법의 감가상각비 차이는?

① ₩13,000
② ₩12,000
③ ₩11,000
④ ₩10,000

11 답 ②

감가상각방법에 따른 09년 말의 감가상각비 차이: 12,000
= 32,000 − 20,000

별해 감가상각비의 계산 도식 적용

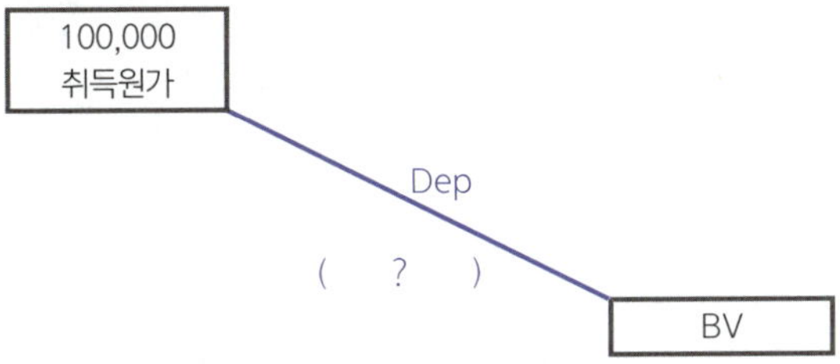

(1) 정액법의 경우
1) 09년 취득원가(기계): 100,000
2) 09년 Dep: 20,000 = (100,000 − 20,000) × 1/4
3) 09년 말 BV: 80,000 = 100,000 − 20,000

(2) 연수합계법의 경우
1) 09년 취득원가(기계): 100,000
2) 09년 Dep: 32,000 = (100,000 − 20,000) × $\frac{4}{(4+3+2+1)}$
3) 09년 말 BV: 68,000 = 100,000 − 32,000

유형 03 [유형자산의 감가상각과 후속 원가, 제거] 후속 원가

기본서 PART 05 유형자산 → CH 3. 유형자산의 감가상각과 후속 원가, 제거 → 5 후속 원가 ▶ 186p

대표문제 □□□ 2019년 국가직 9급

㈜한국은 20×1년 1월 1일에 기계장치를 ₩450,000에 취득하면서 운송비와 설치비로 ₩50,000을 지출하였다. 이 기계장치는 내용연수 5년, 잔존가치 ₩0으로 정액법을 적용하여 감가상각하고 있다. 20×3년 1월 1일 사용 중이던 동 기계장치의 생산능력을 높이고 사용기간을 연장하기 위해 ₩100,000을 지출하였으며, 일상적인 수선을 위해 ₩5,000을 지출하였다. 지출의 결과로 기계장치의 내용연수는 5년에서 7년으로 연장되었으며 잔존가치는 ₩50,000으로 변경되었다. ㈜한국이 20×3년도에 인식해야 할 감가상각비는? (단, 원가모형을 적용하며 손상차손은 없다.)

① ₩50,000　　② ₩60,000

③ ₩70,000　　④ ₩80,000

해설

×3년 말의 감가상각비: 70,000
= (400,000 − 50,000) × 1/5

별해 감가상각비의 계산 도식 적용

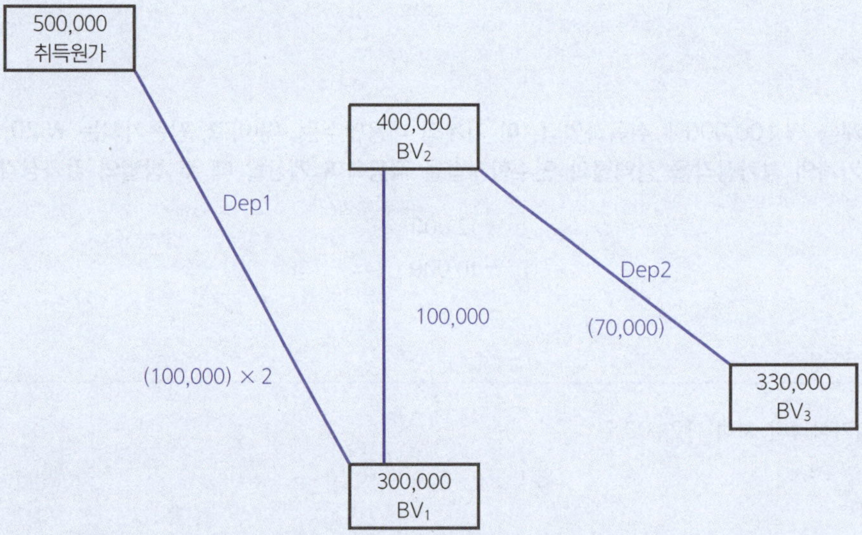

(1) ×1년 취득원가(기계): 500,000 = 450,000 + 50,000
(2) 정액법 Dep: 100,000 = (500,000 − 0) × 1/5
(3) ×2년 말 BV: 300,000 = 500,000 − (100,000 × 2)
(4) ×3년 자본적지출 후 BV: 400,000 = 300,000 + 100,000
　* 자본적지출(내용연수의 연장): (+) 100,000
　* 일상적인 수선유지비: 당기비용 처리
(4) ×3년 Dep: 70,000 = (400,000 − 50,000) × 1/(5 − 2 + 2)
(5) ×3년 말 BV: 330,000 = 400,000 − 70,000

정답 ③

01 □□□

2020년 국가직 9급

㈜한국은 20×1년 한 해 동안 영업사업부 건물의 일상적인 수선 및 유지를 위해 ₩5,300을 지출하였다. 이 중 ₩3,000은 도색 비용이고 ₩2,300은 소모품 교체 비용이다. 또한, 해당 건물의 승강기 설치에 ₩6,400을 지출하였으며 새로운 비품을 ₩9,300에 구입하였다. 위의 거래 중 20×1년 12월 31일 재무상태표에 자산으로 기록할 수 있는 지출의 총액은?

① ₩11,700
② ₩15,700
③ ₩18,000
④ ₩21,000

01

답 ②

×1년 말의 자산: 15,700
= 승강기(자본적지출) 6,400 + 비품 9,300
(1) 승강기(증설, 자본적지출): (+) 6,400
(2) 비품(자산): (+) 9,300
* 일상적인 수선유지비: 당기비용 처리

참고사항 유형자산의 후속 원가 정리

구분	내용	비고
일상적인 수선유지비	당기비용 처리	-
일부대체와 종합검사원가	인식기준을 충족하는 경우 장부금액에 포함	분리하여 인식하지 않은 경우에도 대체되는 부분의 장부금액은 제거

02 □□□

2018년 지방직 9급

㈜구봉은 20×1년 1월 1일에 생산용 기계 1대를 ₩100,000에 구입하였다. 이 기계의 내용연수는 4년, 잔존가치는 ₩20,000으로 추정되었으며 정액법에 의해 감가상각하고 있었다. ㈜구봉은 20×3년도 초에 동 기계의 성능을 현저히 개선하여 사용할 수 있게 하는 대규모의 수선을 시행하여 ₩16,000을 지출하였다. 동 수선으로 내용연수는 2년이 연장되었으나 잔존가치는 변동이 없을 것으로 추정된다. 이 기계와 관련하여 20×3년도에 인식될 감가상각비는?

① ₩28,000 ② ₩24,000

③ ₩20,000 ④ ₩14,000

02 답 ④

×3년 말의 감가상각비: 14,000
= (76,000 - 20,000) × 1/(4 - 2 + 2)

별해 감가상각비의 계산 도식 적용

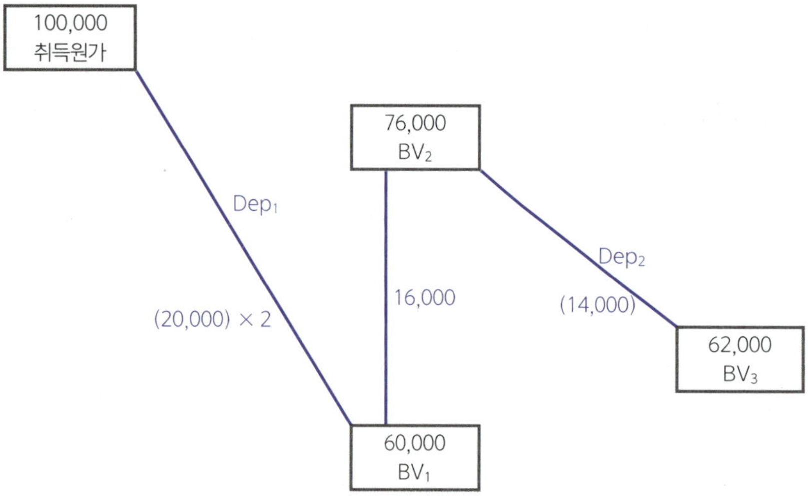

(1) ×1년 취득원가(기계): 100,000
(2) 정액법 Dep: 20,000 = (100,000 - 20,000) × 1/4
(3) ×2년 말 BV: 60,000 = 100,000 - (20,000 × 2)
(4) ×3년 자본적지출 후 BV: 76,000 = 60,000 + 16,000
 * 자본적지출(내용연수의 연장): (+) 16,000
(5) ×3년 Dep: 14,000 = (76,000 - 20,000) × 1 / (4 - 2 + 2)
(6) ×3년 말 BV: 62,000 = 76,000 - 14,000

03 □□□

2013년 지방직 9급

다음은 ㈜한국의 기계장치와 관련된 자료이다. 2013년도 감가상각비는?

> ㈜한국은 2011년 1월 1일에 기계장치를 ₩100,000(내용연수 4년, 잔존가치 ₩20,000)에 취득하여 정액법으로 상각하였다. 2013년 1월 1일에 이 기계에 부속장치를 설치하기 위하여 ₩40,000을 추가 지출하였으며, 이로 인하여 기계의 잔존내용연수가 2년 증가하였고 2013년도부터 연수합계법을 적용하기로 하였다. (단, 감가상각방법 변경은 전진법으로 회계처리한다.)

① ₩20,000　　② ₩24,000
③ ₩28,000　　④ ₩32,000

03 　　　답 ④

13년 말의 감가상각비: 32,000

$= (100{,}000 - 20{,}000) \times \dfrac{4}{(4+3+2+1)}$

별해 감가상각비의 계산 도식 적용

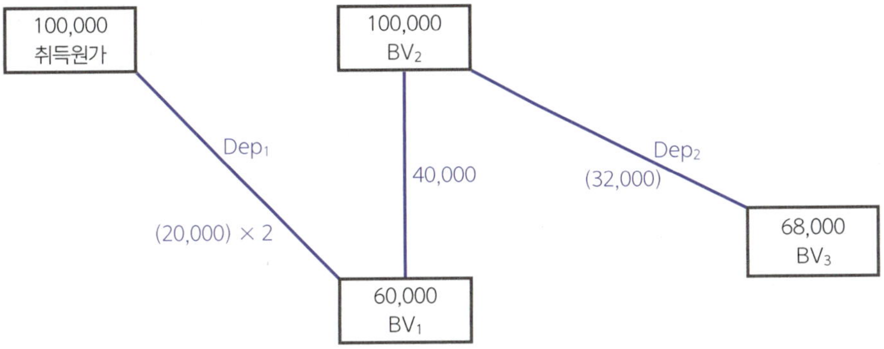

(1) 11년 취득원가(기계): 100,000
(2) 정액법 Dep: 20,000 = (100,000 − 20,000) × 1/4
(3) 12년 말 BV: 60,000 = 100,000 − (20,000 × 2)
(4) 13년 자본적지출 후 BV: 100,000 = 60,000 + 40,000
　* 자본적지출(내용연수의 연장): (+) 40,000
(5) 13년 Dep: $32{,}000 = (100{,}000 - 20{,}000) \times \dfrac{4}{(4+3+2+1)}$
(6) 13년 말 BV: 68,000 = 100,000 − 32,000

04 □□□

2012년 국가직 7급

㈜한국은 2007년 초에 비품을 ₩3,200,000에 구입하였으며, 동 비품의 감가상각 관련 자료는 다음과 같다.

> • 내용연수: 4년
> • 잔존가치: ₩200,000
> • 감가상각방법: 정액법
>
> 해당 비품을 2년간 사용한 후 2009년 초에 다음과 같이 회계변경하였다.
> • 잔존내용연수: 3년
> • 잔존가치: ₩50,000
> • 감가상각방법: 연수합계법

회계변경이 ㈜한국의 재무제표에 미치는 영향으로 옳은 것은?

① 2009년도 재무제표에서 전기이월이익잉여금은 ₩300,000이 감소한다.
② 2010년도 감가상각비는 ₩850,000이다.
③ 2009년도 감가상각비는 ₩550,000이다.
④ 2009년도 감가상각비는 ₩825,000이다.

04

답 ④

재무제표에 미치는 영향

(1) 09년 당기손익: (-) 825,000

* 09년 Dep: $825{,}000 = (1{,}700{,}000 - 50{,}000) \times \frac{3}{(3+2+1)}$

(2) 10년 당기손익: (-) 550,000

* 10년 Dep: $550{,}000 = (1{,}700{,}000 - 50{,}000) \times \frac{2}{(3+2+1)}$

(3) 09년 전기이월이익잉여금: 영향 없음

* 회계추정의 변경: 전진법 ⇒ 전기이월이익잉여금에 영향 ×

별해 감가상각비의 계산 도식 적용

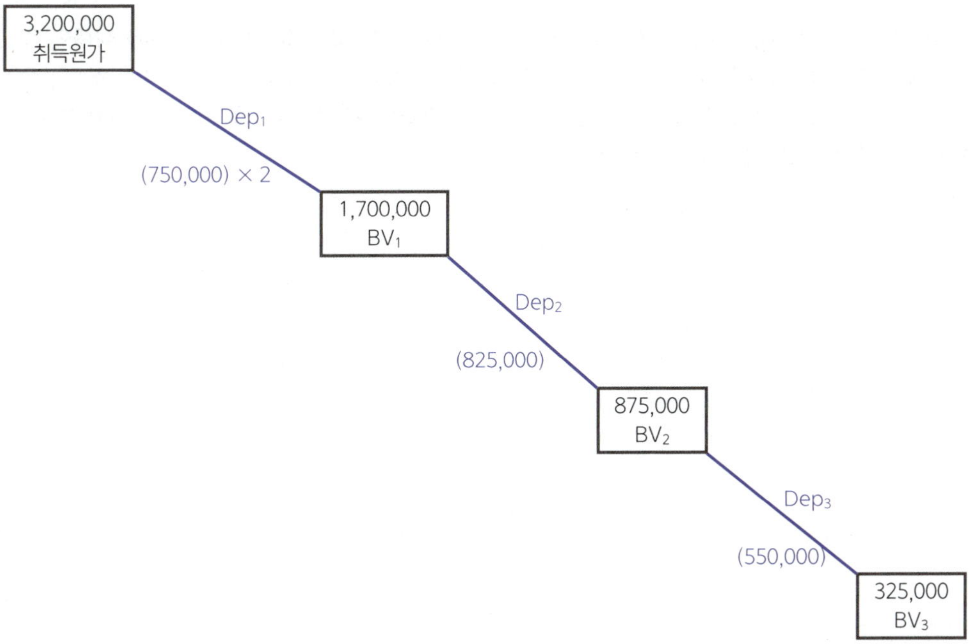

(1) 07년 취득원가(비품): 3,200,000

(2) 정액법 Dep: 750,000 = (3,200,000 − 200,000) × 1/4

(3) 08년 말 BV: 1,700,000 = 3,200,000 − (750,000 × 2)

(4) 09년 Dep: 825,000 = (1,700,000 − 50,000) × $\frac{3}{(3+2+1)}$

(5) 09년 말 BV: 875,000 = 1,700,000 − 825,000

(6) 10년 Dep: 550,000 = (1,700,000 − 50,000) × $\frac{2}{(3+2+1)}$

(7) 10년 말 BV: 325,000 = 875,000 − 550,000

05 □□□

2023년 지방직 9급

㈜한국은 20×1년 10월 초 기계장치를 ₩100,000(내용연수 4년, 잔존가치 ₩20,000, 연수합계법, 월할 상각)에 취득한 후, 20×2년 1월 초 ₩30,000의 자본적 지출을 하였다. 그 결과 20×2년 1월 초 기계장치의 내용연수는 10년, 잔존가치는 ₩50,000으로 추정되었다. ㈜한국이 20×2년 1월 초부터 감가상각 방법을 정액법으로 변경하였다면, 20×2년 포괄손익계산서에 보고할 감가상각비는? (단, 원가모형을 적용하고, 손상차손은 발생하지 않았다.)

① ₩7,200　　② ₩10,200

③ ₩12,200　　④ ₩37,200

05　　답 ①

×3년 말의 감가상각비: 7,200
= (122,000 − 50,000) × 1/10

별해 감가상각비의 계산 도식 적용

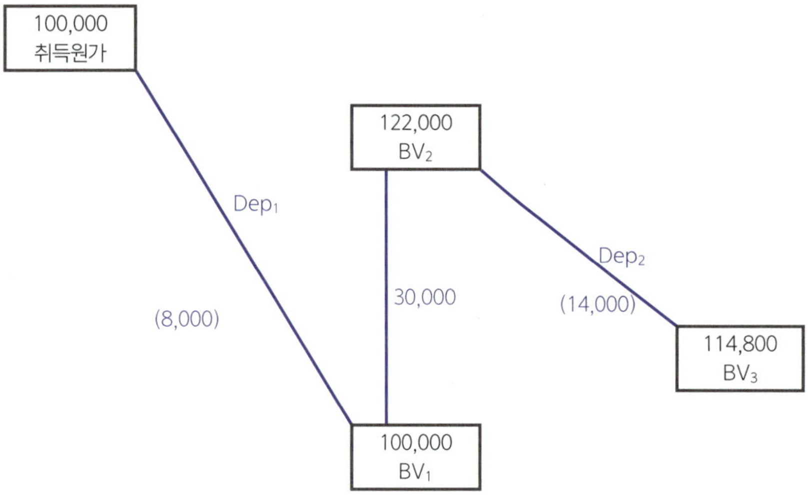

(1) ×1년 취득원가(기계): 100,000
(2) ×1년 연수합계법 Dep: 8,000 = (100,000 − 20,000) × 4/(1 + 2 + 3 + 4) × 3/12(월할상각)
(3) ×1년 말 BV: 92,000 = 100,000 − 8,000
(4) ×2년 초 자본적지출 후 BV: 122,000 = 92,000 + 30,000*
　* 자본적지출(내용연수의 연장, 잔존가치의 증가): (+) 16,000
(5) ×2년 정액법 Dep: 7,200 = (122,000 − 50,000) × 1/10

유형 04 [유형자산의 감가상각과 후속 원가, 제거] 유형자산의 제거

기본서 PART 05 유형자산 → CH 3. 유형자산의 감가상각과 후속 원가, 제거 → 6 유형자산의 제거 ▶ 189p

대표 문제 □□□ 2016년 국가직 9급

㈜한국은 2015년 4월 1일 기계장치를 ₩80,000에 취득하였다. 이 기계장치는 내용연수가 5년이고 잔존가치가 ₩5,000이며, 연수합계법에 의해 월할로 감가상각한다. ㈜한국이 이 기계장치를 2016년 10월 1일 ₩43,000에 처분한 경우 기계장치 처분손익은? (단, ㈜한국은 원가모형을 적용한다.)

① 처분손실 ₩2,000　② 처분이익 ₩2,000
③ 처분손실 ₩3,000　④ 처분이익 ₩3,000

해설

16년 10월 1일의 처분손실: 2,000
= 45,000 − 43,000

별해 감가상각비의 계산 도식 적용

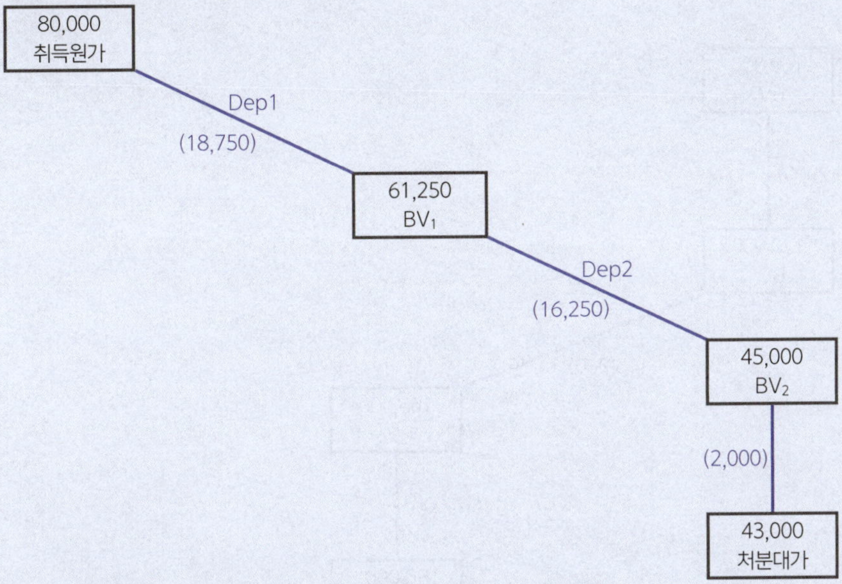

(1) 15년 취득원가(기계): 80,000

(2) 15년 Dep: 18,750 = $(80{,}000 - 5{,}000) \times \frac{5}{(5+4+3+2+1)} \times 9/12$

(3) 15년 말 BV: 61,250 = 80,000 − 18,750

(4) 16년 Dep: 16,250

$= [(80{,}000 - 5{,}000) \times \frac{5}{(5+4+3+2+1)} \times 3/12] + [(80{,}000 - 5{,}000) \times \frac{4}{(5+4+3+2+1)} \times 6/12]$

(5) 16년 처분 시 BV: 45,000 = 61,250 − 16,250

(6) 16년 처분대가: 43,000

(7) 16년 처분손실(N/I): 2,000 = 45,000 − 43,000

참고사항 16년 처분 시 회계처리

(차) 현 금	43,000	(대) 기 계	45,000
처 분 손 실	2,000		

* 처분손익: 43,000 − 45,000 = (−) 2,000

정답 ①

01 □□□

2017년 국가직 9급

㈜한국은 2015년 1월 1일에 기계장치를 ₩200,000에 취득하고 원가모형을 적용하였다(내용연수 5년, 잔존가치 ₩0, 정액법 상각). 2015년 말 기계장치의 순공정가치와 사용가치는 각각 ₩120,000, ₩100,000이었다. 2016년 7월 1일에 ₩90,000의 현금을 받고 처분하였다. ㈜한국이 인식할 유형자산 처분손익은? (단, 감가상각비는 월할 상각한다.)

① 처분이익 ₩50,000
② 처분이익 ₩30,000
③ 처분손실 ₩15,000
④ 처분손실 ₩12,000

01

답 ③

16년 7월 1일의 처분손실: 15,000
= 105,000 − 90,000

별해 감가상각비의 계산 도식 적용

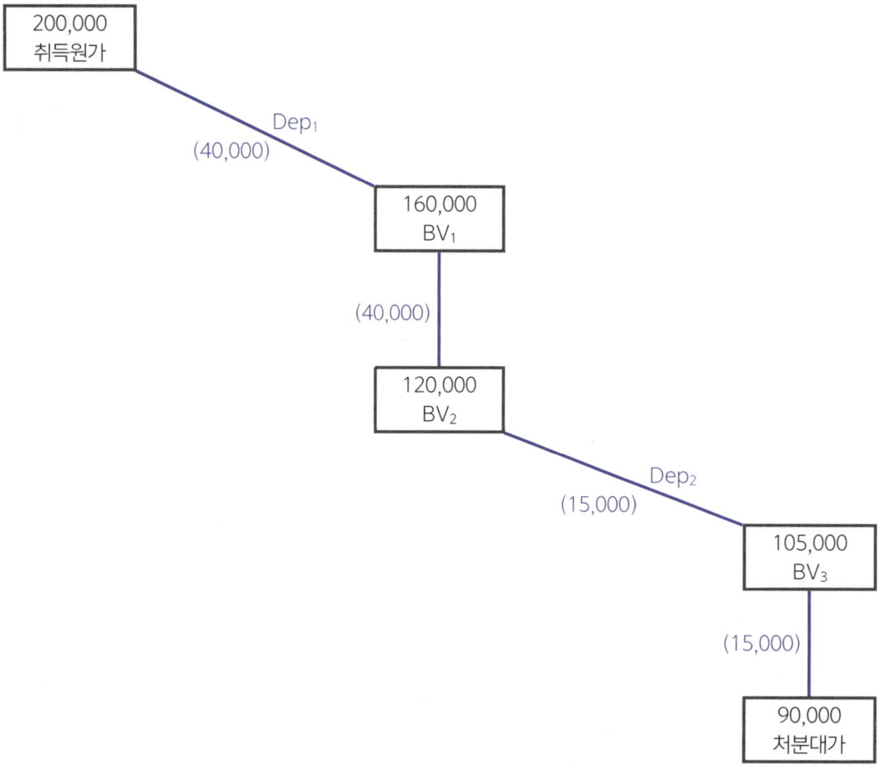

(1) 15년 취득원가(기계): 200,000
(2) 15년 Dep: 40,000 = (200,000 − 0) × 1/5
(3) 15년 말 BV: 160,000 = 200,000 − 40,000
(4) 15년 손상차손(N/I): 40,000 = 160,000 − MAX[120,000 , 100,000]
(5) 15년 손상 후 BV: 120,000 = 160,000 − 40,000
 별해 15년 결산일에는 순공정가치인 120,000으로 장부금액이 조정된다.
(6) 16년 Dep: 15,000 = (120,000 − 0) × 1/4 × 6/12
(7) 16년 처분 시 BV: 105,000 = 120,000 − 15,000
(8) 16년 처분대가: 90,000
(9) 16년 처분손실(N/I): 15,000 = 105,000 − 90,000

참고사항 16년 처분 시 회계처리

(차)	현 금	90,000	(대)	기 계	105,000
	처 분 손 실	15,000			

* 처분손익: 90,000 − 105,000 = (−) 15,000

02 □□□

2012년 국가직 9급

㈜한국은 2010년 1월 1일에 기계장치를 ₩5,000,000에 매입하였다. 기계장치의 잔존가치는 ₩500,000이고, 내용연수는 5년이다. 매년 12월 31일에 감가상각을 실시하며, 2012년 12월 31일에 해당 기계를 ₩2,000,000에 매각했다. 해당 기계를 연수합계법으로 감가상각할 때, 매각 시 인식할 유형자산 처분손익은?

① 유형자산 처분이익 ₩500,000
② 유형자산 처분이익 ₩600,000
③ 유형자산 처분손실 ₩500,000
④ 유형자산 처분손실 ₩600,000

02

답 ②

12년 말의 처분이익: 600,000
= 2,000,000 − 1,400,000

별해 감가상각비의 계산 도식 적용

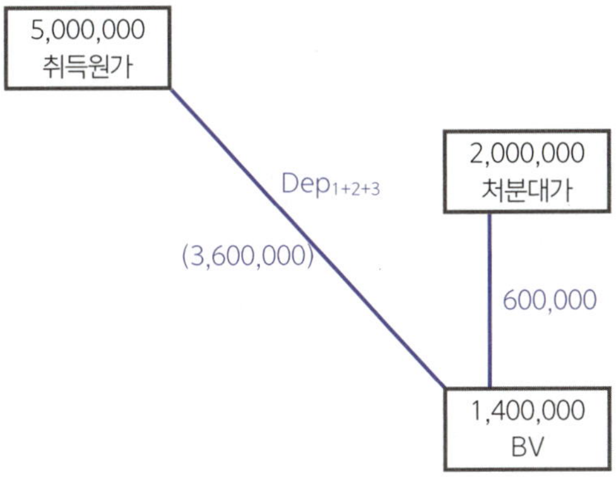

(1) 10년 취득원가(기계): 5,000,000

(2) 10년 Dep: 1,500,000 = $(5{,}000{,}000 - 500{,}000) \times \frac{5}{(5+4+3+2+1)}$

(3) 11년 Dep: 1,200,000 = $(5{,}000{,}000 - 500{,}000) \times \frac{4}{(5+4+3+2+1)}$

(4) 12년 Dep: 900,000 = $(5{,}000{,}000 - 500{,}000) \times \frac{3}{(5+4+3+2+1)}$

(5) 12년 처분 시 BV: 1,400,000 = 5,000,000 − 3,600,000

(6) 12년 처분대가: 2,000,000

(7) 12년 처분이익(N/I): 600,000 = 2,000,000 − 1,400,000

03 □□□

2009년 국가직 9급

다음은 12월 말 결산법인인 ㈜갑의 설비자산에 관한 자료이다.

- 2003년 1월 1일에 ₩120,000의 기계를 취득하였고, 취득 당시 운반비와 설치비 ₩30,000이 추가로 발생하였다. 내용연수는 5년이며 잔존가치는 없는 것으로 추정되었고, 감가상각방법으로 정액법을 적용하였다.
- 2006년 1월에 대대적인 유지 · 보수를 위해 ₩40,000을 지출하였고, 이로 인하여 내용연수가 3년이 더 증가하였다. 그러나 잔존가치는 여전히 없는 것으로 추정되었다.
- 2009년 1월 1일에 이 기계를 ₩60,000에 처분하였다.

2009년 1월 1일 ㈜갑의 기계 처분에 대한 회계처리로 옳은 것은?

	차변		대변	
①	현금	₩60,000	기계	₩190,000
	감가상각누계액	150,000	기계처분이익	20,000
②	현금	₩60,000	기계	₩150,000
	감가상각누계액	90,000		
③	현금	₩60,000	기계	₩150,000
	감가상각누계액	124,800	기계처분이익	34,800
④	현금	₩60,000	기계	₩190,000
	감가상각누계액	123,333		
	기계처분손실	6,667		

03

답 ①

09년 처분 시 회계처리

(차) 현금	60,000	(대) 기계		190,000
감가상각누계액	150,000	처분이익		20,000

* 처분손익: 60,000 − (190,000 − 150,000) = (+) 20,000

별해 감가상각비의 계산 도식 적용

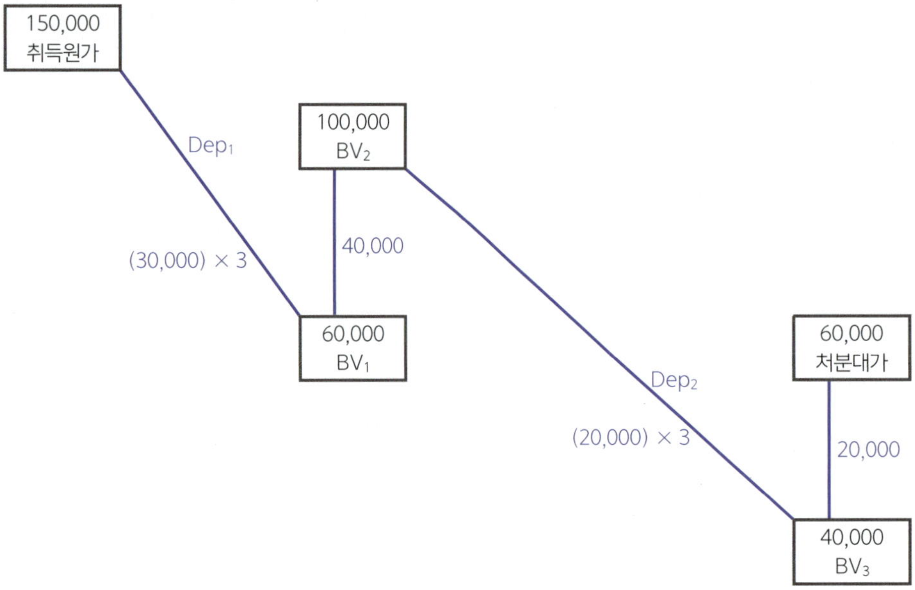

(1) 03년 취득원가(기계): 150,000 = 120,000 + 30,000
(2) 정액법 Dep: 30,000 = (150,000 - 0) × 1/5
(3) 05년 말 BV: 60,000 = 150,000 - (30,000 × 3)
(4) 06년 자본적지출 후 BV: 100,000 = 60,000 + 40,000
* 자본적지출(내용연수의 연장): (+) 40,000
(5) 정액법 Dep: 20,000 = (100,000 - 0) × 1 / (2 + 3)
(6) 09년 처분 시 BV: 40,000 = 100,000 - (20,000 × 3)
(7) 09년 처분대가: 60,000
(8) 09년 처분이익(N/I): 20,000 = 60,000 - 40,000

04 □□□

2022년 국가직 9급

㈜한국은 20×1년 10월 1일 기계장치를 ₩80,000(내용연수 5년, 잔존가치 ₩5,000, 연수합계법, 월할 상각)에 취득하였다. 동 기계장치를 20×3년 3월 31일 ₩40,000에 처분할 경우, 처분시점의 장부금액과 처분손익을 바르게 연결한 것은? (단, 기계장치는 원가모형을 적용하고 손상차손은 발생하지 않았다.)

	장부금액	처분손익
①	₩35,000	손실 ₩5,000
②	₩35,000	이익 ₩5,000
③	₩45,000	손실 ₩5,000
④	₩45,000	이익 ₩5,000

04 답 ③

(1) ×3년 3월 31일 감가상각누계액: 75,000 × 5/15 + 75,000 × 4/15 × 6/12 = 35,000
(2) ×3년 3월 31일 기계장치의 장부금액: 80,000 - 35,000 = 45,000
(3) ×3년 3월 31일 처분손실: 40,000 - 45,000 = (-)5,000

05 □□□

㈜한국은 20×1년 7월 1일 영업용 차량운반구(원가모형 적용, 내용연수 5년, 연수합계법 감가상각, 잔존가치 ₩100,000)를 ₩1,000,000에 취득하여 즉시 사용하고 있다. ㈜한국이 동 차량운반구를 20×2년 10월 1일 현금 ₩700,000을 받고 처분했을 경우, 20×2년도 당기순이익에 미치는 영향은? (단, 기간은 월할 계산한다.)

① ₩60,000 증가　　② ₩120,000 증가

③ ₩150,000 감소　　④ ₩200,000 감소

05 　　답 ③

20×2년도 당기순이익에 미치는 영향: 150,000 감소
= 감가상각비 (−)210,000 + 처분이익 (+)60,000

별해 감가상각비의 계산 도식 적용

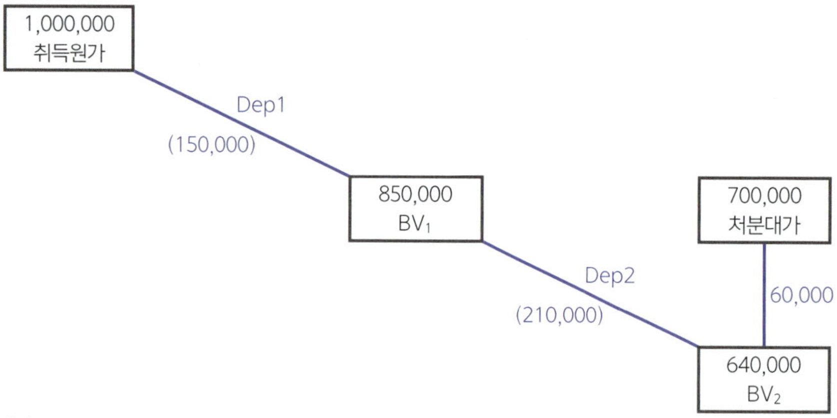

(1) 20×1년 7월 1일 취득원가(차량운반구): 1,000,000

(2) ×1년 Dep: $150,000 = (1,000,000 - 100,000) \times \frac{5}{(5+4+3+2+1)} \times 6/12$

(3) ×2년 Dep: $210,000 = (1,000,000 - 100,000) \times \frac{5}{(5+4+3+2+1)} \times 6/12 + (1,000,000 - 100,000) \times \frac{4}{(5+4+3+2+1)} \times 3/12$

(4) ×2년 10월 1일 처분 시 BV: 640,000 = 1,000,000 − (150,000 + 210,000)

(5) ×2년 처분대가: 700,000

(6) ×2년 처분이익(N/I): (+)60,000 = 700,000 − 640,000

(7) ×2년 당기순이익 영향; dep (−)210,000 + 처분이익 (+)60,000 = (−)150,000

유형 05 [유형별 자산의 원가] 토지의 구입과 토지와 건물의 일괄 구입

기본서 PART 05 유형자산 → CH 4. 유형별 자산의 원가 → 2 토지의 구입과 토지와 건물의 일괄 구입 ▶ 191p

대표 문제 □□□

2021년 국가직 9급

㈜한국은 20×1년 초에 토지를 새로 구입한 후, 토지 위에 새로운 사옥을 건설하기로 하였다. 이를 위해 토지 취득 후 토지 위에 있는 창고건물을 철거하였다. 토지의 취득 후 바로 공사를 시작하였으며, 토지 취득 및 신축 공사와 관련된 지출내역은 다음과 같다. 20×1년 12월 31일 현재 사옥 신축공사가 계속 진행중이라면 건설중인자산으로 계상할 금액은?

• 토지의 구입가격	₩20,000
• 토지의 구입에 소요된 부대비용	₩ 1,300
• 토지 위의 창고 철거비용	₩ 900
• 새로운 사옥의 설계비	₩ 2,000
• 기초공사를 위한 땅 굴착비용	₩ 500
• 건설자재 구입비용	₩ 4,000
• 건설자재 구입과 직접 관련된 차입금에서 발생한 이자	₩ 150
• 건설 근로자 인건비	₩ 1,700

① ₩8,200　② ₩8,350
③ ₩9,100　④ ₩9,250

해설

×1년 말의 건설중인자산의 장부금액: 8,350
= 2,000 + 500 + 4,000 + 150 + 1,700

(차) 이 자 비 용	150	(대) 현 금	150
(차) 건설중인자산	150	(대) 이 자 비 용	150

정답 ②

01 □□□

2019년 서울시 7급

㈜한국은 공장을 신축하기 위하여 기존건물이 서 있던 토지를 구입하고 즉시 기존건물을 철거하였다. 관련 자료가 〈보기〉와 같을 때, 토지의 취득원가는?

〈보기〉

• 토지 구입가격	₩1,000,000
• 토지 취득세	₩ 100,000
• 토지 취득 관련 중개수수료	₩ 100,000
• 신축공장 건축허가비용	₩ 20,000
• 신축공장건물 설계비용	₩ 50,000
• 기존건물 철거비용	₩ 100,000
• 기존건물 철거 시 발생한 폐자재 처분수입	₩ 50,000
• 토지의 구획정리비용	₩ 400,000
• 신축건물 공사원가	₩ 800,000

① ₩1,450,000
② ₩1,550,000
③ ₩1,650,000
④ ₩1,750,000

01 답 ③

토지의 취득원가: 1,650,000
= 구입가격 1,000,000 + 가산 항목 700,000 - 차감 항목 50,000
(1) 취득 목적: 공장을 신축 ⇒ 토지만 사용할 목적
(2) 구입가격: (+) 1,000,000
(3) 취득세: (+) 100,000
(3) 수수료: (+) 100,000
(4) 철거비용: (+) 100,000
(5) 철거수입: (-) 50,000
(6) 구획정리비용: (+) 400,000
* 신축건물의 원가와 관련있는 항목
(1) 신축공장 건축허가비용
(2) 신축공장건물 설계비용
(3) 신축건물 공사원가

참고사항 토지와 건물의 일괄 구입 시 유형별 원가

(1) 취득 후 건물을 신축하는 경우(= 토지만 사용할 목적인 경우)

구분	원가가산 여부
기존 건물을 철거하는 경우 발생하는 건물 철거비용	토지의 취득원가에 가산
건물 철거로 발생한 폐자재 처분비용	토지의 취득원가에 가산
건물 철거로 인한 폐자재 처분수입	토지의 취득원가에서 차감

(2) 토지와 건물을 모두 사용할 목적인 경우
1) 토지와 건물의 원가는 일괄 구입가격과 중개수수료 등 공통 부대원가의 합계액을 개별 자산의 공정가치 비율로 안분함
2) 토지나 건물에 개별적으로 발생하는 취득세는 공통 부대원가가 아니므로 토지와 건물에 각각 개별적으로 인식함

02 □□□

2019년 국가직 7급

㈜한국은 20×9년 공장을 신축하기 위해 토지를 취득하였다. 취득한 토지에는 철거 예정인 건물이 있었으며 20×9년 관련 자료는 다음과 같다.

• 토지와 건물 일괄 취득가격	₩ 1,000,000(토지와 건물의 상대적 공정가치 비율 3 : 1)
• 토지 취득세 및 등기비용	₩ 100,000
• 공장신축 전 토지를 운영하여 발생한 수입	₩ 80,000
• 건물 철거비용	₩ 50,000
• 건물 철거 시 발생한 폐자재 처분수입	₩ 40,000
• 영구적으로 사용 가능한 하수도 공사비	₩ 100,000

㈜한국의 20×9년 토지 취득원가는?

① ₩ 960,000
② ₩ 1,110,000
③ ₩ 1,130,000
④ ₩ 1,210,000

02 답 ④

×9년의 토지의 취득원가: 1,210,000
= 구입가격 1,000,000 + 가산 항목 250,000 - 차감 항목 40,000
(1) 취득 목적: 공장을 신축 ⇒ 토지만 사용할 목적
(2) 구입가격: (+) 1,000,000
(3) 취득세: (+) 100,000
(4) 철거비용: (+) 50,000
(5) 철거수입: (-) 40,000
(6) 추가 지출(영구적): (+) 100,000
* 부수적인 영업수익: 당기수익 처리

참고사항 토지와 건물의 일괄 구입 시 유형별 원가

(1) 취득 후 건물을 신축하는 경우(= 토지만 사용할 목적인 경우)

구분	원가가산 여부
기존 건물을 철거하는 경우 발생하는 건물 철거비용	토지의 취득원가에 가산
건물 철거로 발생한 폐자재 처분비용	토지의 취득원가에 가산
건물 철거로 인한 폐자재 처분수입	토지의 취득원가에서 차감

(2) 토지와 건물을 모두 사용할 목적인 경우
1) 토지와 건물의 원가는 일괄 구입가격과 중개수수료 등 공통 부대원가의 합계액을 개별 자산의 공정가치 비율로 안분함
2) 토지나 건물에 개별적으로 발생하는 취득세는 공통 부대원가가 아니므로 토지와 건물에 각각 개별적으로 인식함

03 □□□

2019년 국가직 9급

㈜한국은 20×1년 초 토지, 건물 및 기계장치를 일괄 취득하고 현금 ₩1,500,000을 지급하였다. 취득일 현재 자산의 장부금액과 공정가치가 다음과 같을 때, 각 자산의 취득원가는? (단, 취득 자산은 철거 혹은 용도변경 없이 계속 사용한다.)

구분	장부금액	공정가치
토지	₩1,095,000	₩1,350,000
건물	₩ 630,000	₩ 420,000
기계장치	₩ 380,000	₩ 230,000

	토지	건물	기계장치
①	₩1,350,000	₩420,000	₩230,000
②	₩1,095,000	₩630,000	₩380,000
③	₩1,095,000	₩ 315,000	₩ 162,500
④	₩ 1,012,500	₩ 315,000	₩ 172,500

03

답 ④

(1) ×1년 초의 토지의 취득원가: 1,012,500
= 일괄 구입가격 1,500,000 × 공정가치(토지) 1,350,000 ÷ Σ공정가치 2,000,000

(2) ×1년 초의 건물의 취득원가: 315,000
= 일괄 구입가격 1,500,000 × 공정가치(건물) 420,000 ÷ Σ공정가치 2,000,000

(3) ×1년 초의 기계장치의 취득원가: 172,500
= 일괄 구입가격 1,500,000 × 공정가치(기계) 230,000 ÷ Σ공정가치 2,000,000

1) 취득 목적: 모두 사용할 목적 ⇒ FV비율로 안분

2) 공정가치의 합계: 2,000,000
= 공정가치(토지) 1,350,000 + 공정가치(건물) 420,000 + 공정가치(기계) 230,000

3) 자산의 공정가치 비율
⇒ 토지 : 건물 : 기계 = 0.675 : 0.21 : 0.115

4) ×1년 취득원가(토지): 1,012,500
= 일괄 구입가격 1,500,000 × 공정가치(토지) 1,350,000 ÷ Σ공정가치 2,000,000

5) ×1년 취득원가(건물): 315,000
= 일괄 구입가격 1,500,000 × 공정가치(건물) 420,000 ÷ Σ공정가치 2,000,000

6) ×1년 취득원가(기계): 172,500
= 일괄 구입가격 1,500,000 × 공정가치(기계) 230,000 ÷ Σ공정가치 2,000,000

7) ×1년 일괄 구입 시 회계처리

(차)	토지	1,012,500	(대)	현금	1,500,000
	건물	315,000			
	기계	172,500			

* 토지: 1,500,000 × 1,350,000 ÷ 2,000,000 = 1,012,500
* 건물: 1,500,000 × 420,000 ÷ 2,000,000 = 315,000
* 기계: 1,500,000 × 230,000 ÷ 2,000,000 = 172,500

04 □□□

2017년 국가직 9급

㈜한국은 2015년 7월 1일 토지와 건물을 ₩2,000,000에 일괄 취득하였으며, 취득 당시 토지의 공정가치는 ₩1,000,000, 건물의 공정가치는 ₩1,500,000이었다. 건물의 경우 원가모형을 적용하며, 연수합계법(내용연수 3년, 잔존가치 ₩0)으로 상각한다. 건물에 대해 2016년에 인식할 감가상각비는? (단, 감가상각비는 월할 상각한다.)

① ₩750,000　　② ₩625,000

③ ₩600,000　　④ ₩500,000

04　　답 ④

16년 말의 감가상각비: 500,000

$$= [(1{,}200{,}000 - 0) \times \frac{3}{(3+2+1)} \times 6/12] + [(1{,}200{,}000 - 0) \times \frac{2}{(3+2+1)} \times 6/12]$$

(1) 취득 목적: 모두 사용할 목적 ⇒ FV비율로 안분

(2) 공정가치의 합계: 2,500,000
　= 공정가치(토지) 1,000,000 + 공정가치(건물) 1,500,000

(3) 자산의 공정가치 비율
　⇒ 토지 : 건물 = 0.4 : 0.6

(4) 07년 취득원가(토지): 800,000
　= 일괄 구입가격 2,000,000 × 공정가치(토지) 1,000,000 ÷ Σ공정가치 2,500,000

(5) 07년 취득원가(건물): 1,200,000
　= 일괄 구입가격 2,000,000 × 공정가치(건물) 1,500,000 ÷ Σ공정가치 2,500,000

(6) 07년 일괄 구입 시 회계처리

(차)	토 지	800,000	(대)	현 금	2,000,000
	건 물	1,200,000			

* 토지: 2,000,000 × 2/5 = 800,000
* 건물: 2,000,000 × 3/5 = 1,200,000

별해 감가상각비의 계산 도식 적용

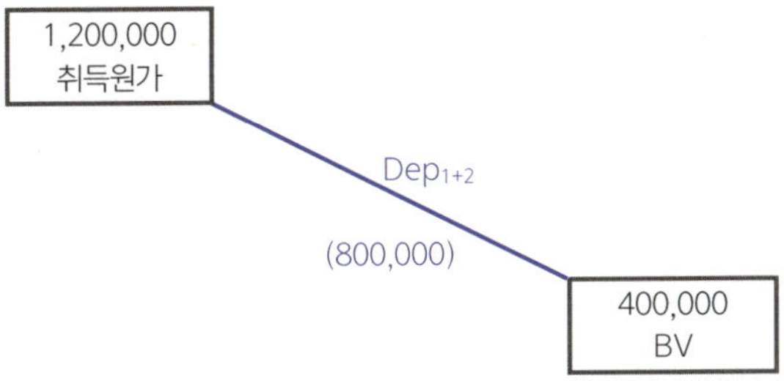

(1) 15년 Dep: 300,000 = $(1{,}200{,}000 - 0) \times \frac{3}{(3+2+1)} \times 6/12$

(2) 16년 Dep: 500,000

$$= [(1{,}200{,}000 - 0) \times \frac{3}{(3+2+1)} \times 6/12] + [(1{,}200{,}000 - 0) \times \frac{2}{(3+2+1)} \times 6/12]$$

(3) 16년 말 BV: 400,000 = 1,200,000 − 800,000

05 □□□

2013년 국가직 9급

㈜한국은 건물신축을 위해 영업용 토지를 ₩1,000,000에 매입하였다. 매입 시 지급한 현금은 다음과 같다. 토지의 취득원가는?

• 구건물의 철거비용	₩ 225,000
• 소유권이전 등기료	₩ 70,000
• 취득세	₩ 7,000
• 전세입주자 모집광고비	₩ 80,000

① ₩1,382,000
② ₩1,302,000
③ ₩1,077,000
④ ₩1,000,000

05

답 ②

토지의 취득원가: 1,302,000
= 구입가격 1,000,000 + 가산 항목 302,000
(1) 취득 목적: 건물 신축 ⇒ 토지만 사용할 목적
(2) 구입가격: (+) 1,000,000
(3) 철거비용: (+) 225,000
(4) 등기비: (+) 70,000
(5) 취득세: (+) 7,000
* 전세입주자 모집광고비: 당기비용 처리

유형 06 [유형별 자산의 원가] 자산 취득과 관련하여 불가피하게 취득하는 국공채

기본서 PART 05 유형자산 → CH 4. 유형별 자산의 원가 ▶ 191p

대표문제 □□□ 2019년 지방직 9급

㈜한국은 20×1년 초 차량 A(내용연수 4년, 잔존가치 ₩0, 감가상각방법 연수합계법 적용)를 ₩900,000에 매입하면서 취득세 ₩90,000을 납부하였고, 의무적으로 매입해야 하는 국공채를 액면가 ₩100,000(현재가치 ₩90,000)에 매입하였다. 차량 A를 취득한 후 바로 영업활동에 사용하였을 때, 차량 A와 관련하여 ㈜한국이 인식할 20×2년 감가상각비는?

① ₩300,000 ② ₩324,000
③ ₩400,000 ④ ₩432,000

해설

×2년 말의 감가상각비: 300,000

$$= (1{,}000{,}000 - 0) \times \frac{3}{(4+3+2+1)}$$

별해 감가상각비의 계산 도식 적용

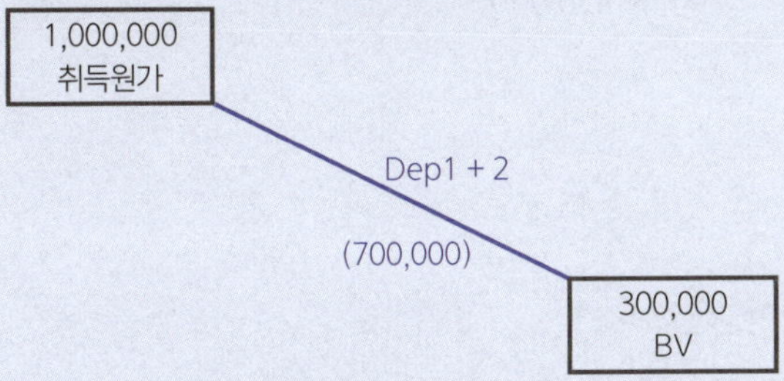

(1) ×1년 취득원가(차량): 1,000,000
= 900,000 + 90,000 + (100,000 − 10,000)
1) 구입가격: (+) 900,000
2) 취득세: (+) 90,000
3) 국공채: (+) 10,000
= 액면가 100,000 − 현재가치 90,000

(2) ×1년 Dep: $400{,}000 = (1{,}000{,}000 - 0) \times \frac{4}{(4+3+2+1)}$

(3) ×2년 Dep: $300{,}000 = (1{,}000{,}000 - 0) \times \frac{3}{(4+3+2+1)}$

(4) ×2년 말 BV: 300,000 = 1,000,000 − 700,000

참고사항 유형자산과 국공채 구입 관련 회계처리

국공채의 공정가치를 초과한 국공채의 구입가격은 자산의 취득원가에 포함한다.

(차)	유 형 자 산	10,000	(대) 현 금	100,000
	AC금융자산(국공채)	90,000		

* 유형자산: 100,000 − 90,000 = 10,000
* 국공채: 국공채의 미래 현금흐름을 구입 시점의 시장이자율로 할인한 현재가치

정답 ①

유형 07 [유형별 자산의 원가] 교환거래

기본서 PART 05 유형자산 → CH 4. 유형별 자산의 원가 → 3 교환거래 ▶ 193p

대표
문제

□□□ 2018년 국가직 7급

㈜대한과 ㈜민국은 사용하고 있는 기계장치를 서로 교환하였으며 이 교환은 상업적 실질이 있다. 교환 시점에서 기계장치와 관련된 자료는 다음과 같다.

구분	㈜대한	㈜민국
취득금액	₩ 700,000	₩ 600,000
장부금액	₩ 550,000	₩ 350,000

기계장치의 교환 시점에서 ㈜대한의 공정가치가 ㈜민국의 공정가치보다 더 명백하다. 이 교환거래로 ㈜대한은 ₩ 100,000의 손실을, ㈜민국은 ₩ 50,000의 손실을 인식하였다. 동 교환거래는 공정가치 차이만큼 현금을 수수하는 조건이다. ㈜대한이 ㈜민국으로부터 현금을 수령하였다고 가정할 경우, ㈜대한이 수령한 현금액은? (단, 교환거래로 발생한 손익은 제시된 손익 이외에는 없다.)

① ₩ 100,000　　② ₩ 150,000
③ ₩ 400,000　　④ ₩ 450,000

해설

(1) 유형: 상업적 실질 ○, 제공한 자산의 FV 명확
(2) ㈜대한이 수령한 현금: 150,000
　= 제공한 자산의 FV 450,000 - 취득원가 300,000

별해 교환거래의 회계처리 적용

(1) ㈜대한의 회계처리

(차) 신 자 산	450,000	(대) 구 자 산	550,000
처 분 손 실	100,000		

* 처분손익: 450,000 - 550,000 = (-) 100,000

(차) 현 금	150,000	(대) 신 자 산	150,000

1) 교환거래 시 취득원가(기계): 300,000
취득원가 산식
취득원가 = 제공한 자산의 FV + 현금 지급 - 현금 수령
300,000 = 450,000 - 150,000
* 제공한 자산의 FV: (+) 450,000
* 현금 수령: (-) 150,000

2) 교환거래 시 처분손익: 100,000 손실
처분손익 산식
처분손익 = 제공한 자산의 FV - 제공한 자산의 BV
(-) 100,000 = 450,000 - 550,000
* 제공한 자산의 FV: (+) 450,000
* 제공한 자산의 BV: (+) 550,000

(2) ㈜민국의 회계처리

(차) 신 자 산	450,000	(대) 구 자 산	350,000
처 분 손 실	50,000	현 금	150,000

* 처분손익: 450,000 - (350,000 + 150,000) = (-) 50,000
* 현금: 350,000 - (450,000 + 50,000) = (-) 150,000

1) 교환거래 시 취득원가(기계): 450,000
취득원가 산식
취득원가 = 취득한 자산의 FV
* 취득한 자산의 FV: (+) 450,000
2) 교환거래 시 처분손익: 50,000 손실
처분손익 산식
처분손익 = 취득한 자산의 FV - 제공한 자산의 BV - 현금 지급 + 현금 수령
(-) 50,000 = 450,000 - 350,000 - 150,000
* 취득한 자산의 FV: (+) 450,000
* 제공한 자산의 BV: (+) 350,000
* 현금 지급: (-) 150,000 = 350,000 - (450,000 + 50,000)

정답 ②

01 □□□

2020년 국가직 7급

㈜한국은 사용 중인 기계장치 A(장부금액 ₩300,000, 공정가치 ₩150,000)를 ㈜대한의 사용 중인 기계장치 B(장부금액 ₩350,000, 공정가치 ₩250,000)와 교환하였으며 공정가치 차액에 대하여 현금 ₩100,000을 지급하였다. 해당 교환거래가 상업적 실질이 존재하는 경우, ㈜한국과 ㈜대한이 각각 인식할 유형자산 처분손실은?

	㈜한국	㈜대한
①	₩100,000	₩100,000
②	₩100,000	₩150,000
③	₩150,000	₩100,000
④	₩150,000	₩150,000

01 답 ③

(1) 유형: 상업적 실질 ○, 제공한 자산의 FV 명확
(2) ㈜한국이 인식할 처분손실: 150,000
= 제공한 자산의 FV 150,000 - 제공한 자산의 BV 300,000
(3) ㈜대한이 인식할 처분손실: 100,000
= 제공한 자산의 FV 250,000 - 제공한 자산의 BV 350,000

별해 교환거래의 회계처리 적용

(1) ㈜한국의 회계처리

(차) 신 자 산	150,000	(대) 구 자 산	300,000
처 분 손 실	150,000		

* 처분손익: 150,000 - 300,000 = (-) 150,000

(차) 신 자 산	100,000	(대) 현 금	100,000

1) 교환거래 시 취득원가(기계): 250,000
   취득원가 산식
   취득원가 = 제공한 자산의 FV + 현금 지급 - 현금 수령
   250,000 = 150,000 + 100,000
   * 제공한 자산의 FV: (+) 150,000
   * 현금 지급: (+) 100,000

2) 교환거래 시 처분손익: 150,000 손실
   처분손익 산식
   처분손익 = 제공한 자산의 FV - 제공한 자산의 BV
   (-) 150,000 = 150,000 - 300,000
   * 제공한 자산의 FV: (+) 150,000
   * 제공한 자산의 BV: (+) 300,000

(2) ㈜대한의 회계처리

(차) 신 자 산	250,000	(대) 구 자 산	350,000
처 분 손 실	100,000		

* 처분손익: 250,000 - 350,000 = (-) 100,000

(차) 현 금	100,000	(대) 신 자 산	100,000

1) 교환거래 시 취득원가(기계): 150,000
   취득원가 산식
   취득원가 = 제공한 자산의 FV + 현금 지급 - 현금 수령
   150,000 = 250,000 - 100,000
   * 제공한 자산의 FV: (+) 250,000
   * 현금 수령: (-) 100,000

2) 교환거래 시 처분손익: 100,000 손실
   처분손익 산식
   처분손익 = 제공한 자산의 FV - 제공한 자산의 BV
   (-) 100,000 = 250,000 - 350,000
   * 제공한 자산의 FV: (+) 250,000
   * 제공한 자산의 BV: (+) 350,000

02 □□□

2016년 국가직 7급

㈜대한은 2016년 7월 1일 기계장치를 ㈜민국의 기계장치와 교환하면서 현금 ₩500,000을 추가로 지급하였다. 교환 시점에서 두 기계장치의 공정가치는 명확하였으며, 기계장치에 대한 장부금액과 공정가치는 다음과 같다. ㈜대한이 교환 시점에서 인식할 기계장치의 취득원가는? (단, 이 교환거래는 상업적 실질이 있다.)

구분	㈜대한	㈜민국
장부금액	₩2,000,000	₩5,000,000
공정가치	₩2,700,000	₩3,100,000

① ₩2,500,000
② ₩3,100,000
③ ₩3,200,000
④ ₩3,600,000

02

답 ③

(1) 유형: 상업적 실질 O, 제공한 자산의 FV 명확

(2) 기계장치의 취득원가: 3,200,000
= 제공한 자산의 FV 2,700,000 + 현금 지급 500,000

별해 교환거래의 회계처리 적용

㈜대한의 회계처리

(차) 신 자 산	2,700,000	(대) 구 자 산	2,000,000
		처 분 이 익	700,000

* 처분손익: 2,700,000 − 2,000,000 = (+) 700,000

(차) 신 자 산	500,000	(대) 현 금	500,000

(1) 교환거래 시 취득원가(기계): 3,200,000
취득원가 산식
취득원가 = 제공한 자산의 FV + 현금 지급 − 현금 수령
3,200,000 = 2,700,000 + 500,000
* 제공한 자산의 FV: (+) 2,700,000
* 현금 지급: (+) 500,000

(2) 교환거래 시 처분손익: 700,000 이익
처분손익 산식
처분손익 = 제공한 자산의 FV − 제공한 자산의 BV
(+) 700,000 = 2,700,000 − 2,000,000
* 제공한 자산의 FV: (+) 2,700,000
* 제공한 자산의 BV: (+) 2,000,000

03 □□□

2015년 국가직 9급

2014년 1월 1일 ㈜한국은 당사의 기계장치 X를 ㈜민국의 기계장치 Y와 교환하고, ㈜한국은 ㈜민국으로부터 현금 ₩100,000을 수령하였다. 각 회사의 기계장치의 장부금액과 공정가치에 대한 정보는 다음과 같다.

구분	기계장치 X	기계장치 Y
장부금액	₩400,000	₩300,000
공정가치	₩700,000	₩600,000

기계장치 X와 기계장치 Y의 교환거래가 상업적 실질이 있는 경우와 상업적 실질이 없는 경우 각각에 대하여 ㈜한국이 교환으로 취득한 기계장치 Y의 취득원가를 계산하면?

	상업적 실질이 있는 경우	상업적 실질이 없는 경우
①	₩300,000	₩600,000
②	₩500,000	₩200,000
③	₩600,000	₩300,000
④	₩700,000	₩400,000

03

답 ③

(1) 유형: 상업적 실질 ○ vs 상업적 실질 ×

(2) 상업적 실질이 있는 경우의 기계장치 Y의 취득원가: 600,000
= 제공한 자산의 FV 700,000 - 현금 수령 100,000

(3) 상업적 실질이 없는 경우의 기계장치 Y의 취득원가: 300,000
= 제공한 자산의 BV 400,000 - 현금 수령 100,000

별해 교환거래의 회계처리 적용

(1) 상업적 실질이 있는 경우

(차) 신 자 산	700,000	(대) 구 자 산	400,000
		처 분 이 익	300,000

* 처분손익: 700,000 - 400,000 = (+) 300,000

(차) 현 금	100,000	(대) 신 자 산	100,000

1) 교환거래 시 취득원가(기계): 600,000
취득원가 산식
취득원가 = 제공한 자산의 FV + 현금 지급 - 현금 수령
600,000 = 700,000 - 100,000
* 제공한 자산의 FV: (+) 700,000
* 현금 수령: (-) 100,000

2) 교환거래 시 처분손익: 300,000 이익
처분손익 산식
처분손익 = 제공한 자산의 FV - 제공한 자산의 BV
(+) 300,000 = 700,000 - 400,000
* 제공한 자산의 FV: (+) 700,000
* 제공한 자산의 BV: (+) 400,000

(2) 상업적 실질이 없는 경우

(차) 신 자 산	400,000	(대) 구 자 산	400,000
(차) 현 금	100,000	(대) 신 자 산	100,000

1) 교환거래 시 취득원가(기계): 300,000
   취득원가 산식
   취득원가 = 제공한 자산의 BV + 현금 지급 - 현금 수령
   300,000 = 400,000 - 100,000
   * 제공한 자산의 BV: (+) 400,000
   * 현금 수령: (-) 100,000
2) 교환거래 시 처분손익: 없음
   처분손익 산식
   처분손익 = 제공한 자산의 BV - 제공한 자산의 BV
   0 = 400,000 - 400,000
   * 제공한 자산의 BV: (+) 400,000

04 □□□

2014년 지방직 9급

㈜민국은 취득원가 ₩500,000, 감가상각누계액 ₩300,000인 기계장치를 보유하고 있다. ㈜민국은 해당 기계장치를 제공함과 동시에 현금 ₩50,000을 수취하고 새로운 기계장치와 교환하였다. ㈜민국이 보유하고 있던 기계장치의 공정가치가 ₩300,000으로 추정될 때, 교환에 의한 회계처리로 옳지 않은 것은?

① 상업적 실질이 있는 경우 새로운 기계장치의 취득원가는 ₩250,000으로 인식한다.
② 상업적 실질이 있는 경우 제공한 기계장치의 처분이익은 ₩50,000으로 인식한다.
③ 상업적 실질이 결여된 경우 새로운 기계장치의 취득원가는 ₩150,000으로 인식한다.
④ 상업적 실질이 결여된 경우 제공한 기계장치의 처분손익은 인식하지 않는다.

04

답 ②

(1) 유형: 상업적 실질 ○ vs 상업적 실질 ×
(2) 설명 중 옳지 않은 것: 상업적 실질이 있는 경우 처분이익은 100,000으로 인식한다.
= 제공한 자산의 FV 300,000 - 제공한 자산의 BV 200,000

별해 교환거래의 회계처리 적용

(1) 상업적 실질이 있는 경우

(차) 신 자 산	300,000	(대) 구 자 산	200,000
		처 분 이 익	100,000

* 처분손익: 300,000 - (500,000 - 300,000) = (+) 100,000

(차) 현 금	50,000	(대) 신 자 산	50,000

1) 교환거래 시 취득원가(기계): 250,000
취득원가 산식
취득원가 = 제공한 자산의 FV + 현금 지급 - 현금 수령
250,000 = 300,000 - 50,000
* 제공한 자산의 FV: (+) 300,000
* 현금 수령: (-) 50,000

2) 교환거래 시 처분손익: 100,000 이익
처분손익 산식
처분손익 = 제공한 자산의 FV - 제공한 자산의 BV
(+) 100,000 = 300,000 - 200,000
* 제공한 자산의 FV: (+) 300,000
* 제공한 자산의 BV: (+) 200,000

(2) 상업적 실질이 없는 경우

(차) 신 자 산	200,000	(대) 구 자 산	200,000
(차) 현 금	50,000	(대) 신 자 산	50,000

1) 교환거래 시 취득원가(기계): 150,000
취득원가 산식
취득원가 = 제공한 자산의 BV + 현금 지급 - 현금 수령
150,000 = 200,000 - 50,000
* 제공한 자산의 BV: (+) 200,000
* 현금 수령: (-) 50,000

2) 교환거래 시 처분손익: 없음
처분손익 산식
처분손익 = 제공한 자산의 BV - 제공한 자산의 BV
0 = 200,000 - 200,000
* 제공한 자산의 BV: (+) 200,000

05 □□□

2023년 국가직 7급

20×1년 1월 1일 ㈜한국과 ㈜대한은 기계장치 A와 기계장치 B를 ₩1,000,000에 각각 취득하였다. 기계장치 A와 기계장치 B에 대한 자료는 다음과 같다.

구분	기계장치 A	기계장치 B
내용연수	4년	4년
잔존가치	₩200,000	₩200,000
감가상각방법	연수합계법	정액법
20×3년 1월 1일 공정가치	₩540,000	₩570,000

20×3년 1월 1일 ㈜한국은 기계장치 A를 ㈜대한의 기계장치 B와 교환 후 기계장치 B에 대해 정액법(잔존내용연수 2년, 잔존가치 ₩200,000)으로 감가상각하였으며, 20×3년 7월 1일 ㈜한국은 기계장치 B를 현금 ₩300,000에 처분하였다. ㈜한국의 기계장치 B에 대한 회계처리가 20×3년도 당기순이익에 미치는 영향은? (단, 기계장치는 원가모형을 적용하며, 교환거래는 상업적 실질이 있고 감가상각은 월할 계산한다.)

① ₩25,000 감소
② ₩55,000 감소
③ ₩110,000 감소
④ ₩140,000 감소

05 답 ④

(1) 20×3년 1월 1일 기계장치A의 장부금액: 1,000,000 − (1,000,000 − 200,000) × (4 + 3)/10 = 440,000
(2) 20×3년 당기순이익에 미친 영향: 300,000 − 440,000 = (−)140,000

유형 08 [복구원가와 정부보조금] 복구원가

기본서 PART 05 유형자산 → CH 5. 복구원가와 정부보조금 → 1 복구원가 ▶ 197p

대표문제 □□□ 2018년 국가직 9급

㈜한국은 20×1년 초 ₩720,000에 구축물을 취득(내용연수 5년, 잔존가치 ₩20,000, 정액법 상각)하였으며, 내용연수 종료 시점에 이를 해체하여 원상복구해야 할 의무가 있다. 20×1년 초 복구비용의 현재가치는 ₩124,180으로 추정되며 이는 충당부채의 요건을 충족한다. 복구비용의 현재가치 계산에 적용한 할인율이 10%일 때 옳지 않은 것은? (단, ㈜한국은 구축물에 대하여 원가모형을 적용하며, 소수점 발생 시 소수점 아래 첫째 자리에서 반올림한다.)

① 20×1년 초 구축물의 취득원가는 ₩844,180이다.
② 20×1년 말 복구충당부채전입액(또는 이자비용)은 ₩12,418이다.
③ 20×1년 말 복구충당부채는 ₩136,598이다.
④ 20×1년 말 인식할 비용 총액은 ₩156,418이다.

해설

설명 중 옳지 않은 것: ×1년 말 인식할 비용 총액은 177,254이다.
= ×1년 Dep 164,836 + ×1년 이자비용 12,418

1. 자산 관련 사항
   (1) ×1년 취득원가(구축물): 844,180 = 720,000 + 124,180
      1) 구입가격: (+) 720,000
      2) 복구충당부채: (+) 124,180 = × 1년 PV(복구원가)
   (2) ×1년 Dep: 164,836 = (855,180 − 20,000) × 1/5
   (3) ×1년 말 BV: 679,344 = 844,180 − 164,836
2. 복구충당부채 관련 사항
   (1) ×1년 PV(복구원가): 124,180
   (2) ×1년 이자비용: 12,418 = 124,180 × 10%
   (3) ×1년 말 BV: 136,598
      1) 계산방법 1: 136,598 = 124,180 + 12,418
      2) 계산방법 2: 136,598 = 124,180 × (1 + 10%)
3. 취득 시 회계처리

(차) 구 축 물	844,180	(대) 현 금		720,000
		복 구 충 당 부 채		124,180

* 구축물: 720,000 + 124,180 = 844,180

별해 복구원가의 구조 적용

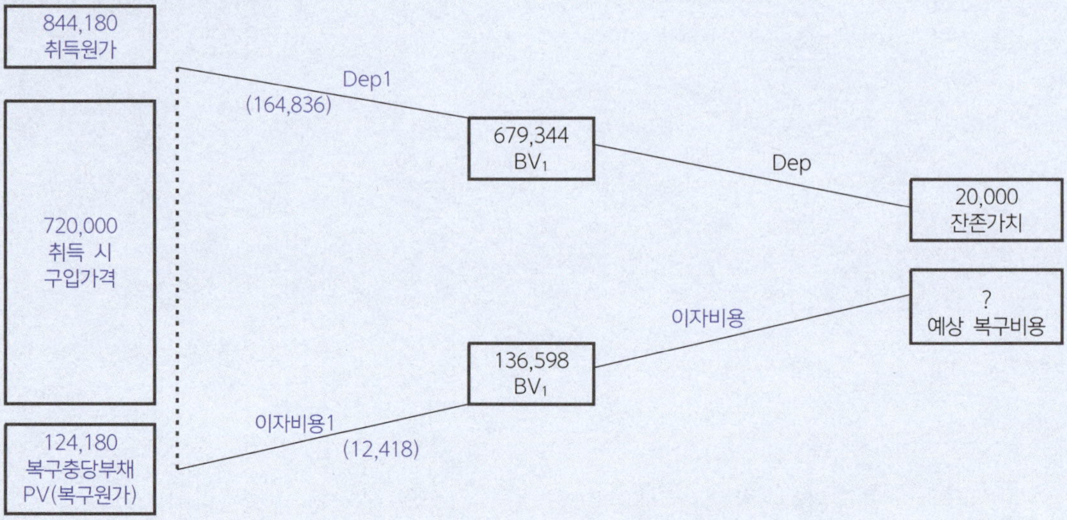

참고사항 복구충당부채

(1) **개념**: 자산을 제거, 해체하거나 부지를 복원하는 데 소요될 것으로 최초에 추정되는 원가에 따라 인식하는 부채

(2) **회계처리**: 예상되는 복구원가를 현재가치로 평가하여 복구충당부채로 인식하고 해당 금액을 유형자산의 원가에 가산함

(차) 유 형 자 산	(대) 현 금
	복구충당부채

* 복구충당부채: 예상되는 복구원가를 구입 시점의 시장이자율로 할인한 현재가치

정답 ④

01 □□□

2008년 국가직 7급

㈜한국은 2008년 5월 4일에 해상구조물을 현금 ₩ 300,000에 구입하였다. 환경 관련 법률에서는 이 구조물의 내용연수가 종료된 후에는 훼손된 환경을 원상복구하도록 하고 있다. 이를 위하여 지출될 것으로 추정되는 금액은 ₩ 40,000이며 현재가치는 ₩ 30,000이다. 해상구조물의 취득 시점에 ㈜한국이 행할 회계처리로 적절한 것은?

	차변		대변	
①	구축물	340,000	현 금	300,000
			복 구 비 용	40,000
②	구축물	340,000	현 금	300,000
			복구충당부채	40,000
③	구축물	330,000	현 금	300,000
			복 구 비 용	30,000
④	구축물	330,000	현 금	300,000
			복구충당부채	30,000

01 답 ④

08년 5월 4일(취득 시점)의 회계처리로 적절한 것

(차) 구 축 물	330,000	(대) 현 금	300,000
		복 구 충 당 부 채	30,000

* 구축물: 300,000 + 30,000 = 330,000

08년 취득원가(구축물): 330,000 = 300,000 + 30,000

(1) 구입가격: (+) 300,000

(2) 복구충당부채: (+) 30,000 = 08년 PV(복구원가)

별해 복구원가의 구조 적용

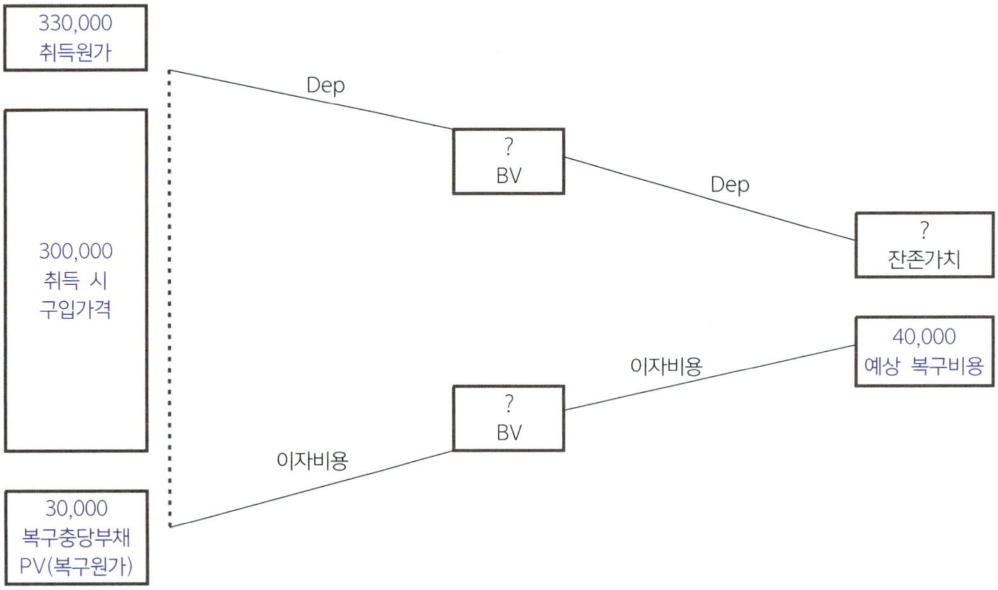

> **참고사항** 복구충당부채
>
> (1) **개념**: 자산을 제거, 해체하거나 부지를 복원하는 데 소요될 것으로 최초에 추정되는 원가에 따라 인식하는 부채
>
> (2) **회계처리**: 예상되는 복구원가를 현재가치로 평가하여 복구충당부채로 인식하고 해당 금액을 유형자산의 원가에 가산함
>
> | | |
> |---|---|
> | (차) 유 형 자 산 | (대) 현 금 |
> | | 복 구 충 당 부 채 |
>
> * 복구충당부채: 예상되는 복구원가를 구입 시점의 시장이자율로 할인한 현재가치

02 □□□

2024년 국가직 7급

다음은 ㈜한국의 구축물 관련 자료이다. ㈜한국이 20×1년 포괄손익계산서상 인식할 비용은?

- 20×1년 초 구축물(정액법 상각, 내용연수 4년, 잔존가치 ₩0, 원가모형 적용)을 현금 ₩1,000,000을 지급하고 취득하였다.
- ㈜한국은 구축물의 내용연수 종료 시점에 이를 해체하여 원상복구해야 할 의무가 있다.
- 내용연수 종료 시점에 예상되는 복구비용의 20×1년 초 현재가치는 ₩200,000이며 이는 충당부채의 요건을 충족한다. (단, 복구충당부채 인식 시 적용한 할인율은 연 10%)

① ₩20,000
② ₩220,000
③ ₩300,000
④ ₩320,000

02 답 ④

1. 자산 관련 사항
   (1) ×1년 취득원가(구축물): ₩1,000,000 + ₩200,000 = ₩1,200,000
      1) 구입가격: (+) 1,000,000
      2) 복구충당부채: (+) 200,000 = ×1년 PV(복구원가)
   (2) ×1년 Dep: 300,000 = (1,200,000 − 0) × 1/4
2. 복구충당부채 관련 사항
   (1) ×1년 PV(복구원가): 200,000
   (2) ×1년 이자비용: 20,000 = 200,000 × 10%
3. ×1년 비용: 300,000 + 20,000 = 320,000

03 □□□

2022년 서울시 7급

<보기>는 결제일이 12월 31일인 ㈜서울의 천연가스 시추를 위한 해양플랜트에 관한 자료이다. 20×5년도 포괄손익계산서에 해양플랜트 관련 계상될 총비용은? (단, 단수차이로 인해 약간의 오차가 있다면 가장 근사치를 선택한다.)

〈보기〉

- 해양플랜트의 취득원가는 ₩99,379이다. (취득일: 20×1년 1월 1일)
- 취득 당시 추정내용연수는 5년, 추정잔존가치는 ₩0이었으며 정액법을 적용하여 감가상각하기로 결정하였다.
- ㈜서울은 관련 법률에 따라 사용이 완료되는 20×5년 말에 철거 및 원상복구를 하여야 하며, 취득 시 이와 관련된 비용을 ₩1,000으로 예측하였다.
- ㈜서울은 예정대로 20×5년 말까지 사용하고 ₩1,200을 지출하여 해양플랜트를 철거하였다.
- ㈜서울의 할인율은 10%이다. 10%의 5기간 말 ₩1의 현가계수는 0.621이고, 10%의 1기간 말 ₩1의 현가계수는 0.91이다.

① ₩20,200
② ₩20,247
③ ₩20,291
④ ₩20,311

03 답 ③

(1) 해양플랜트 취득원가: 99,379 + 1,000 × 0.621 = 100,000
(2) 20×5년 감가상각비: 100,000/5년 = 20,000
(3) 20×5년 이자비용: (1,000 × 0.91) × 10% = 91
(4) 20×5년 철거비용: 1,200 − 1,000 = 200
(5) 20×5년 총비용: 20,000 + 91 + 200 = 20,291

기본서 PART 05 유형자산 → CH 5. 복구원가와 정부보조금 → ❷ 정부보조금 ▶ 202p

대표 문제

□□□ 2018년 지방직 9급

㈜한국은 20×1년 10월 1일 ₩100,000의 정부보조금을 받아 ₩1,000,000의 설비자산을 취득(내용연수 5년, 잔존가치 ₩0, 정액법 상각)하였다. 정부보조금은 설비자산을 6개월 이상 사용한다면 정부에 상환할 의무가 없다. 20×3년 4월 1일 동 자산을 ₩620,000에 처분한다면 이때 처분손익은? (단, 원가모형을 적용하며 손상차손은 없는 것으로 가정한다.)

① 처분손실 ₩10,000
② 처분이익 ₩10,000
③ 처분손실 ₩80,000
④ 처분이익 ₩80,000

해설

×3년 4월 1일의 처분손실: 10,000
= ×3년 처분 시 BV 630,000 − 처분대가 620,000

(차) 현 금	620,000	(대) 설 비 자 산	630,000
처 분 손 실	10,000		

* 설비자산: (900,000 − 0) × (60 − 18) / 60 = 630,000
* 처분손익: 620,000 − 630,000 = (−) 10,000

별해 정부보조금의 구조 적용

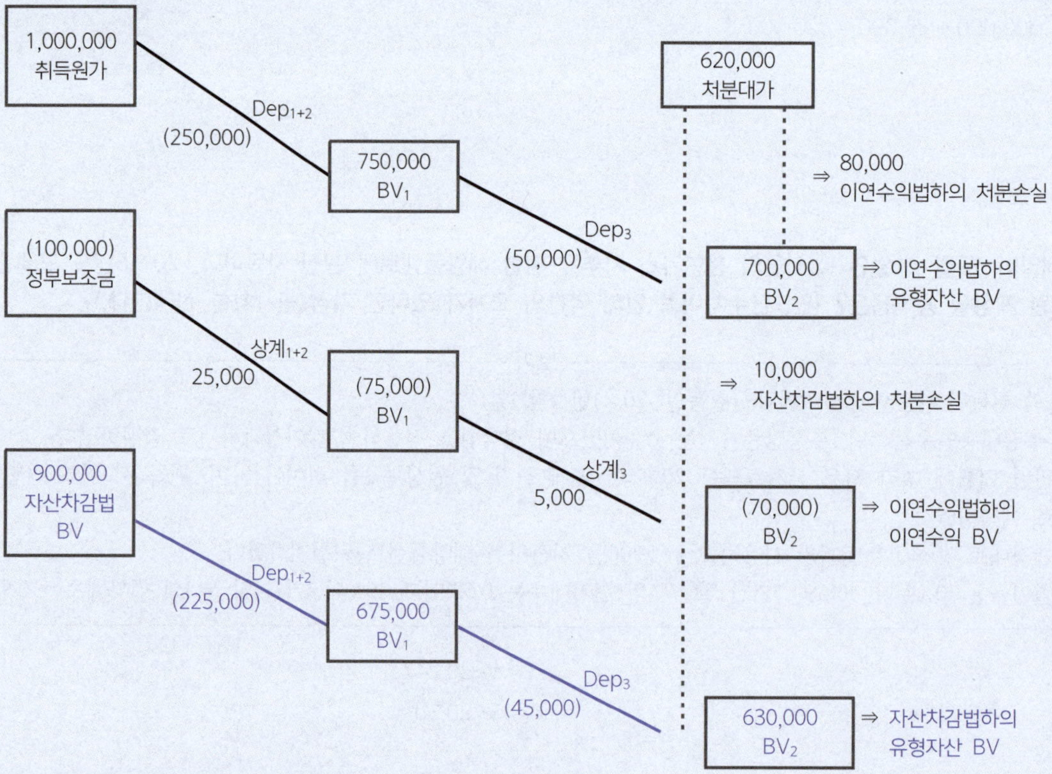

(1) ×1년 취득원가(설비): 900,000 = 1,000,000 − 100,000
(2) ×1년 Dep: 45,000 = (900,000 − 0) × 1/5 × 3/12
(3) ×2년 Dep: 180,000 = (900,000 − 0) × 1/5
(4) ×2년 말 BV: 675,000
  1) 계산방법 1: 675,000 = 900,000 − (45,000 + 180,000)
  2) 계산방법 2: 675,000 = (900,000 − 0) × (60 − 15)/60

(5) ×3년 Dep: 45,000 = (900,000 − 0) × 1/5 × 3/12

(6) ×3년 처분 시 BV: 630,000

1) 계산방법 1: 630,000 = 675,000 − 45,000

2) 계산방법 2: 630,000 = (900,000 − 0) × (60 − 18)/60

(7) ×3년 처분대가: 620,000

(8) ×3년 처분손실(N/I): 10,000 = 630,000 − 620,000

참고사항 자산 관련 보조금 - 자산차감법

구분		비고
자산차감법	정의	장부금액을 계산할 때 보조금을 차감하는 방법
	수익 인식의 회계처리	내용연수에 걸쳐 감가상각비와 상계

정답 ①

01 □□□

2018년 서울시 7급

㈜서울은 20×1년 7월 1일 기계장치를 ₩120,000에 취득(내용연수 4년, 잔존가치 ₩20,000, 연수합계법 상각)하면서 정부로부터 자산 관련 보조금 ₩40,000을 수령하였다. ㈜서울이 수령한 보조금을 기계장치의 장부금액에서 차감하는 방법으로 표시한다면 20×1년 말 재무상태표에 표시될 기계장치의 장부금액은? (단, 기계장치는 원가법을 적용하고, 손상차손은 없으며, 감가상각비는 월할 계산한다.)

① ₩68,000　　② ₩ 88,000

③ ₩92,000　　④ ₩100,000

01　　답 ①

×1년 말의 기계장치의 장부금액: 68,000
= ×1년 취득원가 80,000 − ×1년 감가상각비 12,000

별해 정부보조금의 구조 적용

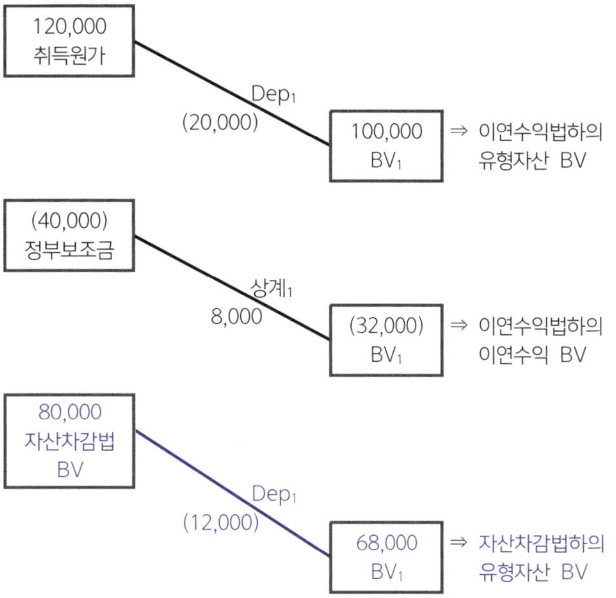

(1) ×1년 취득원가(기계): 80,000 = 120,000 − 40,000

(2) ×1년 Dep: $12{,}000 = (80{,}000 - 20{,}000) \times \frac{4}{(4+3+2+1)} \times 6/12$

(3) ×1년 말 BV: 68,000 = 80,000 − 12,000

참고사항 자산 관련 보조금 - 자산차감법

구분		비고
자산차감법	정의	장부금액을 계산할 때 보조금을 차감하는 방법
	수익 인식의 회계처리	내용연수에 걸쳐 감가상각비와 상계

02 □□□

2014년 국가직 7급

㈜한국은 2011년 7월 1일에 기계설비(내용연수 5년, 잔존가치 ₩2,000)를 ₩20,000에 취득하면서, '산업시설 및 기계 등의 설치 및 구입'으로 사용 목적이 제한된 상환의무가 없는 정부보조금 ₩7,000을 받았다. 2013년 12월 31일 당해 기계설비의 장부금액(순액)은? (단, ㈜한국은 당해 기계설비에 대하여 정액법을 사용하여 월할 기준으로 감가상각하며, 정부보조금은 관련된 유형자산의 차감계정으로 표시하는 회계정책을 적용하고 있다.)

① ₩ 7,500
② ₩ 8,600
③ ₩ 11,000
④ ₩ 13,000

02 답 ①

13년 말의 기계설비의 장부금액(순액): 7,500
(1) 계산방법 1: 7,500 = 11,900 - (2,200 + 2,200)
(2) 계산방법 2: 7,500 = 13,000 - [(13,000 - 2,000) × (6 + 24)/60]

별해 정부보조금의 구조 적용

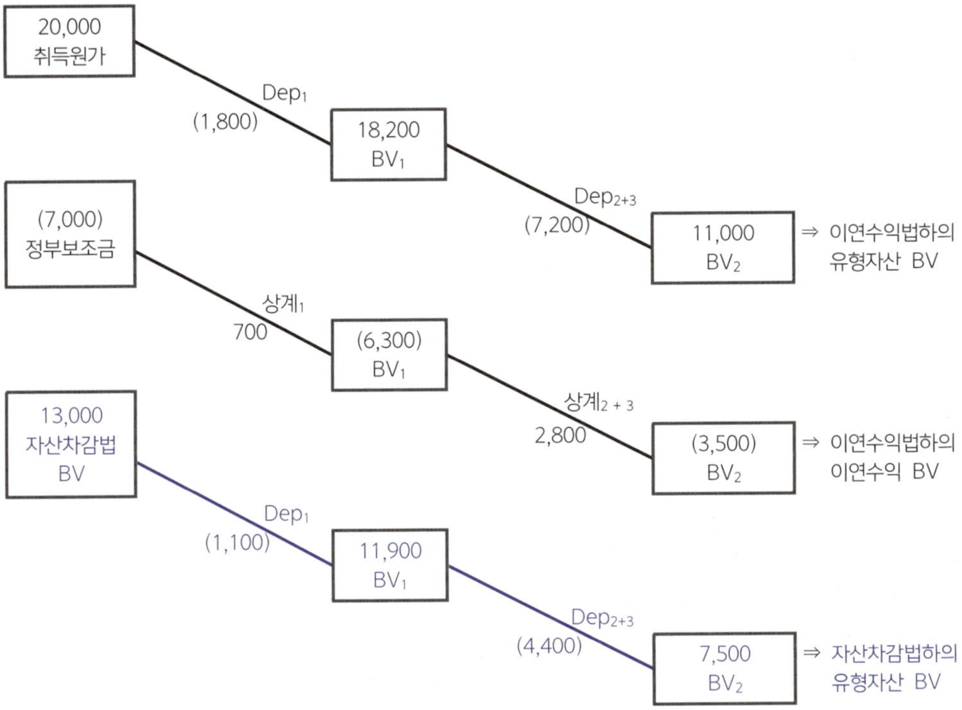

(1) 11년 취득원가(기계): 13,000 = 20,000 - 7,000
(2) 11년 Dep: 1,100 = (13,000 - 2,000) × 1/5 × 6/12
(3) 11년 말 BV: 11,900 = 13,000 - 1,100
(4) 정액법 Dep: 2,200 = (13,000 - 2,000) × 1/5
(5) 13년 말 BV: 7,500 = 11,900 - (2,200 + 2,200)
별해 7,500 = 13,000 - [(13,000 - 2,000) × (6 + 24)/60]

참고사항 자산 관련 보조금 - 자산차감법

구분		비고
자산차감법	정의	장부금액을 계산할 때 보조금을 차감하는 방법
	수익 인식의 회계처리	내용연수에 걸쳐 감가상각비와 상계

03 □□□

2022년 국가직 9급

㈜한국은 20×1년 1월 1일 기계장치를 ₩1,300,000(내용연수 4년, 잔존가치 ₩100,000, 정액법, 월할 상각)에 취득하면서, 정부로부터 상환의무 조건이 없는 정부보조금 ₩200,000을 수령하였다. 동 기계장치를 20×2년 12월 31일 ₩700,000에 처분한 경우 유형자산처분손익은? (단, ㈜한국은 정부보조금을 관련자산에서 차감하는 원가차감법으로 회계처리하고 있다.)

① 유형자산처분이익 ₩100,000
② 유형자산처분이익 ₩150,000
③ 유형자산처분손실 ₩100,000
④ 유형자산처분손실 ₩150,000

03 답 ①

(1) ×2년 12월 31일 감가상각비(순액)의 합계: (1,100,000 - 100,000) × 2/4 = 500,000
(2) ×2년 12월 31일 기계장치의 장부금액(순액): 1,100,000 - 500,000 = 600,000
(3) ×2년 12월 31일 처분이익: 700,000 - 600,000 = 100,000

04 □□□

2022년 국가직 7급

정부보조금의 회계처리와 정부지원의 공시에 대한 설명으로 옳은 것은?

① 정부보조금의 회계처리는 보조금을 당기손익 이외의 항목으로 인식하는 수익접근법과 보조금을 하나 이상의 회계기간에 걸쳐 당기손익으로 인식하는 자본접근법이 있다.
② 이미 발생한 비용이나 손실에 대한 보전으로 수취하는 정부보조금은 정부보조금을 수취할 권리가 발생하는 기간에 기타포괄손익으로 인식한다.
③ 자산의 취득과 관련된 보조금의 수취는 기업의 현금흐름에 중요한 변동을 일으키므로 재무상태표에 보조금이 관련 자산에서 차감하여 표시되는지와 관계없이 자산의 총투자를 보여주기 위해 이러한 변동을 주석에 별도 항목으로 표시한다.
④ 정부보조금에 부수되는 조건의 준수와 보조금 수취에 대한 합리적인 확신이 있을 경우에만 정부보조금을 인식하며, 보조금의 수취 자체가 보조금에 부수되는 조건이 이행되었거나 이행될 것이라는 결정적인 증거를 제공하지는 않는다.

04 답 ④

선지분석

① 정부보조금의 회계처리는 보조금을 당기손익 이외의 항목으로 인식하는 자본접근법과 보조금을 하나 이상의 회계기간에 걸쳐 당기손익으로 인식하는 수익접근법이 있다.
② 이미 발생한 비용이나 손실에 대한 보전으로 수취하는 정부보조금은 정부보조금을 수취할 권리가 발생하는 기간에 당기손익으로 인식한다.
③ 자산의 취득과 관련된 보조금의 수취는 기업의 현금흐름에 중요한 변동을 일으키므로 재무상태표에 보조금이 관련 자산에서 차감하여 표시된다면 자산의 총투자를 보여주기 위해 이러한 변동을 주석에 별도 항목으로 표시한다.

유형 10 [재평가모형] 비상각자산의 재평가 시 회계처리

기본서 PART 05 유형자산 → CH 6. 재평가모형 → 2 비상각자산의 재평가 시 회계처리 ▶ 211p

대표문제 □□□ 2014년 지방직 9급

㈜지방은 20×1년 중에 토지를 ₩100,000에 취득하였으며, 매 보고기간마다 재평가모형을 적용하기로 하였다. 20×1년 말과 20×2년 말 현재 토지의 공정가치가 각각 ₩120,000과 ₩90,000이라고 할 때, 다음 설명 중 옳은 것은?

① 20×1년에 당기순이익이 ₩20,000 증가한다.
② 20×2년에 당기순이익이 ₩10,000 감소한다.
③ 20×2년 말 현재 재평가잉여금 잔액은 ₩10,000이다.
④ 20×2년 말 재무상태표에 보고되는 토지 금액은 ₩100,000이다.

해설

설명 중 옳은 것: 20×2년에 당기순이익이 10,000 감소한다.
×2년 재평가손실: 10,000 = 100,000 - 90,000

(선지분석)
① 20×1년에 기타포괄이익이 20,000 증가한다.
③ 20×2년 말 현재 재평가잉여금 잔액은 0이다.
④ 20×2년 말 재무상태표에 보고되는 토지 금액은 90,000이다.

별해 비상각자산의 재평가와 처분의 구조 적용

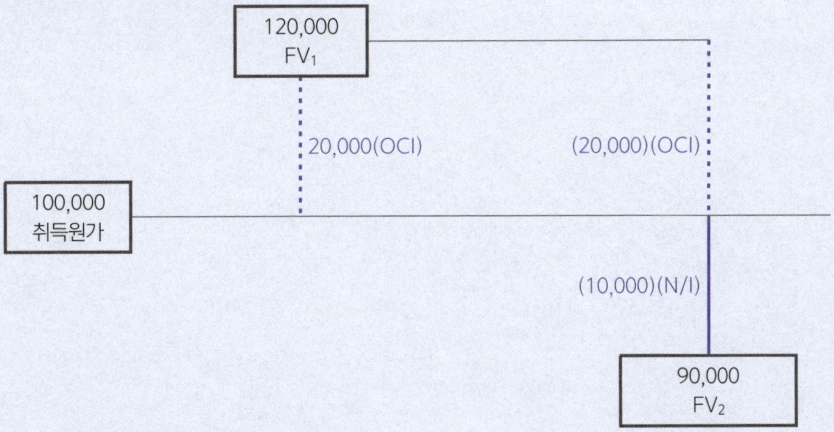

(1) ×1년 취득원가(토지): 100,000
(2) ×1년 말 FV: 120,000
(3) ×1년 재평가잉여금(OCI): 20,000 = 120,000 - 100,000
(4) ×2년 말 FV: 90,000
(5) ×2년 우선 상계액(OCI): 20,000 = 120,000 - 100,000
(6) ×2년 재평가손실(N/I): 10,000 = 100,000 - 90,000

참고사항 거래별 회계처리

(1) ×1년 중(취득)의 회계처리

(차) 토 지	100,000	(대) 현 금	100,000

(2) ×1년 말(재평가)의 회계처리

(차) 토 지	20,000	(대) 재평가잉여금	20,000

* 재평가잉여금: 120,000 - 100,000 = 20,000

(3) ×2년 말(재평가)의 회계처리

(차) 재평가잉여금	20,000	(대) 손상차손누계액	30,000
재평가손실	10,000		

* 재평가잉여금(우선 상계): 120,000 - 100,000 = 20,000
* 재평가손실: 100,000 - 90,000 = 10,000

정답 ②

01 □□□

2021년 국가직 9급

㈜한국은 유형자산에 대하여 재평가모형을 사용하고 있으며, 토지를 20×1년 초 ₩1,000,000에 취득하였다. 20×1년 말 재평가 결과 토지의 공정가치는 ₩900,000이었고, 20×2년 말 재평가 결과 토지의 공정가치가 ₩1,050,000인 경우, 20×2년 말 당기손익에 포함될 자산 재평가이익과 자본 항목에 표시될 재평가잉여금은?

	자산 재평가이익	재평가잉여금
①	₩ 0	₩ 50,000
②	₩ 50,000	₩100,000
③	₩100,000	₩ 50,000
④	₩150,000	₩150,000

01 답 ③

(1) 자산 재평가이익: 100,000
= 1,000,000 - 900,000

(2) 재평가잉여금: 50,000
= 1,050,000 - 1,000,000

02 □□□

2018년 서울시 7급

㈜서울은 토지를 취득한 후 재평가모형에 의하여 토지에 대한 회계처리를 한다. 토지의 취득원가와 각 회계기간 말 토지의 공정가치는 〈보기〉와 같다. 토지의 재평가와 관련하여 ㈜서울이 20×3년에 인식할 당기손실과 총포괄손실은? (단, 법인세효과는 고려하지 않는다.)

〈보기〉

구분	취득원가	각 회계기간 말 공정가치		
	20×1년 초	20×1년 말	20×2년 말	20×3년 말
토지	₩2,500	₩3,000	₩2,700	₩2,300

① 당기손실 ₩400 총포괄손실 ₩ 0
② 당기손실 ₩300 총포괄손실 ₩100
③ 당기손실 ₩300 총포괄손실 ₩400
④ 당기손실 ₩200 총포괄손실 ₩400

02

답 ④

(1) ×3년 말의 당기손실: 200
= 2,500 − 2,300

(2) ×3년 말의 총포괄손실: 400
= 2,700 − 2,300

별해 비상각자산의 재평가와 처분의 구조 적용

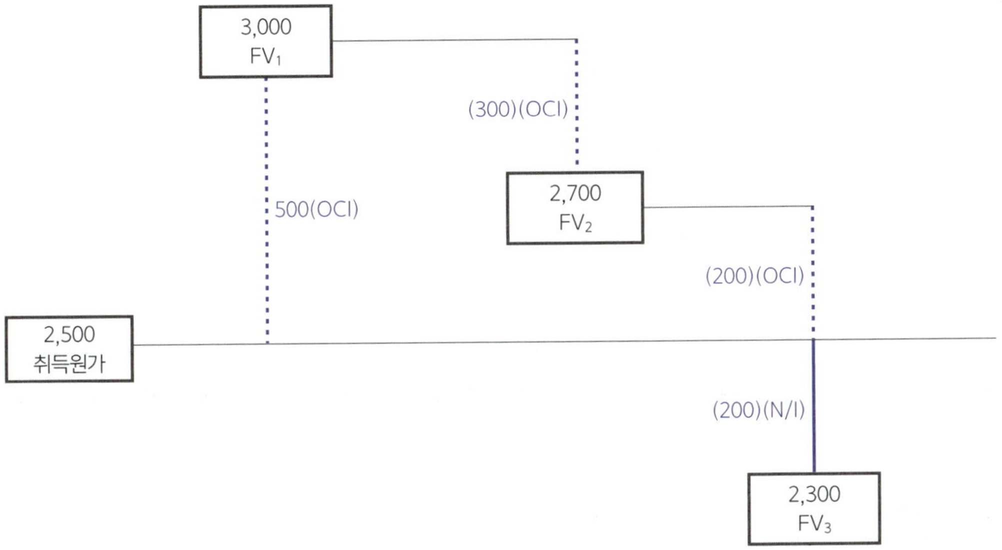

(1) ×1년 취득원가(토지): 2,500
(2) ×1년 말 FV: 3,000
(3) ×1년 재평가잉여금(OCI): 500 = 3,000 − 2,500
(4) ×2년 말 FV: 2,700
(5) ×2년 우선 상계액(OCI): 300 = 3,000 − 2,700
(6) ×3년 말 FV: 2,300
(7) ×3년 우선 상계액(OCI): 200 = 2,700 − 2,500
(8) ×3년 재평가손실(N/I): 200 = 2,500 − 2,300

참고사항 거래별 회계처리

(1) ×1년 초(취득)의 회계처리

(차)	토지	2,500	(대) 현금	2,500

(2) ×1년 말(재평가)의 회계처리

(차)	토지	500	(대) 재평가잉여금	500

* 재평가잉여금: 3,000 − 2,500 = 500

(3) ×2년 말(재평가)의 회계처리

(차)	재평가잉여금	300	(대) 토지	300

* 재평가잉여금(우선 상계): 3,000 − 2,700 = 300

(4) ×3년 말(재평가)의 회계처리

(차)	재평가잉여금	200	(대) 토지	400
	재평가손실	200		

* 재평가잉여금(우선 상계): 2,700 − 2,500 = 200
* 재평가손실: 2,500 − 2,300 = 200

03 □□□

2024년 지방직 9급

㈜한국은 20×1년 초 토지를 ₩10,000,000에 취득하여 재평가모형을 적용하고 있다. ㈜한국은 매년 말 토지를 재평가하며, 토지의 공정가치는 다음과 같다.

구분	20×1년 말	20×2년 말
공정가치	₩12,000,000	₩9,000,000

20×2년 말 ㈜한국의 토지 재평가 시 회계처리는?

① (차) 재평가잉여금 ₩2,000,000 (대) 토 지 ₩3,000,000
재평가손실 ₩1,000,000

② (차) 재평가잉여금 ₩3,000,000 (대) 토 지 ₩3,000,000

③ (차) 재평가손실 ₩3,000,000 (대) 토 지 ₩3,000,000

④ (차) 재평가손실 ₩1,000,000 (대) 토 지 ₩1,000,000

03 답 ①

20×2년 말 토지 재평가로 토지를 ₩3,000,000 감소시키고, 재평가잉여금 ₩2,000,000을 감소시키고, 재평가손실 ₩1,000,000이 발생한다.

20×2년 말의 재평가 시 회계처리

(차) 재평가잉여금	2,000,000	(대) 토	지	3,000,000
재평가손실	1,000,000			

별해 비상각자산의 재평가와 처분의 구조 적용

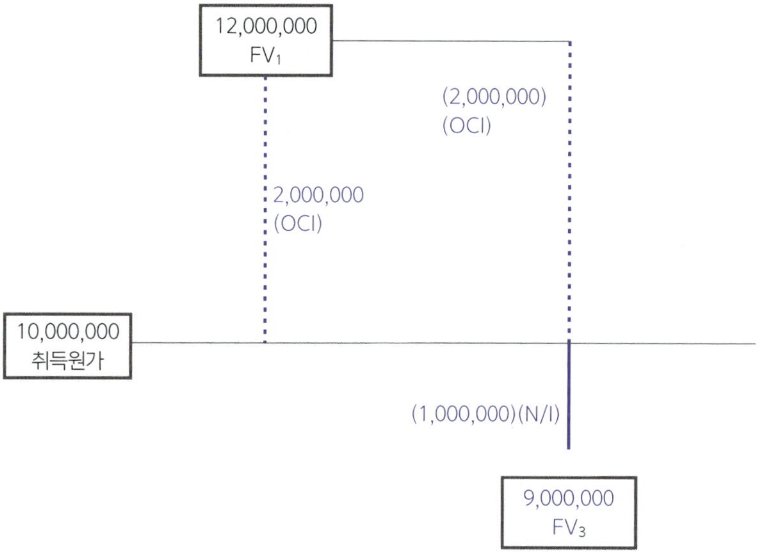

(1) ×1년 취득원가(토지): 10,000,000
(2) ×1년 말 FV: 12,000,000
(3) ×1년 재평가이익(OCI): 2,000,000 = 12,000,000 − 10,000,000
(4) ×2년 말 FV: 9,000,000
(5) ×2년 재평가잉여금 감소(OCI): 10,000,000 − 12,000,000 = (−)2,000,000
(6) ×2년 재평가손실(N/I): 9,000,000 − 10,000,000 = (−)1,000,000

04 □□□

2015년 국가직 7급

㈜한국은 2014년 초 취득원가 ₩50,000의 토지를 매입하였으며, 재평가모형을 적용하고 있다. 해당 토지의 2014년 말 공정가치는 ₩45,000으로 추정되어 ₩5,000의 당기손실을 인식하였다. 2015년 말 토지의 공정가치는 ₩52,000으로 추정된다. ㈜한국의 2015년 말 토지에 대한 회계처리로 옳은 것은?

①	(차변)	토 지	₩7,000	(대변)	재 평 가 이 익	₩5,000
					재평가잉여금	₩2,000
②	(차변)	토 지	₩7,000	(대변)	재 평 가 이 익	₩7,000
③	(차변)	토 지	₩7,000	(대변)	재 평 가 이 익	₩2,000
					재평가잉여금	₩5,000
④	(차변)	토 지	₩7,000	(대변)	재평가잉여금	₩7,000

04

답 ①

15년 말의 재평가 시 회계처리

(차)	손상차손누계액	5,000	(대)	재 평 가 이 익	5,000
	토 지	2,000		재 평 가 잉 여 금	2,000

* 재평가이익: 50,000 - 45,000 = 5,000
* 재평가잉여금: 52,000 - 50,000 = 2,000

별해 비상각자산의 재평가와 처분의 구조 적용

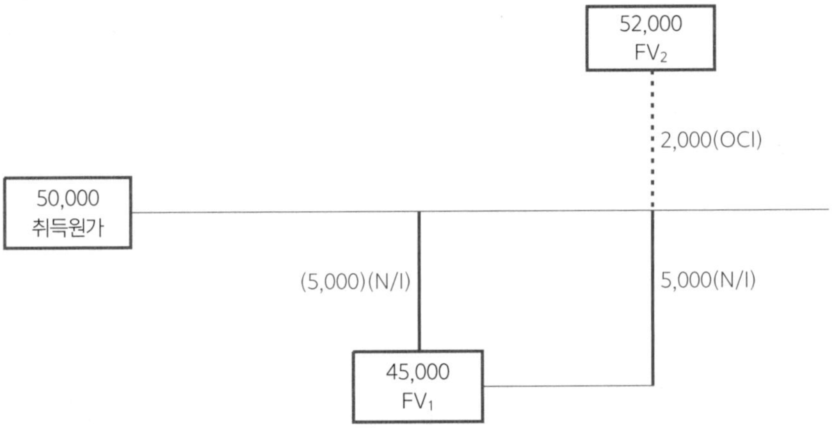

(1) 14년 취득원가(토지): 50,000
(2) 14년 말 FV: 45,000
(3) 14년 재평가손실(N/I): 5,000 = 50,000 - 45,000
(4) 15년 말 FV: 52,000
(5) 15년 재평가이익(N/I): 5,000 = 50,000 - 45,000
(6) 15년 재평가잉여금(OCI): 2,000 = 52,000 - 50,000

별해 해당 사업연도의 기타포괄손익누계액 계산의 간편법
= 해당 사업연도의 FV - 취득원가
= 52,000 - 50,000

참고사항 거래별 회계처리

(1) 14년 초(취득)의 회계처리

(차) 토지	50,000	(대) 현금	50,000

(2) 14년 말(재평가)의 회계처리

(차) 재평가손실	5,000	(대) 손상차손누계액	5,000

* 재평가손실: 50,000 − 45,000 = 5,000

(3) 15년 말(재평가)의 회계처리

(차) 손상차손누계액	5,000	(대) 재평가이익	5,000
토지	2,000	재평가잉여금	2,000

* 재평가이익: 50,000 − 45,000 = 5,000
* 재평가잉여금: 52,000 − 50,000 = 2,000

05 □□□

2023년 국가직 9급

㈜한국이 20×1년 초 건물을 사용할 목적으로 토지와 건물을 ₩150,000에 일괄 취득하였다. 취득일 현재 토지와 건물의 공정가치는 각각 ₩100,000이다. ㈜한국은 매년 말 토지를 재평가하며, 토지의 공정가치는 다음과 같다.

구분	20×1년 말	20×2년 말	20×3년 말
공정가치	₩80,000	₩70,000	₩90,000

㈜한국은 20×4년 초 토지를 ₩90,000에 처분하였으며, 처분시점에 재평가잉여금을 이익잉여금으로 대체하였다. ㈜한국의 토지와 관련된 회계처리의 영향으로 옳지 않은 것은?

① 20×1년도 당기손익의 증감은 없고 기타포괄이익 ₩5,000이 증가한다.
② 20×2년도 당기손실 ₩5,000이 발생하고 기타포괄이익 ₩5,000이 감소한다.
③ 20×3년도 당기손익의 증감은 없고 기타포괄이익 ₩20,000이 증가한다.
④ 20×4년도 자본 총계에 미치는 영향은 없다.

05 답 ③

(1) ×3년 당기손익에 미치는 영향: (+)5,000 = 75,000 − 70,000
(2) ×3년 기타포괄손익에 미치는 영향: (+)15,000 = 90,000 − 75,000

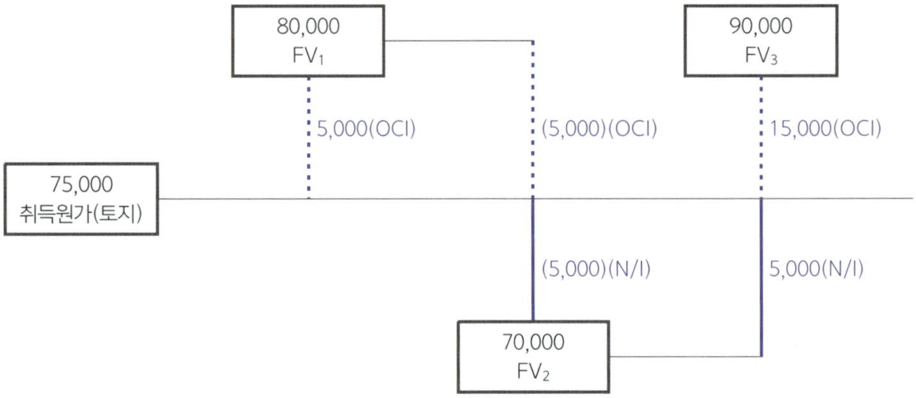

1) 최초취득원가(토지): 150,000 × 100,000 / (100,000 + 100,000) = 75,000
2) ×1년 당기손익 영향: 0, 기타포괄손익영향: 5,000 증가 = 80,000 − 75,000
3) ×2년 기타포괄손익 영향: (−)5,000 = 75,000 − 70,000
   당기손익 영향: (−)5,000 = 75,000 − 70,000
4) 자산 처분 후 재평가잉여금을 이익잉여금으로 직접 대체하는 경우 자본 총계에 미치는 영향은 없다.

유형 11 [재평가모형] 상각자산의 재평가 시 회계처리

-기본서 PART 05 유형자산 → CH 6. 재평가모형 → 3 상각자산의 재평가 시 회계처리 ▶ 216p

대표문제 □□□

2020년 지방직 9급

㈜한국은 20×1년 초에 ₩15,000을 지급하고 항공기를 구입하였다. 20×1년 말 항공기의 감가상각누계액은 ₩1,000이며, 공정가치는 ₩16,000이다. 감가상각누계액을 전액 제거하는 방법인 재평가모형을 적용하고 있으며 매년 말 재평가를 실시하고 있다. 20×2년 말 항공기의 감가상각누계액은 ₩2,000이며, 공정가치는 ₩11,000이다. 상기의 자료만을 근거로 도출된 설명으로 옳지 않은 것은? (단, 재평가잉여금을 당해 자산을 사용하면서 이익잉여금으로 대체하는 방법은 선택하고 있지 않다.)

① 20×1년 말 재평가잉여금은 ₩2,000이다.
② 20×1년 말 항공기의 장부금액은 ₩16,000이다.
③ 20×2년에 인식하는 재평가손실은 ₩3,000이다.
④ 20×2년에 인식하는 재평가손실은 포괄손익계산서의 비용 항목으로 당기순이익에 영향을 준다.

해설

설명 중 옳지 않은 것: ×2년에 인식하는 재평가손실은 1,000이다.
= 12,000 - 11,000

별해 상각자산의 재평가와 처분의 구조 적용

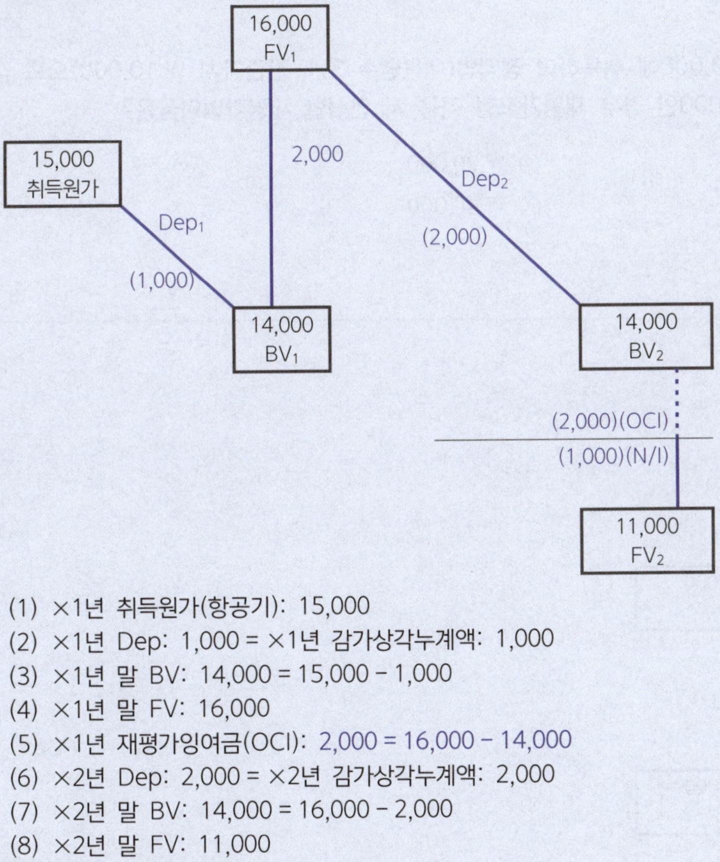

(1) ×1년 취득원가(항공기): 15,000
(2) ×1년 Dep: 1,000 = ×1년 감가상각누계액: 1,000
(3) ×1년 말 BV: 14,000 = 15,000 - 1,000
(4) ×1년 말 FV: 16,000
(5) ×1년 재평가잉여금(OCI): 2,000 = 16,000 - 14,000
(6) ×2년 Dep: 2,000 = ×2년 감가상각누계액: 2,000
(7) ×2년 말 BV: 14,000 = 16,000 - 2,000
(8) ×2년 말 FV: 11,000
(9) ×2년 우선 상계액(OCI): 2,000 = 14,000 - 12,000
(10) ×2년 재평가손실(N/I): 1,000 = 12,000 - 11,000

참고사항 거래별 회계처리

(1) ×1년 초(취득)의 회계처리

(차) 항공기	15,000	(대) 현금	15,000

(2) ×1년 말(감가상각)의 회계처리

(차) 감가상각비	1,000	(대) 감가상각누계액	1,000

(3) ×1년 말(재평가)의 회계처리

(차) 감가상각누계액	1,000	(대) 재평가잉여금	2,000
항공기	1,000		

* 재평가잉여금: 16,000 - (15,000 - 1,000) = 2,000

(4) ×2년 말(감가상각)의 회계처리

(차) 감가상각비	2,000	(대) 감가상각누계액	2,000

(5) ×2년 말(재평가)의 회계처리

(차) 감가상각누계액	2,000	(대) 항공기	5,000
재평가잉여금	2,000		
재평가손실	1,000		

* 재평가잉여금(우선 상계): (16,000 - 2,000) - 12,000 = 2,000
* 재평가손실: 12,000 - 11,000 = 1,000

정답 ③

01 □□□

2017년 지방직 9급

㈜한국은 기계장치를 2016년 1월 1일 ₩100,000에 취득하여 정액법(내용연수 3년, 잔존가치 ₩10,000)으로 감가상각하였다. 2016년 말 기계장치의 공정가치가 ₩90,000인 경우 재평가모형 적용 시 인식할 재평가잉여금은?

① ₩10,000
② ₩20,000
③ ₩30,000
④ ₩40,000

01 답 ②

16년 말의 재평가잉여금: 20,000
= 90,000 - 70,000

별해 상각자산의 재평가와 처분의 구조 적용

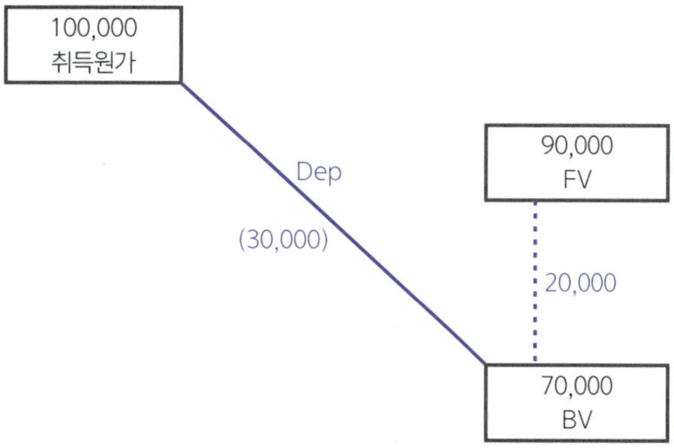

(1) 16년 취득원가(기계): 100,000
(2) 16년 Dep: 30,000 = (100,000 - 10,000) × 1/3
(3) 16년 말 BV: 70,000 = 100,000 - 30,000
(4) 16년 말 FV: 90,000
(5) 16년 재평가잉여금(OCI): 20,000 = 90,000 - 70,000

참고사항 거래별 회계처리

(1) 16년 초(취득)의 회계처리

(차) 기 계	100,000	(대) 현 금	100,000

(2) 16년 말(감가상각)의 회계처리

(차) 감 가 상 각 비	30,000	(대) 감가상각누계액	30,000

* 감가상각비: (100,000 - 10,000) × 1/3 = 30,000

(3) 16년 말(재평가)의 회계처리

(차) 기 계	20,000	(대) 재 평 가 잉 여 금	20,000

* 재평가잉여금: 90,000 - 70,000 = 20,000

재무회계 I 해커스공무원 정윤돈 회계학 단원별 기출문제집

02 □□□

2016년 국가직 7급

㈜한국은 2015년 1월 1일 기계장치를 ₩1,000,000에 취득하여 정액법(내용연수 5년, 잔존가치 ₩0)으로 감가상각하고 있다. 동 기계장치에 대하여 감가상각누계액을 전액 제거하는 방법으로 재평가모형을 적용하고 있으며, 공정가치는 다음과 같다. 2016년 말 기계장치의 회수가능액이 ₩420,000인 경우, 2016년 말 포괄손익계산서에 인식할 당기비용은? (단, 2016년 말 기계장치에 대해 손상차손을 인식해야 할 객관적인 증거가 있다.)

	2015년 말	2016년 말
공정가치	₩920,000	₩580,000

① ₩150,000
② ₩280,000
③ ₩330,000
④ ₩380,000

02 답 ④

16년 말의 포괄손익계산서상 당기비용: 380,000
= (-) 230,000 + (-) 150,000

별해 상각자산의 재평가와 처분의 구조 적용

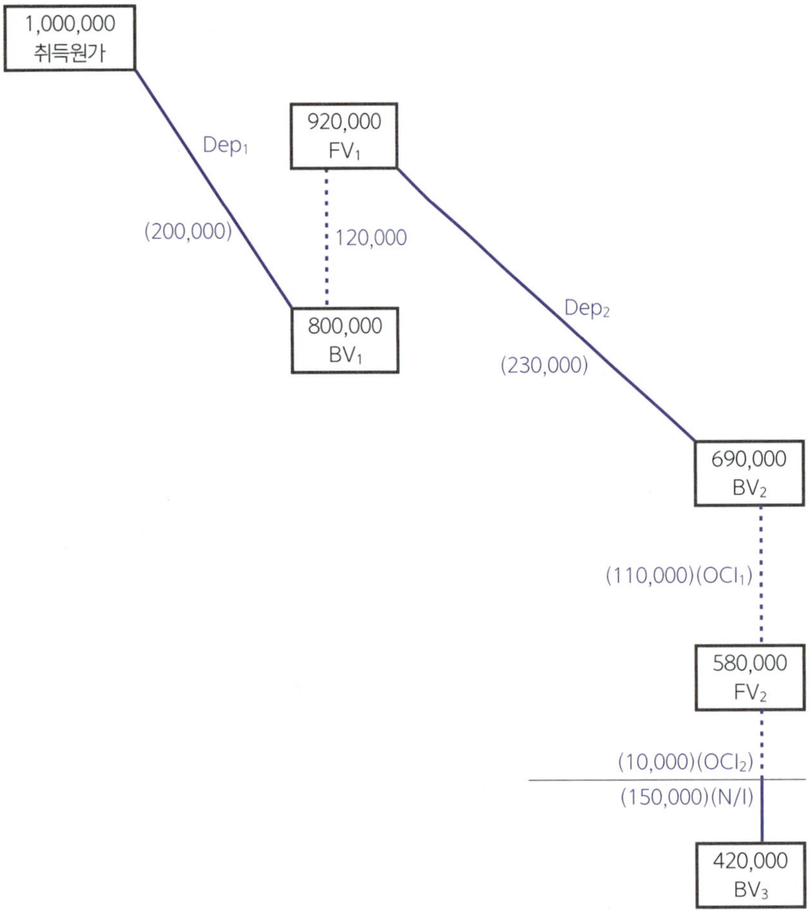

(1) 15년 취득원가(기계): 1,000,000
(2) 15년 Dep: 200,000 = (1,000,000 - 0) × 1/5
(3) 15년 말 BV: 800,000 = 1,000,000 - 200,000
(4) 15년 말 FV: 920,000
(5) 15년 재평가잉여금(OCI): 120,000 = 920,000 - 800,000
(6) 16년 Dep: 230,000 = (920,000 - 0) × 1/4
(7) 16년 말 BV: 690,000 = 920,000 - 230,000
(8) 16년 말 FV: 580,000
(9) 16년 우선 상계액(OCI)
  1) 110,000 = 690,000 - 580,000
  2) 10,000 = 580,000 - 570,000
(10) 16년 손상차손(N/I): 150,000 = 570,000 - 420,000
(11) 16년 손상 후 BV: 420,000 = 570,000 - 150,000
  별해 16년 결산일에는 회수가능액인 420,000으로 장부금액이 조정된다.

∴ 16년 N/I효과: (-) 380,000 = (-) 230,000 + (-) 150,000

유형 12 [유형자산의 손상] 원가모형의 손상

기본서 PART 05 유형자산 → CH 7. 유형자산의 손상 → 2 원가모형의 손상 ▶ 228p

대표문제 □□□ 2018년 서울시 7급

원가모형을 적용하는 ㈜서울은 20×1년 1월 1일에 건물을 ₩10,000,000에 취득(정액법 상각, 내용연수 10년, 잔존가치 없음)하여 사용하고 있다. 20×4년 12월 31일 동 건물에 손상이 발생하였으며, 이때 건물의 순공정가치와 사용가치는 각각 ₩3,000,000과 ₩3,600,000이었다. 반면 20×5년 12월 31일에는 동 건물의 순공정가치와 사용가치가 각각 ₩4,800,000과 ₩5,500,000으로 회복되어 손상차손환입이 발생하였다. ㈜서울이 20×5년도에 인식할 손상차손환입액은?

① ₩1,800,000 ② ₩2,000,000
③ ₩2,300,000 ④ ₩2,500,000

해설

×5년 말의 손상차손환입: 2,000,000
= 손상차손환입 한도 5,000,000 - ×5년 말 BV 3,000,000

별해 원가모형의 손상차손의 구조 적용

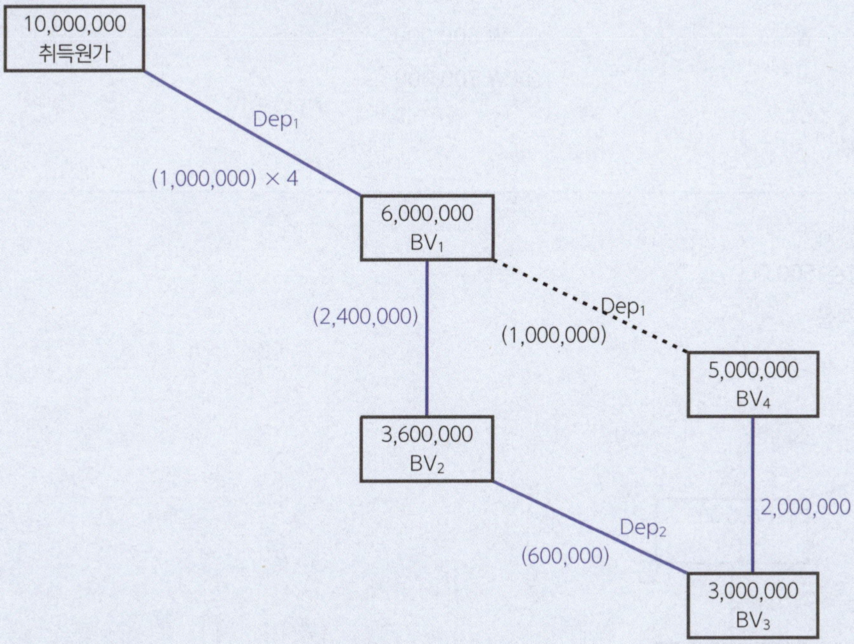

(1) ×1년 취득원가(건물): 10,000,000
(2) 정액법 Dep: 1,000,000 = (10,000,000 - 0) × 1/10
(3) ×4년 말 BV: 6,000,000 = 10,000,000 - (1,000,000 × 4)
(4) ×4년 손상차손(N/I): 2,400,000 = 6,000,000 - MAX[3,000,000 , 3,600,000]
(5) ×4년 손상 후 BV: 3,600,000 = 6,000,000 - 2,400,000
별해 ×4년 결산일에는 사용가치인 3,600,000으로 장부금액이 조정된다.
(6) ×5년 Dep: 600,000 = (3,600,000 - 0) × 1/6
(7) ×5년 말 BV: 3,000,000 = 3,600,000 - 3,000,000
(8) ×5년 손상차손환입(N/I): 2,000,000 = 3,000,000 - MIN[5,500,000 , 5,000,000]
(9) ×5년 환입 후 BV: 5,000,000 = 3,000,000 + 2,000,000
별해 ×5년 결산일에는 환입 한도인 5,000,000으로 장부금액이 조정된다.

> **참고사항** 오답 예측하기
> (1) 회수가능액을 고려하지 않은 경우의 ×4년 손상차손: 3,000,000
> (2) 회수가능액을 고려하지 않은 경우의 ×4년 손상 후 BV: 3,000,000
> (3) 한도를 고려하지 않은 경우의 ×5년 손상차손환입: 1,800,000 또는 2,500,000
> (4) 한도를 고려하지 않은 경우의 ×5년 환입 후 BV: 4,800,000 또는 5,500,000

정답 ②

01 □□□

2020년 지방직 9급

㈜한국은 20×1년 1월 1일에 기계장치를 취득하고 원가모형을 적용하여 감가상각하고 있다. 기계장치와 관련된 자료는 다음과 같다.

• 취득원가: ₩ 2,000,000	• 잔존가치: ₩ 200,000
• 내용연수: 6년	• 감가상각방법: 정액법

20×3년 말 기계장치에 대해 손상이 발생하였으며 손상 시점의 순공정가치는 ₩600,000이고 사용가치는 ₩550,000이다. 20×3년 말 손상차손 인식 후 장부금액은?

① ₩ 550,000
② ₩ 600,000
③ ₩ 650,000
④ ₩ 700,000

01 답 ②

×3년 말의 손상 후 장부금액: 600,000
= ×3년 말 BV 1,100,000 - 손상차손 500,000

별해 원가모형의 손상차손의 구조 적용

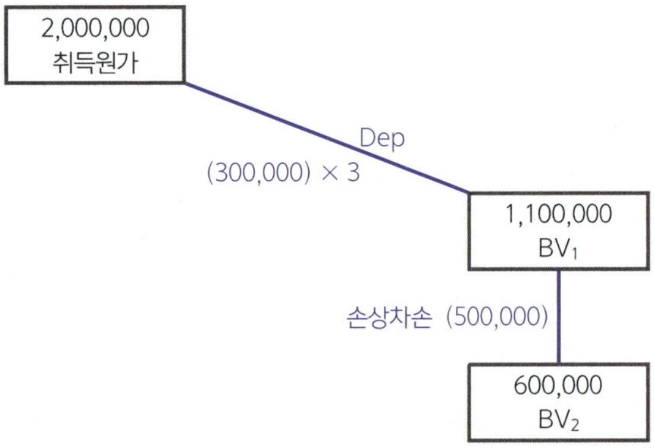

(1) ×1년 취득원가(기계): 2,000,000
(2) 정액법 Dep: 300,000 = (2,000,000 - 200,000) × 1/6
(3) ×3년 말 BV: 1,100,000 = 2,000,000 - (300,000 × 3)
(4) ×3년 손상차손(N/I): 500,000 = 1,100,000 - MAX[600,000, 550,000]
(5) ×3년 손상 후 BV: 600,000 = 1,100,000 - 500,000
별해 ×3년 결산일에는 순공정가치인 600,000으로 장부금액이 조정된다.

> **참고사항** 오답 예측하기
> (1) 회수가능액을 고려하지 않은 경우의 ×3년 손상차손: 550,000
> (2) 회수가능액을 고려하지 않은 경우의 ×3년 손상 후 BV: 550,000

02 □□□

2018년 국가직 9급

㈜한국은 20×1년 초 기계를 ₩480,000(내용연수 5년, 잔존가치 ₩0, 정액법 상각)에 구입하고 원가모형을 채택하였다. 20×2년 말 그 기계에 손상 징후가 있었으며, 이때 기계의 순공정가치는 ₩180,000, 사용가치는 ₩186,000으로 추정되었다. 20×3년 말 회수가능액이 ₩195,000으로 회복되었다면 옳지 않은 것은?

① 20×2년 말 손상차손 인식 전 장부금액은 ₩288,000이다.
② 20×2년 말 손상차손으로 인식할 금액은 ₩102,000이다.
③ 20×3년 말 감가상각비로 인식할 금액은 ₩62,000이다.
④ 20×3년 말 손상차손환입액으로 인식할 금액은 ₩71,000이다.

02 답 ④

설명 중 옳지 않은 것: ×3년 말 손상차손환입액으로 인식할 금액은 68,000이다.
= 손상차손환입 한도 192,000 − ×3년 말 BV 124,000

별해 원가모형의 손상차손의 구조 적용

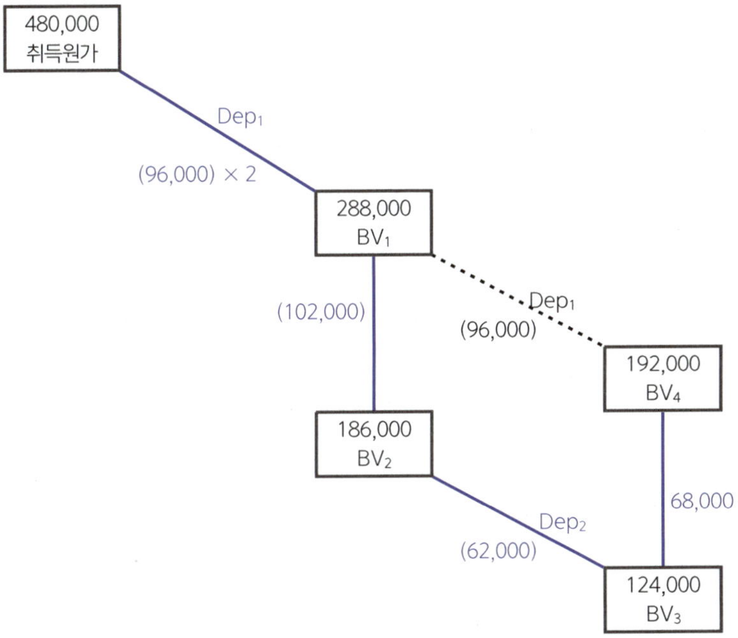

(1) ×1년 취득원가(기계): 480,000
(2) 정액법 Dep: 96,000 = (480,000 − 0) × 1/5
(3) ×2년 말 BV: 288,000 = 480,000 − (96,000 × 2)
(4) ×2년 손상차손(N/I): 102,000 = 288,000 − MAX[180,000, 186,000]
(5) ×2년 손상 후 BV: 186,000 = 288,000 − 102,000
별해 ×2년 결산일에는 사용가치인 186,000으로 장부금액이 조정된다.
(6) ×3년 Dep: 62,000 = (186,000 − 0) × 1/3
(7) ×3년 말 BV: 124,000 = 186,000 − 62,000
(8) ×3년 손상차손환입(N/I): 68,000 = 124,000 − MIN[195,000, 192,000]
(9) ×3년 환입 후 BV: 192,000 = 124,000 + 68,000
별해 ×3년 결산일에는 환입 한도인 192,000으로 장부금액이 조정된다.

참고사항 오답 예측하기
(1) 회수가능액을 고려하지 않은 경우의 ×2년 손상차손: 108,000
(2) 회수가능액을 고려하지 않은 경우의 ×2년 손상 후 BV: 180,000
(3) 한도를 고려하지 않은 경우의 ×3년 손상차손환입: 71,000
(4) 한도를 고려하지 않은 경우의 ×3년 환입 후 BV: 195,000

03 □□□

2016년 지방직 9급

㈜한국은 2015년 초에 취득원가 ₩850,000의 기계장치를 구입하고, 원가모형을 적용하였다. 내용연수는 4년(잔존가치 ₩50,000)이며, 감가상각은 정액법에 의한다. 2016년 말에 처음으로 손상 징후가 있었으며, 기계장치의 순공정가치와 사용가치는 각각 ₩300,000과 ₩350,000이었다. 2016년 말에 인식해야 할 손상차손은?

① ₩ 0　　② ₩ 50,000
③ ₩100,000　　④ ₩150,000

03 답 ③

16년 말의 손상차손: 100,000
= 450,000 − MAX[300,000, 350,000]

별해 감가상각비의 계산 도식 적용

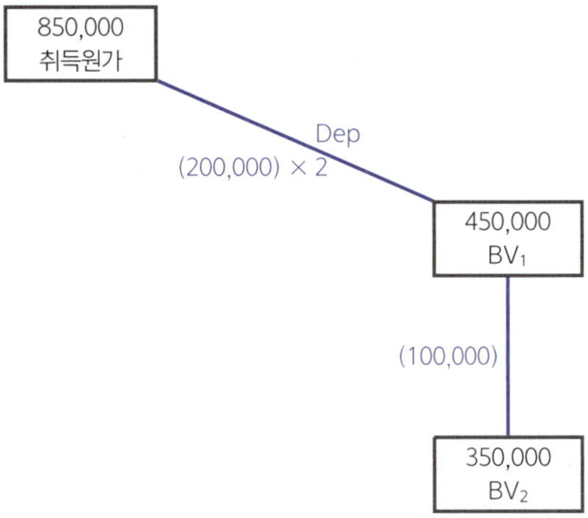

(1) 15년 취득원가(기계): 850,000
(2) 정액법 Dep: 200,000 = (850,000 − 50,000) × 1/4
(3) 16년 말 BV: 450,000 = 850,000 − (200,000 × 2)
(4) 16년 손상차손(N/I): 100,000 = 450,000 − MAX[300,000, 350,000]
(5) 16년 손상 후 BV: 350,000 = 450,000 − 100,000
　별해 16년 결산일에는 사용가치인 350,000으로 장부금액이 조정된다.

참고사항 오답 예측하기
(1) 회수가능액을 고려하지 않은 경우의 16년 손상차손: 150,000
(2) 회수가능액을 고려하지 않은 경우의 16년 손상 후 BV: 300,000

04 □□□

2015년 지방직 9급

㈜한국은 2014년 초에 기계장치(잔존가치 ₩0, 내용연수 5년, 정액법 상각)를 ₩5,000에 취득하고, 원가모형을 사용하여 측정하고 있다. 2014년 말에 손상 징후가 있어 손상검사를 실시한 결과, 기계장치의 순공정가치는 ₩2,500, 사용가치는 ₩2,800으로 판명되었다. 이후 2015년 말에 손상이 회복되어 기계장치의 회수가능액이 ₩4,000이 된 경우 기계장치의 장부금액은?

① ₩2,100
② ₩3,000
③ ₩3,300
④ ₩4,000

04

답 ②

15년 말의 기계장치의 장부금액: 3,000
= 2,100 + 900

별해 감가상각비의 계산 도식 적용

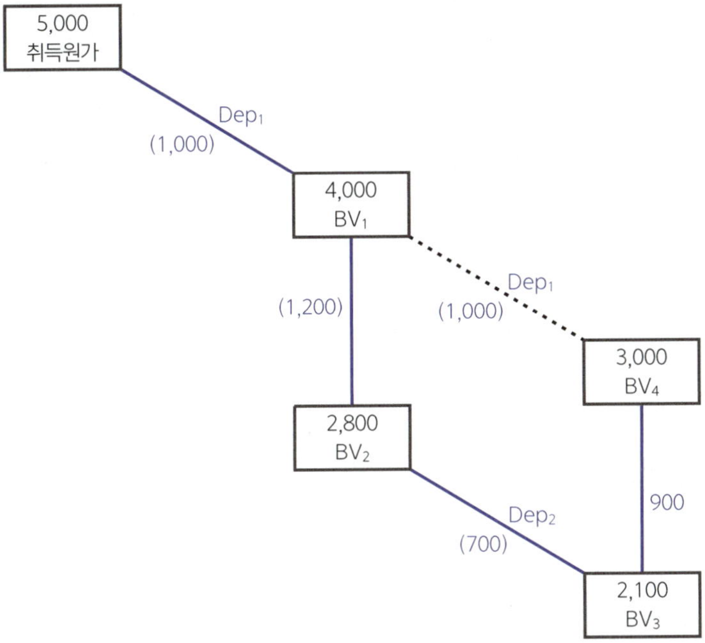

(1) 14년 취득원가(기계): 5,000
(2) 정액법 Dep: 1,000 = (5,000 − 0) × 1/5
(3) 14년 말 BV: 4,000 = 5,000 − 1,000
(4) 14년 손상차손(N/I): 1,200 = 4,000 − MAX[2,500, 2,800]
(5) 14년 손상 후 BV: 2,800 = 4,000 − 1,200
별해 14년 결산일에는 사용가치인 2,800으로 장부금액이 조정된다.
(6) 15년 Dep: 700 = (2,800 − 0) × 1/4
(7) 15년 말 BV: 2,100 = 2,800 − 700
(8) 15년 손상차손환입(N/I): 900 = 2,100 − MIN[4,000, 3,000]
(9) 15년 환입 후 BV: 3,000 = 2,100 + 900
별해 15년 결산일에는 환입 한도인 3,000으로 장부금액이 조정된다.

참고사항 오답 예측하기
(1) 회수가능액을 고려하지 않은 경우의 14년 손상차손: 1,500
(2) 회수가능액을 고려하지 않은 경우의 14년 손상 후 BV: 2,500
(3) 한도를 고려하지 않은 경우의 15년 손상차손환입: 1,900
(4) 한도를 고려하지 않은 경우의 15년 환입 후 BV: 4,000

05 □□□

2013년 국가직 7급

㈜한국은 2010년 1월 1일에 기계장치를 ₩1,000,000에 취득하였다. ㈜한국은 이 기계장치에 대하여 원가모형을 적용하며, 연수합계법(내용연수는 4년, 잔존가치는 0)으로 상각한다. 2010년 말, 2011년 말, 2012년 말 동 자산의 회수가능금액은 각각 ₩650,000, ₩180,000, ₩120,000이었다. 2012년 말 회계처리로 옳은 것은?

①	(차변) 손상차손누계액	₩40,000	(대변) 손상차손환입액	₩40,000
②	(차변) 손상차손누계액	₩60,000	(대변) 손상차손환입액	₩60,000
③	(차변) 감가상각누계액	₩40,000	(대변) 손상차손환입액	₩40,000
④	(차변) 기 계 장 치	₩60,000	(대변) 손상차손환입액	₩60,000

05 답 ①

12년 말의 손상차손환입 시 회계처리

(차) 손상차손누계액	40,000	(대) 손상차손환입	40,000

* 손상차손익: MIN[120,000, 100,000] - 60,000 = 40,000

별해 감가상각비의 계산 도식 적용

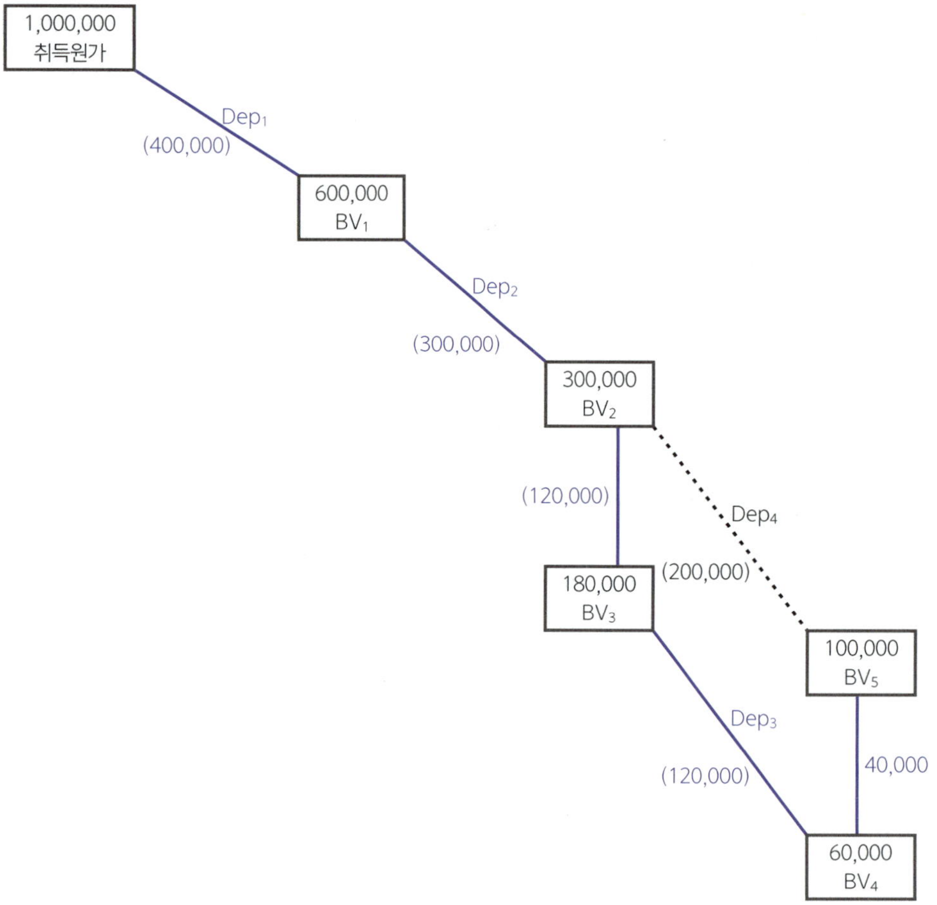

(1) 10년 취득원가(기계): 1,000,000

(2) 10년 Dep: 400,000 = (1,000,000 - 0) × $\frac{4}{(4+3+2+1)}$

(3) 10년 말 BV: 600,000 = 1,000,000 - 400,000

(4) 11년 Dep: 300,000 = (1,000,000 - 0) × $\frac{3}{(4+3+2+1)}$

(5) 11년 말 BV: 300,000 = 600,000 - 300,000

(6) 11년 손상차손(N/I): (-) 120,000 = 300,000 - 180,000

(7) 11년 손상 후 BV: 180,000 = 300,000 - 120,000

별해 11년 결산일에는 회수가능액인 180,000으로 장부금액이 조정된다.

(8) 12년 Dep: 120,000 = (180,000 - 0) × $\frac{2}{(2+1)}$

(9) 12년 말 BV: 60,000 = 180,000 - 120,000

(10) 12년 손상차손환입(N/I): 40,000 = 60,000 - MIN[120,000, 100,000]

(11) 12년 환입 후 BV: 100,000 = 60,000 + 40,000

별해 12년 결산일에는 환입 한도인 100,000으로 장부금액이 조정된다.

참고사항 오답 예측하기

(1) 한도를 고려하지 않은 경우의 12년 손상차손환입: 60,000

(2) 한도를 고려하지 않은 경우의 12년 환입 후 BV: 120,000

06 □□□

2024년 지방직 9급

㈜한국의 기계장치와 관련된 자료는 다음과 같다.

- 20×1년 초 기계장치를 ₩1,000,000에 취득(내용연수 10년, 잔존가치 ₩0, 정액법 상각, 원가모형 적용)하였다.
- 20×1년 말 제품 수요가 급감함에 따라, 기계장치의 회수가능액을 ₩630,000으로 평가하여 손상차손을 인식하였다.
- 20×2년 말 제품 수요 회복으로 인해, 회수가능액은 ₩880,000으로 상승하여 손상차손환입을 인식하였다.

기계장치가 ㈜한국의 20×1년과 20×2년의 당기순이익에 미치는 영향은?

	20×1년	20×2년
①	₩270,000 감소	₩170,000 증가
②	₩270,000 감소	₩250,000 증가
③	₩370,000 감소	₩170,000 증가
④	₩370,000 감소	₩250,000 증가

06

답 ③

(1) ×1년 당기순이익 영향: (-)370,000
  = Dep (-)100,000 + 손상차손 (-)270,000

(2) ×2년 당기순이익 영향: (-)170,000
  = Dep (-)70,000 + 손상차손환입 (+)240,000

별해 감가상각비의 계산 도식 적용

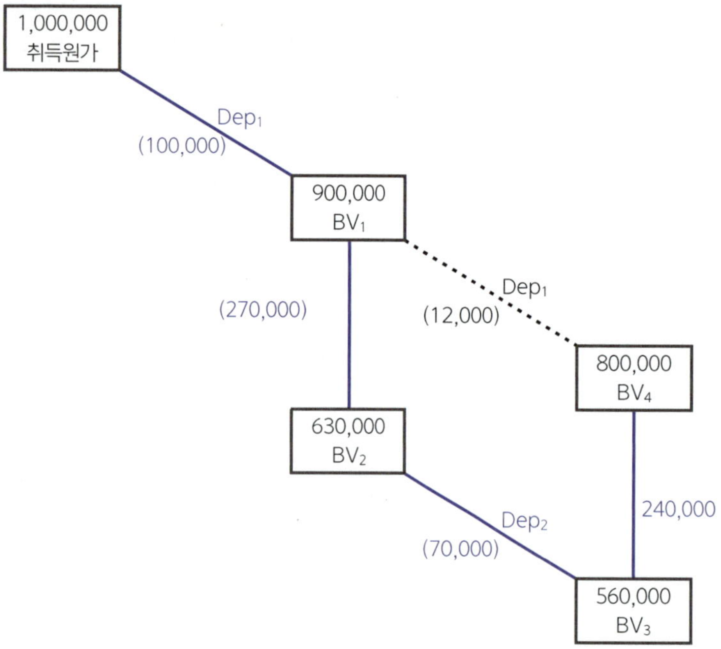

1) ×1년 취득원가(기계): 1,000,000
2) ×1년 정액법 Dep(N/I): 100,000 = (1,000,000 - 0) × 1/10
3) ×1년 말 Bv: 900,000 = 1,000,000 - 100,000
4) ×1년 손상차손(N/I): (-)270,000 = 900,000 - 630,000
5) ×1년 손상 후 BV: 630,000
6) ×2년 정액법 Dep(N/I):70,000 = (630,000 - 0) × 1/9
7) ×2년 말 BV: 560,000 = 630,000 - 70,000
8) ×2년 손상차손 환입: 240,000 = 560,000 - MIN[800,000(한도), 880,000]

별해 ×2년 결산일에는 환입 한도인 800,000으로 장부금액이 조정된다.

07 □□□

2023년 국가직 9급

㈜한국은 20×1년 7월 1일 기계장치(정액법 상각, 내용연수 3년, 잔존가치 ₩ 0)를 ₩ 36,000에 취득하여 원가모형을 적용하고 있다. 기계장치의 순공정가치와 사용가치는 다음과 같다.

구분	20×1년 말	20×2년 말
순공정가치	₩ 25,000	₩ 17,000
사용가치	₩ 24,000	₩ 19,000

㈜한국이 20×2년 말에 인식해야 할 손상차손환입액은? (단, 자산의 회수가능액 변동은 기계장치의 손상 혹은 그 회복에 따른 것이라고 가정하며, 감가상각은 월할 계산한다.)

① ₩ 2,000　② ₩ 3,000

③ ₩ 4,000　④ ₩ 5,000

07

답 ②

×2년 말의 손상차손환입: 3,000
= 15,000 − MIN[18,000, Max(24,000, 19,000)]

별해 감가상각비의 계산 도식 적용

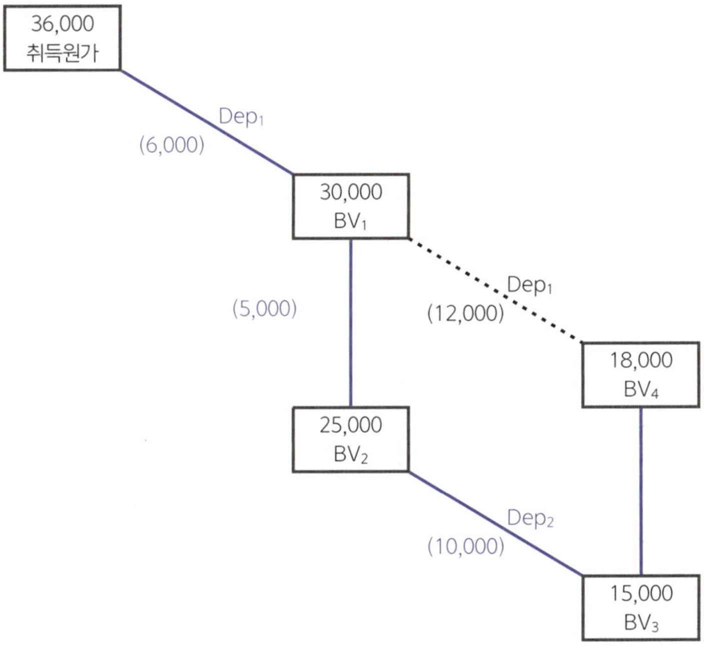

1) ×1년 7월 1일 취득원가(기계): 36,000
2) ×1년 정액법 Dep: 6,000 = (36,000 − 0) × 1/3 × 1/2
3) ×1년 말 Bv: 30,000 = 36,000 − 6,000
4) ×1년 손상차손: 5,000 = 30,000 − MAX[25,000, 24,000]
5) ×1년 손상 후 BV: 25,000
6) ×2년 정액법 Dep: 10,000 = (25,000 − 0) × 1/2.5
7) ×2년 말 BV: 15,000 = 25,000 − 10,000
8) ×2년 손상차손 환입: 3,000 = 15,000 − MIN[18,000, Max(24,000, 19,000)]

별해 ×2년 결산일에는 환입 한도인 18,000으로 장부금액이 조정된다.

08 □□□

㈜한국의 기계장치와 관련된 자료는 다음과 같다.

- 20×1년 초 기계장치 구입 시 지출내역
  - 구입가격: ₩450,000
  - 설치비: ₩40,000
  - 운반비: ₩60,000
  - 시제품 순매각금액: ₩50,000
  - 정상 작동 여부를 시험하는 과정에서 발생한 원가: ₩50,000
- 기계장치는 20×1년 7월 초부터 정상적으로 사용가능(정액법 상각, 내용연수 4년, 잔존가치 ₩0, 원가모형 적용)
- ㈜한국은 20×1년 말에 기계장치에 대해서 손상차손이 발생하였고, 20×2년 말에 손상차손환입이 발생하였다고 판단함
- 연도별 회수가능액

20×1년 말	20×2년 말
₩420,000	₩370,000

㈜한국이 20×2년 말 인식할 손상차손환입액은? (단, 자산의 회수가능액 변동은 기계장치의 손상 혹은 그 회복에 따른 것이라 가정하고, 감가상각은 월할 계산한다.)

① ₩12,500
② ₩17,500
③ ₩70,000
④ ₩75,000

08 답 ③

×2년 말의 손상차손환입: 70,000
= MIN[370,000, 375,000] - 300,000
(1) ×1년 기계장치 취득원가: 600,000 = 450,000 + 40,000 + 60,000 + 50,000
  * 시제품 순매각금액은 기계장치의 취득원가에 포함하지 않고, 별도의 당기이익으로 반영한다.
(2) 20×1년 Dep: 75,000 = (600,000 - 0) × 1/4 × 6/12
(3) 20×1년말 BV: 525,000 = 600,000 - 75,000
(4) 20×1년 말 손상차손: 105,000 = 525,000 - 420,000
(5) 20×2년 Dep: 120,000 = 420,000 × 12/42
(6) 20×2년말 BV: 300,000 = 420,000 - 120,000
(7) 20×2년 손상차손환입: 70,000 = 300,000 - Min[370,000, 375,000]
  * 환입한도인 375,000보다 회수가능액 370,0000이 작으므로 370,000까지 손상차손을 환입한다.

유형 13 [유형자산의 손상] 재평가모형의 손상

기본서 PART 05 유형자산 → CH 7. 유형자산의 손상 → 3 재평가모형의 손상 ▶ 233p

대표문제 □□□ 2012년 국가직 7급

㈜대한은 취득원가가 ₩10,000이고 내용연수는 10년이며 잔존가치가 ₩0인 기계장치를 1차 연도 1월 1일 취득하여 정액법으로 감가상각하였다. 다음의 사항을 회계처리한 결과로 옳지 않은 것은?

- 2차 연도 1월 1일에 재평가모형을 선택하고 이 기계장치를 ₩13,500으로 재평가하였다.
- 2차 연도 결산일에 감가상각비를 인식한 후 회수가능액 ₩6,400을 기준으로 손상차손을 인식하였다.
- 4차 연도 결산일에 감가상각비를 인식한 후 유형자산의 회수가능금액이 ₩7,000으로 회복되었다.

① 2차 연도 결산일에 계상될 감가상각비는 ₩1,500이다.
② 2차 연도에 인식할 손상차손은 ₩1,100이다.
③ 3차 연도 결산일에 계상될 감가상각비는 ₩800이다.
④ 4차 연도 결산일에는 종전에 인식한 손상차손 금액만큼 기계장치의 장부금액이 조정된다.

해설

설명 중 옳지 않은 것: 4차 연도 결산일에는 회수가능액인 7,000으로 기계장치의 장부금액이 조정된다.

별해 상각자산의 재평가와 처분의 구조 적용

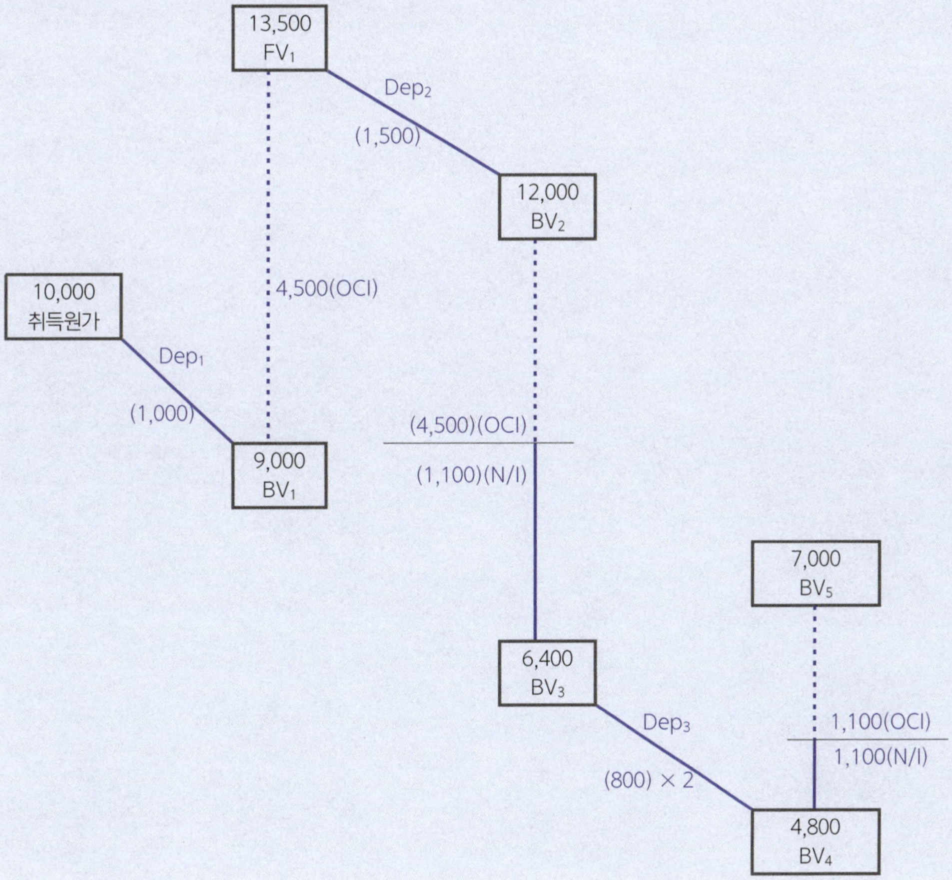

(1) 1년 취득원가(기계): 10,000
(2) 1년 Dep: 1,000 = (10,000 - 0) × 1/10
(3) 1년 말 BV: 9,000 = 10,000 - 1,000
(4) 1년 말 FV: 13,500
(5) 2년 재평가잉여금(OCI): 4,500 = 13,500 - 9,000
(6) 2년 Dep: 1,500 = (13,500 - 0) × 1/9
(7) 2년 말 BV: 12,000 = 13,500 - 1,500
(8) 2년 우선 상계액(OCI): 4,500 = 12,000 - 7,500
(9) 2년 손상차손(N/I): 1,100 = 7,500 - 6,400
(10) 2년 손상 후 BV: 6,400 = 12,000 - (4,500 + 1,100)
별해 2년 결산일에는 회수가능액인 6,400으로 장부금액이 조정된다.
(11) 정액법 Dep: 800 = (6,400 - 0) × 1/8
(12) 4년 말 BV: 4,800 = 6,400 - (800 × 2)
(13) 4년 손상차손환입(N/I): 1,100 = 5,900 - 4,800
(14) 4년 재평가잉여금(OCI): 1,100 = 7,000 - 5,900
(15) 4년 환입 후 BV: 7,000 = 4,800 + (1,100 + 1,100)
별해 4년 결산일에는 회수가능액인 7,000으로 장부금액이 조정된다.

정답 ④

유형 14 유형자산 종합 서술형 문제

01 □□□

2019년 지방직 9급

유 · 무형자산의 재평가모형에 대한 설명으로 옳지 않은 것은?

① 무형자산의 재평가모형에서 활성시장이 없는 경우 전문가의 감정가액을 재평가금액으로 할 수 있다.
② 자본에 계상된 재평가잉여금은 그 자산이 제거될 때 이익잉여금으로 직접 대체할 수 있다.
③ 재평가모형에서 원가모형으로 변경할 때 비교표시되는 과거 기간의 재무제표를 소급하여 재작성한다.
④ 자산을 재평가하는 회계정책을 최초로 적용하는 경우의 회계정책 변경은 소급적용하지 않는다.

01 답 ①

설명 중 옳지 않은 것: 무형자산의 재평가모형에서 활성시장이 없는 경우 원가모형을 적용한다.

02 □□□

2017년 국가직 9급

유형자산의 감가상각에 대한 설명 중 옳지 않은 것은?

① 유형자산의 기말 공정가치 변동을 반영하기 위해 감가상각한다.
② 감가상각방법은 자산의 미래경제적효익이 소비될 것으로 예상되는 형태를 반영한다.
③ 각 기간의 감가상각액은 다른 자산의 장부금액에 포함되는 경우가 아니라면 당기손익으로 인식한다.
④ 잔존가치, 내용연수, 감가상각방법은 적어도 매 회계연도 말에 재검토한다.

02 답 ①

설명 중 옳지 않은 것: 감가상각은 유형자산의 기말 공정가치 변동을 반영하기 위한 평가과정이 아니라 감가상각대상금액을 합리적이고 체계적인 방법으로 배분하여 당기비용으로 인식하는 원가의 배분과정이다.

참고사항 감가상각의 본질과 감가상각방법

(1) 감가상각은 자산의 평가과정이 아니라 원가의 배분과정임. 감가상각이란 자산의 경제적 내용연수 동안 자산의 감가상각대상금액을 합리적이고 체계적인 방법으로 배분하여 당기비용으로 인식하는 과정임
(2) 감가상각방법은 적어도 매 회계연도 말에 재검토함. 재검토 결과 자산의 미래경제적효익의 예상되는 소비 형태가 유의적으로 달라졌다면, 감가상각방법을 변경함. 이러한 변경은 회계추정의 변경으로서 전진법으로 회계처리함

03 □□□

2016년 국가직 9급

유형자산의 취득원가에 대한 설명으로 옳지 않은 것은?

① 지상 건물이 있는 토지를 일괄 취득하여 구 건물을 계속 사용할 경우 일괄 구입가격을 토지와 건물의 공정가치에 따라 배분한다.

② 토지의 취득 시 중개수수료, 취득세, 등록세와 같은 소유권이전비용은 토지의 취득원가에 포함한다.

③ 기계장치를 취득하여 기계장치를 의도한 용도로 사용하기 적합한 상태로 만들기 위해서 지출한 시운전비는 기계장치의 취득원가에 포함한다.

④ 건물 신축을 목적으로 건물이 있는 토지를 일괄 취득한 경우, 구 건물의 철거비용은 신축 건물의 취득원가에 가산한다.

03 답 ④

설명 중 옳지 않은 것: 건물 신축 목적의 일괄 취득의 경우, 기존 건물의 철거비용은 토지의 취득원가에 가산한다.

참고사항 토지와 건물의 일괄 구입 시 유형별 원가

(1) 취득 후 건물을 신축하는 경우(= 토지만 사용할 목적인 경우)

구분	원가가산 여부
기존 건물을 철거하는 경우 발생하는 건물 철거비용	토지의 취득원가에 가산
건물 철거로 발생한 폐자재 처분비용	토지의 취득원가에 가산
건물 철거로 인한 폐자재 처분수입	토지의 취득원가에서 차감

(2) 토지와 건물을 모두 사용할 목적인 경우

1) 토지와 건물의 원가는 일괄 구입가격과 중개수수료 등 공통 부대원가의 합계액을 개별 자산의 공정가치 비율로 안분함

2) 토지나 건물에 개별적으로 발생하는 취득세는 공통 부대원가가 아니므로 토지와 건물에 각각 개별적으로 인식함

04 □□□

2014년 국가직 9급

유형자산의 회계처리에 대한 설명으로 옳지 않은 것은?

① 주식을 발행하여 유형자산을 취득하는 경우 해당 주식의 발행금액이 액면금액 이상이면 액면금액에 해당되는 금액은 자본금으로, 액면금액을 초과하는 금액은 주식발행초과금으로 계상한다.
② 취득한 기계장치에 대한 취득세와 등록세 및 보유기간 중 발생된 화재보험료는 기계장치의 취득원가에 포함하여 감가상각한다.
③ 건설회사가 보유하고 있는 중장비의 주요 구성부품(예를 들면 궤도, 엔진, 굴삭기에 부착된 삽 등)의 내용연수와 경제적효익의 소비행태가 다르다면, 해당 구성부품은 별도의 자산으로 계상하고 감가상각할 수 있다.
④ 유형자산의 내용연수가 경과되어 철거하거나 해체하게 될 경우 원상대로 회복시키는 데 소요될 복구비용(현재가치로 할인한 금액)은 유형자산의 취득원가에 포함한다.

04

답 ②

설명 중 옳지 않은 것: 취득한 기계장치에 대한 취득세와 등록세는 기계장치의 취득원가에 포함하여 감가상각한다.
(1) 취득세와 등록세: 자산의 취득원가에 포함하여 감가상각
(2) 보유기간 중 발생한 보험료: 당기비용 처리

참고사항 **복구충당부채**

(1) **개념**: 자산을 제거, 해체하거나 부지를 복원하는 데 소요될 것으로 최초에 추정되는 원가에 따라 인식하는 부채
(2) **회계처리**: 예상되는 복구원가를 현재가치로 평가하여 복구충당부채로 인식하고 해당 금액을 유형자산의 원가에 가산함

(차) 유 형 자 산		(대) 현 금	
		복 구 충 당 부 채	

* 복구충당부채: 예상되는 복구원가를 구입 시점의 시장이자율로 할인한 현재가치

05 □□□

2013년 국가직 7급

유형자산의 취득원가를 인식할 때 경영진이 의도하는 방식으로 자산을 가동하기 위해 필요한 장소와 상태에 이르게 하는 데 직접 관련되는 원가의 예로 옳지 않은 것은?

① 설치장소 준비 원가
② 최초의 운송 및 취급 관련 원가
③ 새로운 시설을 개설하는 데 소요되는 원가
④ 전문가에게 지급하는 수수료

05

답 ③

유형자산에 직접 관련된 원가의 예시 항목 중 옳지 않은 것: 새로운 시설을 개설하는 데 소요되는 원가

참고사항 유형자산의 원가 항목

(1) 관세 및 환급 불가능한 취득 관련 세금을 가산하고 매입할인과 리베이트 등을 차감한 구입가격
(2) 경영진이 의도하는 방식으로 자산을 가동하는 데 필요한 장소와 상태에 이르게 하는 데 직접 관련되는 원가
  1) 유형자산의 매입 또는 건설과 직접적으로 관련된 종업원급여
  2) 취득과 관련하여 전문가에게 지급하는 수수료
  3) 최초의 운송 및 취급 관련 원가, 설치장소 준비 원가, 설치원가 및 조립원가
  4) 정상적인 작동을 위해 시험하는 과정에서 발생하는 시험원가
(3) 자산을 제거, 해체하거나 부지를 복원하는 데 소요될 것으로 최초에 추정되는 원가

참고사항 유형자산의 원가에 포함되지 않는 항목

(1) 직접적으로 관련된 원가 ×
  1) 새로운 시설을 개설하는 데 소요되는 원가
  2) 새로운 상품과 서비스를 소개하는 데 소요되는 원가
  3) 새로운 지역 또는 고객층을 대상으로 영업을 하는 데 소요되는 원가
  4) 관리 및 기타 일반간접원가
(2) 사용하거나 이전하는 과정에서 발생하는 원가
  1) 유형자산이 경영진이 의도하는 방식으로 가동될 수 있으나 실제 사용되지 않고 있는 경우 또는 가동수준이 완전조업도 수준에 미치지 못하는 경우에 발생하는 원가
  2) 유형자산과 관련된 산출물에 대한 수요가 형성되는 과정에서 발생하는 초기 가동손실
  3) 기업의 영업 전부 또는 일부를 재배치하거나 재편성하는 과정에서 발생하는 원가

06 □□□

2013년 국가직 9급

유형자산의 감가상각에 대한 설명으로 옳지 않은 것은?

① 감가상각의 본질은 합리적이고 체계적인 원가의 배분 과정이다.
② 한국채택국제회계기준은 감가상각방법으로 정액법, 체감잔액법, 생산량비례법 등을 예시하고 있다.
③ 감가상각방법은 자산에 내재된 미래경제적효익의 예상 소비 형태를 반영하여야 한다.
④ 감가상각방법이 체계적이어야 한다는 것은 한번 결정된 방법은 매기 계속해서 적용하여야 한다는 의미이다.

06 답 ④

설명 중 옳지 않은 것: 감가상각방법은 자산의 미래경제적효익이 소비되는 형태를 반영하여 결정하고, 예상 소비 형태가 달라지지 않는 한 매 회계기간에 일관성 있게 적용한다.

참고사항 감가상각의 본질과 감가상각방법

(1) 감가상각은 자산의 평가과정이 아니라 원가의 배분과정임. 감가상각이란 자산의 경제적 내용연수 동안 자산의 감가상각대상금액을 합리적이고 체계적인 방법으로 배분하여 당기비용으로 인식하는 과정임

(2) 감가상각방법은 적어도 매 회계연도 말에 재검토함. 재검토 결과 자산의 미래경제적효익의 예상되는 소비 형태가 유의적으로 달라졌다면, 감가상각방법을 변경함. 이러한 변경은 회계추정의 변경으로서 전진법으로 회계처리함

07 □□□

2011년 국가직 7급

유형자산의 인식, 측정 및 평가에 대한 설명으로 옳지 않은 것은?

① 유형자산에 대한 후속 원가 중 유형자산이 제공하는 미래경제적효익이 증대되면 자산으로 인식한다.
② 석유화학공장에서 환경규제요건을 충족하기 위해 새로운 화학처리 공정 설비를 설치하였을 경우 이를 관련 증설원가로 보아 자산으로 인식한다.
③ 장기후불조건으로 구입하였을 경우 현금거래가격보다 높지만 실제 구입하여 발생된 것이므로 실제 총 지급액을 원가로 보아 자산으로 인식한다.
④ 자산의 장부금액이 재평가로 인해 증가될 경우 증가액을 기타포괄손익으로 인식하고 재평가잉여금 과목으로 자본에 가산한다.

07 답 ③

설명 중 옳지 않은 것: 장기후불조건으로 구입하였을 경우 실제 총 지급액의 현재가치를 취득원가로 보아 자산으로 인식한다.

참고사항 할부구입 관련 회계처리

장기할부조건의 구입 또는 대금의 지급기간이 일반적인 신용기간을 초과한 경우에는 현금가격상당액이 취득원가에 해당함

(차) 유 형 자 산	(대) 장 기 미 지 급 금
현재가치할인차금	

* 장기미지급금(현금가격상당액): 미래에 지급할 총 지급액을 내재이자율로 할인한 현재가치

08 □□□

2022년 국가직 9급

유형자산 재평가모형에 대한 설명으로 옳지 않은 것은?

① 최초 인식 후에 공정가치를 신뢰성 있게 측정할 수 있는 유형자산은 재평가일의 공정가치에서 이후의 감가상각누계액과 손상차손누계액을 차감한 재평가금액을 장부금액으로 한다.

② 자산의 장부금액이 재평가로 인하여 증가된 경우에 그 증가액은 기타포괄손익으로 인식하고 재평가잉여금의 과목으로 자본에 가산한다. 그러나 동일한 자산에 대하여 이전에 당기손익으로 인식한 재평가감소액이 있다면 그 금액을 한도로 재평가증가액만큼 당기손익으로 인식한다.

③ 자산의 장부금액이 재평가로 인하여 감소된 경우에 그 감소액은 기타포괄손익으로 인식한다. 그러나 그 자산에 대한 재평가잉여금의 잔액이 있다면 그 금액을 한도로 재평가감소액을 당기손익으로 인식한다.

④ 특정 유형자산을 재평가할 때, 해당 자산이 포함되는 유형자산의 유형 전체를 재평가한다.

08 답 ③

설명 중 옳지 않은 것: 자산의 장부금액이 재평가로 인하여 감소된 경우에 그 감소액은 당기손익으로 인식한다. 그러나 그 자산에 대한 재평가잉여금의 잔액이 있다면 그 금액을 한도로 재평가감소액을 기타포괄손익으로 인식한다.

09 □□□

2024년 국가직 9급

유형자산에 대한 설명으로 옳지 않은 것은?

① 유형자산의 일상적인 수선·유지와 관련하여 발생하는 원가는 해당 유형자산의 장부금액에 포함하여 인식하지 아니한다.

② 안전 또는 환경상의 이유로 취득하는 유형자산은 다른 자산에서 미래경제적 효익을 얻기 위해 필요한 경우에도 그 자체로는 미래 경제적 효익을 얻을 수 없으므로 자산으로 인식하지 아니한다.

③ 유형자산으로 인식되기 위해서는 자산으로부터 발생하는 미래경제적 효익이 기업에 유입될 가능성이 높아야 한다.

④ 유형자산으로 인식되기 위해서는 자산의 원가를 신뢰성 있게 측정할 수 있어야 한다.

09 답 ②

안전 또는 환경상의 이유로 취득하는 유형자산은 다른 자산에서 미래경제적 효익을 얻기 위해 필요한 경우에도 그 자체로는 미래경제적 효익을 얻을 수 없더라도 자산으로 인식한다.

10 □□□

2024년 국가직 7급

자산손상에 대한 설명으로 옳지 않은 것은?

① 내용연수가 비한정인 무형자산을 처음 인식한 경우에는 해당 회계연도 말 전에 손상검사를 하며 이후 회계기간에는 손상 징후와 관계없이 손상검사를 하지 않는다.

② 재평가자산의 손상차손은 해당 자산에서 생긴 재평가잉여금에 해당하는 금액까지는 기타포괄손익으로 인식한다.

③ 손상차손을 인식한 후에 수정된 장부금액에서 잔존가치를 뺀 금액을 자산의 남은 내용연수에 걸쳐 체계적인 방법으로 배분하기 위하여, 자산의 감가상각액이나 상각액을 미래 기간에 조정한다.

④ 영업권에 인식한 손상차손은 후속 기간에 환입하지 아니한다.

10

답 ①

내용연수가 비한정인 무형자산의 경우 매년 혹은 손상을 시사하는 징후가 있을 때 손상검사를 해야 한다.

PART
06 투자부동산과 무형자산

본 과목 풀이 시 기업의 보고기간(회계기간)은 매년 1월 1일부터 12월 31일까지이며, 기업은 계속해서 한국채택국제회계기준을 적용해 오고 있다고 가정한다. 또한, 자료에서 제시하지 않은 사항(예 법인세효과 등)은 고려하지 않는다.

유형 01 [투자부동산] 투자부동산의 후속 측정

기본서 PART 06 투자부동산과 무형자산 → CH 1. 투자부동산 → 3 투자부동산의 후속 측정 ▶ 259p

대표문제 □□□ 2018년 국가직 7급

㈜한국은 20×1년 초 건물을 ₩1,000,000에 취득하고 그 건물을 유형자산 또는 투자부동산으로 분류하고자 한다. 유형자산은 재평가모형을 적용하며 내용연수 10년, 잔존가치 ₩0, 정액법 상각하고, 투자부동산은 공정가치모형을 적용한다. 20×1년과 20×2년 기말 공정가치가 각각 ₩990,000, ₩750,000일 경우, 다음 설명 중 옳지 않은 것은? (단, 건물은 유형자산 또는 투자부동산의 분류요건을 충족하며, 내용연수동안 재평가잉여금의 이익잉여금 대체는 없는 것으로 가정한다.)

① 건물을 유형자산으로 분류한다면, 20×1년 말 재평가잉여금(기타포괄손익)이 계상된다.
② 건물을 유형자산으로 분류한다면, 20×2년 말 재평가손실(당기손익)이 계상된다.
③ 건물을 투자부동산으로 분류한다면, 20×1년 말 투자부동산평가이익(기타포괄손익)이 계상된다.
④ 건물을 투자부동산으로 분류한다면, 20×2년 말 투자부동산평가손실(당기손익)이 계상된다.

해설

설명 중 옳지 않은 것: 건물을 투자부동산으로 분류한다면, 20×1년 말 평가이익(당기손익)이 계상된다.

(1) 유형자산(재평가모형)으로 분류한 경우
   1) ×1년 재평가잉여금(OCI): 90,000 = 990,000 - 900,000
   2) ×2년 우선 상계액(OCI): 90,000 = 880,000 - 790,000
   3) ×2년 재평가손실(N/I): 40,000 = 790,000 - 750,000

(2) 투자부동산(공정가치모형)으로 분류한 경우
   1) ×1년 평가손실(N/I): 10,000 = 1,000,000 - 990,000
   2) ×2년 평가손실(N/I): 240,000 = 990,000 - 750,000

별해 1. 상각자산의 재평가와 처분의 구조 적용

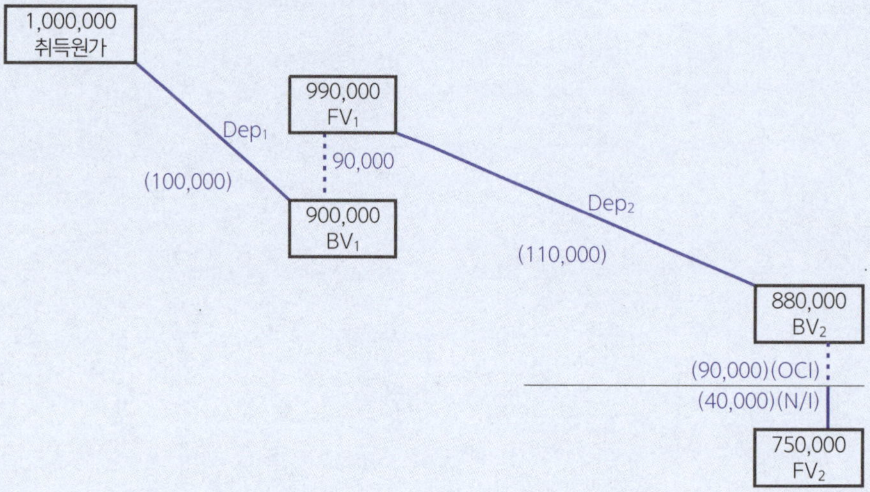

(1) ×1년 취득원가(건물): 1,000,000
(2) ×1년 Dep: 100,000 = (1,000,000 - 0) × 1/10
(3) ×1년 말 BV: 900,000 = 1,000,000 - 100,000
(4) ×1년 말 FV: 990,000
(5) ×1년 재평가잉여금(OCI): 90,000 = 990,000 - 900,000
(6) ×2년 Dep: 110,000 = (990,000 - 0) × 1/9
(7) ×2년 말 BV: 880,000 = 990,000 - 110,000
(8) ×2년 말 FV: 750,000
(9) ×2년 우선 상계액(OCI): 90,000 = 880,000 - 790,000
(10) ×2년 재평가손실(N/I): 40,000 = 790,000 - 750,000

별해 2. 투자부동산에 대해 공정가치모형 적용 시 후속 측정 구조 적용

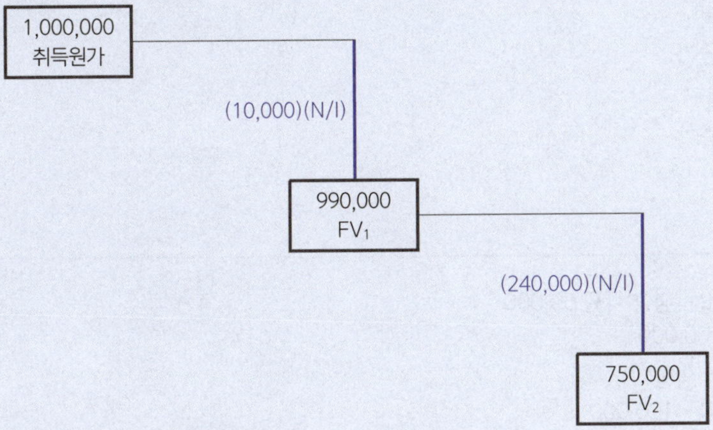

(1) ×1년 취득원가(투자부동산): 1,000,000
(2) ×1년 말 FV: 990,000
(3) ×1년 평가손실(N/I): 10,000 = 1,000,000 - 990,000
(4) ×2년 말 FV: 750,000
(5) ×2년 평가손실(N/I): 240,000 = 990,000 - 750,000

참고사항 유형자산에 대한 재평가모형과 투자부동산에 대한 공정가치모형의 비교

구분	유형자산 재평가모형	투자부동산 공정가치모형
측정 대상	당해 자산이 포함되는 유형자산의 유형 전체에 대해 적용	일부 예외를 제외하고, 모든 투자부동산에 대해 적용
평가 주기	공정가치 변동의 정도를 고려하여 재평가	매 보고기간 말에 공정가치 평가
공정가치 변동액의 회계처리	• 평가증: 기타포괄손익에 반영 • 평가감: 당기손익에 반영	당기손익에 반영
감가상각 여부	재평가된 금액에 기초하여 다음 연도 감가상각비 인식	감가상각비 인식하지 않음
손상차손 여부	처분 부대원가가 미미하지 않은 경우 손상차손 인식	손상차손 인식하지 않음

정답 ③

01 □□□

2020년 서울시 7급

〈보기〉는 토지의 공정가치 변동자료이다. ㈜서울은 토지를 20×0년 7월 중에 취득하고 계속 보유 중이다. 동 토지가 투자부동산으로 분류되는 경우와 유형자산으로 분류되는 경우 각각 기말 재무상태표상의 이익잉여금에 미치는 영향은? (단, ㈜서울은 토지의 회계처리 시 투자부동산의 경우 공정가치모형을, 유형자산의 경우 재평가모형을 적용하고 있다.)

〈보기〉

- 20×0년 7월 중 취득 시 공정가치: ₩100,000
- 20×0년 12월 31일 공정가치: ₩150,000

	투자부동산으로 분류	유형자산으로 분류
①	변화 없음	변화 없음
②	변화 없음	₩50,000 증가
③	₩50,000 증가	변화 없음
④	₩50,000 증가	₩50,000 증가

01 답 ③

(1) 투자부동산으로 분류한 경우 이익잉여금에 미치는 영향: (+) 50,000
  * ×0년 평가이익(N/I): 50,000 = 150,000 - 100,000

(2) 유형자산으로 분류한 경우 이익잉여금에 미치는 영향: 0
  * ×0년 재평가잉여금(OCI): 50,000 = 150,000 - 100,000

별해 각 자산의 공정가치 변동에 따른 후속 측정의 도식 적용

(1) ×0년 취득원가(토지): 100,000
(2) ×0년 말 FV: 150,000
(3) 평가 관련 사항
  1) 투자부동산으로 분류한 경우: 평가이익(N/I) 계상
    ×0년 평가이익(N/I): 50,000 = 150,000 - 100,000
  2) 유형자산으로 분류한 경우: 재평가잉여금(OCI) 계상
    ×0년 재평가잉여금(OCI): 50,000 = 150,000 - 100,000

02 □□□

2020년 국가직 9급

㈜한국은 20×1년 1월 1일 임대수익과 시세차익을 목적으로 건물을 ₩100,000,000(내용연수 10년, 잔존가치 ₩0, 정액법)에 구입하고, 해당 건물에 대해서 공정가치모형을 적용하기로 하였다. 20×1년 말 해당 건물의 공정가치가 ₩80,000,000일 경우 ㈜한국이 인식해야 할 평가손실은?

① 기타포괄손실 ₩10,000,000
② 당기손실 ₩10,000,000
③ 기타포괄손실 ₩20,000,000
④ 당기손실 ₩20,000,000

02

답 ④

×1년 말의 평가손실: 20,000,000
= 취득원가 100,000,000 - 공정가치 80,000,000

별해 투자부동산에 대해 공정가치모형 적용 시 후속 측정 구조 적용

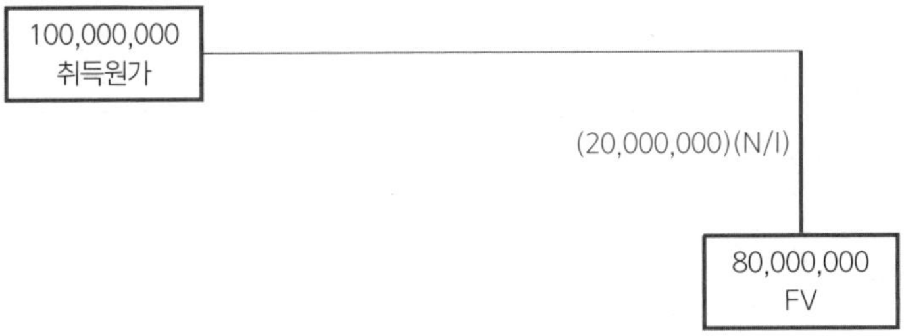

(1) ×1년 취득원가(투자부동산): 100,000,000
(2) ×1년 말 FV: 80,000,000
(3) ×1년 평가손실(N/I): 20,000,000 = 100,000,000 - 80,000,000

03 □□□

2018년 서울시 7급

㈜서울은 <보기>의 3가지 자산을 소유하고 있으며 투자부동산으로 분류하고 있다. ㈜서울은 투자부동산에 대하여 공정가치모형을 사용하고 있다. 20×2년 ㈜서울의 포괄손익계산서에 포함되어야 할 손익은?

<보기>

구분	취득원가	20×1년 말 공정가치	20×2년 말 공정가치
자산 1	₩300	₩390	₩370
자산 2	₩350	₩290	₩275
자산 3	₩310	₩385	₩390

① ₩105 이익
② ₩80 이익
③ ₩ 35 손실
④ ₩30 손실

03 답 ④

×2년 말의 포괄손익계산서에 포함되어야 할 손익: (-) 30
= 자산 1 (-) 20 + 자산 2 (-) 15 + 자산 3 (+) 5

별해 투자부동산에 대해 공정가치모형 적용 시 후속 측정 구조 적용

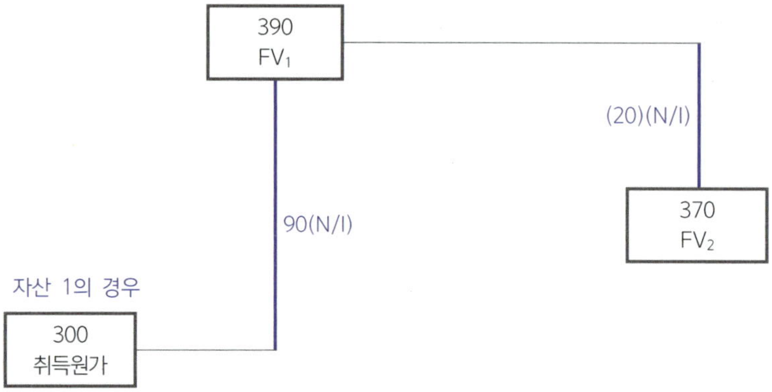

(1) 최초 취득원가(투자부동산): 300
(2) ×1년 말 FV: 390
(3) ×1년 평가이익(N/I): 90 = 390 - 300
(4) ×2년 말 FV: 370
(5) ×2년 평가손실(N/I): 20 = 390 - 370

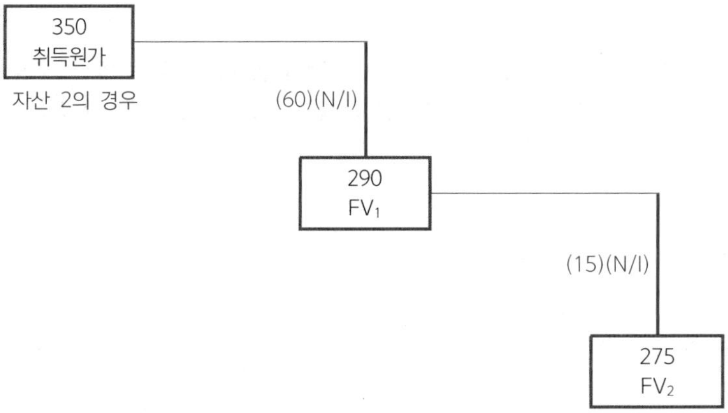

(1) 최초 취득원가(투자부동산): 350
(2) ×1년 말 FV: 290
(3) ×1년 평가손실(N/I): 60 = 350 - 290
(4) ×2년 말 FV: 275
(5) ×2년 평가손실(N/I): 15 = 290 - 275

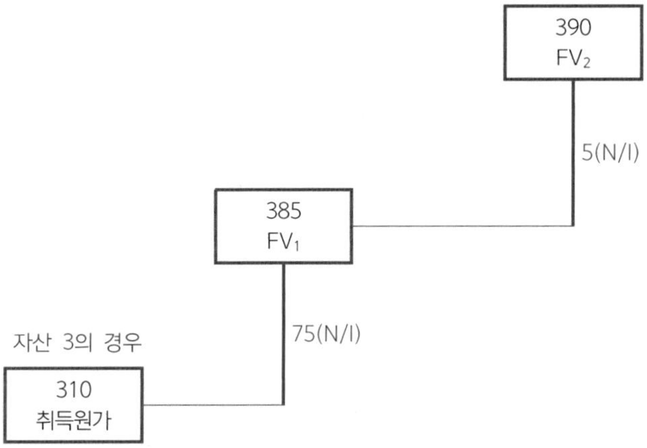

(1) 최초 취득원가(투자부동산): 310
(2) ×1년 말 FV: 385
(3) ×1년 평가이익(N/I): 75 = 385 - 310
(4) ×2년 말 FV: 390
(5) ×2년 평가이익(N/I): 5 = 390 - 385

04 □□□

2015년 국가직 9급

㈜한국은 2013년 1월 1일에 투자 목적으로 건물을 ₩10,000(내용연수 10년, 잔존가치 ₩0, 정액법 상각)에 취득하였다. 회사는 투자부동산을 공정가치모형으로 평가하고 있으며, 2013년 결산일과 2014년 결산일의 동 건물의 공정가치는 각각 ₩8,000과 ₩9,500이다. 이 경우 2013년과 2014년의 포괄손익계산서에 미치는 영향은?

	2013년		2014년	
①	감 가 상 각 비	₩1,000	감 가 상 각 비	₩1,000
②	투자부동산평가손실	₩2,000	투자부동산평가이익	₩1,500
③	투자부동산평가손실	₩2,000	투자부동산평가손실	₩500
④	투자부동산평가손실	₩1,000	투자부동산평가이익	₩500

04

답 ②

(1) 13년의 포괄손익계산서에 미치는 영향: (-) 2,000
  * 13년 평가손실(N/I): 2,000 = 10,000 - 8,000

(2) 14년의 포괄손익계산서에 미치는 영향: (+) 1,500
  * 14년 평가이익(N/I): 1,500 = 9,500 - 8,000

별해 투자부동산에 대해 공정가치모형 적용 시 후속 측정 구조 적용

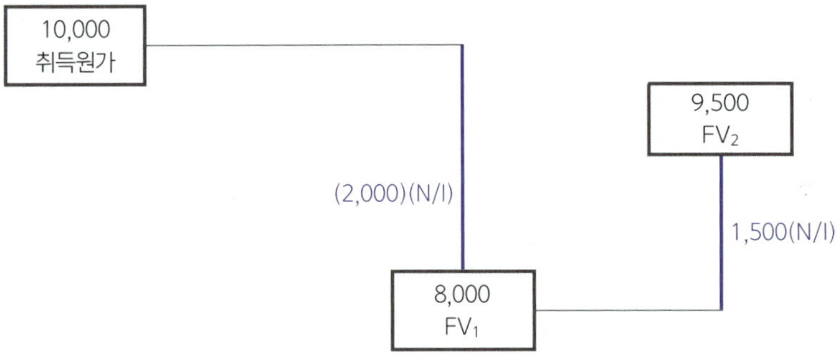

(1) 13년 취득원가(투자부동산): 10,000
(2) 13년 말 FV: 8,000
(3) 13년 평가손실(N/I): 2,000 = 10,000 - 8,000
(4) 14년 말 FV: 9,500
(5) 14년 평가이익(N/I): 1,500 = 9,500 - 8,000

05 □□□

2023년 국가직 9급

㈜한국이 20×1년 초 투자목적으로 취득한 건물과 관련된 자료는 다음과 같다.

- 취득원가: ₩ 50,000
- 잔존가치: ₩ 0
- 20×1년 말 공정가치: ₩ 60,000
- 내용연수: 5년
- 감가상각방법: 정액법

㈜한국이 해당 건물에 대하여 원가모형과 공정가치모형을 각각 적용하였을 경우, 20×1년도 당기순이익에 미치는 영향을 바르게 연결한 것은?

	원가모형	공정가치모형
①	₩ 0	₩ 0
②	₩ 10,000 감소	₩ 20,000 증가
③	₩ 10,000 감소	₩ 10,000 증가
④	₩ 20,000 증가	₩ 20,000 감소

05 답 ③

(1) 원가모형 적용 시 당기순이익 영향: (−)10,000
 1) ×1년 정액법 dep: (50,000 − 0) × 1/5=(−) 10,000
 2) 원가모형 적용 시 기말에 공정가치 평가를 하지 않는다.

(2) 공정가치모형 적용 시 당기순이익 영향: (+)10,000
 1) 공정가치모형 적용 시 감가상각을 하지 않는다.
 2) ×1년 평가이익 60,000 − 50,000 = (+)10,000

기본서 PART 06 투자부동산과 무형자산 → CH 1. 투자부동산 → 5 투자부동산의 계정 대체 ▶ 264p

대표문제 □□□ 2020년 국가직 7급

다음 자료에 따른 건물 관련 손익이 20×2년 ㈜대한의 당기순이익에 미치는 영향은? (단, 감가상각은 월할 상각한다.)

- 20×1년 1월 1일 투자목적으로 건물(취득원가 ₩1,000, 잔존가치 ₩0, 내용연수 4년, 정액법 상각)을 취득한 후 공정가치모형을 적용하였다.
- 20×2년 7월 1일 ㈜대한은 동 건물을 공장용 건물(잔존가치 ₩0, 내용연수 2.5년, 정액법 상각)로 대체하여 자가사용하기 시작하였으며 재평가모형을 적용하였다.

일자별 건물 공정가치

20×1년 말	20×2년 7월 1일	20×2년 말
₩1,200	₩1,400	₩1,500

① ₩300 증가 ② ₩280 감소
③ ₩180 증가 ④ ₩80 감소

해설

당기순이익에 미치는 영향: (-) 80
= 평가이익 200 - 감가상각비 280
(1) ×2년 평가이익(N/I): 200 = 1,400 - 1,200
(2) ×2년 Dep: 280 = (1,400 - 0)/2.5 × 6/12

별해 투자부동산(공정가치모형)에서 유형자산(재평가모형)으로의 계정 대체의 구조 적용

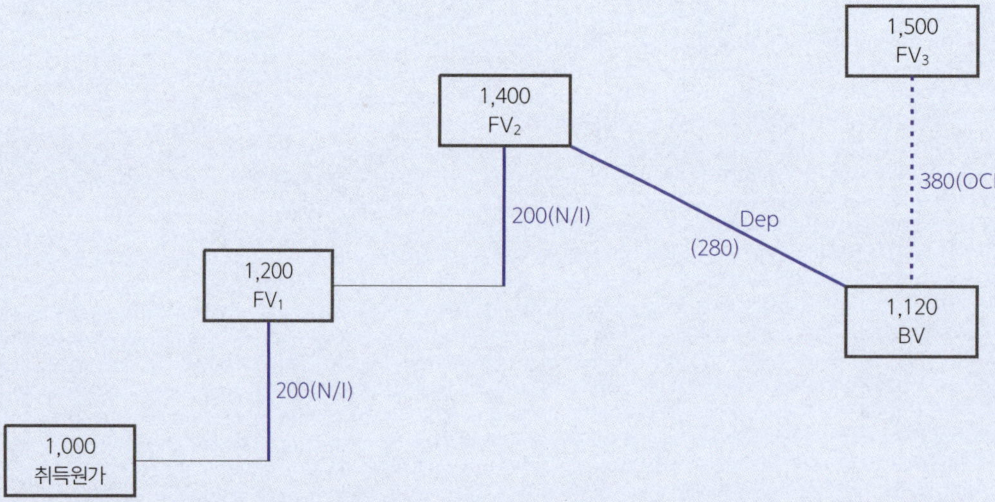

(1) ×1년 취득원가(투자부동산): 1,000
(2) ×1년 말 FV: 1,200
(3) ×1년 평가이익(N/I): 200 = 1,200 - 1,000
(4) ×2년 처리사항
　1) 계정 대체 관련 사항
　　평가이익(N/I): 200 = 1,400 - 1,200

2) 보유 관련 사항
- Dep: 280 = (1,400 − 0) / 2.5 × 6/12
- 기말 BV: 1,120 = 1,400 − 280

3) 재평가 관련 사항
- 기말 FV: 1,500
- 재평가잉여금(OCI): 380 = 1,500 − 1,120

참고사항 계정 대체 시 회계처리

(차) 유 형 자 산	1,400	(대) 투 자 부 동 산	1,200
		평 가 이 익	200

* 평가손익: 1,400 − 1,200 = (+) 200

정답 ④

01 □□□

2022년 국가직 7급

㈜한국은 20×1년 1월 1일 건물을 ₩500,000에 취득하고 공정가치모형을 적용하는 투자부동산으로 분류하였다. ㈜한국은 20×2년 7월 1일 동 건물을 유형자산(내용연수 10년, 잔존가치 ₩0, 정액법, 월할 상각)으로 분류를 변경하여 공장으로 사용하기 시작하였다. 각 시점별 공정가치가 다음과 같을 때 옳은 것은?

• 20×1년 12월 31일	₩550,000
• 20×2년 7월 1일	₩600,000
• 20×2년 12월 31일	₩580,000

① 20×1년 건물의 공정가치변동으로 인해 기타포괄이익이 ₩50,000 증가한다.
② 20×2년 유형자산(건물)에 대해 원가모형을 적용한다면, 건물로 인해 20×2년 당기순이익이 ₩30,000 증가한다.
③ 20×2년 유형자산(건물)에 대해 재평가모형을 적용한다면, 건물로 인해 20×2년 기타포괄이익이 ₩10,000 증가한다.
④ 20×2년 유형자산(건물)에 대해 재평가모형을 적용한다면, 건물로 인해 20×2년 당기순이익이 ₩50,000 증가한다.

01

답 ③

(1) 투자부동산 공정가치 모형은 평가이익을 당기손익에 반영한다.
(2) 20×2년 회계처리(원가모형)

[7월 1일]			
(차) 유 형 자 산	600,000	(대) 투 자 부 동 산	550,000
		투자부동산평가이익(N/I)	50,000
[12월 31일]			
(차) 감 가 상 각 비 *	30,000	(대) 감 가 상 각 누 계 액	30,000

* 600,000/10 × 6/12 = 30,000

(3) 20×2년 회계처리(재평가모형)

[7월 1일]			
(차) 유 형 자 산	600,000	(대) 투 자 부 동 산	550,000
		투자부동산평가이익(N/I)	50,000
[12월 31일]			
(차) 감 가 상 각 비 *	30,000	(대) 감 가 상 각 누 계 액	30,000
(차) 감가상각누계액	30,000	(대) 재 평 가 잉 여 금	10,000
		유 형 자 산	20,000

* 600,000/10 × 6/12 = 30,000

유형 03 [무형자산] 무형자산의 정의, 식별 및 최초 인식

기본서 PART 06 투자부동산과 무형자산 → CH 2. 무형자산 → 1 무형자산의 정의, 식별 및 최초 인식 ▶ 270p

대표문제

□□□ 2015년 국가직 9급

㈜한국은 ㈜민국을 합병하고 합병대가로 ₩20,000,000의 현금을 지급하였다. 합병 시점의 ㈜민국의 재무상태표상 자산총액은 ₩15,000,000이고 부채총액은 ₩9,000,000이다. ㈜민국의 재무상태표상 장부가치는 토지를 제외하고는 공정가치와 같다. 토지는 장부상 ₩5,000,000으로 기록되어 있으나, 공정가치는 합병 시점에 ₩10,000,000인 것으로 평가되었다. 이 합병으로 ㈜한국이 영업권으로 계상하여야 할 금액은?

① ₩0
② ₩ 4,000,000
③ ₩9,000,000
④ ₩14,000,000

해설

합병 시 영업권: 9,000,000
= 이전대가 20,000,000 − 자본총액 11,000,000

B/S			[합병]
1_{st} 자산 BV	15,000,000	2_{nd} 부채 BV	9,000,000
1_{st} FV − BV	+ 5,000,000		
		3_{rd} 자본 FV	11,000,000

이전대가
4_{th} 20,000,000

영업권(역산) 9,000,000

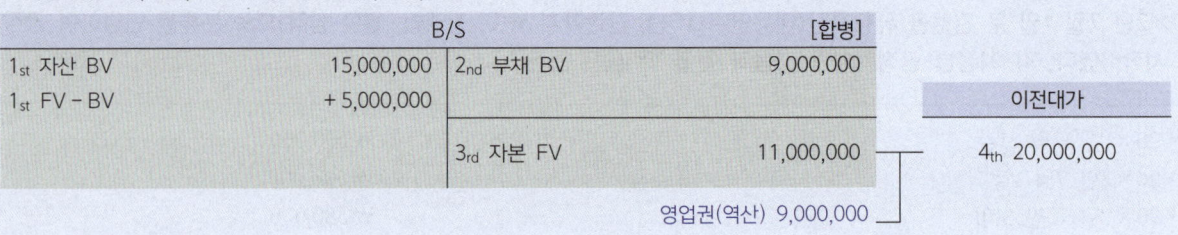

(1) 자본의 FV: 11,000,000 = 자산의 FV 20,000,000 − 부채의 FV 9,000,000
(2) 영업권: 9,000,000 = 이전대가 20,000,000 − 자본의 FV 11,000,000

정답 ③

유형 04 [무형자산] 무형자산의 후속 측정

기본서 PART 06 투자부동산과 무형자산 → CH 2. 무형자산 → 2 무형자산의 후속 측정 ▶ 278p

대표문제 □□□ 2019년 서울시 7급

내용연수가 유한한 무형자산의 상각에 대한 설명으로 가장 옳지 않은 것은?

① 상각기간과 상각방법은 적어도 매 회계연도 말에 검토하고, 자산의 예상 내용연수가 과거의 추정치와 다르다면 상각기간을 이에 따라 변경한다.
② 무형자산의 상각방법은 자산의 경제적효익이 소비될 것으로 예상되는 형태를 반영한 방법이어야 한다. 다만, 그 형태를 신뢰성 있게 결정할 수 없는 경우에는 정액법을 사용한다.
③ 상각은 무형자산이 매각예정비유동자산으로 분류되는 날과 재무상태표에서 제거되는 날 중 이른 날에 중지한다.
④ 제조과정에서 사용된 무형자산의 상각액은 당기손익으로 인식한다.

해설

설명 중 옳지 않은 것: 제조과정에서 사용된 무형자산의 상각액은 다른 자산의 생산에 소모되는 경우에는 재고자산 등 다른 자산의 장부금액에 포함시킨다.

참고사항 무형자산의 상각 정리

구분		내용
내용연수	유한	상각 O, 내용연수: MIN[경제적 내용연수, 법적 내용연수], 손상 징후가 있는 경우 손상검사를 수행
	비한정(≠ 무한)	상각 ×, 매년 또는 손상 징후가 있을 때 손상검사를 수행
상각 개시		사용 가능한 때부터 시작
상각 중지		매각예정비유동자산으로 분류되는 날과 재무상태표에서 제거되는 날 중 이른 날
상각방법		경제적효익이 소비되는 형태를 신뢰성 있게 결정할 수 없는 경우에는 정액법 사용 (요건 충족 시, 예외적으로 수익에 기초한 상각방법 적용 가능)
잔존가치		예외사항을 제외하고는 '0'으로 함
후속 측정		원가모형, 재평가모형 중 선택 가능(같은 분류 내의 무형자산 항목들을 동시에 재평가)

정답 ④

01 □□□ 2017년 국가직 9급

㈜한국은 내용연수가 유한한 무형자산에 대하여 정액법(내용연수 5년, 잔존가치 ₩0)으로 상각하여 비용으로 처리한다. ㈜한국의 2016년 무형자산 관련 자료가 다음과 같을 때, 2016년에 인식할 무형자산상각비는? (단, 2016년 이전에 인식한 무형자산은 없으며, 무형자산상각비는 월할 상각한다.)

- 1월 1일: 새로운 제품의 홍보를 위해 ₩10,000을 지출하였다.
- 4월 1일: 회계법인에 의뢰하여 평가한 '내부적으로 창출한 영업권'의 가치는 ₩200,000이었다.
- 7월 1일: 라이선스를 취득하기 위하여 ₩5,000을 지출하였다.

① ₩ 500　　② ₩ 2,500
③ ₩30,500　　④ ₩32,000

01 답 ①

16년 말의 무형자산 상각비: 500
= (5,000 - 0) × 1/5 × 6/12
(1) 1월 1일(홍보비): 당기비용 처리한다.
(2) 4월 1일(내부적으로 창출한 영업권): 영업권은 상각하지 않는다.
(3) 7월 1일(라이선스 취득비): 내용연수가 유한한 무형자산으로 인식하며 상각한다.

참고사항 영업권의 유형 비교

구분	사업결합으로 취득한 영업권	내부적으로 창출한 영업권
무형자산의 인식여부	영업권과 분리하여 별도의 자산으로 인식	무형자산으로 인식하지 않음
상각여부	영업권은 상각하지 않음	영업권은 상각하지 않음

02 □□□

2018년 국가직 7급

㈜한국은 20×1년 1월 1일 무형자산의 요건을 충족하는 특허권을 취득(취득원가 ₩10,000, 내용연수 5년, 잔존가치 ₩0, 정액법 상각)하고 재평가모형을 적용하고 있다. 특허권은 활성시장이 존재하며, 20×2년 말 손상이 발생하였고, 20×3년 말 손상이 회복되었다. 연도별 특허권의 공정가치와 회수가능액이 다음과 같을 경우, 20×3년 말 손상차손환입액과 재평가잉여금 증가액은? (단, 내용연수 동안 재평가잉여금의 이익잉여금 대체는 없는 것으로 가정한다.)

구분	20×1년 말	20×2년 말	20×3년 말
공정가치	₩8,400	₩5,900	₩4,200
회수가능액	₩8,500	₩5,400	₩4,100

① 손상차손환입액 ₩500, 재평가잉여금 증가액 ₩0
② 손상차손환입액 ₩500, 재평가잉여금 증가액 ₩100
③ 손상차손환입액 ₩600, 재평가잉여금 증가액 ₩0
④ 손상차손환입액 ₩600, 재평가잉여금 증가액 ₩100

02 답 ②

(1) ×3년 말의 손상차손환입: 500
= 손상차손환입 후 BV 4,100 - ×3년 말 BV 3,600
(2) ×3년 말의 재평가잉여금 증가액: 100
= ×3년 말 FV 4,200 - 손상차손환입 후 BV 4,100

별해 무형자산의 재평가와 손상의 도식 적용

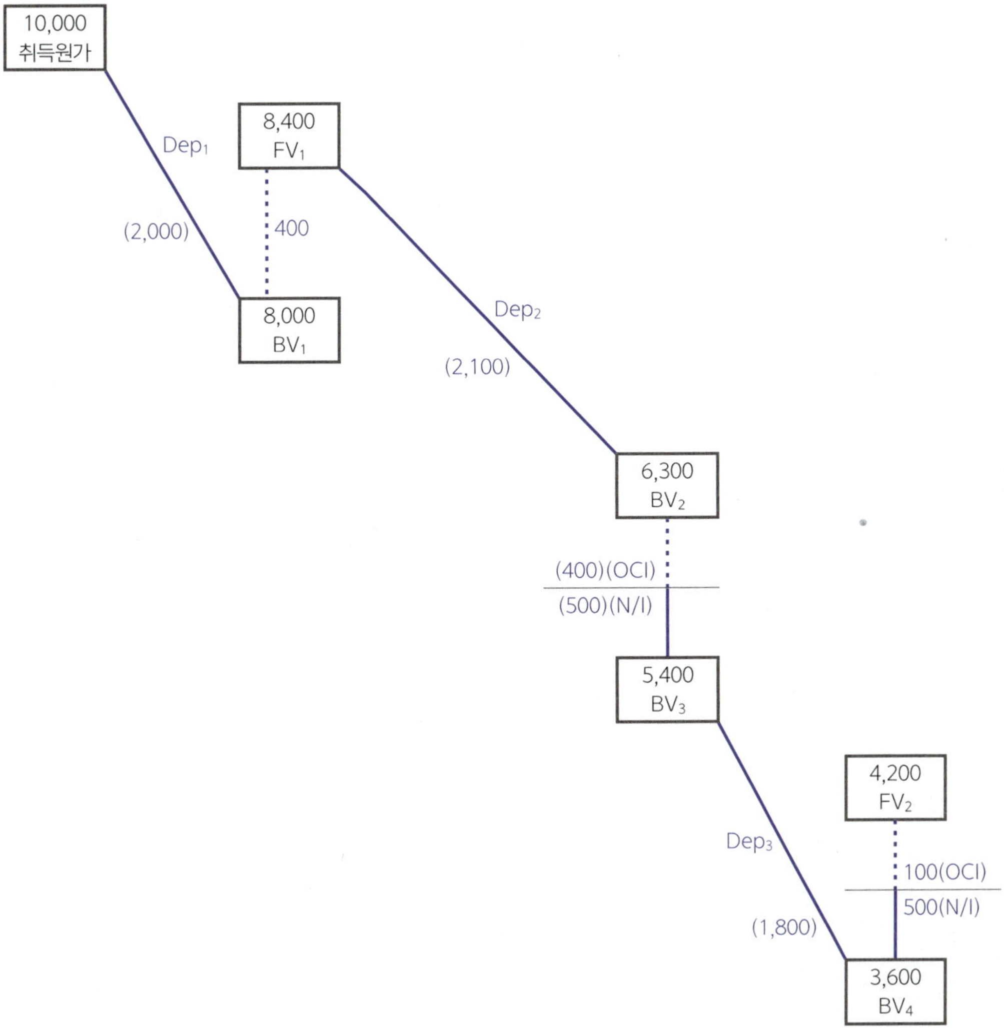

(1) ×1년 취득원가(특허권): 10,000
(2) ×1년 Dep: 2,000 = (10,000 − 0) × 1/5
(3) ×1년 말 BV: 8,000 = 10,000 − 2,000
(4) ×1년 말 FV: 8,400
(5) ×1년 재평가잉여금(OCI): 400 = 8,400 − 8,000
(6) ×2년 Dep: 2,100 = (8,400 − 0) × 1/4
(7) ×2년 말 BV: 6,300 = 8,400 − 2,100
(8) ×2년 우선 상계액(OCI): 400 = 6,300 − 5,900
(9) ×2년 손상차손(N/I): 500 = 5,900 − 5,400
(10) ×2년 손상 후 BV: 5,400 = 6,300 − (400 + 500)
별해 ×2년 결산일에는 회수가능액인 5,400으로 장부금액이 조정된다.
(11) ×3년 Dep: 1,800 = (5,400 − 0) × 1/3
(12) ×3년 말 BV: 3,600 = 5,400 − 1,800
(13) ×3년 말 FV: 4,200
(14) ×3년 손상차손환입(N/I): 500 = 4,100 − 3,600
(15) ×3년 재평가잉여금(OCI): 100 = 4,200 − 4,100

유형 05 [무형자산] 내부적으로 창출한 무형자산

기본서 PART 06 투자부동산과 무형자산 → CH 2. 무형자산 → 3 내부적으로 창출한 무형자산 ▶ 284p

대표 문제 □□□ 2018년 서울시 7급

〈보기〉는 ㈜서울의 연구, 개발과 관련된 자료이다. 〈보기〉와 관련하여 ㈜서울이 당기손익으로 인식할 연구비는? (단, 개발비로 분류되는 지출의 경우 개발비 인식요건을 충족한다고 가정한다.)

〈보기〉

- 새로운 지식을 얻고자 하는 활동의 지출 ₩10,000
- 새롭거나 개선된 재료, 장치, 제품, 공정, 시스템이나 용역에 대한 여러 가지 대체안을 제안, 설계, 평가, 최종 선택하는 활동의 지출 ₩10,000
- 생산이나 사용 전의 시제품과 모형을 설계, 제작, 시험하는 활동의 지출 ₩10,000
- 상업적 생산 목적으로 실현 가능한 경제적 규모가 아닌 시험공정을 설계, 건설, 가동하는 활동의 지출 ₩10,000
- 무형자산을 창출하기 위한 내부 프로젝트를 연구단계와 개발단계로 구분할 수 없는 경우 그 프로젝트에서 발생한 지출 ₩10,000

① ₩20,000 ② ₩30,000
③ ₩40,000 ④ ₩50,000

해설

당기손익으로 인식할 연구비: 30,000
= 10,000 + 10,000 + 10,000
(1) 연구활동: (+) 10,000
(2) 연구활동: (+) 10,000
(3) 개발활동: 무형자산으로 인식
(4) 개발활동: 무형자산으로 인식
(5) 연구활동: (+) 10,000

참고사항 연구단계와 개발단계의 예시 항목

구분	예시 항목
연구활동	• 새로운 지식을 얻고자 하는 활동 • 연구결과나 기타 지식을 탐색, 평가, 최종 선택, 응용하는 활동 • 재료, 장치, 제품, 공정, 시스템이나 용역에 대한 여러 가지 대체안을 탐색하는 활동 • 새롭거나 개선된 재료, 장치, 제품, 공정, 시스템이나 용역에 대한 여러 가지 대체안을 제안, 설계, 평가, 최종 선택하는 활동
개발활동	• 생산이나 사용 전의 시제품과 모형을 설계, 제작, 시험하는 활동 • 새로운 기술과 관련된 공구, 주형, 금형 등을 설계하는 활동 • 상업적 생산 목적으로 실현 가능한 경제적 규모가 아닌 시험공정을 설계, 건설, 가동하는 활동 • 신규 또는 개선된 재료, 장치, 제품, 공정, 시스템이나 용역에 대하여 최종적으로 선정된 안을 설계, 제작, 시험하는 활동

※ 무형자산을 창출하기 위한 내부 프로젝트를 연구단계와 개발단계로 구분할 수 없는 경우에는 그 프로젝트에서 발생한 지출은 모두 연구단계에서 발생한 것으로 본다.

정답 ②

01 □□□

2015년 국가직 7급

다음은 ㈜한국이 2015년 12월 31일에 지출한 연구 및 개발 활동 내역이다. ㈜한국이 2015년에 비용으로 인식할 총 금액은? (단, 개발 활동으로 분류되는 항목에 대해서는 지출 금액의 50%가 자산의 인식요건을 충족했다고 가정한다.)

• 새로운 지식을 얻고자 하는 활동	₩ 100,000
• 생산이나 사용 전의 시제품과 모형을 제작하는 활동	₩ 250,000
• 상업적 생산 목적으로 실현 가능한 경제적 규모가 아닌 시험공장을 건설하는 활동	₩ 150,000
• 연구결과나 기타 지식을 탐색, 평가, 응용하는 활동	₩ 300,000
• 재료, 장치, 제품, 공정, 시스템이나 용역에 대한 여러 가지 대체안을 탐색하는 활동	₩ 50,000

① ₩ 450,000
② ₩ 550,000
③ ₩ 650,000
④ ₩ 700,000

01 답 ③

15년 말의 총 비용: 650,000
= 100,000 + 300,000 + 50,000 + (125,000 + 75,000)
(1) 연구활동: (+) 100,000
(2) 개발활동: (+) 250,000 × 0.5
(3) 개발활동: (+) 150,000 × 0.5
(4) 연구활동: (+) 300,000
(5) 연구활동: (+) 50,000

02 □□□

2024년 지방직 9급

㈜한국의 20×1년 연구개발 관련 자료는 다음과 같다.

• 1월 31일 종료된 연구단계에서 발생한 비용	₩ 300,000
• 3월 31일 종료된 개발단계에서 발생한 비용	₩ 1,000,000
– 이 중 ₩ 400,000은 무형자산의 개발비 인식요건을 충족하여 개발비로 계상함	
– 개발비의 사용가능 시점은 4월 1일, 내용연수 10년, 잔존가액 없음, 정액법, 월할 상각, 활성시장이 존재하지 않음	

㈜한국이 20×1년 포괄손익계산서상 인식할 비용은?

① ₩ 700,000
② ₩ 730,000
③ ₩ 900,000
④ ₩ 930,000

02 답 ④

20×1년 포괄손익계산서상 인식할 비용: 930,000
= 300,000 + 600,000 + 30,000
(1) 연구단계에서 발생한 비용: 300,000
(2) 개발단계에서 발생한 비용으로서 개발비 인식요건 미충족분(비용): 600,000 = 1,000,000 – 400,000
(3) 개발비(자산) 취득원가: 400,000
(4) 개발비 상각비(비용): 30,000 = 400,000 × 1/10 × 9/12

03 □□□

2023년 국가직 7급

내부적으로 창출한 무형자산의 개발활동이 아닌 것은?

① 생산이나 사용 전의 시제품과 모형을 설계, 제작, 시험하는 활동
② 새로운 기술과 관련된 공구, 지그, 주형, 금형 등을 설계하는 활동
③ 상업적 생산 목적으로 실현가능한 경제적 규모가 아닌 시험공장을 설계, 건설, 가동하는 활동
④ 새롭거나 개선된 재료, 장치, 제품, 공정, 시스템이나 용역에 대한 여러 가지 대체안을 제안, 설계, 평가, 최종 선택하는 활동

03 답 ④

새롭거나 개선된 재료, 장치, 제품, 공정, 시스템이나 용역에 대한 여러 가지 대체안을 제안, 설계, 평가, 최종 선택하는 활동은 개발활동이 아니라 연구활동에 해당한다.

04 □□□

2014년 국가직 9급

한국채택국제회계기준에서 규정하고 있는 연구활동의 예가 아닌 것은?

① 연구결과나 기타 지식을 응용하는 활동
② 공정이나 시스템 등에 대한 여러 가지 대체안을 탐색하는 활동
③ 새로운 공정이나 시스템 등에 대한 여러 가지 대체안을 평가 또는 최종 선택하는 활동
④ 생산 전의 시제품과 모형을 시험하는 활동

04 답 ④

연구활동의 예가 아닌 것: 생산 전의 시제품과 모형을 시험하는 활동
개발활동의 예시 항목에 해당한다.

(선지분석)
①, ②, ③ 연구활동의 예시 항목에 해당한다.

참고사항 연구단계와 개발단계의 예시 항목

구분	예시 항목
연구활동	• 새로운 지식을 얻고자 하는 활동 • 연구결과나 기타 지식을 탐색, 평가, 최종 선택, 응용하는 활동 • 재료, 장치, 제품, 공정, 시스템이나 용역에 대한 여러 가지 대체안을 탐색하는 활동 • 새롭거나 개선된 재료, 장치, 제품, 공정, 시스템이나 용역에 대한 여러 가지 대체안을 제안, 설계, 평가, 최종 선택하는 활동
개발활동	• 생산이나 사용 전의 시제품과 모형을 설계, 제작, 시험하는 활동 • 새로운 기술과 관련된 공구, 주형, 금형 등을 설계하는 활동 • 상업적 생산 목적으로 실현 가능한 경제적 규모가 아닌 시험공장을 설계, 건설, 가동하는 활동 • 신규 또는 개선된 재료, 장치, 제품, 공정, 시스템이나 용역에 대하여 최종적으로 선정된 안을 설계, 제작, 시험하는 활동

※ 무형자산을 창출하기 위한 내부 프로젝트를 연구단계와 개발단계로 구분할 수 없는 경우에는 그 프로젝트에서 발생한 지출은 모두 연구단계에서 발생한 것으로 본다.

05 □□□

2010년 지방직 9급

기업회계기준서 제1038호 '무형자산'과 관련한 설명으로 옳지 않은 것은?

① 프로젝트의 개발단계에서 발생한 지출은 모두 무형자산으로 인식한다.
② 프로젝트의 연구단계에서 발생한 지출은 모두 발생한 기간의 비용으로 인식한다.
③ 프로젝트를 연구단계와 개발단계로 구분할 수 없는 경우에는 그 프로젝트에서 발생한 지출은 모두 연구단계에서 발생한 것으로 본다.
④ 내부적으로 창출된 무형자산의 취득원가는 그 자산의 창출, 제조, 사용 준비에 직접 관련된 지출과 합리적이고 일관성 있게 배분된 간접 지출을 모두 포함한다.

05

답 ①

설명 중 옳지 않은 것: 프로젝트의 개발단계에서 발생한 지출은 엄격한 자산의 인식기준을 충족하면 무형자산의 취득원가로 처리한다.

참고사항 내부적으로 창출한 무형자산의 회계처리와 원가

(1) 엄격한 자산의 인식기준
1) 무형자산을 사용하거나 판매하기 위해 그 자산을 완성할 수 있는 기술적 실현가능성
2) 무형자산을 완성하여 사용하거나 판매하려는 기업의 의도
3) 무형자산을 사용하거나 판매할 수 있는 기업의 능력
4) 무형자산이 미래경제적효익을 창출하는 방법, 그 중에서도 특히 무형자산의 산출물이나 무형자산 자체를 거래하는 시장이 존재함을 제시할 수 있거나 또는 무형자산을 내부적으로 사용할 것이라면 그 유용성을 제시할 수 있음
5) 무형자산의 개발을 완료하고 그것을 판매하거나 사용하는 데 필요한 기술적, 재정적 자원 등의 입수가능성
6) 개발과정에서 발생한 무형자산 관련 지출을 신뢰성 있게 측정할 수 있는 기업의 능력

(2) 직접 관련된 원가의 예시 항목
1) 무형자산의 창출에 사용되었거나 소비된 재료원가, 용역원가 등
2) 무형자산의 창출을 위하여 발생한 종업원급여
3) 법적 권리를 등록하기 위한 수수료
4) 무형자산의 창출에 사용된 특허권과 라이선스의 상각비

(3) 원가에 포함되지 않는 원가의 예시 항목
1) 판매비, 관리비 및 기타 일반경비 지출(다만, 자산을 의도한 용도로 사용할 수 있도록 준비하는 데 직접 관련된 경우는 제외)
2) 계획된 성과를 달성하기 전에 발생한 명백한 비효율로 인한 자산 손실과 초기 영업손실
3) 자산을 운용하는 직원의 교육훈련과 관련된 지출

06 □□□

2023년 국가직 9급

무형자산에 대한 설명으로 옳지 않은 것은?

① 생산이나 사용 전의 시제품과 모형을 설계, 제작, 시험하는 활동과 같은 개발단계의 지출은 일정요건을 충족하면 무형자산으로 인식한다.
② 새로운 지식을 얻고자 하는 활동과 같은 연구단계의 지출은 발생시점에 비용으로 인식한다.
③ 내부적으로 창출된 영업권은 원가를 신뢰성 있게 측정할 수 없고 기업이 통제하고 있는 식별가능한 자원이 아니기 때문에 자산으로 인식하지 아니한다.
④ 무형자산을 창출하기 위한 내부 프로젝트를 연구단계와 개발단계로 구분할 수 없는 경우에는 모두 개발단계에서 발생한 것으로 본다.

06

답 ④

무형자산을 창출하기 위한 내부 프로젝트를 연구단계와 개발단계로 구분할 수 없는 경우에는 모두 연구단계에서 발생한 것으로 본다.

유형 06 투자부동산과 무형자산 종합 서술형 문제

01 □□□

2020년 서울시 7급

투자부동산에 대한 설명으로 가장 옳지 않은 것은?

① 장기 시세차익을 얻기 위하여 보유하고 있는 토지는 투자부동산으로 분류한다.
② 장래 자가사용할지, 통상적인 영업 과정에서 단기간에 판매할지를 결정하지 못한 토지는 시세차익을 얻기 위하여 보유한다고 보아 투자부동산으로 분류한다.
③ 투자부동산은 기업이 보유하고 있는 다른 자산과는 거의 독립적으로 현금흐름을 창출한다는 점에서 자가사용부동산과 구별된다.
④ 부동산 중 일부분은 임대수익이나 시세차익을 얻기 위하여 보유하고, 일부분은 재화나 용역의 생산 또는 제공이나 관리 목적에 사용하기 위하여 보유하는 경우 동 부동산은 모두 투자부동산으로 분류한다.

01 답 ④

설명 중 옳지 않은 것: 제시된 지문의 경우, 부분별로 분리하여 매각(또는 금융리스로 제공)할 수 있으면 각 부분을 분리하여 회계처리한다. 부분별로 분리하여 매각할 수 없다면 재화나 용역의 생산 또는 제공이나 관리목적에 사용하기 위하여 보유하는 부분이 경미한 경우에만 해당 부동산을 투자부동산으로 분류한다.

참고사항 투자부동산의 분류에 대한 추가상황

(1) 부분별 사용 목적이 상이한 보유

구분	내용
일부만 투자부동산으로 분리매각 가능한 경우	투자부동산과 자가사용부동산을 각각 분리하여 인식
일부만 투자부동산으로 분리매각 불가능한 경우	재화 생산, 용역 제공 또는 관리 활동에 사용하는 부분이 경미한 경우에만 투자부동산으로 분류

(2) 부수적인 용역을 제공

구분	내용
제공하는 부수용역이 경미한 경우	투자부동산으로 분류
제공하는 부수용역이 유의적인 경우	자가사용부동산으로 분류

02 □□□

2019년 서울시 7급

투자부동산의 회계처리에 대한 설명 중 가장 옳지 않은 것은?

① 투자부동산의 후속 측정방법으로 공정가치모형을 선택할 경우, 변동된 공정가치모형을 적용하여 감가상각비를 인식한다.
② 회사가 영업활동에 활용하지 않고, 단기적으로 판매하기 위하여 보유하지 않으며, 장기 시세차익을 얻을 목적으로 보유하는 토지는 투자부동산으로 분류한다.
③ 투자부동산에 대해서 공정가치모형을 적용할 경우, 공정가치 변동은 당기손익으로 인식한다.
④ 투자부동산의 취득원가는 투자부동산의 구입가격과 취득에 직접적으로 관련된 지출을 포함한다.

02

답 ①

설명 중 옳지 않은 것: 투자부동산의 후속 측정방법으로 공정가치모형을 선택할 경우, 감가상각비를 인식하지 않는다.

참고사항 투자부동산의 후속 측정 시 원가모형과 공정가치모형의 비교

구분	원가모형	공정가치모형
감가상각 여부	상각 ○	상각 ×
기말 평가 여부	평가 × (FV 주석 공시)	평가 ○ (평가손익 N/I 반영)
손상 인식 여부	손상차손 인식 ○	손상차손 인식 ×

03 □□□

2020년 지방직 9급

무형자산의 회계처리에 대한 설명으로 옳지 않은 것은?

① 무형자산을 최초로 인식할 때에는 원가로 측정한다.

② 무형자산이란 물리적 실체는 없지만 식별할 수 있는 비화폐성자산이다.

③ 내부적으로 창출한 영업권은 자산으로 인식하지 아니한다.

④ 연구(또는 내부 프로젝트의 연구단계)에 대한 지출은 무형자산으로 인식한다.

03

답 ④

설명 중 옳지 않은 것: 연구단계에서 발생한 지출은 발생 시점에 비용으로 인식한다.

(1) 연구·개발활동과 관련하여 연구단계에서 발생한 지출은 발생 시점에 비용으로 인식한다.

(2) 연구·개발활동과 관련하여 개발단계에서 발생한 지출은 인식요건을 충족하면 무형자산의 취득원가로 인식하고 그 이외의 경우에는 발생한 기간의 비용으로 인식한다.

참고사항 내부적으로 창출한 무형자산의 회계처리와 원가

(1) 엄격한 자산의 인식기준

1) 무형자산을 사용하거나 판매하기 위해 그 자산을 완성할 수 있는 기술적 실현가능성
2) 무형자산을 완성하여 사용하거나 판매하려는 기업의 의도
3) 무형자산을 사용하거나 판매할 수 있는 기업의 능력
4) 무형자산이 미래경제적효익을 창출하는 방법, 그 중에서도 특히 무형자산의 산출물이나 무형자산 자체를 거래하는 시장이 존재함을 제시할 수 있거나 또는 무형자산을 내부적으로 사용할 것이라면 그 유용성을 제시할 수 있음
5) 무형자산의 개발을 완료하고 그것을 판매하거나 사용하는 데 필요한 기술적, 재정적 자원 등의 입수가능성
6) 개발과정에서 발생한 무형자산 관련 지출을 신뢰성 있게 측정할 수 있는 기업의 능력

(2) 직접 관련된 원가의 예시 항목

1) 무형자산의 창출에 사용되었거나 소비된 재료원가, 용역원가 등
2) 무형자산의 창출을 위하여 발생한 종업원급여
3) 법적 권리를 등록하기 위한 수수료
4) 무형자산의 창출에 사용된 특허권과 라이선스의 상각비

(3) 원가에 포함되지 않는 원가의 예시 항목

1) 판매비, 관리비 및 기타 일반경비 지출(다만, 자산을 의도한 용도로 사용할 수 있도록 준비하는 데 직접 관련된 경우는 제외)
2) 계획된 성과를 달성하기 전에 발생한 명백한 비효율로 인한 자산 손실과 초기 영업손실
3) 자산을 운용하는 직원의 교육훈련과 관련된 지출

04 □□□

2018년 지방직 9급

무형자산에 대한 설명으로 옳은 것은?

① 무형자산은 유형자산과 달리 재평가모형을 사용할 수 없다.
② 라이선스는 특정 기술이나 지식을 일정지역 내에서 이용하기로 한 권리를 말하며, 취득원가로 인식하고 일정기간 동안 상각한다.
③ 내부적으로 창출한 상호, 상표와 같은 브랜드, 네임은 그 경제적 가치를 측정하여 재무제표에 자산으로 기록하여 상각한다.
④ 영업권은 내용연수가 비한정이므로 상각하지 않는다.

04 답 ④

설명 중 옳은 것: 내용연수가 비한정인 무형자산과 영업권은 상각을 하지 않는다.

(선지분석)
① 무형자산은 원가모형 또는 재평가모형을 선택하여 사용할 수 있다.
② 라이선스는 특정 기술이나 지식을 일정지역 내에서 이용하기로 한 권리를 말하며, 무형자산 인식요건 충족여부에 따라 다르게 처리한다.
③ 내부적으로 창출한 상호, 상표와 같은 브랜드, 네임은 자산으로 인식하지 않는다.

참고사항 브랜드, 고객 목록 등의 유형 비교

구분	최초 인식	취득 or 완성 후의 지출
내부적으로 창출한 브랜드, 고객 목록 등	당기비용으로 인식	당기비용으로 인식
외부에서 구입한 브랜드, 고객 목록 등	무형자산으로 인식	

참고사항 영업권의 유형 비교

구분	사업결합으로 취득한 영업권	내부적으로 창출한 영업권
무형자산의 인식여부	영업권과 분리하여 별도의 자산으로 인식	무형자산으로 인식하지 않음
상각여부	영업권은 상각하지 않음	영업권은 상각하지 않음

05 □□□

2015년 국가직 9급

무형자산의 인식에 대한 설명으로 옳은 것은?

① 내부 프로젝트의 연구단계에 대한 지출은 자산의 요건을 충족하는지를 합리적으로 판단하여 무형자산으로 인식할 수 있다.
② 개발단계에서 발생한 지출은 모두 무형자산으로 인식한다.
③ 사업결합으로 취득하는 무형자산의 취득원가는 취득일의 공정가치로 인식하고, 내부적으로 창출한 영업권은 무형자산으로 인식하지 아니한다.
④ 내부적으로 창출한 브랜드, 출판표제, 고객 목록과 이와 실질이 유사한 항목은 무형자산으로 인식한다.

05

답 ③

설명 중 옳은 것: 유형별 무형자산의 인식의 설명으로 옳은 지문이다.

(선지분석)

① 내부 프로젝트의 연구단계에 대한 지출은 발생 시점에 비용으로 인식한다.
② 개발단계에서 발생한 지출은 자산의 엄격한 인식조건을 충족하면 무형자산의 취득원가로 인식하고 그 이외의 경우에는 발생한 기간의 비용으로 인식한다.
④ 내부적으로 창출한 브랜드, 출판표제, 고객 목록과 이와 실질이 유사한 항목은 무형자산으로 인식하지 않는다.

06 □□□

2014년 국가직 9급

재무상태표 작성 시 무형자산으로 분류 표시되는 항목에 대한 설명으로 옳지 않은 것은?

① 내부적으로 창출한 영업권은 무형자산으로 인식하지 않는다.
② 무형자산을 상각하는 경우 상각방법은 자산의 경제적효익이 소비되는 방법을 반영하여 정액법, 체감잔액법, 생산량비례법 등을 선택하여 적용할 수 있다.
③ 숙련된 종업원은 미래경제적효익에 대한 충분한 통제능력을 갖고 있지 않으므로 무형자산의 정의를 충족시키지 못하여 재무상태표에 표시하지 않는다.
④ 영업권을 제외한 모든 무형자산은 보유기간 동안 상각하여 비용 또는 기타 자산의 원가로 인식한다.

06

답 ④

설명 중 옳지 않은 것: 내용연수가 유한한 무형자산은 보유기간 동안 상각하여 비용 또는 기타 자산의 원가로 인식한다.
(1) 내용연수가 유한한 무형자산의 상각은 당해 무형자산이 사용 가능한 때부터 시작한다. 무형자산의 상각은 매각예정비유동자산으로 분류되는 날과 자산이 재무상태표에서 제거되는 날 중 이른 날에 중지한다.
(2) 내용연수가 비한정인 무형자산은 상각을 하지 않는다. 대신 매년 또는 무형자산의 손상을 시사하는 징후가 있을 때 회수가능액과 장부금액을 비교하여 손상검사를 수행하여야 한다.

07 □□□

2024년 국가직 9급

무형자산에 대한 설명으로 옳은 것은?

① 무형자산의 회계처리는 내용연수에 따라 다르다. 내용연수가 유한한 무형자산은 상각하고, 내용연수가 비한정인 무형자산은 상각하지 아니한다.

② 무형자산을 창출하기 위한 내부 프로젝트를 연구단계와 개발단계로 구분할 수 없는 경우에는 그 프로젝트에서 발생한 지출은 모두 개발단계에서 발생한 것으로 본다.

③ 무형자산의 내용연수는 자산의 내용연수를 추정하는 시점에 평가된 표준적인 성능수준을 유지하기 위하여 필요한 지출을 초과하는 계획된 미래지출이 예상되는 경우 비한정으로 판단한다.

④ 내용연수가 유한한 무형자산은 그 자산을 더 이상 사용하지 않을 때에는 상각을 중지한다.

07 답 ①

(선지분석)

② 무형자산을 창출하기 위한 내부 프로젝트를 연구단계와 개발단계로 구분할 수 없는 경우에는 그 프로젝트에서 발생한 지출은 모두 연구단계에서 발생한 것으로 본다.

③ 무형자산의 내용연수는 자산의 내용연수를 추정하는 시점에 평가된 표준적인 성능수준을 유지하기 위하여 필요한 지출을 초과하는 계획된 미래지출이 예상되는 경우 손상을 인식한다.

④ 내용연수가 유한한 무형자산은 그 자산을 더 이상 사용하지 않더라도 상각을 유지한다.

08 □□□

2025년 국가직 9급

다음 중 무형자산으로 인식하는 것만을 모두 고르면?

ㄱ. 개별 취득한 특허권
ㄴ. 내부적으로 창출한 영업권
ㄷ. 연구단계에서 발생하는 지출
ㄹ. 내부적으로 창출한 브랜드, 고객 목록

① ㄱ ② ㄱ, ㄷ
③ ㄴ, ㄹ ④ ㄴ, ㄷ, ㄹ

08 답 ①

내부적으로 창출한 영업권, 연구단계에서 발생하는 지출, 내부적으로 창출한 브랜드, 고객목록은 무형자산으로 인식하지 않는다.

PART 07 충당부채와 중간재무보고

본 과목 풀이 시 기업의 보고기간(회계기간)은 매년 1월 1일부터 12월 31일까지이며, 기업은 계속해서 한국채택국제회계기준을 적용해 오고 있다고 가정한다. 또한, 자료에서 제시하지 않은 사항(예 법인세효과 등)은 고려하지 않는다.

유형 01 [충당부채의 의의와 인식, 측정] 충당부채의 인식요건과 우발부채, 우발자산

기본서 PART 07 충당부채와 중간재무보고 → CH 1. 충당부채의 의의와 인식, 측정 → 2 충당부채의 인식요건과 우발부채, 우발자산 ▶ 302p

대표문제 □□□ 2020년 국가직 7급

충당부채와 우발부채에 대한 설명으로 옳은 것은?

① 미래의 예상 영업손실에 대하여 충당부채로 인식한다.
② 우발부채는 자원의 유출가능성을 최초 인식 시점에 판단하며 지속적으로 평가하지 않는다.
③ 제3자와 연대하여 의무를 지는 경우에는 이행할 전체 의무 중 제3자가 이행할 것으로 예상되는 부분을 우발부채로 처리한다.
④ 다수의 항목과 관련되는 충당부채를 측정하는 경우에 해당 의무는 가능한 모든 결과에 관련된 확률 중 최댓값으로 추정한다.

해설

설명 중 옳은 것: 전체 의무 중 제3자가 이행할 것으로 예상되는 부분은 우발부채로 분류한다.

(선지분석)
① 미래의 예상 영업손실에 대하여 충당부채로 인식하지 않는다.
② 우발부채는 자원의 유출가능성을 지속적으로 검토한다.
④ 다수의 항목과 관련되는 충당부채를 측정하는 경우에 해당 의무는 가능한 모든 결과에 관련된 확률을 가중평균하여 측정한다.

참고사항 충당부채의 인식요건
(1) 과거사건의 결과로 현재의무(법적의무나 의제의무)가 존재함
(2) 해당 의무를 이행하기 위하여 경제적효익이 내재된 자원의 유출가능성이 높음
(3) 해당 의무의 이행에 소요되는 금액을 신뢰성 있게 추정할 수 있음

참고사항 충당부채와 우발부채의 비교

구분		충당부채	우발부채
잠재적 의무		해당사항 없음	잠재적 의무에 해당
현재의무	자원의 유출가능성	높음	높지 않음
	+	and	or
	신뢰성 있는 추정	추정 가능	추정 불가능
재무제표 공시		부채와 관련 비용 인식	자원의 유출가능성이 희박하지 않으면 주석 공시

※ 과거에 우발부채로 처리하였더라도 그 이후 상황 변화로 인하여 미래경제적효익의 유출가능성이 높아지고 금액을 신뢰성 있게 추정할 수 있는 경우에는 그러한 가능성의 변화가 발생한 기간에 충당부채로 인식함

참고사항 제3자와 연대하여 의무를 지는 경우

구분	내용	비고
연대보증의무	• 회사가 이행할 부분 + 제3자가 이행 못하는 부분: 충당부채 • 제3자가 이행할 부분: 우발부채	자원의 유출가능성이 높지 않은 경우 금융보증부채로 보증기간에 걸쳐 수익 인식

※ 제3자와 연대하여 의무를 지는 경우에는 이행할 전체 의무 중 제3자가 이행할 것으로 예상되는 부분을 우발부채로 처리함. 신뢰성 있게 추정할 수 없는 극히 드문 경우를 제외하고는 해당 의무 중에서 경제적효익이 있는 자원의 유출가능성이 높은 부분에 대하여 충당부채로 인식함

참고사항 불확실성과 관련하여 충당부채로 인식하여야 하는 금액

충당부채
- 다수의 항목과 관련된 경우: 가능한 모든 결과에 관련된 확률을 가중평균하여 추정
- 하나의 의무를 측정하는 경우: 가능성이 가장 높은 단일의 결과로 추정

정답 ③

01 □□□

2019년 서울시 7급

〈보기〉는 ㈜대한의 20×1년 말 결산 절차 중에 처리해야 할 사항들을 요약해 놓은 것이다. ㈜대한이 재무상태표에 인식해야 할 충당부채 금액은? (단, 제시된 금액은 모두 신뢰성 있게 측정되었다.)

〈보기〉

- 20×1년 중 판매한 제품에 대한 보증수리비용은 총 ₩2,000,000이 예상되며, 향후 2년간 발생할 것으로 예상된다.
- 20×1년 중 ㈜민국의 은행 차입금 ₩4,000,000에 대하여 지급보증을 해주었으나 영업부진으로 인하여 ㈜민국이 부도처리 되었다. ㈜민국은 은행 차입금에 대한 상환능력이 없는 것으로 평가되었다. 해당 금액 지급의 일차적 책임은 ㈜대한에게 있다.
- ㈜대한은 20×1년 말 해상구조물을 현금 ₩3,000,000에 구입하였다. 환경과 관련된 법률에서는 이 구조물의 추정내용연수가 종료된 후에는 훼손된 환경을 원상복구하도록 하고 있다. 이를 위하여 지출될 것으로 추정되는 금액은 ₩1,000,000이며, 현재가치는 ₩500,000이다.

① ₩9,500,000　　② ₩7,000,000
③ ₩6,500,000　　④ ₩6,000,000

01　　답 ③

×1년 말의 재무상태표에 인식할 충당부채 금액: 6,500,000
= 2,000,000 + 4,000,000 + 500,000
(1) 제품보증충당부채: (+) 2,000,000
(2) 보증채무: (+) 4,000,000
(3) 복구충당부채: (+) 500,000

참고사항 복구충당부채

(1) **개념**: 자산을 제거, 해체하거나 부지를 복원하는 데 소요될 것으로 최초에 추정되는 원가에 따라 인식하는 부채
(2) **회계처리**: 예상되는 복구원가를 현재가치로 평가하여 복구충당부채로 인식하고 해당 금액을 유형자산의 원가에 가산함

(차) 유 형 자 산	(대) 현 금
	복 구 충 당 부 채

* 복구충당부채: 예상되는 복구원가를 구입 시점의 시장이자율로 할인한 현재가치

02 □□□

2025년 국가직 9급

충당부채의 인식에 대한 설명으로 옳지 않은 것은?

① 과거 사건의 결과로 현재 의무가 존재하여야 하며, 현재 의무에는 법적 의무뿐만 아니라 의제 의무도 포함한다.
② 기업의 미래 행위(미래 사업행위)와 관련하여 존재하는 과거 사건에서 생긴 의무만을 충당부채로 인식한다.
③ 해당 의무를 이행하기 위하여 경제적 효익이 있는 자원의 유출 가능성이 높다.
④ 해당 의무를 이행하기 위하여 필요한 금액을 신뢰성 있게 추정할 수 있다.

02 답 ②

기업의 미래 행위(미래 사업행위)와 관계없이 존재하는 과거사건에서 생긴 의무만을 충당부채로 인식한다.

참고사항 **충당부채의 인식요건**
(1) 과거사건의 결과로 현재의무(법적의무나 의제의무)가 존재함
(2) 해당 의무를 이행하기 위하여 경제적효익이 내재된 자원의 유출가능성이 높음
(3) 해당 의무의 이행에 소요되는 금액을 신뢰성 있게 추정할 수 있음

03 □□□

2022년 국가직 9급

충당부채에 대한 설명으로 옳지 않은 것은?

① 충당부채로 인식하는 금액은 현재의무를 보고기간 말에 이행하기 위하여 필요한 지출에 대한 최선의 추정치이어야 한다.
② 미래의 예상 영업손실은 충당부채로 인식하지 아니한다.
③ 현재의무를 이행하기 위하여 필요한 지출 금액에 영향을 미치는 미래 사건이 일어날 것이라는 충분하고 객관적인 증거가 있는 경우에도, 그 미래 사건을 고려하여 충당부채 금액을 추정하지 않는다.
④ 화폐의 시간가치 영향이 중요한 경우에 충당부채는 의무를 이행하기 위하여 예상되는 지출액의 현재가치로 평가한다.

03 답 ③

설명 중 옳지 않은 것: 현재 의무를 이행하기 위하여 필요한 지출 금액에 영향을 미치는 미래 사건이 일어날 것이라는 충분하고 객관적인 증거가 있는 경우, 그 미래 사건을 고려하여 충당부채 금액을 추정한다.

04 □□□

2020년 서울시 7급

충당부채에 대한 설명으로 가장 옳지 않은 것은?

① 보고기간 말마다 충당부채의 잔액을 검토하고, 보고기간 말 현재 최선의 추정치를 반영하여 조정한다.
② 충당부채와 관련하여 포괄손익계산서에 인식한 비용은 제3자의 변제와 관련하여 인식한 금액과 상계하여 표시할 수 없다.
③ 제3자가 지급하지 않더라도 기업이 해당 금액을 지급할 의무가 없는 경우에는 이를 충당부채에 포함하지 아니한다.
④ 충당부채를 현재가치로 평가하여 표시하는 경우에는 장부금액을 기간 경과에 따라 증액하고 해당 증가금액은 차입원가로 인식한다.

04 답 ②

설명 중 옳지 않은 것: 충당부채와 관련하여 포괄손익계산서에 인식한 비용은 제3자의 변제와 관련하여 인식한 금액과 상계하여 표시할 수 있다.

참고사항 **제3자와 연대하여 의무를 지는 경우**

구분	내용	비고
연대보증의무	• 회사가 이행할 부분 + 제3자가 이행 못하는 부분: 충당부채 • 제3자가 이행할 부분: 우발부채	자원의 유출가능성이 높지 않은 경우 금융보증부채로 보증기간에 걸쳐 수익 인식

※ 제3자와 연대하여 의무를 지는 경우에는 이행할 전체 의무 중 제3자가 이행할 것으로 예상되는 부분을 우발부채로 처리함. 신뢰성 있게 추정할 수 없는 극히 드문 경우를 제외하고는 해당 의무 중에서 경제적효익이 있는 자원의 유출가능성이 높은 부분에 대하여 충당부채로 인식함

05 □□□

2021년 국가직 7급

충당부채, 우발부채, 우발자산에 대한 설명으로 옳지 않은 것은?

① 제3자와 연대하여 의무를 지는 경우에는 이행할 전체 의무 중 제3자가 이행할 것으로 예상되는 부분을 우발부채로 처리한다.
② 관련 상황의 변화가 적절하게 재무제표에 반영될 수 있도록 우발자산을 지속적으로 평가하며, 상황의 변화로 경제적효익의 유입이 거의 확실하게 되는 경우에는 그러한 상황변화가 일어난 기간의 재무제표에 그 자산과 관련 이익을 인식한다.
③ 현재의무를 이행하기 위하여 필요한 지출 금액에 영향을 미치는 미래 사건이 일어날 것이라는 충분하고 객관적인 증거가 있는 경우에는 그 미래 사건을 고려하여 충당부채 금액을 추정한다.
④ 구조조정충당부채로 인식할 수 있는 지출은 구조조정에서 발생하는 직접비용과 간접비용을 포함하되, 구조조정 때문에 반드시 생기는 지출이며, 기업의 계속적인 활동과 관련있는 지출이어야 한다.

05 답 ④

구조조정충당부채로 인식할 수 있는 지출은 구조조정에서 발생하는 직접비용과 간접비용을 포함하되, 구조조정 때문에 반드시 생기는 지출이며, 기업의 계속적인 활동과 관련없는 지출이어야 한다.

06 □□□

2017년 지방직 9급

충당부채, 우발부채, 우발자산에 대한 설명으로 옳지 않은 것은?

① 우발자산은 경제적효익의 유입가능성이 높지 않은 경우에 주석으로 공시한다.
② 의무를 이행하기 위하여 경제적효익이 있는 자원을 유출할 가능성이 높지 않은 경우 우발부채를 주석으로 공시한다.
③ 우발부채와 우발자산은 재무제표에 인식하지 아니한다.
④ 현재의무를 이행하기 위하여 해당 금액을 신뢰성 있게 추정할 수 있고 경제적효익이 있는 자원을 유출할 가능성이 높은 경우 충당부채로 인식한다.

06

답 ①

설명 중 옳지 않은 것: 우발자산은 자원의 유입가능성이 거의 확실한 경우를 제외하고 주석 공시한다.

참고사항 충당부채와 우발부채의 비교

구분		충당부채	우발부채
잠재적 의무		해당사항 없음	잠재적 의무에 해당
현재의무	자원의 유출가능성	높음	높지 않음
	+	and	or
	신뢰성 있는 추정	추정 가능	추정 불가능
재무제표 공시		부채와 관련 비용 인식	자원의 유출가능성이 희박하지 않으면 주석 공시

※ 과거에 우발부채로 처리하였더라도 그 이후 상황 변화로 인하여 미래경제적효익의 유출가능성이 높아지고 금액을 신뢰성 있게 추정할 수 있는 경우에는 그러한 가능성의 변화가 발생한 기간에 충당부채로 인식함

참고사항 우발자산의 인식

자원의 유입가능성	금액의 신뢰성 있는 추정가능성	
	추정 가능	추정 불가능
거의 확실	재무상태표에 자산으로 인식	우발자산으로 주석 공시
높지만 거의 확실하지 않음	우발자산으로 주석 공시	우발자산으로 주석 공시
높지 않음	공시하지 않음	

※ 과거에 우발자산으로 처리하였더라도 그 이후 상황 변화로 인하여 미래경제적효익의 유입가능성이 거의 확실하고 금액을 신뢰성 있게 추정할 수 있는 경우에는 그러한 가능성의 변화가 발생한 기간에 그 자산과 관련 이익을 인식함

07 □□□

2023년 국가직 9급

충당부채, 우발부채 및 우발자산에 대한 설명으로 옳은 것은?

① 의무를 이행하기 위하여 경제적 효익이 있는 자원을 유출할 가능성이 희박하지 않다면, 우발부채를 재무제표에 인식한다.
② 예상되는 자산 처분이 충당부채를 생기게 한 사건과 밀접하게 관련되어 있다면, 예상되는 자산 처분이익은 충당부채를 측정하는 데 고려한다.
③ 수익의 실현이 거의 확실하다면, 관련 자산은 우발자산이 아니므로 해당 자산을 재무제표에 인식하는 것이 타당하다.
④ 손실부담계약을 체결하고 있는 경우에는 관련된 현재의무를 우발부채로 인식하고 측정한다.

07 답 ③

설명 중 옳은 것: 수익의 실현이 거의 확실하다면, 관련 자산은 우발자산이 아니므로 해당 자산을 재무제표에 인식하는 것이 타당하다.

선지분석

① 의무를 이행하기 위하여 경제적 효익이 있는 자원을 유출할 가능성이 희박하지 않다면, 우발부채를 재무제표 주석에 공시한다(= 인식하지 않는다).
② 예상되는 자산 처분이 충당부채를 생기게 한 사건과 밀접하게 관련되어 있다면, 예상되는 자산 처분이익은 충당부채를 측정하는 데 고려하지 않는다.
④ 손실부담계약을 체결하고 있는 경우에는 관련된 현재의무를 충당부채로 인식하고 측정한다.

08 □□□

2024년 국가직 9급

충당부채, 우발부채 및 우발자산에 대한 설명으로 옳지 않은 것은?

① 충당부채는 결제에 필요한 미래 지출의 시기 또는 금액에 불확실성이 있다는 점에서 매입채무와 미지급비용과 같은 그 밖의 부채와 구별된다.
② 과거사건에 의하여 발생하였으나, 기업이 전적으로 통제할 수 없는 하나 이상의 불확실한 미래사건의 발생 여부에 의하여서만 그 존재가 확인되는 잠재적 의무는 충당부채로 처리한다.
③ 우발자산은 미래에 전혀 실현되지 않을 수도 있는 수익을 인식하는 결과를 가져올 수 있기 때문에 재무제표에 인식하지 아니한다.
④ 충당부채의 인식요건인 현재의 의무는 법적의무뿐만 아니라 의제의무도 포함한다.

08 답 ②

설명 중 옳지 않은 것: 과거 사건에 의하여 발생하였으나, 기업이 전적으로 통제할 수 없는 하나 이상의 불확실한 미래사건의 발생여부에 의하여서만 그 존재가 확인되는 잠재적 의무는 충당부채가 아니라 우발부채로 처리한다.

참고사항 충당부채와 우발부채의 비교

구분		충당부채	우발부채
잠재적 의무		해당사항 없음	잠재적 의무에 해당
현재의무	자원의 유출가능성	높음	높지 않음
	+	and	or
	신뢰성 있는 추정	추정 가능	추정 불가능
재무제표 공시		부채와 관련 비용 인식	자원의 유출가능성이 희박하지 않으면 주석 공시

※ 과거에 우발부채로 처리하였더라도 그 이후 상황 변화로 인하여 미래경제적효익의 유출가능성이 높아지고 금액을 신뢰성 있게 추정할 수 있는 경우에는 그러한 가능성의 변화가 발생한 기간에 충당부채로 인식함

09 □□□

2015년 국가직 7급

TV를 제조하여 판매하는 ㈜한국은 보증기간 내에 제조상 결함이 발견된 경우, 제품을 수선하거나 새 제품으로 교환해 주는 제품 보증정책을 취하고 있다. 이에 대한 회계처리 방법으로 옳지 않은 것은?

① 경제적효익을 갖는 자원의 유출가능성이 높고 금액을 신뢰성 있게 추정할 수 있는 경우, 충당부채로 인식한다.
② 경제적효익을 갖는 자원의 유출가능성이 높으나 금액을 신뢰성 있게 추정할 수 없는 경우, 충당부채로 인식한다.
③ 경제적효익을 갖는 자원의 유출가능성이 높지 않으나 아주 낮지도 않은 경우, 우발부채로 공시한다.
④ 경제적효익을 갖는 자원의 유출가능성이 아주 낮은 경우, 공시하지 아니한다.

09 답 ②

설명 중 옳지 않은 것: 자원의 유출가능성이 높으나 신뢰성 있게 추정할 수 없는 경우, 우발부채로 분류하여 주석 공시한다.

유형 02 [충당부채의 적용 사례] 제품보증충당부채

기본서 PART 07 충당부채와 중간재무보고 → CH 2. 충당부채의 적용 사례 → 2 제품보증충당부채 ▶ 315p

대표 문제 □□□ 2010년 국가직 9급

㈜갑은 판매한 제품에 대해 품질보증을 실시하고 있다. 2009년도 말 현재 품질보증과 관련하여 미래에 지출될 충당부채의 최선의 추정치는 ₩ 1,700이고, 수정전시산표의 제품보증충당부채 계정잔액은 ₩ 1,000이다. 2009년도 중에 품질보증과 관련되어 ₩ 100의 지출이 있었다. 2009년도 재무제표에 보고될 제품보증충당부채와 제품보증비용은?

	제품보증충당부채	제품보증비용
①	₩ 1,000	₩ 700
②	₩ 1,600	₩ 800
③	₩ 1,700	₩ 700
④	₩ 1,700	₩ 800

해설

(1) 09년 말의 제품보증충당부채: 1,700
(2) 09년 말의 제품보증비용: 800
= 현금 지출액 100 + 충당부채의 증감 700
* 충당부채의 증감: 700 = 1,700 − 1,000

정답 ④

01 □□□ 2022년 지방직 9급

20×1년 초에 영업을 개시한 ㈜한국은 품질보증 기간을 1년으로 하여 에어컨을 판매하고 있다. 20×1년 에어컨 판매 수량은 500대이고, 대당 판매가격은 ₩ 1,000이며, 동종업계의 과거 경험에 따르면 제품보증비용은 대당 ₩ 50이 발생할 것으로 추정된다. 20×1년 중 실제 제품보증비 지출이 ₩ 10,000이면, ㈜한국의 20×1년 말 재무상태표에 표시될 제품보증충당부채는?

① ₩ 5,000　　② ₩ 15,000
③ ₩ 25,000　　④ ₩ 40,000

01 답 ②

충당부채: 500대 × @50 − 10,000 = 15,000

유형 03 [보고기간후사건] 보고기간후사건

기본서 PART 07 충당부채와 중간재무보고 → CH 3. 보고기간후사건 ▶ 316p

대표문제 □□□ 2016년 국가직 9급

2015년에 제품의 결함으로 인하여 피해를 입었다고 주장하는 고객이 ㈜한국을 상대로 손해배상청구소송을 제기하였다. 법률전문가는 2015년 재무제표가 승인되는 시점까지는 회사의 책임이 밝혀지지 않을 가능성이 높다고 조언하였다. 그러나 2016년 말 현재 ㈜한국에 소송이 불리하게 진행 중이며, 법률전문가는 ㈜한국이 배상금을 지급하게 될 가능성이 높다고 조언하였다. ㈜한국의 충당부채 또는 우발부채 인식과 관련된 설명으로 옳지 않은 것은?

① 충당부채는 현재의 의무가 존재하고, 경제적효익을 갖는 자원이 유출될 가능성이 높으며, 당해 금액을 신뢰성 있게 추정할 수 있을 경우에 인식한다.
② 2015년의 경우 현재의 의무가 없고, 배상금을 지급할 가능성이 아주 낮다고 하더라도 우발부채로 공시할 의무는 있다.
③ 2016년 말에는 현재의무가 존재하고 배상금에 대한 지급가능성이 높으므로, 배상금을 신뢰성 있게 추정할 수 있다면 충당부채를 인식해야 한다.
④ 만약 2016년 말에 배상금을 신뢰성 있게 추정할 수 없다면 이를 충당부채로 인식하지 않고 우발부채로 공시한다.

해설

설명 중 옳지 않은 것: 현재의 의무가 없고, 자원의 유출가능성이 아주 낮으면 우발부채로 분류하여 재무제표에 인식하지 않고 주석 공시하지 않는다.

참고사항 충당부채의 인식요건
(1) 과거사건의 결과로 현재의무(법적의무나 의제의무)가 존재함
(2) 해당 의무를 이행하기 위하여 경제적효익이 내재된 자원의 유출가능성이 높음
(3) 해당 의무의 이행에 소요되는 금액을 신뢰성 있게 추정할 수 있음

참고사항 충당부채와 우발부채의 비교

구분		충당부채	우발부채
잠재적 의무		해당사항 없음	잠재적 의무에 해당
현재의무	자원의 유출가능성	높음	높지 않음
	+	and	or
	신뢰성 있는 추정	추정 가능	추정 불가능
재무제표 공시		부채와 관련 비용 인식	자원의 유출가능성이 희박하지 않으면 주석 공시

※ 과거에 우발부채로 처리하였더라도 그 이후 상황 변화로 인하여 미래경제적효익의 유출가능성이 높아지고 금액을 신뢰성 있게 추정할 수 있는 경우에는 그러한 가능성의 변화가 발생한 기간에 충당부채로 인식함

참고사항 보고기간후사건의 분류와 구조

구분	내용
수정을 요하는 보고기간후사건	보고기간 말에 존재하였던 상황에 대해 증거를 제공
수정을 요하지 않는 보고기간후사건	보고기간 후에 발생한 상황을 나타내는 사건

구분	보고기간 종료일 (×1년 말)	재무제표 발행승인일 (×2년 2월)	재무제표 수정 (×1년 F/S)
수정을 요하는 보고기간후사건	존재	추가적인 증거	수정 ○
수정을 요하지 않는 보고기간후사건	미존재	추가 발생한 상황	수정 ×

정답 ②

01 □□□

2023년 국가직 7급

보고기간후사건에 대한 설명으로 옳지 않은 것은?

① 보고기간말에 존재하였던 상황에 대한 정보를 보고기간 후에 추가로 입수한 경우에는 그 정보를 반영하여 공시 내용을 수정한다.
② 경영진이 보고기간 후에, 기업을 청산하거나 경영활동을 중단할 의도를 가지고 있거나, 청산 또는 경영활동의 중단 외에 다른 현실적 대안이 없다고 판단하는 경우에는 계속기업의 기준에 따라 재무제표를 작성해서는 아니 된다.
③ 보고기간 후부터 재무제표 발행승인일 전 사이에 배당을 선언한 경우, 보고기간말에 부채로 인식한다.
④ 수정을 요하지 않는 보고기간후사건을 반영하기 위하여 재무제표에 인식된 금액을 수정하지 아니한다

01 답 ③

보고기간 후부터 재무제표 발행승인일 전 사이에 배당을 선언한 경우, 보고기간말에 부채로 인식하지 않는다.

02 □□□

2024년 국가직 7급

유동부채에 대한 설명으로 옳지 않은 것은?

① 매입채무 그리고 종업원 및 그 밖의 영업원가에 대한 미지급비용과 같은 유동부채는 기업의 정상영업주기 내에 사용되는 운전자본의 일부이다. 이러한 항목은 보고기간 후 12개월 후에 결제일이 도래한다 하더라도 유동부채로 분류한다.
② 기업이 보고기간말 현재 기존의 대출계약조건에 따라 보고기간 후 적어도 12개월 이상 부채를 연장할 권리가 있다면, 보고기간 후 12개월 이내에 만기가 도래한다 하더라도 비유동부채로 분류한다. 만약 기업에 그러한 권리가 없다면, 차환가능성을 고려하지 않고 유동부채로 분류한다.
③ 대여자가 보고기간말 이전에 보고기간 후 적어도 12개월 이상의 유예기간을 주는 데 합의하여 그 유예기간 내에 기업이 위반사항을 해소할 수 있고, 또 그 유예기간 동안에는 대여자가 즉시 상환을 요구할 수 없다면 그 부채는 비유동부채로 분류한다.
④ 보고기간말 이전에 장기차입약정을 위반했을 때 대여자가 즉시 상환을 요구할 수 있는 채무는 보고기간 후 재무제표 발행승인일 전에 채권자가 약정위반을 이유로 상환을 요구하지 않기로 합의한다면 비유동부채로 분류한다.

02 답 ④

보고기간말 이전에 장기차입약정을 위반했을 때 대여자가 즉시 상환을 요구할 수 있는 채무는 보고기간 후 재무제표 발행승인일 전에 채권자가 약정위반을 이유로 상환을 요구하지 않기로 합의하더라도 유동부채로 분류한다.

유형 04　[중간재무보고] 중간재무제표

기본서 PART 07 충당부채와 중간재무보고 → CH 4. 중간재무보고 ▶ 318p

대표 문제 □□□　2010년 국가직 7급

중간재무제표의 작성과 관련된 기업회계기준서의 설명으로 옳지 않은 것은?

① 현금흐름표는 누적기간을 직전 회계연도의 동일기간과 비교하는 형식으로 작성한다.
② 손익계산서는 중간기간과 누적기간을 직전 회계연도의 동일기간과 비교하는 형식으로 작성한다.
③ 재무상태표는 중간기간 말과 직전 회계연도 말을 비교하는 형식으로 작성한다.
④ 자본변동표는 중간기간을 직전 회계연도의 누적기간과 비교하는 형식으로 작성한다.

해설

설명 중 옳지 않은 것: 자본변동표는 당해 회계연도 누적기간을 직전 회계연도의 동일기간과 비교하는 형식으로 작성한다.

정답 ④

01 □□□　2019년 국가직 9급

중간재무보고에 대한 설명으로 옳지 않은 것은?

① 중간재무보고는 6개월, 3개월 등으로 보고기간을 설정할 수 있다.
② 직전 연차재무보고서를 연결기준으로 작성하였다면 중간재무보고서도 연결기준으로 작성해야 한다.
③ 중간재무보고서는 당해 회계연도 누적기간을 직전 연차보고기간 말과 비교하는 형식으로 작성한 재무상태표를 포함하여야 한다.
④ 중간재무보고서는 당해 회계연도 누적기간을 직전 회계연도의 동일기간과 비교하는 형식으로 작성한 현금흐름표를 포함하여야 한다.

01　답 ③

설명 중 옳지 않은 것: 중간재무보고서는 당해 중간보고기간 말과 직전 연차보고기간 말을 비교하는 형식으로 작성한 재무상태표를 포함하여야 한다.

참고사항 중간재무제표가 제시되어야 하는 기간

(1) 당해 중간보고기간 말과 직전 연차보고기간 말을 비교하는 형식으로 작성한 재무상태표
(2) 당해 중간기간과 당해 회계연도 누적기간을 직전 회계연도의 동일기간과 비교하는 형식으로 작성한 포괄손익계산서
(3) 당해 회계연도 누적기간을 직전 회계연도의 동일기간과 비교하는 형식으로 작성한 자본변동표
(4) 당해 회계연도 누적기간을 직전 회계연도의 동일기간과 비교하는 형식으로 작성한 현금흐름표

PART 08

금융부채

본 과목 풀이 시 기업의 보고기간(회계기간)은 매년 1월 1일부터 12월 31일까지이며, 기업은 계속해서 한국채택국제회계기준을 적용해 오고 있다고 가정한다. 또한, 자료에서 제시하지 않은 사항(예 법인세효과 등)은 고려하지 않는다.

유형 01 [상각후원가 측정 금융부채] 사채의 발행유형별 회계처리

기본서 PART 08 금융부채 → CH 2. 상각후원가 측정 금융부채 → 2 사채의 발행유형별 회계처리 ▶ 333p

대표문제 □□□ 2020년 국가직 7급

㈜한국은 20×1년 1월 1일에 액면금액 ₩1,000,000, 표시이자율 연 8%, 이자 지급일 매년 12월 31일, 만기 3년인 사채를 할인발행하였다. 만기까지 상각되는 연도별 사채할인발행차금 상각액은 다음과 같다.

20×1. 12. 31.	20×2. 12. 31.	20×3. 12. 31.
₩15,025	₩16,528	₩18,195

이에 대한 설명으로 옳지 않은 것은?

① 20×2년 12월 31일에 인식할 이자비용은 ₩96,528이다.
② 20×1년 1월 1일 사채의 발행금액은 ₩950,252이다.
③ 이 사채의 표시이자율은 유효이자율보다 낮다.
④ 이 사채의 발행기간에 매년 인식하는 이자비용은 동일한 금액이다.

해설

설명 중 옳지 않은 것: 이 사채의 발행기간에 매년 인식하는 이자비용은 매년 증가한다.

(선지분석)
① ×2년 말 이자비용: 96,528
= 액면이자 (1,000,000 × 8%) + 상각액 16,528
② ×1년 초 발행금액(역산): 950,252
= 액면금액 1,000,000 - Σ상각액 (18,195 + 16,528 + 15,025)
③ 상각액이 증가하므로 할인발행이며, 할인발행의 표시이자율은 유효이자율보다 낮다.

참고사항 사채의 현금흐름 분석

유효이자율: ?%

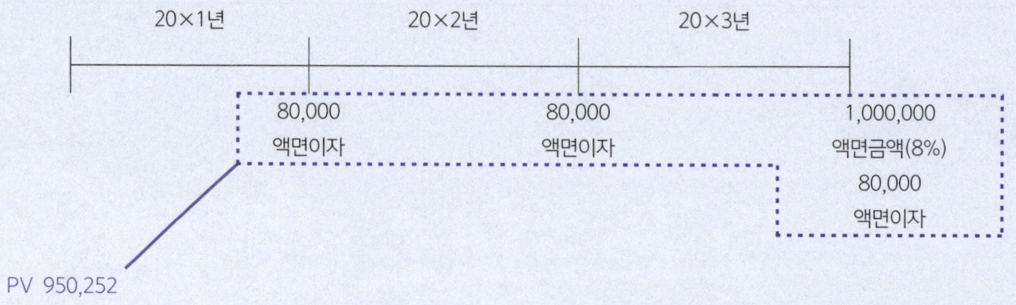

참고사항 액면이자율과 시장이자율의 관계에 따른 사채의 발행유형

구분	이자율간의 관계	액면금액과 발행금액의 관계
액면발행	시장이자율 = 액면이자율	발행금액 = 액면금액
할인발행	시장이자율 > 액면이자율	발행금액 < 액면금액
할증발행	시장이자율 < 액면이자율	발행금액 > 액면금액

정답 ④

01 □□□

2021년 국가직 9급

상각후원가 측정 금융부채로 분류하는 사채의 회계처리에 대한 설명으로 옳지 않은 것은?

① 사채발행 시 사채발행비가 발생한 경우의 유효이자율은 사채발행비가 발생하지 않는 경우보다 높다.
② 사채의 액면이자율이 시장이자율보다 낮은 경우 사채를 할인발행하게 된다.
③ 사채를 할증발행한 경우 사채의 장부금액은 시간이 흐를수록 감소한다.
④ 사채의 할인발행과 할증발행의 경우 사채발행차금 상각액이 모두 점차 감소한다.

01 답 ④

설명 중 옳지 않은 것: 사채의 할인발행과 할증발행은 시간의 경과에 따라 모두 상각액이 증가한다.

02 □□□

2024년 국가직 9급

사채에 대한 설명으로 옳지 않은 것은?

① 사채발행 시 시장이자율이 액면이자율보다 높은 경우 할인발행된다.
② 사채를 할인발행한 경우 매년 인식할 이자비용은 증가한다.
③ 사채할증발행차금 잔액은 매년 감소한다.
④ 사채할인발행차금 상각액은 매년 감소한다.

02 답 ④

사채할인발행차금 상각액은 매년 증가한다.

03 □□□

2015년 국가직 9급

사채의 발행에 관한 설명으로 옳지 않은 것은?

① 할인발행은 유효이자율이 표시이자율보다 큰 경우이다.
② 할증발행의 경우 발행연도의 현금 지급이자는 사채 이자비용보다 크다.
③ 할인발행의 경우 만기가 가까워질수록 사채의 이자비용이 감소한다.
④ 할증발행과 할인발행은 사채의 만기금액이 동일하다.

03 답 ③

설명 중 옳지 않은 것: 할인발행의 경우 만기가 가까워질수록 사채의 이자비용이 증가한다.

참고사항 **액면이자율과 시장이자율의 관계에 따른 사채의 발행유형**

구분	이자율간의 관계	액면금액과 발행금액의 관계
액면발행	시장이자율 = 액면이자율	발행금액 = 액면금액
할인발행	시장이자율 > 액면이자율	발행금액 < 액면금액
할증발행	시장이자율 < 액면이자율	발행금액 > 액면금액

04 □□□

2025년 국가직 9급

사채의 회계처리와 관련하여 사채할인발행차금을 유효이자율법에 따라 상각할 때 재무상태에 미치는 영향으로 옳은 것은? (단, 유효이자율은 0보다 크다.)

① 자본의 증가, 부채의 증가
② 자본의 증가, 부채의 감소
③ 자본의 감소, 부채의 증가
④ 자본의 감소, 부채의 감소

04 답 ③

사채할인발행차금의 상각이 재무상태에 미치는 영향: 자본의 감소, 부채의 증가
(1) 이자비용이 발생: 당기순이익 감소 → 자본 감소
(2) 사채의 증가: 부채의 증가

05 □□□

2022년 국가직 9급

㈜한국은 20×1년 1월 1일 액면금액 ₩1,000,000, 액면이자율 연 10%, 만기 3년, 매년 말 이자지급조건의 사채를 ₩951,980에 발행하였다. 사채의 발행차금에 대한 회계처리는 유효이자율법을 적용하고 있으며, 사채발행일의 시장이자율은 연 12%이다. 사채발행일의 시장이자율과 유효이자율이 일치한다고 할 때, ㈜한국이 사채의 만기일까지 3년간 인식할 총 이자비용은?

① ₩300,000
② ₩348,020
③ ₩360,000
④ ₩368,020

05 답 ②

3년간 총 이자비용: 348,020
= 지급할 현금 {1,000,000 + [(1,000,000 × 10%) × 3]} − 수령한 현금 951,980

참고사항 사채의 현금흐름 분석

유효이자율: 12%

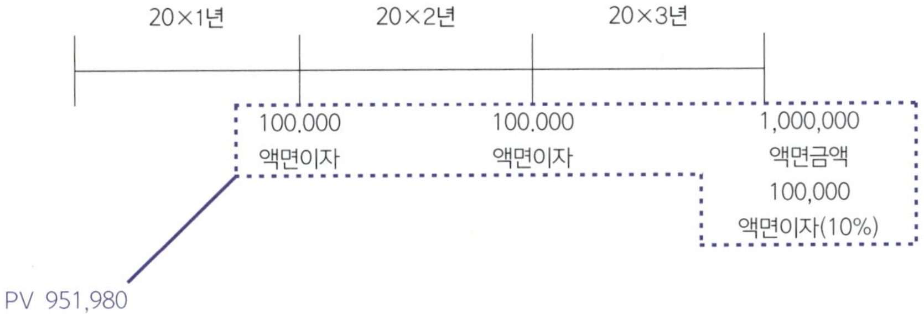

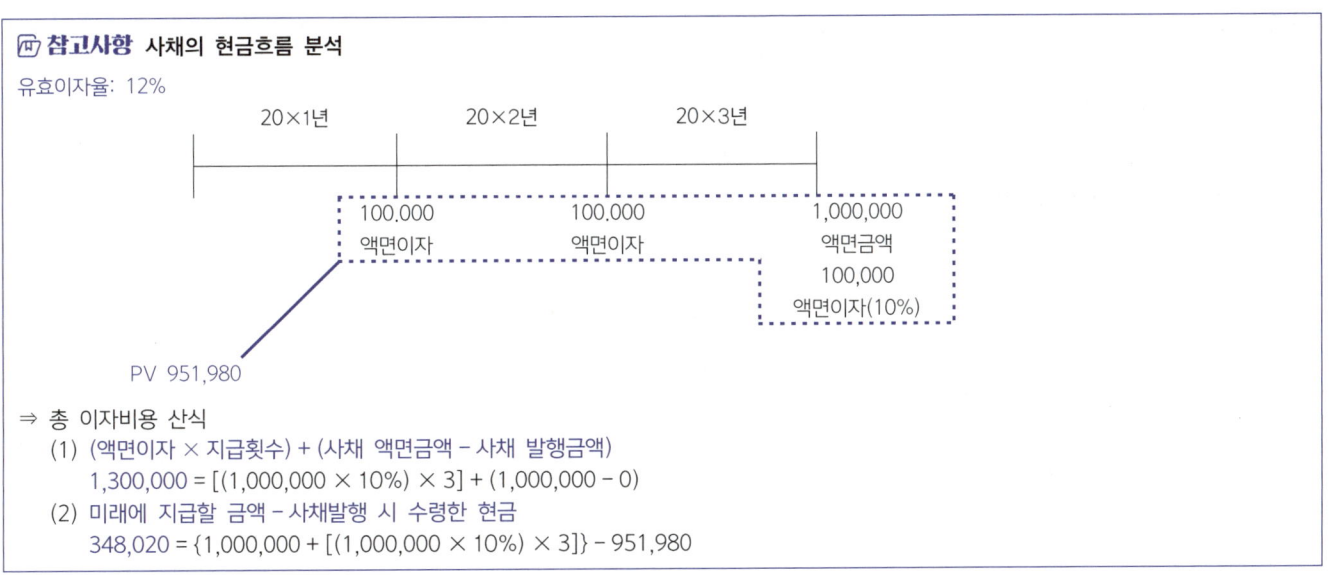

⇒ 총 이자비용 산식
(1) (액면이자 × 지급횟수) + (사채 액면금액 − 사채 발행금액)
1,300,000 = [(1,000,000 × 10%) × 3] + (1,000,000 − 0)
(2) 미래에 지급할 금액 − 사채발행 시 수령한 현금
348,020 = {1,000,000 + [(1,000,000 × 10%) × 3]} − 951,980

06 □□□

2020년 서울시 7급

㈜서울이 20×1년 1월 1일에 액면금액 ₩500,000, 매년 말 액면이자율 8%, 3년 만기인 사채를 할인발행하였다. 사채할인발행차금은 유효이자율법에 따라 상각한다. 20×1년 말과 20×2년 말 사채 장부금액이 〈보기〉와 같고, 해당 사채가 만기상환되었다고 할 때, ㈜서울이 20×2년부터 20×3년까지 2년간 사채와 관련하여 인식한 총 이자비용은?

〈보기〉

- 20×1년 말 사채 장부금액=₩482,600
- 20×2년 말 사채 장부금액=₩490,900

① ₩86,500 ② ₩89,100
③ ₩97,400 ④ ₩106,500

06 답 ③

2년간 총 이자비용: 97,400
= 지급할 현금 {500,000 + [(500,000 × 8%) × 2]} - ×1년 말 사채의 BV 482,600

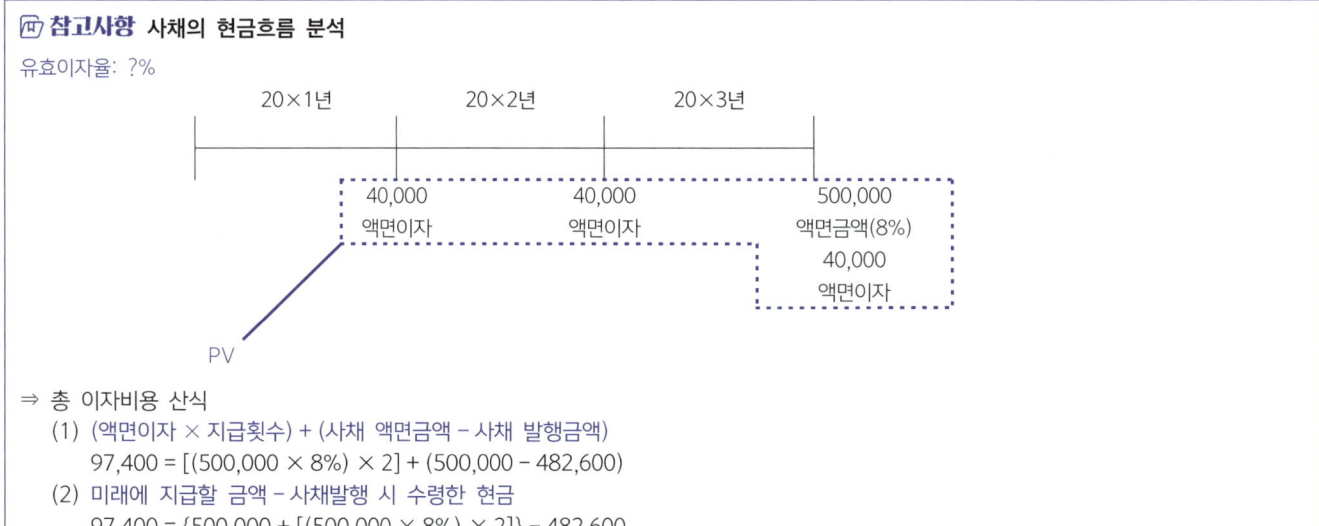

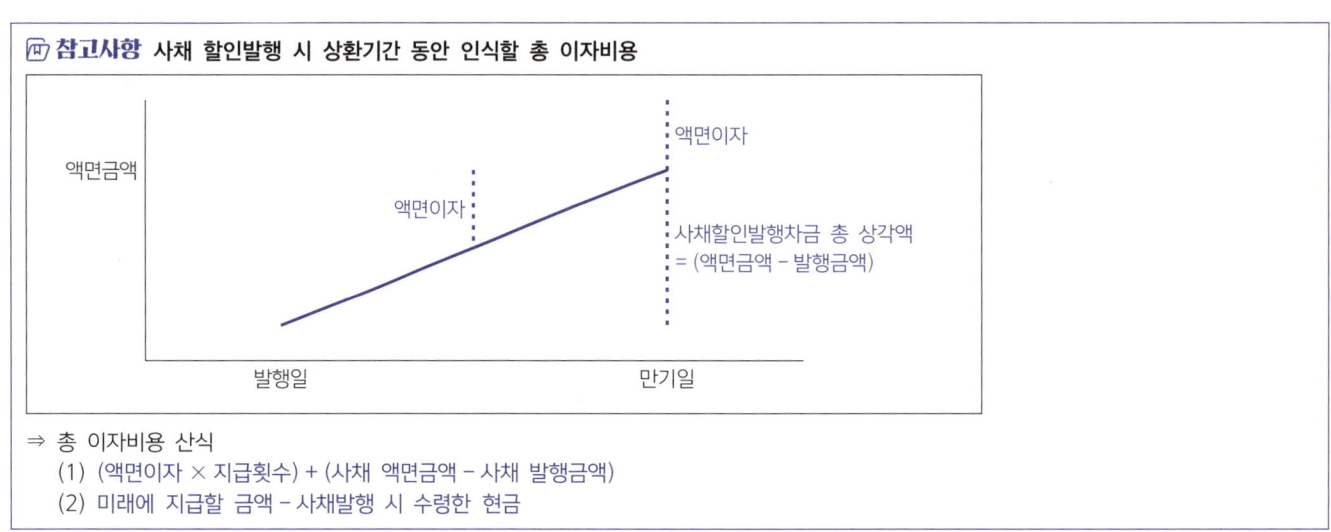

참고사항 사채의 현금흐름 분석

유효이자율: ?%

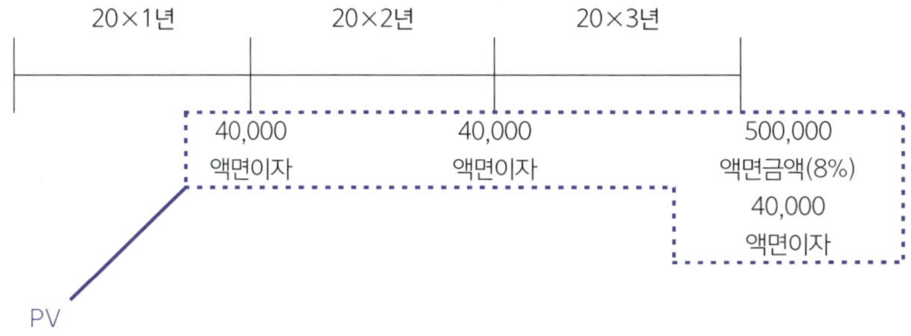

⇒ 총 이자비용 산식
(1) (액면이자 × 지급횟수) + (사채 액면금액 - 사채 발행금액)
97,400 = [(500,000 × 8%) × 2] + (500,000 - 482,600)
(2) 미래에 지급할 금액 - 사채발행 시 수령한 현금
97,400 = {500,000 + [(500,000 × 8%) × 2]} - 482,600

참고사항 사채 할인발행 시 상환기간 동안 인식할 총 이자비용

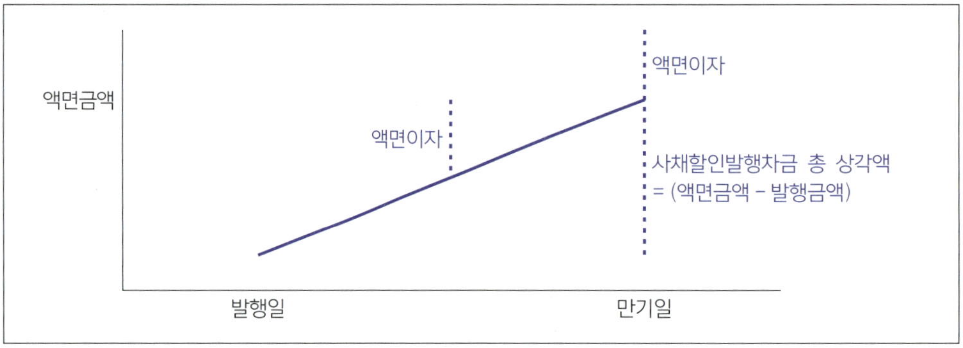

⇒ 총 이자비용 산식
(1) (액면이자 × 지급횟수) + (사채 액면금액 - 사채 발행금액)
(2) 미래에 지급할 금액 - 사채발행 시 수령한 현금

07 □□□

2019년 국가직 7급

㈜한국은 20×7년 1월 1일에 다음과 같은 조건으로 3년 만기 사채를 발행하였다.

- 발행일: 20×7년 1월 1일
- 액면금액: ₩100,000
- 이자 지급: 매년 12월 31일에 액면금액의 연 8% 이자 지급
- 발행금액: ₩105,344

발행일 현재 유효이자율은 6%이며, 유효이자율법에 따라 이자를 인식하고 이자는 매년 12월 31일에 지급한다. 연도별 상각액은 20×7년도 ₩1,679, 20×8년도 ₩1,780, 20×9년도 ₩1,885이며, 상각액 합계액은 ₩5,344이다. 이 사채의 발행 시부터 만기까지 인식할 총 이자비용은? (단, 사채발행비는 발생하지 않았다.)

① ₩ 5,344
② ₩ 18,656
③ ₩ 24,000
④ ₩ 42,656

07

답 ②

3년간 총 이자비용: 18,656
= 지급할 현금 {100,000 + [(100,000 × 8%) × 3]} − 수령한 현금 105,344

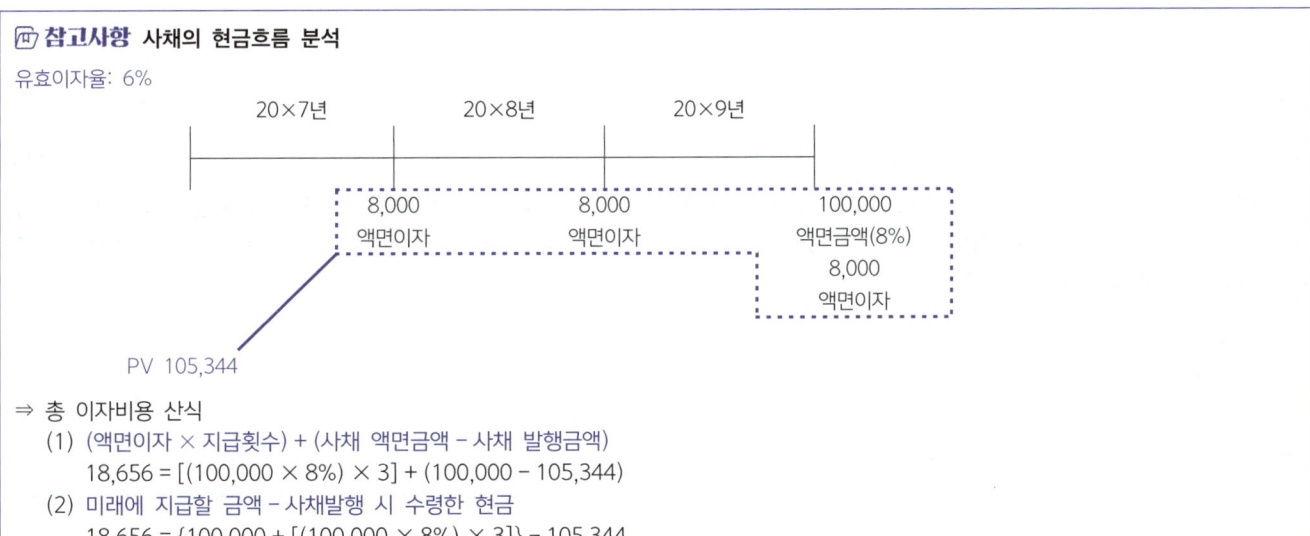

참고사항 사채의 현금흐름 분석

유효이자율: 6%

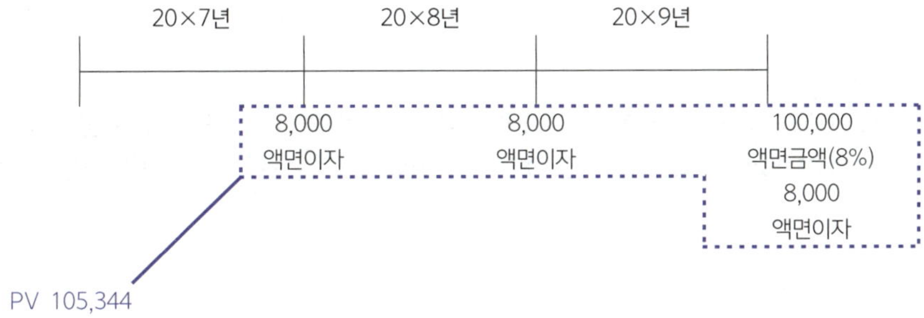

⇒ 총 이자비용 산식
(1) (액면이자 × 지급횟수) + (사채 액면금액 − 사채 발행금액)
18,656 = [(100,000 × 8%) × 3] + (100,000 − 105,344)
(2) 미래에 지급할 금액 − 사채발행 시 수령한 현금
18,656 = {100,000 + [(100,000 × 8%) × 3]} − 105,344

참고사항 사채 할증발행 시 상환기간 동안 인식할 총 이자비용

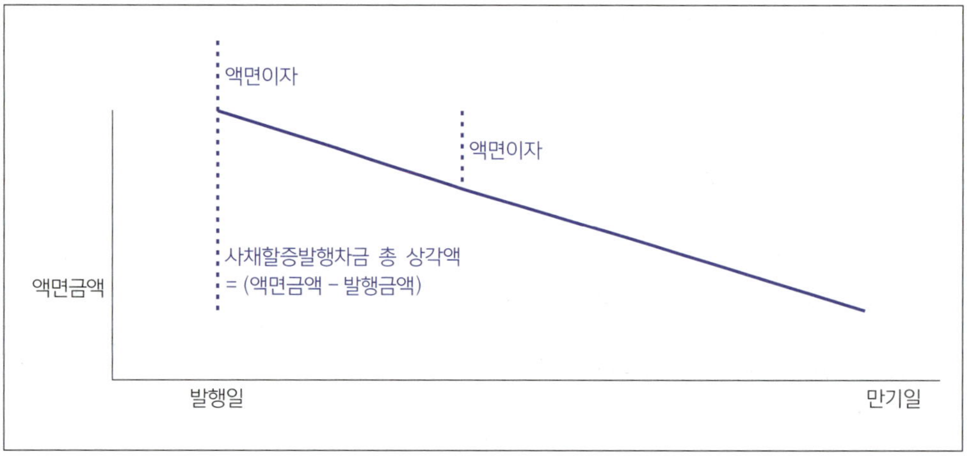

⇒ 총 이자비용 산식
(1) (액면이자 × 지급횟수) + (사채 액면금액 - 사채 발행금액)
(2) 미래에 지급할 금액 - 사채발행 시 수령한 현금

08 □□□

2023년 지방직 9급

㈜한국은 20×1년 초 액면금액 ₩1,000,000의 사채(액면이자율 연 12%, 유효이자율 연 10%, 만기 3년)를 발행하였으며, 발행 시부터 만기까지 인식한 총이자비용은 ₩310,263이다. 20×1년 초 이 사채의 발행가액은? (단, 액면이자는 매년 말 지급하고, 원금은 만기에 일시 상환한다.)

① ₩1,049,737
② ₩1,310,163
③ ₩1,360,000
④ ₩1,670,263

08 답 ①

3년간 총 이자비용: 310,263
= 지급할 현금 {1,000,000 + [(1,000,000 × 12%) × 3]} - 발행가액(발행 시 수령한 현금) A
A = 1,049,737

참고사항 사채의 현금흐름 분석

유효이자율: 10%

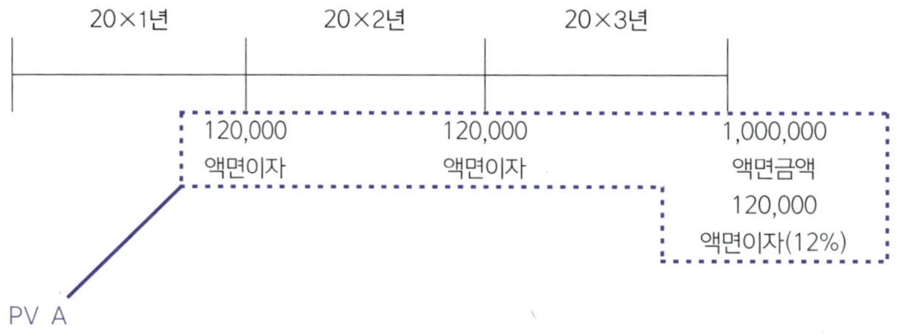

09 □□□

2023년 국가직 9급

㈜한국은 20×1년 1월 1일 액면금액이 ₩1,000,000인 사채(액면이자율 8%, 만기 3년)를 ₩950,263에 발행하였다. ㈜한국이 발행한 사채와 관련한 설명으로 옳지 않은 것은? (단, 액면이자는 매년 말 지급하고, 원금은 만기에 일시 상환한다.)

① 사채발행 시 액면이자율이 시장이자율보다 낮다.
② 매년 인식해야 할 이자비용은 증가한다.
③ 만기까지 인식해야 할 이자비용의 총액은 ₩240,000이다.
④ 이자비용으로 지출하는 현금은 매년 ₩80,000으로 일정하다.

09

답 ③

설명 중 옳지 않은 것: 만기까지 인식할 이자비용의 총액 289,737
= 지급할 현금 {1,000,000 + [(1,000,000 × 8%) × 3]} - 발행가액(발행 시 수령한 현금) 950,263

참고사항 사채의 현금흐름 분석

유효이자율: 6%

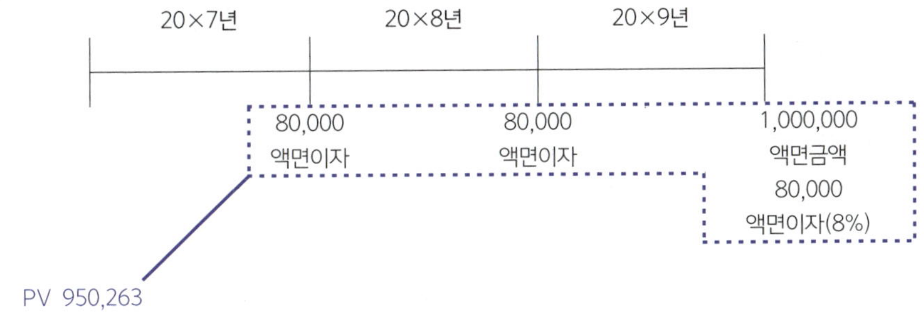

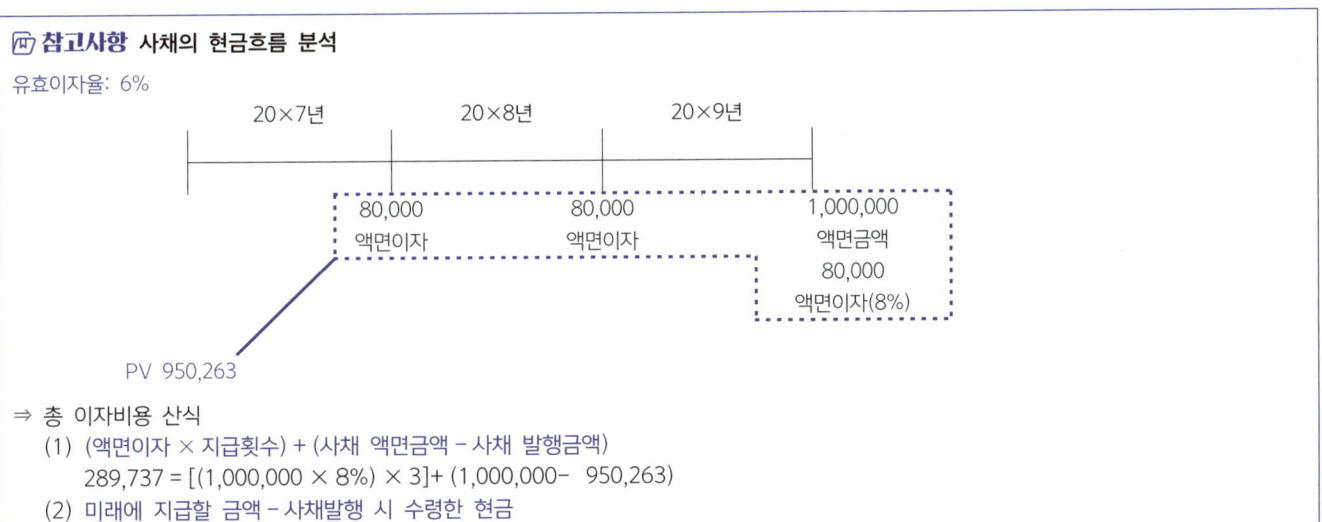

⇒ 총 이자비용 산식
(1) (액면이자 × 지급횟수) + (사채 액면금액 - 사채 발행금액)
289,737 = [(1,000,000 × 8%) × 3]+ (1,000,000- 950,263)
(2) 미래에 지급할 금액 - 사채발행 시 수령한 현금
289,737 = {1,000,000 + [(1,000,000 × 8%) × 3]} - 950,263

선지분석

① 유효이자율(시장이자율)이 액면이자율보다 큰 경우, 사채가 할인발행된다.
×1년 초의 사채발행 관련 회계처리

(차)	현금	950,263	(대)	사채	1,000,000
	사채할인발행차금	49,737			

② 사채가 할인발행 된 경우, 매년 사채의 장부금액이 증가하므로 이자비용도 매년 증가한다.
④ 매년 이자로 지급하는 현금은 액면이자인 80,000이다.

10 □□□

2019년 국가직 9급

㈜한국은 20×1년 1월 1일에 액면금액 ₩120,000, 만기 2년, 이자 지급일이 매년 12월 31일인 사채를 발행하였다. ㈜한국의 회계담당자는 다음과 같은 유효이자율법에 의한 상각표를 작성하였다. ㈜한국의 동 사채에 대한 설명으로 옳은 것은?

일자	이자 지급	유효이자	상각액	장부금액
20×1. 1. 1.				₩ 115,890
20×1. 12. 31.	₩10,800	₩12,748	₩1,948	₩ 117,838
20×2. 12. 31.	₩10,800	₩12,962	₩2,162	₩120,000

① 사채의 표시이자율은 연 8%이다.
② 20×1년 말 사채할인발행차금 상각액은 ₩2,162이다.
③ 20×2년 말 사채 관련 유효이자비용은 ₩12,962이다.
④ 사채의 유효이자율은 연 12%이다.

10 답 ③

설명 중 옳은 것: ×2년 말 사채 관련 유효이자비용은 12,962이다.

(선지분석)

① 사채의 표시이자율은 연 9%이다.
표시이자율 = 액면이자 ÷ 액면금액
9% = 10,800 ÷ 120,000
② 20×1년 말 사채할인발행차금 상각액은 1,948이다.
상각액 = 유효이자 − 액면이자
1,948 = 12,748 − 10,800
④ 사채의 유효이자율은 연 11%이다.
유효이자율 = 유효이자 ÷ 장부금액
11% = 12,748 ÷ 115,890

참고사항 **제시된 상각표 보는 방법**
기초 BV + (유효이자 − 액면이자 = 상각액) = 기말 BV
(1) ×1년 말 BV 도출과정
⇒ 115,890 + (12,748 − 10,800 = 1,948) = 117,838
(2) ×2년 말 BV 도출과정
⇒ 117,838 + (12,962 − 10,800 = 2,162) = 120,000

11 □□□

2015년 국가직 9급

㈜한국은 2013년 1월 1일 자금조달을 위해 액면금액 ₩10,000, 표시이자율 6%, 만기 3년, 매년 말 이자 지급조건의 사채를 발행하였다. 사채를 발행할 당시 시장이자율이 12%였다면, 2014년도에 인식할 사채 관련 이자비용은? (단, 사채발행 시 사채의 현재가치는 아래의 현재가치표를 이용하여 계산하고, 계산과정에서 현가계수 외의 소수점 이하는 소수 첫째 자리에서 반올림한다.)

기간	6%		12%	
	단일금액	연금	단일금액	연금
3년	0.84	2.67	0.71	2.40

① ₩ 696
② ₩1,025
③ ₩1,076
④ ₩1,198

11

답 ③

14년의 사채 관련 이자비용: 1,076

(1) 13년 초 BV: 8,540
= (10,000 × 0.71) + [(10,000 × 6%) × 2.40]

(2) 13년 말 BV: 8,965
1) 계산방법 1: 기말 BV = [기초 BV × (1 + 유효R)] - 액면이자
8,965 ≒ [8,540 × (1 + 0.12)] - (10,000 × 6%)
2) 계산방법 2: 기말 BV = 기초 BV + 상각액
8,965 ≒ 8,540 + [(8,540 × 12%) - (10,000 × 6%)]

(3) 14년 이자비용: 1,076
이자비용 = 기초 BV × 유효R
1,076 ≒ 8,965 × 12%

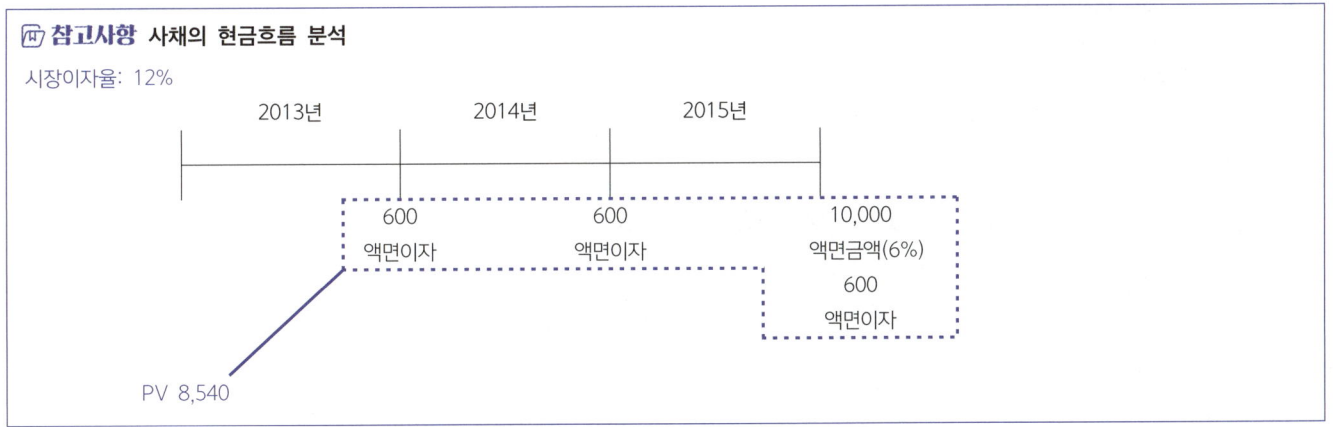

참고사항 사채의 현금흐름 분석

시장이자율: 12%

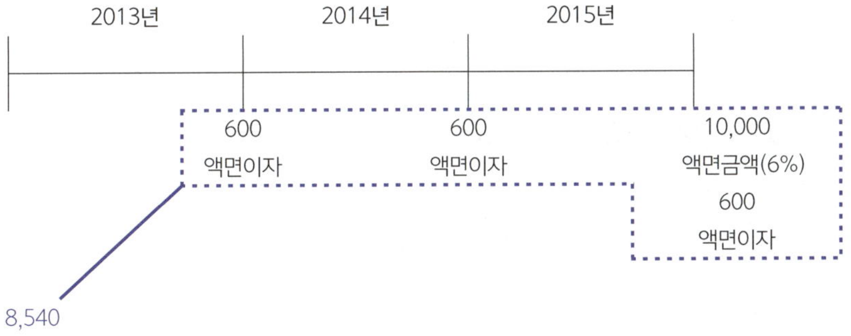

12 □□□

2014년 지방직 9급

㈜지방은 20×3년 1월 1일에 액면금액 ₩1,000, 표시이자율 연 7%, 만기 2년, 매년 말에 이자를 지급하는 사채를 발행하였다. 다음은 ㈜지방이 작성한 사채상각표의 일부를 나타낸 것이다.

일자	유효이자	표시이자	사채할인발행차금 상각	장부금액
20×3. 1. 1.				?
20×3. 12. 31.	?	?	₩25	?
20×4. 12. 31.	?	?	₩27	₩1,000

위의 자료를 이용한 사채에 대한 설명으로 옳지 않은 것은?

① 2년간 이자비용으로 인식할 총 금액은 ₩140이다.
② 사채의 발행금액은 ₩948이다.
③ 20×4년 1월 1일에 사채를 ₩1,000에 조기상환할 경우 사채상환손실은 ₩27이다.
④ 사채의 이자비용은 매년 증가한다.

12 답 ①

설명 중 옳지 않은 것: 2년간 이자비용으로 인식할 총 금액은 192이다.
= 지급할 현금 {1,000 + [(1,000 × 7%) × 2]} - 수령한 현금 948

(선지분석)

② 사채의 발행금액: 948
기초 BV + (유효이자 - 액면이자 = 상각액) = 기말 BV
(1) ×3년 말 BV 도출과정(역산)
⇒ 1,000 - (97 - 70 = 27) = 973
(2) ×3년 초 BV 도출과정(역산)
⇒ 973 - (95 - 70 = 25) = 948

③ 사채상환 시 회계처리

(차)	사채	973	(대) 현금	1,000
	상환손실	27		

* 사채: 1,000 - (97 - 70) = 973

④ 상각액이 증가하므로 할인발행이며, 할인발행의 이자비용은 매년 증가한다.

13 □□□

2020년 지방직 9급

㈜한국은 20×1년 1월 1일에 액면금액 ₩100,000, 액면이자율 연 8%, 5년 만기의 사채를 ₩92,416에 발행하였다. 이자는 매년 12월 31일에 지급하기로 되어 있고 20×1년 1월 1일 시장이자율은 연 10%이다. 동 사채의 회계처리에 대한 설명으로 옳지 않은 것은? (단, 계산결과는 소수점 아래 첫째 자리에서 반올림한다.)

① 사채발행 시 차변에 현금 ₩92,416과 사채할인발행차금 ₩7,584을 기록하고, 대변에 사채 ₩100,000을 기록한다.

② 20×1년 12월 31일 이자 지급 시 차변에 사채 이자비용 ₩9,242을 기록하고 대변에 현금 ₩8,000과 사채할인발행차금 ₩1,242을 기록한다.

③ 20×1년 12월 31일 사채의 장부금액은 ₩91,174이다.

④ 사채 만기까지 인식할 총 사채 이자비용은 액면이자 합계액과 사채할인발행차금을 합한 금액이다.

13

답 ③

설명 중 옳지 않은 것: 20×1년 12월 31일 사채의 장부금액은 93,658이다.

(1) 기말 BV = 기초 BV × (1 + 유효R) − 액면이자

93,658 ≒ [92,416 × (1 + 0.1)] − (100,000 × 8%)

(2) 기말 BV = 기초 BV + 상각액

93,658 ≒ 92,416 + [(92,416 × 10%) − (100,000 × 8%)]

참고사항 사채의 현금흐름 분석

시장이자율: 10%

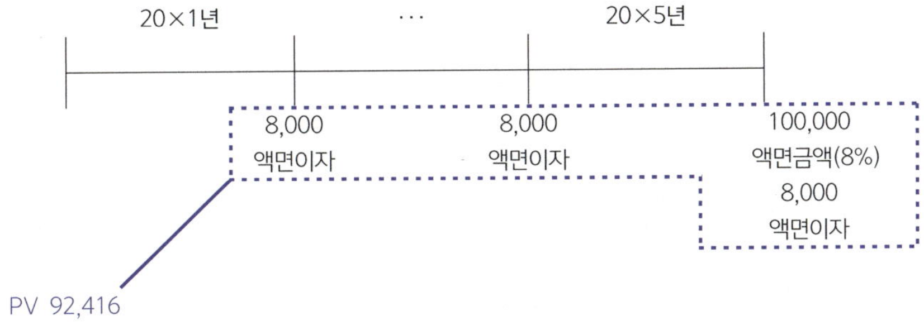

(선지분석)

① ×1년 초의 사채발행 관련 회계처리

(차)	현금	92,416	(대) 사채	100,000
	사채할인발행차금	7,594		

② ×1년 말의 이자비용 관련 회계처리

(차)	이자비용	9,242	(대) 현금	8,000
			사채할인발행차금	1,242

* 이자비용: 92,416 × 10% ≒ 9,242
* 현금(액면이자): 100,000 × 8% = 8,000

④ 총 이자비용 산식

(1) (액면이자 × 지급횟수) + (사채 액면금액 − 사채 발행금액)

(2) 미래에 지급할 금액 − 사채발행 시 수령한 현금

14 □□□

2024년 국가직 7급

㈜한국은 20×1년 초 사채(상각후원가측정 금융부채)를 다음의 조건으로 발행하였다. 이에 대한 설명으로 옳지 않은 것은?

• 액면금액: ₩2,000,000	• 발행금액: ₩1,900,000
• 액면이자율: 연 8%	• 유효이자율: 연 10%
• 액면이자는 매년 말 지급하고, 원금은 만기에 일시 상환	

① 20×1년 이자비용은 ₩190,000이다.
② 20×1년 사채할인발행차금 상각액은 ₩30,000이다.
③ 20×1년 말 사채할인발행차금의 잔액은 ₩60,000이다.
④ 20×2년 초 사채 전액을 ₩1,910,000에 조기상환한다면 상환이익은 ₩20,000이다.

14

답 ③

설명 중 옳지 않은 것: 20×1년 말 사채할인발행차금 잔액 = 70,000
(1) 사채발행 시 사채할인발행차금: 100,000 = 액면금액 2,000,000 - 발행금액 1,900,000
(2) 20×1년 이자비용: 190,000 = 1,900,000 × 10%
(3) 20×1년 상각액: 30,000 = 1,900,000 × 10% - 2,000,000 × 8%
(4) 20×1년 말 사채할인발행차금 잔액: 70,000 = 100,000 - 30,000
(5) 20×2년 초 장부금액: 1,930,000 = 1,900,000 + 190,000 - 160,000
(6) 20×2년 초 1,910,000 상환 시 사채상환손익: (+)20,000 = 1,930,000 - 1,910,000

유형 02 [상각후원가 측정 금융부채] 거래원가와 시장이자율 및 유효이자율

기본서 PART 08 금융부채 → CH 2. 상각후원가 측정 금융부채 → 3 거래원가와 시장이자율 및 유효이자율 ▶ 350p

대표문제 □□□ 2019년 서울시 7급

㈜한국은 20×8년 1월 1일에 3년 만기 사채를 발행하였다. 매년 말 액면이자를 지급하고 유효이자율법에 따라 사채할인발행차금을 상각한다. 20×9년 말 이자와 관련된 회계처리는 〈보기〉와 같고, 〈보기〉의 거래가 반영된 20×9년 말 사채의 장부금액은 ₩430,000이다. 이 경우 사채의 유효이자율은?

〈보기〉

(차) 이 자 비 용	60,000	(대) 현 금	30,000
		사채할인발행차금	30,000

① 14% ② 15%
③ 16% ④ 17%

해설

사채의 유효이자율: 15%

(1) 기초 BV: 400,000
기말 BV = 기초 BV + (유효이자 − 액면이자 = 상각액)
400,000 = 430,000 − (60,000 − 30,000 = 30,000)

(2) 유효이자율: 15%
유효이자율 = 유효이자 ÷ 장부금액
15% = 60,000 ÷ (430,000 − 30,000)

정답 ②

01 □□□

2018년 국가직 9급

(주)한국은 20×1년 1월 1일 액면금액 ₩100,000, 만기 3년의 사채를 ₩92,410에 발행하였다. 사채의 연간 액면이자는 매년 말 지급되며 20×1년 12월 31일 사채의 장부금액은 ₩94,730이다. 사채의 연간 액면이자율을 추정한 것으로 가장 가까운 것은? (단, 사채발행 시 유효이자율은 9%이다.)

① 5%　　② 6%

③ 7%　　④ 8%

01

답 ②

사채의 연간 액면이자율: 6%
= 액면이자 6,000 ÷ 액면금액 100,000

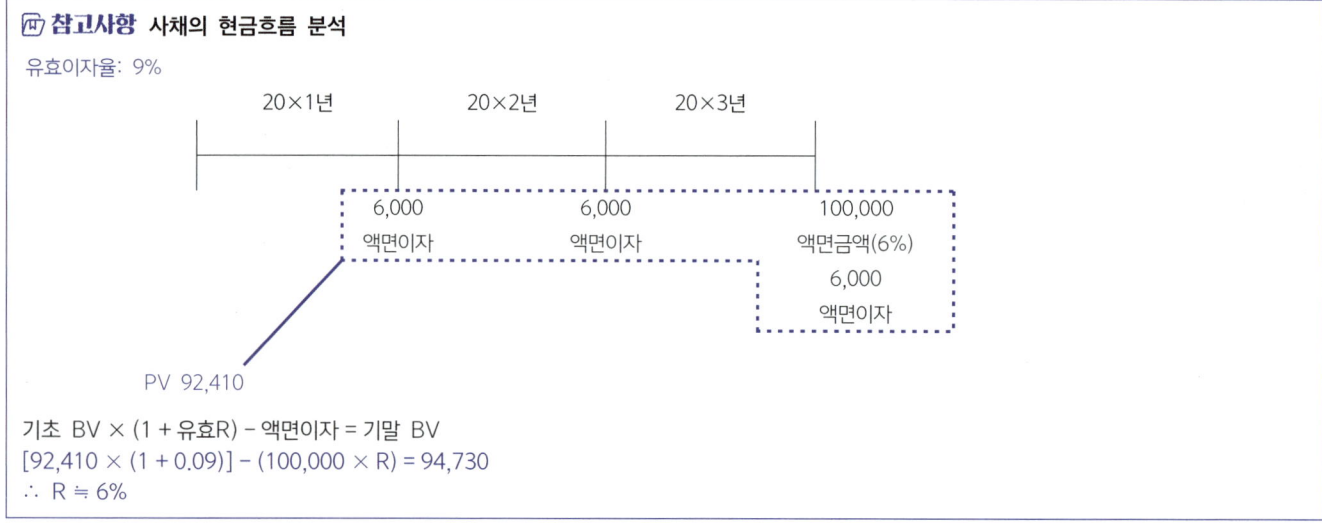

참고사항 사채의 현금흐름 분석

유효이자율: 9%

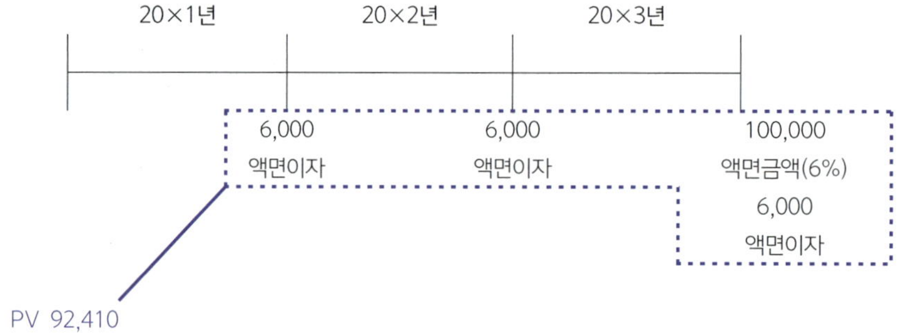

기초 BV × (1 + 유효R) − 액면이자 = 기말 BV
[92,410 × (1 + 0.09)] − (100,000 × R) = 94,730
∴ R ≒ 6%

02 □□□

2012년 국가직 9급

㈜한국은 사채할인발행차금을 액면이자를 지급하는 매년 말 유효이자율법에 의하여 상각한다. 2012년 말 ㈜한국의 분개가 다음과 같고, 분개 후 사채의 장부금액은 ₩167,000일 때, 사채의 유효이자율은?

(차변) 이 자 비 용	₩40,000	(대변) 사채할인발행차금	₩7,000
		현 금	₩33,000

① 10%
② 15%
③ 20%
④ 25%

02

답 ④

사채의 유효이자율: 25%

(1) 12년 초 BV: 160,000
= 기말 BV 167,000 − 상각액 7,000

(2) 사채의 유효이자율: 25%

1) 계산방법 1: 기말 BV = [기초 BV × (1 + 유효R)] − 액면이자
167,000 = [160,000 × (1 + R)] − 33,000
∴ 유효R: 25%

2) 계산방법 2: 이자비용 = 기초 BV × 유효R
40,000 = 160,000 × R
∴ 유효R: 25%

기본서 PART 08 금융부채 → CH 2. 상각후원가 측정 금융부채 → 4 이자 지급일 사이의 사채발행 ▶ 351p

대표문제 □□□ 2018년 국가직 7급

㈜한국은 1월 1일 액면금액 ₩50,000(액면이자율 연 8%, 이자 매년 말 후급)의 사채를 발행하고자 하였으나, 실제로 같은 해 4월 1일에 발행하였다. 1월 1일과 4월 1일의 유효이자율은 10%로 동일한 것으로 가정하며, 1월 1일 사채의 현재가치는 ₩47,513이다. 다음 설명 중 옳지 않은 것은? (단, 사채발행비는 발생되지 않았고, 사채이자는 월 단위로 계산하며, 소수점 발생 시 소수점 이하 첫째자리에서 반올림한다.)

① 4월 1일의 사채 액면이자 미지급액은 ₩1,000이다.
② 4월 1일의 사채 장부금액은 ₩47,701이다.
③ 4월 1일의 현금 수령액은 ₩48,701이다.
④ 4월 1일의 사채할인발행차금은 ₩2,487이다.

해설

설명 중 옳지 않은 것: 4월 1일의 사채할인발행차금은 2,299이다.
= 액면금액 50,000 - 발행 시점의 BV 47,701

별해 이자 지급일 사이의 사채발행 시 사채 발행금액 결정 구조 적용

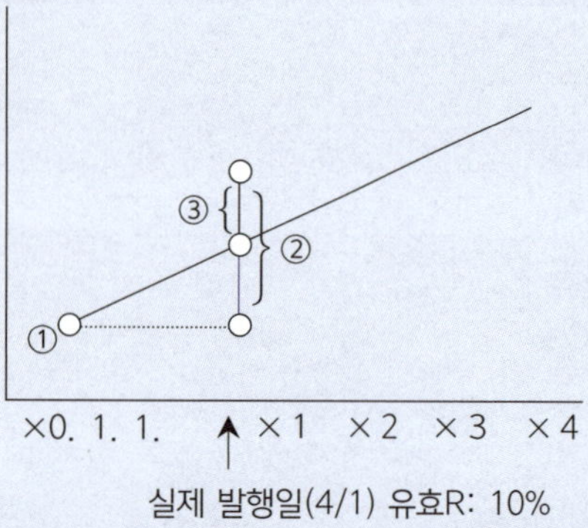

① 1월 1일 CF의 PV = PV(CF) by 실제 발행일 R
• 47,513
② 1월 1일 ~ 실제 발행일까지 유효이자
= ① × 유효R × 미보유기간 / 12
• 47,513 × 10% × 3/12 = 1,188
③ 1월 1일 ~ 실제 발행일까지 액면이자
= 액면금액 × 액면R × 미보유기간 / 12
• 50,000 × 8% × 3/12 = 1,000
⇒ 현금 수령액(발행금액): ① + ② = 48,701
⇒ 사채 BV(순발행금액): ① + ② - ③ = 47,701

참고사항 순액법에 따른 기중 사채발행 시 회계처리

(차) 현	금	48,701	(대) 사	채	47,701
				미 지 급 이 자	1,000

정답 ④

유형 04 [상각후원가 측정 금융부채] 사채의 상환

기본서 PART 08 금융부채 → CH 2. 상각후원가 측정 금융부채 → 5 사채의 상환 ▶ 356p

대표문제 □□□ 2011년 국가직 9급

㈜한국은 2011년 1월 1일 만기 3년, 연 이자율 10%(매년 12월 31일 이자 지급), 액면금액 ₩100,000인 사채를 유효이자율 8% 기준으로 ₩105,151에 발행하였다. ㈜한국은 해당 사채를 2012년 12월 31일 ₩103,000에 조기상환을 하였다. 이러한 거래와 관련된 설명으로 옳지 않은 것은? (단, 사채발행차금은 유효이자율법으로 상각하며, 소수점 이하는 반올림한다.)

① 2011년 1월 1일 사채할증발행차금 ₩5,151을 대변에 기록한다.
② 2011년 12월 31일 사채할증발행차금의 상각액은 ₩1,588이다.
③ 2012년 12월 31일 사채 이자비용은 ₩8,285이다.
④ 2012년 12월 31일 사채상환손실 ₩152을 차변에 기록한다.

해설

설명 중 옳지 않은 것: 2012년 12월 31일 사채상환손실 ₩1,152을 차변에 기록한다.

(차)	사채	103,563	(대) 현금	103,000
	이자비용	8,285	현금	10,000
	상환손실	1,152		

(선지분석)

① 사채발행 시 회계처리

(차)	현금	105,151	(대) 사채	100,000
			사채할증발행차금	5,151

* 사채할증발행차금: 105,151 - 100,000 = 5,151

② 11년 말의 사채 이자비용 관련 회계처리

(차)	이자비용	8,412	(대) 현금	10,000
	사채할증발행차금	1,588		

* 이자비용: 105,151 × 8% ≒ 8,412
* 현금(액면이자): 100,000 × 10% = 10,000

③ 12년 말의 사채 이자비용 관련 회계처리

(차)	이자비용	8,285	(대) 현금	10,000
	사채할증발행차금	1,715		

* 이자비용: 103,563 × 8% ≒ 8,285
* 현금(액면이자): 100,000 × 10% = 10,000

참고사항 사채의 현금흐름 분석

유효이자율: 8%

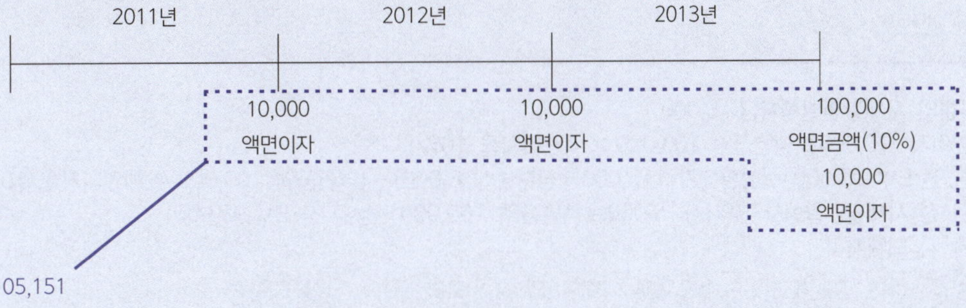

정답 ④

01 □□□

2021년 국가직 9급

㈜한국은 20×1년 1월 1일에 액면가 ₩10,000, 만기 3년, 표시이자율 8%, 이자 지급일이 매년 12월 31일인 사채를 ₩9,503에 할인발행하였다. 이 사채를 20×2년 1월 1일에 ₩9,800을 지급하고 조기상환할 때, 사채상환손익은? (단, 발행일의 유효이자율은 10%이고, 금액은 소수점 첫째자리에서 반올림한다.)

① 사채상환손실 ₩18
② 사채상환손실 ₩147
③ 사채상환이익 ₩18
④ 사채상환이익 ₩147

01

답 ②

×2년의 조기상환 시 사채상환손익: 147 손실
(1) 20×2년 초 사채의 장부금액: 9,653 = (9,503 × 1.1) − 800
(2) 사채상환손익: (−) 147 = (−) 9,800 + 9,653

02 □□□

2018년 서울시 7급

㈜서울은 액면금액이 ₩100,000, 표시이자율이 연 10%(1년에 1회 이자 지급)인 사채를 이자 지급일에 현금 ₩113,000을 지급하고 조기상환하였다. 이때 사채상환손실이 ₩8,000이었다면, 상환 시점의 사채할인발행차금은?

① ₩8,000
② ₩5,000
③ ₩3,000
④ ₩2,000

02

답 ②

상환 시점의 사채할인발행차금: 5,000
(1) 액면이자: 10,000 = 액면금액 100,000 × 액면이자율 10%
(2) 상환 전 BV: 95,000 = (상환대가 113,000 − 상환손실 8,000) − (액면금액 100,000 × 액면이자율 10%)
(3) 상환 전 사채할인발행차금(역산): 5,000 = 액면금액 100,000 − 상환 전 BV 95,000
(4) 상환 시 회계처리

(차)	사채	100,000	(대) 현금	113,000
	미지급이자	10,000	사채할인발행차금	5,000
	상환손실	8,000		

* 미지급이자: 100,000 × 10% = 10,000
* 사채할인발행차금: 100,000 − [(113,000 − 8,000) − (100,000 × 10%)] = 5,000

03 □□□

2016년 국가직 7급

㈜한국은 2014년 1월 1일 액면금액 ₩10,000인 사채(3년 만기, 표시이자율 5%)를 할인발행하였다. 2015년 1월 1일 동 사채의 장부금액은 ₩9,600이고, 2015년도에 발생한 이자비용은 ₩600이다. ㈜한국이 2016년 1월 1일 해당 사채를 ₩9,800에 조기상환하였다면, 이에 대한 분개로 옳은 것은?

	차변		대변	
①	사　　채	₩10,000	현　　금	₩9,800
			사채상환이익	₩200
②	사　　채	₩10,000	현　　금	₩9,800
	사채상환손실	₩100	사채할인발행차금	₩300
③	사　　채	₩10,000	현　　금	₩9,800
	사채상환손실	₩700	사채할인발행차금	₩900
④	사　　채	₩10,000	현　　금	₩9,800
	사채상환손실	₩800	사채할인발행차금	₩1,000

03 답 ②

16년의 사채상환손익: 100 손실

(차) 사　　채(순액)	9,700	(대) 현　　금	9,800
상 환 손 실	100		

* 사채: 9,600 + [600 − (10,000 × 5%)] = 9,700

(1) 15년 말 BV: 9,700
= 기초 BV 9,600 + 상각액 [600 − (10,000 × 5%)]

(2) 상환 시 BV: 9,700 = 15년 말 BV

04 □□□

2010년 국가직 7급

㈜한국은 2007년 1월 1일 3년 만기, 액면 ₩1,000의 사채를 발행하였다. 이 사채의 액면이자율은 5%, 유효이자율은 10% 그리고 이자 지급일은 매년 12월 31일이다. ㈜한국이 2009년 7월 1일 경과이자를 포함하여 현금 ₩950을 지급하고 이 사채를 조기상환할 때, 사채상환손익은? (단, 2008년 12월 31일 현재 사채할인발행차금의 미상각잔액은 ₩40으로 가정한다.)

① ₩58 손실
② ₩58 이익
③ ₩68 손실
④ ₩68 이익

04 답 ②

09년의 사채상환손익: 58 이익

(차) 기초 BV + 6개월 유효이자	1,008	(대) 현　　금	950
		상 환 이 익	58

* 사채: (1,000 − 40) + [(1,000 − 40) × 10% × 6/12] = 1,008

(1) 08년 말 BV: 960
= 액면금액 1,000 − 사채발행차금 미상각잔액 40

(2) 상환 시점까지의 유효이자: 48
이자비용 = 기초 BV × 유효R × 보유기간 / 12
48 = 960 × 10% × 6/12

(3) 상환 시 BV: 1,008 = 기초 BV 960 + 미지급이자 48

05 □□□

2024년 지방직 9급

㈜한국이 발행한 사채(액면금액 ₩100,000, 액면이자율 연 8%, 발행 시 유효이자율 연 10%)의 20×1년 말 장부금액은 ₩95,000이다. ㈜한국은 20×2년 말 동 사채에 대한 액면이자를 지급한 후 즉시 사채 전부를 ₩98,000에 상환하였다. 사채가 ㈜한국의 20×2년 당기순이익에 미치는 영향은? (단, 액면이자는 매년 말 지급하고, 원금은 만기에 일시 상환한다.)

① ₩8,000 감소
② ₩9,500 감소
③ ₩10,000 감소
④ ₩11,000 감소

05 답 ④

20×2년 당기순이익에 미치는 영향: (-)11,000
= 이자비용 9,500 + 상환손실 1,500
(1) ×2년 이자비용: 95,000 × 10% = (-)9.500
(2) ×2년 말 사채 장부금액: 96,500 = 95,000 × 1.1 - 100,000 × 8%
(3) 상환손익: 96,500 - 98,000 = (-)1,500
(4) 당기손익에 미치는 영향: (-)11,000 = 이자비용 9,500 + 상환손실 1,500

PART 09

자본

본 과목 풀이 시 기업의 보고기간(회계기간)은 매년 1월 1일부터 12월 31일까지이며, 기업은 계속해서 한국채택국제회계기준을 적용해 오고 있다고 가정한다. 또한, 자료에서 제시하지 않은 사항(예 법인세효과 등)은 고려하지 않는다.

유형 01 [자본거래] 자본금의 증가 거래(= 증자)

기본서 PART 09 자본 → CH 3. 자본거래 → 1 자본금의 증가 거래(= 증자) ▶ 377p

대표문제 □□□ 2014년 국가직 9급

㈜한국은 액면금액 ₩500인 주식 10주를 주당 ₩600에 발행하였는데, 주식발행비로 ₩500이 지출되었다. 위의 주식발행이 ㈜한국의 재무제표에 미치는 영향에 대한 설명으로 옳은 것은? (단, 법인세효과는 무시한다.)

① 순이익이 ₩500 감소한다.
② 이익잉여금이 ₩500 감소한다.
③ 자산총액이 ₩6,000 증가한다.
④ 자본총액이 ₩5,500 증가한다.

해설

설명 중 옳은 것: 자본총액이 5,500 증가한다.
= 자본금 5,000 + 주식발행초과금 1,000 - 주식발행초과금(주식발행비) 500

선지분석

① 신주발행비는 주식의 발행으로 납입되는 현금을 감소시키므로 주식의 발행금액에서 차감한다.
② 자본거래는 수익과 비용이 발생하는 거래가 아니므로 자본거래에서 발생하는 차익은 자본잉여금으로 자본거래에서 발생한 차손은 이미 인식한 관련 자본잉여금과 우선 상계하고, 미계상된 잔액은 자본조정으로 분류하였다가 이익잉여금과 상계한다.
③ 자산(현금) 5,500 증가 = 6,000 - 500

참고사항 유상증자 시 회계처리

(차) 현금	6,000	(대) 자본금	5,000
		주식발행초과금	1,000

* 현금: 10주 × @600 = 6,000
* 자본금: 10주 × @500 = 5,000

(차) 주식발행초과금	500	(대) 현금	500

정답 ④

01 □□□

2017년 국가직 9급

㈜한국의 2016년 자본 관련 거래가 다음과 같을 때, 2016년에 증가한 주식발행초과금은? (단, 기초 주식할인발행차금은 없다고 가정한다.)

- 3월 2일: 보통주 100주(주당 액면금액 ₩500)를 주당 ₩700에 발행하였다.
- 5월 10일: 우선주 200주(주당 액면금액 ₩500)를 주당 ₩600에 발행하였다.
- 9월 25일: 보통주 50주(주당 액면금액 ₩500)를 발행하면서 그 대가로 건물을 취득하였다. 취득 당시 보통주의 주당 공정가치는 ₩1,000이었다.

① ₩20,000　② ₩40,000
③ ₩45,000　④ ₩65,000

01　답 ④

16년에 증가한 주식발행초과금: 65,000
= 유상증자(3월) 20,000 + 유상증자(5월) 20,000 + 현물출자(9월) 25,000
(1) 3월 2일(유상증자): (+) 20,000 = 100주 × @(700 − 500)
(2) 5월 10일(유상증자): (+) 20,000 = 200주 × @(600 − 500)
(3) 9월 25일(현물출자): (+) 25,000 = 50주 × @(1,000 − 500)

참고사항 거래별 회계처리

(1) 3월 2일(유상증자)의 회계처리

(차) 현금	70,000	(대) 자본금	50,000
		주식발행초과금	20,000

* 현금: 100주 × @700 = 70,000
* 자본금: 100주 × @500 = 50,000

(2) 5월 10일(유상증자)의 회계처리

(차) 현금	120,000	(대) 자본금	100,000
		주식발행초과금	20,000

* 현금: 200주 × @600 = 120,000
* 자본금: 200주 × @500 = 100,000

(3) 9월 25일(현물출자)의 회계처리

(차) 건물	50,000	(대) 자본금	25,000
		주식발행초과금	25,000

* 자본금: 50주 × @500 = 25,000
* 건물(발행금액): 50주 × @1,000 = 50,000

참고사항 현물출자의 구조

(차) 건물 등	FV	(대) 자본금	×××
1st 현물출자로 제공받은 자산의 공정가치		주식발행초과금	×××
		2nd 발행주식의 공정가치	

02 □□□

2018년 서울시 9급

㈜서울은 2018년 12월 말에 주당 액면금액 ₩5,000인 보통주 1,000주를 주당 ₩10,000에 발행(유상증자)하였으며, 주식인쇄비 등 주식발행과 관련된 비용이 ₩1,000,000 발생하였다. 유상증자 직전에 ㈜서울의 자본에는 주식할인발행차금의 미상각 잔액이 ₩1,500,000 존재하였다. 이 거래와 관련하여 ㈜서울이 2018년 말에 보고할 주식발행초과금은?

① ₩2,500,000
② ₩4,000,000
③ ₩9,000,000
④ ₩10,000,000

02

답 ①

18년 말의 주식발행초과금: 2,500,000
= (10,000,000 − 1,000,000) − 5,000,000 − 1,500,000
(1) 현금: 9,000,000 = (1,000주 × @10,000) − 1,000,000
(2) 자본금: 5,000,000 = 1,000주 × @5,000
(3) 주식할인발행차금(우선 상계액): 1,500,000

참고사항 유상증자 시 회계처리

(차)	현　　금	10,000,000	(대)	자　본　금	5,000,000
				주식할인발행차금	1,500,000
				주식발행초과금	3,500,000

* 현금: 1,000주 × @10,000 = 10,000,000
* 자본금: 1,000주 × @5,000 = 5,000,000

(차)	주식발행초과금	1,000,000	(대)	현　　금	1,000,000

03 □□□

2017년 국가직 9급

㈜한국은 2016년 초 보통주 200주(주당 액면금액 ₩5,000, 주당 발행금액 ₩6,000)를 발행하였으며, 주식 발행과 관련된 직접원가 ₩80,000과 간접원가 ₩10,000이 발생하였다. ㈜한국의 주식 발행에 대한 설명으로 옳은 것은? (단, 기초 주식할인발행차금은 없다고 가정한다.)

① 자본의 증가는 ₩1,200,000이다.

② 자본잉여금의 증가는 ₩120,000이다.

③ 주식발행초과금의 증가는 ₩110,000이다.

④ 주식발행과 관련된 직·간접원가 ₩90,000은 비용으로 인식한다.

03 답 ②

설명 중 옳은 것: 자본잉여금이 120,000 증가한다.
= 주식발행초과금 200,000 - 주식발행초과금(주식발행비) 80,000

선지분석

① 자본(현금): 1,110,000 증가 = 1,200,000 - (80,000 + 10,000)

③ 주식발행초과금(자본잉여금): 120,000 증가 = 200,000 - 80,000

④ 주식발행과 관련된 간접원가 10,000은 비용으로 인식한다.

참고사항 유상증자 시 회계처리

(차) 현 금	1,200,000	(대) 자 본 금	1,000,000
		주식발행초과금	200,000

* 현금: 200주 × @6,000 = 1,200,000
* 자본금: 200주 × @5,000 = 1,000,000

(차) 주식발행초과금	80,000	(대) 현 금	80,000
(차) 비 용	10,000	(대) 현 금	10,000

04 □□□

2022년 국가직 9급

20×1년 1월 1일 설립한 ㈜한국의 자본관련 거래는 다음과 같다.

일자	거래 내역
1월 1일	보통주 1,000주를 주당 ₩120(액면금액 ₩100)에 발행하고, 주식발행과 관련된 직접비용 ₩700을 현금 지급하였다.
7월 1일	보통주 1,000주를 주당 ₩90(액면금액 ₩100)에 발행하고, 주식발행과 관련된 직접비용은 발생하지 않았다.

이와 관련된 설명으로 옳은 것은?

① 1월 1일 현금 ₩120,000이 증가한다.
② 1월 1일 주식발행과 관련된 직접비용 ₩700을 비용으로 계상한다.
③ 7월 1일 자본금 ₩90,000이 증가한다.
④ 12월 31일 재무상태표에 주식발행초과금으로 표시될 금액은 ₩9,300이다.

04 답 ④

12월 31일 주식발행초과금: 1,000주 × (@120 − @100) − 700 + 1,000주 × (@90 − @100) = 9,300

선지분석

① 1월 1일 현금 증가액: 1,000주 × @120 − 700 = 119,300
② 1월 1일 주식발행과 관련된 직접비용 ₩700을 발행금액에서 차감한다.
③ 7월 1일 자본금 증가액: 1,000주 × @100 = 100,000

유형 02 [자본거래] 자기주식

기본서 PART 09 자본 → CH 3. 자본거래 → 3 자기주식 ▶ 384p

대표문제 □□□ 2011년 국가직 7급

㈜한국의 20×1년 초의 재무상태표의 자본부분이 다음과 같을 때, 자기주식의 취득과 처분 후의 재무상태표상 자본총계는?

• 보통주자본금(액면금액 주당 ₩5,000)	₩100,000,000
• 주식발행초과금	₩ 10,000,000
• 이익잉여금	₩ 30,000,000
• 자본총계	₩140,000,000

20×1년 중의 자본거래는 다음과 같다.
- 7월 1일 자기주식 1,000주를 주당 ₩8,000에 취득하였다.
- 10월 1일 위의 자기주식 중에서 200주를 주당 ₩9,000에 처분하였다.

① ₩132,000,000　② ₩133,600,000
③ ₩133,800,000　④ ₩140,000,000

해설

자기주식거래 후 자본총계: 133,800,000
= 기초 자본총계 140,000,000 + 증가분 1,800,000 − 감소분 8,000,000
(1) 자본(기초): (+) 140,000,000
(2) 7월 1일(자기주식의 취득): (−) 8,000,000

(차) 자기주식	8,000,000	(대) 현금	8,000,000

* 자기주식: 1,000주 × @8,000 = 8,000,000

(3) 10월 1일(자기주식의 처분): (+) 1,800,000

(차) 현금	1,800,000	(대) 자기주식	1,600,000
		자기주식처분이익	200,000

* 현금: 200주 × @9,000 = 1,800,000
* 자기주식: 200주 × @8,000 = 1,600,000

TIP 자기주식의 취득 및 처분 문제에서 자본총계 계산 시
(1) 취득 시 현금 지급액 = 자본 감소액
(2) 처분 시 현금 수령액 = 자본 증가액

정답 ③

01 □□□

2017년 국가직 7급

㈜한국은 20×1년 3월 7일 자기주식 500주를 매입하고 20×1년 7월 7일 이 중 100주를 소각하였다. 그리고 20×1년 8월 31일 자기주식 200주를 ㈜서울에 매도하였다. ㈜한국의 20×1년 자기주식거래가 ㈜한국의 유통주식수에 미치는 영향은?

① 500주 감소
② 300주 감소
③ 200주 감소
④ 변화 없음

01 답 ②

×1년의 자기주식거래가 ㈜한국의 유통주식수에 미치는 영향: 300주 감소
(1) 자기주식의 취득: (-) 500주
(2) 자기주식의 소각: 변동 없음
(3) 자기주식의 처분: (+) 200주

참고사항 자기주식의 의의
자기주식은 자산이 아닌 자본의 차감계정(자본조정)으로 본다. 자기주식의 취득은 불입자본의 환급일 뿐이며, 취득 시 유통주식수가 감소하므로 미발행주식이 증가한 것과 동일하다고 본다.

02 □□□

2024년 국가직 7급

다음은 20×1년 초 설립된 ㈜한국의 20×1년 중 자기주식 거래내역이다. ㈜한국의 6월 30일 자기주식 관련 분개는?

일자	자기주식 거래	주당 금액	주식 수
4월 1일	취득	₩6,200	30주
5월 1일	처분	₩6,300	10주
6월 30일	처분	₩5,900	10주

① (차) 현 금 ₩59,000 (대) 자기주식 ₩62,000
자기주식처분손실 ₩3,000

② (차) 현 금 ₩59,000 (대) 자기주식 ₩62,000
자기주식처분이익 ₩1,000
자기주식처분손실 ₩2,000

③ (차) 현 금 ₩59,000 (대) 자기주식 ₩50,000
자기주식처분이익 ₩9,000

④ (차) 현 금 ₩59,000 (대) 자기주식 ₩63,000
자기주식처분손실 ₩4,000

02 답 ②

자기주식처분이익과 자기주식처분손실은 우선상계한다.

일자	자기주식 거래	주당 금액	주식 수	회계처리	
4월 1일	취득	₩6,200	30주	(차) 자 기 주 식 186,000	(대) 현 금 186,000* * 6,200 × 30주 = 186,000
5월 1일	처분	₩6,300	10주	(차) 현 금 63,000* * 6,300 × 10주 = 63,000	(대) 현 금 62,000* 자기주식처분이익 1,000
6월 30일	처분	₩5,900	10주	(차) 현 금 59,000* 자기주식처분이익 1,000 자기주식처분손실 2,000 * 5,900 × 10주 = 59,000	(대) 자 기 주 식 62,000

유형 03 [자본거래] 증자 + 감자 + 자기주식

기본서 PART 09 자본 → CH 3. 자본거래 ▶ 377p

대표문제 □□□ 2020년 서울시 7급

20×1년 초 설립한 ㈜한국의 자본거래는 다음과 같다. ㈜한국의 20×1년 말 자본총액은?

- 20×1년 1월: 보통주 1,000주(주당 액면가 ₩5,000)를 액면발행하였다.
- 20×1년 3월: 자기주식 200주를 주당 ₩6,000에 매입하였다.
- 20×1년 4월: 자기주식 200주를 주당 ₩7,000에 매입하였다.
- 20×1년 5월: 3월에 구입한 자기주식 100주를 주당 ₩8,000에 처분하였다.
- 20×1년 9월: 3월에 구입한 자기주식 100주를 주당 ₩9,000에 처분하였다.

① ₩3,600,000
② ₩4,100,000
③ ₩5,000,000
④ ₩5,500,000

해설

×1년 말의 자본총액: 4,100,000
= 기초 자본총액 0 + 증가분 6,700,000 - 감소분 2,600,000
(1) 자본(기초, 설립): 0
(2) 1월(유상증자): (+) 5,000,000 = 1,000주 × @5,000
(3) 3월(자기주식의 취득): (-) 1,200,000 = 200주 × @6,000
(4) 4월(자기주식의 취득): (-) 1,400,000 = 200주 × @7,000
(5) 5월(자기주식의 처분): (+) 800,000 = 100주 × @8,000
(6) 9월(자기주식의 처분): (+) 900,000 = 100주 × @9,000

참고사항 자본총계에 미치는 영향 풀이 TOOL

자본의 변동(1 + 2) = 기말 자본 - 기초 자본	=	1. 자본거래 = + 현금 유입 - 현금 유출 or 자산·부채 증감	
		+	
		2. 손익거래(= ① + ②) = 총포괄손익	① N/I ② OCI 변동

TIP 자기주식의 취득 및 처분 문제에서 자본총계 계산 시 Tip
(1) 취득 시 현금 지급액 = 자본 감소액
(2) 처분 시 현금 수령액 = 자본 증가액

정답 ②

01 □□□

2023년 국가직 9급

다음은 ㈜한국의 20×1년도 자기주식과 관련된 거래이다. 자본 총계가 증가하는 거래만을 모두 고르면?

ㄱ. 자기주식 1,000주를 주당 ₩700에 취득하였다.
ㄴ. 자기주식 200주를 주당 ₩800에 재발행하였다.
ㄷ. 자기주식 300주를 소각하였다.
ㄹ. 자기주식 500주를 주당 ₩600에 재발행하였다.

① ㄱ, ㄴ
② ㄱ, ㄷ
③ ㄴ, ㄹ
④ ㄷ, ㄹ

01

답 ③

자본 총계가 증가하는 거래: ㄴ, ㄹ
ㄴ. 200 × 800 = 160,000, 현금이 160,000만큼 유입 → 자본 증가
ㄹ. 500 × 600 = 300,000, 현금이 300,000만큼 유입 → 자본 증가

선지분석

ㄱ. 1,000 × 700 = 700,000, 현금이 700,000만큼 유출 → 자본 감소
ㄷ. 자기주식의 소각은 자본총계에 영향을 미치지 않는다.

02 □□□

2011년 국가직 7급

㈜한국은 액면금액 ₩5,000인 주식 10,000주를 주당 ₩5,000에 발행하였다. ㈜한국은 유통주식수의 과다로 인한 주가관리 차원에서 20×1년에 1,000주를 매입·소각하기로 주주총회에서 결의하였다. ㈜한국은 두 번에 걸쳐 유통주식을 매입하여 소각하였는데 20×1년 6월 1일에 주당 ₩4,000에 500주를 매입한 후 소각했고, 20×1년 9월 1일에 주당 ₩7,000에 500주를 매입한 후 소각했다고 한다면 20×1년 9월 1일의 감자차손익 잔액은?

① 감자차익 ₩500,000
② 감자차손 ₩1,000,000
③ 감자차손 ₩500,000
④ 감자차익 ₩1,000,000

02 답 ③

×1년 9월 1일의 감자차손 잔액: 500,000
= 500주 × [@(5,000 − 4,000) + @(5,000 − 7,000)]

참고사항 거래별 회계처리

(1) 유상증자 관련 회계처리

(차) 현금	50,000,000	(대) 자본금	50,000,000

* 현금: 10,000주 × @5,000 = 50,000,000
* 자본금: 액면발행이므로 현금과 동일, 주식발행초과금 없음

(2) 6월 1일(자기주식의 취득·소각)의 회계처리

[자기주식의 취득 관련 회계처리]

(차) 자기주식	2,000,000	(대) 현금	2,000,000

* 자기주식: 500주 × @4,000 = 2,000,000

[자기주식의 소각 관련 회계처리]

(차) 자본금	2,500,000	(대) 자기주식	2,000,000
		감자차익	500,000

* 자본금: 500주 × @5,000 = 2,500,000
* 자기주식: 500주 × @4,000 = 2,000,000

(3) 9월 1일(자기주식의 취득·소각)의 회계처리

[자기주식의 취득 관련 회계처리]

(차) 자기주식	3,500,000	(대) 현금	3,500,000

* 자기주식: 500주 × @7,000 = 3,500,000

[자기주식의 소각 관련 회계처리]

(차) 자본금	2,500,000	(대) 자기주식	3,500,000
감자차익	500,000		
감자차손	500,000		

* 자본금: 500주 × @5,000 = 2,500,000
* 자기주식: 500주 × @7,000 = 3,500,000

유형 04 [종합] 자본거래 + 손익거래

기본서 PART 09 자본 → CH 3. 자본거래 ▶ 377p
기본서 PART 09 자본 → CH 4. 손익거래 ▶ 388p

대표문제 □□□ 2019년 국가직 9급

㈜한국의 20×1년 12월 31일의 재무상태표상의 자본은 보통주자본금 ₩100,000(주식 수 100주, 주당 액면금액 ₩1,000), 주식발행초과금 ₩30,000, 이익잉여금 ₩50,000으로 구성되어 있다. 20×2년의 자본과 관련된 거래 내역이 다음과 같을 때, 자본 변동에 대한 설명으로 옳지 않은 것은? (단, 자기주식에 대하여 원가법을 적용하고, 기초 자기주식처분손익은 없다.)

- 3월 10일: 주주에게 보통주 한 주당 0.1주의 주식배당을 결의하였다.
- 3월 31일: 3월 10일에 결의한 주식배당을 실시하였다.
- 4월 9일: 자기주식 10주를 주당 ₩2,100에 취득하였다.
- 6월 13일: 4월 9일 취득한 자기주식 4주를 주당 ₩2,200에 매각하였다.
- 8월 24일: 4월 9일 취득한 자기주식 6주를 주당 ₩1,700에 매각하였다.
- 11월 20일: 보통주 1주를 2주로 하는 주식분할을 의결하고 시행하였다.

① 자본과 관련된 거래로 인해 이익잉여금은 ₩8,000 감소한다.
② 자기주식처분손실은 ₩2,000이다.
③ 20×2년 12월 31일의 보통주자본금은 ₩110,000이다.
④ 20×2년 12월 31일의 보통주 주식 수는 220주이다.

해설

설명 중 옳지 않은 것: 자본과 관련된 거래로 인해 이익잉여금은 ₩10,000 감소한다.
(1) 3월 10일(배당 결의): 미처분이익잉여금 ↓, 자본조정 ↑
(2) 3월 31일(배당금 지급): 자본조정 ↓, 자본금 ↑
(3) 4월 9일(자기주식의 취득): 자본조정 ↑, 현금 ↓
(4) 6월 13일(자기주식의 처분): 현금 ↑, 자본조정 ↑, 자본잉여금 ↑
(5) 8월 24일(자기주식의 처분): 현금 ↑, 자본잉여금 ↓, 자본조정 ↑
(6) 11월 20일(주식분할): 발행주식수 ↑, 액면가 ↓, 자본금 불변
  1) 자본금: 110,000 = (100주 × 1.1)주 × @1,000
  2) 발행주식수 증가: 110주 = (110주 × 2)주 − 110주
  3) 액면가 감소: 500 = @1,000 − @(1,000 × 1/2)

참고사항 거래별 회계처리

(1) 3월 10일(배당 결의)의 회계처리

(차) 미처분이익잉여금	10,000	(대) 미교부주식배당	10,000

* 미처분이익잉여금: (100주 × 0.1)주 × @1,000 = 10,000

(2) 3월 31일(배당금 지급)의 회계처리

(차) 미교부주식배당	10,000	(대) 자본금	10,000

(3) 4월 9일(자기주식의 취득)의 회계처리

(차) 자기주식	21,000	(대) 현금	21,000

* 현금: 10주 × @2,100 = 21,000

(4) 6월 13일(자기주식의 처분)의 회계처리

(차)	현 금	8,800	(대)	자 기 주 식	8,400
				자기주식처분이익	400

* 현금: 4주 × @2,200 = 8,800
* 자기주식: 4주 × @2,100 = 8,400

(5) 8월 24일(자기주식의 처분)의 회계처리

(차)	현 금	10,200	(대)	자 기 주 식	12,600
	자기주식처분이익	400			
	자기주식처분손실	2,000			

* 현금: 6주 × @1,700 = 10,200
* 자기주식: 6주 × @2,100 = 12,600

(6) 11월 20일(주식분할)의 회계처리

(차)	-	(대)	-

정답 ①

01 □□□

2023년 국가직 7급

재무상태표상 자본총액이 증가하는 거래는?

① 액면금액 ₩5,000인 보통주를 주당 ₩4,000에 할인발행하였다.
② 자기주식처분이익 중 ₩10,000을 자본금으로 대체하였다.
③ 주주총회에서 주식배당 ₩6,000을 결의하였다.
④ 보통주 액면금액 ₩5,000을 ₩500으로 분할하였다.

01 답 ①

(1) 자본총액이 증가하는 거래: 주식발행
(2) 자본총액이 불변하는 거래: 무상증자, 주식배당, 주식분할

02 □□□

2024년 지방직 9급

㈜한국의 20×1년 초 자산과 부채 총계는 각각 ₩5,000,000과 ₩2,000,000이며, 20×1년 중 발생한 자본 관련 거래는 다음과 같다.

- 3월 20일: 현금배당 ₩100,000을 결의하였으며, 현금배당의 10%를 이익준비금으로 적립하였다.
- 4월 1일: 3월 20일 결의한 현금배당 ₩100,000을 주주에게 지급하였다.
- 7월 15일: 보통주 100주(주당 액면금액 ₩500)를 주당 ₩800에 발행하였다.
- 8월 20일: 자기주식 30주를 최초로 취득(주당 취득금액 ₩700)하였다.
- 9월 20일: 자기주식 20주를 매각(주당 매각금액 ₩750)하였다.

㈜한국이 20×1년도 포괄손익계산서상 당기순이익과 총포괄이익으로 각각 ₩100,000과 ₩30,000을 보고했다면, 20×1년 말의 재무상태표상 자본 총계는?

① ₩2,994,000　② ₩3,004,000
③ ₩3,016,000　④ ₩3,104,000

02　답 ②

20×1년 말 재무상태표상 자본 총계: 3,004,000
= 기초 자본총액 3,000,000 + 증가분 95,000 - 감소분 121,000 + 손익거래 30,000
(1) 자본(기초): 3,000,000 = 기초자산 5,000,000 - 기초 부채 2,000,000
(2) 자본거래: (-) 26,000 = (-)100,000 + 80,000 - 21,000 + 15,000
　1) 현금배당: (-) 100,000
　　* 자본총계의 영향을 구하는 것이므로 이익준비금 적립은 고려하지 않는다.
　2) 유상증자: (+) 80,000 = 100주 × @800
　3) 자기주식의 취득: (-) 21,000 = 30주 × @700
　4) 자기주식의 매각: (+) 15,000 = 20주 × @750
(3) 손익거래: (+) 30,000

별해 실제시험 풀이용 TOOL 적용

03 □□□

2019년 서울시 9급

〈보기〉는 ㈜서울의 2018년 1월 1일 자본 관련 자료이다. 2018년 5월 초에 보통주 200주를 주당 ₩4,500에 발행(유상증자)하였으며, 11월 말에 자기주식 100주를 주당 ₩6,000에 현금 취득하였다. 2018년도 당기순이익이 ₩500,000이었다면, 2018년 말 자본총액은?

〈보기〉

- 자본금
  보통주자본금 ₩10,000,000 (주당 액면금액 ₩5,000)
- 자본잉여금
  주식발행초과금 ₩1,000,000
- 이익잉여금 ₩2,300,000
  자본총액 ₩13,300,000

① ₩13,800,000
② ₩14,100,000
③ ₩14,300,000
④ ₩14,700,000

03

답 ②

18년 말 자본총액: 14,100,000
= 기초 자본총액 13,300,000 + 증가분 1,400,000 − 감소분 600,000
(1) 자본(기초): 13,300,000
(2) 자본거래: (+) 300,000 = 900,000 − 600,000
  1) 유상증자: (+) 900,000 = 200주 × @4,500
  2) 자기주식의 취득: (−) 600,000 = 100주 × @6,000
(3) 손익거래: (+) 500,000

04 □□□

2017년 국가직 7급

㈜한국은 20×1년 1월 1일 영업을 시작하였다. 20×1년 12월 31일 총자산과 총부채는 각각 ₩350,000과 ₩200,000이었으며, 20×1년도의 총포괄이익은 ₩125,000이었다. 그리고 20×1년 중에 배당금 ₩5,000을 현금으로 지급하였다. ㈜한국의 20×1년 1월 1일 시점의 순자산의 장부금액은?

① ₩ 5,000
② ₩ 30,000
③ ₩50,000
④ ₩150,000

04 답 ②

×1년 기초의 순자산의 장부금액: 30,000
= 자본(기말) 150,000 - 자본의 증감 120,000
(1) 자본(기말): 150,000 = 자산 350,000 - 부채 200,000
(2) 자본의 증감: 120,000 = 총포괄손익 125,000 - 현금배당 5,000
(3) 자본(기초): 30,000 = 자본(기말) 150,000 - 자본의 증감 120,000

별해 실제시험 풀이용 TOOL 적용

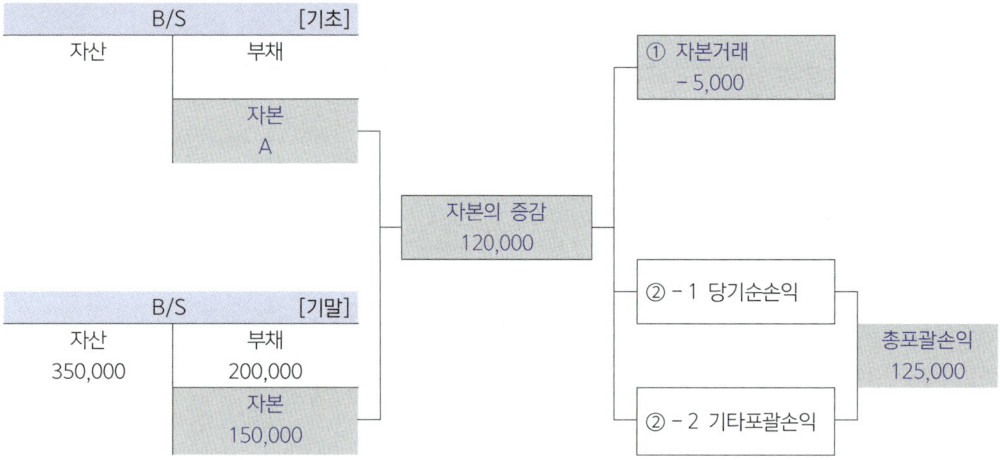

⇒ 150,000 - A = -5,000 + 125,000
∴ A = 30,000

05 □□□

2016년 국가직 9급

다음의 장부마감 전 자료를 토대로 계산한 기말 자본은? (단, 수익과 비용에는 기타포괄손익 항목이 포함되어 있지 않다.)

수익 합계	₩	2,000,000	비용 합계	₩	1,000,000
자본금	₩	1,000,000	주식발행초과금	₩	500,000
이익잉여금	₩	500,000	자기주식	₩	100,000
감자차익	₩	100,000	재평가잉여금	₩	200,000

① ₩ 3,500,000
② ₩ 3,300,000
③ ₩ 3,200,000
④ ₩ 3,000,000

05 답 ③

기말 자본의 금액: 3,200,000
= 자본거래 2,500,000 + 손익거래 700,000
(1) 자본거래: 2,500,000
 1) 당기순이익: (+) 1,000,000
  = 총 수익 2,000,000 - 총 비용 1,000,000
 2) 자본금: (+) 1,000,000
 3) 자본잉여금: (+) 600,000
  • 주식발행초과금: 500,000
  • 감자차익: 100,000
 4) 자본조정: (-) 100,000
  자기주식: 100,000
(2) 손익거래: 700,000
 1) 이익잉여금: (+) 500,000
 2) 재평가잉여금: (+) 200,000

참고사항 자본총계에 미치는 영향 풀이 TOOL

자본의 변동(1 + 2) = 기말 자본 - 기초 자본	=	1. 자본거래 = + 현금 유입 - 현금 유출 or 자산·부채 증감	
		+	
		2. 손익거래(= ① + ②) = 총포괄손익	① N/I ② OCI 변동

TIP 자기주식의 취득 및 처분 문제에서 자본총계 계산 시
(1) 취득 시 현금 지급액 = 자본 감소액
(2) 처분 시 현금 수령액 = 자본 증가액

06 □□□

2018년 국가직 9급

㈜한국의 20×1년 재무상태 및 영업성과와 관련한 자료가 다음과 같을 때 기말 부채는?

• 기초 자산	₩ 500	• 총 수익	₩ 200
• 기초 부채	₩ 400	• 총 비용	₩ 120
• 기말 자산	₩ 700	• 유상증자	₩ 20
• 기말 부채	₩ ?	• 주주에 대한 현금배당	₩ 50

① ₩ 500
② ₩ 520
③ ₩ 550
④ ₩ 570

06

답 ③

×1년의 기말 부채: 550
= 자산 700 - 자본 150
(1) 자본(기초): 100 = 자산 500 - 부채 400
(2) 자본의 증감: 50 = 총 수익 200 - 총 비용 120 + 유상증자 20 - 현금배당 50
(3) 자본(기말): 150 = 기초 100 + 자본의 증감 50
(4) 부채(기말): 550 = 자산 700 - 자본 150

별해 실제시험 풀이용 TOOL 적용

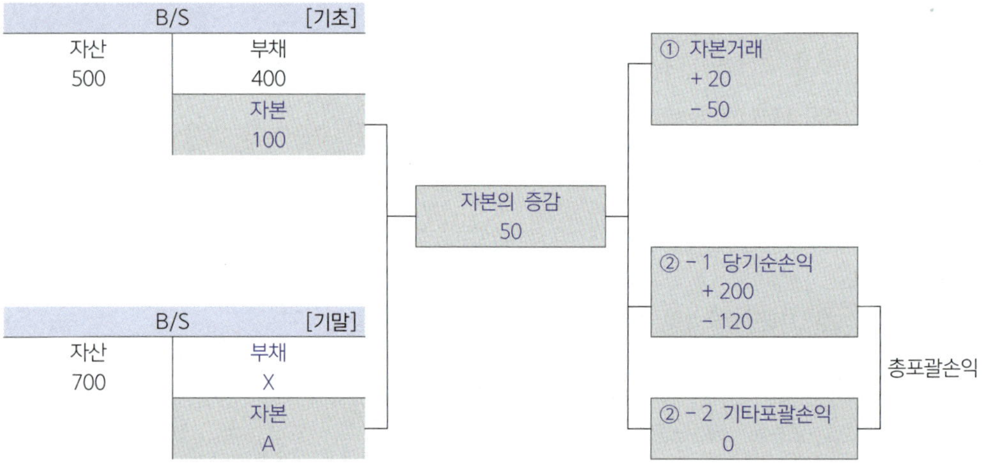

⇒ A - 100 = (20 - 50) + (200 - 120)
∴ A = 150
⇒ 부채(기말): 550 = 700 - 150

07 □□□

2018년 서울시 9급

㈜서울의 2018년 초와 2018년 말의 총자산은 각각 ₩150,000과 ₩270,000이며. 2018년 초와 2018년 말의 총부채는 각각 ₩80,000과 ₩120,000이다. ㈜서울은 2018년 중 ₩50,000의 유상증자를 실시하고 현금배당 ₩10,000과 주식배당 ₩7,000을 실시하였다. ㈜서울의 2018년 기타포괄손익이 ₩10,000인 경우 2018년의 포괄손익계산서의 당기순이익은?

① ₩30,000　　② ₩37,000
③ ₩40,000　　④ ₩47,000

07　　답 ①

18년의 포괄손익계산서의 당기순이익: 30,000
= 총포괄손익 40,000 - 기타포괄손익 10,000
(1) 자본(기초): 70,000 = 자산 150,000 - 부채 80,000
(2) 자본(기말): 150,000 = 자산 270,000 - 부채 120,000
(3) 자본의 증감: 80,000 = 기말 150,000 - 기초 70,000
(4) 자본거래의 증감: 40,000 = 유상증자 50,000 - 현금배당 10,000
(5) 총포괄손익: 40,000 = 자본의 증감 80,000 - 자본거래의 증감 40,000

별해 실제시험 풀이용 TOOL 적용

⇒ 70,000 - 150,000 = (50,000 - 10,000) + X + 10,000
∴ X = 30,000

08 □□□

2014년 국가직 9급

㈜한국의 기초 자산은 ₩120,000이고, 기말 자산은 ₩270,000이다. 또한 기초 부채는 ₩70,000이고, 기말 부채는 기초 부채보다 ₩40,000이 증가하였다. 당기 중 현금출자로 인해 납입자본은 ₩42,000 증가하였고, 기타포괄이익은 ₩50,000(법인세효과 차감 후 금액) 증가하였으며, 현금배당(당기에 선언한 것임)으로 ₩20,000을 지급하였다면 당기순이익은? (단, 주어진 자료 이외의 사항은 고려하지 않는다.)

① ₩32,000　② ₩38,000

③ ₩42,000　④ ₩48,000

08　답 ②

당기순이익: 38,000

= 총포괄손익 88,000 - 기타포괄손익 50,000

(1) 자본(기초): 50,000 = 자산 120,000 - 부채 70,000

(2) 자본(기말): 160,000 = 자산 270,000 - 부채 110,000

(3) 자본의 증감: 110,000 = 기말 160,000 - 기초 50,000

(4) 자본거래의 증감: 22,000 = 현금출자 42,000 - 현금배당 20,000

(5) 총포괄손익: 88,000 = 자본의 증감 110,000 - 자본거래의 증감 22,000

별해 실제시험 풀이용 TOOL 적용

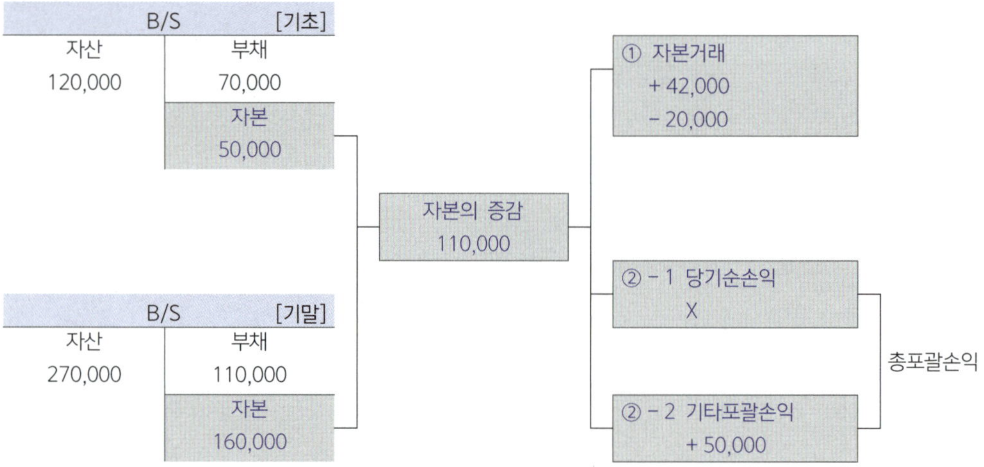

⇒ 160,000 - 50,000 = (42,000 - 20,000) + X + 50,000

∴ X = 38,000

09 □□□

2013년 지방직 9급

㈜한국은 2012년 1월 1일에 현금 ₩1,000,000을 출자하여 설립되었다. 2012년 12월 31일 재무상태표에 자산과 부채가 다음과 같이 보고되었을 때, 기타 관련 사항을 반영한 2012년 당기순이익은?

• 자산과 부채 항목

현금과 예금 ₩500,000

기타포괄손익 - 공정가치 측정 금융자산 ₩700,000

매입채무	300,000	매출채권	500,000
미수금	200,000	선수수익	50,000
미지급금	100,000	차입금	200,000

• 기타 관련 사항

- 기말에 자본 ₩100,000을 유상감자하였으며, 현금 ₩50,000을 배당으로 지급
- 당기에 보유 중인 기타포괄손익 - 공정가치 측정 금융자산에서 ₩70,000의 평가손실 발생

① ₩470,000　　② ₩500,000

③ ₩540,000　　④ ₩570,000

09 　　답 ①

12년의 당기순이익: 470,000

= 총포괄손익 400,000 - 기타포괄손익 (-)70,000

(1) 자산(기말): 1,900,000 = 500,000 + 700,000 + 500,000 + 200,000

(2) 부채(기말): 650,000 = 300,000 + 50,000 + 100,000 + 200,000

(3) 자본(기말): 1,250,000 = 자산 1,900,000 - 부채 650,000

(4) 자본의 증감: 250,000 = 기말 1,250,000 - 기초 1,000,000

(5) 자본거래의 증감: (-)150,000 = - 유상감자 100,000 - 현금배당 50,000

(6) 총포괄손익: 400,000 = 자본의 증감 250,000 - 자본거래의 증감 (-)150,000

별해 실제시험 풀이용 TOOL 적용

⇒ 1,250,000 - 1,000,000 = (-100,000 - 5,000) + X - 70,000

∴ X = 470,000

10 □□□

2020년 국가직 9급

㈜한국의 20×1년 초 자본잉여금은 ₩1,000,000이다. 당기에 다음과 같은 거래가 발생하였을 때, 20×1년 말 자본잉여금은? (단, 다음 거래를 수행하는 데 충분한 계정 금액을 보유하고 있으며, 자기주식에 대하여 원가법을 적용한다.)

- 2월에 1주당 액면금액이 ₩2,000인 보통주 500주를 1주당 ₩3,000에 발행하였다.
- 3월에 주주총회에서 총액 ₩200,000의 배당을 결의하였다.
- 4월에 자기주식 100주를 1주당 ₩2,500에 취득하였다.
- 3월에 결의한 배당금을 4월에 현금으로 지급하였다.
- 4월에 취득한 자기주식 40주를 9월에 1주당 ₩4,000에 처분하였다.

① ₩1,000,000
② ₩ 1,110,000
③ ₩ 1,510,000
④ ₩1,560,000

10 답 ④

×1년 말의 자본잉여금: 1,560,000

= 기초 자본잉여금 1,000,000 + 증가분 560,000

(1) 자본(기초): 1,000,000

(2) 2월(유상증자): (+) 500,000 = 500주 × @(3,000 - 2,000)

(3) 3월(배당 결의): 자본잉여금과 관련 없음

(4) 4월(자기주식의 취득): 자본잉여금과 관련 없음

(5) 3월(배당금 지급): 자본잉여금과 관련 없음

(6) 4월(자기주식의 처분): (+) 60,000 = 40주 × @(4,000 - 2,500)

참고사항 자본잉여금의 분류

주식발행초과금	발행금액[1] > 액면금액
기타 자본잉여금	감자차익(자본 감소액 > 감자대가)
	자기주식처분이익(재발행금액 > 취득원가)
	주식선택권(행사되지 않고 만료된 경우)
	자산수증이익(주주에게 증여받은 자산의 공정가치)

[1] 신주발행을 위하여 직접 발생한 비용을 차감한 후의 금액

참고사항 거래별 회계처리

(1) 2월(유상증자)의 회계처리

(차)	현 금	1,500,000	(대)	자 본 금	1,000,000
				주식발행초과금	500,000

* 현금: 500주 × @3,000 = 1,500,000
* 자본금: 500주 × @2,000 = 1,000,000

(2) 3월(배당 결의)의 회계처리

[현금배당의 결의 관련 회계처리]

(차)	미처분이익잉여금	200,000	(대)	미 지 급 배 당	200,000
(차)	미처분이익잉여금	20,000	(대)	이 익 준 비 금	20,000

[주식배당의 결의 관련 회계처리]

(차)	미처분이익잉여금	200,000	(대)	미교부주식배당	200,000

(3) 4월(자기주식의 취득)의 회계처리

(차)	자 기 주 식	250,000	(대)	현 금	250,000

* 자기주식: 100주 × @2,500 = 250,000

(4) 4월(배당금 지급)의 회계처리

[현금배당의 지급 관련 회계처리]

(차)	미 지 급 배 당	200,000	(대)	현 금	200,000

[주식배당의 지급 관련 회계처리]

(차)	미교부주식배당	200,000	(대)	자 본 금	200,000

(5) 4월(자기주식의 처분)의 회계처리

(차)	현 금	160,000	(대)	자 기 주 식	100,000
				자기주식처분이익	60,000

* 현금: 40주 × @4,000 = 160,000
* 자기주식: 40주 × @2,500 = 100,000

11 □□□

2019년 지방직 9급

20×1년 자본과 관련한 다음 정보를 이용할 때, 20×1년 말 재무상태표에 표시될 이익잉여금은?

- 20×1년 기초 이익잉여금 ₩200
- 2월 25일: 주주총회에서 현금 ₩100 배당 결의와 함께 이익준비금 ₩10과 배당평균적립금 ₩20 적립 결의
- 6월 30일: 전기 이전부터 보유하던 장부금액 ₩30의 자기주식을 ₩32에 매각
- 20×1년 당기순이익 ₩250

① ₩320　② ₩350
③ ₩352　④ ₩450

11 답 ②

×1년 말의 이익잉여금: 350
= 기초 이익잉여금 200 + 증가분 250 - 감소분 100
(1) 이익잉여금(기초): 200
(2) 2월(배당 결의): (-) 100
(3) 6월(자기주식의 처분): 이익잉여금과 관련 없음
(4) 손익거래: (+) 250

참고사항 이익잉여금의 종류

이익잉여금	법정적립금(이익준비금)	영구적으로 현금배당 불가능
	임의적립금	일시적으로 현금배당 불가능
	미처분이익잉여금	즉시 현금배당 가능

참고사항 미처분이익잉여금의 변동 원인

감소	증가
• 당기순손실 • 배당(사외유출) • 자본전입(자본으로 대체: 무상증자 등) • 법정적립금과 임의적립금의 적립 • 자본조정 항목 이익잉여금의 처분	• 당기순이익 • 자본전입(자본에서 대체: 감자 등) • 임의적립금의 적립

* 전기손익수정 또는 회계정책변경 누적효과로 인하여 이익잉여금이 증감할 수 있다.
* 자산 재평가차익은 이익잉여금에 대체될 수 있다.
* 확정급여제도의 재측정요소는 기타포괄손익에 반영되지만 발생한 기간에 이익잉여금으로 대체할 수 있다.
* 주식할인발행차금의 상각, 자기주식처분손실 및 감자차손 등은 결손에 준하여 이익잉여금의 처분으로 처리할 수 있다.

12 □□□

2013년 지방직 9급

다음 자료에 따른 이익잉여금과 자본잉여금은?

• 매출원가	₩ 500	• 감자차익	₩ 100
• 자본금	₩ 2,000	• 사채	₩ 1,000
• 매출	₩ 2,500	• 사채할증발행차금	₩ 250
• 기부금	₩ 500	• 감가상각비	₩ 500
• 주식발행초과금	₩ 500	• 현금성자산	₩ 2,750
• 재고자산	₩ 2,000	• 배당금수익	₩ 100
• 기타포괄손익 - 공정가치 측정 금융자산평가이익	₩ 800		

	이익잉여금	자본잉여금
①	₩ 1,100	₩ 600
②	₩ 1,100	₩ 500
③	₩ 1,900	₩ 600
④	₩ 1,900	₩ 500

12 답 ①

(1) 이익잉여금: 1,100
  1) 매출원가: (-) 500
  2) 매출: (+) 2,500
  3) 기부금: (-) 500
  4) 감가상각비: (-) 500
  5) 배당금수익: (+) 100

(2) 자본잉여금: 600
  1) 주식발행초과금: (+) 500
  2) 감자차익: (+) 100

13 □□□

다음은 ㈜한국의 2015년 12월 31일 자본 내역이다.

자본	
자본금 (액면금액 @₩ 500)	₩ 3,000,000
주식발행초과금	1,500,000
이익준비금	2,000,000
미처분이익잉여금	5,500,000
	₩ 12,000,000

㈜한국은 주권상장법인이며, 2016년 2월 주주총회에서 2,000주의 주식배당과 이익준비금을 재원으로 한 2,000주의 무상증자를 실시하기로 하였다. 주식배당과 무상증자를 실시하여 주식을 교부하였다면, ㈜한국의 자본금은?

① ₩ 3,000,000

② ₩ 4,000,000

③ ₩ 5,000,000

④ ₩ 6,000,000

13

답 ③

㈜한국의 자본금: 5,000,000
= 기초 자본금 3,000,000 + 주식배당 1,000,000 + 무상증자 1,000,000

(1) 자본금(기초): (+) 3,000,000

(2) 주식배당: (+) 1,000,000 = 2,000주 × @500

[주식배당의 결의 관련 회계처리]

(차) 미처분이익잉여금	1,000,000	(대) 미교부주식배당	1,000,000

* 미처분이익잉여금: 2,000주 × @500 = 1,000,000

[주식배당의 지급 관련 회계처리]

(차) 미교부주식배당	1,000,000	(대) 자 본 금	1,000,000

(3) 무상증자: (+) 1,000,000 = 2,000주 × @500

(차) 이 익 준 비 금	1,000,000	(대) 자 본 금	1,000,000

* 자본금: 2,000주 × @500 = 1,000,000

14 □□□

다음은 2011년 초 ㈜한국의 부분재무상태표이다.

• 자본금(액면금액 ₩5,000)	₩5,000,000
• 주식발행초과금	₩2,500,000
• 이익준비금	₩1,000,000
• 미처분이익잉여금	₩3,000,000

㈜한국은 2011년 2월 25일에 주주총회를 개최할 예정이고 주주총회에서 다음 네 개의 안 중 하나를 선택할 예정이다.

ㄱ. 미처분이익잉여금을 기초로 주식 500주를 배당하기로 결정한다.
ㄴ. 주식발행초과금을 기초로 주식 500주를 발행하여 무상증자한다.
ㄷ. 주식을 1 : 2로 분할한다.
ㄹ. 주식을 3 : 1로 병합한다.

각 경우의 액면금액으로 옳은 것은?

	ㄱ	ㄴ	ㄷ	ㄹ
①	₩5,000	₩5,000	₩2,500	₩15,000
②	₩2,500	₩2,500	₩5,000	₩5,000
③	₩5,000	₩5,000	₩5,000	₩5,000
④	₩2,500	₩2,500	₩2,500	₩15,000

14 답 ①

ㄱ. 주식배당의 결의(액면금액 불변): @5,000
ㄴ. 무상증자(액면금액 불변): @5,000
ㄷ. 주식분할(액면금액 감소): @2,500
  * 액면금액: @2,500 = 5,000 × 1 ÷ 2
ㄹ. 주식병합(액면금액 증가): @15,000
  * 액면금액: @15,000 = 5,000 × 3

참고사항 무상증자, 주식배당, 주식분할, 주식병합의 비교

구분	무상증자	주식배당	주식분할	주식병합
발행주식수	증가	증가	증가	감소
주당 액면금액	불변	불변	감소	증가
자본금 총액	증가	증가	불변	불변
자본잉여금	감소 가능	불변	불변	불변
이익잉여금	감소 가능	감소	불변	불변
자본총계	불변	불변	불변	불변

유형 05 [손익거래] 이익잉여금처분계산서

기본서 PART 09 자본 → CH 4. 손익거래 → 3 이익잉여금의 처분 시기와 회계처리, 이익잉여금처분계산서 ▶ 397p

대표 문제

□□□ 2009년 국가직 7급

다음은 12월 결산법인인 ㈜한국의 2008년 중에 발생한 이익잉여금처분계산서 관련 자료이다. ㈜한국은 현금배당액의 10%를 이익준비금으로 적립할 것을 결의하였다. 또한 다음 사항들은 2009년 3월 주주총회에서 원안대로 승인되었다. 이 경우 ㈜한국의 이익잉여금처분계산서에 계상될 차기이월이익잉여금은?

• 사업확장적립금으로부터 이입액	₩ 800,000
• 현금배당	500,000
• 주식배당	1,500,000
• 재무구조개선적립금으로 처분	600,000
• 회계정책변경 누적효과	1,200,000
• 전기 말 미처분이익잉여금	3,000,000
• 당기순이익	5,000,000
• 주식할인발행차금의 상각	700,000
• 감채적립금으로 처분	600,000

① ₩ 5,650,000
② ₩ 5,750,000
③ ₩ 5,950,000
④ ₩ 6,050,000

해설

㈜한국의 차기이월이익잉여금: 6,050,000
= 증가분 10,000,000 - 감소분 3,950,000

(1) 증가분: 10,000,000
  1) 임의적립금 이입: (+) 800,000
  2) 회계정책변경 누적효과: (+) 1,200,000
  3) 전기 말 미처분이익잉여금: (+) 3,000,000
  4) 당기순이익: (+) 5,000,000

(2) 감소분: 3,950,000
  1) 현금배당: (-) 500,000
  2) 이익준비금 적립: (-) 50,000 = 500,000 × 10%
  3) 주식배당: (-) 1,500,000
  4) 재무구조적립금처분: (-) 600,000
  5) 주식할인발행차금 상각: (-) 700,000
  6) 감채적립금처분: (-) 600,000

정답 ④

유형 06 [우선주] 이익배당우선주

기본서 PART 09 자본 → CH 5. 우선주 - 이익배당우선주 ▶ 400p

대표문제 □□□ 2018년 국가직 9급

㈜한국은 20×1년 1월 1일 영업을 시작하였으며, 20×2년 말 현재 자본금 계정은 다음과 같다.

- 보통주(주당 액면금액 ₩5,000, 발행주식수 80주) ₩400,000
- 우선주 A ₩200,000
  (배당률 10%, 비누적적 · 비참가적: 주당액면가 ₩5,000, 발행주식수 40주)
- 우선주 B ₩400,000
  (배당률 5%, 누적적 · 완전참가적: 주당액면가 ₩5,000, 발행주식수 80주)

모든 주식은 영업개시와 동시에 발행하였으며, 그 이후 아직 배당을 한 적이 없다. 20×3년 초 ₩100,000의 배당을 선언하였다면 배당금 배분과 관련하여 옳은 것은?

① 보통주 소유주에게 배당금 ₩20,000 지급
② 보통주 소유주에게 배당금 우선 지급 후 우선주 A 소유주에게 배당금 지급
③ 우선주 A 소유주에게 배당금 ₩30,000 지급
④ 우선주 B 소유주에게 배당금 ₩50,000 지급

해설

설명 중 옳은 것: 우선주 B(배당률 5%)의 소유주에게 우선주 배당금 50,000을 지급한다.
(1) 우선주 A 배당금: 20,000
(2) 우선주 B 배당금: 50,000
(3) 보통주 배당금: 30,000

별해 이익배당우선주 풀이법 - 누적적 · 부분 참가적 우선주 적용

구분	우선주 A(10%)	우선주 B(5%)	보통주(5%)
누적분	-	20,000	-
당기분	20,000	20,000	20,000
잔여분	-	10,000	10,000
합계	20,000	50,000	30,000

(1) 우선주 A 배당금: 20,000
  1) 누적분: 0
  2) 당기분: 20,000 = 200,000 × 10%
   * 잔여 배당금: 20,000 = 100,000 - [20,000 + (20,000 + 20,000) + 20,000]
  3) 잔여분: 0

(2) 우선주 B 배당금: 50,000
  1) 누적분: 20,000 = 400,000 × 5%
  2) 당기분: 20,000 = 400,000 × 5%
   * 잔여 배당금: 20,000 = 100,000 - [20,000 + (20,000 + 20,000) + 20,000]
  3) 잔여분: 10,000 = 20,000 × 400,000 ÷ (400,000 + 400,000)

(3) 보통주 배당금: 30,000
  1) 누적분: 0
  2) 당기분: 20,000 = 400,000 × 5%
   * 잔여 배당금: 20,000 = 100,000 - [20,000 + (20,000 + 20,000) + 20,000]
  3) 잔여분: 10,000 = 20,000 - 10,000

정답 ④

01 □□□

2009년 국가직 7급

2005년 1월 1일에 영업을 시작한 12월 결산법인인 ㈜한국의 2007년 12월 31일 자본계정은 다음과 같다.

• 보통주자본금	₩5,000,000(1,000주)
• 우선주자본금(4%, 비누적적, 비참가적)	₩ 1,000,000(200주)
• 우선주자본금(4%, 누적적, 10%까지 부분 참가적)	₩ 2,000,000(400주)
• 주당 액면금액은 모두 ₩5,000임	

㈜한국의 모든 주식은 영업 개시와 동시에 발행되었으며, 영업개시 이후 2007년 12월 31일까지 배당을 실시한 적은 없다. 이 회사의 이사회는 2008년 1월 2일에 ₩1,880,000의 배당을 결의하였다. 이 경우 보통주 1주당 배당금은?

① ₩1,250
② ₩1,350
③ ₩1,480
④ ₩1,580

01 답 ③

보통주 1주당 배당금: 1,480
= 보통주 배당금 1,480,000 ÷ 발행주식수 1,000주
(1) 우선주(비누적 · 비참가) 배당금: 40,000
(2) 우선주(누적 · 부분 참가) 배당금: 360,000
(3) 보통주 배당금: 1,480,000

별해 이익배당우선주 풀이법 - 누적적 · 부분 참가적 우선주 적용

구분	(1) 우선주(4%)	(2) 우선주(4%)	(3) 보통주(4%)
누적분	-	160,000	-
당기분	40,000	80,000	200,000
잔여분	-	120,000	1,280,000
합계	40,000	360,000	1,480,000

(1) 우선주(비누적 · 비참가) 배당금: 40,000
  1) 누적분: 0
  2) 당기분: 40,000 = 1,000,000 × 4%
  * 잔여 배당금: 1,400,000 = 1,880,000 - [40,000 + (160,000 + 80,000) + 200,000]
  3) 잔여분: 0

(2) 우선주(누적 · 부분 참가) 배당금: 360,000
  1) 누적분: 160,000 = 2,000,000 × 4% × 2
  2) 당기분: 80,000 = 2,000,000 × 4%
  * 잔여 배당금: 1,400,000 = 1,880,000 - [40,000 + (160,000 + 80,000) + 200,000]
  3) 잔여분: 120,000 = MIN[120,000, 400,000]
  * MIN[A , B]
   A: 120,000 = 2,000,000 × (10 - 4)%
   B: 400,000 = 1,400,000 × 2,000,000 ÷ (2,000,000 + 5,000,000)

(3) 보통주 배당금: 1,480,000
  1) 누적분: 0
  2) 당기분: 200,000 = 5,000,000 × 4%
  * 잔여 배당금: 1,400,000 = 1,880,000 - [40,000 + (160,000 + 80,000) + 200,000]
  3) 잔여분: 1,280,000 = 1,400,000 - 120,000

유형 07 [우선주] 상환우선주

기본서 PART 09 자본 → CH 5. 우선주 - 이익배당우선주 ▶ 400p

대표문제 □□□ 2018년 국가직 7급

㈜한국은 20×1년 1월 1일에 상환우선주 100주(주당 액면금액 ₩5,000, 연 배당률 6%, 누적적 상환우선주)를 발행하였다. ㈜한국은 보유자의 청구에 따라 상환우선주를 20×3년 12월 31일에 주당 ₩6,000에 의무적으로 상환해야 한다. 배당금은 매년 말 지급하며, 상환우선주 발행 시 유효이자율은 연 10%이다. 상환우선주의 발행이 ㈜한국의 재무제표에 미치는 영향으로 옳지 않은 것은? (단, 이자율 10%, 3년간 ₩1의 현가계수 및 연금현가계수는 각각 0.75, 2.5라 가정하며, 현가계수 가정에 따른 상환우선주 발행가와 유효이자율에 의한 만기상환 장부금액의 차이는 무시한다.)

① 20×1년 1월 1일 상환우선주의 발행금액은 ₩525,000이다.
② 20×1년 12월 31일 상환우선주의 장부금액은 ₩547,500이다.
③ 상환우선주의 발행으로 20×1년 당기순이익이 ₩52,500 감소한다.
④ 20×1년 배당금 ₩30,000은 자본요소와 관련되므로 당기손익의 분배로 인식한다.

해설

유효이자율: 10%

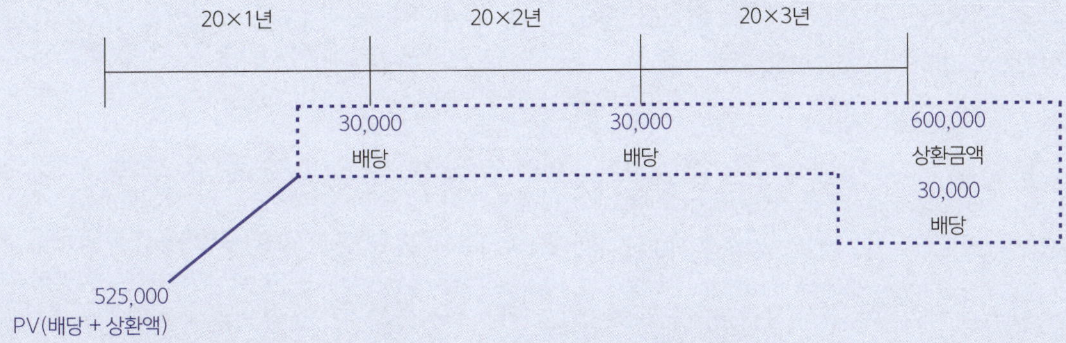

(1) 분류 기준(누적적 상환우선주)

원금	배당	분류	최초 인식액	배당금 처리	N/I 영향
계약상 의무 O	계약상 의무 O	금융부채	PV(배당 + 상환액)	이자비용	기초 금융부채 BV × R

(2) 회계처리

[발행 시]

(차) 현금	525,000	(대) 금융부채	525,000

* 금융부채(상환우선주): (600,000 × 0.75) + (30,000 × 2.5) = 525,000

[배당금 지급]

(차) 이자비용	52,500	(대) 현금	30,000
		금융부채	22,500

* 이자비용: 525,000 × 10% = 52,500
* 현금(배당): 100주 × @5,000 × 6% = 30,000

(3) 기말 재무상태표와 당기 포괄손익계산서

B/S [×1년 말]

	금융부채(상환우선주) 547,500

I/S

이자비용	52,500

정답 ④

유형 08 자본 종합 서술형 문제

01 □□□ 2019년 국가직 7급

자본에 대한 설명으로 옳지 않은 것은? (단, 자기주식의 회계처리는 원가법을 따른다.)

① 자기주식을 취득원가보다 낮은 금액으로 매각한 경우 자기주식처분손실이 발생하며 포괄손익계산서에 비용으로 계상한다.
② 감자 시 주주에게 지급하는 대가가 감소하는 주식의 액면금액보다 적을 때에는 차액을 감자차익으로 기록한다.
③ 실질적 감자의 경우 자본금과 자산이 감소하며, 감자차익 또는 감자차손이 발생할 수 있다.
④ 결손을 보전하기 위한 목적으로 형식적 감자를 실시하는 경우 자본금 감소가 이월결손금보다 큰 경우에는 감자차익이 발생한다.

01 답 ①

설명 중 옳지 않은 것: 자기주식을 취득원가보다 낮은 금액으로 매각한 경우 자기주식처분손실이 발생하며 재무상태표의 자본(자본조정)으로 처리한다.

참고사항 자본잉여금의 분류

주식발행초과금	발행금액[1] > 액면금액
기타 자본잉여금	감자차익(자본 감소액 > 감자대가)
	자기주식처분이익(재발행금액 > 취득원가)
	주식선택권(행사되지 않고 만료된 경우)
	자산수증이익(주주에게 증여받은 자산의 공정가치)

[1] 신주발행을 위하여 직접 발생한 비용을 차감한 후의 금액

참고사항 자본조정의 분류

자기주식	자기주식의 취득원가
기타 자본조정	주식할인발행차금(이익잉여금처분으로 상각)
	주식선택권(주식결제형 주식기준보상거래)
	미교부주식배당금(발행될 주식의 액면금액)
	감자차손(감자대가 > 자본 감소액)
	자기주식처분손실(재발행금액 < 취득원가)
	신주청약증거금(주식을 발행하는 시점에 자본금으로 대체)
	전환권대가, 신주인수권대가(발행금액 - 사채의 현재가치)

참고사항 증자거래와 감자거래의 재무제표효과 비교

구분		자본금	자본총계
증자거래	유상증자	증가	증가
	무상증자	증가	변동 없음
감자거래	유상감자	감소	감소
	무상감자	감소	변동 없음

* 무상감자의 경우 감자대가가 없으므로 감자차익만 발생하고, 감자차손은 발생하지 않음

02 □□□

2021년 국가직 9급

자본에 관한 설명 중 옳지 않은 것은?

① 자본조정은 당해 항목의 성격상 자본거래에 해당하지만, 자본의 차감 성격을 가지는 것으로 자본금이나 자본잉여금으로 처리할 수 없는 누적적 적립금의 성격을 갖는 계정이다.
② 상환우선주의 보유자가 발행자에게 상환을 청구할 수 있는 권리를 보유하고 있는 경우, 이 상환우선주는 자본으로 분류하지 않는다.
③ 자본잉여금은 납입된 자본 중에서 액면금액을 초과하는 금액 또는 주주와의 자본거래에서 발생하는 잉여금을 처리하는 계정이다.
④ 기타포괄손익누계액 중 일부는 당기손익으로의 재분류조정 과정을 거치지 않고 직접 이익잉여금으로 대체할 수 있다.

02 답 ①

설명 중 옳지 않은 것: 자본조정 항목은 자본의 차감 성격을 가지는 것뿐만 아니라 임시 계정의 항목도 포함하여 구성된다.

03 □□□

2018년 서울시 9급

자본총액에 영향을 주지 않는 거래는?

① 당기손익-공정가치 측정 금융자산에 대하여 평가손실이 발생하다.
② 이익준비금을 자본금으로 전입하다.
③ 주주로부터 자산을 기부받다.
④ 자기주식을 재발행하다.

03 답 ②

자본총액에 영향을 주지 않는 거래: 이익준비금을 자본금으로 전입하는 무상증자는 자본총계에는 영향이 없다.

무상증자: 자본총계 불변

(차) 이 익 준 비 금 (자 본 감 소)	(대) 자 본 금 (자 본 증 가)

(선지분석)

① 평가손실 발생: 자본총계 감소

(차) 금융자산평가손실 (비 용 발 생)	(대) FVPL금융자산 (자 산 감 소)

③ 자산의 수증: 자본총계 증가

(차) 자 산 (자 산 증 가)	(대) 자 산 수 증 이 익 (수 익 발 생)

④ 자기주식 처분: 자본총계 증가

(차) 현 금 (자 산 증 가)	(대) 자 기 주 식 (수 익 발 생)

04 □□□

2014년 국가직 9급

자본에 관한 다음 설명으로 옳은 것을 모두 고르면?

ㄱ. 이익잉여금은 당기순이익의 발생으로 증가하고 다른 요인으로는 증가하지 않는다.
ㄴ. 주식배당을 실시하면 자본금은 증가하지만 이익잉여금은 감소한다.
ㄷ. 무상증자를 실시하면 발행주식수는 증가하지만 자본총액은 변동하지 않는다.
ㄹ. 주식분할을 실시하면 발행주식수는 증가하지만 이익잉여금과 자본금은 변동하지 않는다.

① ㄱ, ㄴ, ㄷ
② ㄱ, ㄴ, ㄹ
③ ㄱ, ㄷ, ㄹ
④ ㄴ, ㄷ, ㄹ

04 답 ④

설명 중 옳지 않은 것: 이익잉여금은 당기순이익의 발생으로 증가하고 다른 요인으로도 증가할 수 있다. 따라서 옳지 않은 선지 한 가지를 제외하고는 모두 옳다.

참고사항 무상증자, 주식배당, 주식분할, 주식병합의 비교

구분	무상증자	주식배당	주식분할	주식병합
발행주식수	증가	증가	증가	감소
주당 액면금액	불변	불변	감소	증가
자본금 총액	증가	증가	불변	불변
자본잉여금	감소 가능	불변	불변	불변
이익잉여금	감소 가능	감소	불변	불변
자본총계	불변	불변	불변	불변

참고사항 이익잉여금의 변동 원인

감소	증가
• 당기순손실 • 배당(사외유출) • 자본전입(자본으로 대체: 무상증자 등) • 자본조정 항목 이익잉여금의 처분	• 당기순이익 • 자본전입(자본에서 대체: 감자 등)

* 전기손익수정 또는 회계정책변경 누적효과로 인하여 이익잉여금이 증감할 수 있음
* 자산 재평가차익은 이익잉여금에 대체될 수 있음
* 확정급여제도의 재측정요소는 기타포괄손익에 반영되지만 발생한 기간에 이익잉여금으로 대체할 수 있음
* 주식할인발행차금의 상각, 자기주식처분손실 및 감자차손 등은 결손에 준하여 이익잉여금의 처분으로 처리할 수 있음

05 □□□

2019년 서울시 7급

주식배당, 무상증자, 주식분할, 주식병합에 대한 설명으로 가장 옳지 않은 것은?

① 주식배당, 무상증자의 경우 총 자본은 변하지 않는다.
② 무상증자, 주식분할의 경우 자본금이 증가한다.
③ 주식병합의 경우 발행주식수가 감소하지만 주식분할의 경우 발행주식수가 증가한다.
④ 주식분할의 경우 주당 액면금액이 감소하지만 주식배당, 무상증자의 경우 주당 액면금액은 변하지 않는다.

05 답 ②

설명 중 옳지 않은 것: 주식분할의 경우 자본금은 변하지 않는다.
(1) 무상증자: 발행주식수 증가, 액면금액 불변, 자본금 증가, 자본잉여금 감소 가능, 이익잉여금 감소 가능
(2) 주식분할: 발행주식수 증가, 액면금액 감소, 자본금 불변, 자본잉여금 불변, 이익잉여금 불변

참고사항 무상증자, 주식배당, 주식분할, 주식병합의 비교

구분	무상증자	주식배당	주식분할	주식병합
발행주식수	증가	증가	증가	감소
주당 액면금액	불변	불변	감소	증가
자본금 총액	증가	증가	불변	불변
자본잉여금	감소 가능	불변	불변	불변
이익잉여금	감소 가능	감소	불변	불변
자본총계	불변	불변	불변	불변

06 □□□

2012년 지방직 9급

주식배당과 주식분할이 자본에 미치는 영향에 대한 설명으로 옳지 않은 것은?

	주식배당	주식분할
① 자 본 총 계	불변	불변
② 이익잉여금	감소	불변
③ 주당 액면가	불변	감소
④ 법정자본금	증가	증가

06 답 ④

(1) 주식배당
1) 자본총계: 불변
2) 이익잉여금: 감소
3) 주당 액면금액: 불변
4) 법정자본금: 증가

(2) 주식분할
1) 자본총계: 불변
2) 이익잉여금: 불변
3) 주당 액면금액: 감소
4) 법정자본금: 불변

07 □□□

2025년 지방직 9급

자본 거래가 발행주식수와 자본금에 미치는 영향에 대한 연결로 옳지 않은 것은?

	자본 거래	발행주식수	자본금
①	주식배당	증가	불변
②	무상감자	감소	감소
③	무상증자	증가	증가
④	주식분할	증가	불변

07 답 ①

옳지 않은 것: 주식배당의 경우 발행주식수가 증가, 자본금도 증가한다.

PART 10

금융자산(1) - 현금및현금성자산

본 과목 풀이 시 기업의 보고기간(회계기간)은 매년 1월 1일부터 12월 31일까지이며, 기업은 계속해서 한국채택국제회계기준을 적용해 오고 있다고 가정한다. 또한, 자료에서 제시하지 않은 사항(예 법인세효과 등)은 고려하지 않는다.

유형 01 [현금및현금성자산과 은행계정조정표] 현금및현금성자산

기본서 PART 10 금융자산(1) → CH 1. 현금및현금성자산과 은행계정조정표 → 1 현금및현금성자산 ▶ 414p

대표문제

□□□ 2020년 국가직 9급

재무상태표에 현금및현금성자산으로 표시될 금액은?

• 수입인지	₩ 50,000
• 송금수표	₩ 50,000
• 선일자수표	₩ 50,000
• 자기앞수표	₩ 100,000
• 타인발행수표	₩ 100,000
• 당좌개설보증금	₩ 100,000
• 취득 당시 만기 120일인 양도성예금증서	₩ 100,000

① ₩ 400,000
② ₩ 350,000
③ ₩ 300,000
④ ₩ 250,000

해설

재무상태표상 현금및현금성자산: 250,000
= 50,000 + 100,000 + 100,000
(1) 송금수표: (+) 50,000
(2) 자기앞수표: (+) 100,000
(3) 타인발행수표: (+) 100,000

참고사항 현금 분류 시 주의할 항목과 만기도래에 따른 항목의 구분

(1) 우표, 수입인지: 선급비용 또는 소모품으로 분류
(2) 약속어음: 매출채권으로 분류
(3) 정기예금 · 정기적금 · 환매채 · 양도성예금증서 등
1) 취득일로부터 3개월 이내 만기도래: 현금및현금성자산
2) 취득일로부터 3개월 이후 만기도래: 단기금융상품
3) 보고기간 말부터 1년 이내 만기도래: 유동자산
4) 보고기간 말부터 1년 이내 만기도래: 비유동자산
(4) 상환일이 정해져 있고 취득일로부터 상환일까지의 기간이 3개월 이내인 우선주: 현금및현금성자산

정답 ④

01 □□□ 2019년 국가직 7급

㈜한국은 20×1년 12월 1일을 기준으로 현금실사를 실시한 결과 현금 잔액이 장부상 잔액보다 ₩100,000이 적은 것을 확인하고 차이금액을 현금과부족 계정을 이용하여 회계처리하였다. ㈜한국은 여비교통비로 20×1년 11월에 ₩120,000을 현금 지급하였으나 장부에 기록하지 않은 것을 결산일에 발견하였으며, 그 밖의 원인을 밝혀내지 못한 현금과부족은 잡이익(잡손실)으로 보고하였다. ㈜한국이 결산일에 할 수정분개는?

	차변		대변	
①	여비교통비	₩120,000	현금과부족	₩120,000
	현금과부족	₩20,000	잡이익	₩20,000
②	현금과부족	₩120,000	여비교통비	₩120,000
	잡손실	₩20,000	현금과부족	₩20,000
③	여비교통비	₩100,000	현금과부족	₩100,000
	현금과부족	₩20,000	잡이익	₩20,000
④	현금과부족	₩100,000	여비교통비	₩100,000
	잡손실	₩20,000	현금과부족	₩20,000

01 답 ①

×6년 말의 결산수정분개

(차) 여비교통비	120,000	(대) 현금과부족	120,000
(차) 현금과부족	20,000	(대) 잡이익	20,000

* 잡이익: 120,000 - 100,000 = 20,000

현금과부족은 100,000이며, 여비교통비는 120,000이므로, 차액 20,000은 잡이익이 된다.

02 □□□

2014년 국가직 9급

다음은 2013년 12월 31일 현재 ㈜한국이 보유하고 있는 항목들이다. ㈜한국이 2013년 12월 31일의 재무상태표에 현금및현금성자산으로 표시할 금액은?

• 지급기일이 도래한 공채이자표	₩ 5,000
• 당좌거래개설보증금	₩ 3,000
• 당좌차월	₩ 1,000
• 수입인지	₩ 4,000
• 선일자수표(2014년 3월 1일 이후 통용)	₩ 2,000
• 지폐와 동전 합계	₩ 50,000
• 2013년 12월 20일에 취득한 만기가 2014년 2월 20일인 양도성예금증서	₩ 2,000
• 2013년 10월 1일에 취득한 만기가 2014년 3월 31일인 환매채	₩ 1,000

① ₩ 56,000 ② ₩ 57,000

③ ₩ 58,000 ④ ₩ 59,000

02

답 ②

13년 말의 현금및현금성자산: 57,000
= 5,000 + 50,000 + 2,000
(1) 만기 도래 공채이자표: (+) 5,000
(2) 지폐와 동전 합계: (+) 50,000
(3) 취득일로부터 3개월 이내 만기도래인 양도성 예금증서: (+) 2,000

03 □□□

2011년 국가직 9급

2010년 12월 31일 결산일 현재 ㈜대한이 보유하고 있는 자산 중 재무상태표에 계상할 현금및현금성자산은?

• 통화	₩ 1,500
• 수입인지	₩ 100
• 만기가 도래한 국채이자표	₩ 300
• 송금환	₩ 400
• 배당금지급통지표	₩ 50
• 만기가 1개월 후인 타인발행 약속어음	₩ 200
• 2010년 12월 1일에 취득한 환매채(만기: 2011년 1월 31일)	₩ 500

① ₩ 1,500　　② ₩ 2,250
③ ₩ 2,750　　④ ₩ 2,950

03　　답 ③

10년 말의 현금및현금성자산: 2,750
= 1,500 + 300 + 400 + 50 + 500
(1) 통화: (+) 1,500
(2) 만기 도래 국채이자표: (+) 300
(3) 송금환: (+) 400
(4) 배당금지급통지표: (+) 50
(5) 취득일로부터 3개월 이내 만기도래인 환매채: (+) 500

기본서 PART 10 금융자산(1) → CH 1. 현금및현금성자산과 은행계정조정표 → 2 은행계정조정표 ▶ 416p

대표 문제 □□□ 2018년 지방직 9급

㈜한국의 20×6년 12월 31일에 당좌예금의 장부상 잔액이 ₩37,500이었고, 당좌예금과 관련된 다음의 사건이 확인되었다면, ㈜한국이 거래은행에서 받은 20×6년 12월 31일자 예금잔액증명서상 당좌예금의 잔액은?

ㄱ. ㈜한국의 거래처에서 매출대금 ₩15,000을 은행으로 입금하였으나, ㈜한국은 이 사실을 알지 못했다.
ㄴ. 은행은 당좌거래 관련 수수료 ₩2,000을 ㈜한국의 예금계좌에서 차감하였다.
ㄷ. 은행 측 잔액증명서에는 반영되어 있으나 ㈜한국의 장부에 반영되지 않은 다른 예금에 대한 이자수익이 ₩5,000 있다.
ㄹ. 은행 측 잔액증명서에는 반영되어 있으나 ㈜한국의 장부에 반영되지 않은 부도수표가 ₩6,000있다.
ㅁ. ㈜한국은 은행에 ₩47,000을 예금하면서 ₩74,000으로 잘못 기록하였으나, 은행계좌에는 ₩47,000으로 올바로 기록되어 있다.

① ₩22,500　② ₩24,500
③ ₩34,500　④ ₩76,500

해설

×6년 말의 당좌예금 잔액: 22,500
= 수정 전 잔액 37,500 + 가산 조정 20,000 − 차감 조정 35,000

별해 은행계정조정표의 양식 적용

구분	회사 측	은행 측
수정 전 잔액	37,500	22,500
(+) 미통지입금	+ 15,000	
(−) 은행수수료	− 2,000	
(+) 이자수익	+ 5,000	
(−) 부도수표	− 6,000	
(±) 회사 측 기록오류	− 27,000	
수정 후 잔액	22,500	22,500

정답 ①

01 □□□

2017년 지방직 9급

㈜대한의 2016년 말 현재 은행계정조정표와 관련된 자료는 다음과 같다. 은행 측은 기발행미인출수표가 누락되었음을 확인하였다. 기발행미인출수표 금액은?

- 은행의 예금잔액증명서상 금액: ₩20,000
- ㈜대한의 장부상 금액: ₩17,000
- 은행의 예금잔액증명서에는 반영되어 있으나 ㈜대한의 장부에 반영되지 않은 금액
  - 예금이자: ₩1,000
  - 부도수표: ₩2,000
- 은행은 ㈜민국의 발행수표 ₩6,000을 ㈜대한의 발행수표로 착각하여 ㈜대한의 당좌예금 계좌에서 인출하여 지급하였다.

① ₩16,000　② ₩14,000
③ ₩12,000　④ ₩10,000

01 답 ④

16년 말의 기발행미인출수표: 10,000
= 수정 전 잔액 20,000 + 은행 측 기록오류 6,000 - 수정 후 잔액 16,000

별해 은행계정조정표의 양식 적용

구분	회사 측	은행 측
수정 전 잔액	17,000	20,000
(+) 예금이자	+ 1,000	
(-) 부도수표	- 2,000	
(±) 은행 측 기록오류		+ 6,000
(-) 기발행미인출수표		- 10,000
수정 후 잔액	16,000	16,000

02 □□□

2016년 국가직 9급

다음 자료를 토대로 계산한 ㈜한국의 정확한 당좌예금 잔액은?

• ㈜한국의 조정 전 당좌예금 계정의 잔액	₩ 12,200
• 은행 예금잔액증명서상 잔액	₩ 12,500
• ㈜한국에서 발행하였으나 은행에서 미인출된 수표	₩ 2,000
• ㈜한국에서 입금처리하였으나 은행에서 미기록된 예금	₩ 700
• ㈜한국에서 회계처리하지 않은 은행수수료	₩ 500
• 타회사가 부담할 수수료를 ㈜한국에 전가한 은행의 오류	₩ 200
• ㈜한국에서 회계처리하지 않은 이자비용	₩ 300

① ₩ 10,700 ② ₩ 11,400

③ ₩ 13,400 ④ ₩ 14,100

02

답 ②

자료에 기초한 정확한 당좌예금 잔액: 11,400

(1) 계산방법 1: 11,400 = 수정 전 잔액 12,200 - 차감 조정 800

(2) 계산방법 2: 11,400 = 수정 전 잔액 12,500 + 가산 조정 900 - 차감 조정 2,000

별해 은행계정조정표의 양식 적용

구분	회사 측	은행 측
수정 전 잔액	12,200	12,500
(-) 기발행미인출수표		- 2,000
(+) 은행미기입예금		+ 700
(-) 은행수수료	- 500	
(±) 은행 측 기록오류		+ 200
(-) 이자비용	- 300	
수정 후 잔액	11,400	11,400

03 □□□

2014년 국가직 7급

2013년 12월 31일 은행계정조정 후 ㈜대한의 장부상 정확한 당좌예금 계정의 잔액은 ₩300,000이다. 이 금액은 거래은행이 보내온 2013년 12월 31일 은행계정명세서의 잔액과 차이가 있는데, 차이가 나는 원인은 다음과 같다.

- ㈜대한이 발행한 수표 ₩5,000을 거래은행이 실수로 ₩500으로 처리하였다.
- ㈜대한의 기발행미인출수표는 ₩20,000이다.
- 거래은행이 미처 기입하지 못한 ㈜대한의 당좌예금 입금액이 ₩10,000이다.
- ㈜민국이 발행한 수표 ₩4,000을 거래은행이 실수로 ㈜대한의 계정에서 차감하였다.

거래은행이 보내온 2013년 12월 31일 은행계정명세서의 잔액은?

① ₩289,500　② ₩290,500
③ ₩310,500　④ ₩309,500

03

답 ③

13년 말의 은행계정명세서의 잔액(역산): 310,500
= 수정 후 잔액 300,000 - 가산 조정 14,000 + 차감 조정 24,500

별해 은행계정조정표의 양식 적용

구분	회사 측	은행 측
수정 전 잔액	300,000	310,500
(±) 은행 측 기록오류		- 4,500
(-) 기발행미인출수표		- 20,000
(+) 은행미기입예금		+ 10,000
(±) 은행 측 기록오류		+ 4,000
수정 후 잔액	300,000	300,000

* 은행 측 기록오류(금액 오류): (-) 4,500 = 500 - 5,000

04 □□□

2023년 지방직 9급

20×1년 5월 말 ㈜한국의 수정 전 당좌예금 장부잔액과 거래은행 측 수정 전 당좌예금잔액이 일치하지 않는 원인은 다음과 같다. ㈜한국의 수정 전 당좌예금 장부잔액이 ₩160,000일 때, 거래은행 측 수정 전 당좌예금잔액은?

- ㈜한국이 거래은행에 입금처리한 수표 ₩30,000이 5월 19일에 부도처리되었으나, ㈜한국에는 아직 통보되지 않았다.
- 거래처인 ㈜서울이 상품구입대금 ₩20,000을 ㈜한국의 당좌예금계좌에 입금하였으나, ㈜한국에는 아직 통보되지 않았다.
- 거래은행은 ㈜한국의 20×1년 5월분 수수료 ₩40,000을 ㈜한국의 당좌예금계좌에서 차감하였으나, ㈜한국은 이를 모르고 있다.
- ㈜한국이 기발행한 수표 ₩10,000이 아직 거래은행에 지급제시되지 않았다.
- ㈜한국은 현금 ₩20,000을 당좌예금계좌에 입금하였으나, 거래은행에서는 아직 입금처리가 되지 않았다.

① ₩70,000　② ₩100,000
③ ₩160,000　④ ₩180,000

04 답 ②

×1년 5월 말의 수정 전 은행 측 당좌예금 잔액(역산): 100,000
= 수정 후 잔액 110,000 - 가산 조정 20,000 + 차감 조정 10,000

구분	회사 측	은행 측
수정 전 잔액	160,000	100,000
(-) 부도수표	-30,000	
(+) 미통지입금	+20,000	
(-) 수수료	-40,000	
(-) 기발행미인출수표		- 10,000
(+) 미기입예금		+20,000
수정 후 잔액	110,000	110,000

유형 03 [수취채권의 손상] 수취채권의 손상

기본서 PART 10 금융자산(1) → CH 2. 수취채권의 손상 ▶ 419p

대표 문제 □□□ 2019년 국가직 7급

㈜한국의 20×8년 손실충당금(대손충당금)의 기초 잔액은 ₩30이고 20×8년 12월 31일에 매출채권 계정을 연령별로 채무불이행률을 검사하고, 다음의 연령분석표를 작성하였다.

결제일 경과기간	매출채권	채무불이행률
미경과	₩90,000	1%
1일 ~ 30일	₩18,000	2%
31일 ~ 60일	₩ 9,000	5%
61일 ~ 90일	₩ 6,000	15%
91일 이상	₩ 4,000	30%

20×9년 1월 10일에 거래처인 ㈜부도의 파산으로 인해 매출채권 ₩4,500의 회수 불능이 확정되었다. ㈜한국이 20×9년 1월 10일 인식할 손상차손(대손상각비)은?

① ₩630
② ₩660
③ ₩690
④ ₩720

해설

×9년 1월 10일의 손상차손: 690
= 손상 확정 4,500 - 손실충당금 3,810
×9년 초의 손실충당금: 3,810
= (90,000 × 1%) + (18,000 × 2%) + (9,000 × 5%) + (6,000 × 15%) + (4,000 × 30%)

별해 연령분석법 적용

구분	총장부금액		기대신용손실 추정률	손실 예상액
미경과	90,000	×	1%	900
1일 ~ 30일	18,000	×	2%	360
31일 ~ 60일	9,000	×	5%	450
61일 ~ 90일	6,000	×	15%	900
91일 이상	4,000	×	30%	1,200
	127,000			기대신용손실 3,810

정답 ③

01 □□□

2021년 지방직 9급

㈜한국은 회수불능채권에 대하여 손실충당금을 설정하고 있으며 기말 매출채권 잔액의 1%가 회수 불가능할 것으로 추정하고 있다. 다음 자료를 이용하여 ㈜한국이 20×2년 포괄손익계산서에 인식할 손상차손은?

• 매출채권, 손실충당금 장부상 자료

구분	20×1년 말	20×2년 말
매출채권	₩ 900,000	₩ 1,000,000
손실충당금	₩ 9,000	?

• 20×2년 중 매출채권의 손상 및 회수 거래
- 1월 10일: ㈜대한의 매출채권 ₩ 5,000이 회수 불가능한 것으로 판명
- 3월 10일: ㈜민국의 매출채권 ₩ 2,000이 회수 불가능한 것으로 판명
- 6월 10일: 1월 10일에 손상처리되었던 ㈜대한의 매출채권 ₩ 1,500 회수

① ₩ 1,000
② ₩ 6,500
③ ₩ 8,000
④ ₩ 10,000

01 답 ②

기초 손실충당금 9,000 + 손상처리된 채권 회수 1,500 + 설정(손상차손) = 손상 확정(5,000 + 2,000) + 기말 손실충당금(1,000,000 × 1%)
⇒ 손상차손: 6,500

02 □□□

2025년 국가직 9급

20×1년 1월 1일 ㈜한국의 매출채권에 대한 손실충당금 잔액은 ₩ 10,000이다. ㈜한국은 20×1년 중 ₩ 20,000의 매출채권을 회수불능으로 판단하여 장부에서 제거하였다. 20×1년 말 매출채권 잔액은 ₩ 700,000이며, 기대신용손실은 ₩ 40,000으로 추정하였다. ㈜한국이 20×1년도 포괄손익계산서에 인식할 손상차손은?

① ₩ 10,000
② ₩ 20,000
③ ₩ 40,000
④ ₩ 50,000

02 답 ④

기초 손실충당금 10,000 + 설정(손상차손) = 손상 확정 20,000 + 기말 손실충당금 40,000
⇒ 손상차손: 50,000

03 □□□

2024년 국가직 9급

㈜한국은 보유 중인 매출채권 중 회수가 어려울 것으로 예상되는 금액을 회계기간 말에 추정하여 대손충당금을 설정하고 있다. ㈜한국이 기말에 인식하여야 할 대손과 관련된 회계처리를 누락한 경우, 재무제표에 미치는 영향으로 옳은 것은? (단, 대손충당금 기초잔액은 없다.)

① 당기순이익의 과소계상
② 매출채권의 과소계상
③ 대손충당금의 과소계상
④ 대손상각비 과대계상

03 답 ③

기말 인식하여야 할 대손과 관련된 회계처리를 누락한 경우
(1) 대손충당금 과소계상 → 매출채권 과대계상
(2) 대손상각비 과소계상 → 당기순이익 과대계상

유형 04 [금융자산의 제거] 받을어음의 할인

기본서 PART 10 금융자산(1) → CH 3. 금융자산의 제거 → 4 받을어음의 할인 ▶ 423p

대표문제 □□□ 2018년 국가직 7급

㈜한국은 20×1년 4월 1일에 고객에게 상품판매 대가로 이자부약속어음(만기 5개월, 이자율 연 5%, 액면금액 ₩72,000)을 수령하였다. 이 어음을 2개월간 보유한 후 자금사정으로 ₩72,030을 받고 할인하였다. 이 어음의 할인율과 어음처분손실은? (단, 이자는 월할 계산하며, 어음의 할인은 제거요건을 충족한다.)

	할인율	어음처분손실
①	8%	₩ 570
②	8%	₩ 1,470
③	12%	₩ 570
④	12%	₩ 1,470

해설

(1) 어음의 할인율: 8%
  1) 계산방법 1: 1,470 = 73,500 × 할인율 × 3/12
  2) 계산방법 2: 1,470 = 73,500 − 72,030
  ∴ 할인율: 8%

(2) ×1년의 어음처분손실: 570
  ×1년의 처분손익: (−) 570 = 72,030 − [72,000 + (72,000 × 5% × 2/12)]

별해 받을어음의 할인의 전체 구조 적용

할인율: 8%

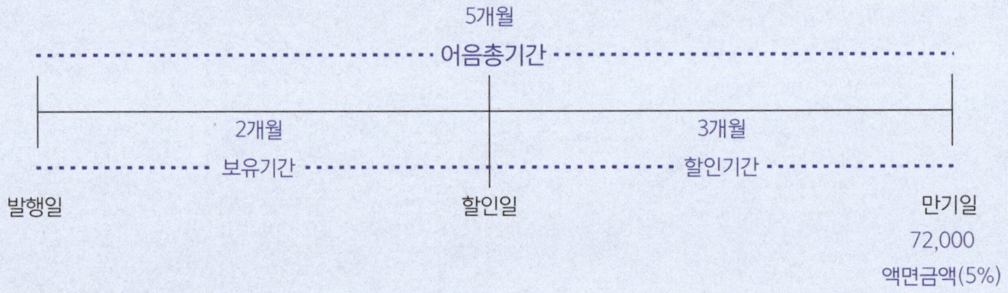

1단계 만기금액(a): 액면금액 + (액면금액 × 액면R × 어음총기간 / 12)
  73,500 = 72,000 + (72,000 × 5% × 5/12)
2단계 할인액(b): 만기금액(a) × 할인율 × 할인기간 / 12
  1,470 = 73,500 × 8% × 3/12
3단계 현금 수령액(c): 만기금액(a) − 할인액(b)
  72,030 = 73,500 − 1,470
4단계 장부금액(d): 액면금액 + (액면금액 × 액면R × 보유기간 / 12)
  72,600 = 72,000 + (72,000 × 5% × 2/12)
5단계 매출채권처분손익: 현금 수령액(c) − 장부금액(d)
  (−) 570 = 72,030 − 72,600

정답 ①

01 □□□

2013년 국가직 7급

㈜한국은 2011년 3월 1일에 상품판매 대금 ₩400,000을 만기 3개월의 어음(액면이자율 연 9%)으로 수령하였다. ㈜한국은 5월 1일에 대한은행에서 연 12% 이자율로 동 어음을 할인하였다. 이 받을어음의 할인이 금융자산의 제거조건을 충족할 때, ㈜한국이 행할 회계처리는? (단, 이자는 월할 계산한다.)

	(차변)		(대변)	
①	현금	₩404,910	매출채권	₩400,000
	금융자산처분손실	₩1,090	이자수익	₩6,000
②	현금	₩404,800	매출채권	₩400,000
	금융자산처분손실	₩1,200	이자수익	₩6,000
③	현금	₩406,000	매출채권	₩400,000
	금융자산처분손실	₩3,000	이자수익	₩9,000
④	현금	₩402,000	매출채권	₩400,000
	금융자산처분손실	₩2,000	이자수익	₩4,000

01 답 ①

2011년 받을어음의 할인 시 회계처리

(차) 미수이자	6,000	(대) 이자수익	6,000

* 이자수익: 400,000 × 9% × 2/12 = 6,000

(차) 현금	404,910	(대) 매출채권	400,000
처분손실	1,090	미수이자	6,000

* 현금: [400,000 + (400,000 × 9% × 3/12)] − (409,000 × 12% × 1/12) = 404,910
* 처분손실: 404,910 − (400,000 + 6,000) = (−) 1,090

별해 받을어음의 할인의 전체 구조 적용

할인율: 12%

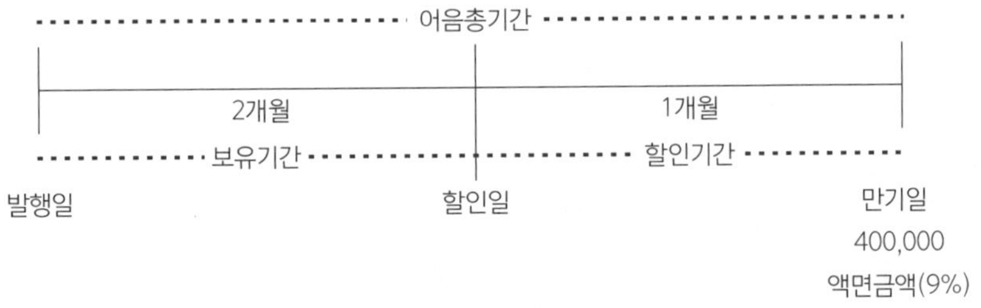

1단계 만기금액(a): 액면금액 + (액면금액 × 액면R × 어음총기간 / 12)
409,000 = 400,000 + (400,000 × 9% × 3/12)
2단계 할인액(b): 만기금액(a) × 할인율 × 할인기간 / 12
4,090 = 409,000 × 12% × 1/12
3단계 현금 수령액(c): 만기금액(a) − 할인액(b)
404,910 = 409,000 − 4,090
4단계 장부금액(d): 액면금액 + (액면금액 × 액면R × 보유기간 / 12)
406,000 = 400,000 + (400,000 × 9% × 2/12)
5단계 매출채권처분손익: 현금 수령액(c) − 장부금액(d)
(−) 1,090 = 404,910 − 406,000

참고사항 받을어음의 할인이 제거조건을 충족하지 못할 때의 회계처리

(차) 미 수 이 자	6,000	(대) 이 자 수 익	6,000

* 이자수익: 400,000 × 9% × 2/12 = 6,000

(차) 현 금	404,910	(대) 차입금(금융부채)	400,000
이 자 비 용	1,090	미 수 이 자	6,000

* 현금: [400,000 + (400,000 × 9% × 3/12)] - (409,000 × 12% × 1/12) = 404,910
* 이자비용: 404,910 - (400,000 + 6,000) = (-) 1,090

02 □□□

2012년 국가직 7급

㈜대한은 거래처에 상품을 외상으로 판매하고 액면금액 ₩5,000,000(만기가 120일이고 이자율은 6%)인 받을어음(이자부어음)을 수령하였다. ㈜대한이 발행일로부터 30일이 지난 후 주거래은행에 연 이자율 12%의 조건으로 할인받은 경우 은행으로부터 수취할 금액은? (단, 1년의 계산기간은 360일로 처리한다.)

① ₩4,800,000
② ₩4,947,000
③ ₩4,998,000
④ ₩5,048,000

02

답 ②

은행으로부터 수취할 금액: 4,947,000
= 만기금액 5,100,000 - 할인액 153,000
(1) 만기금액: 5,100,000 = 5,000,000 + (5,000,000 × 6% × 4/12)
(2) 할인액: 153,000 = 5,100,000 × 12% × 3/12

별해 받을어음의 할인의 전체 구조 적용

할인율: 12%

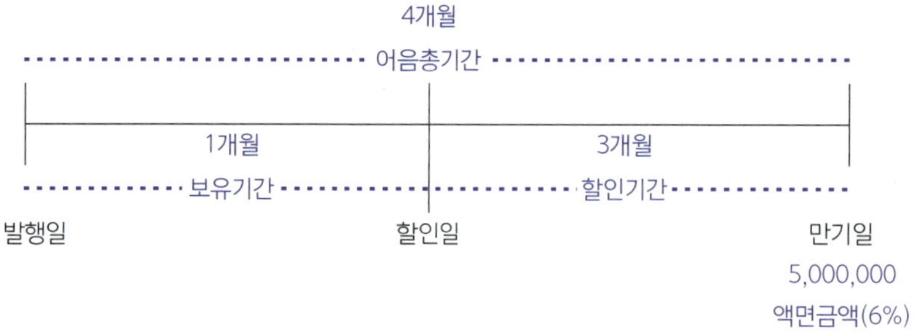

1단계 만기금액(a): 액면금액 + (액면금액 × 액면R × 어음총기간 / 12)
5,100,000 = 5,000,000 + (5,000,000 × 6% × 4/12)
2단계 할인액(b): 만기금액(a) × 할인율 × 할인기간 / 12
153,000 = 5,100,000 × 12% × 3/12
3단계 현금 수령액(c): 만기금액(a) - 할인액(b)
4,947,000 = 5,100,000 - 153,000
4단계 장부금액(d): 액면금액 + (액면금액 × 액면R × 보유기간 / 12)
5,025,000 = 5,000,000 + (5,000,000 × 6% × 1/12)
5단계 매출채권처분손익: 현금 수령액(c) - 장부금액(d)
(-) 78,000 = 4,947,000 - 5,025,000

03 □□□

2012년 국가직 9급

㈜한국은 고객에게 상품을 판매하고 그 대가로 액면금액 ₩10,000,000, 만기 3개월, 이자율 연 9%인 약속어음을 수령하였다. ㈜한국은 이 어음을 2개월간 보유한 후 은행에서 할인할 때 ₩10,122,750을 수령하였다. 이 어음에 대한 은행의 연간 할인율은? (단, 이자는 월할 계산한다고 가정한다.)

① 10%　　② 11%
③ 12%　　④ 13%

03　　답 ③

어음의 할인율: 12%

(1) 만기금액(a): 10,225,000 = 10,000,000 + (10,000,000 × 9% × 3/12)

(2) 할인액(b): b = 10,225,000 × A% × 1/12

(3) 현금 수령액(c): 10,122,750 = 10,225,000 − (10,225,000 × A% × 1/12)

∴ A = 12%

별해 받을어음의 할인의 전체 구조 적용

할인율: 12%

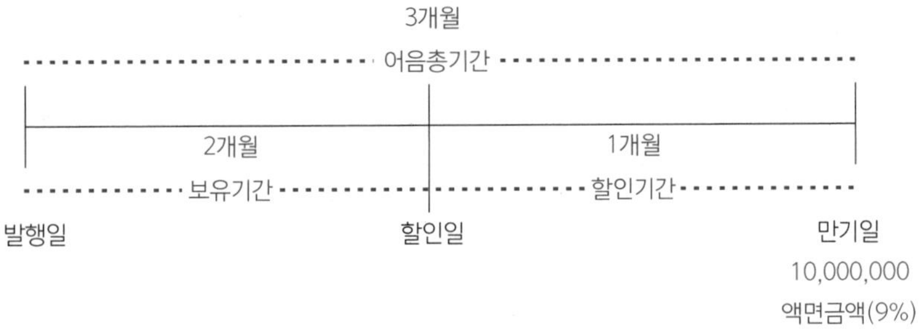

1단계 만기금액(a): 액면금액 + (액면금액 × 액면R × 어음총기간 / 12)
10,225,000 = 10,000,000 + (10,000,000 × 9% × 3/12)

2단계 할인액(b): 만기금액(a) × 할인율 × 할인기간 / 12
102,250 = 10,225,000 × 12% × 1/12

3단계 현금 수령액(c): 만기금액(a) − 할인액(b)
10,122,750 = 10,225,000 − 102,250

4단계 장부금액(d): 액면금액 + (액면금액 × 액면R × 보유기간 / 12)
10,150,000 = 10,000,000 + (10,000,000 × 9% × 2/12)

5단계 매출채권처분손익: 현금 수령액(c) − 장부금액(d)
(−) 27,250 = 10,122,750 − 10,150,000

04 □□□

2024년 국가직 9급

20×1년 초 ㈜한국은 거래처에 상품을 판매하고 액면금액 ₩100,000인 무이자부어음(6개월 만기)을 수취하였다. ㈜한국은 3개월간 해당 어음을 보유한 후 거래은행에 연 10%로 할인받았다. ㈜한국이 받을어음 소유에 따른 위험과 보상의 대부분을 거래은행에 이전하였다면 받을어음 할인 시점에 인식할 매출채권처분손실은? (단, 이자는 월할 계산한다.)

① ₩0
② ₩2,500
③ ₩3,000
④ ₩5,000

04 답 ②

할인 시점 인식할 매출채권 처분손실: 2,500

(1) 할인액: 만기금액(a) × 할인율 × 할인기간 / 12
2,500 = 100,000 × 10% ×3/12

(2) 현금수령액: 97,500 = 100,000 − 2,500

(3) 매출채권처분손실: (−)2,500 = 97,500 − 100,000

TIP 무이자부어음의 경우 할인액이 매출채권처분손실과 일치한다. 어음의 장부금액이 시점에 무관하게 액면금액과 동일하기 때문이다.

PART 11

금융자산(2) - 금융자산 일반

본 과목 풀이 시 기업의 보고기간(회계기간)은 매년 1월 1일부터 12월 31일까지이며, 기업은 계속해서 한국채택국제회계기준을 적용해 오고 있다고 가정한다. 또한, 자료에서 제시하지 않은 사항(예 법인세효과 등)은 고려하지 않는다.

유형 01 [투자지분상품] FVPL금융자산(지분상품)의 분류 및 측정

기본서 PART 11 금융자산(2) → CH 2. 투자지분상품 → 2 FVPL금융자산(지분상품)의 분류 및 특성 ▶ 437p

대표문제 □□□ 2020년 서울시 7급

12월 결산법인 ㈜서울은 20×1년 2월 20일 ㈜경기의 주식 100주를 취득하고 당기손익 - 공정가치 측정 범주로 분류하였다. 20×1년 12월 31일 ㈜경기의 1주당 공정가치는 ₩1,200이다. 20×2년 3월 1일 ㈜경기는 무상증자 20%를 실시하였으며, ㈜서울은 무상신주 20주를 수령하였다. 20×2년 7월 1일 ㈜경기주식 60주를 ₩81,000에 처분하고 거래원가 ₩1,000을 차감한 금액을 수령하였을 경우 동 거래가 20×2년 ㈜서울의 법인세차감전순이익에 미치는 영향은?

① ₩21,000 증가　　② ₩20,000 증가
③ ₩ 9,000 증가　　④ ₩ 8,000 증가

해설

20×2년 법인세비용차감전순이익에 미치는 영향: (+) 20,000
처분손익(N/I): (+) 20,000 = (81,000 - 1,000) - (60주 × @1,000)
(1) 무상증자: 영향 없음(주식 수와 주당 단가는 변동함)

구분	무상증자 전	무상증자 후
FVPL금융자산의 주식 수	100주	120주 = 100 × (1 + 0.2)주
주당 BV	1,200	1,000 = 120,000 ÷ 120주
BV	120,000	120,000

(2) 처분손익(N/I): (+) 20,000 = (81,000 - 1,000) - (60주 × @1,000)
　* 무상증자로 주당 단가는 @1,000으로 변동

(3) 처분 시 회계처리

(차)	현금	80,000	(대) FVPL금융자산	60,000
			처분이익	20,000

* 현금: 81,000 - 1,000 = 80,000
* FVPL금융자산(지분상품): 60주 × @1,000 = 60,000

정답 ②

01 □□□

2019년 서울시 7급

㈜서울은 20×1년 초에 ㈜한국의 주식을 거래원가 ₩10,000을 포함하여 ₩510,000에 취득하고, 당기손익-공정가치 측정 금융자산으로 분류하였다. 20×1년 말과 20×2년 말 공정가치는 각각 ₩530,000과 ₩480,000 이고, 20×3년에 ₩490,000에 처분하였을 때, 주식 처분으로 당기손익에 미치는 영향은?

① 손익 영향 없음
② ₩ 8,000 이익
③ ₩10,000 이익
④ ₩12,000 이익

01 답 ③

20×3년 당기손익에 미치는 영향: (+) 10,000
×3년의 처분손익(N/I): (+) 10,000 = 490,000 - 480,000

별해 FVPL금융자산(지분상품)의 기말 평가 및 처분 도식 적용

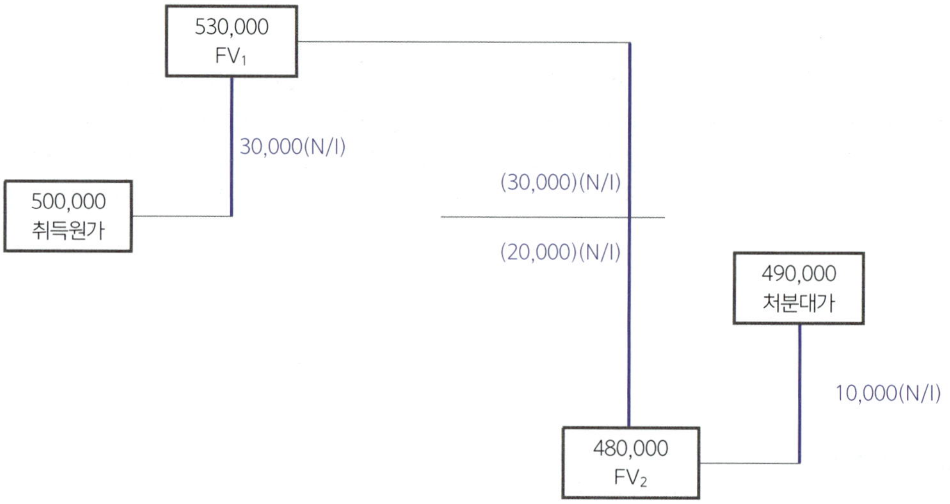

×3년의 처분손익(N/I): (+) 10,000 = 490,000 - 480,000
∴ ×3년 당기순이익의 증가분: 처분이익 10,000만큼 증가

참고사항 해당 문제의 FVPL금융자산(지분상품)의 처리

(1) FVPL금융자산(지분상품)은 최초 인식 시점에 공정가치로 측정하고, 취득과 직접 관련된 거래원가는 발생 즉시 당기비용 처리함
∴ 수수료 10,000은 취득원가에서 차감 ⇒ 취득원가: 500,000 = 510,000 - 10,000
(2) FVPL금융자산(지분상품)은 보고기간 말의 공정가치로 평가하고 장부금액과의 차액은 당기손익 처리함
∴ ×1년의 차액 30,000은 당기손익(평가이익) 처리
∴ ×2년의 차액 50,000은 당기손익(평가손실) 처리
(3) FVPL금융자산(지분상품)은 처분 시 처분대가와 장부금액의 차액은 금융자산처분손익으로 하여 당기손익으로 인식함
(단, 처분 시 거래원가가 있다면 처분대가에서 차감하여 금융자산처분손익에 반영함)
∴ ×3년의 차액 10,000은 당기손익(처분이익) 처리

02 □□□

2016년 지방직 9급

㈜대한은 2016년 초에 ㈜민국의 주식 10주를 ₩300,000 (@₩30,000)에 취득하고 수수료 ₩20,000을 별도로 지급하였으며, 동 주식을 FVPL금융자산으로 분류하였다. 2016년 말 동 주식의 공정가치가 주당 ₩34,000일 때, ㈜대한이 동 주식에 대하여 인식해야 할 평가이익은?

① ₩10,000
② ₩20,000
③ ₩30,000
④ ₩40,000

02

답 ④

16년 말의 평가이익(N/I): 40,000
= 10주 × @(34,000 − 30,000)

별해 FVPL금융자산(지분상품)의 기말 평가 및 처분 도식 적용

16년 말의 평가손익(N/I): (+) 40,000 = 10주 × @(34,000 − 30,000)

참고사항 **해당 문제의 FVPL금융자산(지분상품)의 처리**

(1) FVPL금융자산(지분상품)은 최초 인식 시점에 공정가치로 측정하고, 취득과 직접 관련된 거래원가는 발생 즉시 당기비용 처리함
∴ 수수료 20,000은 당기비용 처리

(2) FVPL금융자산(지분상품)은 보고기간 말의 공정가치로 평가하고 장부금액과의 차액은 당기손익 처리함
∴ 차액 40,000은 당기손익(평가이익) 처리

03 □□□

2015년 지방직 9급

㈜한국의 FVPL금융자산 거래가 다음과 같은 경우, 2015년의 법인세비용차감전순손익에 미치는 영향은? (단, 단가산정은 평균법에 의한다.)

- 2014년에 A사 주식 100주(액면금액 주당 ₩5,000)를 ₩500,000에 취득하였으며, 2014년 말 공정가치는 ₩550,000이다.
- 2015년 2월에 A사는 현금배당 10%(액면기준)와 주식배당 10%를 동시에 실시하였으며, ㈜한국은 A사로부터 배당금과 주식을 모두 수취하였다.
- 2015년 10월에 보유 중이던 A사 주식 중 55주를 주당 ₩6,000에 처분하였다.
- 2015년 말 A사 주식의 주당 공정가치는 ₩7,000이다.

① ₩160,000 증가
② ₩185,000 증가
③ ₩205,000 증가
④ ₩215,000 증가

03

답 ④

15년 법인세비용차감전순이익에 미치는 영향: (+) 215,000
= 현금배당 50,000 + 처분이익 55,000 + 평가이익 110,000
(1) 현금배당: 50,000 = 100주 × @5,000 × 10%
(2) 주식배당: 영향 없음(주식 수와 주당 단가는 변동함)

구분	주식배당 전	주식배당 후
FVPL금융자산의 주식 수	100주	110주 = 100 × (1 + 0.1)주
주당 BV	5,500	5,000 = 550,000 ÷ 110주
BV	550,000	550,000

(3) 처분손익(N/I): (+) 55,000 = 55주 × @(6,000 − 5,000)
(4) 평가손익(N/I): (+) 110,000 = (110 − 55)주 × @(7,000 − 5,000)
* 주식배당으로 주당 단가는 @5,000으로 변동

유형 02 [투자지분상품] FVOCI금융자산(지분상품)의 분류 및 측정

기본서 PART 11 금융자산(2) → CH 2. 투자지분상품 → 3 FVOCI금융자산(지분상품)의 분류 및 측정 ▶ 440p

대표문제 □□□ 2021년 국가직 9급

㈜한국은 20×1년 중 ㈜민국의 주식을 매매수수료 ₩1,000을 포함하여 총 ₩11,000을 지급하고 취득하였으며, 기타포괄손익 - 공정가치 측정 금융자산으로 분류하였다. 동 주식의 20×1년 말 공정가치는 ₩12,000이었으며, 20×2년 중에 동 주식을 ₩11,500에 모두 처분하였을 경우, 동 금융자산과 관련한 설명 중 옳은 것은?

① 취득금액은 ₩10,000이다.
② 20×1년 당기순이익을 증가시키는 평가이익은 ₩1,000이다.
③ 20×2년 당기순이익을 감소시키는 처분손실은 ₩500이다.
④ 20×2년 처분손익은 ₩0이다.

해설

설명 중 옳은 것: FVOCI금융자산(지분상품)의 경우 처분 시 수수료가 없다면 처분손익은 계상되지 않는다.

정답 ④

01 □□□ 2023년 지방직 9급

㈜한국은 20×1년 1월 초 A사 지분상품을 ₩10,000에 매입하면서 매입수수료 ₩500을 현금으로 지급하고, 기타포괄손익 - 공정가치 측정 금융자산으로 분류하였다. 20×1년 12월 말 A사 지분상품의 공정가치가 ₩8,000이라면, 20×1년 말 ㈜한국이 인식할 A사 지분상품 관련 평가손익은?

① 금융자산평가손실(당기손익) ₩2,000
② 금융자산평가손실(기타포괄손익) ₩2,000
③ 금융자산평가손실(당기손익) ₩2,500
④ 금융자산평가손실(기타포괄손익) ₩2,500

01 답 ④

20×1년 말 인식할 지분상품 관련 평가손익: 금융자산평가손실(기타포괄손익) 2,500
(1) 20×1년 1월 초 FVOCI금융자산 취득원가: 10,000 + 500 = 10,500
　* FVOCI금융자산의 경우 취득 시 수수료 등을 취득원가에 가산한다.
(2) 20×1년 말 평가손익(기타포괄손실OCI): 8,000 - 10,500 = (-)2,500

별해 FVOCI금융자산(지분상품)의 기말 평가 도식 적용

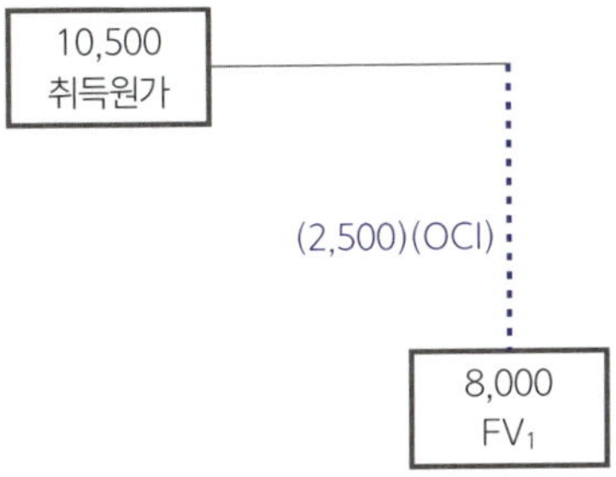

02 □□□

2020년 지방직 9급

㈜한국은 20×1년 중에 지분증권을 ₩6,000에 현금으로 취득하였으며, 이 가격은 취득 시점의 공정가치와 동일하다. 지분증권 취득 시 매매수수료 ₩100을 추가로 지급하였다. 동 지분증권의 20×1년 말 공정가치는 ₩7,000이며, ㈜한국은 20×2년 초에 지분증권 전부를 ₩7,200에 처분하였다. ㈜한국이 지분증권을 취득 시 기타포괄손익 - 공정가치 측정 금융자산으로 분류한 경우 20×1년과 20×2년 당기순이익에 미치는 영향은?

	20×1년 당기순이익에 미치는 영향	20×2년 당기순이익에 미치는 영향
①	₩ 900 증가	₩1,100 증가
②	₩1,000 증가	₩1,100 증가
③	영향 없음	₩ 900 증가
④	영향 없음	영향 없음

02 답 ④

(1) 20×1년의 당기순이익에 미치는 영향: 영향 없음
(2) 20×2년의 당기순이익에 미치는 영향: 영향 없음

별해 FVOCI금융자산(지분상품)의 기말 평가 및 처분 도식 적용

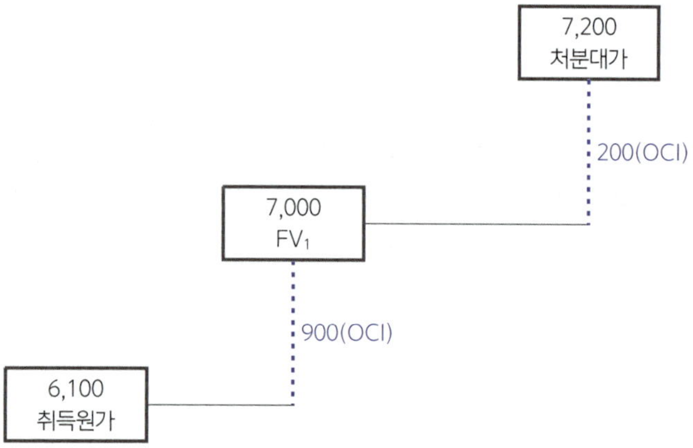

(1) 20×1년의 당기순이익에 미치는 영향: 영향 없음
* FVOCI금융자산(지분상품)이므로 당기순이익에 미치는 영향 없음

(2) 20×2년의 당기순이익에 미치는 영향: 영향 없음
* FVOCI금융자산(지분상품)이므로 당기순이익에 미치는 영향 없음

참고사항 해당 문제의 FVOCI금융자산(지분상품)의 처리

(1) FVOCI금융자산(지분상품)은 최초 인식 시점에 공정가치로 측정하고, 취득과 직접 관련된 거래원가는 최초 취득 시 공정가치에 가산함
∴ 수수료 100은 취득원가에 가산 ⇒ 취득원가: 6,100 = 6,000 + 100
(2) FVOCI금융자산(지분상품)은 보고기간 말의 공정가치로 평가하고 장부금액과의 차액은 기타포괄손익으로 처리함
∴ ×1년의 차액 900은 기타포괄손익(평가이익) 처리
(3) FVOCI금융자산(지분상품)은 처분 시 공정가치 평가를 수행하고 당기손익으로 재분류를 금지함
(단, 처분 시 거래원가가 있다면 처분손익이 발생하며, 기타포괄손익누계액은 다른 자본 항목으로 대체할 수는 있음)
∴ ×2년의 차액 200은 기타포괄손익(평가이익) 처리

03 □□□

2019년 서울시 9급

㈜서울은 20×1년 중에 지분상품을 ₩101,000의 현금을 지급하고 취득하였다. 취득 시 지급한 현금에는 ₩1,000의 취득 관련 거래원가가 포함되어 있으며, ㈜서울은 지분상품을 기타포괄손익 - 공정가치 측정 금융자산으로 분류하는 것을 선택하였다. ㈜서울은 20×2년 2월 초에 지분상품 전부를 처분하였다. ㈜서울이 20×1년도 재무제표와 20×2년도 재무제표에 상기 지분상품과 관련하여 인식할 기타포괄손익의 변동은? (단, 20×1년 말과 20×2년 2월 초 지분상품의 공정가치는 각각 ₩120,000과 ₩125,000이며, 처분 시 거래원가는 고려하지 않는다.)

	20×1년	20×2년
①	₩19,000 증가	변동 없음
②	₩19,000 증가	₩5,000 증가
③	₩20,000 증가	변동 없음
④	₩20,000 증가	₩5,000 증가

03

답 ②

(1) ×1년의 기타포괄손익의 변동: (+) 19,000
　* ×1년의 평가손익(OCI): (+) 19,000 = 120,000 - 101,000

(2) ×2년의 기타포괄손익의 변동: (+) 5,000
　* ×2년의 평가손익(OCI): (+) 5,000 = 125,000 - 120,000

별해 FVOCI금융자산(지분상품)의 기말 평가 및 처분 도식 적용

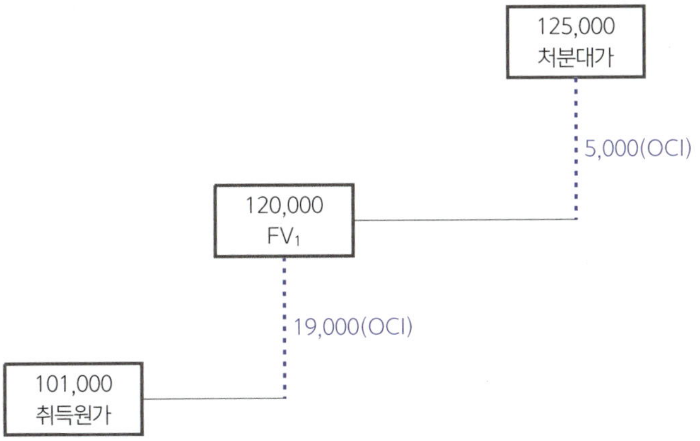

(1) ×1년 인식할 기타포괄손익의 변동: (+) 19,000
　×1년의 평가손익(OCI): (+) 19,000 = 120,000 - 101,000
　∴ ×1년 기타포괄이익의 증가분: 평가이익 19,000만큼 증가

(2) ×2년 인식할 기타포괄손익의 변동: (+) 5,000
　×2년의 평가손익(OCI): (+) 5,000 = 125,000 - 120,000
　∴ ×2년 기타포괄이익의 증가분: 평가이익 5,000만큼 증가

참고사항 해당 문제의 FVOCI금융자산(지분상품)의 처리

(1) FVOCI금융자산(지분상품)은 최초 인식 시점에 공정가치로 측정하고, 취득과 직접 관련된 거래원가는 최초 취득 시 공정가치에 가산함
　* 취득원가: 101,000 (해당 문제는 취득 거래원가가 고려된 금액을 제시함)

(2) FVOCI금융자산(지분상품)은 보고기간 말의 공정가치로 평가하고 장부금액과의 차액은 기타포괄손익으로 처리함
　∴ ×1년의 차액 19,000은 기타포괄손익(평가이익) 처리

(3) FVOCI금융자산(지분상품)은 처분 시 공정가치 평가를 수행하고 당기손익으로 재분류를 금지함
　(단, 처분 시 거래원가가 있다면 처분손익이 발생하며, 기타포괄손익누계액은 다른 자본 항목으로 대체할 수는 있음)
　∴ ×2년의 차액 5,000은 기타포괄손익(평가이익) 처리

04 □□□

2016년 지방직 9급 변형

㈜대한은 2014년 12월 1일에 ㈜민국의 주식을 ₩1,500,000에 취득하고 기타포괄손익-공정가치 측정 금융자산으로 분류하였다. 동 주식의 공정가치는 2014년 말 ₩1,450,000이었으며, 2015년 말 ₩1,600,000이었다. ㈜대한이 2016년 중에 동 주식을 ₩1,650,000에 처분하였을 경우, 2016년의 당기순이익 및 총포괄이익에 미치는 영향은? (단, 세금효과는 고려하지 않는다.)

	당기순이익	총포괄이익
①	영향 없음	₩ 50,000 증가
②	₩150,000 증가	₩150,000 증가
③	₩ 50,000 증가	₩ 50,000 감소
④	₩ 50,000 증가	₩100,000 감소

04 답 ①

(1) 16년의 당기순이익에 미치는 영향: 영향 없음

(2) 16년의 총포괄이익에 미치는 영향: (+) 50,000

* 16년의 처분손익(OCI): (+) 50,000 = 1,650,000 - 1,600,000

별해 FVOCI금융자산(지분상품)의 기말 평가 및 처분 도식 적용

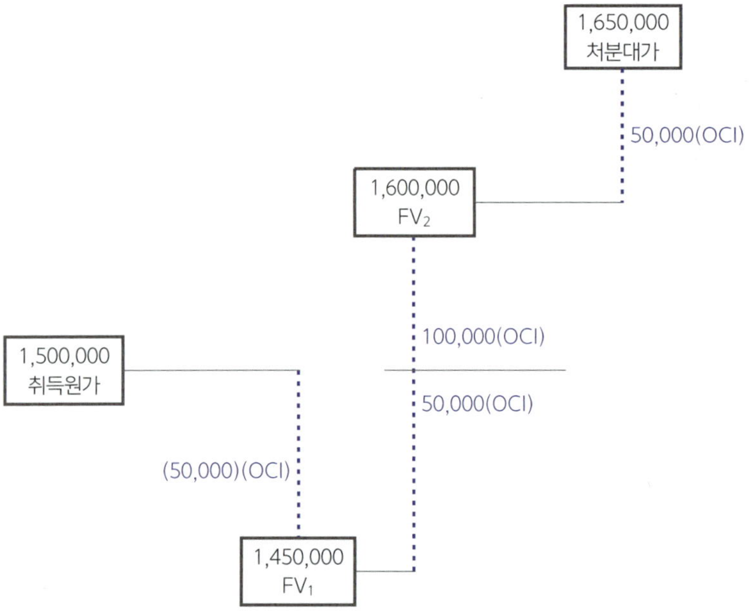

(1) 16년의 당기순이익에 미치는 영향: 영향 없음

* FVOCI금융자산(지분상품)이므로 당기순이익에 미치는 영향 없음

(2) 16년의 총포괄이익에 미치는 영향: (+) 50,000

16년의 처분손익(OCI): (+) 50,000 = 1,650,000 - 1,600,000

∴ 16년의 총포괄이익에 미치는 영향: 처분이익 50,000만큼 증가

참고사항 자본총계에 미치는 영향 풀이 TOOL

자본의 변동(1 + 2)
= 기말 자본 - 기초 자본

1. 자본거래 = + 현금 유입 - 현금 유출 or 자산·부채 증감

\+

2. 손익거래(= ① + ②) ① N/I
= 총포괄손익 ② OCI 변동

05 □□□

2025년 지방직 9급

㈜한국은 20×1년 초에 타 회사 주식을 취득하고 기타포괄손익 - 공정가치 측정 금융자산 ₩20,000,000으로 인식하였다. 20×1년 말 이 금융자산의 공정가치가 ₩25,000,000일 경우, 20×1년 말 금융자산에 대한 회계처리가 ㈜한국의 재무제표에 미치는 영향으로 옳은 것은?

① 당기이익 ₩5,000,000이 반영된다.
② 기타포괄이익 ₩5,000,000이 반영된다.
③ 금융자산의 기말 장부가액은 변하지 않는다.
④ 금융자산은 ₩20,000,000으로 유지되지만, 금융부채가 증가한다.

05 답 ②

기타포괄손익-공정가치측정 금융자산은 기말 공정가치로 평가하며, 평가손익을 기타포괄손익으로 처리한다.

유형 03 [투자지분상품] 투자지분상품의 분류 및 특성

기본서 PART 11 금융자산(2) → CH 2. 투자지분상품 → 1 투자지분상품의 분류 및 특성 ▶ 446p

대표 문제

□□□ 2016년 국가직 7급

㈜한국은 2016년 중 기타포괄손익 - 측정 금융자산으로 A주식을 매입하였고, 단기 시세차익 목적으로 B주식을 매입하였다. ㈜한국은 2016년 말 A주식과 B주식을 보유하고 있으며, 두 주식에 대한 취득원가와 공정가치는 다음과 같다. 2016년 말 재무제표에 미치는 영향으로 옳지 않은 것은? (단, 취득한 주식은 발행기업에 유의한 영향을 미치지 않는다.)

종목	취득원가	2016년 말 공정가치
A주식	₩100,000	₩90,000
B주식	₩ 60,000	₩70,000

① 당기순이익이 ₩10,000 증가한다.
② 기타포괄손익이 ₩10,000 감소한다.
③ 이익잉여금은 변하지 않는다.
④ 총포괄손익은 변하지 않는다.

해설

설명 중 옳지 않은 것: B주식(FVPL)의 평가이익 10,000만큼 이익잉여금이 증가한다.

(선지분석)
① B주식(FVPL)의 평가이익 10,000만큼 당기순이익의 증가
② A주식(FVOCI)의 평가손실 10,000만큼 기타포괄손익의 감소
④ 총포괄손익에 미치는 영향: 0 = (-) 10,000 + (+) 10,000

별해 1. FVOCI금융자산(지분상품)의 기말 평가 및 처분 도식 적용

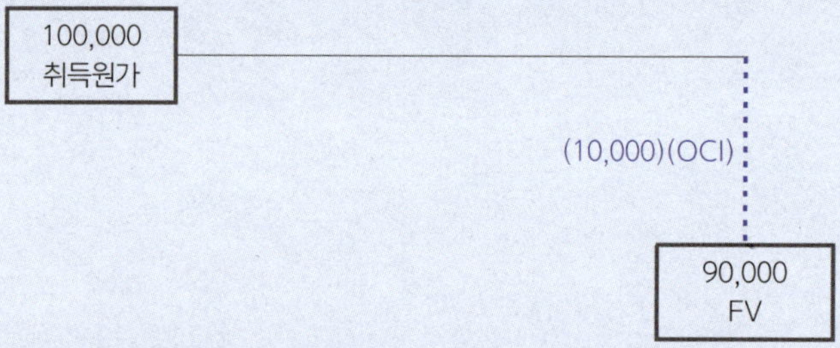

(1) 취득원가: 100,000
(2) 16년 말의 FV: 90,000
(3) 16년의 평가손익(OCI): (-) 10,000 = 100,000 - 90,000

별해 2. FVPL금융자산(지분상품)의 기말 평가 및 처분 도식 적용

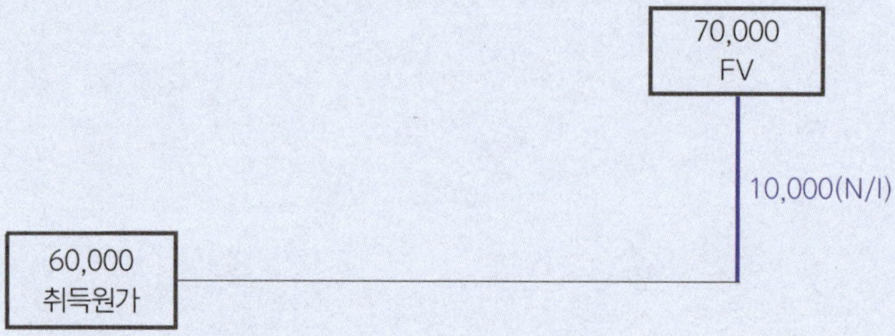

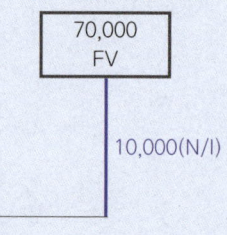

(1) 취득원가: 60,000
(2) 16년 말의 FV: 70,000
(3) 16년의 평가손익(N/I): (+) 10,000 = 70,000 - 60,000

정답 ③

01 □□□ 2014년 지방직 9급

12월 말 결산법인인 ㈜대한은 20×3년도 초에 ㈜민국의 주식 1,000주를 1주당 ₩2,000에 취득하였다. 20×3년도 말 ㈜민국 주식의 주당 공정가치는 ₩2,400이다. ㈜대한은 20×4년도 중 보유 중인 ㈜민국의 주식 500주를 주당 ₩2,200에 처분하였다. ㈜대한이 ㈜민국의 주식을 FVPL금융자산으로 분류하는 경우와 FVOCI금융자산으로 분류하는 경우 ㈜대한이 20×4년도 포괄손익계산서에 반영할 유가증권처분손익은?

	FVPL금융자산		FVOCI금융자산	
①	처분손실	₩100,000	처분이익	₩ 0
②	처분손실	₩100,000	처분손실	₩100,000
③	처분이익	₩100,000	처분손실	₩100,000
④	처분이익	₩100,000	처분이익	₩100,000

01 답 ①

(1) FVPL금융자산으로 분류하는 경우의 유가증권처분손익: (-) 100,000
　* ×4년의 처분손익(N/I): (-) 100,000 = 500주 × @(2,400 - 2,200)
(2) FVOCI금융자산으로 분류하는 경우의 유가증권처분손익: 0

별해 1. FVPL금융자산(지분상품)의 기말 평가 및 처분 도식 적용

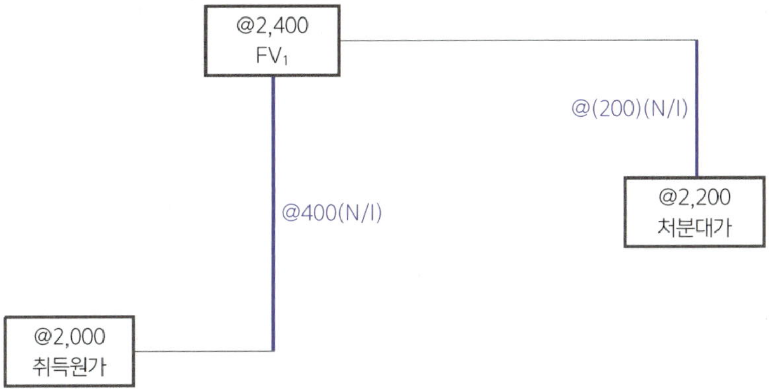

×4년의 처분손익(N/I): (-) 100,000 = 500주 × @(2,400 - 2,200)

별해 2. FVOCI금융자산(지분상품)의 기말 평가 및 처분 도식 적용

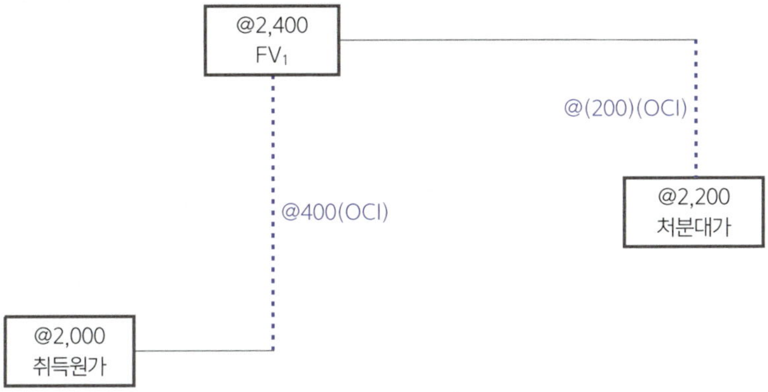

×4년의 처분손익(N/I): 0

참고사항 해당 문제의 FVOCI금융자산(지분상품)의 처리
FVOCI금융자산(지분상품)은 처분 시 거래원가가 있다면 처분손익이 발생하나, 해당 문제에서는 처분 거래원가가 없으므로 처분손익이 발생하지 않는다.

02 □□□

2013년 지방직 9급 변형

다음은 ㈜한국이 보유하고 있는 금융자산에 관한 자료이다. 2012년 취득 시 A사 주식은 당기손익 - 공정가치 측정 금융자산으로, B사와 C사 주식은 기타포괄손익 - 공정가치 측정 금융자산으로 분류하였으며, 2013년 중에 B사 주식을 ₩130,000에 처분하였다. 이 주식들과 관련된 손익을 인식할 때 2013년도에 증가되는 기타포괄이익은? (단, 기타포괄손익 - 공정가치 측정 금융자산은 중대한 영향력을 행사할 수 없다.)

종목	취득원가	2012년 말 공정가치	2013년 말 공정가치
A사 주식	₩100,000	₩120,000	₩110,000
B사 주식	90,000	80,000	-
C사 주식	80,000	100,000	120,000
합계	₩270,000	₩300,000	₩230,000

① ₩30,000
② ₩40,000
③ ₩50,000
④ ₩70,000

02 답 ④

13년도에 증가되는 기타포괄이익: 70,000
= A사 주식 0 + B사 주식 50,000 + C사 주식 20,000
(1) 13년 A사 주식(FVPL)으로 인한 기타포괄손익의 증가분: 0
(2) 13년 B사 주식(FVOCI)으로 인한 기타포괄손익의 증가분: 처분이익 50,000만큼 증가
(3) 13년 C사 주식(FVOCI)으로 인한 기타포괄손익의 증가분: 평가이익 20,000만큼 증가

별해 1. FVPL금융자산(지분상품)의 기말 평가 및 처분 도식 적용

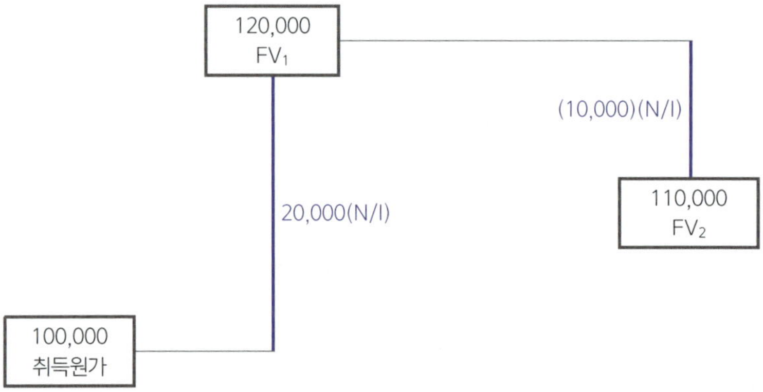

13년의 평가손익(N/I): (-) 10,000 = 110,000 - 120,000
∴ 13년 A사 주식으로 인한 기타포괄손익의 증가분: 0

별해 2. FVOCI금융자산(지분상품)의 기말 평가 및 처분 도식 적용

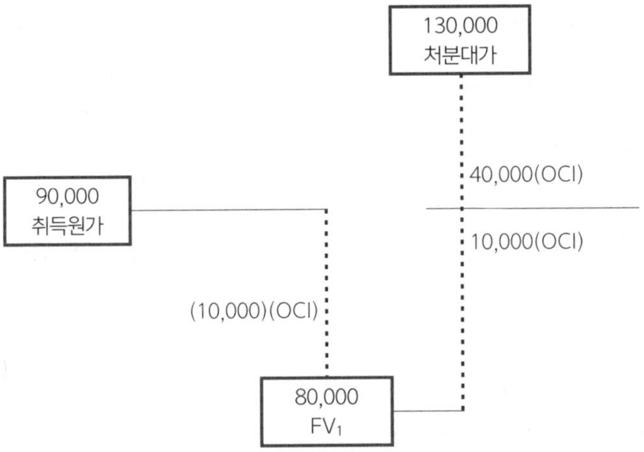

13년의 처분손익(OCI): (+) 50,000 = 130,000 − 80,000

∴ 13년 B사 주식으로 인한 기타포괄손익의 증가분: 처분이익 50,000만큼 증가

별해 3. FVOCI금융자산(지분상품)의 기말 평가 및 처분 도식 적용

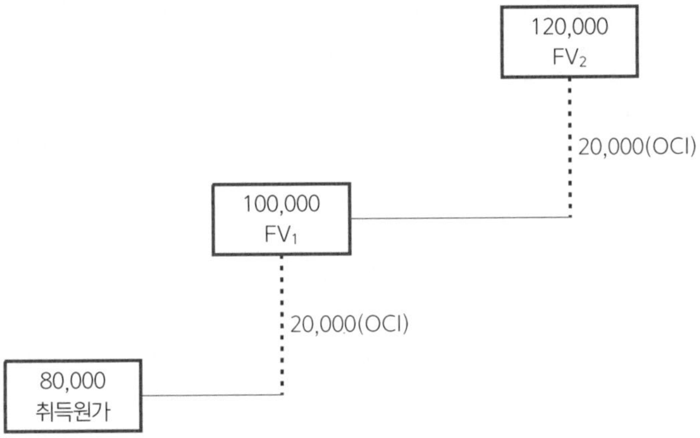

13년의 평가손익(OCI): (+) 20,000 = 120,000 − 100,000

∴ 13년 C사 주식으로 인한 기타포괄손익의 증가분: 평가이익 20,000만큼 증가

03 □□□

2022년 국가직 9급

다음은 ㈜한국이 20×1년과 20×2년에 ㈜대한의 지분상품을 거래한 내용이다.

20×1년			20×2년
취득금액	매입수수료	기말 공정가치	처분금액
₩1,000	₩50	₩1,100	₩1,080

동 지분상품을 당기손익 – 공정가치 측정 금융자산 또는 기타포괄손익 – 공정가치 측정 금융자산으로 분류하였을 경우, 옳지 않은 것은?

① 당기손익 – 공정가치 측정 금융자산으로 분류할 경우, 20×1년 당기이익이 ₩50 증가한다.
② 기타포괄손익 – 공정가치 측정 금융자산으로 분류할 경우, 20×1년 기타포괄손익누계액이 ₩50 증가한다.
③ 당기손익 – 공정가치 측정 금융자산으로 분류할 경우, 20×2년 당기이익이 ₩20 감소한다.
④ 기타포괄손익 – 공정가치 측정 금융자산으로 분류할 경우, 20×2년 기타포괄손익누계액이 ₩30 감소한다.

03 답 ④

(1) FVPL금융자산
 1) ×1년 당기순이익: (–)50 + 100 = 50
  • 수수료비용: (50)
  • 평가이익: 1,100 – 1,000 = 100
 2) ×2년 당기순이익: (–)20
  처분손실: 1,080 – 1,100 = (20)

(2) FVOCI금융자산
 1) ×1년 기타포괄손익: 50
  평가이익: 1,100 – 1,050 = 50
 2) ×2년 기타포괄손익: (–)20
  평가손실: 1,080 – 1,100 = (–)20

04 □□□

2024년 지방직 9급

㈜한국의 다음 20×1년 주식 거래가 당기순이익에 미치는 영향은?

• 2월 27일: A주식(당기손익 – 공정가치 측정 금융자산)을 ₩120,000에 매입하고 거래수수료로 ₩5,000을 지출하였다.
• 10월 6일: B주식(기타포괄손익 – 공정가치 측정 금융자산)을 ₩90,000에 매입하고 거래수수료로 ₩2,000을 지출하였다.
• 결산일 현재 공정가치는 A주식 ₩117,000, B주식 ₩99,000이다.

① ₩3,000 증가 ② ₩6,000 증가
③ ₩8,000 감소 ④ ₩10,000 감소

04 답 ③

당기순이익에 미친 영향: (–)5,000 + (117,000 – 120,000) = (–)8,000
* FVOCI금융자산은 취득시 거래원가를 자산에 가산하고 기말 평가손익은 기타포괄손익에 반영한다.

유형 04 [투자채무상품] AC금융자산(채무상품)의 분류 및 측정

기본서 PART 11 금융자산(2) → CH 3. 투자채무상품 → 3 AC금융자산(채무상품)의 분류 및 측정 ▶ 448p

대표 문제

□□□ 2019년 지방직 9급

㈜한국은 20×1년 초 채무상품 A를 ₩950,000에 취득하고, 상각후원가 측정 금융자산으로 분류하였다. 채무상품 A로부터 매년 말 ₩80,000의 현금이자를 수령하며, 취득일 현재 유효이자율은 10%이다. 채무상품 A의 20×1년 말 공정가치는 ₩980,000이며, 20×2년 초 해당 채무상품 A의 50%를 ₩490,000에 처분하였을 때 ㈜한국이 인식할 처분손익은?

① 처분손실 ₩7,500
② 처분손익 ₩ 0
③ 처분이익 ₩7,500
④ 처분이익 ₩15,000

해설

20×2년 인식할 처분손익: (+) 7,500
= 490,000 − (965,000 × 50%)
(1) ×1년 취득원가: 950,000
(2) ×1년 말 BV: 965,000
1) 계산방법 1: 기말 BV = 기초 BV × (1 + 유효 R) − 액면이자
965,000 = [950,000 × (1 + 0.1)] − 80,000
2) 계산방법 2: 기말 BV = 기초 BV + 상각액
965,000 = 950,000 + [(950,000 × 10%) − 80,000]
(3) ×2년 처분 시 BV: 965,000 = ×1년 말 BV
(4) ×2년 처분대가(50% 처분): 490,000
(5) ×2년 처분이익(N/I): (+) 7,500 = 490,000 − (965,000 × 50%)

참고사항 해당 문제의 AC금융자산(채무상품)의 처리
(1) AC금융자산(채무상품)은 최초 인식 시점에 공정가치로 측정하고, 취득과 직접 관련된 거래원가는 최초 취득 시 공정가치에 가산함
(2) AC금융자산(채무상품)은 보고기간 말의 공정가치로 평가하지 않음
∴ ×1년 말의 공정가치 980,000은 해당 문제에서는 불필요한 자료임
(3) AC금융자산(채무상품)은 처분 시 처분대가와 총장부금액의 차액은 금융자산처분손익으로 하여 당기손익으로 인식함 (단, 처분 시 거래원가가 있다면 처분대가에서 차감하여 금융자산처분손익에 반영함)

정답 ③

01 □□□

2023년 국가직 7급

20×1년 1월 1일 ㈜한국은 채무상품을 ₩952,000에 발행하였다. 채무상품과 관련된 자료는 다음과 같다.

- 액면금액: ₩1,000,000(만기 3년)
- 표시이자율: 연 10%(매년 말 이자지급)

㈜대한은 20×1년 4월 1일 ㈜한국이 발행한 채무상품을 ₩981,000(미수이자 포함)에 취득하여 상각후원가 측정 금융자산으로 분류하였다. ㈜대한이 채무상품의 취득일부터 만기일까지 인식할 총 이자수익은? (단, ㈜대한은 20×3년 말까지 채무상품을 보유하고 있다.)

① ₩294,000
② ₩300,000
③ ₩319,000
④ ₩348,000

01 답 ③

총이자수익: (1,000,000 + 100,000 × 3) − 981,000 = 319,000

유형 05 [투자채무상품] FVOCI금융자산(채무상품)의 분류 및 측정

기본서 PART 11 금융자산(2) → CH 3. 투자채무상품 → 4 FVOCI금융자산(채무상품)의 분류 및 측정 ▶ 452p

대표 문제 □□□ 2020년 서울시 7급

㈜서울은 20×1년 초 ㈜한국이 발행한 사채(액면금액 ₩100,000, 표시이자율 연 10%, 매년 말 이자 지급)를 ₩90,000에 취득하고, 이를 '기타포괄손익 - 공정가치 측정 금융자산'으로 분류하였다. ㈜한국이 발행한 사채의 20×1년 말 공정가치가 ₩95,000인 경우, ㈜한국이 발행한 사채와 관련된 회계처리가 ㈜서울의 20×1년도 총포괄손익에 미치는 영향은?

① ₩10,000 감소
② 영향 없음
③ ₩10,000 증가
④ ₩15,000 증가

해설

20×1년 총포괄손익에 미치는 영향: (+) 15,000
= 장부금액의 변동액 5,000 + 이자수익(액면이자) 10,000
(1) FVOCI금융자산(채무상품) 장부금액의 변동액: (+) 5,000 = 95,000 - 90,000
(2) 이자수익(액면이자): (+) 10,000 = 100,000 × 10%

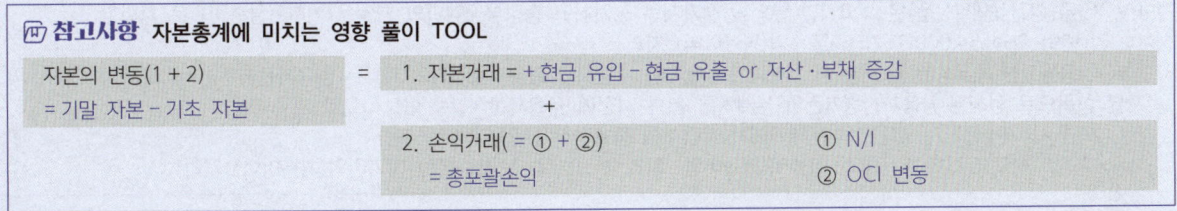

참고사항 FVOCI금융자산(채무상품)의 현금흐름 분석

유효이자율: ?%

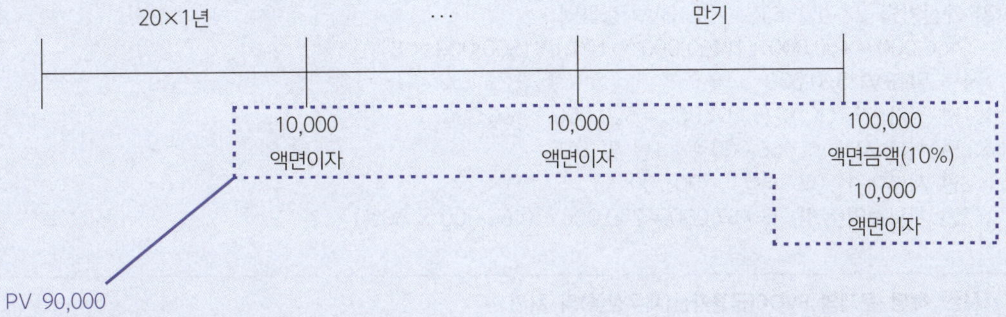

참고사항 자본총계에 미치는 영향 풀이 TOOL

자본의 변동(1 + 2)
= 기말 자본 - 기초 자본

=

1. 자본거래 = + 현금 유입 - 현금 유출 or 자산 · 부채 증감

+

2. 손익거래(= ① + ②)
= 총포괄손익

① N/I
② OCI 변동

정답 ④

01 □□□

2018년 국가직 7급

㈜한국은 20×1년 초 타사발행 사채 A(액면금액 ₩500,000, 액면이자율 연 8%, 유효이자율 연 10%, 이자 매년 말 후급)를 ₩460,000에 취득하고, 이를 '기타포괄손익 - 공정가치 측정 금융자산'으로 분류하였다. 사채 A의 20×1년 기말 공정가치는 ₩520,000이며, 20×2년 초 사채 A의 50%를 ₩290,000에 처분하였다. 사채 A와 관련하여 ㈜한국이 인식할 20×1년 평가이익과, 20×2년 처분이익은?

① 평가이익 ₩54,000, 처분이익 ₩30,000
② 평가이익 ₩54,000, 처분이익 ₩57,000
③ 평가이익 ₩60,000, 처분이익 ₩30,000
④ 평가이익 ₩60,000, 처분이익 ₩57,000

01

답 ②

1. 20×1년 인식할 평가손익(OCI): (+) 54,000
   = 520,000 - 466,000
2. 20×2년 인식할 처분손익(N/I): (+) 57,000
   = 290,000 - (466,000 × 50%)
   (1) ×1년 취득원가: 460,000
   (2) ×1년 말 BV: 466,000
      1) 계산방법 1: 기말 BV = 기초 BV × (1 + 유효 R) - 액면이자
         466,000 = [460,000 × (1 + 0.1)] - (500,000 × 8%)
      2) 계산방법 2: 기말 BV = 기초 BV + 상각액
         466,000 = 460,000 + [(460,000 × 10%) - (500,000 × 8%)]
   (3) ×1년 말 FV: 520,000
   (4) ×1년 평가손익(OCI): (+) 54,000 = 520,000 - 466,000
   (5) ×2년 처분 시 BV: 466,000 = ×1년 말 BV
   (6) ×2년 처분대가(50% 처분): 290,000
   (7) ×2년 처분손익(N/I): (+) 57,000 = 290,000 - (466,000 × 50%)

참고사항 **해당 문제의 FVOCI금융자산(채무상품)의 처리**

(1) FVOCI금융자산(채무상품)은 최초 인식 시점에 공정가치로 측정하고, 취득과 직접 관련된 거래원가는 최초 취득 시 공정가치에 가산함
(2) FVOCI금융자산(채무상품)은 보고기간 말의 공정가치로 평가하고 총장부금액과의 차액은 기타포괄손익으로 처리함
∴ ×1년의 차액 54,000은 기타포괄손익(평가이익) 처리
(3) FVOCI금융자산(채무상품)은 처분 시 처분대가로 평가를 수행하고 총장부금액과의 차액은 금융자산처분손익으로 하여 당기손익으로 인식함.
자본 항목으로 인식된 금융자산평가손익 누계액은 처분 시점에 금융자산처분손익(N/I)으로 재분류함
(단, 처분 시 거래원가가 있다면 처분대가에서 차감하여 금융자산처분손익에 반영함)
∴ ×2년의 차액 57,000은 기타포괄손익(평가이익) 처리 후 재분류조정을 통해 당기손익(처분이익) 처리

02 □□□

2014년 국가직 9급

㈜한국은 2013년 1월 1일 ㈜민국이 발행한 사채를 ₩952,000에 취득하여 기타포괄손익 - 공정가치 측정 금융자산으로 분류하였다. ㈜민국이 발행한 사채는 액면금액 ₩1,000,000, 만기 3년, 액면이자율 연 10%, 이자는 매년 12월 31일에 지급한다. 2013년 12월 31일 사채의 공정가치는 ₩960,000이었다. ㈜한국은 사채의 가치가 더 하락할 것을 우려하여 2014년 1월 1일 해당 사채를 ₩920,000에 처분하였다. 위의 거래가 ㈜한국의 2013년도 당기순이익에 미치는 영향과 2014년 1월 1일에 인식할 처분손익으로 옳은 것은? (단, 발행 당시 해당 사채의 유효이자율은 12%이며 법인세효과는 없다고 가정한다.)

① 당기순이익 ₩114,240 증가, 처분손실 ₩46,240
② 당기순이익 ₩114,240 증가, 처분손실 ₩40,000
③ 당기순이익 ₩108,000 증가, 처분손실 ₩46,240
④ 당기순이익 ₩108,000 증가, 처분손실 ₩40,000

02 답 ①

(1) 2013년도 당기순이익에 미치는 영향: (+) 114,240
  * 13년의 이자수익: (+) 114,240 = 952,000 × 12% × 12/12
  ∴ 이자수익 114,240만큼 당기순이익의 증가

(2) 2014년의 처분손익: (-) 46,240
  * 14년의 처분손익: (-) 46,240 = (966,240 - 960,000) + (960,000 - 920,000)

참고사항 FVOCI금융자산(채무상품)의 현금흐름 분석과 F/S효과

(1) FVOCI금융자산(채무상품)의 현금흐름 분석

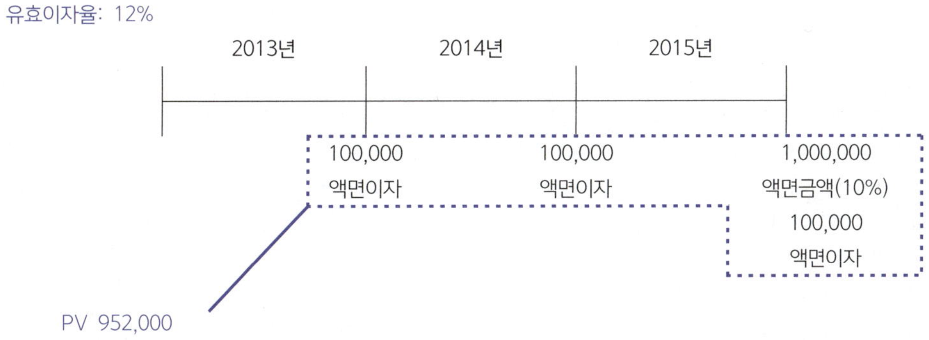

(2) 2013년의 F/S효과

B/S			
FVOCI금융자산	기말 FV 960,000		
		금융자산평가손익	FV - 기말 총장부금액 960,000 - 966,240 = (6,240)

* 기말 총장부금액: [952,000 × (1 + 0.12)] - (1,000,000 × 10%) = 966,240

I/S	
N/I 영향:	이자수익 = 기초 총장부금액 × 유효R × 보유기간 / 12 114,240 = 952,000 × 12% × 12/12
OCI 변동:	금융자산평가손익 = 기말 B/S상 OCI누계액 - 기초 B/S상 OCI누계액 (6,240) = (6,240) - 0

* 기말 B/S상 OCI누계액: 960,000 - {[952,000 × (1 + 0.12)] - (1,000,000 × 10%)} = (6,240)

유형 06 [종합] 투자지분상품과 투자채무상품의 비교

기본서 PART 11 금융자산(2) → CH 2. 투자지분상품 → 1 투자지분상품의 분류 및 특성 ▶ 436p
기본서 PART 11 금융자산(2) → CH 3. 투자채무상품 → 1 투자채무상품의 분류 및 특성 ▶ 446p

대표문제 □□□ 2017년 국가직 9급

㈜한국은 2016년 1월 1일 A주식 100주를 주당 ₩10,000에 취득하여 기타포괄손익 - 공정가치 측정 금융자산으로 분류하였으며, 2016년 4월 1일 3년 만기 B회사채(2016년 1월 1일 액면발행, 액면금액 ₩1,000,000, 표시이자율 연 4%, 매년 말 이자 지급)를 ₩1,010,000에 취득하여 AC금융자산으로 분류하였다. 2016년 말 A주식의 공정가치는 주당 ₩9,500이고, B회사채의 공정가치는 ₩1,050,000이다. ㈜한국의 A주식과 B회사채의 보유가 2016년도 당기손익 및 기타포괄손익에 미치는 영향은?

① 당기손익 ₩40,000 감소, 기타포괄손익 ₩30,000 증가
② 당기손익 ₩40,000 증가, 기타포괄손익 ₩50,000 감소
③ 당기손익 ₩30,000 증가, 기타포괄손익 불변
④ 당기손익 ₩30,000 증가, 기타포괄손익 ₩50,000 감소

해설

(1) 2016년도 당기손익에 미치는 영향: (+) 30,000
  * 16년 이자수익(N/I): (+) 30,000 = 1,000,000 × 4% × 9/12
(2) 2016년도 기타포괄손익에 미치는 영향: (-) 50,000
  * 16년 평가손익(OCI): (-) 50,000 = 100주 × @(10,000 - 9,500)
(3) A주식: FVOCI금융자산(지분상품)의 경우
  1) 취득원가: @10,000
  2) 16년 말의 FV: @9,500
  3) 16년의 평가손익(OCI): (-) 50,000 = 100주 × @(10,000 - 9,500)
  ∴ 기타포괄손익에 미치는 영향: 평가손실 50,000만큼 기타포괄손익 감소
(4) B사채: AC금융자산(채무상품)의 경우
  1) 취득원가: 1,000,000
  2) 16년의 이자수익(N/I): (+) 30,000
    이자수익 = 기초 총장부금액 × 유효 R × 보유기간 / 12
    30,000 = 1,000,000 × 4% × 9/12
    * 액면발행이므로, 유효R = 표시R = 4%
  ∴ 당기손익에 미치는 영향: 이자수익 30,000만큼 당기순이익 증가

정답 ④

유형 07 금융자산의 손상

기본서 PART 11 금융자산(2) → CH 4. 금융자산의 손상 ▶ 457p

대표문제 □□□ 2022년 국가직 7급

㈜한국은 20×1년 초 ㈜대한이 발행한 사채를 ₩1,050,000에 취득하고, 상각후원가측정금융자산으로 분류하였다. 사채 관련 자료는 다음과 같다.

- 액면가액: ₩1,000,000(만기 3년)
- 표시이자율: 연 12%(매년 말 지급)
- 발행시 유효이자율: 연 10%
- 취득시 사채의 신용은 손상되어 있지 않음
- 기대신용손실

기대신용손실	20×1년 말	20×2년 말
12개월	₩2,000	₩4,000
전체기간	₩5,000	₩5,000

㈜한국은 상각후원가측정금융자산의 신용위험에 대해 20×1년 말에는 유의하게 증가하지 않았다고 판단하였으나, 20×2년 말에는 유의하게 증가하였다고 판단하였다. 20×3년 초 상각후원가측정금융자산을 ₩1,000,000에 처분하였을 경우 처분손익은?

① 처분손실 ₩13,500
② 처분이익 ₩13,500
③ 처분손실 ₩18,500
④ 처분이익 ₩18,500

해설

(1) 20×3년 초 AC금융자산의 상각후원가: 1,013,500
  * (1,050,000 × 1.1 - 120,000) × 1.1 - 120,000 - 5,000 = 1,013,500
(2) 처분손실: 1,000,000 - 1,013,500 = (-)13,500

정답 ①

유형 08 금융자산의 재분류

기본서 PART 11 금융자산(2) → CH 4. 금융자산의 손상 → 4 금융자산의 재분류 ▶ 465p

대표문제 □□□ 2022년 국가직 7급

금융자산의 재분류에 대한 설명으로 옳지 않은 것은?

① 금융자산을 기타포괄손익 - 공정가치 측정 범주에서 당기손익 - 공정가치 측정 범주로 재분류하는 경우에 계속 공정가치로 측정하며, 재분류 전에 인식한 기타포괄손익누계액은 재분류일에 재분류조정으로 자본에서 당기손익으로 재분류한다.

② 금융자산을 기타포괄손익 - 공정가치 측정 범주에서 상각후원가 측정 범주로 재분류하는 경우에 재분류일의 공정가치로 측정하며, 재분류 전에 인식한 기타포괄손익누계액은 자본에서 제거하고 재분류일의 금융자산의 공정가치에서 조정한다.

③ 금융자산을 상각후원가 측정 범주에서 기타포괄손익 - 공정가치 측정 범주로 재분류하는 경우에 재분류 전 상각후원가와 공정가치의 차이에 따른 손익은 기타포괄손익으로 인식하며, 유효이자율과 기대신용손실 측정치는 재분류로 인해 조정한다.

④ 금융자산을 당기손익 - 공정가치 측정 범주에서 상각후원가 측정 범주로 재분류하는 경우에 재분류일의 공정가치가 새로운 총장부금액이 된다.

해설

금융자산을 상각후원가 측정 범주에서 기타포괄손익 - 공정가치 측정 범주로 재분류하는 경우에 재분류 전 상각후원가와 공정가치의 차이에 따른 손익은 기타포괄손익으로 인식하며, 유효이자율과 기대신용손실 측정치는 재분류로 인해 조정하지 않는다.

정답 ③

PART 12

고객과의 계약에서 생기는 수익

본 과목 풀이 시 기업의 보고기간(회계기간)은 매년 1월 1일부터 12월 31일까지이며, 기업은 계속해서 한국채택국제회계기준을 적용해 오고 있다고 가정한다. 또한, 자료에서 제시하지 않은 사항(예 법인세효과 등)은 고려하지 않는다.

유형 01 [STEP 3 - 거래가격의 산정] 계약에 있는 유의적인 금융요소

기본서 PART 12 고객과의 계약에서 생기는 수익 → CH 5. STEP 3 - 거래가격의 산정 → 4 계약에 있는 유의적인 금융요소 ▶ 496p

대표문제

□□□ 2012년 국가직 7급

㈜한국은 매 분기마다 ₩10,000씩 향후 2년 간 대금을 받기로 하고 기계장치를 ㈜대한에 판매하였다. 본 제품의 원가는 ₩58,604이고, 당해 할부판매에 적용되는 연간 유효이자율은 8%이다. ㈜한국이 본 거래와 관련하여 인식할 매출총이익률은?

- 단일금액 1원의 현재가치: 0.8573(8%, 2기간), 0.8535(2%, 8기간)
- 정상연금 1원의 현재가치: 1.7833(8%, 2기간), 7.3255(2%, 8기간)

① 18%
② 20%
③ 22%
④ 24%

해설

매출총이익률: 20%
= 14,651 ÷ 73,255
(1) 매출: 10,000 × 7.3255(매 분기마다 → 2년간 총 8번 지급) = 73,255
(2) 매출원가: 58,604
(3) 매출총이익: (1) - (2) = 14,651

정답 ②

유형 02 [거래형태별 수익의 인식의 적용 사례] 본인과 대리인

기본서 PART 12 고객과의 계약에서 생기는 수익 → CH 8. 거래형태별 수익의 인식의 적용 사례 → 1 본인과 대리인 ▶ 505p

대표문제 □□□ 2018년 국가직 7급

㈜대한은 20×1년 12월 초 위탁판매를 위해 ㈜민국에게 단위당 원가 ₩1,200인 상품 500개를 적송하면서 운임 ₩30,000을 현금 지급하였다. 20×2년 1월 초 위탁판매와 관련하여 ㈜대한은 ㈜민국에서 다음과 같은 판매현황을 보고받았다.

매출액	400개 × @1,500 =	₩600,000
판매수수료	₩18,000	
운임 및 보관료	₩12,000	(₩30,000)
㈜대한에게 송금한 금액		₩570,000

㈜대한이 위탁판매와 관련하여 20×1년 재무제표에 인식할 매출액과 적송품 금액은? (단, ㈜대한은 계속기록법을 채택하고 있다.)

	매출액	적송품 금액
①	₩570,000	₩120,000
②	₩570,000	₩126,000
③	₩600,000	₩120,000
④	₩600,000	₩126,000

해설

(1) ×1년 말의 매출액: 600,000
(2) ×1년 말의 적송품: 126,000
= [(1,200 × 500개) + 30,000] × 100개 ÷ 500개

정답 ④

01 □□□ 2019년 지방직 9급

㈜한국은 20×1년부터 상품 A(단위당 판매가격 ₩100,000, 단위당 매입원가 ₩60,000)의 위탁판매를 시작하면서, 수탁자에게 단위당 ₩10,000의 판매수수료를 지급하기로 하였다. 20×1년 ㈜한국이 수탁자에게 적송한 상품 A는 100개이며, 적송운임 ₩40,000은 ㈜한국이 부담하였다. 수탁자는 이 중 50개를 20×1년에 판매하였다. 20×1년 ㈜한국이 상품 A의 위탁판매와 관련하여 인식할 당기이익은?

① ₩1,460,000
② ₩1,480,000
③ ₩1,500,000
④ ₩2,960,000

01 답 ②

(1) 매출: 50개 × 100,000 = 5,000,000
(2) 매출원가: 50개 × 60,400* = 3,020,000
　* [(100개 × 60,000) + 40,000] ÷ 100개 = 60,400
(3) 판매수수료: 50개 × 10,000 = 500,000
(4) 당기이익: (1) − (2) − (3) = 1,480,000

02 □□□

2016년 국가직 7급

㈜대한은 ㈜민국에 TV를 위탁하여 판매하고 있다. 2016년 초 ㈜대한은 TV 10대(대당 판매가격 ₩1,000,000, 대당 원가 ₩800,000)를 ㈜민국에 발송하였으며, 운송업체에 발송비 ₩100,000을 지급하였다. ㈜민국은 ㈜대한으로부터 2016년 초 수탁한 TV 10대 중 8대를 2016년도에 판매하였다. ㈜민국의 위탁판매와 관련하여 ㈜대한이 2016년도에 인식할 매출원가는?

① ₩6,400,000
② ₩6,480,000
③ ₩6,500,000
④ ₩8,100,000

02 답 ②

(1) 위탁자가 수탁자에게 적송품을 발송하면서 발생하는 적송운임은 적송품의 원가로 처리한다.
(2) 적송품원가: 1) + 2) = 8,100,000
 1) 800,000 × 10대 = 8,000,000
 2) 적송운임: 100,000
(3) 매출원가: 8,100,000 × 8/10대 = 6,480,000
 위탁자는 수탁자가 제3자에게 판매한 시점에 수익을 인식한다.

03 □□□

2012년 국가직 9급 변형

2012년 8월 1일 ㈜한국은 개당 ₩800의 선풍기 400개를 ㈜서울에 판매를 위탁하고 운송비용 ₩1,000을 현금으로 지급하였다. 2012년 12월 31일 현재 200개의 선풍기를 ₩1,200 판매하고, 200개는 남아 있으며 판매수수료는 판매금액의 10%, 판매촉진비 ₩2,000을 차감한 잔액을 회수하였다. 2012년 12월 31일 현재 ㈜한국의 당기순이익에 미치는 영향은?

① ₩53,500
② ₩54,000
③ ₩55,500
④ ₩79,500

03 답 ①

(1) 위탁판매 시 위탁자의 매출 인식 시기는 수탁자가 판매한 시점이다.
(2) 매출액: 200개 × 1,200 = 240,000
(3) 매출원가: 321,000 × 200개/400개 = (160,500)
 적송품 원가 320,000 + 적송운임 1,000 = 321,000
(4) 판매수수료 + 판매촉진비: 240,000 × 0.1 = (24,000) + (2,000)
(5) 계: (2) − (3) − (4) = 53,500

04 □□□

2024년 국가직 7급

㈜한국이 20×1년 중 다음의 위탁약정에서 인식한 영업이익이 ₩40,000일 때, 판매한 적송품의 단위당 원가는?

> • 12월 1일: 위탁자인 ㈜한국은 수탁자인 ㈜대한과 상품 위탁약정을 체결
>   - 위탁판매 수수료는 매출액의 10%
>   - 수탁자의 판매운임은 위탁자 부담
>   - 이전된 상품 통제권은 ㈜한국이 계속 보유
>
> • 12월 10일: ㈜한국은 ㈜대한에 상품 1,000개를 적송함
>
> • 12월 20일: ㈜대한은 최종소비자에게 상품 600개를 개당 ₩2,500에 판매하고, 판매운임 ₩50,000과 위탁판매 수수료를 판매금액에서 공제한 후 ㈜한국에 송금

① ₩1,260　　② ₩2,100

③ ₩2,183　　④ ₩2,200

04 답 ②

판매한 적송품의 단위당 원가: 2,100
= 적송품원가 2,100,000 ÷ 1,000개
(1) 매출액: 1,500,000 = 600개 × @2,500 = 1,500,000
(2) 판매수수료: 150,000 = 1,500,000 × 10%
(3) 영업이익 40,000 = 매출 1,500,000 − 매출원가 A − 판매수수료 150,000 − 판매운임 50,000
A = 1,260,000
(4) 적송품 단위당 원가: @2,100 = 1,260,000 ÷ 600개

유형 03 [거래형태별 수익의 인식의 적용 사례] 재매입약정

기본서 PART 12 고객과의 계약에서 생기는 수익 → CH 8. 거래형태별 수익의 인식의 적용 사례 → 6 재매입약정 ▶ 514p

대표문제 □□□

2020년 서울시 7급

12월 결산법인 ㈜서울은 20×1년 12월 1일 고객에게 A 제품을 ₩50,000(원가 ₩40,000)에 인도하고 현금을 수령하였으며, ㈜서울은 20×2년 3월 31일에 동 A 제품을 고객으로부터 ₩58,000에 재매입할 수 있는 콜옵션을 보유하고 있다. 20×2년 3월 31일 A 제품의 시장가치는 20×1년 12월 1일 예상과 동일한 ₩56,000이며, ㈜서울은 20×2년 3월 31일 콜옵션을 행사하지 않았다. 동 거래에 대한 설명으로 가장 옳은 것은?

① ㈜서울은 20×1년 12월 1일 해당 거래를 리스계약으로 회계처리한다.
② ㈜서울이 20×1년 12월 31일 해당 거래로 인식할 이자비용은 없다.
③ ㈜서울이 20×1년 12월 1일 해당 거래로 인식할 매출액은 ₩50,000이다.
④ ㈜서울이 20×2년 3월 31일 해당 거래로 인식할 매출액은 ₩58,000이다.

해설

설명 중 옳은 것: 인식할 매출액은 58,000이다.
(1) 판단: 판매자가 손해를 보고, 행사할 가능성이 높으므로 금융약정으로 회계처리한다.
(2) 회계처리

[20×1년 12월 1일]

(차) 현금	50,000	(대) 금융부채	50,000

[20×1년 12월 31일]

(차) 이자비용	2,000	(대) 미지급이자	2,000

[20×2년 3월 31일]

(차) 이자비용	6,000	(대) 미지급이자	6,000
(차) 금융부채	50,000	(대) 매출	58,000
미지급이자	8,000		
(차) 매출원가	40,000	(대) 재고자산	40,000

정답 ④

유형 04 고객과의 계약에서 생기는 수익 종합 서술형 문제

01 □□□ 2025년 국가직 9급

다음 자료를 이용한 ㈜한국이 20×1년도 포괄손익계산서에 인식할 게임접근권에 대한 수익은? (단, 수익은 월할 계산한다.)

- ㈜한국은 게임기기를 ₩95,000에 판매하고 게임접근권(1년 접근조건)을 ₩5,000에 판매하고 있다.
- 20×1년 10월 1일에 ㈜한국은 100명의 고객에게 2% 할인된 가격으로 게임기기와 게임접근권을 묶음 판매하였다.
- 게임기기 판매와 게임접근권 판매는 각각 구별되는 수행의무로 식별하였으며, 게임접근권 판매의 수행의무는 기간에 걸쳐 이행된다.

① ₩100,000 ② ₩122,500
③ ₩367,500 ④ ₩490,000

01 답 ②

게임접근권에 대한 수익: 122,500
= 5,000 × 98% × 100명 × 3/12
(1) 개별 게임접근권의 할인금액: 100 = 5,000 × 2%
(2) 전체 게임접근권의 판매금액: 490,000 = (5,000 − 100) × 100명
(3) 20×1년에 인식할 게임접근권에 대한 수익: 122,500 = 490,000 × 3/12 (10 ~ 12월 월할 계산)
참고 게임기기에 대한 수익: 9,310,000 = 95,000 × 98% × 100명
TIP 게임접근권에 대한 수익만을 물었으므로 게임기기에 대한 수익은 구하지 않아도 된다.

02 □□□ 2024년 지방직 9급

㈜한국은 20×1년 초 고객과 총 대가 ₩500,000(설치용역 수수료 ₩50,000 포함)에 기계장치를 판매한 뒤 설치해 주기로 계약하였다. 기계장치 판매와 설치용역은 별개의 수행의무이다. 고객은 기계장치를 인도 시점에 통제하지만, 설치용역에 대한 통제는 기간에 걸쳐 이전된다. ㈜한국은 20×1년 11월 초 고객에게 기계장치를 인도하였고, 20×1년 말 설치용역에 대한 진행률은 40%이다. ㈜한국이 20×1년 포괄손익계산서상 인식할 수익은?

① ₩200,000 ② ₩450,000
③ ₩470,000 ④ ₩500,000

02 답 ③

20×1년 인식할 수익: 470,000
= 450,000 + 50,000 × 40%
(1) 기계장치에 대해 인식할 수익: 450,000
(2) 설치용역 수수료에 대해 20×1년 인식할 수익: 20,000 = 50,000 × 40%

03 □□□

2021년 국가직 7급

㈜한국은 대형 옥외전광판을 단위당 ₩30,000,000에 판매하고, 옥외전광판에 대한 연간 유지서비스를 단위당 ₩20,000,000에 제공하고 있다. 옥외전광판의 매출원가는 단위당 ₩20,000,000이며, 연간 유지서비스 원가는 단위당 ₩10,000,000이 발생한다. ㈜한국은 20×1년 7월 1일에 옥외전광판 1 단위와 이에 대한 1년간 유지서비스를 묶어서 ₩40,000,000에 판매하고 설치완료하였다. 이와 관련한 설명으로 옳지 않은 것은? (단, 기간은 월할 계산한다.)

① 20×1년 7월 1일에 인식한 매출액은 ₩24,000,000이다.
② 20×1년의 매출액은 ₩32,000,000이다.
③ 20×1년의 매출총이익은 ₩7,000,000이다.
④ 20×2년의 매출총이익은 ₩6,000,000이다.

03 답 ④

20×2년 매출총이익: 3,000,000
= 8,000,000 - 5,000,000

(1) 20×1년 7월 1일
 1) 옥외전광판에 대한 매출: 24,000,000 = 40,000,000 × 30,000,000/(30,000,000 + 20,000,000)
 옥외전광판에 대한 매출원가: 20,000,000
 2) 유지서비스에 대한 계약부채: 16,000,000 = 40,000,000-24,000,000
 * 유지서비스는 기간에 걸쳐 고객에게 제공하므로 매출 발생 시점에 계약부채로 인식한다.

[20×1년 7월 1일 회계처리]

(차) 현 금	40,000,000	(대) 매 출	24,000,000
		계 약 부 채	16,000,000
(차) 매 출 원 가	20,000,000	(대) 재 고 자 산	20,000,000

(2) 20×1년 12월 31일
 1) 유지서비스에 대해 추가적으로 인식하는 매출 8,000,000 = 16,000,000 × 6/12
 2) 유지서비스에 대한 매출원가 5,000,000 = 10,000,000 × 6/12
 3) 20×1년 매출총이익: 7,000,000 = 매출(24,000,000 + 8,000,000) - 매출원가(20,000,000 + 5,000,000)

[20×1년 12월 31일 회계처리]

(차) 계 약 부 채	8,000,000	(대) 매 출	8,000,000
(차) 유지서비스원가	5,000,000	(대) 현 금	5,000,000

(3) 20×2년 7월 31일
 1) 유지서비스에 대해 추가적으로 인식하는 매출 8,000,000 = 16,000,000 × 6/12
 2) 유지서비스에 대한 매출원가 5,000,000 = 10,000,000 × 6/12
 3) 20×2년 매출총이익: 3,000,000 = 매출 8,000,000 - 매출원가 5,000,000

[20×2년 12월 31일 회계처리]

(차) 계 약 부 채	8,000,000	(대) 매 출	8,000,000
(차) 유지서비스원가	5,000,000	(대) 현 금	5,000,000

04 □□□

2020년 서울시 7급

수익의 인식 시점이 재화·용역의 판매 시점인 경우로 가장 옳지 않은 것은?

① 반품가능 재화의 판매로써 반품 관련 위험을 신뢰성 있게 추정할 수 없는 경우
② 수탁자가 재화의 소유에 따른 효익과 위험을 부담하지 않고 위탁자의 대리인으로서 재화를 맡아서 판매하는 위탁판매
③ 할부대금의 회수가 장기에 걸쳐 분할되어 있는 장기할부판매
④ 상품권발행 후 재화를 인도하고 상품권을 받은 경우

04 답 ①

반품가능 재화의 판매로서 반품 관련 위험을 신뢰성 있게 추정할 수 없는 경우에는 반품기간이 종료되거나 구매자가 매입의사를 표시할 때 수익으로 인식한다.

05 □□□

2020년 국가직 7급

고객과의 계약에서 생기는 수익에 대한 설명으로 옳지 않은 것은?

① 거래가격을 배분하는 목적은 기업이 고객에게 약속한 재화나 용역을 이전하고 그 대가로 받을 권리를 갖게 될 금액을 나타내는 금액으로 각 수행의무에 거래가격을 배분하는 것이다.
② 개별 판매가격을 추정하기 위해 시장평가 조정 접근법을 적용하는 경우 개별 판매가격은 총 거래가격에서 계약에서 약속한 그 밖의 재화나 용역의 관측 가능한 개별 판매가격의 합계를 차감하여 추정한다.
③ 할인액 전체가 계약상 하나 이상의 일부 수행의무에만 관련된다는 관측 가능한 증거가 있는 때 외에는, 할인액을 계약상 모든 수행의무에 비례하여 배분한다.
④ 거래가격의 후속 변동은 계약 개시 시점과 같은 기준으로 계약상 수행의무에 배분하므로, 계약을 개시한 후의 개별 판매가격 변동을 반영하기 위해 거래가격을 다시 배분하지 않는다.

05 답 ②

설명 중 옳지 않은 것: 개별 판매가격을 추정하기 위해 잔여접근법을 적용하는 경우 개별 판매가격은 총 거래가격에서 계약에서 약속한 그 밖의 재화나 용역의 관측 가능한 개별 판매가격의 합계를 차감하여 추정한다.

06 □□□

2020년 국가직 9급

고객과의 계약으로부터 발생하는 수익에서 거래가격 산정에 대한 설명으로 옳지 않은 것은?

① 거래가격을 산정하기 위해서는 계약조건과 기업의 사업 관행을 참고한다.
② 기업에 특성이 비슷한 계약이 많은 경우에 '기댓값'은 변동대가(금액)의 적절한 추정치일 수 있다.
③ 고객과의 계약에서 약속한 대가는 고정금액, 변동금액 또는 둘 다를 포함할 수 있다.
④ 비현금 대가의 공정가치가 대가의 형태만이 아닌 이유로 변동된다면, 변동대가 추정치의 제약규정을 적용하지 않는다.

06 답 ④

설명 중 옳지 않은 것: 비현금 대가의 공정가치가 대가의 형태만이 아닌 이유로 변동된다면, 변동대가 추정치의 제약규정[제 1115호 고객과의 계약에서 발생한 수익 문단 56~58]을 적용한다.

07 □□□

2023년 국가직 7급

고객과의 계약에서 생기는 수익의 거래가격 산정에 대한 설명으로 옳지 않은 것은?

① 유의적인 금융요소를 반영하여 약속한 대가를 조정할 때에는 계약 개시시점에 기업과 고객이 별도 금융거래를 한다면반영하게 될 할인율을 사용한다.
② 유의적인 금융요소를 반영한 계약의 개시 후에 이자율이나 그 밖의 상황이 달라지는 경우, 할인율을 새로 수정한다.
③ 고객에게서 받은 대가의 일부나 전부를 고객에게 환불할 것으로 예상하는 경우에는 환불부채를 인식한다.
④ 고객에게 지급할 대가가 고객에게서 받은 구별되는 재화나 용역에 대한 지급이라면, 다른 공급자에게서 구매한 경우와 같은 방법으로 회계처리한다.

07 답 ②

유의적인 금융요소를 반영한 계약의 개시 후에 이자율이나 그 밖의 상황이 달라지는 경우, 할인율을 새로 정하지 않는다.

08 □□□

2019년 국가직 7급

'고객과의 계약에서 생기는 수익'의 측정에 대한 설명으로 옳지 않은 것은?

① 거래가격은 고객에게 약속한 재화나 용역을 이전하고 그 대가로 기업이 받을 권리를 갖게 될 것으로 예상하는 금액이며, 제3자를 대신하여 회수한 금액(예 일부 판매세)도 포함한다.
② 계약에서 약속한 대가에 변동금액이 포함된 경우에 고객에게 약속한 재화나 용역을 이전하고 그 대가로 받을 권리를 갖게 될 금액을 추정한다.
③ 고객이 현금 외의 형태로 대가를 약속한 계약의 경우에 거래가격을 산정하기 위하여 비현금 대가를 공정가치로 측정한다.
④ 고객에게 지급할 대가에는 기업이 고객에게 지급하거나 지급할 것으로 예상하는 현금 금액을 포함한다.

08 답 ①

설명 중 옳지 않은 것: 거래가격은 고객에게 약속한 재화나 용역을 이전하고 그 대가로 기업이 받을 권리를 갖게 될 것으로 예상하는 금액이며, 제3자를 대신하여 회수한 금액(예 일부 판매세)은 수익금액에서 제외한다.

09 □□□

2022년 국가직 9급

고객과의 계약에서 생기는 수익에서 측정에 대한 설명으로 옳지 않은 것은?

① 기업이 받을 권리를 갖게 될 변동대가(금액)에 미치는 불확실성의 영향을 추정할 때에는 그 계약 전체에 하나의 방법을 일관되게 적용한다.
② 거래가격은 고객에게 약속한 재화나 용역을 이전하고 그 대가로 기업이 받을 권리를 갖게 될 것으로 예상하는 금액이며, 제삼자를 대신해서 회수한 금액도 포함된다.
③ 거래가격을 산정하기 위하여 기업은 재화나 용역을 현행 계약에 따라 약속대로 고객에게 이전할 것이고 이 계약은 취소 · 갱신 · 변경 되지 않을 것이라고 가정한다.
④ 계약에서 약속한 대가에 변동금액이 포함된 경우에 고객에게 약속한 재화나 용역을 이전하고 그 대가로 받을 권리를 갖게 될 금액을 추정한다.

09 답 ②

설명 중 옳지 않은 것: 거래가격은 고객에게 약속한 재화나 용역을 이전하고 그 대가로 기업이 받을 권리를 갖게 될 것으로 예상하는 금액이며, 제삼자를 대신해서 회수한 금액은 수익금액에서 제외한다.

10 □□□

2024년 국가직 9급

'고객과의 계약에서 생기는 수익'에서 계약의 식별기준으로 옳지 않은 것은?

① 계약 당사자들이 계약을 승인하고 각자의 의무를 수행하기로 확약한다.
② 계약의 결과로 기업의 미래 현금흐름의 위험, 시기, 금액이 변동되지 않을 것으로 예상된다.
③ 이전할 재화나 용역과 관련된 각 당사자의 권리와 지급조건을 식별할 수 있다.
④ 고객에게 이전할 재화나 용역에 대하여 받을 권리를 갖게 될 대가의 회수 가능성이 높다.

10 답 ②

계약의 결과로 기업의 미래 현금흐름의 위험, 시기, 금액이 변동될 것으로 예상되어야 계약을 식별할 수 있다. 계약이 기업에 경제적 이익을 가져다주는 것으로 예상되지 않는다면, 그 계약은 수익 인식의 기준을 충족시키지 못한다. 따라서, 계약은 미래 현금흐름에 영향을 미쳐야 한다.

11 □□□

2025년 국가직 9급

고객과의 계약에서 생기는 수익에서 수행의무의 이행에 대한 설명으로 옳지 않은 것은?

① 고객에게 약속한 재화나 용역, 즉 자산을 이전하여 수행의무를 이행할 때(또는 기간에 걸쳐 이행하는 대로) 수익을 인식한다.
② 고객이 자산을 통제하는지를 판단할 때, 그 자산을 재매입하는 약정을 고려하지 않는다.
③ 수행의무가 기간에 걸쳐 이행되지 않는다면, 그 수행의무는 한 시점에 이행되는 것이다.
④ 수행의무의 진행률을 합리적으로 측정할 수 있는 경우에만, 기간에 걸쳐 이행하는 수행의무에 대한 수익을 인식한다.

11 답 ②

고객이 자산을 통제하는지를 판단할 때, 그 자산을 재매입하는 약정을 고려한다.

12 □□□

2019년 지방직 9급

고객과의 계약에서 생기는 수익에 대한 설명으로 옳지 않은 것은?

① 고객에게 이전할 재화나 용역에 대하여 받을 권리를 갖게 될 대가의 회수 가능성이 높지 않더라도, 계약에 상업적 실질이 존재하고 이전할 재화나 용역의 지급조건을 식별할 수 있으면 고객과의 계약으로 회계처리한다.

② 수익을 인식하기 위해서는 '고객과의 계약 식별', '수행의무 식별', '거래가격 산정', '거래가격을 계약 내 수행의무에 배분', '수행의무를 이행할 때 수익인식'의 단계를 적용한다.

③ 거래가격 산정 시 제3자를 대신해서 회수한 금액은 제외하며, 변동대가, 비현금 대가, 고객에게 지급할 대가 등이 미치는 영향을 고려한다.

④ 고객에게 약속한 자산을 이전하여 수행의무를 이행할 때 수익을 인식하며, 자산은 고객이 그 자산을 통제할 때 이전된다.

12 답 ①

설명 중 옳지 않은 것: 대가의 회수 가능성이 높지 않으면 거래를 식별할 수 없다.

13 □□□

2018년 국가직 7급

'고객과의 계약에서 생기는 수익'에 대한 설명으로 옳지 않은 것은?

① 기댓값으로 변동대가를 추정하는 경우 가능한 대가의 범위에서 가능성이 가장 높은 단일 금액으로 추정한다.

② 변동대가와 관련된 불확실성이 나중에 해소될 때, 이미 인식한 누적 수익 금액 중 유의적인 부분을 되돌리지 않을 가능성이 매우 높을지를 평가할 때는 수익의 환원 가능성 및 크기를 모두 고려한다.

③ 비현금 대가의 공정가치를 합리적으로 추정할 수 없는 경우에는, 그 대가와 교환하여 고객에게 약속한 재화나 용역의 개별 판매가격을 참조하여 간접적으로 그 대가를 측정한다.

④ 고객에게 약속한 재화나 용역, 즉 자산을 이전하여 수행의무를 이행할 때 수익을 인식한다.

13 답 ①

설명 중 옳지 않은 것: 기댓값으로 변동대가를 추정하는 경우에는 가능한 대가의 범위에 있는 모든 금액에 각 확률을 곱한 금액의 합으로 추정한다.

14 □□□

2025년 지방직 9급

고객과의 계약에서 생기는 수익에 대한 설명으로 옳지 않은 것은?

① 고객과의 계약에서 식별되는 수행의무는 계약에 분명히 기재한 재화나 용역에만 한정되지 않을 수 있다.

② 계약을 이행하기 위해 해야 하지만 고객에게 재화나 용역을 이전하는 활동이 아니라면 그 활동은 수행의무에 포함되지 않는다.

③ 수익인식 5단계 순서는 '수행의무 식별 → 고객과의 계약 식별 → 거래가격 산정 → 거래가격을 계약 내 수행의무에 배분 → 수행의무를 이행할 때 수익 인식'이다.

④ 거래가격은 고객에게 약속한 재화나 용역을 이전하고 그 대가로 기업이 받을 권리를 갖게 될 것으로 예상하는 금액이며, 제삼자를 대신해서 회수한 금액은 제외한다.

14

답 ③

수익인식 5단계 순서는 '고객과의 계약 식별 → 수행의무 식별 → 거래가격 산정 → 거래가격을 계약 내 수행의무에 배분 → 수행의무를 이행할 때 수익 인식'이다.

15 □□□

2024년 국가직 7급

고객과의 계약에서 생기는 수익에 대한 설명으로 옳지 않은 것은?

① 계약의 각 당사자가 전혀 수행되지 않은 계약에 대해 상대방(들)에게 보상하지 않고 종료할 수 있는 일방적이고 집행 가능한 권리를 갖는다면, 그 계약은 존재하지 않는다고 본다.

② 하나의 계약은 고객에게 재화나 용역을 이전하는 여러 약속을 포함한다. 그 재화나 용역들이 구별된다면 약속은 수행의무이고 별도로 회계처리한다.

③ 일반적으로 고객과의 계약에는 기업이 고객에게 이전하기로 약속하는 재화나 용역을 분명히 기재한다. 그러나 고객과의 계약에서 식별되는 수행의무는 계약에 분명히 기재한 재화나 용역에만 한정되지 않을 수 있다.

④ 거래가격은 고객에게 약속한 재화나 용역을 이전하고 그 대가로 기업이 받을 권리를 갖게 될 것으로 예상하는 금액이며, 제삼자를 대신해서 회수한 금액(예 일부 판매세)도 포함한다.

15

답 ④

거래가격은 고객에게 약속한 재화나 용역을 이전하고 그 대가로 기업이 받을 권리를 갖게 될 것으로 예상하는 금액이며, 제삼자를 대신해서 회수한 금액은 제외한다.

PART 13

건설계약

본 과목 풀이 시 기업의 보고기간(회계기간)은 매년 1월 1일부터 12월 31일까지이며, 기업은 계속해서 한국채택국제회계기준을 적용해 오고 있다고 가정한다. 또한, 자료에서 제시하지 않은 사항(예 법인세효과 등)은 고려하지 않는다.

유형 01 [건설계약의 회계처리] 건설계약의 회계처리

기본서 PART 13 건설계약 → CH 2. 건설계약의 회계처리 ▶ 533p

대표문제

□□□ 2017년 국가직 7급

㈜한국은 20×1년 1월 1일 총 계약금액 ₩60,000의 건설공사를 수주하였다. ㈜한국이 진행기준을 사용하여 해당 건설공사를 회계처리하는 경우, 20×2년 말 재무상태표에 표시할 미청구공사(유동자산) 금액은?

항목	20×1년	20×2년	20×3년
발생 누적 계약원가	₩ 8,000	₩ 35,000	₩ 50,000
총 계약 예정원가	₩ 40,000	₩ 50,000	₩ 50,000
계약대금 청구	₩ 10,000	₩ 30,000	₩ 20,000
계약대금 회수	₩ 7,000	₩ 28,000	₩ 25,000

① ₩ 2,000 ② ₩ 12,000
③ ₩ 40,000 ④ ₩ 42,000

해설

×2년 말의 미청구공사(유동자산): 2,000
= 미성공사 42,000 − 누적 대금 청구액 40,000
(1) ×2년 진행률: 35,000 ÷ 50,000 = 70%
(2) 미성공사: 60,000 × 70% = 42,000
(3) ×2년 누적 진행 청구액: 10,000 + 30,000 = 40,000

별해
누적 원가 + 누적 이익 − 누적 대금 청구액 = 미청구공사
35,000 + 7,000 − 40,000 = 2,000

정답 ①

01 □□□

2017년 지방직 9급

㈜한국은 2016년 1월 1일 계약금액이 ₩5,000,000인 교량건설 정액도급계약을 수주하였고, 2017년 12월 31일에 완공하였다. ㈜한국은 진행기준으로 수익과 비용을 인식하며, 교량건설과 관련된 발생원가와 회수대금은 다음과 같다. ㈜한국이 2017년에 계상해야 할 이익은? (단, 진행률은 발생원가에 기초하여 계산한다.)

	발생원가	회수대금
2016년	₩1,600,000	₩2,200,000
2017년	₩2,400,000	₩2,800,000

① ₩1,000,000
② ₩600,000
③ ₩ 500,000
④ ₩400,000

01 답 ②

(1) 16년도 진행률: 1,600,000 ÷ (1,600,000 + 2,400,000) = 40%
(2) 16년도 누적 계약손익: (5,000,000 × 40%) − (4,000,000 × 40%) = 400,000
(3) 17년도 진행률: 4,000,000 ÷ 4,000,000 = 100%
(4) 17년도 누적 계약손익: (5,000,000 × 100%) − (4,000,000 × 100%) = 1,000,000
(5) 17년도 당기 계약이익: 1,000,000 − 400,000 = 600,000

02 □□□

2016년 국가직 7급

㈜한국은 2014년 초에 시작되어 2016년 말에 완성되는 건설계약을 ₩300,000에 수주하였다. ㈜한국은 진행기준으로 수익과 비용을 인식하며, 건설계약과 관련된 원가는 다음과 같다. ㈜한국이 2016년에 인식할 공사손익은? (단, 진행률은 발생한 누적 계약원가를 추정 총 계약원가로 나누어 계산한다.)

구분	2014년	2015년	2016년
당기 발생 원가	₩30,000	₩50,000	₩120,000
완성 시까지 추가 소요 원가	₩70,000	₩20,000	−

① ₩60,000 이익
② ₩60,000 손실
③ ₩80,000 이익
④ ₩80,000 손실

02 답 ②

(1) 2015년도 진행률: 80,000 ÷ 100,000 = 80%
(2) 2016년도 진행률: 200,000 ÷ 200,000 = 100%
(3) 2015년도 누적 계약손익: (300,000 − 100,000) × 80% = 160,000
(4) 2016년도 누적 계약손익: (300,000 − 200,000) × 100% = 100,000
(5) 2016년도 당기 계약손익: 100,000 − 160,000 = (60,000)

03 □□□

2016년 국가직 9급

㈜대한은 2014년 1월 1일에 도로건설계약(공사기간: 2014. 1. 1. ~ 2016. 12. 31.)을 체결하고 공사를 진행하였다. 총 계약수익은 ₩300,000이며, 이 도로를 건설하는 데 필요한 총 계약원가는 ₩200,000으로 추정되었다. 당해 건설계약에서 실제로 발생한 누적 계약원가가 다음과 같을 때, 이 건설계약에 대한 설명으로 옳지 않은 것은? (단, 진행률은 실제 발생한 누적 계약원가를 추정 총 계약원가로 나눈 비율로 계산한다.)

구분	2014년	2015년	2016년
누적 계약원가	₩50,000	₩130,000	₩200,000

① 2014년의 계약 진행률은 25%이다.

② 2016년의 계약수익은 ₩105,000이다.

③ 2015년까지의 누적 계약 진행률은 65%이다.

④ 2015년에 인식할 계약이익은 ₩65,000이다.

03 답 ④

(1) 2014년 누적 계약이익: (300,000 - 200,000) × 25% = 25,000
(2) 2015년 누적 계약이익: (300,000 - 200,000) × 65% = 65,000
(3) 2015년 당기 계약이익: 65,000 - 25,000 = 40,000

(선지분석)

① 14년 누적 진행률: 50,000 ÷ 200,000 = 25%
② ㉠ 2015년 누적 계약수익: 300,000 × 65% = 195,000
㉡ 2016년 누적 계약수익: 300,000 × 1 = 300,000
㉢ 2016년 당기 계약수익: ㉡ - ㉠ = 105,000
③ 15년 누적 진행률: 130,000 ÷ 200,000 = 65%

유형 02 [건설계약의 특수상황] 손실이 예상되는 건설계약

기본서 PART 13 건설계약 → CH 3. 건설계약의 특수상황 → 1 손실이 예상되는 건설계약 ▶ 538p

대표문제 □□□ 2011년 국가직 7급

㈜한국은 20×1년 초에 한국도로공사와 고속도로 1구간의 건설계약을 ₩800,000에 체결하였다. 해당 고속도로는 20×3년 말에 완공되었으며, 동 건설계약과 관련된 자료는 다음과 같다.

항목	20×1년	20×2년	20×3년
당기 발생 원가	₩130,000	₩380,000	₩340,000
추정 총 계약원가	₩650,000	₩850,000	₩850,000
계약대금 청구	₩150,000	₩350,000	₩300,000
계약대금 회수	₩120,000	₩360,000	₩320,000

㈜한국이 이 건설계약과 관련하여 20×2년에 해야 할 회계처리에 대한 설명으로 옳지 않은 것은? (단, 공사 진행률은 주어진 자료를 사용하여 계산한다.)

① 인식할 계약수익은 ₩320,000이다.
② 인식할 계약손실은 ₩60,000이다.
③ 계약 미수금의 기말 장부금액은 ₩20,000이다.
④ 초과 청구공사의 기말 장부금액은 ₩40,000이다.

해설

설명 중 옳지 않은 것: 인식할 계약손실은 80,000이다.
×2년 계약손실: (80,000)
×1년 누적 계약이익: (800,000 - 650,000) × 20% = 30,000
×2년 누적 계약손실: (800,000 - 850,000) × 100% = (50,000)
×2년 당기 계약손실: [(800,000 - 850,000) × 100%] - 30,000 = (80,000)

(선지분석)

① ×2년 계약수익: 320,000
×1년 진행률: 130,000 ÷ 650,000 = 20%
×2년 진행률: 510,000 ÷ 850,000 = 60%
×2년 계약수익: (800,000 × 60%) - (800,000 × 20%) = 320,000
③ 계약 미수금 기말 장부금액: 500,000 - 480,000 = 20,000
×2년 누적 대금 청구액: 150,000 + 350,000 = 500,000
×2년 누적 대금 회수액: 120,000 + 360,000 = 480,000
×2년 계약 미수금: 500,000 - 480,000 = 20,000
※ 기말 미수금: 누적 대금 청구액 - 누적 대금 회수액 > 0
④ 초과 청구공사(부채): (40,000)
= 누적 발생원가 + 누적 발생이익 - 누적 대금 청구액
= 미(초과) 청구공사
= 510,000 + (50,000) - 500,000 = (40,000) 초과 청구공사

정답 ②

01 □□□

2009년 국가직 7급

12월 결산법인인 ㈜한국은 2007년 초에 공사계약금액이 ₩20,000,000인 건설공사를 수주하였으며 이와 관련된 자료가 다음과 같다. ㈜한국이 진행기준을 적용하여 수익을 인식하는 경우 2008년도의 공사손익은? (단, 진행율은 누적 발생 계약원가를 총 계약원가 추정액으로 나누어 계산한다.)

구분	2007년도	2008년도	2009년도
실제 발생 원가 누적액	₩ 4,000,000	₩ 11,000,000	₩ 21,000,000
예상 추가 원가	₩ 12,000,000	₩ 10,000,000	₩ 0

① 공사손실 ₩1,000,000
② 공사손실 ₩2,000,000
③ 공사이익 ₩3,000,000
④ 공사이익 ₩2,000,000

01

답 ②

(1) 07년도 진행률: 4,000,000 ÷ 16,000,000 = 25%
(2) 07년도 누적 계약손익: (20,000,000 − 16,000,000) × 25% = 1,000,000
(3) 08년도 진행률: 11,000,000 ÷ 21,000,000
(4) 08년도 누적 계약손익: 20,000,000 − 21,000,000 = (1,000,000)
※ 총 계약원가가 총 계약수익을 초과할 경우 예상되는 손실은 즉시 비용으로 인식하여야 한다.
(5) 08년도 당기 계약손익: (1,000,000) − 1,000,000 = (2,000,000)

PART 14

회계변경 및 오류수정

본 과목 풀이 시 기업의 보고기간(회계기간)은 매년 1월 1일부터 12월 31일까지이며, 기업은 계속해서 한국채택국제회계기준을 적용해 오고 있다고 가정한다. 또한, 자료에서 제시하지 않은 사항(예 법인세효과 등)은 고려하지 않는다.

유형 01 [회계정책의 변경의 적용] 회계정책의 변경의 적용

기본서 PART 14 회계변경 및 오류수정 → CH 2. 회계정책의 변경의 적용 ▶ 552p

대표문제 □□□ 2019년 지방직 9급

㈜한국이 20×1년에 재고자산의 평가방법을 선입선출법에서 총평균법으로 변경한 결과 20×1년 기초 재고자산과 기말 재고자산이 각각 ₩50,000, ₩20,000 감소하였다. 이와 같은 회계변경이 ㈜한국의 20×1년 기초 이익잉여금과 당기순이익에 미치는 영향은?

	기초 이익잉여금	당기순이익
①	₩50,000 감소	₩20,000 감소
②	₩50,000 증가	₩20,000 감소
③	₩50,000 감소	₩30,000 증가
④	영향 없음	₩30,000 증가

해설

(1) 20×1년 기초 이익잉여금에 미치는 영향: (-) 50,000
(2) 20×1년 당기순이익에 미치는 영향: (+) 30,000 = 50,000 - 20,000

<오류수정정산표>

구분	20×0년 말	20×1년 말
수정 전 N/I		
×0년 말 재고자산 감소	- 50,000	+ 50,000
×1년 말 재고자산 감소		- 20,000
수정 후 N/I	- 50,000	+ 30,000

(1) ×0년 말 재고자산
  1) 당기: 자산 감소 ⇒ 이익 감소
  2) 차기: 반대효과 발생(자동조정오류)
(2) ×1년 말 재고자산: 자산 감소 ⇒ 이익 감소

참고사항 자동조정오류의 사례
(1) 재고자산 과대·과소계상 오류
(2) 매입 과대·과소계상 오류
(3) 선급비용, 미지급비용, 선수수익, 미수수익 과대·과소계상 오류
(4) 매출채권손실충당금 과대·과소계상 오류(직접상각법을 사용한 경우 포함)
(5) 충당부채 과대·과소계상 오류

참고사항 재무상태표 등식을 이용한 자동조정오류의 손익효과

자산	부채	자본(이익)	오류수정(N/I 영향)	
			오류 발생 회계기간	다음 회계기간
자산 과대		이익 과대	−	+
자산 과소		이익 과소	+	−
	부채 과대	이익 과소	+	−
	부채 과소	이익 과대	−	+

정답 ③

01 □□□

2021년 국가직 7급

㈜한국은 20×1년 초 기계장치를 ₩10,000(정액법 상각, 내용연수 4년, 잔존가치 ₩2,000, 원가모형 적용)에 취득하였다. 기계장치 관련 자료가 다음과 같을 때 옳은 것은?

- 20×2년 중 최초로 기계장치에 대해 재평가모형으로 변경하였으며, 재평가 시 기존의 감가상각누계액은 전액 제거한 후 공정가치로 평가한다. (상각방법, 내용연수, 잔존가치의 변동은 없다)
- 20×2년 말 기계장치의 공정가치는 ₩12,000이다.
- 20×3년 말 기계장치를 현금 ₩8,000을 받고 처분하였다.

① 20×1년 감가상각비는 ₩2,500이다.
② 20×2년 재평가잉여금은 ₩4,000이다.
③ 20×3년 감가상각비는 ₩5,000이다.
④ 20×3년 기계장치 처분이익은 ₩2,000이다.

01 답 ③

(1) 20×1년 감가상각비: (10,000 − 2,000) ÷ 4년 = 2,000
(2) 20×2년 재평가잉여금: 12,000 − (10,000 − 2,000 − 2,000) = 6,000
(3) 20×3년 감가상각비: (12,000 − 2,000) ÷ (4 − 2)년 = 5,000
(4) 20×3년 기계장치 처분이익: 8,000 − (12,000 − 5,000) = 1,000

02 □□□

2022년 서울시 7급

㈜서울은 20×1년 1월 1일 건물을 ₩100,000에 취득하고 투자부동산으로 분류한 후 원가모형을 적용하여 회계처리하였다. 동 투자부동산의 내용연수는 5년이고, 감가상각이 필요한 경우 잔존가치 없이 정액법으로 상각한다. 동 투자부동산의 20×1년 말과 20×2년 말 공정가치는 각각 ₩110,000과 ₩80,000이었다. 20×3년 초 ㈜서울은 동 투자부동산에 대해 공정가치모형을 적용하여 매년 재평가하는 것으로 회계정책을 변경하여, 20×3년도 말의 재무상태표에 비교표시되는 20×2년도 말 이익잉여금(20×3년도의 기초이익잉여금)을 ₩50,000으로 보고하였다. ㈜서울이 전기 재무제표를 소급 재작성하여야 할 항목은 제시된 자료이외에는 없다고 가정한다. ㈜서울이 회계정책 변경 전 20×2년도 말 재무상태표에 보고한 이익잉여금은? (단, 회계정책의 변경은 정당한 변경으로 간주한다.)

① ₩20,000
② ₩30,000
③ ₩50,000
④ ₩70,000

02

답 ②

(1) 20×3년 초 변경전 당기손익의 합계: 100,000 × 2/5 = (40,000)
(2) 20×3년 초 변경후 당기손익의 합계: 10,000 - 30,000 = (20,000)
(3) 20×2년 말 이익잉여금: 50,000 - 20,000 = 30,000

유형 02 [오류수정의 적용] 회계오류의 유형 – 자동조정오류

기본서 PART 14 회계변경 및 오류수정 → CH 4. 오류수정의 적용 → 2 회계오류의 유형 → 1. 자동조정오류 ▶ 558p

대표문제 □□□ 2019년 지방직 9급

㈜한국은 당기에 다음과 같은 오류를 발견하고, 장부마감 전에 이를 수정하였다. 오류수정 전 당기순이익이 ₩100,000이라고 할 때, 오류수정 후 당기순손익은?

- 당기 7월 1일 수령한 선수임대료 ₩120,000을 전액 임대료수익으로 계상하였다. (단, 임대기간은 당기 7월 1일부터 차기 6월 30일까지이다.)
- 당기 발생 미지급급여 ₩100,000을 누락하고 인식하지 않았다.
- 당기 발생 미수이자 ₩40,000을 누락하고 인식하지 않았다.
- 도착지인도조건으로 당기 12월 29일 선적하여 차기 1월 5일 인도 예정인 상품에 대해 당기 12월 29일에 매출 ₩200,000과 매출원가 ₩150,000을 인식하였다.

① 당기순이익 ₩30,000
② 당기순이익 ₩70,000
③ 당기순손실 ₩70,000
④ 당기순손실 ₩150,000

해설

오류수정 후 당기순이익: (-) 70,000

<오류수정정산표>

구분	오류수정사항
수정 전 N/I	100,000
(1) 임대료수익	- 60,000 (= 120,000 × 6/12)
(2) 미지급급여	- 100,000
(3) 미수이자	+ 40,000
(4) 수익 취소 비용 취소	- 200,000 + 150,000
수정 후 N/I	- 70,000

(1) 임대료수익 취소: 부채 증가 ⇒ 이익 감소
(2) 미지급급여 인식: 부채 증가 ⇒ 이익 감소
(3) 미수이자 인식: 자산 증가 ⇒ 이익 증가
(4) 기말 재고자산 조정
  1) 매출 취소: 자산 감소 ⇒ 이익 감소
  2) 매출원가 취소: 자산 증가 ⇒ 이익 증가

정답 ③

01 □□□

2016년 국가직 7급

㈜한국의 2016년 회계오류수정 전 법인세비용차감전순이익은 ₩300,000이다. 회계오류가 다음과 같을 때, 회계오류수정 후 2016년도 법인세비용차감전순이익은?

회계오류 사항	2015년	2016년
기말 재고자산 오류	₩8,000 과소계상	₩4,000 과대계상
선급비용을 당기비용으로 처리	₩3,000	₩2,000

① ₩287,000
② ₩288,000
③ ₩289,000
④ ₩290,000

01

답 ①

2016년도 법인세차감전순이익: 287,000
= 300,000 - (8,000 + 4,000 + 3,000 - 2,000)

<오류수정정산표>

구분	2015년	2016년
수정 전 N/I		300,000
15년 기말 재고자산	+ 8,000	- 8,000
16년 기말 재고자산		- 4,000
15년 선급비용	+ 3,000	- 3,000
16년 선급비용		+ 2,000
수정 후 N/I		287,000

(1) 15년 기말 재고자산
  1) 당기: 과소 → 자산 증가조정 ⇒ 이익 증가
  2) 차기: 반대효과 발생(자동조정오류)

(2) 16년 기말 재고자산: 과대 → 자산 감소조정 ⇒ 이익 감소

(3) 15년 선급비용
  1) 당기: 비용 취소 → 자산 증가조정 ⇒ 이익 증가
  2) 차기: 반대효과 발생(자동조정오류)

(4) 16년 선급비용: 비용 취소 → 자산 증가조정 ⇒ 이익 증가

참고사항 자동조정오류

자동조정오류의 사례
(1) 재고자산 과대·과소계상 오류
(2) 매입 과대·과소계상 오류
(3) 선급비용, 미지급비용, 선수수익, 미수수익 과대·과소계상 오류
(4) 매출채권손실충당금 과대·과소계상 오류(직접상각법을 사용한 경우 포함)
(5) 충당부채 과대·과소계상 오류

참고사항 재무상태표 등식을 이용한 자동조정오류의 손익효과

자산	부채	자본(이익)	오류수정(N/I 영향)	
			오류 발생 회계기간	다음 회계기간
자산 과대		이익 과대	-	+
자산 과소		이익 과소	+	-
	부채 과대	이익 과소	+	-
	부채 과소	이익 과대	-	+

02 □□□

2016년 국가직 9급

㈜대한은 2016년에 처음 회계감사를 받았는데, 기말 상품재고에 대하여 다음과 같은 오류가 발견되었다. 각 연도별로 ㈜대한이 보고한 당기순이익이 다음과 같을 때, 2016년의 오류수정 후 당기순이익은? (단, 법인세효과는 무시한다.)

연도	당기순이익	기말 상품재고 오류
2014년	₩ 15,000	₩ 2,000(과소 평가)
2015년	₩ 20,000	₩ 3,000(과소 평가)
2016년	₩ 25,000	₩ 2,000(과대 평가)

① ₩ 25,000
② ₩ 23,000
③ ₩ 22,000
④ ₩ 20,000

02 답 ④

2016년 수정 후 N/I: 20,000
= 25,000 - (3,000 + 2,000)

<오류수정정산표>

구분	2014년	2015년	2016년
수정 전 N/I	15,000	20,000	25,000
14년 기말 재고자산	+ 2,000	- 2,000	
15년 기말 재고자산		+ 3,000	- 3,000
16년 기말 재고자산			- 2,000
수정 후 N/I	17,000	21,000	20,000

(1) 14년 기말 재고자산
 1) 당기: 과소 → 자산 증가조정 ⇒ 이익 증가
 2) 차기: 반대효과 발생(자동조정오류)
(2) 15년 기말 재고자산
 1) 당기: 과소 → 자산 증가조정 ⇒ 이익 증가
 2) 차기: 반대효과 발생(자동조정오류)
(3) 16년 기말 재고자산: 과대 → 자산 감소조정 ⇒ 이익 감소

참고사항 자동조정오류

자동조정오류의 사례
(1) 재고자산 과대·과소계상 오류 (2) 매입 과대·과소계상 오류 (3) 선급비용, 미지급비용, 선수수익, 미수수익 과대·과소계상 오류 (4) 매출채권손실충당금 과대·과소계상 오류(직접상각법을 사용한 경우 포함) (5) 충당부채 과대·과소계상 오류

참고사항 재무상태표 등식을 이용한 자동조정오류의 손익효과

자산	부채	자본(이익)	오류수정(N/I 영향)	
			오류 발생 회계기간	다음 회계기간
자산 과대		이익 과대	−	+
자산 과소		이익 과소	+	−
	부채 과대	이익 과소	+	−
	부채 과소	이익 과대	−	+

03 □□□

2014년 국가직 7급

㈜한국의 2013년 재고자산을 실사한 결과 다음과 같은 오류가 발견되었다. 이러한 오류가 2013년 매출원가에 미치는 영향은? (단, ㈜한국은 실지재고조사법을 사용하고 있다.)

- ㈜한국이 시용판매를 위하여 거래처에 발송한 시송품 ₩1,300,000(판매가격)에 대하여 거래처의 매입의사가 있었으나, 상품의 원가가 ㈜한국의 재고자산에 포함되어 있다. 판매가격은 원가에 30% 이익을 가산하여 결정한다.
- 2013년 중 ㈜한국은 선적지인도기준으로 상품을 ₩1,000,000에 구입하고 운임 ₩100,000을 지급하였는데, 해당 상품이 선적은 되었으나 아직 도착하지 않아 재고자산 실사에서 누락되었다.
- 2013년 중 ㈜한국은 도착지인도기준으로 상품을 ₩1,000,000에 구입하고, 판매자가 부담한 운임은 ₩100,000이다. 이 상품은 회사 창고에 입고되었으나, 기말 재고자산 실사에서 누락되었다.

① ₩1,100,000 과대계상
② ₩1,200,000 과대계상
③ ₩1,100,000 과소계상
④ ₩1,200,000 과소계상

03

답 ①

13년의 매출원가에 미치는 영향: (+) 1,100,000 과대계상
= 시송품 (-)1,000,000 + 미착품 2,100,000
(1) 시송품: (-) 1,000,000 = - [1,300,000 ÷ (1 + 0.3)]
(2) 미착품: 2,100,000 = 1,100,000 + 1,000,000
  1) 구매(선적지): 1,100,000
  2) 구매(도착지): 1,000,000

참고사항 기말 재고자산 조정에 따른 당기손익에 미치는 영향 판단

재고자산 조정	재고자산	↔	매출원가	↔	오류수정 시 당기손익에 미치는 영향
시용판매(매입의사 표시 O)	과대계상	↔	과소계상	↔	과대계상
	수정 재고자산 감소		수정 매출원가 증가		당기손익 (-) 1,000,000
선적지인도조건 - 구매자	과소계상	↔	과대계상	↔	과소계상
	수정 재고자산 증가		수정 매출원가 감소		당기손익 (+) 1,100,000
도착지인도조건 - 구매자	과소계상	↔	과대계상	↔	과소계상
	수정 재고자산 증가		수정 매출원가 감소		당기손익 (+) 1,000,000
당기손익에 미치는 영향의 합계					(+) 1,100,000

04 □□□

2023년 국가직 9급

㈜한국은 20×2년 말 장부 마감 전에 다음과 같은 오류사항을 발견하였다.

- 20×2년 외상매입액 ₩10,000을 20×1년에 매입으로 회계처리하였음
- 20×1년 기말재고자산 ₩20,000이 과대계상되었음

㈜한국의 오류수정에 대한 회계처리가 20×2년도 당기순이익에 미치는 영향은?

① ₩10,000 감소
② ₩10,000 증가
③ ₩30,000 감소
④ ₩30,000 증가

04 답 ②

(+) 10,000 = (−)10,000 + 20,000

<정산표>

구분	×1년 당기순이익 변동	×2년 당기순이익 변동
×2년 외상매입액 오류	10,000	(10,000)
×1년 기말재고자산 과대계상	(20,000)	20,000
합계	(30,000)	(10,000)

유형 03 [오류수정의 적용] 회계오류의 유형 - 비자동조정오류

기본서 PART 14 회계변경 및 오류수정 → CH 4. 오류수정의 적용 → 2 회계오류의 유형 → 2. 비자동조정오류 ▶ 566p

대표문제 □□□ 2019년 서울시 7급

㈜한국은 20×9년 1월 1일 건물 수선을 위해 ₩40,000을 지출하였다. 이 지출은 사실상 자본적지출이었으나 수익적지출로 잘못 회계처리하였다. ㈜한국은 정률법으로 감가상각을 하며, 상각률은 0.3이다. 이러한 회계처리의 오류가 20×9년 당기순이익에 미치는 영향은?

① 과소계상 ₩24,000 ② 과소계상 ₩28,000

③ 과대계상 ₩24,000 ④ 과대계상 ₩28,000

해설

회사의 F/S ⇒ 오류수정분개 ⇐ 올바른 F/S

회사의 F/S

B/S [×9년 말]

I/S [×9년]

수익적지출:	40,000

올바른 F/S

B/S [×9년 말]

건물	40,000	
감누	12,000	

I/S [×9년]

Dep:	40,000 × 0.3 = 12,000

오류수정분개

=

건물	40,000	비용	40,000
Dep	12,000	감누	12,000

(1) 회사의 회계처리

(차) 수선비	40,000	(대) 현금	40,000

(2) 올바른 회계처리

(차) 건물	40,000	(대) 현금	40,000
감가상각비	12,000	감가상각누계액	12,000

* 감가상각비: 40,000 × 0.3 = 12,000

(3) 차이조정(오류수정분개)

(차) 감가상각비	12,000	(대) 감가상각누계액	12,000
건물	40,000	수선비	40,000

정답 ②

01 □□□

2021년 국가직 9급

제조업을 영위하는 ㈜한국의 20×1년 말 재무상태표에는 매출채권에 대한 손실충당금(대손충당금)의 기초 잔액은 ₩200,000이며, 이익잉여금의 기초 잔액은 ₩30,000이었다. 20×1년 중 발생한 다음 사항을 반영하기 전의 당기순이익은 ₩150,000이다.

- 당기 중 거래처에 대한 매출채권 ₩70,000이 회수 불능으로 확정되었다.
- 20×1년 말 매출채권 총액에 대한 기대신용손실액은 ₩250,000이다.
- 7월 1일 임대 목적으로 ₩200,000의 건물을 취득하였다. 내용연수는 20년이고 잔존가치는 없다. ㈜한국은 투자부동산에 대해서 공정가치모형을 적용한다. 결산일인 20×1년 말 건물의 공정가치는 ₩250,000이다.

㈜한국의 20×1년 당기순이익과 20×1년 말의 이익잉여금은?

	당기순이익	이익잉여금
①	₩80,000	₩70,000
②	₩90,000	₩70,000
③	₩80,000	₩110,000
④	₩90,000	₩110,000

01 답 ③

(1) ×1년 말의 당기순이익: 80,000
= 150,000 − 120,000 + 50,000
1) 당기 손상차손: 200,000 + 손상차손 = 70,000 + 250,000
∴ 손상차손 = 120,000
2) 투자부동산 평가이익: (+) 50,000 = 250,000 − 200,000

(2) ×1년 말의 이익잉여금: 110,000
= 30,000 + 80,000

02 □□□

2013년 국가직 9급

다음은 ㈜한국의 비품과 관련된 내용이다. 오류수정분개로 옳은 것은?

> ㈜한국은 2011년 1월 1일 비품에 대해 수선비 ₩10,000을 비용으로 회계처리 했어야 하나 이를 비품의 장부금액에 가산하여 정액법으로 상각하였다. 2011년 1월 1일 수선비 지출 시 비품의 잔여내용연수는 5년이고 잔존가치는 없다. 2013년도 재무제표 마감 전 수선비 지출에 대한 오류가 발견되었다. (단, 법인세효과는 무시하며 해당 비품의 최초 취득원가는 ₩500,000이다.)

① (차)	이 익 잉 여 금	₩10,000	(대)	비 품	₩10,000
	감가상각누계액	₩ 6,000		감가상각비	₩ 6,000
② (차)	이 익 잉 여 금	₩10,000	(대)	비 품	₩10,000
	감가상각누계액	₩ 2,000		감가상각비	₩ 2,000
③ (차)	이 익 잉 여 금	₩ 4,000	(대)	비 품	₩10,000
	감가상각누계액	₩ 6,000			
④ (차)	이 익 잉 여 금	₩ 6,000	(대)	비 품	₩10,000
	감가상각누계액	₩ 6,000		감가상각비	₩ 2,000

02

답 ④

회사의 F/S	⇒ 오류수정분개 ⇐	올바른 F/S
B/S [13년 말]		B/S [13년 말]
비품 10,000	감누 6,000 | 비품 10,000	
감누 6,000	이잉 4,000 |	
	+	
I/S [13년]		I/S [13년]
Dep: 2,000 = (10,000 − 0) × 1/5	이잉 2,000 | Dep 2,000	
	=	
	감누 6,000 | 비품 10,000	
	이잉 6,000 | Dep 2,000	

(1) 회사의 회계처리

(차)	비 품	500,000	(대)	현 금	500,000
(차)	비 품	10,000	(대)	현 금	10,000
(차)	감 가 상 각 비	102,000	(대)	감가상각누계액	102,000

* 감가상각비: [(500,000 + 10,000) − 0] × 1/5 = 102,000

(차)	감 가 상 각 비	102,000	(대)	감가상각누계액	102,000

* 감가상각비: [(500,000 + 10,000) − 0] × 1/5 = 102,000

(2) 올바른 회계처리

(차)	비 품	500,000	(대)	현 금	500,000
(차)	수 선 비	10,000	(대)	현 금	10,000
(차)	감 가 상 각 비	100,000	(대)	감가상각누계액	100,000

* 감가상각비: (500,000 − 0) × 1/5 = 100,000

(차)	감 가 상 각 비	100,000	(대)	감가상각누계액	100,000

* 감가상각비: (500,000 − 0) × 1/5 = 100,000

(3) 차이조정(오류수정분개)

(차)	감가상각누계액	6,000	(대)	비 품	10,000
	이 익 잉 여 금	4,000			
(차)	이 익 잉 여 금	2,000	(대)	감 가 상 각 비	2,000

03 □□□

2012년 국가직 9급

12월 말 결산법인인 ㈜한국은 당기와 전기 금액을 비교표시하는 형태로 재무제표를 작성하고 있다. ㈜한국은 2011년 급여 ₩20,000에 대한 회계처리를 누락하고, 2011년도 결산이 마무리된 후인 2012년 6월 30일에 급여를 지급하여 비용으로 계상하였다. ㈜한국이 2012년 11월 1일에 이러한 오류를 발견하였다면, 전기 오류수정을 위한 회계처리로 옳은 것은?

	차변		대변	
①	급 여	₩20,000	현 금	₩20,000
②	이익잉여금	₩20,000	급 여	₩20,000
③	급 여	₩20,000	이익잉여금	₩20,000
④	미지급급여	₩20,000	급 여	₩20,000

03 답 ②

회사의 F/S	⇒ 오류수정분개 ⇐	올바른 F/S
I/S [11년]		I/S [11년]
	급여 20,000 | 미지급급여 20,000	급여: 20,000
I/S [12년]		I/S [12년]
급여: 20,000	이익잉여금 20,000 | 급여 20,000	

(1) 회사의 회계처리

(차)	-		(대)	-	
(차) 급 여		20,000	(대) 현 금	20,000

(2) 올바른 회계처리

(차) 급 여	20,000	(대) 미 지 급 급 여	20,000
(차) 미 지 급 급 여	20,000	(대) 현 금	20,000

(3) 차이조정(오류수정분개)

(차) 이 익 잉 여 금	20,000	(대) 급 여	20,000

유형 04 [종합] 자동조정오류 + 비자동조정오류

기본서 PART 14 회계변경 및 오류수정 → CH 4. 오류수정의 적용 → 2 회계오류의 유형 → 1. 자동조정오류 ▶ 558p
기본서 PART 14 회계변경 및 오류수정 → CH 4. 오류수정의 적용 → 2 회계오류의 유형 → 2. 비자동조정오류 ▶ 566p

대표문제 □□□ 2018년 서울시 7급

㈜서울은 20×1년과 20×2년에 당기순이익으로 각각 ₩1,000,000과 ₩2,000,000을 보고하였다. 그러나 20×1년과 20×2년의 당기순이익에서 다음과 같은 중요한 오류가 포함되어 있었다. 이러한 오류가 20×1년과 20×2년의 당기순이익에 미친 영향으로 가장 옳은 것은?

구분	20×1년	20×2년
감가상각비	₩100,000 과대계상	₩200,000 과대계상
기말 선급보험료	₩ 30,000 과소계상	₩ 20,000 과소계상
기말 미지급임차료	₩ 10,000 과대계상	₩ 40,000 과대계상
기말 재고자산	₩ 70,000 과소계상	₩ 50,000 과소계상

	20×1년	20×2년
①	₩210,000 과대계상	₩200,000 과대계상
②	₩210,000 과대계상	₩200,000 과소계상
③	₩210,000 과소계상	₩200,000 과대계상
④	₩210,000 과소계상	₩200,000 과소계상

해설

(1) 20×1년 당기순이익에 미치는 영향: (-) 210,000
(2) 20×2년 당기순이익에 미치는 영향: (-) 200,000

<오류수정정산표>

구분	20×1년	20×2년
×1년 감가상각비	- 100,000	
×2년 감가상각비		- 200,000
×1년 기말 선급보험료	- 30,000	+ 30,000
×2년 기말 선급보험료		- 20,000
×1년 기말 미지급임차료	- 10,000	+ 10,000
×2년 기말 미지급임차료		- 40,000
×1년 기말 재고자산	- 70,000	+ 70,000
×2년 기말 재고자산		- 50,000
당기순이익에 미친 영향	- 210,000	- 200,000

(1) ×1년 감가상각비(비자동조정오류): 비용 발생 ⇒ 이익 감소
(2) ×2년 감가상각비(비자동조정오류): 비용 발생 ⇒ 이익 감소
(3) ×1년 기말 선급보험료
 1) 당기: 자산 감소 ⇒ 이익 감소
 2) 차기: 반대효과 발생(자동조정오류)
(4) ×2년 기말 선급보험료: 자산 감소 ⇒ 이익 감소
(5) ×1년 기말 미지급임차료
 1) 당기: 부채 증가 ⇒ 이익 감소
 2) 차기: 반대효과 발생(자동조정오류)
(6) ×2년 기말 미지급임차료: 부채 증가 ⇒ 이익 감소

(7) ×1년 기말 재고자산
1) 당기: 자산 감소 ⇒ 이익 감소
2) 차기: 반대효과 발생(자동조정오류)
(8) ×2년 기말 재고자산: 자산 감소 ⇒ 이익 감소

참고사항 **자동조정오류의 사례**
(1) 재고자산 과대 · 과소계상 오류
(2) 매입 과대 · 과소계상 오류
(3) 선급비용, 미지급비용, 선수수익, 미수수익 과대 · 과소계상 오류
(4) 매출채권손실충당금 과대 · 과소계상 오류(직접상각법을 사용한 경우 포함)
(5) 충당부채 과대 · 과소계상 오류

참고사항 **재무상태표 등식을 이용한 자동조정오류의 손익효과**

자산	부채	자본(이익)	오류수정(N/I 영향)	
			오류 발생 회계기간	다음 회계기간
자산 과대		이익 과대	−	+
자산 과소		이익 과소	+	−
	부채 과대	이익 과소	+	−
	부채 과소	이익 과대	−	+

정답 ④

01 □□□

2017년 국가직 7급

회계정책의 변경에 해당하지 않는 것은?

① 유형자산의 감가상각방법을 정액법에서 정률법으로 변경
② 투자부동산 평가방법을 원가모형에서 공정가치모형으로 변경
③ 재고자산의 측정방법을 선입선출법에서 평균법으로 변경
④ 영업권에 대해 정액법 상각에서 손상모형으로 변경

01 답 ①

회계추정의 변경에 해당한다.

(선지분석)

②, ③, ④ 회계정책의 변경에 해당한다.

참고 측정기준의 변경: 회계정책의 변경에 해당함

참고사항 회계정책의 변경과 회계추정의 변경의 사례

회계정책의 변경의 사례
(1) 유형자산을 원가모형에서 재평가모형으로 재평가모형에서 원가모형으로 변경 (2) 투자부동산을 원가모형에서 공정가치모형으로 공정가치모형에서 원가모형으로 변경 (3) 재고자산의 단가결정방법을 선입선출법에서 가중평균법으로, 가중평균법에서 선입선출법으로 변경 (4) 재고자산의 저가기준 평가 시 항목별에서 조별로, 조별에서 항목별로 변경 **참고** 측정기준의 변경: 회계정책의 변경에 해당함

회계추정의 변경의 사례
(1) 금융자산에 대한 기대신용손실의 추정 변경 (2) 재고자산 진부화 정도에 대한 판단 변경 (3) 감가상각자산의 상각방법, 잔존가치 및 내용연수의 변경 (4) 품질보증의무(충당부채)의 추정 변경 (5) 자산의 손상차손 추정 변경 (6) 거래가격에 반영할 변동대가 추정치의 변경 (7) 반품권이 있는 판매에서 반품비율 추정의 변경 (8) 기간에 걸쳐 자산의 통제가 이전되는 경우 진행률 추정의 변경 (9) 고객충성제도에서 미래 교환될 포인트 추정의 변경

02 □□□

2017년 국가직 9급

회계변경을 회계정책의 변경과 회계추정의 변경으로 분류할 때, 그 분류가 다른 것은?

① 감가상각자산의 감가상각방법을 정률법에서 정액법으로 변경
② 감가상각자산의 내용연수를 10년에서 15년으로 변경
③ 감가상각자산의 잔존가치를 취득원가의 10%에서 5%로 변경
④ 감가상각자산의 측정모형을 원가모형에서 재평가모형으로 변경

02

답 ④

회계정책의 변경에 해당한다.

참고 측정기준의 변경: 회계정책의 변경에 해당함

(선지분석)

①, ②, ③ 회계추정의 변경에 해당한다.

참고사항 회계정책의 변경과 회계추정의 변경의 사례

회계정책의 변경의 사례
(1) 유형자산을 원가모형에서 재평가모형으로 재평가모형에서 원가모형으로 변경
(2) 투자부동산을 원가모형에서 공정가치모형으로 공정가치모형에서 원가모형으로 변경
(3) 재고자산의 단가결정방법을 선입선출법에서 가중평균법으로, 가중평균법에서 선입선출법으로 변경
(4) 재고자산의 저가기준 평가 시 항목별에서 조별로, 조별에서 항목별로 변경
참고 측정기준의 변경: 회계정책의 변경에 해당

회계추정의 변경의 사례
(1) 금융자산에 대한 기대신용손실의 추정 변경
(2) 재고자산 진부화 정도에 대한 판단 변경
(3) 감가상각자산의 상각방법, 잔존가치 및 내용연수의 변경
(4) 품질보증의무(충당부채)의 추정 변경
(5) 자산의 손상차손 추정 변경
(6) 거래가격에 반영할 변동대가 추정치의 변경
(7) 반품권이 있는 판매에서 반품비율 추정의 변경
(8) 기간에 걸쳐 자산의 통제가 이전되는 경우 진행률 추정의 변경
(9) 고객충성제도에서 미래 교환될 포인트 추정의 변경

03 □□□

2014년 국가직 7급

회계정책이나 회계추정의 변경과 관련된 설명으로 옳지 않은 것은?

① 측정기준의 변경은 회계추정의 변경이 아니라 회계정책의 변경에 해당한다.
② 유형자산에 대한 감가상각방법의 변경은 회계추정의 변경으로 간주한다.
③ '일반적으로 인정되는 회계원칙'이 아닌 회계정책에서 '일반적으로 인정되는 회계원칙'의 회계정책으로의 변경은 오류수정이다.
④ 소급법은 재무제표의 신뢰성은 유지되지만 비교가능성이 상실된다.

03 답 ④

소급법은 재무제표의 기간 간 비교가능성이 제고되지만, 신뢰성이 손상된다.

참고사항 회계처리방법(소급법, 당기일괄처리법, 전진법)의 비교

구분	장점	단점
소급법	• 기간 간 비교가능성의 제고 • 이익조작의 방지	• 재무제표의 신뢰성 손상 • 많은 시간과 비용
당기일괄처리법	• 재무제표의 신뢰성 유지 • 변경효과 파악이 간편	• 기간 간 비교가능성의 저하 • 이익조작의 가능성
전진법	• 실무적용이 간편 • 재무제표의 신뢰성 유지	• 기간 간 비교가능성의 저하 • 변경효과 파악이 어려움

회계처리방법별 회계변경의 비교

구분	변경 전 기초 BV	누적효과 반영	변경 후 기초 BV	당기효과 반영	변경 후 기말 BV
소급법		이익잉여금		당기손익	
당기일괄처리법		당기손익		당기손익	
전진법		기초 장부금액으로 신규 취득 가정			

04 □□□

2020년 지방직 9급

회계정책, 회계추정의 변경, 오류의 수정에 대한 설명으로 옳지 않은 것은?

① 회계정책의 변경은 특정 기간에 미치는 영향이나 누적효과를 실무적으로 결정할 수 없는 경우를 제외하고는 소급적용한다.
② 회계정책의 변경과 회계추정의 변경을 구분하는 것이 어려운 경우에는 이를 회계정책의 변경으로 본다.
③ 측정기준의 변경은 회계추정의 변경이 아니라 회계정책의 변경에 해당한다.
④ 전기 오류는 특정 기간에 미치는 오류의 영향이나 오류의 누적효과를 실무적으로 결정할 수 없는 경우를 제외하고는 소급재작성에 의하여 수정한다.

04 답 ②

설명 중 옳지 않은 것: 회계정책의 변경과 회계추정의 변경을 구분하는 것이 어려운 경우에는 이를 회계추정의 변경으로 본다.

05 □□□

2022년 국가직 7급

회계정책, 회계추정의 변경 및 오류에 대한 설명으로 옳지 않은 것은?

① 과거에 발생한 거래와 실질이 다른 거래, 기타 사건 또는 상황에 대하여 다른 회계정책을 적용하는 것은 회계정책의 변경에 해당하지 아니한다.

② 추정의 근거가 되었던 상황의 변화, 새로운 정보의 획득, 추가적인 경험의 축적이 있는 경우 추정의 수정이 필요할 수 있다. 성격상 추정의 수정은 과거기간과 연관되지 않으며 오류수정으로 보지 아니한다.

③ 당기 기초시점에 과거기간 전체에 대한 오류의 누적효과를 실무적으로 결정할 수 없는 경우, 실무적으로 적용할 수 있는 가장 이른 날부터 전진적으로 오류를 수정하여 비교정보를 재작성한다.

④ 전기오류의 수정은 오류가 발견된 기간의 당기손익으로 보고하고, 과거 재무자료의 요약을 포함한 과거기간의 정보는 실무적으로 적용할 수 있는 최대한 앞선 기간까지 소급재작성한다.

05 답 ④

전기오류의 수정은 오류가 발생한 과거기간의 재무제표가 비교표시되는 경우에는 그 재무정보를 재작성하고, 오류가 비교표시되는 가장 이른 과거기간 이전에 발생한 경우에는 비교표시되는 가장 이른 과거기간의 자산, 부채 및 자본의 기초금액을 재작성한다.

06 □□□

2023년 지방직 9급

회계정책, 회계추정의 변경 및 오류에 대한 설명으로 옳지 않은 것은?

① 투입변수나 측정기법의 변경이 회계추정치에 미치는 영향은 전기오류수정에서 비롯되지 않는 한 회계추정치 변경이다.

② 기업의 재무상태, 재무성과 또는 현금흐름을 특정한 의도대로 표시하기 위하여 중요하거나 중요하지 않은 오류를 포함하여 작성된 재무제표는 한국채택국제회계기준에 따라 작성되었다고 할 수 없다.

③ 회계추정의 변경효과가 변경이 발생한 기간과 미래기간에 모두 영향을 미치는 경우 발생한 기간에는 회계추정 변경 효과를 당기손익에 포함하여 전진적으로 인식하고, 미래기간에는 회계추정 변경 효과를 기타포괄손익으로 하여 전진적으로 인식한다.

④ 당기 중에 발견한 당기의 잠재적 오류는 재무제표의 발행승인일 전에 수정한다. 그러나 중요한 오류를 후속기간에 발견하는 경우, 이러한 전기오류는 해당 후속기간의 재무제표에 비교표시된 재무정보를 재작성하여 수정한다.

06 답 ③

회계추정의 변경효과가 변경이 발생한 기간과 미래기간에 모두 영향을 미치는 경우 발생한 기간에는 회계추정 변경 효과를 당기손익에 포함하여 전진적으로 인식하고, 미래기간에는 회계추정 변경 효과를 미래기간의 손익으로 하여 전진적으로 인식한다.

07 □□□

2016년 국가직 9급

㈜대한은 ㈜민국에게 판매 위탁한 상품 중 기말 현재 판매되지 않은 상품(원가 ₩10,000)을 기말 재고자산에 판매가격(₩15,000)으로 포함시켰다. 이로 인한 당기와 차기의 순이익에 미치는 영향으로 옳은 것은?

① 당기에만 순이익이 과대계상된다.
② 당기에만 순이익이 과소계상된다.
③ 순이익이 당기에는 과대, 차기에는 과소계상된다.
④ 순이익이 당기에는 과소, 차기에는 과대계상된다.

07

답 ③

재고자산 [당기]

기 초	고정	매출원가	↓
매 입	고정	기 말	↑
		이 익	↑

재고자산 [차기]

기 초	↑	매출원가	↑
매 입	고정	기 말	고정
		이 익	↓

참고사항 자동조정오류

자동조정오류의 사례
(1) 재고자산 과대·과소계상 오류
(2) 매입 과대·과소계상 오류
(3) 선급비용, 미지급비용, 선수수익, 미수수익 과대·과소계상 오류
(4) 매출채권손실충당금 과대·과소계상 오류(직접상각법을 사용한 경우 포함)
(5) 충당부채 과대·과소계상 오류

참고사항 재무상태표 등식을 이용한 자동조정오류의 손익효과

자산	부채	자본(이익)	오류수정(N/I 영향)	
			오류 발생 회계기간	다음 회계기간
자산 과대		이익 과대	−	+
자산 과소		이익 과소	+	−
	부채 과대	이익 과소	+	−
	부채 과소	이익 과대	−	+

08 □□□

2013년 국가직 7급

장부를 마감하기 전에 발견한 오류 중 당기순이익에 영향을 미치는 항목은?

① 기타포괄손익 - 공정가치 측정 금융자산에 대한 평가이익을 계상하지 않았다.
② 자기주식처분이익을 과소계상하였다.
③ 매각예정으로 분류하였으나 중단영업의 정의를 충족하지 않는 비유동자산을 재측정하여 인식하는 평가손익을 중단영업손익에 포함하였다.
④ 원가모형을 적용하는 유형자산의 손상차손을 계상하지 않았다.

08 답 ④

유형자산 손상차손: N/I

(선지분석)
① FVOCI금융자산 평가이익: OCI
② 자기주식처분이익: 자본잉여금
③ 당기순이익 = 계속영업손익 + 중단영업손익
∴ 총액의 변화는 없음

PART 15

주당이익

본 과목 풀이 시 기업의 보고기간(회계기간)은 매년 1월 1일부터 12월 31일까지이며, 기업은 계속해서 한국채택국제회계기준을 적용해 오고 있다고 가정한다. 또한, 자료에서 제시하지 않은 사항(예 법인세효과 등)은 고려하지 않는다.

유형 01 [기본주당이익] 보통주당기순이익과 보통주계속영업이익

기본서 PART 15 주당이익 → CH 2. 기본주당이익 → 2 보통주당기순이익과 보통주계속영업이익 ▶ 580p

대표문제

□□□ 2018년 국가직 7급

다음의 자료를 이용하여 산출한 ㈜한국의 20×1년 말 주가이익비율(PER)은? (단, 가중평균유통보통주식수는 월할 계산한다.)

- 20×1년도 당기순이익: ₩88
- 20×1년 1월 1일 유통보통주식수: 30주
- 20×1년 7월 1일 유상증자: 보통주 25주(주주우선배정 신주발행으로 1주당 발행금액은 ₩4이며, 이는 유상증자 권리락 직전 주당 종가 ₩5보다 현저히 낮음)
- 20×1년 12월 31일 보통주 시가: 주당 ₩6

① 1.5 ② 2.0
③ 2.5 ④ 3.0

해설

×1년 말의 주가이익비율: 3.0
(1) 공정가치 미만 유상증자
 1) FV 기준 발행가능 유상증자 주식 수: 25 × 4 ÷ 5 = 20
 2) 무상증자 비율: (25 - 20) ÷ (30 + 20) = 10%
(2) 가중평균유통보통주식수: [(30 × 1.1 × 12) + (20 × 1.1 × 6)]/12 = 44주
(3) 주당이익: 88 ÷ 44주 = @2/주당
(4) PER = 주가 ÷ 주당이익 = 6/2 = 3

정답 ④

01 □□□

2019년 서울시 7급

〈보기〉의 자료에 따른 20×1년 ㈜대한의 기본주당순이익은? (단, 답은 소수점 둘째 자리에서 반올림한다.)

〈보기〉

- 20×1년의 ㈜대한의 당기순이익과 영업이익은 각각 ₩100,000, ₩150,000이다.
- 20×1년 1월 1일 ㈜대한의 보통주와 우선주는 각각 1,000주, 200주이다.
- 20×1년 우선주에 대한 배당률은 4%이다.
- 보통주 자본금과 우선주 자본금은 각각 ₩500,000, ₩100,000이다.
- 20×1년 1월 1일 ㈜대한의 자기주식은 50주이다.
- 20×1년 2월 1일 ㈜대한은 자본금을 확충하기 위하여 발행 중인 보통주에 대하여 10%의 무상증자를 실시하였다.
- 20×1년의 ㈜대한의 법인세율은 20%이다.

① 91.9
② 92.9
③ 93.9
④ 94.9

01 답 ①

기본주당순이익: 91.9
= (100,000 − 4,000) ÷ 1,045주
(1) 가중평균유통보통주식수 = (발행주식수 1,000주 − 자기주식 50주) × 무상증자 1.1 × 12/12 = 1,045주
(2) 기본주당이익 91.9 = (당기순이익 100,000 − 우선주 배당금 4,000) ÷ 1,045주

02 □□□

2023년 국가직 7급

㈜한국의 20×1년 기초 보통주식수는 10,000주이며, 20×1년도 보통주식수 변동내역은 다음과 같다.

- 4월 1일: 보통주 2,000주를 시장가격으로 유상증자하였다.
- 10월 1일: 무상증자 20%를 실시하였다.
- 11월 1일: 자기주식 1,200주를 취득하였다.

㈜한국의 20×1년 당기순이익이 ₩13,600,000인 경우 기본주당이익은? (단, 유통보통주식수는 월할 계산한다.)

① ₩1,000
② ₩1,150
③ ₩1,200
④ ₩1,360

02 답 ①

기본주당이익: 1,000
= 13,600,000 ÷ 13,600주
(1) 가중평균유통보통주식수 13,600주 = (10,000주 × 12/12 + 2,000주 × 9/12) × 1.2 − 1,200주 × 2/12
[가중평균유통보통주식수의 산정]

날짜	구분	가중평균유통보통 주식수 영향
20×1. 1. 1.	기초 보통주식수	10,000주 × 12/12
4. 1.	유상증자	2,000주 × 9/12
10. 1.	무상증자	× 1.2
11. 1.	자기주식 취득	(−)1,200주 × 2/12

(2) 기본주당순이익: 1,000 = 당기순이익 13,600,000 ÷ 가중평균유통보통주식수 13,600주

03 □□□

2018년 국가직 9급

신설법인인 ㈜한국의 당기순이익은 ₩805,000이며, 보통주 1주당 ₩200의 현금배당을 실시하였다. 유통보통주식수는 1,000주(주당 액면금액 ₩500), 우선주식수는 500주(주당 액면금액 ₩100, 배당률 10%)이다. 보통주의 주당 시가를 ₩4,000이라 할 때 옳은 것은? (단, 적립금은 고려하지 않는다.)

① 보통주의 기본주당순이익은 ₩805이다.
② 보통주의 주가수익비율은 20%이다.
③ 보통주의 배당수익률은 5%이다.
④ 배당성향은 20%이다.

03 답 ③

배당수익률: 200 ÷ 4,000 = 5%

선지분석

① 기본주당순이익: [805,000 - (500주 × 100 × 10%)] ÷ 1,000주 = 800
② 주가수익비율: 4,000 ÷ 800 = 5
④ 배당성향: [(500주 × 100 × 10%) + (1,000주 × 200)] ÷ 805,000 = 25%

04 □□□

2015년 국가직 9급

㈜한국의 최고재무책임자(CFO)인 홍길동 전무가 2014년 12월 31일 결산 후 추가 성과급을 받을 수 있는 경우는? (단, 법인세는 무시한다.)

- 홍길동 전무는 2014년 12월 31일 결산 후 ㈜한국의 주당순이익이 ₩500 이상이면 추가 성과급을 받는 조건의 근로계약이 체결되어 있다.
- ㈜한국의 2014년 12월 31일 장부마감 전 당기순이익은 ₩6,000,000이다.
- 비참가적우선주에 대한 우선주 배당금은 ₩240,000이다.
- ㈜한국의 보통주 관련 자료는 다음과 같다.
  - 2014년 1월 1일: 10,000주
  - 2014년 7월 1일(납입기일): 유상증자 5,000주
  - 2014년 10월 1일: 자기주식 2,000주 취득

① 주당순이익이 ₩500 이상이므로 아무런 행동을 취하지 않는다.
② 재고자산의 평가방법을 변경하여 기말 재고자산 잔액을 ₩200,000 증가시킨다.
③ 유형자산의 내용연수를 변경하여 해당 연도 감가상각액을 ₩230,000 감소시킨다.
④ 장부금액이 ₩500,000인 유형자산을 현금 ₩750,000을 받고 장부마감 전 매각처분한다.

04 답 ④

(1) 가중평균유통보통주식수: 12,000주
  1) 1월 1일: 10,000주 × 12/12 = 10,000주
  2) 7월 1일: 5,000주 × 6/12 = 2,500주
  3) 10월 1일: (2,000)주 × 3/12 = (500)주
(2) 보통주 당기순이익: 6,000,000 - 우선주 배당금 240,000 = 5,760,000
(3) 주당순이익: 5,760,000 ÷ 12,000주 = 480
(4) 주당순이익이 500 이상이 되려면 보통주 당기순이익이 6,000,000 이상이면 된다. 처분이익 250,000을 반영하면 보통주 당기순이익이 6,000,000이 넘는다.

유형 02 [기본주당이익] 가중평균유통보통주식수

기본서 PART 15 주당이익 → CH 2. 기본주당이익 → 3 가중평균유통보통주식수 ▶ 581p

대표문제 □□□ 2012년 국가직 7급

㈜한국의 주식은 주당 ₩1,000에 시장에서 거래되고 있다. 다음 자료를 이용하여 계산한 ㈜한국의 가중평균유통보통주식수는? (단, 우선주는 없다.)

• 당기순이익	₩ 60,000
• 주가수익률(PER)	5(500%)
• 부채총계	₩ 3,000,000
• 자본금	₩ 200,000
• 자본총계	₩ 1,000,000

① 200주 ② 300주
③ 400주 ④ 500주

해설

자료에 기초한 가중평균유통보통주식수: 300주

(1) 주가수익률(PER): $\frac{\text{1주당 시장가격 1,000}}{\text{주당순이익 X}} = 5$

(2) 주당순이익 = 200

(3) 200(주당순이익) = $\frac{\text{당기순이익 60,000}}{\text{가중평균유통보통주식수}}$

(4) 가중평균유통보통주식수 = 300

정답 ②

01 □□□

2022년 지방직 9급

다음 ㈜한국의 20×1년 보통주 변동내역은 다음과 같다.

• 기초유통보통주식수 6,000주
• 7월 1일 보통주 무상증자 500주
• 9월 1일 보통주 공정가치 발행 유상증자 900주

20×1년 가중평균유통보통주식수는? (단, 기간은 월할 계산한다.)

① 6,550주 ② 6,800주
③ 6,900주 ④ 7,400주

01 답 ②

6,000주 × 12/12 + 500주 × 12/12 + 900주 × 4/12 = 6,800주

유형 03 [희석주당이익] 희석주당이익

기본서 PART 15 주당이익 → CH 3. 희석주당이익 → 2 희석주당이익의 계산 ▶ 587p

대표 문제

□□□ 2019년 국가직 7급

다음은 ㈜한국에 관한 20×1년 자료이다. 이를 이용하여 계산한 ㈜한국의 20×1년 희석주당이익은? (단, 가중평균유통주식수는 월할 계산하며, 소수점 발생 시 소수점 이하 첫째 자리에서 반올림한다.)

- 기초 유통보통주식수 2,000주(액면금액 ₩1,000)
- 기초 유통우선주식수 1,000주(비누적적 · 비참가적 전환우선주, 액면금액 ₩1,000, 전환비율 1 : 1)
- 7월 1일 보통주 600주 시장가격으로 발행
- 기말까지 미전환된 전환우선주는 액면금액의 5%를 배당
- 기중 전환된 우선주는 없었다.
- 당기순이익은 ₩1,000,000

① ₩264 ② ₩278
③ ₩288 ④ ₩303

해설

×1년의 희석주당이익: 303
= 1,000,000 ÷ (2,300 + 1,000)
(1) 보통주 귀속 당기순이익 + N/I 가산효과: 1,000,000
(2) 가중평균유통보통주식수: [(2,000 × 12) + (600 × 6)] ÷ 12 = 2,300
(3) 잠재적보통주: 1,000

정답 ④

01 □□□

2023 지방직 9급

주당이익에 대한 설명으로 옳은 것은?

① 희석주당이익을 계산할 때 희석효과가 있는 옵션이나 주식매입권은 행사된 것으로 가정한다. 이 경우 권리행사에서 예상되는 현금유입액은 보통주를 직전 회계기간의 기말종가 기준으로 발행하여 유입된 것으로 가정한다.

② 보유자의 선택에 따라 보통주나 현금으로 결제하게 되는 계약의 경우에는 주식결제와 현금결제 중 희석효과가 더 큰 방법으로 결제된다고 가정하여 희석주당이익을 계산한다.

③ 유통되는 보통주식수나 잠재적보통주식수가 자본금전입, 무상증자, 주식분할로 증가하였거나 주식병합으로 감소하더라도, 비교표시하는 기본주당이익과 희석주당이익을 소급하여 수정하지 않는다.

④ 중단영업에 대해 보고하는 기업은 중단영업에 대한 기본주당이익과 희석주당이익을 포괄손익계산서에 표시하지 않으며, 주석으로도 공시하지 않는다.

01

답 ②

설명으로 옳은 것: 보유자의 선택에 따라 보통주나 현금으로 결제하게 되는 계약의 경우에는 주식결제와 현금결제 중 희석효과가 더 큰 방법으로 결제된다고 가정하여 희석주당이익을 계산한다.

(선지분석)

① 희석주당이익을 계산할 때 희석효과가 있는 옵션이나 주식매입권은 행사된 것으로 가정한다. 이 경우 권리행사에서 예상되는 현금유입액은 보통주를 회계기간의 평균시장가격으로 발행하여 유입된 것으로 가정한다.

③ 유통되는 보통주식수나 잠재적보통주식수가 자본금전입, 무상증자, 주식분할로 증가하였거나 주식병합으로 감소하였다면, 비교표시하는 모든 기본주당이익과 희석주당이익을 소급하여 수정한다.

④ 중단영업에 대해 보고하는 기업은 중단영업에 대한 기본주당이익과 희석주당이익을 포괄손익계산서에 표시하거나 주석으로 공시한다.

PART 16

현금흐름표

본 과목 풀이 시 기업의 보고기간(회계기간)은 매년 1월 1일부터 12월 31일까지이며, 기업은 계속해서 한국채택국제회계기준을 적용해 오고 있다고 가정한다. 또한, 자료에서 제시하지 않은 사항(예 법인세효과 등)은 고려하지 않는다.

유형 01 [영업활동으로 인한 현금흐름] 직접법

기본서 PART 16 현금흐름표 → CH 3. 영업활동으로 인한 현금흐름 → 1 직접법 ▶ 599p

대표문제

□□□ 2021년 국가직 9급

㈜한국은 모든 매출이 외상으로 발생하는 회사이다. 당기 총 매출액은 ₩800,000이며, 매출채권으로부터 회수한 현금유입액은 ₩600,000이다. 다음의 당기 매출채권 관련 자료를 사용하여 ㈜한국이 인식할 당기 손상차손(대손상각비)은?

구분	기초	기말
매출채권	₩500,000	₩450,000
손실충당금(대손충당금)	₩ 50,000	₩ 50,000

① ₩250,000　② ₩350,000
③ ₩450,000　④ ₩550,000

해설

당기 손상차손: 250,000
[약식분개법에 따른 회계처리]

(차) 현 금(유입액)	600,000	(대) 매 출	800,000
손 상 차 손(역산)	250,000	매 출 채 권(감소)	50,000

* 매출채권: 450,000 - 500,000 = (-) 50,000
* 손상차손: (800,000 + 50,000) - 600,000 = 250,000

정답 ①

01 □□□

2024년 국가직 9급

㈜한국의 재무상태표에 계상된 기초 선수임대료는 ₩16,000이고 기말 선수임대료는 ₩24,000이다. 당기에 현금으로 수취한 임대료가 ₩50,000인 경우, 당기 임대료수익은?

① ₩42,000
② ₩50,000
③ ₩58,000
④ ₩66,000

01 답 ①

약식분개법에 따른 회계처리

(차) 현 금	50,000	(대) 선수임대료 증가	8,000
		임대료수익(대차차액)	42,000

02 □□□

2024년 지방직 9급

20×1년 ㈜한국의 미지급이자 기초금액은 ₩190,000이며, 11월 1일 ₩100,000을 1년 동안 차입(연 이자율 12%, 이자는 1년 후 전액 지급 조건)하였다. 20×1년 말 ㈜한국의 재무상태표상 미지급이자 기말금액이 ₩160,000일 때, 미지급이자에서 20×1년 중 현금으로 지급한 금액은? (단, 기간은 월할 계산한다.)

① ₩29,000
② ₩30,000
③ ₩31,000
④ ₩32,000

02 답 ④

(1) 당기 이자비용: 100,000 × 12% × 2/12 = 2,000
(2) 약식분개

(차) 이 자 비 용	2,000	(대) 현금(대차차액)	32,000
미지급이자 감소	30,000		

03 □□□

2018년 지방직 9급

경비용역을 제공하는 ㈜공무는 20×5년에 경비용역수익과 관련하여 현금 ₩1,000,000을 수령하였다. 경비용역 제공과 관련한 계정잔액이 다음과 같을 때, ㈜공무의 20×5년 포괄손익계산서상 경비용역수익은? (단, 경비용역수익과 관련된 다른 거래는 없다.)

구분	20×5년 1월 1일	20×5년 12월 31일
미수용역수익	₩700,000	₩800,000
선수용역수익	₩500,000	₩400,000

① ₩ 800,000
② ₩1,000,000
③ ₩1,100,000
④ ₩1,200,000

03

답 ④

약식분개법에 따른 회계처리

(차) 미 수 용 역 수 익(증가)	100,000	(대) 경비용역수익(대차차액)	1,200,000
선 수 용 역 수 익(감소)	100,000		
현 금(수령액)	1,000,000		

04 □□□

2017년 지방직 9급

㈜한국의 2014년도 포괄손익계산서에 임차료와 이자비용은 각각 ₩150,000과 ₩100,000으로 보고되었고, 재무상태표 잔액은 다음과 같다. ㈜한국이 2014년도에 현금으로 지출한 임차료와 이자비용은?

구분	2014년 초	2014년 말
선급임차료	-	₩15,000
미지급이자	₩40,000	-

	임차료	이자비용
①	₩135,000	₩60,000
②	₩135,000	₩100,000
③	₩165,000	₩100,000
④	₩165,000	₩140,000

04

답 ④

기초와 기말 계정과목의 증감을 통한 회계처리

(1) 임차료 현금 지급액

(차) 선 급 임 차 료	15,000	(대) 현 금	165,000
임 차 료	150,000		

(2) 이자비용 현금 지급액

(차) 미 지 급 이 자	40,000	(대) 현 금	140,000
이 자 비 용	100,000		

05 □□□

2012년 국가직 9급

다음의 자료를 이용하여 계산한 ㈜한국의 당기 외상매출 금액은? (단, ㈜한국의 매출은 전액 외상매출이다.)

	기초 금액	기말 금액
매 출 채 권	₩493,000	₩ 490,540
손실충당금	₩ 24,650	₩ 24,530

손익계산서상 채권 손상차손 계상액: ₩ 23,400

매출로부터의 현금유입액: ₩ 450,000

① ₩ 447,540
② ₩ 397,540
③ ₩ 471,060
④ ₩ 421,060

05 답 ③

약식분개법에 따른 회계처리

(차) 손 실 충 당 금	120	(대) 매 출 채 권	2,460
손 상 차 손	23,400	매 출	471,060
현 금	450,000		

06 □□□

2016년 지방직 9급

당기 매출액은 ₩ 300,000이고 채권 손상차손은 ₩ 20,000이다. 매출채권과 손실충당금의 기초 및 기말 자료가 다음과 같을 때, 고객으로부터 유입된 현금은? (단, 매출은 모두 외상매출로만 이루어진다.)

항목	기초	기말
매출채권	₩ 300,000	₩ 500,000
손실충당금	₩ 20,000	₩ 20,000

① ₩ 80,000
② ₩ 100,000
③ ₩ 200,000
④ ₩ 280,000

06 답 ①

약식분개법에 따른 회계처리

(차) 매 출 채 권	200,000	(대) 매 출	300,000
손 상 차 손	20,000		
현 금	80,000		

매출액	300,000
손상차손	(20,000)
매출채권 증가	(200,000)
현금유입액	80,000

07 □□□

2011년 국가직 9급

다음은 2011년도 ㈜한국의 매입채무와 관련된 자료이다.

• 기초 매입채무	₩ 80	• 당기 매입액 중 현금 지급액	₩ 350
• 기초 상품재고	₩ 120	• 기말 상품재고	₩ 110
• 당기 매출액	₩ 500	• 매출총이익률	20%

2011년 말 재무상태표상 표시되는 매입채무 금액은? (단, 제시된 자료 이외의 사항은 고려하지 않는다.)

① ₩ 110
② ₩ 120
③ ₩ 130
④ ₩ 140

07 답 ②

약식분개법에 따른 회계처리

(차) 매출원가	400	(대)	상품	10
			현금	350
			매입채무(증가)	X

* 매출액 500 × (1 - 0.2)
→ 매입채무 증가 X = 40
→ 기초 매입채무 80 + 40 = 기말 매입채무 120

08 □□□

2023년 국가직 7급

㈜한국은 영업활동현금흐름을 직접법으로 작성하고 있으며 ㈜한국의 20×1년 재무상태표의 일부는 다음과 같다. ㈜한국의 20×1년 매출원가가 ₩1,000,000일 경우 매입처에 대한 현금유출액은? (단, 선급금은 재고자산 매입과 관련되어 있다.)

	20×1. 12. 31.	20×1. 1. 1.
매출채권	₩ 420,000	₩ 450,000
선급금	₩ 80,000	₩ 90,000
재고자산	₩ 120,000	₩ 100,000
선급임차료	₩ 60,000	₩ 90,000
매입채무	₩ 90,000	₩ 120,000
미지급급여	₩ 50,000	₩ 20,000

① ₩ 1,010,000
② ₩ 1,020,000
③ ₩ 1,030,000
④ ₩ 1,040,000

08 답 ④

약식분개법에 따른 회계처리

(차) 매출채권 증가	30,000	(대)	선급금 증가	10,000
매출원가	1,000,000		재고자산 감소	20,000
			매입채무 증가	30,000
			현금 감소(대차차액)	1,040,000

09 □□□

2014년 지방직 9급

다음의 자료를 이용하여 20×3년의 현금흐름표를 직접법에 의하여 작성할 경우 공급자에 대한 현금유출액은?

- 20×3년 보고기간 동안 매출원가는 ₩50,000이다.
- 20×3년 재고자산 및 매입채무 관련 자료

항목	20×3년 1월 1일	20×3년 12월 31일
재고자산	₩5,000	₩7,000
매입채무	₩2,000	₩3,000

① ₩49,000 ② ₩50,000
③ ₩51,000 ④ ₩52,000

09 답 ③

약식분개법에 따른 회계처리

(차) 재고자산	2,000	(대) 매입채무	1,000
매출원가	50,000	현금	51,000

매출원가	(50,000)
재고자산 증가	(2,000)
매입채무 증가	1,000
현금유출액	(51,000)

10 □□□

2019년 지방직 9급

당기 현금흐름표상 고객으로부터의 현금유입액은 ₩54,000이고 공급자에 대한 현금유출액은 ₩31,000이다. 포괄손익계산서상의 매출채권손상차손이 ₩500일 때, 다음 자료를 이용하여 매출총이익을 계산하면? (단, 매출채권(순액)은 매출채권에서 손실충당금을 차감한 금액이다.)

과목	기초	기말
매출채권(순액)	₩7,000	₩9,500
매입채무	₩4,000	₩6,000
재고자산	₩12,000	₩9,000

① ₩20,500 ② ₩21,000
③ ₩25,000 ④ ₩31,000

10 답 ②

약식분개법에 따른 회계처리

(차) 매출채권(증가)	2,500	(대) 매입채무(증가)	2,000
현금(유입액)	54,000	재고자산(감소)	3,000
손상차손	500	현금(유출액)	31,000
		매출총이익(역산)	21,000

11 □□□

2021년 국가직 7급

다음은 ㈜한국의 20×1년과 20×2년 수정전시산표의 일부이다.

계정과목	20×1년 말	20×2년 말
매출채권	₩ 200,000	₩ 100,000
재고자산	₩ 100,000	₩ 200,000
매입채무	₩ 200,000	₩ 300,000
매출	₩ 500,000	₩ 700,000
매입	₩ 600,000	₩ 500,000

20×2년 ㈜한국이 계상할 매출총이익과 직접법에 따른 영업활동으로 인한 현금증감액은?

	매출총이익	영업활동으로 인한 현금증감액
①	₩ 300,000	₩ 400,000 증가
②	₩ 300,000	₩ 400,000 감소
③	₩ 400,000	₩ 300,000 증가
④	₩ 400,000	₩ 300,000 감소

11 답 ①

(1) 고객으로부터 유입되는 현금

(차)			(대)	
(차) 현 금	800,000		(대) 매 출 채 권(감소)	100,000
			매 출	700,000

(2) 매출원가: 기초 재고자산 100,000 + 매입 500,000 - 기말 재고자산 200,000 = 400,000

(3) 매출총이익: 700,000 - 400,000 = 300,000

(4) 공급자에게 유출되는 현금

(차)		(대)	
(차) 재 고 자 산(증가)	100,000	(대) 매 입 채 무(증가)	100,000
매 출 원 가	400,000	현 금	400,000

(5) 현금증감액: 800,000 - 400,000 = 400,000

12 □□□

2010년 국가직 9급

다음은 ㈜서울의 재무상태표(재무상태표)와 현금흐름표에서 발췌한 2009년 현금흐름 관련 자료이다. 2009년도에 영업활동으로 인한 현금흐름은?

• 2008년 12월 31일 말 현금 잔액	₩ 120,000
• 2009년 투자활동으로 인한 현금 감소	₩ 40,000
• 2009년 재무활동으로 인한 현금 증가	₩ 50,000
• 2009년 12월 31일 말 현금 잔액	₩ 150,000

① ₩ 10,000 ② ₩ 20,000

③ ₩ 30,000 ④ ₩ 40,000

12 답 ②

08년 12월 31일 현금	120,000
투자활동 현금 감소	(40,000)
재무활동 현금 증가	50,000
영업활동 현금 증가	X = 20,000
현금주의 당기순이익	150,000

유형 02 [영업활동으로 인한 현금흐름] 간접법

기본서 PART 16 현금흐름표 → CH 3. 영업활동으로 인한 현금흐름 → 2 간접법 ▶ 605p

대표 문제 □□□ 2017년 지방직 9급

㈜한국의 2016년도 재무제표 자료는 다음과 같다. 2016년도 영업활동 현금흐름이 ₩1,000,000인 경우 당기순이익은?

• 채권 손상차손	₩ 30,000	• 매출채권(장부금액) 증가액	₩ 80,000
• 감가상각비	₩ 100,000	• 재고자산평가손실	₩ 20,000
• 건물 처분이익	₩ 200,000	• 재고자산(장부금액) 감소액	₩ 50,000

① ₩1,130,000
② ₩1,100,000
③ ₩1,080,000
④ ₩ 870,000

해설

당기순이익	X=1,130,000
감가상각비	100,000
건물 처분이익	(200,000)
매출채권 증가	(80,000)
재고자산 감소	50,000
영업활동 현금흐름	1,000,000

정답 ①

01 □□□

2023년 국가직 9급

㈜한국의 다음 회계자료를 이용한 '영업활동으로 인한 현금흐름'은?

- 손익계산서상 당기순이익: ₩ 20,000
- 감가상각비 계상액: ₩ 3,000
- 미지급비용 증가액: ₩ 2,000
- 매출채권 증가액: ₩ 5,000
- 선급비용 증가액: ₩ 4,000

① ₩ 12,000
② ₩ 15,000
③ ₩ 16,000
④ ₩ 24,000

01

답 ③

당기순이익	20,000
매출채권 증가	(5,000)
미지급비용 증가	2,000
선급비용 증가	(4,000)
감가상각비	3,000
영업활동 현금흐름	16,000

02 □□□

2020년 국가직 7급

㈜한국의 20×1년도 당기순이익 ₩ 100,000이고, 감가상각비 ₩ 10,000, 유형자산 처분이익 ₩ 8,000이다. 영업활동과 관련 있는 자산과 부채의 기말 금액에서 기초 금액을 차감한 변동 금액이 다음과 같을 때, ㈜한국의 20×1년 영업활동 현금흐름은?

- 매출채권 ₩ 9,000 증가
- 매입채무 ₩ 5,000 증가
- 선급비용 ₩ 4,000 감소
- 미지급비용 ₩ 3,000 감소

① ₩ 95,000
② ₩ 99,000
③ ₩ 101,000
④ ₩ 105,000

02

답 ②

영업활동 현금흐름: 99,000
= 100,000 + 10,000 − 8,000 − 9,000 + 4,000 + 5,000 − 3,000

03 □□□

2020년 지방직 9급

㈜한국의 20×1년 법인세비용차감전순이익은 ₩1,000,000이다. 다음 자료를 이용하여 간접법으로 구한 영업활동 현금흐름은?

• 감 가 상 각 비	₩ 50,000	• 유 상 증 자	₩2,000,000
• 유형자산 처분손실	₩ 20,000	• 건 물 의 취 득	₩1,500,000
• 사 채 의 상 환	₩800,000	• 매출채권의 증가	₩ 150,000
• 매입채무의 감소	₩100,000	• 재고자산의 증가	₩ 200,000

① ₩ 320,000
② ₩ 620,000
③ ₩1,070,000
④ ₩1,380,000

03 답 ②

영업활동 현금흐름: 620,000
= 1,000,000 + 50,000 + 20,000 − 150,000 − 100,000 − 200,000

04 □□□

2018년 지방직 9급

20×6년 초에 컴퓨터매매업을 시작한 ㈜한국에 대한 회계정보이다. 영업활동으로부터 조달된 현금액은?

• 포괄손익계산서(20×6년 1월 1일부터 12월 31일까지)

매출액	₩ 700,000
매출원가	₩ 400,000
매출총이익	₩ 300,000
이자비용	₩ 150,000
감가상각비	₩ 35,000
당기순이익	₩ 115,000

• 현금을 제외한 유동자산과 유동부채의 20×6년 기말 잔액

매출채권	₩ 20,000
재고자산	₩ 12,000
매입채무	₩ 15,000

① ₩103,000
② ₩133,000
③ ₩152,000
④ ₩173,000

04 답 ②

영업활동 현금흐름: 133,000
= 300,000(매출총이익) − 150,000(이자비용) − 20,000(매출채권 감소) − 12,000(재고자산 감소) + 15,000(매입채무 증가)

05 □□□

2017년 국가직 7급

㈜한국의 20×1년도 당기순이익은 ₩90,000이고 영업활동 현금흐름은 ₩40,000이다. 간접법에 따라 영업활동 현금흐름을 구할 때, 다음 자료에 추가로 필요한 조정 사항은?

• 매출채권	₩45,000 증가	• 매입채무	₩10,000 증가
• 선급비용	₩15,000 감소	• 선수수익	₩12,000 감소
• 감가상각비	₩18,000 발생		

① 미수임대료수익 ₩36,000 감소
② 미지급급여 ₩36,000 감소
③ 미수임대료수익 ₩100,000 증가
④ 미지급급여 ₩100,000 증가

05

답 ②

당기순이익	90,000
매출채권 증가	(45,000)
매입채무 증가	10,000
선급비용 감소	15,000
선수수익 감소	(12,000)
감가상각비	18,000
필요한 조정사항	X
영업활동 현금흐름	40,000

필요한 조정 사항은 영업활동 관련 자산의 증가 또는 부채의 감소로 인해 36,000의 차감 조정이 발생해야 한다.
(1) 미수임대료수익의 감소는 자산의 감소
(2) 미지급급여 감소는 부채의 감소에 해당하므로 정답

06 □□□

2016년 국가직 7급

㈜한국의 2016년도 영업활동 현금흐름에 영향을 미치는 재무상태표 항목의 변동사항은 다음과 같다. 2016년도에 영업활동 현금흐름이 ₩900,000 증가한 경우, 미지급비용의 증감은?

• 매출채권의 감소	₩500,000	• 선수수익의 감소	₩100,000
• 선급비용의 감소	₩300,000	• 이연법인세자산의 증가	₩200,000
• 미지급비용의 증가(또는 감소)	?		

① ₩200,000 감소
② ₩200,000 증가
③ ₩400,000 감소
④ ₩400,000 증가

06

답 ④

매출채권의 감소	500,000
선수수익의 감소	(100,000)
선급비용의 감소	300,000
이연법인세자산의 증가	(200,000)
미지급비용의 증가	X
영업활동 현금흐름	900,000

(1) 500,000 - 100,000 + 300,000 - 200,000 + X = 900,000
(2) X = 400,000 미지급비용(부채) 증가

07 □□□

2015년 국가직 9급

다음은 ㈜한국의 2014년도 회계자료의 일부이다. 2014년도 현금흐름표에 표시될 간접법에 의한 영업활동 현금흐름은? (단, 투자활동이나 재무활동과 명백하게 관련된 법인세 등의 납부는 없다.)

• 당기순이익	₩ 2,000,000
• 미수수익의 순증가액	₩ 150,000
• 매입채무의 순증가액	₩ 200,000
• 법인세비용	₩ 400,000
• 매출채권의 순감소액	₩ 500,000
• 미지급비용의 순감소액	₩ 300,000

① ₩ 1,850,000　② ₩ 2,250,000
③ ₩ 2,350,000　④ ₩ 2,650,000

07

답 ②

당기순이익	2,000,000
미수수익 순증가액	(150,000)
매입채무 순증가액	200,000
매출채권의 순감소액	500,000
미지급비용의 순감소액	(300,000)
영업활동 현금흐름	X = 2,250,000

※ 간접법 현금흐름표 풀이 시 주의사항
(1) 당기순이익 = 법인세비용차감 후 순이익
(2) 법인세비용차감 전 순이익 = 법인세비용이 포함된 당기순이익

08 □□□

2014년 국가직 7급

다음은 ㈜한국의 2013년 회계자료이다. 2013년 영업활동에 의한 현금흐름(간접법)은? (단, 법인세 지급은 영업활동으로 분류한다.)

• 법인세비용차감전순이익	240,000
• 매출채권(순액)의 감소	40,000
• 감가상각비	3,000
• 유형자산 처분손실	6,000
• 장기차입금의 증가	100,000
• 선수금의 증가	2,000
• 선급비용의 감소	4,000
• 기타포괄손익 - 공정가치 측정 금융자산처분이익	7,000
• 매입채무의 증가	30,000
• 자기주식처분이익	5,000
• FVPL금융자산의 평가손실	10,000
• 법인세 지급액	50,000

① ₩ 278,000
② ₩ 288,000
③ ₩ 305,000
④ ₩ 378,000

08 답 ①

법인세비용차감전순이익	240,000
법인세비용*	(50,000)
당기순이익	190,000
매출채권 감소	40,000
감가상각비	3,000
유형자산 처분손실	6,000
선수금의 증가	2,000
선급비용 감소	4,000
FVOCI금융자산 처분이익	(7,000)
매입채무 증가	30,000
FVPL금융자산 평가손실	10,000
영업활동 현금흐름	X = 278,000

* 법인세비용 회계처리

(차) 법인세비용(X)	50,000	(대) 법인세지급액	50,000

* FVPL금융자산 평가손실

(차) 평가손실	10,000	(대) FVPL금융자산	10,000

09 □□□

2014년 국가직 9급

㈜한국의 법인세비용차감전순이익은 ₩224,000이다. 다음 사항을 고려할 때 현금흐름표에 영업활동 현금흐름으로 표시할 금액은? (단, 이자수익과 이자비용 및 법인세 지급은 모두 영업활동으로 분류한다.)

• 감가상각비	₩40,000
• 사채상환손실	₩10,000
• 단기차입금 증가액	₩2,000
• 매출채권 감소액	₩8,000
• 법인세 지급액	₩12,000
• 미지급법인세 감소액	₩3,000
• 유형자산 처분이익	₩20,000
• 이자수익	₩10,000
• 미수이자 감소액	₩6,000
• 재고자산 증가액	₩14,000
• 매입채무 증가액	₩5,000
• 기타포괄손익 - 공정가치 측정 금융자산평가이익	₩4,000

① ₩237,000
② ₩247,000
③ ₩249,000
④ ₩250,000

09

답 ②

법인세비용차감전순이익	224,000
법인세비용*	(9,000)
당기순이익	215,000
감가상각비	40,000
유형자산 처분이익	(20,000)
사채상환손실	10,000
미수이자 감소	6,000
매출채권 감소	8,000
재고자산 증가	(14,000)
매입채무 증가액	5,000
미지급법인세 감소	(3,000)
영업활동 현금흐름	X = 247,000

* 법인세비용 회계처리

(차) 미지급법인세	3,000	(대) 법인세지급액	12,000
법인세비용(X)	9,000		

10 □□□

2013년 국가직 7급

다음은 ㈜대한의 현금흐름에 관한 자료이다. ㈜대한의 당기 영업활동으로 인한 현금흐름은 ₩1,000일 때, 당기순이익은?

• 재고자산의 증가	₩ 1,000
• 매출채권의 감소	₩ 800
• FVPL금융자산의 평가손실	₩ 900
• 유형자산 처분이익	₩ 600
• 차량운반구의 취득	₩ 2,500
• 미지급비용의 증가	₩ 700
• 감가상각비	₩ 200
• 자기주식처분이익	₩ 1,100
• 매입채무의 감소	₩ 500
• 단기차입금의 증가	₩ 3,000

① ₩800　② ₩700
③ ₩600　④ ₩500

10　답 ④

당기순이익	X = 500
재고자산 증가	(1,000)
매출채권 감소	800
FVPL금융자산의 평가손실	900
유형자산 처분이익	(600)
미지급비용 증가	700
감가상각비	200
매입채무 감소	(500)
영업활동 현금흐름	1,000

(1) FVPL금융자산의 평가손실

(차) 평 가 손 실	900	(대) FVPL금융자산	900

FVPL금융자산의 평가손익이 발생한 경우 현금의 유출 또는 유입이 발생하지 않음

(2) 유형자산 처분이익은 투자활동 이익이므로 차감

(3) 차량운반구의 취득은 투자활동

(4) 자기주식처분이익은 재무활동 관련된 재무상태표 계정

(5) 단기차입금의 증가는 재무활동

11 □□□

2013년 국가직 9급

다음은 ㈜한국의 재무제표 자료이다. 당기 영업활동으로 인한 현금흐름은? (단, 주어진 자료 이외에는 고려하지 않는다.)

〈재무상태표 자료〉

	당기 말	전기 말
매출채권(순액)	₩ 130,000	₩ 150,000
매 입 채 무	₩ 50,000	₩ 40,000
토 지	₩ 590,000	₩ 390,000
미 지 급 급 여	₩ 50,000	₩ 70,000

〈손익계산서 자료〉

당 기 순 이 익	₩ 3,000,000

① ₩ 2,850,000
② ₩ 2,900,000
③ ₩ 2,950,000
④ ₩ 3,010,000

11 답 ④

당기순이익	3,000,000
매출채권 감소	20,000
매입채무 증가	10,000
미지급급여 감소	(20,000)
영업활동 현금흐름	3,010,000

12 □□□

2012년 국가직 9급

㈜한국의 2012년도 사업활동과 관련한 다음의 자료를 이용하여 계산한 영업활동 현금흐름은? (단, 이자 지급은 재무활동으로 분류한다.)

• 법인세비용차감전순이익	₩5,000,000	• 유형자산 감가상각비	₩ 750,000
• 유형자산 손상차손	₩ 260,000	• 유형자산 처분이익	₩ 340,000
• 매출채권 증가	₩ 290,000	• 재고자산 감소	₩ 300,000
• 매입채무 증가	₩ 250,000	• 미지급이자비용 증가	₩ 80,000
• 이자비용	₩ 310,000	• 법인세비용	₩1,500,000
• 미지급법인세 증가	₩ 250,000		

① ₩4,680,000　② ₩4,760,000

③ ₩4,990,000　④ ₩5,020,000

12 답 ③

법인세비용차감전순이익	5,000,000
법인세비용	(1,500,000)
당기순이익	3,500,000
감가상각비	750,000
유형자산 손상차손	260,000
유형자산 처분이익	(340,000)
이자비용	310,000
매출채권 증가	(290,000)
재고자산 감소	300,000
매입채무 증가	250,000
미지급법인세 증가	250,000
영업활동 현금흐름	X = 4,990,000

13 □□□

2011년 지방직 9급

㈜대한의 2010년 당기순이익이 ₩10,000인 경우, 다음 자료를 이용하여 영업활동으로 인한 현금흐름을 계산하면?

- 당기의 감가상각비는 ₩1,000이다.
- 전기 말보다 당기 말에 재고자산이 ₩200 증가하였다.
- 전기 말보다 당기 말에 미지급보험료가 ₩100 감소하였다.
- ₩4,000에 구입한 건물(감가상각누계액 ₩3,000)을 당기에 ₩500에 매각하였다.

① ₩10,200
② ₩10,700
③ ₩11,200
④ ₩11,800

13

답 ③

당기순이익	10,000
감가상각비	1,000
재고자산	(200)
미지급보험료	(100)
유형자산 처분손실	500
영업활동 현금흐름	X = 11,200

※ 숨어있는 유형자산 처분손실

(차) 감가상각누계액	3,000	(대) 건 물	4,000
현 금	500		
처 분 손 실(X)	500		

14 □□□

2010년 국가직 7급

㈜한국은 당기 중에 현금 ₩105,000이 증가하였다. 이러한 현금 증가는 영업활동으로 인한 현금흐름의 증가액 ₩125,000, 투자활동으로 인한 현금흐름의 감소액 ₩140,000 및 재무활동으로 인한 현금흐름의 증가액 ₩120,000에 의해 발생하였다. 영업활동으로 인한 현금흐름과 관련된 조정 항목이 다음과 같다면 회사의 당기순이익은? (단, 영업활동으로 인한 현금흐름은 간접법으로 산출한다.)

• 감가상각비	₩33,000
• 유형자산 처분손실	₩ 2,000
• 매출채권의 증가	₩42,000
• 재고자산의 증가	₩54,000
• 선급비용의 감소	₩ 2,000
• 매입채무의 감소	₩ 7,000

① ₩191,000 ② ₩192,000
③ ₩193,000 ④ ₩194,000

14

답 ①

당기순이익	X = 191,000
감가상각비	33,000
유형자산 처분손실	2,000
매출채권의 증가	(42,000)
재고자산의 증가	(54,000)
선급비용의 감소	2,000
매입채무의 감소	(7,000)
영업활동 현금흐름	125,000

유형 03 [종합] 발생기준과 현금기준의 비교

기본서 PART 16 현금흐름표 → CH 1. 현금흐름표의 기초 → 2 현금흐름표의 유용성 ▶ 592p
기본서 PART 16 현금흐름표 → CH 3. 영업활동으로 인한 현금흐름 → 1 직접법 ▶ 599p
기본서 PART 16 현금흐름표 → CH 3. 영업활동으로 인한 현금흐름 → 2 간접법 ▶ 605p

대표문제 □□□ 2016년 국가직 9급

㈜한국은 내부보고 목적으로 현금기준에 따라 순이익을 산출한 후 이를 발생기준으로 수정하여 외부에 공시하고 있다. ㈜한국의 현금기준 순이익이 ₩55,000일 경우, 다음 자료를 토대로 계산한 발생기준 순이익은? (단, 법인세효과는 무시한다.)

〈재무상태표 자료〉	기초 금액	기말 금액
매출채권	₩15,000	₩20,000
매입채무	₩25,000	₩32,000
미수수익	₩10,000	₩ 8,000

〈포괄손익계산서〉	당기 발생금액
감가상각비	₩3,000

① ₩48,000
② ₩54,000
③ ₩56,000
④ ₩59,000

해설

발생주의 당기순이익	X = 48,000
매출채권 증가	(5,000)
매입채무 증가	7,000
미수수익 감소	2,000
감가상각비	3,000
현금주의 당기순이익	55,000

X + (5,000) + 7,000 + 2,000 + 3,000 = 55,000
X = 48,000

정답 ①

01 □□□

2020년 서울시 7급

㈜서울은 발생기준 회계를 적용하고 있다. 20×0년 포괄손익계산서에 보고된 이자비용은 ₩65,000이다. 20×0년 동안 현금으로 지급된 이자는 ₩58,000이다. 20×0년 기초 시점의 미지급이자가 ₩12,000이고, 20×0년 기초, 기말 시점의 선급이자가 각각 ₩1,800과 ₩1,400일 때, 20×0년 기말 시점의 미지급이자는?

① ₩11,600
② ₩12,400
③ ₩18,600
④ ₩19,400

01 답 ③

약식분개법에 따른 회계처리

(차) 이 자 비 용	65,000	(대) 현 금	58,000
		선 급 이 자(감소)	400
		미지급이자(증가)	6,600

⇒ 기말 시점의 미지급이자: 12,000 + 6,600 = 18,600

02 □□□

2020년 지방직 9급

다음은 ㈜한국의 20×1년 11월에 발생한 거래이다.

- 상품 ₩70,000을 외상으로 매입하다.
- 원가 ₩70,000의 상품을 ₩100,000에 외상으로 판매하다.

㈜한국은 20×1년 12월에 상품판매 대금 ₩100,000 중 ₩50,000을 회수하였고, 상품의 매입원가 ₩70,000 중 ₩35,000을 현금으로 지급하였다. 현금기준에 의한 20×1년의 순현금유입액과 발생기준에 의한 20×1년의 순이익은?

	현금기준에 의한 20×1년 순현금유입액	발생기준에 의한 20×1년 순이익
①	₩15,000	₩15,000
②	₩15,000	₩30,000
③	₩30,000	₩15,000
④	₩30,000	₩30,000

02 답 ②

(1) 순현금유입액: 50,000(유입) - 35,000(유출) = 15,000
(2) 발생기준 순이익: 100,000(매출) - 70,000(매출원가) = 30,000

03 □□□

2019년 국가직 7급

㈜한국은 매월 말 결산을 하고 재무제표를 작성한다. 20×9년 4월에 다음과 같은 자료 및 거래가 있었다.

- 20×9년 4월에 상품을 ₩200,000에 판매하면서 ₩150,000은 현금 수취하고 ₩50,000은 5월에 받기로 하였다.
- 20×9년 4월 1일 상품재고는 ₩50,000이 있었다.
- 20×9년 4월 중에 상품 ₩100,000을 구입하면서 ₩80,000은 현금 지급하고 ₩20,000은 5월에 지급하기로 하였다.
- 20×9년 4월 30일 기말에 남아 있는 상품은 ₩10,000이다.
- 20×9년 4월 종업원급여가 ₩10,000 발생하였고 결산일 현재 ₩5,000은 지급하지 않았다.
- 20×9년 4월 1일 향후 3개월치 광고비 ₩3,000을 현금 지급하였고, 향후 2개월치 임대수익 ₩2,000을 현금 수령하였다.

㈜한국의 20×9년 4월 현금기준의 순이익과 발생기준의 순이익의 차이는?

① ₩14,000
② ₩16,000
③ ₩18,000
④ ₩20,000

03 답 ①

(1) 현금기준의 순이익: 64,000
  1) 상품판매: 150,000
  2) 상품구입: (-) 80,000
  3) 종업원급여: (-) 5,000
  4) 광고비: (-) 3,000
  5) 임대수익: 2,000

(2) 발생기준의 순이익: 50,000
  1) 매출: 200,000
  2) 매출원가: 50,000 + 100,000 - 10,000 = (-) 140,000
  3) 급여: (-) 10,000
  4) 광고비: (-) 3,000 × 1/3 = (-) 1,000
  5) 임대수익: 2,000 × 1/2 = 1,000

⇒ 차이: 64,000 - 50,000 = 14,000

04 □□□

2021년 국가직 9급

㈜한국은 지금까지 현금기준에 의해 손익계산서를 작성하여 왔는데, 앞으로는 발생기준에 의해 작성하고자 한다. 현금기준에 의한 20×1년의 수익은 ₩500,000이다. 20×1년의 기초 매출채권은 ₩30,000, 기말 매출채권은 ₩60,000, 기말 선수수익은 ₩20,000인 경우 발생기준에 의한 20×1년의 수익은?

① ₩490,000
② ₩500,000
③ ₩510,000
④ ₩520,000

04 답 ③

발생기준에 의한 ×1년의 수익: 510,000
약식분개법에 따른 회계처리

(차)	현 금(현금기준의 수익)	500,000	(대)	선 수 수 익(증가)	20,000
	매 출 채 권(증가)	30,000		수익(발생기준의 수익)	510,000

* 매출채권: 60,000 - 30,000 = 30,000
* 매출채권: 20,000 - 0 = 20,000
* 수익: (500,000 + 30,000) - 20,000 = 510,000

05 □□□

2015년 국가직 9급

㈜한국은 다음과 같이 1개월 동안의 경영성과에 대해 현금기준 포괄손익계산서를 작성하였다. 발생기준 포괄손익계산서로 작성할 경우 당기순이익은? (단, 법인세는 무시한다.)

• 현금기준 포괄손익계산서(3월 1일 ~ 3월 31일)

매출 관련 현금 수입	₩ 1,820,000
급료 및 일반관리비 관련 현금 지출	₩ 1,220,000
당기순이익	₩ 600,000

• 3월 1일과 3월 31일의 매출채권, 매입채무, 미지급비용, 선급비용 내역

	3월 1일	3월 31일
• 매출채권	₩ 35,000	₩ 43,000
• 매입채무	₩ 48,000	₩ 54,000
• 미지급비용	₩ 42,000	₩ 35,000
• 선급비용	₩ 21,000	₩ 26,000

① ₩ 590,000
② ₩ 600,000
③ ₩ 610,000
④ ₩ 614,000

05

답 ④

발생주의 당기순이익	X = 614,000
매출채권 증가	(8,000)
매입채무 증가	6,000
미지급비용 감소	(7,000)
선급비용 증가	(5,000)
현금주의 당기순이익	600,000

06 □□□

기술용역과 기술자문을 수행하고 있는 ㈜한국의 1개월 동안의 현금주의에 의한 당기순이익(순현금유입액)은 ₩ 500,000이다. 3월 초와 말의 미수수익, 선수수익, 미지급비용 및 선급비용 내역이 다음과 같을 때 발생기준에 의한 당기순이익은?

	3월 1일	3월 31일
미수수익(기술용역료)	₩ 53,000	₩ 48,000
선수수익(기술자문료)	65,000	35,000
미지급비용(일반관리비)	24,000	34,000
선급비용(급여)	21,000	36,000

① ₩ 530,000
② ₩ 525,000
③ ₩ 520,000
④ ₩ 470,000

06

답 ①

발생주의 당기순이익	X = 530,000
미수수익 감소	5,000
선수수익 감소	(30,000)
미지급비용 증가	10,000
선급비용 증가	(15,000)
현금주의 당기순이익	500,000

유형 04 [투자활동으로 인한 현금흐름] 유형자산의 현금흐름

기본서 PART 16 현금흐름표 → CH 4. 투자활동으로 인한 현금흐름 ▶ 608p

대표문제

□□□ 2019년 서울시 7급

〈보기〉는 ㈜한국의 현금흐름표 작성을 위한 자료 중 일부이다. 당기 중 취득원가가 ₩ 50,000, 감가상각누계액이 ₩ 20,000인 기계장치를 처분하면서 유형자산 처분손실 ₩ 5,000이 발생하였다. 기계장치와 관련하여 ㈜한국의 당기 현금흐름표에 표시될 투자활동 현금흐름(순액)은?

〈보기〉

계정과목	기초	기말
기계장치	₩ 200,000	₩ 250,000
감가상각누계액	(50,000)	(80,000)

① 순유입 ₩ 55,000
② 순유입 ₩ 75,000
③ 순유출 ₩ 55,000
④ 순유출 ₩ 75,000

해설

약식분개법에 따른 회계처리

(차) 기계장치(증가)	50,000	(대) 감가상각누계액(증가)	30,000
처분손실	5,000	현금(유출액)	75,000
감가상각비*	50,000		

* 감가상각누계액 증감: 감가상각비 - 20,000(처분) = 30,000
* 감가상각비: 50,000

정답 ④

01 □□□

2017년 국가직 9급

㈜한국의 2016년 토지와 단기차입금 자료가 다음과 같을 때, 2016년의 투자활동 및 재무활동 현금흐름에 대한 설명으로 옳은 것은? (단, 모든 거래는 현금거래이다.)

	기초	기말
토지(유형자산)	₩150,000	₩250,000
단 기 차 입 금	₩100,000	₩180,000

〈추가 자료〉
- 토지는 취득원가로 기록하며, 2016년에 손상차손은 없었다.
- 2016년 중에 토지(장부금액 ₩50,000)를 ₩75,000에 매각하였다.
- 2016년 중에 단기차입금 ₩100,000을 차입하였다.

① 토지 취득으로 인한 현금유출은 ₩100,000이다.
② 토지의 취득과 매각으로 인한 투자활동 순현금유출은 ₩75,000이다.
③ 단기차입금 상환으로 인한 현금유출은 ₩80,000이다.
④ 단기차입금의 상환 및 차입으로 인한 재무활동 순현금유입은 ₩100,000이다.

01

답 ②

구분	기초	감소(처분)	증가(취득)	기말
토지	150,000	50,000	X = 150,000	250,000

(1) 토지의 처분 시 회계처리

(차) 현 금	75,000	(대) 토 지	50,000
		처 분 이 익	25,000

(2) 토지의 취득 시 회계처리

(차) 토 지	150,000	(대) 현 금	150,000

구분	기초	감소(상환)	증가(차입)	기말
단기차입금	100,000	20,000	100,000	180,000

[차입 시 회계처리]

(차) 현 금	100,000	(대) 단 기 차 입 금	100,000

[상환 시 회계처리]

(차) 단 기 차 입 금	20,000	(대) 현 금	20,000

(3) 토지의 투자활동 순현금유출액은 75,000이다.
1) 현금유입액: 75,000
2) 현금유출액: 150,000

선지분석

① 토지의 취득으로 인한 현금유출액은 150,000이다.
③ 단기차입금의 상환으로 인한 현금유출액은 20,000이다.
④ 단기차입금의 상환 및 차입으로 인한 재무활동 순현금유입액은 80,000이다.
(1) 현금유입액: 100,000
(2) 현금유출액: 20,000

02 □□□

2016년 지방직 9급

다음은 ㈜한국의 기계장치 관련 장부금액 자료이다.

	2014년 기말	2015년 기말
기 계 장 치	₩ 11,000,000	₩ 12,500,000
감가상각누계액	(₩ 4,000,000)	(₩ 4,500,000)

㈜한국은 2015년 초에 장부금액 ₩ 1,500,000(취득원가 ₩ 2,500,000, 감가상각누계액 ₩ 1,000,000)인 기계장치를 ₩ 400,000에 처분하였다. 2015년에 취득한 기계장치의 취득원가와 2015년에 인식한 감가상각비는? (단, 기계장치에 대해 원가모형을 적용한다.)

	취득원가	감가상각비
①	₩ 3,000,000	₩ 500,000
②	₩ 3,000,000	₩ 1,500,000
③	₩ 4,000,000	₩ 1,500,000
④	₩ 4,000,000	₩ 2,000,000

02

답 ③

(1) 취득 기계의 취득원가(역산): 4,000,000
= 12,500,000 − 11,000,000 + 2,500,000

(2) 15년 말의 감가상각비(역산): 1,500,000
= (−) 4,500,000 − (−) 4,000,000 − 1,000,000

별해 유형자산의 현금흐름 - 증감분석법 적용

유형자산(취득원가)	기초 11,000,000	+ 취득 4,000,000		+ (처분) (2,500,000)	= 기말 12,500,000
- 감가상각누계액	(기초) (4,000,000)		+ (Dep) (1,500,000)	+ 처분 1,000,000	= (기말) (4,500,000)
= 유형자산(장부금액)	기초 7,000,000	+ 취득 4,000,000	+ (Dep) (1,500,000)	+ (처분) (1,500,000)	= 기말 8,000,000

참고사항 유형자산의 현금흐름 - 증감분석법

유형자산(취득원가)	기초	+ 취득		+ (처분)	= 기말
- 감가상각누계액	(기초)		+ (Dep)	+ 처분	= (기말)
= 유형자산(장부금액)	기초	+ 취득	+ (Dep)	+ (처분)	= 기말

03 □□□

2016년 국가직 9급

㈜한국은 2016년 중 취득원가 ₩20,000인 토지를 ₩30,000에 처분하고 대금은 1년 후에 받기로 했으며, 장부금액 ₩60,000(취득원가 ₩100,000, 감가상각누계액 ₩40,000)인 건물을 현금 ₩70,000에 처분하였다. ㈜한국의 2016년 현금흐름표상 투자활동으로 인한 현금유입액은?

① ₩60,000
② ₩ 70,000
③ ₩80,000
④ ₩100,000

03 답 ②

(1) 토지 처분 시 회계처리

(차) 미 수 금	30,000	(대) 토 지	20,000
		처 분 이 익	10,000

(2) 건물 처분 시 회계처리

(차) 현 금	70,000	(대) 건 물	100,000
감가상각누계액	40,000	처 분 이 익	10,000

투자활동으로 인한 현금유입액은 건물의 처분으로 인한 70,000이다.

04 □□□

2013년 국가직 9급

다음은 ㈜한국이 보유하고 있는 건물들에 대한 자료이다. 당기에 매각한 건물의 취득원가는?

항목	금액
당기 건물 취득금액	₩ 210,000
당기 건물 감가상각비	₩ 110,000
건물의 기초 장부금액	₩ 130,000
건물의 기말 장부금액	₩ 220,000
당기에 매각한 건물의 감가상각누계액	₩ 40,000

① ₩ 10,000
② ₩ 50,000
③ ₩ 90,000
④ ₩ 120,000

04

답 ②

매각 건물의 취득원가(역산): 50,000
= (–) 10,000 – 40,000

별해 유형자산의 현금흐름 – 증감분석법 적용

유형자산(취득원가)	기초	+ 취득 210,000		+ (처분) (50,000)	= 기말
– 감가상각누계액	(기초)		+ (Dep) (110,000)	+ 처분 40,000	= (기말)
= 유형자산(장부금액)	기초 130,000	+ 취득 210,000	+ (Dep) (110,000)	+ (처분) (10,000)	= 기말 220,000

참고사항 유형자산의 현금흐름 - 증감분석법

유형자산(취득원가)	기초	+ 취득		+ (처분)	= 기말
– 감가상각누계액	(기초)		+ (Dep)	+ 처분	= (기말)
= 유형자산(장부금액)	기초	+ 취득	+ (Dep)	+ (처분)	= 기말

05 □□□

2011년 지방직 9급

㈜대한은 2010년도 포괄손익계산서상 기계장치와 관련하여 감가상각비 ₩35,000, 처분손실 ₩10,000을 보고하였다. 2010년도 중 취득한 기계장치가 ₩155,000인 경우, 다음 자료를 이용하여 기계장치를 처분하고 수수한 현금액을 계산하면? (단, 기계장치 처분은 전액 현금으로 이루어지며, 법인세비용은 없는 것으로 가정한다.)

	2010년 1월 1일	2010년 12월 31일
기 계 장 치	₩100,000	₩200,000
감가상각누계액	(20,000)	(40,000)

① ₩10,000
② ₩20,000
③ ₩30,000
④ ₩40,000

05

답 ③

처분 시 회계처리

(차) 현 금(X)	30,000	(대) 기 계 장 치*	55,000
감가상각누계액	15,000		
처 분 손 실	10,000		

구분	기초	증가(취득 · 감가상각)	감소(처분)*	기말
기계장치	100,000	155,000	55,000	200,000
감가상각누계액	20,000	35,000	15,000	40,000

유형 05 [재무활동으로 인한 현금흐름] 사채 관련 현금흐름

기본서 PART 16 현금흐름표 → CH 5. 재무활동으로 인한 현금흐름 → 1 사채 관련 현금흐름 ▶ 611p

대표문제 □□□ 2009년 국가직 7급

다음을 기초로 재무활동으로 인한 현금흐름을 계산하면? (단, 이자비용의 지급은 영업활동으로 분류한다.)

• FVPL금융자산의 취득	₩ 106,000
• 단기차입금의 차입	474,000
• 전환사채의 발행	247,000
• 유동성 장기부채의 상환	250,000
• 장기대여금의 회수	118,000
• 이자비용의 지급	6,000

① ₩ 342,000
② ₩ 471,000
③ ₩ 483,000
④ ₩ 589,000

해설

(1) 현금유입액: 721,000
  1) 단기차입금의 차입: 474,000
  2) 전환사채의 발행: 247,000
(2) 현금유출액: 250,000
  유동성 장기부채의 상환: 250,000
(3) 재무활동 현금흐름: 721,000 - 250,000 = 471,000

정답 ②

유형 06 현금흐름표 종합 서술형 문제

01 □□□ 2019년 지방직 9급

영업활동 현금흐름의 예로 옳지 않은 것은?

① 단기매매 목적으로 보유하는 계약에서 발생하는 현금유입과 현금유출
② 종업원과 관련하여 직·간접적으로 발생하는 현금유출
③ 로열티, 수수료, 중개료 및 기타 수익에 따른 현금유입
④ 리스이용자의 리스부채 상환에 따른 현금유출

01 답 ④

리스이용자의 리스부채 상환에 따른 현금유출은 재무활동에 해당한다.

02 □□□ 2013년 지방직 9급

영업활동 현금흐름과 관련된 항목을 모두 고르면?

ㄱ. FVPL금융자산의 처분
ㄴ. 기계장치의 구입
ㄷ. 유상증자
ㄹ. 토지의 처분
ㅁ. 사채의 발행
ㅂ. 로열티수익

① ㄱ, ㄴ
② ㄱ, ㅂ
③ ㄴ, ㄹ
④ ㄷ, ㅁ

02 답 ②

ㄱ. FVPL금융자산의 처분, ㅂ. 로열티수익: 영업활동

(선지분석)
ㄴ. 기계장치의 구입, ㄹ. 토지의 처분: 투자활동
ㄷ. 유상증자, ㅁ. 사채의 발행: 재무활동

03 □□□ 2017년 국가직 9급

현금흐름표상 재무활동 현금흐름이 발생할 수 없는 거래는?

① 차입금의 상환
② 유상증자
③ 사채의 발행
④ 주식배당

03 답 ④

주식배당 시 회계처리

(차) 이 익 잉 여 금	(대) 자 본 금

주식의 발행은 재무활동에 해당하지만 주식배당은 현금의 유출이 발생하지 않는다.

04 □□□

2015년 국가직 9급

이자와 배당금의 현금흐름표 표시에 대한 설명으로 옳지 않은 것은?

① 금융기관이 아닌 경우 배당금 지급은 재무활동 현금흐름으로 분류할 수 있다.
② 금융기관이 지급이자를 비용으로 인식하는 경우에는 영업활동 현금흐름으로 분류하고, 지급이자를 자본화하는 경우에는 주석으로 공시한다.
③ 금융기관이 아닌 경우 이자수입은 당기순손익의 결정에 영향을 미치므로 영업활동 현금흐름으로 분류할 수 있다.
④ 금융기관의 경우 배당금 수입은 일반적으로 영업활동으로 인한 현금흐름으로 분류한다.

04 답 ②

금융회사의 경우 지급이자를 비용으로 인식하는 경우에는 영업활동 현금흐름으로 분류한다. 이자 지급액은 비용 항목으로 인식하는지 또는 자본화하는지 불문하고 현금흐름표에 총 지급액을 공시한다.

선지분석

① 금융기관이 아닌 경우 배당금 지급은 재무활동 또는 영업활동으로 분류할 수 있다.
③ 금융기관이 아닌 경우 이자수입은 영업활동 또는 투자활동 현금흐름으로 분류할 수 있다.
④ 금융기관의 경우 배당금 수입은 일반적으로 영업활동 현금흐름으로 분류하지만, 금융기관이 아닌 경우 배당금 수입은 투자활동 또는 영업활동으로 분류할 수 있다.

05 □□□

2011년 국가직 9급

한국채택국제회계기준에서 현금흐름표의 작성과 표시에 대한 설명으로 옳지 않은 것은?

① 영업활동 현금흐름은 직접법과 간접법 중 하나의 방법으로 보고한다.
② 금융회사가 아닌 다른 업종의 경우 배당금의 지급은 영업활동 또는 재무활동으로 분류할 수 있다.
③ 금융회사가 아닌 다른 업종의 경우 이자수입 및 배당금 수입은 투자활동 또는 영업활동으로 분류할 수 있다.
④ 법인세로 인한 현금흐름은 별도로 공시하지 않고 영업활동 현금흐름으로 분류한다.

05 답 ④

법인세의 지급은 일반적으로 영업활동으로 분류하나, 투자활동이나 재무활동의 거래와 관련된 법인세 현금흐름을 실무적으로 식별할 수 있다면 그 법인세 현금흐름은 투자활동이나 재무활동으로 적절히 분류한다.

06 □□□

2023년 국가직 9급

현금흐름표에 관한 설명으로 옳지 않은 것은?

① 현금흐름표는 일정시점의 현금유입액과 현금유출액에 대한 정보를 제공하는 재무제표이다.
② 현금흐름표상의 현금흐름은 영업활동으로 인한 현금흐름, 투자활동으로 인한 현금흐름, 재무활동으로 인한 현금흐름으로 분류된다.
③ 현금흐름표는 다른 재무제표와 같이 사용되는 경우 순자산의 변화, 재무구조(유동성과 지급능력 포함), 그리고 변화하는 상황과 기회에 적응하기 위하여 현금흐름의 금액과 시기를 조절하는 능력을 평가하는 데 유용한 정보를 제공한다.
④ 역사적 현금흐름정보는 미래현금흐름의 금액, 시기 및 확실성에 대한 지표로 자주 사용된다. 또한 과거에 추정한 미래현금흐름의 정확성을 검증하고, 수익성과 순현금흐름 간의 관계 및 물가 변동의 영향을 분석하는 데 유용하다.

06 답 ①

현금흐름표는 일정기간동안의 현금유입액과 현금유출액에 대한 정보를 제공하는 재무제표이다.

07 □□□

2024년 국가직 7급

현금흐름표에 대한 설명으로 옳지 않은 것은?

① 이자와 차입금을 함께 상환하는 경우, 이자지급은 영업활동으로 분류될 수 있고 원금상환은 재무활동으로 분류된다.
② 종속기업과 기타 사업에 대한 지배력의 획득 또는 상실에 따른 총현금흐름은 별도로 표시하고 재무활동으로 분류한다.
③ 법인세로 인한 현금흐름은 별도로 공시하며, 재무활동과 투자활동에 명백히 관련되지 않는 한 영업활동 현금흐름으로 분류한다.
④ 투자자산이 현금성자산으로 분류되기 위해서는 확정된 금액의 현금으로 전환이 용이하고, 가치변동의 위험이 경미해야 한다.

07 답 ②

설명으로 옳지 않은 것: 종속기업과 기타 사업에 대한 지배력의 획득 또는 상실에 따른 총현금흐름은 별도로 표시하고 투자활동으로 분류한다.

PART 17

법인세회계

본 과목 풀이 시 기업의 보고기간(회계기간)은 매년 1월 1일부터 12월 31일까지이며, 기업은 계속해서 한국채택국제회계기준을 적용해 오고 있다고 가정한다. 또한, 자료에서 제시하지 않은 사항(예 법인세효과 등)은 고려하지 않는다.

유형 01 [법인세의 기간 간 배분] 법인세의 기간 간 배분

기본서 PART 17 법인세회계 → CH 2. 법인세의 기간 간 배분 ▶ 632p

대표문제 □□□

2016년 국가직 7급

㈜한국의 2016년 법인세비용차감전순이익은 ₩500,000이다. 세무조정 결과, ₩100,000의 차감할 일시적차이와 ₩150,000의 가산할 일시적차이가 발생하였다. 차감할 일시적차이는 모두 2017년에 소멸되고, 가산할 일시적차이는 2018년 이후에 소멸될 것으로 예상된다. 법인세율은 2016년에 30%이고, 개정된 세법에 따라 2017년에 25%, 2018년 이후에는 20%가 적용된다. 2016년 말 회계처리로 옳은 것은? (단, 이연법인세자산은 미래 과세소득의 발생 가능성이 높다.)

	차변		대변	
①	법 인 세 비 용	₩140,000	당기법인세부채	₩135,000
	이연법인세자산	₩ 25,000	이연법인세부채	₩ 30,000
②	법 인 세 비 용	₩130,000	당기법인세부채	₩135,000
	이연법인세자산	₩ 30,000	이연법인세부채	₩ 25,000
③	법 인 세 비 용	₩170,000	당기법인세부채	₩165,000
	이연법인세자산	₩ 25,000	이연법인세부채	₩ 30,000
④	법 인 세 비 용	₩160,000	당기법인세부채	₩165,000
	이연법인세자산	₩ 30,000	이연법인세부채	₩ 25,000

해설

(1) 이연법인세자산: 100,000 × 0.25 = 25,000
(2) 이연법인세부채: 150,000 × 0.2 = 30,000
(3) 과세소득: 500,000 + 100,000 - 150,000 = 450,000
(4) 당기법인세부채: 450,000 × 0.3 = 135,000

(차) 이연법인세자산	25,000	(대) 이연법인세부채	30,000
법 인 세 비 용	140,000	당기법인세부채	135,000

정답 ①

01 □□□

2012년 국가직 9급

㈜한국의 2012년 법인세비용차감전순이익은 ₩30,000이다. 2011년 말 이연법인세부채는 ₩2,000이며, 2012년 말 현재 장래의 과세소득을 증가시키는 가산할 일시적차이는 ₩10,000이다. 법인세율은 매년 30%로 일정하고, 법인세에 부가되는 세액은 없다고 가정한다. 2012년 법인세부담액이 ₩7,000일 경우 ㈜한국의 2012년 당기순이익과 2012년 말 이연법인세자산(또는 이연법인세부채)은?

	당기순이익	이연법인세자산(부채)
①	₩22,000	이연법인세부채 ₩3,000
②	₩22,000	이연법인세자산 ₩3,000
③	₩24,000	이연법인세부채 ₩3,000
④	₩24,000	이연법인세자산 ₩3,000

01 답 ①

(1) 이연법인세부채: 10,000 × 0.3 = 3,000

(2)

(차) 법 인 세 비 용	8,000	(대) 이연법인세부채	1,000
		당기법인세부채	7,000

* ×2년 기초 이연법인세부채: 2,000 → ×2년 기말 이연법인세부채: 3,000
당기 중 이연법인세부채 증가액: 1000

(3) 당기순이익: 30,000 − 8,000 = 22,000

02 □□□

2021년 국가직 7급

㈜한국은 20×1년 4월 1일에 건물을 임대하고, 3년분 임대료 ₩360,000을 현금으로 수취하였다. 세법상 임대료의 귀속시기는 현금기준이며, ㈜한국은 임대료에 대해 발생기준을 적용하여 인식한다. 세율이 20×1년 30%, 20×2년 25%, 20×3년 이후는 20%라면, 20×1년 말 재무상태표에 보고될 이연법인세자산(부채)은? (단, 다른 일시적차이는 없고, 임대료는 월할 계산한다.)

① 이연법인세자산 ₩60,000
② 이연법인세부채 ₩60,000
③ 이연법인세자산 ₩81,000
④ 이연법인세부채 ₩81,000

02 답 ①

구분	20×1	20×2	20×3	20×4
TAX	360,000	−	−	−
GAAP	90,000*	120,000	120,000	30,000
차이	270,000	− 120,000	− 120,000	− 30,000
×세율		× 25%	× 20%	× 20%
이연법인세자산		− 30,000	− 24,000	− 6,000

* 360,000 / 3 × 9/12 = 90,000

03 □□□

2022년 국가직 7급

법인세에 대한 설명으로 옳지 않은 것은?

① 일시적차이는 재무상태표상 자산 또는 부채의 장부금액과 세무기준액의 차이이며, 가산할 일시적차이와 차감할 일시적차이로 구분된다.

② 자산의 세무기준액은 자산의 장부금액이 회수될 때 기업에 유입될 과세대상 경제적효익에서 세무상 차감될 금액을 말하며, 만약 그러한 경제적효익이 과세대상이 아니라면, 자산의 세무기준액은 장부금액과 일치한다.

③ 미사용 세무상결손금과 세액공제가 사용될 수 있는 미래 과세소득의 발생가능성이 높은 경우 그 범위 안에서 이월된 미사용 세무상결손금과 세액공제에 대하여 이연법인세자산을 인식한다.

④ 이연법인세자산의 일부 또는 전부에 대한 혜택이 사용되기에 충분한 과세소득이 발생할 가능성이 더 이상 높지 않다면 이연법인세자산의 장부금액을 감액시키며, 이후 감액된 금액은 사용되기에 충분한 과세소득이 발생할 가능성이 높아져도 환입하지 않는다.

03 답 ④

이연법인세자산의 일부 또는 전부에 대한 혜택이 사용되기에 충분한 과세소득이 발생할 가능성이 더 이상 높지 않다면 이연법인세자산의 장부금액을 감액시키며, 이후 감액된 금액은 사용되기에 충분한 과세소득이 발생할 가능성이 높아진다면 환입한다.

04 □□□

2023년 국가직 7급

법인세회계에 대한 설명으로 옳지 않은 것은?

① 이연법인세 자산과 부채는 할인하지 아니한다.

② 기업이 순액으로 결제하거나, 자산을 실현하는 동시에 부채를 결제할 의도가 없더라도 기업이 인식된 금액에 대한 법적으로 집행가능한 상계권리를 가지고 있는 경우 당기법인세자산과 당기법인세부채를 상계할 수 있다.

③ 이연법인세부채와 이연법인세자산을 측정할 때에는 보고기간말에 기업이 관련 자산과 부채의 장부금액을 회수하거나 결제할 것으로 예상되는 방식에 따른 세효과를 반영한다.

④ 법 인세비용은 당기법인세비용과 이연법인세비용으로 구성된다.

04 답 ②

설명으로 옳지 않은 것: 기업이 당기법인세자산과 당기법인세부채를 상계할 수 있는 법적으로 집행가능한 권리를 가 진 경우에만 보고기업의 이연법인세자산과 이연법인세부채를 상계할 수 있다.

유형 02 [법인세의 기간 내 배분] 법인세의 기간 내 배분

기본서 PART 17 법인세회계 → CH 3. 법인세의 기간 내 배분 ▶ 640p
기본서 PART 17 법인세회계 → CH 3. 법인세의 기간 내 배분 → 4 유형별 기간 내 배분 ▶ 641p

대표문제 □□□ 2019년 서울시 7급

〈보기〉는 ㈜서울의 20×1년 법인세 관련 자료이다. ㈜서울은 수년 전부터 과세소득을 실현하고 있으며, 법인세비용차감전순이익은 20×1년도에 ₩500,000이고, 20×2년 이후에는 매년 ₩550,000씩 실현될 것이 확실하다. ㈜서울의 법인세율은 20×1년 25%, 20×2년 28%이며, 20×3년부터 그 이후는 계속 30%가 적용될 것으로 확정되었다. 20×1년 ㈜서울의 장부상 기초 이연법인세자산(부채)은 없었다면, 20×1년도 손익계산서에 인식될 법인세비용은? [단, 이연법인세자산(부채)의 인식조건은 충족된다.]

〈보기〉

- 세무회계상 손금 한도를 초과한 접대비는 ₩70,000이다.
- 취득원가 ₩400,000, 내용연수 4년, 잔존가치 ₩0인 기계장치를 20×1년 초에 취득하여 연수합계법으로 감가상각하고 있으나, 법인세법상 정액법을 사용하여야 한다.

① ₩157,500 ② ₩139,900
③ ₩139,500 ④ ₩125,000

해설

(1) 20×1년 과세소득 = 500,000 + 70,000(접대비 한도 초과액) + 60,000(감가상각비 한도 초과액) = 630,000
 * 감가상각비 한도 초과액: [400,000 × 4 / (1 + 2 + 3 + 4)] - (400,000 ÷ 4년) = 60,000
(2) 당기법인세부채 = 630,000 × 25% = 157,500
(3) 이연법인세자산 = 60,000 × 30% = 18,000
 * 감가상각비 한도 초과액은 20×3년에 20,000, 20×4년에 40,000이 추인된다. 적용 세율이 동일하므로 60,000에 추인 시점의 세율을 곱하여 산출한다.
(4) 법인세 회계처리

(차) 이연법인세자산	18,000	(대) 당기법인세부채	157,500
법인세비용(역산)	139,500		

정답 ③

01 □□□

2018년 서울시 7급

〈보기〉는 ㈜서울의 20×1년 법인세와 관련된 거래내용이다. ㈜서울의 20×1년 법인세비용차감전순이익은 ₩1,000,000이며, 당기 과세소득에 적용될 법인세율은 10%이다. 20×1년 포괄손익계산서의 법인세비용은? (단, 향후 세율은 일정하며, 과세소득은 20×1년과 동일하고 전기 이월 일시적차이는 없다.)

〈보기〉

- 20×1년 접대비 한도 초과액은 ₩100,000이다.
- 20×1년 7월 1일 ₩50,000에 취득한 자기주식을 20×1년 8월 31일 ₩100,000에 처분하였다.
- 20×1년 ₩100,000에 취득한 토지는 20×1년 12월 31일 공정가치는 ₩150,000이며 ㈜서울은 유형자산에 대하여 재평가모형을 적용하고 있으나, 세법은 이를 인정하지 않는다.

① ₩105,000
② ₩110,000
③ ₩115,000
④ ₩120,000

01

답 ②

법인세비용: (1,000,000 + 100,000) × 10% = 110,000
※ 세율이 변동하지 않으므로 영구적차이만 조정한 과세소득을 기준으로 세율을 곱하면 법인세비용을 쉽게 구할 수 있음

02 □□□

2015년 국가직 7급

㈜한국은 2015년 초에 설립되었으며, 2015년 말 재무제표에서 다음과 같은 내용을 발견할 수 있었다. ㈜한국의 2015년도 법인세 평균세율은 30%이며, 향후 동 법인세율에는 변화가 없을 것으로 예상된다. 다음 설명 중 옳은 것은? (단, 2015년 말 현재 차감할 일시적차이는 2016년에 해소될 예정이며, 가산할 일시적차이는 2017년에 해소될 예정이다.)

• 이연법인세자산	₩285,000
• 이연법인세부채	₩400,200
• 기타포괄손익누계액 중 토지의 재평가잉여금(법인세효과 차감 후)	₩ 70,000
• 손익계산서상 법인세비용	₩410,000

① 2015년 말 회사의 자산과 부채의 장부금액과 세무기준액의 차이 중 가산할 일시적차이는 ₩950,000이다.
② 2016년도의 예상 과세소득이 ₩750,000이라면, 일시적차이로 인한 법인세효과의 실현 가능성을 검토하여 이연법인세자산을 인식한다.
③ 2015년도의 법인세부담액은 ₩294,800이다.
④ 2015년 말 재무상태표에서 이연법인세자산은 유동자산으로, 이연법인세부채는 비유동부채로 보고해야 한다.

02

답 ②

2016년도 예상 과세소득이 950,000미만이라면 일시적차이로 인한 법인세효과의 실현 가능성을 검토하여 이연법인세자산을 인식한다.

(선지분석)

① 가산할 일시적차이: 400,200 ÷ 0.3 = 1,334,000
   차감할 일시적차이: 285,000 ÷ 0.3 = 950,000

③ 법인세부담액: 324,800

(차) 이연법인세자산	285,000	(대) 이연법인세부채	370,200
재평가잉여금	30,000	이연법인세부채	30,000
법인세비용	410,000	당기법인세부채	324,800

④ 이연법인세자산은 비유동자산, 이연법인세부채는 비유동부채로 보고해야 한다.

03 □□□

2013년 국가직 7급

다음은 2012년 초에 설립된 ㈜한국의 법인세 관련 자료이다. 2012년 말 재무상태표에 계상될 이연법인세자산(또는 부채)은? (단, 이연법인세자산(또는 부채)의 인식조건은 충족된다.)

- 2012년도 법인세비용차감전순이익이 ₩50,000이다.
- 세무조정 결과 회계이익과 과세소득의 차이로 인해 차감할 일시적차이는 ₩10,000이고, 접대비 한도 초과액은 ₩5,000이다.
- 법인세 세율은 20%이며 차기 이후 세율 변동은 없을 것으로 예상된다.

① 이연법인세자산 ₩3,000
② 이연법인세자산 ₩2,000
③ 이연법인세부채 ₩3,000
④ 이연법인세부채 ₩2,000

03

답 ②

차감할 일시적차이 = 이연법인세자산
10,000 × 0.2 = 2,000

PART 18

합병과 관계기업투자주식

본 과목 풀이 시 기업의 보고기간(회계기간)은 매년 1월 1일부터 12월 31일까지이며, 기업은 계속해서 한국채택국제회계기준을 적용해 오고 있다고 가정한다. 또한, 자료에서 제시하지 않은 사항(예 법인세효과 등)은 고려하지 않는다.

유형 01 [사업결합과 합병회계] 합병의 회계처리

기본서 PART 18 합병과 관계기업투자주식 → CH 1. 사업결합과 합병회계 ▶ 648p

대표문제 □□□

2021년 세무사

20×1년 초 ㈜세무는 ㈜대한의 주주들에게 현금 ₩700,000을 지급하고 ㈜대한을 흡수합병하였다. 합병 당시 ㈜대한의 자산과 부채의 장부금액과 공정가치는 다음과 같다.

구분	장부금액	공정가치
자산	₩3,000,000	₩3,200,000
부채	2,700,000	2,800,000

한편, 합병일 현재 ㈜세무는 ㈜대한이 자산으로 인식하지 않았으나, 자산의 정의를 충족하고 식별 가능한 진행 중인 연구·개발 프로젝트를 확인하였다. 또한, 해당 프로젝트의 공정가치를 ₩50,000으로 신뢰성 있게 측정하였다. 20×1년 초 ㈜세무가 합병 시 인식할 영업권은?

① ₩250,000 ② ₩300,000 ③ ₩350,000
④ ₩400,000 ⑤ ₩450,000

해설

(1) ㈜대한의 순자산 공정가치: (3,200,000 - 2,800,000) + 무형자산(프로젝트) 50,000 = 450,000
(2) 영업권: 지급한 대가 700,000 - 순자산 공정가치 450,000 = 250,000

정답 ①

01 □□□

2024년 지방직 9급

㈜한국은 20×1년 1월 1일 ㈜대한의 지분 100%를 취득하여 흡수합병하면서, ㈜대한의 주주에게 현금 ₩60,000을 이전대가로 지급하였다. 취득일 현재 ㈜대한의 식별가능한 자산과 부채의 장부금액과 공정가치가 다음과 같을 때, ㈜한국이 인식할 영업권은?

자산	장부금액	공정가치	부채 및 자본	장부금액	공정가치
현금	₩1,000	₩1,000	단기차입금	₩6,000	₩6,000
매출채권	₩2,000	₩2,000	매입채무	₩1,000	₩1,000
재고자산	₩4,000	₩5,000	자본금	₩30,000	
유형자산	₩37,000	₩46,000	이익잉여금	₩7,000	
계	₩44,000	₩54,000	계	₩44,000	

① ₩3,000
② ₩6,000
③ ₩13,000
④ ₩50,000

01

답 ③

(1) ㈜한국의 순자산공정가치: 47,000 = 자산 공정가치 54,000 – 부채 공정가치 (6,000 + 1,000)
(2) 영업권: 13,000 = 지급한 대가 60,000 – 순자산 공정가치 47,000

유형 02 [관계기업투자주식] 지분법의 회계처리

기본서 PART 18 합병과 관계기업투자주식 → CH 2. 관계기업투자주식 → 1 지분법 회계처리의 기초 ▶ 652p

대표문제 □□□

2020년 서울시 7급

㈜서울은 20×1년 1월 1일 ㈜경기의 발행주식 40%를 ₩800,000에 취득하여 지분법으로 평가하고 있다. 20×1년 1월 1일 ㈜경기의 순자산 장부금액은 ₩1,500,000이었으며, ㈜경기의 건물 장부금액은 공정가치보다 ₩300,000 과소 평가되었다. 과소 평가된 건물의 잔존내용연수는 6년, 정액법으로 감가상각된다고 가정한다. ㈜경기의 20×1년 당기순이익은 ₩100,000, 20×2년 당기순이익은 ₩200,000일 경우 20×2년 12월 31일 ㈜서울이 보고할 관계기업투자주식은?

① ₩800,000
② ₩820,000
③ ₩880,000
④ ₩920,000

해설

×2년 말 관계기업투자주식의 장부금액: 880,000
800,000 + [(100,000 - 50,000*) × 40%] + [(200,000 - 50,000*) × 40%] = 880,000
* 투자평가차액 상각: 300,000 ÷ 6 = 50,000

정답 ③

01 □□□

2020년 국가직 9급

㈜한국은 ㈜민국에 대한 다음의 실사 결과를 이용하여 인수를 고려하고 있다.

- 자산의 장부가치: ₩4,000 (공정가치 ?)
- 부채의 장부가치: ₩2,500 (공정가치 ₩2,500)
- 자본금: ₩500
- 자본잉여금: ₩300
- 이익잉여금: ₩700

만약, 이 중 75%를 ₩2,000에 취득하고 영업권 ₩500을 인식한다면 ㈜민국의 자산의 공정가치는?

① ₩3,500
② ₩4,000
③ ₩4,500
④ ₩5,000

01 답 ③

(1) 영업권 = 이전대가 - (순자산의 공정가치 × 지분율)
500 = 2,000 - (자산의 공정가치 - 2,500) × 75%
(2) 자산의 공정가치: 4,500

02 □□□

2021년 국가직 7급

㈜대한은 20×1년 1월 1일에 ㈜한국의 지분 30%를 ₩30,600에 취득하여 유의적인 영향력을 행사하게 되었다. 20×1년 1월 1일 ㈜한국의 순자산의 장부상 금액은 ₩100,000이며, 장부금액과 공정가치가 다른 항목은 다음과 같다.

구분	장부금액	공정가치	비고
상각자산	₩9,000	₩10,000	정액법 상각, 잔여내용연수 5년, 잔존가치 ₩0
재고자산	₩3,000	₩4,000	20×1년 중 모두 ㈜A에 판매

㈜한국의 20×1년 당기순이익이 ₩2,200일 때, ㈜대한이 20×1년 인식할 지분법평가이익은?

① ₩60
② ₩300
③ ₩600
④ ₩660

02 답 ②

(1) 조정 후 당기순이익: 2,200 − [(10,000 − 9,000) / 5] − (4,000 − 3,000) = 1,000
(2) 지분법평가이익: 1,000 × 30% = 300

03 □□□

2018년 지방직 9급

㈜한국은 2016년 4월 1일에 ㈜대한의 의결권 있는 주식 25%를 ₩1,000,000에 취득하였다. 취득 당시 ㈜대한의 자산과 부채의 공정가치는 각각 ₩15,000,000, ₩12,000,000이다. ㈜대한은 2016년 당기순이익으로 ₩600,000을 보고하였으며 2017년 3월 1일에 ₩200,000의 현금배당을 지급하였다. 2017년 9월 1일에 ㈜한국은 ㈜대한의 주식 전부를 ₩930,000에 처분하였다. 위의 관계기업투자에 대한 설명으로 옳은 것은?

① ㈜대한의 순자산 공정가치는 ₩3,000,000이므로 ㈜한국은 ㈜대한의 주식 취득 시 ₩250,000의 영업권을 별도로 기록한다.
② ㈜대한의 2016년 당기순이익은 ㈜한국의 관계기업투자 장부금액을 ₩150,000만큼 증가시킨다.
③ ㈜대한의 현금배당은 ㈜한국의 당기순이익을 ₩50,000만큼 증가시킨다.
④ ㈜한국의 관계기업투자 처분손실은 ₩70,000이다.

03 답 ②

600,000 × 25% = 150,000만큼 지분법이익이 증가한다.

(선지분석)
① 영업권은 별도로 표시되지 않는다.
③ 현금배당은 투자금의 회수로 보아 관계기업투자주식 장부금액을 줄인다.
④ 관계기업투자주식의 처분 전 장부금액은 850,000[= (3,000,000 + 600,000 − 200,000) × 25%]이다. 그러므로 처분이익이 발생한다.

04 □□□

2017년 국가직 7급

㈜한국은 20×1년 1월 1일 장기투자 목적으로 ㈜서울의 발행주식 중 25%를 취득하였고, 이 주식에 지분법을 적용하고 있다. 취득 시점에 ㈜서울의 순자산 장부금액에 대한 ㈜한국의 지분금액은 취득 당시 구입가격과 일치하였다. ㈜서울은 20×1년 당기순이익으로 ₩12,000을 보고하였고 동일 회계연도에 ₩6,000의 현금을 배당하였다. ㈜한국의 20×1년 회계연도 말 재무상태표에 표시된 ㈜서울에 대한 투자주식 금액이 ₩50,000이라면, ㈜한국의 20×1년 1월 1일 ㈜서울 주식의 취득원가는? (단, 두 기업 간 내부거래는 없었다.)

① ₩48,500
② ₩50,000
③ ₩51,500
④ ₩53,000

04

답 ①

기초 장부금액 X + [(12,000 − 6,000) × 0.25] = 50,000

주식 취득금액	X
피투자회사 당기순이익	12,000 × 0.25 = 3,000
피투자회사 배당금 지급	6,000 × 0.25 (1,500)
기말 재무상태표 주식금액	50,000

05 □□□

2022년 지방직 9급

㈜한국은 20×1년 초에 A 사 유통보통주식 1,000주 가운데 30%에 해당하는 주식을 주당 ₩2,000에 취득함으로써 A 사에 유의적인 영향력을 행사하게 되었다. A 사는 20×1년 9월 말에 1주당 ₩50의 현금배당을 선언하고 지급하였으며, 20×1년 말에 당기순손실 ₩200,000을 보고하였다. ㈜한국이 20×1년 말 재무상태표에 표시할 관계기업투자주식은?

① ₩525,000
② ₩540,000
③ ₩585,000
④ ₩600,000

05

답 ①

1,000주 × 30% × @2,000 − 300주 × @50 − 200,000 × 30% = 525,000

06 □□□

2022년 서울시 7급

12월 31일 결산법인 ㈜서울은 20×1년 1월 1일 ㈜대한의 발행주식 40%를 ₩1,000,000에 취득하여 유의적인 영향력을 행사할 수 있게 되었다. 주식 취득일 현재 식별할 수 있는 ㈜대한의 순자산 장부금액은 ₩2,000,000이며, 유형자산이 공정가치보다 ₩200,000 과소평가 되었다. 해당 유형자산은 5년간 정액법으로 감가상각한다. 20×1년 ㈜대한의 당기순이익은 ₩200,000이며, 20×2년 당기순이익은 ₩300,000이고, 20×2년 ₩100,000의 현금배당을 하였다. ㈜서울이 보유하고 있는 ㈜대한의 주식을 지분법으로 평가할 때 설명으로 가장 옳은 것은? (㈜서울은 ㈜대한 주식 이외의 주식은 보유하고 있지 않다.)

① 20×1년 12월 31일 ㈜서울이 보고할 지분법이익은 ₩70,000이다.
② 20×2년 12월 31일 ㈜서울이 보고할 지분법이익은 ₩102,000이다.
③ 20×1년 12월 31일 ㈜서울이 보고할 관계기업투자주식은 ₩1,070,000이다.
④ 20×2년 12월 31일 ㈜서울이 보고할 관계기업투자주식은 ₩1,128,000이다.

06 답 ④

(1) 20×1년 지분법이익: 200,000 × 40% − 200,000/5년 × 40% = 64,000
(2) 20×2년 지분법이익: 300,000 × 40% − 200,000/5년 × 40% = 104,000
(3) 20×1년 말 관계기업투자: 1,000,000 + 64,000 = 1,064,000
(4) 20×2년 말 관계기업투자: 1,064,000 + 104,000 − 100,000 × 40% = 1,128,000

PART 19

재무비율

본 과목 풀이 시 기업의 보고기간(회계기간)은 매년 1월 1일부터 12월 31일까지이며, 기업은 계속해서 한국채택국제회계기준을 적용해 오고 있다고 가정한다. 또한, 자료에서 제시하지 않은 사항(예 법인세효과 등)은 고려하지 않는다.

유형 01 [재무상태표 분석] 유동성 분석

기본서 PART 19 재무비율 → CH 1. 재무상태표 분석 → 1 유동성 분석 ▶ 660p
기본서 PART 19 재무비율 → CH 1. 재무상태표 분석 → 1 → 1. 유동비율 ▶ 660p
기본서 PART 19 재무비율 → CH 1. 재무상태표 분석 → 1 → 2. 당좌비율 ▶ 660p
기본서 PART 19 재무비율 → CH 1. 재무상태표 분석 → 1 → 3. 현금비율 ▶ 660p
기본서 PART 19 재무비율 → CH 1. 재무상태표 분석 → 1 → 4. 순운전자본비율 ▶ 660p

대표문제 □□□ 2017년 국가직 9급

㈜한국은 상품을 ₩500에 구입하면서 대금 중 ₩250은 현금으로 지급하고 나머지는 3개월 이내에 갚기로 하였다. 이 거래 직전의 유동비율과 당좌비율이 각각 200%, 100%라고 할 때, 이 거래가 유동비율과 당좌비율에 미치는 영향으로 옳은 것은?

	유동비율	당좌비율
①	감소	감소
②	변동 없음	감소
③	감소	변동 없음
④	변동 없음	변동 없음

해설

(차) 상 품(유동자산)	500	(대) 현금(유동 · 당좌자산)	250
		매 입 채 무(유동부채)	250

(1) 유동부채 증가 → 유동비율 감소
(2) 당좌자산 감소 + 유동부채 증가 → 당좌비율 감소

정답 ①

01 □□□

2020년 국가직 9급

㈜한국의 현재 유동자산은 ₩100, 유동부채는 ₩200이다. 다음 거래가 ㈜한국의 유동비율에 미치는 영향으로 옳지 않은 것은?

① 토지를 ₩30에 취득하면서 취득 대금 중 ₩10은 현금으로 지급하고 나머지는 2년 후에 지급하기로 한 거래는 유동비율을 감소시킨다.
② 재고자산을 현금 ₩10에 구입한 거래는 유동비율에 영향을 미치지 않는다.
③ 단기차입금을 현금 ₩20으로 상환한 거래는 유동비율에 영향을 미치지 않는다.
④ 3년 만기 사채를 발행하고 현금 ₩30을 수령한 거래는 유동비율을 증가시킨다.

01 답 ③

단기차입금을 현금 20으로 상환한 거래는 유동자산 80 유동부채 180 = 44%이므로 유동비율(기존 비율 50%)이 감소한다.

02 □□□

2020년 국가직 9급

㈜한국의 20×1년 초 재고자산은 ₩25,000이고, 당기 매입액은 ₩95,000이다. ㈜한국의 20×1년 말 유동비율은 120%, 당좌비율은 70%, 유동부채는 ₩80,000일 때, 20×1년도 매출원가는? (단, 재고자산은 상품으로만 구성되어 있다.)

① ₩52,000
② ₩64,000
③ ₩76,000
④ ₩80,000

02 답 ④

(1) 유동비율(120%): 96,000(유동자산) / 80,000(유동부채)
(2) 당좌비율(70%): 56,000(당좌자산) / 80,000(유동부채)
(3) 기말 재고자산: 96,000(유동자산) - 56,000(당좌자산) = 40,000
(4) 매출원가: 25,000(기초 재고자산) + 95,000(당기 매입) - 40,000(기말 재고자산) = 80,000

03 □□□

2015년 국가직 9급

유동비율이 150%일 때, 유동비율을 감소시키는 거래는?

① 매출채권의 현금 회수
② 상품의 외상매입
③ 매입채무의 현금 지급
④ 장기대여금의 현금 회수

03 답 ②

(1) 유동비율 = $\frac{\text{유동자산}}{\text{유동부채}} = \frac{150}{100}$

(2) 상품의 외상매입: 유동비율 감소

(차) 상　　품(유동자산)	(대) 매입채무(유동부채)

$\frac{150}{100} \rightarrow \frac{150 + \text{상품 } 50(\text{임의의 수})}{100 + \text{매입채무 } 50(\text{임의의 수})} = \frac{200}{150}$

선지분석

① 매출채권의 현금 회수: 유동비율 불변

(차) 현　　금(유동자산)	(대) 매출채권(유동자산)

③ 매입채무 현금 지급: 유동비율 증가

(차) 매입채무(유동부채)	(대) 현　　금(유동자산)

④ 장기대여금의 현금 회수: 유동비율 증가

(차) 현　　금(유동자산)	(대) 장기대여금(비유동자산)

04 □□□

2013년 국가직 7급

㈜한국의 현재 유동비율은 130%, 당좌비율은 80%이다. 매입채무를 현금으로 상환하였을 때, 유동비율과 당좌비율에 각각 미치는 영향은?

	유동비율	당좌비율
①	감소	영향 없음
②	증가	영향 없음
③	감소	증가
④	증가	감소

04 답 ④

(1) 유동비율 = $\frac{\text{유동자산}}{\text{유동부채}} = 130\%$

(2) 당좌비율 = $\frac{\text{당좌자산}}{\text{유동부채}} = 80\%$

(3) 매입채무 현금 상환 시

(차) 매입채무(유동부채)	(대) 현금(유동 · 당좌자산)

1) 유동부채↓ → 유동비율↑, 당좌비율↑
2) 당좌자산↓ + 유동부채↓ → 당좌비율↓

05 □□□

2023년 국가직 9급

㈜한국의 20×1년 3월 20일 당좌비율은 75%, 유동비율은 140%이다. ㈜한국이 20×1년 3월 30일 매입채무를 현금 ₩100,000으로 상환할 경우, 당좌비율과 유동비율에 미치는 영향을 바르게 연결한 것은?

	당좌비율	유동비율
①	증가	증가
②	감소	증가
③	감소	감소
④	변동 없음	변동 없음

05 답 ②

(1) 당좌비율: (750,000 - 100,000)/(1,000,000 - 100,000) = 72%로 감소
(2) 유동비율: (1,400,000 - 100,000)/(1,000,000 - 100,000) = 144%로 증가
별해 분모와 분자에 동일한 수를 적용하는 경우에 1보다 작으면 감소하고 1보다 크면 증가한다.

06 □□□

2023년 지방직 9급

㈜한국의 20×1년 말 재무상태표는 다음과 같다. 유동비율과 당좌비율이 각각 150%와 120%일 때, 재고자산(A)과 장기차입금(B)을 바르게 연결한 것은?

재무상태표

유동자산	□	유동부채	□
현금	₩ 2,000	매입채무	₩ 1,000
매출채권	□	단기차입금	□
재고자산	A	비유동부채	□
비유동자산	₩ 16,000	장기차입금	B
유형자산	₩ 8,000	부채총계	□
투자부동산	₩ 2,000	자본금	₩ 5,000
무형자산	₩ 6,000	이익잉여금	₩ 8,000
		자본총계	₩ 13,000
자산총계	₩ 28,000	부채 및 자본 총계	₩ 28,000

	A	B
①	₩ 2,400	₩ 7,000
②	₩ 2,400	₩ 8,000
③	₩ 7,600	₩ 7,000
④	₩ 7,600	₩ 8,000

06

답 ①

(1) 유동자산: 28,000 - 16,000 = 12,000
(2) 유동비율 150% = 유동자산 12,000 ÷ 유동부채, 유동부채: 8,000
(3) 비유동부채(= 장기차입금): 28,000 - 자본총계 13,000 - 유동부채 8,000 = 7,000
(4) 당좌비율 120% = 당좌자산(현금 + 매출채권) ÷ 유동부채 8,000, 당좌자산 9,600
(5) 재고자산: 유동자산 12,000 - 당좌자산 9,600 = 2,400

07 □□□

2024년 국가직 7급

다음은 ㈜한국의 20×1년 말 재무상태표상 계정별 잔액이다. ㈜한국의 20×1년 말 자산총액이 ₩400,000이고, 유동비율이 150%일 때, 이익잉여금은?

• 현금	₩ 40,000	• 매출채권	□
• 재고자산	□	• 유형자산	₩ 80,000
• 투자부동산	₩ 20,000	• 단기차입금	□
• 매입채무	₩ 160,000	• 장기차입금	₩ 120,000
• 자본금	₩ 50,000	• 이익잉여금	□

① ₩10,000
② ₩20,000
③ ₩30,000
④ ₩40,000

07

답 ③

(1) 자산총액 400,000 = 현금 40,000 + 유형자산 80,000 + 투자부동산 20,000 + A (매출채권 + 재고자산)
∴ A(매출채권 + 재고자산) = 260,000
(2) 유동자산: 300,000 = 현금 40,000 + A 260,000
(3) 유동비율 150% = 유동자산 300,000 ÷ 유동 부채 B, ∴ B = 200,000
(4) 유동부채 200,000 = 매입채무 160,000 + 단기차입금 40,000
(5) 부채총계 320,000 = 유동부채 200,000 + 장기차입금 120,000
(6) 자본총계: 80,000 = 자산 총계 400,000 - 부채 총계 320,000
(7) 이익잉여금: 30,000 = 자본총계 80,000 - 자본금 50,000 = 30,000

유형 02 [재무상태표 분석] 수익성 분석

기본서 PART 19 재무비율 → CH 1. 재무상태표 분석 → 4 수익성 분석 ▶ 662p
기본서 PART 19 재무비율 → CH 1. 재무상태표 분석 → 4 → 1. 매출총이익률 ▶ 662p
기본서 PART 19 재무비율 → CH 1. 재무상태표 분석 → 4 → 2. 매출영업이익률 ▶ 662p
기본서 PART 19 재무비율 → CH 1. 재무상태표 분석 → 4 → 3. 매출세전순이익률 ▶ 663p
기본서 PART 19 재무비율 → CH 1. 재무상태표 분석 → 4 → 4. 매출순이익률 ▶ 663p
기본서 PART 19 재무비율 → CH 1. 재무상태표 분석 → 4 → 5. 총자본영업이익률 ▶ 663p
기본서 PART 19 재무비율 → CH 1. 재무상태표 분석 → 4 → 6. 자기자본순이익률(ROE) ▶ 663p
기본서 PART 19 재무비율 → CH 1. 재무상태표 분석 → 4 → 7. 총자본순이익률(ROI) ▶ 663p

대표문제 □□□ 2014년 국가직 9급

㈜한국의 2013년도 자료가 다음과 같을 때, ㈜한국의 2013년도 자기자본순이익률(ROE = 당기순이익 ÷ 자기자본)은? (단, 기타포괄손익은 없다고 가정한다.)

- 자산총액: ₩2,000억(배당으로 인해 기초와 기말 금액이 동일함)
- 매출순이익률: 10%
- 총자산회전율: 0.5
- 부채비율(=부채 ÷ 자기자본): 300%

① 5% ② 10%
③ 15% ④ 20%

해설

(1) 총자산회전율 × 평균총자산 = 매출액
0.5 × 2,000 = 1,000
(2) 매출순이익률 × 매출액 = 당기순이익
0.1 × 1,000 = 100
(3) 부채비율3 = 부채 ÷ 자기자본
양쪽에 자기자본을 곱하면
자기자본 × 3 = 부채
(4) 자산 2,000 - 부채 = 자본
자산 2,000 - 3자본 = 자본
자본 = 500
(5) 자기자본순이익률 = 100 ÷ 500 = 0.2

정답 ④

01 □□□

2011년 국가직 7급

자기자본이익률(return on equity)의 분해로 옳은 것은?

① 매출순이익률 × 총자산회전율 × (1 + 부채자본비율)
② 총자산순이익률 × 매출회전율 × (1 + 부채자본비율)
③ 매출순이익률 × 자기자본회전율 × (1 + 부채자본비율)
④ 총자산순이익률 × 자기자본회전율 × (1 + 부채자본비율)

01 답 ①

참고사항 자기자본이익률

$$\frac{\text{당기순이익}}{\text{평균자기자본}} = \frac{\text{당기순이익}}{\text{매출액}} \times \frac{\text{매출액}}{\text{평균총자산}} \times \frac{\text{자본 + 부채}}{\text{자본}}$$

(1) 매출순이익률 = $\frac{\text{당기순이익}}{\text{매출액}}$

(2) 총자산회전율 = $\frac{\text{매출액}}{\text{평균총자산}}$

(3) 부채비율 = $\frac{\text{부채}}{\text{자본}}$

02 □□□

2023년 국가직 7급

다음 자료를 이용한 자기자본순이익률은? (단, 비율 계산 시 총자산과 자기자본은 기초금액과 기말금액의 연평균금액으로 한다.)

- 매출액 ₩ 50,000
- 당기순이익 ₩ 2,000
- 기말 총자산은 기초 총자산의 3배이다.
- 타인자본과 자기자본은 기초와 기말 모두 총자산에서 차지하는 비율이 1대1로 일정하다.
- 총자산회전율 2.5회

① 20% ② 25%
③ 30% ④ 40%

02 답 ①

(1) 총자산회전율 2.5회 = $\frac{\text{매출액 50,000}}{\text{평균총자산 A}}$, ∴ A = 20,000

(2) 평균자본: 10,000 = 20,000 ÷ 2
* 타인자본과 자기자본이 총 자산에서 차지하는 비율이 1:1로 제시

(4) 자본이익률: 20% = $\frac{\text{당기순이익 2,000}}{\text{평균자본 10,000}}$

유형 03 [재무상태표 분석] 활동성 분석

기본서 PART 19 재무비율 → CH 1. 재무상태표 분석 → 5 활동성 분석 ▶ 664p
기본서 PART 19 재무비율 → CH 1. 재무상태표 분석 → 5 → 1. 총자산회전율 ▶ 664p
기본서 PART 19 재무비율 → CH 1. 재무상태표 분석 → 5 → 2. 자기자본회전율 ▶ 664p
기본서 PART 19 재무비율 → CH 1. 재무상태표 분석 → 5 → 3. 비유동자산회전율 ▶ 664p
기본서 PART 19 재무비율 → CH 1. 재무상태표 분석 → 5 → 4. 재고자산회전율 ▶ 665p
기본서 PART 19 재무비율 → CH 1. 재무상태표 분석 → 5 → 5. 매출채권회전율 ▶ 665p
기본서 PART 19 재무비율 → CH 1. 재무상태표 분석 → 5 → 6. 매입채무회전율 ▶ 665p
기본서 PART 19 재무비율 → CH 1. 재무상태표 분석 → 5 → 7. 1회전 운전기간 ▶ 665p
기본서 PART 19 재무비율 → CH 1. 재무상태표 분석 → 5 → 8. 1회전 운전자본 ▶ 665p

대표문제 □□□ 2017년 국가직 9급

다음 자료를 이용할 경우 재고자산회전율은? (단, 재고자산회전율과 매입채무회전율의 분모 계산 시 기초와 기말의 평균값을 이용한다.)

• 기초 재고자산	₩700,000	• 기말 재고자산	₩500,000
• 기초 매입채무	₩340,000	• 기말 매입채무	₩160,000
• 매입채무회전율	4회		

① 4회 ② 3회
③ 2회 ④ 1회

해설

(1) 매입채무회전율 × 평균매입채무 = 매입
4회 × 250,000 = 1,000,000

(2) 재고자산회전율 = 매출원가 1,200,000[1)] ÷ 평균재고자산 600,000[2)]

1) 매출원가 X = 700,000 + 1,000,000 - 500,000
∴ 매출원가 = 1,200,000

2) (700,000 + 500,000) ÷ 2

정답 ③

01 □□□

2021년 국가직 7급

다음은 상품매매 기업인 ㈜한국의 재무비율을 산정하기 위한 자료이다.

• 매출	₩ 4,500,000	• 매출원가	₩ 4,000,000
• 기초 매출채권	₩ 150,000	• 기말 매출채권	₩ 450,000
• 기초 재고자산	₩ 240,000	• 기말 재고자산	₩ 160,000

㈜한국은 매출이 전액 외상으로 이루어지며, 재고자산회전율 계산 시 매출원가를 사용할 경우, 매출채권회전율과 재고자산평균처리기간은? (단, 1년은 360일, 회전율 계산 시 기초와 기말의 평균값을 이용한다.)

	매출채권회전율(회)	재고자산평균처리기간(일)
①	15	18
②	15	36
③	30	18
④	30	36

01 답 ①

(1) 매출채권회전율: 4,500,000 ÷ [(150,000 + 450,000) / 2] = 15
(2) 재고자산회전율: 4,000,000 ÷ [(240,000 + 160,000) / 2] = 360 ÷ 재고자산평균처리기간 = 20
* 재고자산평균처리기간: 18

02 □□□

2018년 지방직 9급

㈜한국의 매출채권회전율은 8회이고 재고자산회전율은 10회이다. 다음 자료를 이용한 ㈜한국의 매출총이익은? (단, 재고자산회전율은 매출원가를 기준으로 한다.)

과목	기초	기말
매출채권	₩ 10,000	₩ 20,000
재고자산	₩ 8,000	₩ 12,000

① ₩ 20,000　② ₩ 16,000
③ ₩ 13,000　④ ₩ 12,000

02 답 ①

(1) 매출채권회전율: 8 = 외상매출액(120,000) / 평균매출채권(15,000)
(2) 재고자산회전율: 10 = 매출원가(100,000) / 평균재고자산(10,000)
(3) 매출총이익: 20,000 = 매출액(120,000) − 매출원가(100,000)

03 □□□

2015년 국가직 7급

기초 매출채권 잔액이 ₩800이고, 기말 매출채권 잔액은 ₩1,200이다. 매출채권 평균회수기간이 36.5일이라면 당기 매출액은? (단, 1년은 365일이라고 가정한다.)

① ₩ 8,000 ② ₩10,000
③ ₩12,000 ④ ₩14,000

03 답 ②

(1) 매출채권회수기간: $36.5 = \frac{365}{\text{매출채권회전율}} = \frac{365}{X=10}$

(2) 평균매출채권: $\frac{\text{기초 채권} + \text{기말 채권}}{2} = \frac{800 + 1200}{2} = 1,000$

(3) 매출채권회전율: $10 = \frac{\text{매출액}}{\text{평균매출채권}} = \frac{X = 10,000}{1,000}$

04 □□□

2012년 국가직 9급

기초 및 기말 상품재고액이 각각 ₩46,000과 ₩34,000이고, 당기의 매출총이익이 ₩48,000이며, 당기의 재고자산회전율이 4.8회일 때, 당기의 매출액은? (단, 재고자산회전율 계산 시 평균금액을 이용한다.)

① ₩ 198,000 ② ₩ 200,000
③ ₩ 220,000 ④ ₩ 240,000

04 답 ④

> **참고사항** 재고자산회전율
>
> $$\frac{\text{매출원가}}{\text{평균재고자산}}$$

(1) 4.8 = X ÷ 40,000
※ 평균재고자산 = (46,000 + 34,000) ÷ 2 = 40,000
(2) 매출원가 X = 192,000
(3) 매출액 A − 매출원가 192,000 = 48,000
(4) 매출액 A = 240,000

유형 04 [종합] 재무상태표의 종합 분석

기본서 PART 19 재무비율 → CH 1. 재무상태표 분석 → 1 유동성 분석 ▶ 660p
기본서 PART 19 재무비율 → CH 1. 재무상태표 분석 → 2 레버리지 분석 ▶ 661p
기본서 PART 19 재무비율 → CH 1. 재무상태표 분석 → 3 자본배분의 안정성 분석 ▶ 662p
기본서 PART 19 재무비율 → CH 1. 재무상태표 분석 → 4 수익성 분석 ▶ 662p
기본서 PART 19 재무비율 → CH 1. 재무상태표 분석 → 5 활동성 분석 ▶ 664p

대표 문제

□□□ 2018년 국가직 7급

㈜대한의 기초 재고자산과 기말 재고자산은 각각 ₩400, 유동부채는 ₩500, 매출총이익은 ₩6,000, 유동비율은 200%, 매출총이익률은 60%인 경우 재고자산회전율과 당좌비율은? (단, 재고자산회전율은 매출원가를 기준으로 한다.)

	재고자산회전율(회)	당좌비율(%)
①	10	60
②	10	120
③	25	60
④	25	120

해설

(1) 재고자산회전율: 매출원가/평균재고자산
  * 4,000 ÷ (400 + 400)/2 = 10
  * 매출원가: 6,000 × 0.4/0.6 = 4,000

(2) 당좌비율
  1) 유동비율: 유동자산/유동부채 = 1,000(역산)/500 = 200%
  2) 당좌비율: 당좌자산(= 유동자산 - 재고자산)/유동부채 = (1,000 - 400)/500 = 120%

정답 ②

01 □□□

2021년 국가직 9급

㈜한국의 20×1년 매출액은 ₩3,000,000이고, 기초 재고자산은 ₩100,000이었다. 20×1년 말 유동부채는 ₩100,000, 유동비율은 400%, 당좌비율은 100%이다. 또한, 재고자산평균처리기간이 36일이라면 매출총이익은? (단, 재고자산은 상품으로만 구성되어 있고, 1년은 360일로 계산한다.)

① ₩ 0
② ₩ 500,000
③ ₩1,000,000
④ ₩2,000,000

01 답 ③

×1년의 매출총이익: 1,000,000
(1) 유동비율: 400% = 유동자산 ÷ 100,000
∴ 유동자산 = 400,000
(2) 당좌비율: 100% = (400,000 - 재고자산) ÷ 100,000
∴ 재고자산 = 300,000
(3) 재고자산회전율: 10
1) 10 = 360 / 36
2) 10 = 매출원가 ÷ [(100,000 + 300,000) ÷ 2]
∴ 매출원가 = 2,000,000
(4) 매출총이익: 1,000,000 = 매출 - 매출원가
∴ 매출총이익 = 1,000,000

02 □□□

2020년 서울시 7급

〈보기〉는 ㈜서울의 재무비율과 관련된 자료이다. 재무비율에 대한 설명으로 가장 옳지 않은 것은?

〈보기〉

- 재무상태표 항목
  - 평균총자산: ₩40,000
  - 평균자기자본: ₩10,000
- 포괄손익계산서 항목
  - 매출액: ₩20,000
  - 당기순이익: ₩2,000
- 자기자본이익률은 매출순이익률, 총자산회전율, 레버리지비율의 곱으로 계산된다.

① 레버리지비율은 3 배이다.
② 매출순이익률은 10%이다.
③ 총자산회전율은 0.5 회이다.
④ 자기자본이익률은 20%이다.

02 답 ①

20% = 10% × 0.5 × 레버리지비율, 레버리지비율 = 4배

(선지분석)
② 매출순이익률: 2,000 ÷ 20,000 = 10%
③ 총자산회전율: 20,000 ÷ 40,000 = 0.5
④ 자기자본이익률: 2,000 ÷ 10,000 = 20%

03 □□□

2019년 지방직 9급

다음 ㈜국제의 회계정보에 대한 설명으로 옳은 것은? (단, 당기 중 유통주식수의 변화는 없었다.)

당기 매출액	₩1,500,000
당기순이익	₩ 200,000
총자산순이익률	20%
발행주식수	50,000주
자기주식수	10,000주

① 주당순이익은 ₩5이다.
② 유통주식수는 50,000주이다.
③ 평균총자산은 ₩3,000,000이다.
④ 총자산회전율은 3회이다.

03 답 ①

주당순이익: 200,000 ÷ 40,000주 = 5

(선지분석)

② 유통주식수: 발행주식수 - 자기주식수 = 40,000주
③ 총자산이익률(0.2): 당기순이익(200,000) ÷ 평균총자산(1,000,000)
④ 총자산회전율(1.5): 매출액(1,500,000) ÷ 평균총자산(1,000,000)

04 □□□

2018년 서울시 7급

㈜서울의 현재 당좌비율은 100%이고, 매출채권회전율은 10회이다. 〈보기〉의 거래를 모두 반영할 경우 당좌비율과 매출채권회전율의 변동으로 가장 옳은 것은?

〈보기〉

- 은행 차입금에 대한 이자비용 ₩1,000,000을 현금으로 지급하였다.
- 재고자산 ₩2,000,000을 현금으로 구입하였다.
- 매출채권 ₩4,000,000을 현금으로 회수하였다.

	당좌비율	매출채권회전율
①	증가	증가
②	증가	감소
③	감소	증가
④	감소	감소

04 답 ③

(차) 이 자 비 용	1,000,000	(대) 현 금	1,000,000
(차) 재 고 자 산	2,000,000	(대) 현 금	2,000,000
(차) 현 금	4,000,000	(대) 매 출 채 권	4,000,000

∴ 당좌비율 감소, 매출채권회전율 증가

05 □□□

2017년 국가직 7급

㈜한국은 20×1년 1월 1일 토지를 ₩100,000에 구입하였고 이 토지에 재평가모형을 적용한다. 20×1년 12월 31일 이 토지를 재평가한 결과 공정가치는 ₩90,000이다. 이 재평가 회계처리에 영향을 받지 않는 재무비율은?

① 부채대자본비율
② 매출순이익률
③ 총자산회전율
④ 당좌비율

05 답 ④

(차) 재평가손실(비용)	10,000	(대) 토 지	10,000

당좌비율: 당좌자산 ÷ 유동부채
∵ 토지는 유형자산이므로 당좌비율에 아무런 영향이 없다.

(선지분석)

① 부채대자본비율: 부채 ÷ 자기자본
∵ 재평가손실 → 당기순이익 감소 → 이익잉여금 감소→ 자본 감소
② 매출순이익률: 당기순이익 ÷ 매출액
∵ 재평가손실 → 당기순이익 감소
③ 총자산회전율: 매출액 ÷ 평균총자산
∵ 자산 감소

06 □□□

2016년 국가직 9급

재무비율 분석과 관련된 설명으로 옳은 것은?

① 기업영업활동의 수익성을 분석하는 주요 비율로 자기자본이익률과 이자보상비율이 사용된다.
② 총자산이익률은 매출순이익률과 총자산회전율의 곱으로 표현할 수 있다.
③ 유동성비율은 기업의 단기 지급능력을 분석하는 데 사용되며 유동비율, 당좌비율, 총자산이익률이 주요 지표이다.
④ 이자보상비율은 기업의 이자 지급능력을 측정하는 지표로 이자 및 법인세비용차감전이익을 이자비용으로 나누어 구하며 그 비율이 낮은 경우 지급능력이 양호하다고 판단할 수 있다.

06 답 ②

참고사항 총자산이익률

$$\frac{\text{당기순이익}}{\text{총자산}} = \frac{\text{당기순이익}}{\text{매출액}} \times \frac{\text{매출액}}{\text{총자산}}$$

(선지분석)

① 수익성을 분석하는 주요비율
- 매출총이익률, 매출영업이익률, 매출순이이익률, 총자본이익률, 자기자본이익률
- 이자보상비율은 안정성 비율에 해당한다.

③ 유동성 비율은 유동비율, 당좌비율이 주요 지표이다.
총자산이익률은 수익성 지표에 해당한다.
④ 이자보상비율이 낮은 경우 지급능력이 양호하지 않다고 판단할 수 있다.

07 □□□

2016년 국가직 9급

다음 자료를 토대로 계산한 ㈜한국의 당기순이익은?

• 평균총자산액	₩ 3,000
• 부채비율(= 부채 / 자본)	200%
• 매출순이익률	20%
• 총자산회전율(평균총자산 기준)	0.5회

① ₩ 100
② ₩ 200
③ ₩ 300
④ ₩ 400

07 답 ③

(1) 총자산회전율 $0.5 = \frac{\text{매출액}}{\text{평균총자산}} = \frac{X = 1{,}500}{3{,}000}$

(2) 매출순이익률 $0.2 = \frac{\text{당기순이익}}{\text{매출액}} = \frac{X = 300}{1{,}500}$

08 □□□

2015년 국가직 9급

기말 재고자산은 개별법, 평균법 및 선입선출법 등의 방법으로 평가한다. 이와 같은 재고자산의 평가방법에 의하여 영향을 받지 않는 것은?

① 부채비율
② 당좌비율
③ 이자보상비율
④ 주가이익비율

08 답 ②

기말 재고자산의 평가방법이 변경된 경우 기말 재고자산이 과대 또는 과소계상되고 이에 따라 매출원가가 과소 또는 과대계상된다. 매출원가의 변경은 당기순이익과 이익잉여금에 영향을 미친다.

참고사항 당좌비율

$$\frac{\text{당좌자산}}{\text{유동부채}}$$

(선지분석)

① 부채비율: $\frac{\text{부채}}{\text{자본(총자산 - 총부채)}}$

③ 이자보상비율: $\frac{\text{영업이익}}{\text{이자비용}}$

④ 주가이익비율: $\frac{\text{1주당 시장가격}}{\text{주당순이익}}$

09 □□□

2012년 국가직 7급

실지재고조사법을 사용하는 ㈜한국은 기말 현재 선적지인도기준으로 운송 중에 있는 매입상품이 있다. 이 거래가 당기의 재무제표에 반영될 경우 당기의 총자산회전율과 이자보상비율에 미치는 영향으로 옳은 것은?

① 총자산회전율은 감소하고, 이자보상비율은 증가한다.
② 총자산회전율은 증가하고, 이자보상비율은 감소한다.
③ 총자산회전율은 감소하고, 이자보상비율은 변함없다.
④ 총자산회전율은 증가하고, 이자보상비율은 변함없다.

09

답 ①

참고사항 총자산회전율과 이자보상비율

(1) 총자산회전율 = $\frac{\text{매출액}}{\text{평균총자산}}$

기말 재고자산↑ → 총자산회전율↓

(2) 이자보상비율 = $\frac{\text{영업이익}}{\text{이자비용}}$

기말 재고자산↑ → 매출원가↓ → 영업이익↑ → 이자보상비율↑

10 □□□

2011년 국가직 7급

㈜한국은 거래처에서 수령한 받을어음을 담보로 어음금액을 어음기간 동안 은행에서 단기차입하였다. 이 거래가 유동비율과 부채비율에 미치는 영향으로 옳은 것은? (단, 이 거래가 반영되기 전 회사의 유동비율은 100%, 부채비율은 200%이다.)

① 유동비율은 증가하고, 부채비율은 감소한다.
② 유동비율은 감소하고, 부채비율은 증가한다.
③ 유동비율은 변함 없고, 부채비율은 증가한다.
④ 유동비율과 부채비율이 모두 증가한다.

10

답 ③

(1) 회계처리

(차) 현　금(유동자산)	(대) 단기차입금(유동부채)

(2) 유동비율 = $\frac{\text{유동자산}}{\text{유동부채}} = \frac{100}{100}$

(3) 부채비율 = $\frac{\text{부채}}{\text{자본}} = \frac{200}{100}$

1) 동일 금액의 유동자산과 유동부채가 증가하기 때문에 유동비율은 불변
2) 유동부채가 증가하기 때문에 부채비율은 증가한다.

11 □□□

2011년 국가직 9급

기업의 안전성을 나타내는 비율이 아닌 것은?

① 부채비율
② 자기자본비율
③ 이자보상비율
④ 배당성향

11 답 ④

안정성비율: 고정장기적합률, 이자보상비율, 부채비율, 자기자본비율

12 □□□

2010년 국가직 9급

아래 표는 가~라 기업들의 2009 회계연도 자산총액(평균)과 재무비율의 일부이다. 2009 회계연도의 당기순이익이 가장 큰 기업은?

기업	자산총액(평균)	매출순이익률	총자산회전율
가	₩ 100,000	40%	1회
나	200,000	30%	2회
다	300,000	20%	3회
라	400,000	10%	4회

① 가
② 나
③ 다
④ 라

12 답 ③

다. 3회 × 300,000 = 900,000 × 0.2 = 180,000

(선지분석)

① 가. 1회 × 100,000 = 100,000 × 0.4 = 40,000
② 나. 2회 × 200,000 = 400,000 × 0.3 = 120,000
④ 라. 4회 × 400,000 = 1,600,000 × 0.1 = 160,000

PART 20 재무보고를 위한 개념체계

본 과목 풀이 시 기업의 보고기간(회계기간)은 매년 1월 1일부터 12월 31일까지이며, 기업은 계속해서 한국채택국제회계기준을 적용해 오고 있다고 가정한다. 또한, 자료에서 제시하지 않은 사항(예 법인세효과 등)은 고려하지 않는다.

유형 01 [일반목적재무보고의 목적] 일반목적재무보고의 목적과 보고대상, 한계

기본서 PART 20 재무보고를 위한 개념체계 → CH 2. 일반목적재무보고의 목적 → 1 일반목적재무보고의 목적과 보고대상, 한계 ▶ 677p

대표문제 □□□ 2019년 지방직 9급

일반목적재무보고에 대한 설명으로 옳지 않은 것은?

① 현재 및 잠재적 투자자, 대여자 및 기타 채권자는 기업의 경영진 및 이사회가 기업의 자원을 사용하는 그들의 책임을 얼마나 효율적이고 효과적으로 이행해왔는지에 대한 정보를 필요로 한다.
② 일반목적재무보고의 목적은 현재 및 잠재적 투자자, 대여자 및 기타 채권자가 기업에 자원을 제공하는 것에 대한 의사결정을 할 때 유용한 보고기업 재무정보를 제공하는 것이다.
③ 외부 이해관계자들과 마찬가지로 보고기업의 경영진도 해당 기업의 경영의사결정을 위해 일반목적재무보고서에 가장 많이 의존한다.
④ 재무보고서는 정확한 서술보다는 상당 부분 추정, 판단 및 모형에 근거한다.

해설

설명 중 옳지 않은 것: 경영자의 경우 일반목적재무보고서에 의존할 필요가 없다.

정답 ③

01 □□□

2016년 국가직 9급

한국채택국제회계기준의 재무보고를 위한 개념체계에서 규정하고 있는 일반목적재무보고의 유용성 및 한계에 대한 내용으로 옳지 않은 것은?

① 재무보고서는 정확한 서술보다는 상당 부분 추정, 판단 및 모형에 근거한다.
② 일반목적재무보고서는 현재 및 잠재적 투자자, 대여자 및 기타 채권자가 필요로 하는 모든 정보를 제공한다.
③ 일반목적재무보고서는 현재 및 잠재적 투자자, 대여자 및 기타 채권자가 보고기업의 가치를 추정하는 데 도움이 되는 정보를 제공한다.
④ 각 주요이용자들의 정보수요 및 욕구는 다르고 상충되기도 하지만, 기준제정기관은 재무보고기준을 제정할 때 주요이용자 최대 다수의 수요를 충족하는 정보를 제공하기 위하여 노력한다.

01 답 ②

설명 중 옳지 않은 것: 일반목적재무보고서는 모든 정보를 제공하지는 않으며 제공할 수도 없다.

(선지분석)

① 개념체계는 그 추정, 판단 및 모형의 기초가 되는 개념을 정한다.
③ 일반목적재무보고서의 주요이용자: 현재 및 잠재적 투자자, 대여자, 기타 채권자
④ 각 주요이용자들의 정보수요 및 욕구는 다르고 상충되기 때문에 회계기준위원회는 재무보고기준을 제정할 때 주요이용자 최대 다수의 수요를 충족하는 정보를 제공하기 위해 노력한다.

유형 02 [유용한 재무정보의 질적특성] 유용한 재무정보의 질적특성

기본서 PART 20 재무보고를 위한 개념체계 → CH 3. 유용한 재무정보의 질적특성 ▶ 679p

대표문제 □□□ 2020년 지방직 9급

유용한 재무정보의 질적특성에 대한 설명으로 옳지 않은 것은?

① 재무정보가 유용하기 위해서는 목적적합해야 하고 나타내고자 하는 바를 충실하게 표현해야 한다.
② 목적적합한 재무정보는 이용자들의 의사결정에 차이가 나도록 할 수 있다.
③ 이해가능성은 합리적인 판단력이 있고 독립적인 서로 다른 관찰자가 어떤 서술이 표현충실성에 있어, 비록 반드시 완전히 의견이 일치하지는 않더라도, 합의에 이를 수 있다는 것을 의미한다.
④ 비교가능성, 검증가능성, 적시성 및 이해가능성은 목적적합성과 나타내고자 하는 바를 충실하게 표현하는 것 모두를 충족하는 정보의 유용성을 보강시키는 질적특성이다.

해설

설명 중 옳지 않은 것: 제시된 지문은 검증가능성의 설명에 해당한다.

참고사항 보강적 질적특성의 세부 항목 중 검증가능성
(1) 정보가 나타내고자 하는 경제적 현상을 충실히 표현하는지를 정보이용자가 확인하는 데 도움을 준다.
(2) 합리적인 판단력이 있고 독립적인 서로 다른 관찰자가 어떤 서술이 충실한 표현이라는 데, 비록 반드시 완전히 일치하지는 못하더라도, 의견이 일치할 수 있다.

정답 ③

01 □□□ 2013년 국가직 7급

재무보고를 위한 개념체계의 내용으로 옳지 않은 것은?

① 유용한 재무정보의 질적특성은 재무제표에서 제공되는 재무정보에도 적용되며, 그 밖의 방법으로 제공되는 재무정보에도 적용된다.
② 재무정보가 유용하기 위한 근본적 질적특성은 목적적합성과 적시성이다.
③ 재무정보에 예측가치, 확인가치 또는 이 둘 모두가 있다면 그 재무정보는 의사결정에 차이가 나도록 할 수 있다.
④ 완벽하게 충실한 표현을 하기 위해서는 서술은 완전하고, 중립적이며, 오류가 없어야 한다.

01 답 ②

설명 중 옳지 않은 것: 근본적 질적특성의 세부 항목은 목적적합성과 표현의 충실성이다.

참고사항 목적적합성의 하부요소 중 예측가치와 확인가치
(1) 재무정보에 예측가치와 확인가치 또는 이 둘 모두가 있다면 의사결정에 차이가 나도록 할 수 있음
(2) 재무정보가 예측가치를 가지기 위해 그 자체가 예측치 또는 예상치일 필요는 없음
(3) 정보이용자들이 미래 결과를 예측하기 위해 사용하는 절차의 투입요소로 재무정보가 사용될 수 있다면, 그 재무정보는 예측가치를 가짐
(4) 재무정보가 과거 평가에 대해 피드백을 제공, 즉 확인하거나 변경시킨다면 확인가치를 가짐

02 □□□

2009년 지방직 9급 변형

다음은 재무회계 개념체계에 제시된 회계정보의 주요 질적특성의 하부요소를 짝지어 놓은 것이다. 서로 동일한 주요 질적특성의 하부요소로 구성되어 있지 않은 것은?

① 중립성 - 표현의 충실성
② 완전한 서술 - 표현의 충실성
③ 적시성 - 목적적합성
④ 예측가치 - 목적적합성

02 답 ③

적시성은 보강적 질적특성의 세부 항목에 해당한다.

참고사항 목적적합성의 하부요소
(1) 예측가치
(2) 확인가치
(3) 중요성

03 □□□

2015년 지방직 9급

정보이용자가 어떤 회계정보를 이용하여 의사결정을 할 때 그 정보가 없는 경우와 비교하여 보다 유리한 차이를 낼 수 있는 회계정보의 질적특성은?

① 목적적합성
② 표현의 충실성
③ 적시성
④ 비교가능성

03 답 ①

목적적합성에 대한 설명에 해당한다.

참고사항 목적적합성
(1) 목적적합한 재무정보는 정보이용자의 의사결정에 차이가 나도록 할 수 있음
(2) 일부 이용자가 이를 이용하지 않기로 선택하거나 다른 원천을 통하여 이미 이를 알고 있다고 할지라도 의사결정에 차이가 나도록 할 수 있음

04 □□□

2015년 국가직 9급

다음 설명에 해당하는 재무정보의 질적특성은?

재무정보가 유용하기 위해서는 서술이 완전하고, 중립적이며, 오류가 없어야 한다.

① 목적적합성
② 검증가능성
③ 충실한 표현
④ 비교가능성

04 답 ③

완벽하게 충실한 표현을 하기 위해서는 서술은 완전하고, 중립적이며, 오류가 없어야 한다.

참고사항 표현의 충실성의 하부요소
(1) 완전한 서술
(2) 중립적 서술
(3) 오류가 없는 서술

05 □□□

2017년 국가직 7급

재무보고를 위한 개념체계 중 '표현충실성'에 대한 설명으로 옳지 않은 것은?

① 기업의 경제적 상황을 이해하는 데 필요한 정보를 완전히 포함하도록 해야 한다.
② 특정 정보이용자에게 유리하도록 정보를 선택적으로 제공하지 않아야 한다.
③ 추정치의 경우 추정 금액을 정확하게 기술하고 추정 절차의 성격과 한계를 설명하도록 한다.
④ 향후 어떤 결과를 초래할 것인지 예측하는 데 도움이 되도록 해야 한다.

05 답 ④

설명 중 옳지 않은 것: 예측하는 데 도움이 되는 것은 표현의 충실성에 대한 설명에 해당하지 않는다.

참고사항 목적적합성의 하부요소
(1) 예측가치
(2) 확인가치
(3) 중요성

참고사항 표현의 충실성의 하부요소
(1) 완전한 서술
(2) 중립적 서술
(3) 오류가 없는 서술

06 □□□

2020년 국가직 7급

'유용한 재무정보의 질적특성' 중 목적적합성에 대한 설명으로 옳지 않은 것은?

① 재무정보에 예측가치, 확인가치 또는 이 둘 모두가 있다면 그 재무정보는 의사결정에 차이가 나도록 할 수 있다.

② 재무정보가 과거 평가에 대해 피드백을 제공한다면(과거 평가를 확인하거나 변경시킨다면) 확인가치를 갖는다.

③ 재무정보의 예측가치와 확인가치는 상호 연관되어 있다.

④ 재무정보가 예측가치를 갖기 위해서는 그 자체가 명백한 예측치 또는 예상치 형태를 갖추어야만 한다.

06 답 ④

설명 중 옳지 않은 것: 재무정보가 예측가치를 갖기 위해서는 그 자체가 예측치 또는 예상치일 필요는 없다.

> **참고사항 목적적합성의 하부요소 중 예측가치와 확인가치**
> (1) 재무정보에 예측가치와 확인가치 또는 이 둘 모두가 있다면 의사결정에 차이가 나도록 할 수 있음
> (2) 재무정보가 예측가치를 가지기 위해 그 자체가 예측치 또는 예상치일 필요는 없음
> (3) 정보이용자들이 미래 결과를 예측하기 위해 사용하는 절차의 투입요소로 재무정보가 사용될 수 있다면, 그 재무정보는 예측가치를 가짐
> (4) 재무정보가 과거 평가에 대해 피드백을 제공, 즉 확인하거나 변경시킨다면 확인가치를 가짐

07 □□□

2016년 국가직 7급

'재무보고를 위한 개념체계'에 대한 설명으로 옳지 않은 것은?

① 정보이용자들이 미래 결과를 예측하기 위해 사용하는 절차의 투입요소로 재무정보가 사용될 수 있다면, 그 재무정보는 예측가치를 갖는다.

② 회계기준위원회는 중요성에 대한 획일적인 계량 임계치를 정하거나 특정한 상황에서 무엇이 중요한 것인지를 미리 결정할 수 있다.

③ 중요성은 개별 기업 재무보고서 관점에서 해당 정보와 관련된 항목의 성격이나 규모 또는 이 둘 모두에 근거하여 해당 기업의 특유한 측면의 목적적합성을 의미한다.

④ 재무정보가 과거 평가에 대해 피드백을 제공한다면(과거 평가를 확인하거나 변경시킨다면) 확인가치를 갖는다.

07 답 ②

설명 중 옳지 않은 것: 회계기준위원회는 무엇이 중요한 것인지를 미리 결정할 수 없다.

> **참고사항 목적적합성의 하부요소 중 중요성**
> (1) 중요성은 개별 기업 재무보고서 관점에서 해당 정보와 관련된 항목의 성격이나 규모 또는 이 둘 모두에 근거하여 해당 기업의 특유한 측면의 목적적합성을 의미함
> (2) 회계기준위원회는 중요성에 대한 획일적인 계량 임계치를 정하거나 특정한 상황에서 무엇이 중요한 것인지를 결정할 수 없음

08 □□□

2018년 지방직 9급

재무정보의 질적특성 중 중요성에 대한 설명으로 옳은 것은?

① 근본적 질적특성인 표현충실성을 갖추기 위한 요소이다.
② 인식을 위한 최소요건으로 정보이용자가 항목 간의 유사점과 차이점을 식별할 수 있게 된다.
③ 의사결정에 영향을 미칠 수 있도록 정보이용자가 정보를 적시에 이용 가능하게 하는 것을 의미한다.
④ 기업마다 다를 수 있기 때문에 기업 특유의 측면을 고려해야 한다.

08

답 ④

설명 중 옳은 것: 중요성은 기업마다 다를 수 있기 때문에 기업고유 중요성이라고 하며 인식을 위한 최소요건이다.

선지분석

① 중요성은 근본적 질적특성인 목적적합성을 갖추기 위한 요소이다.
② 비교가능성은 항목 간의 유사점과 차이점을 식별할 수 있게 된다.
③ 적시성은 의사결정에 영향을 미칠 수 있도록 정보이용자가 정보를 적시에 이용 가능하게 하는 것을 의미한다.

참고사항 목적적합성의 하부요소 중 중요성
(1) 중요성은 개별 기업 재무보고서 관점에서 해당 정보와 관련된 항목의 성격이나 규모 또는 이 둘 모두에 근거하여 해당 기업의 특유한 측면의 목적적합성을 의미함
(2) 회계기준위원회는 중요성에 대한 획일적인 계량 임계치를 정하거나 특정한 상황에서 무엇이 중요한 것인지를 결정할 수 없음

09 □□□

2016년 국가직 9급

한국채택국제회계기준의 재무보고를 위한 개념체계에서 규정한 유용한 재무정보의 질적특성의 내용으로 옳지 않은 것은?

① 목적적합한 재무정보는 정보이용자의 의사결정에 차이가 나도록 할 수 있다.
② 정보이용자들이 미래 결과를 예측하기 위해 사용하는 절차의 투입요소로 재무정보가 사용될 수 있다면, 그 재무정보는 예측가치를 갖는다.
③ 중립적 서술은 재무정보의 선택이나 표시에 편의가 없는 것을 의미하는 것으로, 중립적 정보는 목적이 없고 행동에 대한 영향력이 없는 정보를 의미한다.
④ 완전한 서술은 필요한 기술과 설명을 포함하여 정보이용자가 서술되는 현상을 이해하는 데 필요한 모든 정보를 포함하는 것이다.

09

답 ③

설명 중 옳지 않은 것: 중립적 서술은 목적이 없거나 행동에 대한 영향력이 없는 정보를 의미하지 않는다.

참고사항 표현의 충실성의 하부요소 중 중립적 서술
(1) 중립적 서술은 재무정보의 선택이나 표시에 편의가 없는 것
(2) 중립적 서술은 편파적이거나, 강조되거나, 경시되거나 그 밖의 방식으로 조작되지 않는 것을 의미함
(3) 중립적 정보는 목적이 없거나 행동에 대한 영향력이 없는 정보를 의미하지 않음

10 □□□

2025년 지방직 9급

재무보고를 위한 개념체계에서 유용한 재무정보의 질적 특성에 대한 설명으로 옳지 않은 것은?

① 중립적 서술은 재무정보의 선택이나 표시에 편의가 없는 것이다.

② 재무정보가 유용하기 위해서는 목적적합해야 하고 나타내고자 하는 바를 충실하게 표현해야 한다.

③ 완전한 서술은 필요한 기술과 설명을 포함하여 이용자가 서술되는 현상을 이해하는 데 필요한 모든 정보를 포함하는 것이다.

④ 오류가 없는 서술이란 현상의 기술에 오류나 누락이 없고, 재무보고 정보를 생산하는 데 사용되는 절차의 선택과 적용시 절차상 오류가 없으며, 서술의 모든 면이 완벽하게 정확하다는 것을 의미한다.

10 답 ④

오류가 없는 서술이란 현상의 기물에 오류나 누락이 없고, 재무보고 정보를 생산하는 데 사용되는 절차의 선택과 적용시 절차상 오류가 없으며, 서술의 모든 면이 완벽하게 정확하다는 것을 의미하지는 않는다.

참고사항 표현의 충실성의 하부요소 중 오류가 없는 서술

(1) 충실한 표현은 모든 면에서 정확한 것을 의미하지는 않음

(2) 오류가 없다는 것은 현상의 기술에 오류나 누락이 없고, 보고정보를 생산하는 데 사용되는 절차의 선택과 적용 시 절차 상 오류가 없음을 의미함

11 □□□

2020년 국가직 9급

재무보고를 위한 개념체계에서 제시된 회계정보의 질적특성에 대한 설명으로 옳지 않은 것은?

① 표현충실성은 모든 면에서 정확한 것을 의미한다.

② 검증가능성은 정보가 나타내고자 하는 경제적 현상을 충실히 표현하는지를 정보이용자가 확인하는 데 도움을 준다.

③ 정보를 정확하고 간결하게 분류하고, 특정 지으며, 표시하는 것은 정보를 이해 가능하게 한다.

④ 적시성은 의사결정에 영향을 미칠 수 있도록 의사결정자가 정보를 제때에 이용 가능하게 하는 것을 의미한다.

11 답 ①

설명 중 옳지 않은 것: 표현충실성은 모든 면에서 정확한 것을 의미하지 않는다.

참고사항 표현의 충실성의 하부요소 중 오류가 없는 서술

(1) 충실한 표현은 모든 면에서 정확한 것을 의미하지는 않음

(2) 오류가 없다는 것은 현상의 기술에 오류나 누락이 없고, 보고정보를 생산하는 데 사용되는 절차의 선택과 적용 시 절차 상 오류가 없음을 의미함

12 □□□

2014년 지방직 9급

유용한 재무정보의 근본적 질적특성에 대한 설명으로 옳은 것은?

① 정보이용자가 항목 간의 유사점과 차이점을 식별하고 이해할 수 있어야 한다.
② 합리적인 판단력이 있고 독립적인 서로 다른 관찰자가 어떤 서술이 충실한 표현이라는 데, 비록 반드시 완전히 일치하지는 못하더라도, 의견이 일치할 수 있다.
③ 의사결정에 영향을 미칠 수 있도록 의사결정자가 정보를 제때에 이용 가능해야 한다.
④ 완벽하게 충실한 표현을 하기 위해서 서술은 완전하고, 중립적이며, 오류가 없어야 한다.

12 답 ④

설명 중 옳은 것: 제시된 지문은 근본적 질적특성 중 충실한 표현에 대한 설명이다.

(선지분석)
① 보강적 질적특성 중 비교가능성에 대한 설명이다.
② 보강적 질적특성 중 검증가능성에 대한 설명이다.
③ 보강적 질적특성 중 적시성에 대한 설명이다.

13 □□□

2019년 지방직 9급

재무정보의 질적특성에 대한 설명으로 옳지 않은 것은?

① 정보가 누락되거나 잘못 기재된 경우 특정 보고기업의 재무정보에 근거한 정보이용자의 의사결정에 영향을 줄 수 있다면 그 정보는 중요한 것이다.
② 재무정보에 예측가치, 확인가치 또는 이 둘 모두가 있다면 그 재무정보는 의사결정에 차이가 나도록 할 수 있다.
③ 검증가능성은 나타내고자 하는 현상을 충실하게 표현해야한다는 표현충실성의 특성에 해당한다.
④ 이해가능성은 목적적합하고 충실하게 표현된 정보의 유용성을 보강시키는 질적특성에 해당한다.

13

답 ③

설명 중 옳지 않은 것: 검증가능성은 표현충실성에 해당하지 않고, 보강적 질적특성의 세부 항목에 해당한다.

> **참고사항** **보강적 질적특성의 세부 항목**
> (1) 비교가능성
> (2) 검증가능성
> (3) 적시성
> (4) 이해가능성

> **참고사항** **보강적 질적특성의 세부 항목 중 비교가능성**
> (1) 이용자들이 항목 간의 유사점과 차이점을 식별하고 이해할 수 있게 함
> (2) 다른 질적특성과 달리 비교가능성은 단 하나의 항목에 관련된 것이 아님. 비교하려면 최소한 두 항목이 필요

> **참고사항** **보강적 질적특성의 세부 항목 중 검증가능성**
> (1) 정보가 나타내고자 하는 경제적 현상을 충실히 표현하는지를 정보이용자가 확인하는 데 도움을 줌
> (2) 합리적인 판단력이 있고 독립적인 서로 다른 관찰자가 어떤 서술이 충실한 표현이라는 데, 비록 반드시 완전히 일치하지는 못하더라도, 의견이 일치할 수 있음

> **참고사항** **보강적 질적특성의 세부 항목 중 적시성**
> (1) 의사결정에 영향을 미칠 수 있도록 의사결정자가 정보를 제때에 이용 가능하게 하는 것
> (2) 일반적으로 오래될수록 정보의 유용성은 떨어지지만, 일부 정보는 오랫동안 적시성이 있을 수 있음(예 추세분석)

> **참고사항** **보강적 질적특성의 세부 항목 중 이해가능성**
> (1) 이해가능성은 정보이용자가 정보를 쉽게 이해할 수 있어야 한다는 것으로, 정보를 명확하고 간결하게 분류하고, 특징지으며, 표시하면 이해가능하게 됨
> (2) 재무보고서는 사업활동과 경제활동에 대해 합리적인 지식이 있고, 부지런히 정보를 검토하고 분석하는 정보이용자를 위해 작성됨

14 □□□

2018년 국가직 9급

재무정보의 질적특성에 대한 설명으로 옳지 않은 것은?

① 유용한 재무정보의 근본적 질적특성은 목적적합성과 표현충실성이다.
② 재무정보에 예측가치, 확인가치 또는 이 둘 모두가 있다면 의사결정에 차이가 나도록 할 수 있다.
③ 검증가능성은 정보이용자가 항목 간의 유사점과 차이점을 식별하고 이해할 수 있게 하는 질적특성이다.
④ 적시성은 의사결정에 영향을 미칠 수 있도록 의사결정자가 정보를 제때에 이용 가능하게 하는 것을 의미한다.

14

답 ③

설명 중 옳지 않은 것: 제시된 지문은 비교가능성의 설명에 해당한다.

> **참고사항** **보강적 질적특성의 세부 항목 중 비교가능성(≠ 통일성)**
> (1) 정보이용자가 항목 간의 유사점과 차이점을 식별하고 이해할 수 있게 하는 특성
> (2) 일관성은 한 보고기업 내에서 기간 간 또는 같은 기간 동안에 기업 간, 동일한 항목에 대해 동일한 방법을 적용하는 것
> (3) 비교가능성은 목표이고 일관성은 그 목표를 달성하는 데 도움을 줌

15 □□□

2019년 서울시 9급

'재무보고를 위한 개념체계'에 관한 설명 중 가장 옳지 않은 것은?

① 비교가능성은 한 보고기업 내에서 기간 간 또는 같은 기간 동안에 기업 간, 동일한 항목에 대해 동일한 방법을 적용하는 것을 의미하므로 일관성과 동일한 의미로 사용된다.
② 표현충실성을 위해서 서술은 완전하고 중립적이며, 오류가 없어야 한다. 여기서, 오류가 없다는 것은 모든 면에서 완벽하게 정확하다는 것을 의미하지는 않는다.
③ 정보가 누락되거나 잘못 기재된 경우 특정 보고기업의 재무정보에 근거한 정보이용자의 의사결정에 영향을 줄 수 있다면 그 정보는 중요한 것이다.
④ 재무정보에 예측가치, 확인가치 또는 이 둘 모두가 있다면 그 재무정보는 의사결정에 차이가 나도록 할 수 있다.

15 답 ①

설명 중 옳지 않은 것: 제시된 지문은 일관성의 설명에 해당하고, 이는 비교가능성과 동일한 의미는 아니다.

> **참고사항 보강적 질적특성의 세부 항목 중 비교가능성(≠ 통일성)**
> (1) 정보이용자가 항목 간의 유사점과 차이점을 식별하고 이해할 수 있게 하는 특성
> (2) 일관성은 한 보고기업 내에서 기간 간 또는 같은 기간 동안에 기업 간, 동일한 항목에 대해 동일한 방법을 적용하는 것
> (3) 비교가능성은 목표이고 일관성은 그 목표를 달성하는 데 도움을 줌

16 □□□

2018년 서울시 7급

재무보고를 위한 개념체계 중 목적적합하고 충실하게 표현된 정보의 유용성을 보강시키는 질적특성에 대한 설명으로 가장 옳지 않은 것은?

① 적시성은 의사결정에 영향을 미칠 수 있도록 의사결정자가 정보를 제때에 이용 가능하게 하는 것을 의미한다.
② 보강적 질적특성을 적용하는 것은 어떤 규정된 순서를 따르지 않는 반복적인 과정이다. 때로는 하나의 보강적 질적특성이 다른 질적특성의 극대화를 위해 감소되어야 할 수도 있다.
③ 중립적 서술은 합리적인 판단력이 있고 독립적인 서로 다른 관찰자가 어떤 서술이 충실한 표현이라는 데 대체로 의견이 일치할 수 있다는 것을 의미한다.
④ 보강적 질적특성은 정보가 목적적합하지 않거나 충실하게 표현되지 않으면, 개별적으로든 집단적으로든 그 정보를 유용하게 할 수 없다.

16 답 ③

설명 중 옳지 않은 것: 제시된 지문은 검증가능성의 설명에 해당한다.

> **참고사항 보강적 질적특성의 세부 항목 중 검증가능성**
> (1) 정보가 나타내고자 하는 경제적 현상을 충실히 표현하는지를 정보이용자가 확인하는 데 도움을 줌
> (2) 합리적인 판단력이 있고 독립적인 서로 다른 관찰자가 어떤 서술이 충실한 표현이라는 데, 비록 반드시 완전히 일치하지는 못하더라도, 의견이 일치할 수 있음

17 □□□

2023년 국가직 9급

유용한 재무정보의 질적 특성에 대한 설명으로 옳지 않은 것은?

① 표현충실성은 모든 면에서 정확한 것을 의미하지는 않는다. 오류가 없다는 것은 현상의 기술에 오류나 누락이 없고, 보고정보를 생산하는 데 사용되는 절차의 선택과 적용 시 절차상 오류가 없음을 의미한다.
② 비교가능성은 통일성이 아니다. 정보가 비교가능하기 위해서는 비슷한 것은 비슷하게 보여야 하고 다른 것은 다르게 보여야 한다.
③ 보강적 질적특성은 가능한 한 극대화되어야 한다. 그러나 보강적 질적특성은 정보가 목적적합하지 않거나 나타내고자 하는 바를 충실하게 표현하지 않으면 개별적으로든 집단적으로든 그 정보를 유용하게 할 수 없다.
④ 하나의 경제적 현상은 여러 가지 방법으로 충실하게 표현될 수 있어 동일한 경제적 현상에 대해 대체적인 회계처리방법을 허용하면 비교가능성이 증가한다.

17 답 ④

하나의 경제적 현상은 여러 가지 방법으로 충실하게 표현될 수 있어 동일한 경제적 현상에 대해 대체적인 회계처리방법을 허용하면 비교가능성은 감소한다.

18 □□□

2023년 국가직 7급

유용한 재무정보의 질적특성에 대한 설명으로 옳지 않은 것은?

① 재무정보가 과거 평가에 대해 피드백을 제공한다면(과거 평가를 확인하거나 변경시킨다면) 확인가치를 갖는다.
② 계량화된 정보가 검증가능하기 위해서 단일 점추정치이어야 한다.
③ 측정불확실성이 높은 수준이더라도 그러한 추정이 무조건 유용한 재무정보를 제공하지 못하는 것은 아니다.
④ 완전한 서술은 필요한 기술과 설명을 포함하여 이용자가 서술되는 현상을 이해하는 데 필요한 모든 정보를 포함하는 것이다.

18 답 ②

계량화된 정보가 검증가능하기 위해서 단일 점추정치일 필요는 없다.

유형 03 [보고실체] 보고실체

기본서 PART 20 재무보고를 위한 개념체계 → CH 4. 보고실체 → 1 재무제표 ▶ 686p

대표 문제 □□□ 2021년 국가직 9급

재무보고를 위한 개념체계에서 보고기업에 대한 설명으로 옳지 않은 것은?

① 보고기업은 재무제표를 작성해야 하거나 작성하기로 선택한 기업이다.
② 보고기업은 둘 이상의 실체로 구성될 수도 있다.
③ 보고기업은 반드시 법적 실체와 일치한다.
④ 보고기업이 지배기업과 종속기업으로 구성된다면 그 보고기업의 재무제표를 연결재무제표라고 한다.

해설

설명 중 옳지 않은 것: 보고기업은 반드시 법적 실체와 일치해야 할 필요는 없다.

정답 ③

01 □□□ 2021년 국가직 7급

재무제표와 보고기업에 대한 설명으로 옳지 않은 것은?

① 보고기업은 단일의 실체이거나 어떤 실체의 일부일 수 있으며, 둘 이상의 실체로 구성될 수도 있으므로, 보고기업이 반드시 법적 실체일 필요는 없다.
② 보고기업이 지배기업 단독인 경우 그 보고기업의 재무제표를 '비연결재무제표'라고 부른다.
③ 보고기업이 지배 - 종속관계로 모두 연결되어 있지는 않은 둘 이상 실체들로 구성된다면, 그 보고기업의 재무제표를 '결합재무제표'라고 부른다.
④ 연결재무제표는 특정 종속기업의 자산, 부채, 자본, 수익 및 비용에 대한 별도의 정보를 제공하기 위해 만들어졌다.

01 답 ④

연결재무제표는 특정 종속기업의 자산, 부채, 자본, 수익 및 비용에 대한 별도의 정보를 제공하지 않는다.

02 □□□ 2019년 지방직 9급

재무제표에 대한 설명으로 옳지 않은 것은?

① 자산은 미래경제적효익이 기업에 유입될 가능성이 높고 해당 항목의 원가 또는 가치를 신뢰성 있게 측정할 수 있을 때 재무상태표에 인식한다.
② 역사적 원가를 측정기준으로 사용할 때, 자산은 취득의 대가로 취득 당시에 지급한 현금 또는 현금성자산이나 그 밖의 대가의 공정가치로 기록한다.
③ 재무제표는 일반적으로 기업이 계속기업이며 예상 가능한 기간 동안 영업을 계속할 것이라는 가정 하에 작성된다.
④ 재무제표를 작성할 때 기업이 가장 보편적으로 채택하고 있는 측정기준은 공정가치이다.

02 답 ④

설명 중 옳지 않은 것: 재무제표를 작성할 때 기업이 가장 보편적으로 채택하고 있는 측정기준은 역사적 원가이다.

03 □□□

2014년 지방직 9급

재무보고를 위한 개념체계에서 언급하고 있는 기본가정에 대한 설명으로 옳지 않은 것은?

① 재무제표는 일반적으로 기업이 계속기업이며 예상 가능한 기간 동안 영업을 계속할 것이라는 가정 하에 작성된다.
② 계속기업의 가정은 재무제표 항목들을 역사적 원가로 보고하는 것에 정당성을 부여한다.
③ 유형자산에 대한 감가상각은 기업실체가 계속된다는 가정을 전제로 한다.
④ 경영활동을 청산하거나 중요하게 축소할 의도나 필요성이 있다면 계속기업을 가정한 기준과는 다른 기준을 적용하여 작성하는 것이 타당할 수 있으며 이때 적용한 기준은 별도로 공시할 필요가 없다.

03 답 ④

설명 중 옳지 않은 것: 계속기업을 가정한 기준과는 다른 기준을 적용한다면 별도로 공시하여야 한다.

참고사항 재무제표 작성의 기본가정 - 계속기업의 가정
(1) 재무제표는 일반적으로 기업이 계속기업이며 예상 가능한 기간 동안 영업을 계속할 것이라는 가정하에 작성됨
(2) 기업은 그 경영활동을 청산하거나 중요하게 축소할 의도나 필요성을 갖고 있지 않다는 가정을 적용함
(3) 만약 기업이 그 경영활동을 청산하거나 중요하게 축소할 의도나 필요성이 있다면 재무제표는 계속기업을 가정한 기준과는 다른 기준을 적용하여 작성하는 것이 타당함
(4) 계속기업의 가정은 역사적 원가주의, 수익 · 비용대응의 원칙, 감가상각, 유동성 구분에 대한 근거를 제공함

유형 04 [종합] 재무제표 요소의 정의와 특성 및 인식 · 제거 · 측정

기본서 PART 20 재무보고를 위한 개념체계 → CH 5. 재무제표의 요소 ▶ 688p
기본서 PART 20 재무보고를 위한 개념체계 → CH 6. 재무제표 요소의 인식과 제거 ▶ 698p
기본서 PART 20 재무보고를 위한 개념체계 → CH 7. 재무제표 요소의 측정 ▶ 700p

대표문제 □□□ 2020년 서울시 7급

다음 〈보기〉 중 측정기준에 관한 재무보고를 위한 개념체계의 규정으로 옳은 것을 모두 고른 것은?

〈보기〉

ㄱ. 측정기준은 측정 대상 항목에 대해 식별된 속성으로서 측정기준의 종류에는 역사적 원가, 공정가치 또는 이행가치 등이 있다.

ㄴ. 부채가 발생하거나 인수할 때의 역사적 원가는 발생시키거나 인수하면서 수취한 대가와 거래원가를 포함한 가치이다.

ㄷ. 시장 조건에 따른 거래가 아닌 사건의 결과로 자산을 취득하는 경우 원가를 식별할 수 없다면 그 자산의 현행가치가 최초 인식 시점의 간주원가로 사용된다.

ㄹ. 자산의 공정가치는 자산을 취득할 때 발생한 거래원가로 인해 증가할 수 있다.

① ㄱ, ㄷ　② ㄱ, ㄹ
③ ㄱ, ㄷ, ㄹ　④ ㄴ, ㄷ, ㄹ

해설

설명 중 옳은 것: ㄱ, ㄷ

(선지분석)

ㄴ. 자산의 역사적 원가는 자산의 취득 또는 창출을 위하여 지급한 대가와 거래원가를 포함하고, 부채의 역사적 원가는 부채를 발생시키거나 인수하면서 수취한 대가에서 거래원가를 차감한 가치이다.

ㄹ. 공정가치는 측정일에 시장참여자 사이의 정상거래에서 자산을 매도할 때 받거나 부채를 이전할 때 지급하게 될 가격(유출가치)이며, 자산을 취득하거나 부채를 발생시키거나 인수할 때 발생한 거래원가로 인해 감소하거나 증가하지 않는다.

정답 ①

01 □□□

2021년 국가직 7급

부채의 정의에 대한 설명으로 옳은 것은?

① 의무는 항상 다른 당사자(또는 당사자들)에게 이행해야 하며, 다른 당사자(또는 당사자들)는 사람이나 또 다른 기업, 사람들 또는 기업들의 집단, 사회 전반이 될 수 있는데, 의무를 이행할 대상인 당사자(또는 당사자들)의 신원을 반드시 알아야 한다.

② 기업이 실무 관행, 공개한 경영방침, 특정 성명(서)과 상충되는 방식으로 행동할 실제 능력이 없는 경우, 기업의 그러한 실무 관행, 경영방침이나 성명(서)에서 의무가 발생할 수도 있다.

③ 의무에는 기업이 경제적 자원을 다른 당사자(또는 당사자들)에게 이전하도록 요구받게 될 잠재력이 있어야 하며, 그러한 잠재력이 존재하기 위해서는, 기업이 경제적 자원의 이전을 요구받을 것이 확실하거나 그 가능성이 높아야 한다.

④ 새로운 법률이 제정되는 경우에는 법률제정 그 자체만으로 기업에 현재의무를 부여하기에 충분하다.

01 답 ②

(선지분석)

① 의무는 항상 다른 당사자(또는 당사자들)에게 이행해야 하며, 다른 당사자(또는 당사자들)는 사람이나 또 다른 기업, 사람들 또는 기업들의 집단, 사회 전반이 될 수 있는데, 의무를 이행할 대상인 당사자(또는 당사자들)의 신원을 반드시 알아야 할 필요는 없다.

③ 의무에는 기업이 경제적 자원을 다른 당사자(또는 당사자들)에게 이전하도록 요구받게 될 잠재력이 있어야 하며, 그러한 잠재력이 존재하기 위해서는, 기업이 경제적 자원의 이전을 요구받을 것이 확실하거나 그 가능성이 높아야 하는 것은 아니다.

④ 새로운 법률이 제정되는 경우에는 법률제정 그 자체만으로 기업에 현재의무를 부여하기에 충분하지 않을 수 있다.

02 □□□

2022년 서울시 7급

「재무보고를 위한 개념체계」상 부채의 정의에 대한 설명으로 가장 옳지 않은 것은?

① 부채가 존재하기 위해서는 기업에게 의무가 있어야 하며, 해당 의무는 항상 다른 당사자 (또는 당사자들)에게 이행하여야 하는 의무이어야 한다.

② 새로운 법률이 제정되는 경우, 법률제정 그 자체만으로는 기업에 현재의무를 부여하기에 충분하지 않을 수 있다.

③ 부채가 존재하기 위한 경제적자원의 이전의무에는 불리한 조건으로 다른 당사자와 경제적자원을 교환할 의무도 포함된다.

④ 경제적자원의 이전 가능성이 낮다면 해당 의무가 부채의 정의를 충족하는 경우는 없다.

02 답 ④

경제적자원의 이전 가능성이 낮더라도 해당 의무가 부채의 정의를 충족하는 경우가 있다.

03 □□□

2021년 지방직 9급

재무보고를 위한 개념체계에서 재무제표 기본요소의 인식에 대한 설명으로 옳지 않은 것은?

① 특정 자산과 부채를 인식하기 위해서는 측정을 해야 하며 많은 경우 그러한 측정은 추정될 수 없다.
② 자산, 부채 또는 자본의 정의를 충족하는 항목만이 재무상태표에 인식되며 그러한 요소 중 하나의 정의를 충족하는 항목이라고 할지라도 항상 인식되는 것은 아니다.
③ 거래나 그 밖의 사건에서 발생된 자산이나 부채의 최초 인식에 따라 수익과 관련된 비용을 동시에 인식할 수 있다.
④ 경제적효익의 유입가능성이나 유출가능성이 낮더라도 자산이나 부채가 존재할 수 있다.

03 답 ①

자산이나 부채를 인식하기 위해서는 측정을 해야 한다. 많은 경우 그러한 측정은 추정되어야 하며 따라서 측정불확실성의 영향을 받는다.

04 □□□

2025년 지방직 9급

재무보고를 위한 개념체계에서 수익과 비용에 대한 설명으로 옳지 않은 것은?

① 수익과 비용은 기업의 재무상태와 관련된 재무제표 요소이다.
② 자본청구권 보유자로부터의 출자는 수익이 아니며 자본청구권 보유자에 대한 분배는 비용이 아니다.
③ 수익은 자산의 증가 또는 부채의 감소로서 자본의 증가를 가져오며, 자본청구권 보유자의 출자와 관련된 것을 제외한다.
④ 수익과 비용의 서로 다른 특성별로 정보를 별도로 제공하면 재무제표이용자들이 기업의 재무성과를 이해하는 데 도움이 될 수 있다.

04 답 ①

수익과 비용은 기업의 경영성과와 관련된 재무제표 요소이다.

05 □□□

2023년 국가직 9급

재무보고를 위한 개념체계에 정의된 (가) ~ (다)에 들어갈 재무제표 요소를 바르게 연결한 것은?

일반목적재무보고의 목적에서 논의된 사항	재무제표 요소	정의 또는 설명
재무성과를 반영하는 경제적자원 및 청구권의 변동	(가)	자본의 증가를 가져오는 자산의 증가나 부채의 감소로서, 자본청구권 보유자의 출자와 관련된 것은 제외
	비용	자본의 감소를 가져오는 자산의 감소나 부채의 증가로서, 자본청구권 보유자에 대한 분배와 관련된 것은 제외
청구권	(나)	과거사건의 결과로 기업의 경제적자원을 이전해야 하는 현재의무
	자본	기업의 자산에서 모든 부채를 차감한 후의 잔여지분
경제적자원	(다)	과거사건의 결과로 기업이 통제하는 현재의 경제적자원. 경제적자원은 경제적효익을 창출할 잠재력을 지닌 권리이다.

	(가)	(나)	(다)
①	자산	부채	수익
②	자산	수익	부채
③	수익	자산	부채
④	수익	부채	자산

05 답 ④

(가) 수익에 대한 설명이다.
(나) 부채에 대한 설명이다.
(다) 자산에 대한 설명이다.

06 □□□

2020년 국가직 7급

재무보고를 위한 개념체계에서 제시된 '측정'에 대한 설명으로 옳지 않은 것은?

① 역사적 원가와는 달리 자산이나 부채의 현행가치는 자산이나 부채를 발생시킨 거래나 그 밖의 사건의 가격으로부터 부분적으로라도 도출되지 않는다.
② 자산의 공정가치는 측정일 현재 동등한 자산의 원가로서 측정일에 지급할 대가와 그날에 발생할 거래원가를 포함한다.
③ 사용가치는 기업이 자산의 사용과 궁극적인 처분으로 얻을 것으로 기대하는 현금흐름 또는 그 밖의 경제적효익의 현재가치이다.
④ 사용가치와 이행가치는 직접 관측될 수 없으며 현금흐름기준 측정기법으로 결정된다.

06 답 ②

설명 중 옳지 않은 것: 공정가치는 측정일에 지급할 대가와 그날에 발생할 거래원가를 포함하지 않는다.

07 □□□

2022년 국가직 9급

재무보고를 위한 개념체계에서 측정에 대한 설명으로 옳지 않은 것은?

① 자산을 취득하거나 창출할 때의 역사적 원가는 자산의 취득 또는 창출에 발생한 원가의 가치로서, 자산을 취득 또는 창출하기 위하여 지급한 대가와 거래원가를 포함한다.
② 사용가치와 이행가치는 시장참여자의 가정보다는 기업 특유의 가정을 반영한다.
③ 공정가치는 부채를 발생시키거나 인수할 때 발생한 거래원가로 인해 감소하며, 부채의 이전 또는 결제에서 발생할 거래원가를 반영한다.
④ 자산의 현행원가는 측정일 현재 동등한 자산의 원가로서 측정일에 지급할 대가와 그 날에 발생할 거래원가를 포함한다.

07 답 ③

설명 중 옳지 않은 것: 공정가치는 자산을 취득할 때 발생한 거래원가로 인해 증가하지 않으며 부채를 발생시키거나 인수할 때 발생한 거래원가로 인해 감소하지 않는다.

08 □□□

2022년 지방직 9급

재무보고를 위한 개념체계에서 측정기준에 대한 설명으로 옳지 않은 것은?

① 현행가치와 달리 역사적 원가는 자산의 손상이나 손실부담에 따른 부채와 관련되는 변동을 제외하고는 가치의 변동을 반영하지 않는다.
② 현행가치 측정기준은 공정가치, 자산의 사용가치 및 부채의 이행가치, 현행원가를 포함한다.
③ 공정가치로 자산과 부채를 측정하여 제공하는 정보는 예측가치를 가질 수 있다.
④ 사용가치와 이행가치는 기업이 자산을 궁극적으로 처분하거나 부채를 이행할 때 발생할 것으로 기대되는 거래원가의 현재가치를 포함하지 않는다.

08 답 ④

설명 중 옳지 않은 것: 사용가치와 이행가치는 기업이 자산을 궁극적으로 처분하거나 부채를 이행할 때 발생할 것으로 기대되는 거래원가의 현재가치를 포함한다.

09 □□□

2024년 국가직 9급

재무제표 요소의 측정에 대한 설명으로 옳지 않은 것은?

① 역사적 원가 측정치는 적어도 부분적으로 자산, 부채 및 관련 수익과 비용을 발생시키는 거래나 그 밖의 사건의 가격에서 도출된 정보를 사용하여 자산, 부채 및 관련 수익과 비용에 관한 화폐적 정보를 제공한다.
② 현행가치 측정치는 측정일의 조건을 반영하기 위해 갱신된 정보를 사용하여 자산, 부채 및 관련 수익과 비용의 화폐적 정보를 제공한다.
③ 공정가치는 측정일에 시장참여자 사이의 정상거래에서 자산을 매입할 때 지급하거나 부채를 차입할 때 수취하게 될 가격이다.
④ 자산의 현행원가는 측정일 현재 동등한 자산의 원가로서 측정일에 지급할 대가와 그 날에 발생할 거래원가를 포함한다.

09 답 ③

공정가치는 측정일에 시장참여자 사이의 정상거래에서 자산을 매도할 때 수령하거나 부채를 상환할 때 지급하게 될 가격이다.

10 □□□

2023년 국가직 7급

공정가치 측정에 대한 설명으로 옳지 않은 것은?

① 측정일 현재의 시장에서 자산을 매도하거나 부채를 이전하는 시장참여자 사이의 정상거래에서 자산이나 부채가 교환되는 것으로 가정하여 공정가치를 측정한다.
② 비금융자산의 공정가치를 측정하는 경우에는 시장참여자 자신이 그 자산을 최고 최선으로 사용하거나 최고 최선으로 사용할 다른 시장참여자에게 그 자산을 매도함으로써 경제적 효익을 창출할 수 있는 시장참여자의 능력을 고려한다.
③ 자산이나 부채의 공정가치를 측정하기 위하여 사용하는 주된(또는 가장 유리한) 시장의 가격에는 거래원가를 조정한다.
④ 부채의 공정가치는 불이행위험의 영향을 반영한다.

10 답 ③

자산이나 부채의 공정가치를 측정하기 위하여 사용하는 주된(또는 가장 유리한) 시장의 가격에는 거래원가를 조정하지 않는다.

유형 05 [자본 및 자본유지개념] 자본유지개념의 측정기준과 이익

기본서 PART 20 재무보고를 위한 개념체계 → CH 8. 자본 및 자본유지개념 ▶ 704p

대표문제 □□□ 2024년 국가직 7급

자본 및 자본유지개념에 대한 설명으로 옳은 것은?

① 재무자본유지는 명목화폐단위 또는 불변구매력단위를 이용하여 측정할 수 있다.
② 실물자본유지개념을 사용하기 위해서는 역사적 원가기준에 따라 측정해야 한다.
③ 실물자본유지개념 하에서 기업의 자산과 부채에 영향을 미치는 모든 가격변동은 해당 기업의 실물생산능력에 대한 측정치의 변동으로 간주되어 이익으로 처리된다.
④ 재무자본유지개념을 사용하기 위해서는 역사적 원가기준에 의해서만 측정해야 한다.

해설

(선지분석)
② 실물자본유지개념을 사용하기 위해서는 현행원가에 따라 측정한다.
③ 실물자본유지개념의 가격변동효과는 이익으로 보지 않는다.
④ 재무자본유지개념을 사용하기 위해서 특정한 측정기준이 정해지지 않았다.

정답 ①

01 □□□ 2024년 국가직 9급

자본에 대한 설명으로 옳지 않은 것은?

① 기업의 자산에서 모든 부채를 차감한 후의 잔여지분이다.
② 자본을 투자된 화폐액 또는 투자된 구매력으로 보는 재무적 개념 하에서 자본은 기업의 순자산이나 지분과 동의어로 사용된다.
③ 재무제표 이용자들이 주로 명목상의 투하자본이나 투하자본의 구매력 유지에 관심이 있다면 재무적 개념의 자본을 채택하여야 한다.
④ 자본개념을 실무적으로 적용하는 데 측정의 어려움이 있다면 선택된 자본개념에 따라 이익의 결정 목표가 무엇인지 알 수 없다.

01 답 ④

자본개념을 실무적으로 적용하는 데 측정의 어려움이 있더라도 선택된 자본개념에 따라 이익의 결정 목표가 무엇인지 알 수 있다.

02 □□□

2022년 지방직 9급

다음 자료를 이용하여 ㈜한국의 자본을 재무자본유지개념(불변구매력단위)과 실물자본유지개념으로 측정할 때, 20×1년도에 인식할 이익은? (단, 20×1년 중 다른 자본거래는 없다.)

구분	20×1년 초	20×1년 말
자산 총계	₩100,000	₩300,000
부채 총계	₩50,000	₩150,000
일반물가지수	100	150
재고자산 단위당 구입가격	₩1,000	₩2,000

	재무자본유지개념(불변구매력단위)	실물자본유지개념
①	₩ 75,000	₩ 50,000
②	₩ 75,000	₩100,000
③	₩100,000	₩ 50,000
④	₩100,000	₩100,000

02

답 ①

(1) 기초자본: 100,000(기초자산) - 50,000(기초부채) = 50,000
(2) 기말자본: 300,000(기말자산) - 150,000(기말부채) = 150,000
(3) 불변구매력 단위의 기말 자본: 50,000 × 1.5 = 75,000
(4) 불변구매력 단위의 이익: 150,000 - 75,000 = 75,000
(5) 실물자본유지의 기말 자본: 50,000 × 2 = 100,000
(6) 실물자본유지의 이익: 150,000 - 100,000 = 50,000

유형 06 재무보고를 위한 개념체계 종합 서술형 문제

01 □□□ 2024년 지방직 9급

'재무보고를 위한 개념체계'에 대한 설명으로 옳지 않은 것은?

① 회계기준은 아니지만 어떠한 회계기준보다도 우선한다.
② 모든 이해관계자가 회계기준을 이해하고 해석하는 데 도움을 준다.
③ 한국회계기준위원회가 일관된 개념에 기반하여 「한국채택국제회계기준」을 제·개정하는 데 도움을 준다.
④ 재무정보가 유용하기 위해서는 목적적합해야 하고 나타내고자 하는 바를 충실하게 표현해야 한다.

01 답 ①

개념체계보다 항상 회계기준이 우선한다.

02 □□□ 2019년 국가직 7급

'재무보고를 위한 개념체계'에 대한 설명으로 옳지 않은 것은?

① 재무제표 요소의 인식이란 재무제표 요소의 정의에 부합하고 인식기준을 충족하는 항목을 재무상태표나 포괄손익계산서에 반영하는 과정을 말한다.
② 일반목적재무보고의 목적은 현재 및 잠재적 투자자, 대여자 및 기타 채권자가 기업에 자원을 제공하는 것에 대한 의사결정을 할 때 유용한 보고기업 재무정보를 제공하는 것이다.
③ 비교가능성, 검증가능성, 중요성 및 적시성은 목적적합하고 충실하게 표현된 정보의 유용성을 보강해주는 질적특성이다.
④ 부채의 의무는 정상적인 거래의 실무, 관행 또는 원활한 거래관계를 유지하거나 공평한 거래를 하려는 의도에서 발생할 수도 있다.

02 답 ③

설명 중 옳지 않은 것: 비교가능성, 검증가능성, 적시성 및 이해가능성은 목적적합하고 충실하게 표현된 정보의 유용성을 보강해주는 질적특성이다.

03 □□□

2025년 국가직 9급

재무보고를 위한 개념체계에 대한 설명으로 옳지 않은 것은?

① 보고기업의 경제적자원 및 청구권의 성격 및 금액에 대한 정보는 이용자들이 보고기업의 재무적 강점과 약점을 식별하는 데 도움을 줄 수 있다.

② 보고기업의 재무성과에 대한 정보는 그 기업의 경제적자원에서 해당 기업이 창출한 수익을 이용자들이 이해하는 데 도움을 준다.

③ 보고기업의 경제적자원 및 청구권은 채무상품이나 지분상품의 발행과 같이 재무성과 외의 사유로는 변동되지 않는다.

④ 한 기간의 보고기업의 현금흐름에 대한 정보는 이용자들이 기업의 미래 순현금유입 창출 능력을 평가하고 기업의 경제적자원에 대한 경영진의 수탁책임을 평가하는 데에도 도움이 된다.

03 답 ③

보고기업의 경제적자원 및 청구권은 채무상품이나 지분상품의 발행과 같이 재무성과 외의 사유로도 변동된다. 즉, 자본거래라도 자산, 부채, 자본의 변동을 가져온다.

PART 21 차입원가의 자본화

본 과목 풀이 시 기업의 보고기간(회계기간)은 매년 1월 1일부터 12월 31일까지이며, 기업은 계속해서 한국채택국제회계기준을 적용해 오고 있다고 가정한다. 또한, 자료에서 제시하지 않은 사항(예 법인세효과 등)은 고려하지 않는다.

유형 01 [차입원가의 자본화] 차입원가의 자본화의 계산

기본서 PART 21 차입원가의 자본화 → CH 2. 차입원가의 자본화 ▶ 723p

대표문제 □□□ 2019년 국가직 7급

㈜대한은 20×1년 1월 1일에 자가사용 목적으로 공장을 착공하여 20×2년 9월 30일 완공하였다. 공사 관련 지출과 차입금에 대한 자료는 다음과 같다. ㈜대한이 20×1년에 자본화할 차입원가는? (단, 차입금의 일시적 운용수익은 없으며, 기간은 월할 계산한다.)

〈공사 관련 지출〉

일자	금액
20×1. 1. 1.	₩ 3,000
20×1. 10. 1.	₩ 2,000

〈차입금 내역〉

구분	금액	이자율(연)	기간
특정 차입금	₩ 1,000	4%	20×0. 12. 1. ~ 20×3. 12. 31.
일반 차입금 A	₩ 1,000	5%	20×1. 1. 1. ~ 20×2. 11. 30.
일반 차입금 B	₩ 2,000	8%	20×0. 7. 1. ~ 20×3. 6. 30.

① ₩ 40
② ₩ 175
③ ₩ 215
④ ₩ 280

해설

(1) 연평균 지출액: [(3,000 × 12) + (2,000 × 3)]/12 = 3,500
(2) 특정 차입금
  1) 사용액: 1,000
  2) 자본화 대상 차입원가: 1,000 × 4% = 40
(3) 일반 차입금
  1) 연평균 차입금: 1,000 + 2,000 = 3,000
  2) 실제 발생 이자비용(한도): (1,000 × 5%) + (2,000 × 8%) = 210
  3) 자본화이자율: 210 ÷ 3,000 = 7%
  4) 자본화 대상 차입원가: (3,500 − 1,000) × 7% = 175
(4) 자본화되는 차입원가: 40 + 175 = 215

정답 ③

01 □□□

2021년 국가직 7급

㈜한국은 20×1년 1월 1일부터 적격자산인 공장건물을 신축하기 시작하였으며, 20×2년 10월 31일 완공하였다. 공사대금 지출 및 신축공사와 관련되는 차입금의 자료는 다음과 같다.

구분	지출일 · 차입일	금액	상환일	연 이자율
공사대금 지출액	20×1년 1월 1일	₩ 100,000	-	-
특정 목적 차입금	20×1년 1월 1일	₩ 80,000	20×1년 12월 31일	5%
일반 목적 차입금	20×1년 1월 1일	₩ 200,000	20×2년 12월 31일	10%

㈜한국이 20×1년 공장건물 신축과 관련하여 자본화한 차입원가는? (단, 이자비용은 월할 계산한다.)

① ₩ 4,000
② ₩ 6,000
③ ₩ 20,000
④ ₩ 24,000

01

답 ②

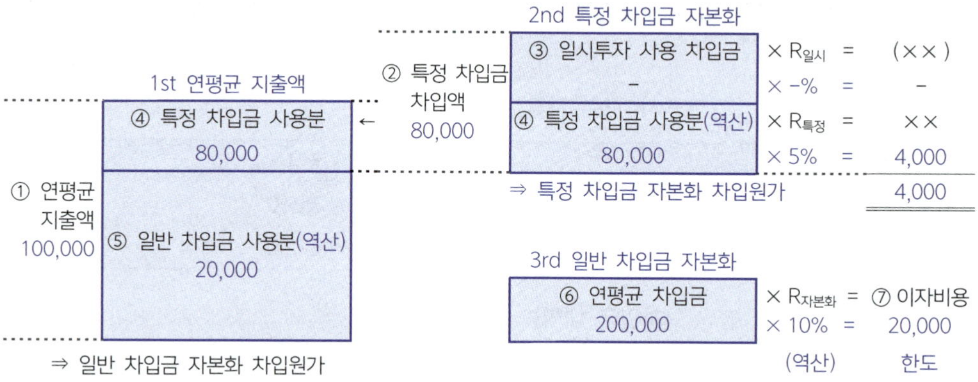

⇒ 일반 차입금 자본화 차입원가

: ⑤ × $R_{자본화}$ = ××

: 20,000 × 10% = 2,000

⇒ 20×1년 공장건물 신축과 관련하여 자본화한 차입원가: 6,000

02 □□□

2019년 국가직 9급

㈜한국은 20×1년 7월 1일부터 공장건물 신축공사를 시작하여 20×2년 4월 30일에 완공하였다. ㈜한국이 공장건물의 차입원가를 자본화하는 경우 20×1년도 포괄손익계산서상 당기손익으로 인식할 이자비용은? (단, 이자비용은 월할 계산한다.)

〈공사대금 지출〉

20×1. 7. 1.	20×1. 10. 1.
₩50,000	₩40,000

〈차입금 현황〉

구분	금액	차입일	상환(예정)일	연 이자율
특정 차입금	₩50,000	20×1. 7. 1.	20×2. 4. 30.	8%
일반 차입금	₩25,000	20×1. 1. 1.	20×2. 6. 30.	10%

① ₩1,000
② ₩1,500
③ ₩2,000
④ ₩2,500

02

답 ②

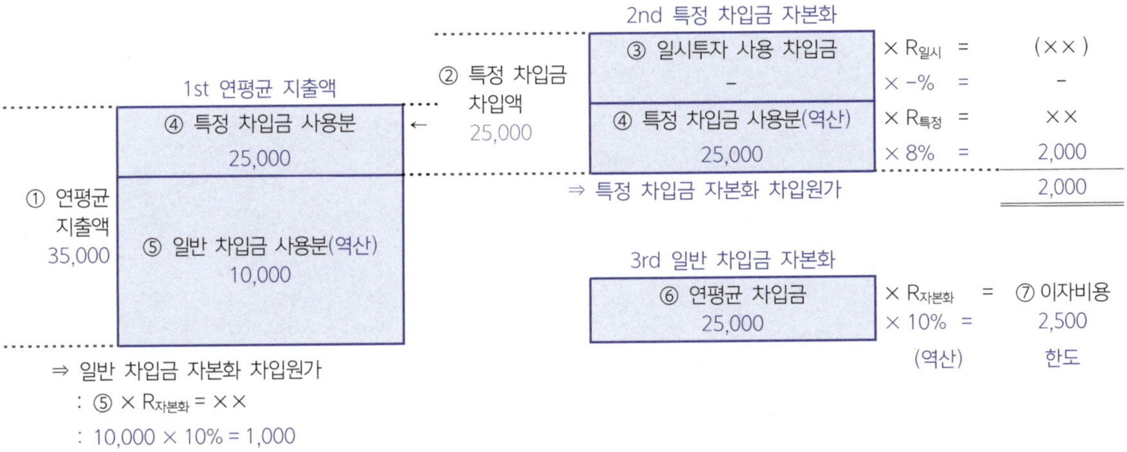

일반차입금에서 발생한 총 이자 중 자본화 되는 금액을 제외하면 당기손익으로 인식하는 이자비용이다.

(1) 연평균 지출액: (50,000 × 6/12) + (40,000 × 3/12) = 35,000

(2) 특정 차입금 적수: 25,000 = 50,000 × 6/12

(3) 특정 차입금 이자 중 자본화 금액: 2,000 = 25,000 × 8%

(4) 일반 차입금에서 발생한 총 이자: 25,000 × 12/12 × 10% = 2,500
 일반 차입금 이자 중 자본화 금액: [(35,000 − (50,000 × 6/12)] × 10% = 1,000

(5) 당기손익으로 인식할 이자비용: 2,500 − 1,000 = 1,500

03 □□□

2023년 지방직 9급

차입원가에 대한 설명으로 옳지 않은 것은?

① 적격자산이 물리적으로 완성된 경우라면 일상적인 건설 관련 후속 관리업무 등이 진행되고 있더라도 일반적으로 당해 자산을 의도된 용도로 사용(또는 판매) 가능한 것으로 본다.

② 적격자산을 의도된 용도로 사용(또는 판매) 가능하게 하는 데 필요한 활동은 당해 자산의 물리적인 제작활동을 포함하나 그 이전단계에서 이루어진 기술 및 관리상의 활동은 포함하지 않는다.

③ 적격자산의 건설활동을 여러 부분으로 나누어 완성하고, 남아있는 부분의 건설활동을 계속 진행하고 있더라도 이미 완성된 부분이 사용 가능하다면, 당해 부분을 의도된 용도로 사용(또는 판매) 가능하게 하는 데 필요한 대부분의 활동을 완료한 시점에 차입원가의 자본화를 종료한다.

④ 적격자산에 대한 지출은 현금의 지급, 다른 자산의 제공 또는 이자부 부채의 발생 등에 따른 지출액을 의미한다. 적격자산과 관련하여 수취하는 정부보조금과 건설 등의 진행에 따라 수취하는 금액은 적격자산에 대한 지출액에서 차감한다.

03 답 ②

적격자산을 의도된 용도로 사용(또는 판매) 가능하게 하는 데 필요한 활동은 당해 자산의 물리적인 제작활동을 포함하고 그 이전단계에서 이루어진 기술 및 관리상의 활동도 포함한다.

04 □□□

2024년 국가직 9급

차입원가에 대한 설명으로 옳지 않은 것은?

① 물리적인 제작 전에 각종 인허가를 얻기 위한 활동은 적격자산을 의도된 용도로 사용 가능하게 하는 데 필요한 활동에 포함된다.

② 건설목적으로 취득한 토지를 개발활동 없이 보유하는 동안 발생한 차입원가는 자본화 대상에 해당한다.

③ 적격자산이 물리적으로 완성된 경우라면 일상적인 건설 관련 후속 관리업무 등이 진행되고 있더라도 일반적으로 당해 자산을 의도된 용도로 사용 가능한 것으로 본다.

④ 회계기간 중 자본화된 차입원가의 금액과 자본화가능차입원가를 산정하기 위하여 사용된 자본화이자율을 재무제표의 주석으로 공시한다.

04 답 ②

건설목적으로 취득한 토지를 개발활동 없이 보유하는 동안 발생한 차입원가는 자본화 대상에 제외한다.

PART 22

복합금융상품

본 과목 풀이 시 기업의 보고기간(회계기간)은 매년 1월 1일부터 12월 31일까지이며, 기업은 계속해서 한국채택국제회계기준을 적용해 오고 있다고 가정한다. 또한, 자료에서 제시하지 않은 사항(예 법인세효과 등)은 고려하지 않는다.

유형 01 [전환사채] 전환사채의 계산

기본서 PART 22 복합금융상품 → CH 2. 전환사채 ▶ 737p

대표문제 □□□ 2020년 서울시 7급

12월 결산법인 ㈜서울은 20×1년 1월 1일 액면금액 ₩100,000, 표시이자율 연 2%, 2년 만기 전환사채를 ₩97,000에 할인발행하였다. 이자는 매년 말 지급된다. 전환권을 행사하지 않는 경우 전환사채의 만기일에 상환할증금 ₩10,000을 액면금액에 추가하여 지급한다. 전환권이 없는 유사한 채무상품에 대한 현행시장이자율은 10%(기간 2년, 단일금액의 현가계수는 0.8, 연금의 현가계수는 1.5)일 때 전환사채 발행일의 전환권대가는?

① ₩3,000 ② ₩6,000
③ ₩8,000 ④ ₩10,000

해설

(1) 전환사채의 발행 시점의 공정가치: (110,000 × 0.8) + (2,000 × 1.5) = 91,000
(2) 전환권대가의 공정가치: 97,000 - 91,000 = 6,000

정답 ②

01 □□□

2017년 국가직 7급

㈜한국은 20×1년 1월 1일 권당 액면금액 ₩1,000인 전환사채 1,000권(개)을 발행하였다. 전환사채의 만기는 3년이고 액면이자율은 연 8%로 매년 말 지급하며, 만기 시점까지 사채 액면 ₩2,000당 1주의 보통주(주당 액면금액 ₩1,000)로 전환할 수 있는 권리가 있다. 전환사채 발행 시점에 전환옵션이 없는 동일한 일반 사채에 대한 현행시장이자율은 10%이다. 자본요소(전환권)가 ₩0보다 클 때, ㈜한국이 발행한 전환사채의 자본요소(전환권)의 가치는? (단, A와 B는 각각 이자율 10%, 만기 3년의 단일 금액 ₩1 및 연금 ₩1의 현재가치를 나타낸다.)

① (₩1,000,000 × A + ₩80,000 × B) - ₩1,000,000
② (₩1,000,000 × B + ₩80,000 × A) - ₩1,000,000
③ ₩1,000,000 - (₩1,000,000 × A + ₩80,000 × B)
④ ₩1,000,000 - (₩1,000,000 × B + ₩80,000 × A)

01 답 ③

발행 시 회계처리

(차) 현 금	1,000,000	(대) 전 환 사 채	X
		전 환 권 대 가	Y

* 현금: 1,000개 × @1,000 = 1,000,000
* 전환사채(X): (1,000,000 × A) + (80,000 × B)
* 전환권대가(Y): (1,000개 × @1,000) - [(1,000,000 × A) + (80,000 × B)]

02 □□□

2023년 국가직 7급

㈜한국은 20×1년 1월 1일 전환사채를 액면발행하였다. 전환사채와 관련된 자료는 다음과 같다.

- 액면금액: ₩1,000,000(만기 3년)
- 표시이자율: 연 0%
- 발행일 현재 일반사채 시장수익률: 연 12%
- 원금상환방법: 상환기일에 액면금액 일시상환
- 전환조건: 사채 액면금액 ₩10,000당 보통주 1주(액면금액 ₩5,000)로 전환가능
- 단일금액 ₩1의 현가계수

기간	1	2	3
현가계수(12%)	0.89286	0.79719	0.71178

20×3년 초 액면금액 100%에 해당하는 전환사채가 보통주로 전환되었을 경우 ㈜한국이 인식해야 할 주식발행초과금은? (단, 전환권대가는 전환권이 행사되어 주식으로 발행될 때 행사된 부분만큼 주식발행초과금으로 대체한다.)

① ₩288,220
② ₩392,860
③ ₩681,080
④ ₩892,860

02 답 ③

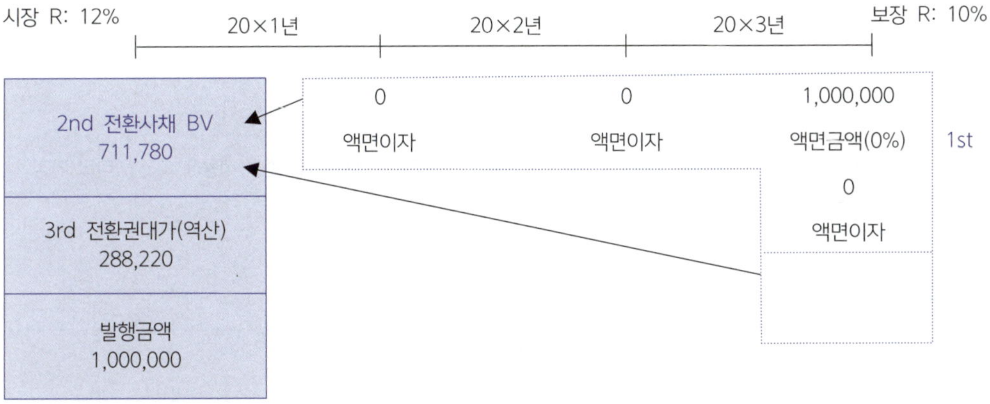

(1) 전환사채 발행금액: 711,780 = 1,000,000 × 0.71178 (12%, 3년)
(2) 전환권대가: 288,220 = 1,000,000 - 711,780
(3) 20×3년 초 전환사채 장부금액: 892,860 = 1,000,000 × 0.89286 (12%, 1년)
(4) 전환시점
자본금: 500,000 = 1,000,000 ÷ 10,000 × 5,000
주식발행초과금: 681,080 = 전환사채BV 892,860 + 전환권대가 288,220 - 자본금 500,000

[전환 시 회계처리]

(차)	전환사채	892,860	(대)	자본금	500,000
	전환권대가	288,220		주식발행초과금(역산)	681,080

03 □□□

2022년 국가직 7급

㈜한국은 20×1년 초 다음의 조건으로 비분리형 신주인수권부사채를 액면발행하였다.

- 액면가액: ₩500,000(만기 3년)
- 표시이자율: 연 2%(매년 말 지급)
- 발행일 현재 일반사채 시장이자율: 연 10%
- 만기 상환할증금: ₩40,000

20×1년 초 신주인수권부사채 액면발행시 인식한 신주인수권대가가 ₩69,430일 경우, 20×1년 말 신주인수권부사채의 장부금액은?

① ₩433,627
② ₩453,876
③ ₩463,627
④ ₩500,000

03 답 ③

(1) 20×1년 초 신주인수권부사채 장부금액: 500,000 - 69,430 = 430,570
(2) 20×1년 말 신주인수권부사채 장부금액: 430,570 × 1.1 - 500,000 × 2% = 463,627

PART 23

종업원급여

본 과목 풀이 시 기업의 보고기간(회계기간)은 매년 1월 1일부터 12월 31일까지이며, 기업은 계속해서 한국채택국제회계기준을 적용해 오고 있다고 가정한다. 또한, 자료에서 제시하지 않은 사항(예 법인세효과 등)은 고려하지 않는다.

유형 01 [퇴직급여제도] 퇴직급여제도

기본서 PART 23 종업원급여 → CH 2. 퇴직급여제도 → ▶ 752p

대표문제 □□□ 2020년 지방직 9급

종업원급여의 회계처리에 대한 설명으로 옳지 않은 것은?

① 확정급여채무의 현재가치란 종업원이 당기와 미래 기간에 근무용역을 제공하여 생긴 채무를 결제하기 위해 필요한 예상 미래 지급액의 현재가치를 의미한다.
② 퇴직급여채무를 할인하기 위해 사용하는 할인율은 보고기간 말 현재 우량회사채의 시장수익률을 참조하여 결정한다.
③ 확정급여제도의 초과적립액이 있는 경우 순확정급여자산은 초과적립액과 자산인식상한 중에서 작은 금액으로 측정한다.
④ 기타포괄손익에 인식되는 순확정급여부채 또는 순확정급여자산의 재측정요소는 후속 기간에 당기손익으로 재분류하지 않는다.

해설

확정급여채무의 현재가치란 종업원이 당기와 과거 기간에 근무용역을 제공하여 발생한 채무를 결제하기 위해 필요한 예상 미래 지급액의 현재가치를 의미한다.

정답 ①

01 □□□

2021년 국가직 7급

㈜대한은 퇴직급여제도로 확정급여제도를 채택하고 있다. 20×1년 초 확정급여채무의 장부금액은 ₩15,000이며, 사외적립자산의 공정가치는 ₩12,000이다. 20×1년의 확정급여제도와 관련하여 발생한 재측정요소는 확정급여채무 재측정손실 ₩2,500, 사외적립자산 재측정이익 ₩600이다. 다음의 자료를 이용할 때, 20×1년 말 순확정급여부채는? (단, 자산인식상한은 고려하지 않는다.)

- 20×1년 순확정급여부채 계산 시 적용되는 할인율은 연 10%이다.
- 20×1년 당기근무원가는 ₩4,000이다.
- 20×1년 말 퇴직종업원에게 ₩3,000의 현금이 사외적립자산에서 지급되었다.
- 20×1년 말 사외적립자산에 ₩5,000을 현금으로 출연하였다.

① ₩4,200　　② ₩4,400
③ ₩4,600　　④ ₩4,800

01　　답 ①

확정급여채무

지급액	3,000	기초	15,000
		근무원가(당기 + 과거) A	4,000
		이자비용(기초 × 기초 R) B	1,500
기말 I	20,000	재측정요소 ①	2,500

사외적립자산

기초	12,000	지급액	3,000
기여금	5,000		
이자수익 C	1,200		
재측정요소 ②	600	기말 II	15,800

1) B/S 계정
  (1) 순확정급여부채
    ⇒ I - II: 4,200
2) I/S 계정
  (1) 퇴직급여(N/I)
    ⇒ A + B - C: 4,300
  (2) 재측정요소 변동(OCI)
    ⇒ ② - ①: (1,900)

02 □□□

2018년 서울시 7급

종업원급여에 대한 내용 중 퇴직급여에 대한 설명으로 가장 옳은 것은?

① 확정기여제도에서 기업이 보험수리적위험(급여가 예상에 미치지 못할 위험)과 투자위험(투자한 자산이 예상 급여액을 지급하는 데 충분하지 못할 위험)을 실질적으로 부담한다.
② 지배기업과 종속기업처럼 동일 지배 아래에 있는 기업들이 위험을 공유하는 확정급여제도는 복수사용자제도에 해당한다.
③ 확정급여제도에서서는 종업원이 근무용역을 제공함에 따라 채무가 생기고, 그 급여가 미래의 근무용역 제공을 조건으로 지급되는지와 관계없이, 즉 급여가 가득되었는지와 관계없이 생긴다.
④ 기타포괄손익에 인식되는 순확정급여부채(자산)의 재측정요소는 후속 기간에 당기손익으로 재분류하며, 기타포괄손익에 인식된 금액은 자본 내에서 대체할 수 없다.

02 답 ③

(선지분석)

① 확정기여제도에서 종업원이 보험수리적위험(급여가 예상에 미치지 못할 위험)과 투자위험(투자한 자산이 예상 급여액을 지급하는 데 충분하지 못할 위험)을 실질적으로 부담한다.
② 복수사용자제도는 다수의 기업이 확정기여형 연금에 공동으로 가입하는 제도이다.
④ 기타포괄손익에 인식되는 순확정급여부채(자산)의 재측정요소는 후속 기간에 당기손익으로 재분류되지 않는다.

MEMO

Ⅱ

원가관리회계, 정부회계

PART 01 / 원가관리회계
PART 02 / 정부회계

PART 01

원가관리회계

01 □□□

2025년 지방직 9급

㈜한국은 보조부문(S1, S2)과 제조부문(P1, P2)을 가지고 있고, 보조부문 원가들을 제조부문으로 배부한다. 다음 자료에 의하여 보조부문원가를 단계배부법으로 배부할 경우, 배부 후 제조부문 P1의 원가합계는? (단, S1을 먼저 배부한다.)

구분		보조부문		제조부문	
		S1	S2	P1	P2
부문원가		₩ 100,000	₩ 200,000	₩ 300,000	₩ 400,000
서비스 제공 비율	S1	-	30%	40%	30%
	S2	40%	-	30%	30%

① ₩ 309,000
② ₩ 400,000
③ ₩ 409,000
④ ₩ 455,000

01 답 ④

제조부문 P1의 원가합계: 455,000
단계배부법이므로 S1 → S2의 순서대로 배부한다.
(1) S1이 배부한 원가: ₩ 100,000 × 40% = ₩ 40,000
(2) S2가 배부한 원가: (₩ 200,000 + ₩ 100,000 × 30%) × 30% / 60% = ₩ 115,000
(3) P1의 원가: 455,000 = S1 40,000 + S2 115,000 + P1 부문원가 300,000

02 □□□

2025년 지방직 9급

원가의 분류에 대한 설명으로 옳지 않은 것은?

① 기초원가와 전환(가공)원가에 공통으로 포함되는 원가는 직접노무원가이다.
② 매몰원가는 경영자가 통제할 수 있는 원가로서 의사결정과 관련이 있는 원가이다.
③ 변동원가와 고정원가의 구분은 원가행태에 대한 가정이 유지되는 관련범위 내에서 유효하다.
④ 발생한 원가를 원가대상별로 추적할 수 있는가에 따라서 직접원가와 간접원가로 분류된다.

02 답 ②

매몰원가는 이미 발생한 원가이므로 의사결정을 할 때에는 고려하지 않는 원가이다.

03 □□□

2025년 지방직 9급

㈜한국은 단일제품을 대량으로 생산하고 있으며, 종합원가계산을 적용하고 있다. 원재료는 공정 초기에 투입되고 전환(가공)원가는 공정 전반에 걸쳐 균등하게 발생하며, 20×1년 3월의 생산자료는 다음과 같다.

- 3월 초 재공품 재고는 2,000개이고 완성도는 60%이다.
- 3월 중 생산에 착수한 물량은 18,000개이고 3월 말까지 15,000개를 완성했다.
- 3월 말 재공품 재고는 3,000개이고 완성도는 70%이다.

㈜한국은 선입선출법을 적용하고 있으며, 공정의 50% 시점에서 품질검사를 하고 있다. 정상공손은 품질검사에 합격한 수량의 10%로 하고 있을 때, 정상공손수량은?

① 1,500개
② 1,600개
③ 1,700개
④ 1,800개

03 답 ②

(1) 품질검사에 합격한 수량: 16,000개 = 기초재공품 0 + 당기착수완성 (15,000−2,000) + 기말재공품 3,000개
(2) 정상공손수량: 합격 수량 16,000개 × 10% = 1,600개

04 □□□

2025년 지방직 9급

다음은 ㈜한국의 20×1년 원가자료이다. 20×1년 중 기초원가는 ₩30,000이고, 전환(가공)원가가 직접재료원가의 50%이며, 제조간접원가는 ₩6,000이다. ㈜한국의 20×1년 매출원가는?

구분	기초	기말
재공품	₩3,500	₩2,500
제품	₩4,000	₩6,000

① ₩30,000
② ₩32,000
③ ₩35,000
④ ₩37,000

04 답 ③

(1) 당기총제조원가: 36,000 = 기초원가 30,000 + 제조간접비 6,000
(2) 당기제품제조원가: 37,000 = 기초 재공품 3,500 + 당기 총 제조원가 36,000 − 기말 재공품 2,500
(3) 매출원가: 35,000 = 기초 제품 4,000 + 당기제품제조원가 37,000 − 기말제품 6,000

05 □□□

2025년 국가직 9급

석유화학산업 등과 같이 표준화된 작업공정을 통해 한 가지 제품만을 대량생산하는 제조환경에 적합한 원가계산 방법은?

① 개별원가계산
② 종합원가계산
③ 결합원가계산
④ 활동기준원가계산

05 답 ②

대량생산하는 제조환경에는 적합한 원가계산 방법은 종합원가계산방법이다.

06 □□□

2025년 국가직 9급

㈜한국은 정상개별원가계산제도를 채택하고 있으며, 제조간접원가를 직접노무시간으로 배부하고 있다. 20×1년도 제조간접원가와 관련된 자료는 다음과 같다. 20×1년도 제조간접원가 과소배부액이 ₩1,000인 경우, 제조간접원가 실제 발생액은?

제조간접원가 예산	예정 직접노무시간	실제 직접노무시간
₩10,000	100시간	120시간

① ₩11,000　② ₩12,000
③ ₩13,000　④ ₩14,000

06 답 ③

(1) 배부율: @100 = ₩10,000 ÷ 100시간
(2) 예정배부액: 12,000 = 120시간 × @100 = 12,000
(3) 제조간접원가 과소배부액이 1,000이므로 실제 발생액: 13,000 = 12,000 + 1,000

07 □□□

2025년 국가직 9급

다음 자료를 이용한 제조간접원가는?

• 기초원가	₩350,000
• 기초재공품	₩150,000
• 기말재공품	₩300,000
• 당기제품제조원가	₩500,000

① ₩250,000　② ₩300,000
③ ₩350,000　④ ₩400,000

07 답 ②

(1) 당기총제조원가: 650,000 = 당기제품제조원가 500,000 + 기말재공품 300,000 – 기초재공품 150,000
(2) 제조간접원가: 300,000 = 당기총제조원가 650,000 – 기초원가 350,000

08 □□□

2025년 국가직 9급

㈜한국은 활동기준원가계산제도를 채택하고 있으며, 제조 활동과 관련된 자료는 다음과 같다.

활동	원가동인	최대활동량	총원가
제품준비	제품준비 횟수	100회	₩ 200,000
기계이용	기계작업 시간	200시간	₩ 600,000
검사	검사수행 횟수	200회	₩ 400,000

제조제품 중 하나인 제품 A와 관련된 자료가 다음과 같은 경우, 제품 A의 총원가는?

기초원가	제품준비 횟수	기계작업 시간	검사수행 횟수
₩ 20,000	20회	20시간	10회

① ₩ 110,000　② ₩ 125,000
③ ₩ 140,000　④ ₩ 210,000

08 답 ③

(1) 배부율
  1) 제품준비: @2,000 = ₩ 200,000/100회
  2) 기계이용: @3,000 = ₩ 600,000/200회
  3) 검사: @2,000 = ₩ 400,000/200회
(2) A의 총원가: 140,000 = 20,000 + @2,000 × 20회 + @3,000 × 20시간 + @2,000 × 10회

09 □□□

2024년 국가직 9급

㈜한국은 종합원가계산제도를 채택하고 있으며, 가중평균법을 적용하고 있다. 다음의 자료를 이용한 완성품원가는?

- 기초 재공품 수량: 300단위(완성도: 직접재료원가 100%, 가공원가 50%)
- 기초 재공품 원가: 직접재료원가 ₩ 5,000, 가공원가 ₩ 4,000
- 당기 착수량: 2,200단위
- 당기 투입원가: 직접재료원가 ₩ 20,000, 가공원가 ₩ 40,000
- 기말 재공품 수량: 500단위(완성도: 직접재료원가 100%, 가공원가 40%)
- 직접재료는 생산 착수 시에 투입되며, 가공원가는 공정 전반에 걸쳐 균일하게 발생한다.

① ₩ 60,000　② ₩ 62,000
③ ₩ 64,000　④ ₩ 65,000

09 답 ①

가중평균법에 따른 완성품 환산량의 계산
(1) 재료비 완성품환산량: 2,500단위 = 당기완성 2,000 + 기말 재공품 500
(2) 가공비 완성품환산량: 2,200단위 = 당기완성 2,000 + 기말 재공품 500 × 40%
(3) 재료비 완성품환산량 단위당 원가: @10 = ₩ 25,000/2,500단위
(4) 가공비 완성품환산량 단위당 원가: @20 = ₩ 44,000/2,200단위
(5) 완성품원가: ₩ 60,000 = 2,000단위 × (@10 + @20)

10 □□□

2024년 국가직 9급

㈜한국은 A제품과 B제품을 생산 · 판매하고 있다. 20×1년도 연간고정원가 총액이 ₩3,000이고, 두 제품에 대한 자료가 다음과 같을 때, 연간손익분기점에서 A제품의 판매수량은? (단, 매출배합은 항상 일정하게 유지된다.)

	A제품	B제품
판매단가	₩90	₩140
단위당변동원가	₩70	₩100
판매량	80개	20개

① 80개
② 100개
③ 110개
④ 120개

10 답 ②

(1) A제품 단위당 공헌이익: @20 = 판매단가 90 - 단위당 변동원가 70
(2) B제품 단위당 공헌이익: @40 = 판매단가 140 - 단위당 변동원가 100
(3) 가중평균 단위당 공헌이익: @24 = (@20 × 80개 + @40 × 20개)/100개
(4) A제품의 손익분기점 판매 수량: 125 = 고정원가 3,000 ÷ @24 × 80%
(5) A제품의 판매수량: 125개 × 80% = 100개

11 □□□

2024년 국가직 9급

변동원가계산에 대한 설명으로 옳지 않은 것은?

① 의사결정을 위한 내부보고목적으로 사용할 때 장점이 있다.
② 변동제조원가와 변동판매관리비 등 조업도에 따라 변동하는 원가는 제품원가로 분류한다.
③ 전부원가계산에 비해 제품원가를 과소평가하게 된다.
④ 고정제조간접원가는 기간비용 처리되므로 수익 · 비용대응의 원칙에 어긋난다.

11 답 ②

변동판매관리비는 제품원가에 해당하지 않는다.

12 □□□

2024년 국가직 9급

원가에 대한 설명으로 옳지 않은 것은?

① 매몰원가란 이미 발생한 과거원가로, 현재 또는 미래의 의사결정에는 영향을 미치지 못하는 원가이다.
② 조업도 수준이 변화함에 따라 총변동원가는 일정한 형태로 변화하지만 총고정원가는 관련 범위 내에서 일정한 금액으로 발생한다.
③ 관련원가란 선택 가능한 두 가지 이상의 대안 간에 차이가 있었던 과거원가를 말하며 의사결정과 직접 관련이 있는 원가이다.
④ 직접재료원가와 직접노무원가는 기초원가이며, 직접노무원가와 제조간접원가는 가공원가이다.

12 답 ③

관련원가(relevant cost)는 선택가능한 대안 간의 차이를 나타내는 원가로, 현재 및 미래의 의사결정에 영향을 미칠 수 있는 원가이며, 과거에 발생했던 원가가 아니다. 이미 발생하여 의사결정에 영향을 주지 않는 원가는 매몰원가이다.

13 □□□

2024년 지방직 9급

㈜한국의 20×1년 매출액이 ₩10,000,000, 총고정원가가 ₩2,000,000, 공헌이익률은 40%일 때 안전한계율은?

① 30%
② 40%
③ 50%
④ 60%

13 답 ③

(1) 공헌이익: 4,000,000 = 10,000,000 × 40%
(2) 영업이익: 2,000,000 = 공헌이익 4,000,000 - 총고정원가 2,000,000
(3) 안전한계율 = $\frac{\text{영업이익 } 2{,}000{,}000}{\text{공헌이익 } 4{,}000{,}000}$ = 50%

14 □□□

2024년 지방직 9급

㈜한국은 종합원가계산을 적용하고 있으며, 물량흐름 정보는 다음과 같다.

• 직접재료는 공정 초기에 전량 투입되며, 가공원가는 공정 전반에 걸쳐 균등하게 발생한다.	
• 기초재공품	200단위(가공원가 완성도 30%)
• 당기착수량	1,800단위
• 당기완성량	1,500단위
• 기말재공품	500단위(가공원가 완성도 60%)

㈜한국의 완성품환산량에 대한 설명으로 옳은 것은? (단, 공손 및 감손은 없다.)

① 가중평균법에 의한 직접재료원가 완성품환산량은 1,800단위이다.
② 가중평균법에 의한 가공원가 완성품환산량은 1,600단위이다.
③ 선입선출법에 의한 직접재료원가 완성품환산량은 1,800단위이다.
④ 선입선출법에 의한 가공원가 완성품환산량은 1,660단위이다.

14 답 ③

선입선출법에 의한 직접재료원가 완성품환산량은 1,800단위이다.

(1) 가중평균법
  1) 직접재료원가 완성품 환산량: 2,000단위 = 당기완성,500 + 기말재공품 500
  2) 가공원가 완성품 환산량: 1,800단위 = 당기완성 1,500 + 기말재공품 500 × 60%

(2) 선입선출법
  1) 직접재료원가 완성품 환산량: 2,000단위 = 당기착수완성 1,800 – 기초재공품 200 + 기말재공품 500
  2) 가공원가 완성품 환산량: 1,740단위 = 기초착수완성 200단위 × (1–30%)+당기착수완성 1,300 + 기말재공품 500 × 60%

15 □□□

2024년 지방직 9급

㈜한국은 정상개별원가계산을 적용하고 있으며, 기계가동시간을 기준으로 제조간접원가를 예정배부한다. ㈜한국의 20×1년 제조간접원가 관련 자료가 다음과 같을 때 예정기계가동시간은?

• 제조간접원가 예산	₩ 500,000
• 실제 발생한 제조간접원가	₩ 600,000
• 실제 기계가동시간	45,000시간
• 제조간접원가 배부차이	₩ 150,000 과소배부

① 50,000시간　　② 60,000시간
③ 70,000시간　　④ 80,000시간

15 답 ①

(1) 제조간접원가 배부차이 150,000(과소) = 실제 제조간접원가 600,000 – 예정배부제조간접원가 A, ∴ A = 450,000
(2) 예정제조간접원가 450,000 = 실제 기계시간 45,000 × 예정배부율 B, ∴ B = @10
(3) 예정배부율 @10 = ₩ 500,000 ÷ 예정 기계가동시간 C, ∴ C = 50,000시간

16 □□□

2024년 지방직 9급

다음 ㈜한국의 20×1년 매출액은?

• 기초 및 기말 재고자산

구분	직접재료	재공품	제품
기초	₩ 6,000	₩ 4,000	₩ 50,000
기말	₩ 4,000	₩ 6,000	₩ 40,000

• 직접재료 매입액 ₩ 10,000
• 가공(전환)원가 ₩ 20,000
• 매출총이익률 60%

① ₩ 40,000
② ₩ 50,000
③ ₩ 100,000
④ ₩ 166,000

16 답 ③

(1) 당기 사용 직접재료원가: 12,000 = 기초 직접재료 6,000 + 당기 매입 10,000 − 기말 직접재료 4,000
(2) 당기총제조원가: 32,000 = 직접재료원가 12,000 + 가공원가 20,000
(3) 당기제품제조원가: 30,000 = 기초 재공품 4,000 + 당기총제조원가 32,000 − 기말 재공품 6,000
(4) 매출원가: 40,000 = 기초 제품 50,000 + 당기제품제조원가 30,000 − 기말제품 40,000
(5) 매출액: 100,000 = 40,000/(1 − 60%)

17 □□□

2024년 지방직 9급

㈜한국은 표준원가계산을 적용하고 있으며, 20×1년 직접재료원가와 관련된 자료는 다음과 같다. ㈜한국의 실제 제품 생산량은?

• 실제 발생 직접재료원가 ₩ 3,000
• 직접재료 kg당 실제 구입원가 ₩ 30
• 직접재료원가 가격차이 ₩ 1,000 유리
• 직접재료원가 수량차이 ₩ 800 유리
• 제품 개당 직접재료의 표준투입량 10kg

① 10개
② 12개
③ 30개
④ 40개

17 답 ②

AQ × AP	AQ × SP	SQ × SP
100Kg × @30 = ₩ 3,000	100Kg × @40 = ₩ 4,000	실제제품생산량 × 10Kg × @40 = 4,800(역산)
가격차이 ₩ 1,000 유리		수량차이 ₩ 800 유리

∴ 실제제품생산량: 12개

18 □□□

2024년 국가직 7급

단일 제품을 생산 및 판매하는 ㈜한국의 원가 자료가 다음과 같을 때, 전부원가계산하에서 20×3년의 영업이익은?

- 20×1년 고정제조간접원가: ₩ 300,000
- 20×1년 전부원가계산하의 영업이익: ₩ 600,000
- 20×1 ~ 20×3년 제품 현황 (단위: 개)

구분	20×1년	20×2년	20×3년
기초재고	0	20,000	10,000
당기 생산	60,000	30,000	50,000
당기 판매	40,000	40,000	40,000
기말재고	20,000	10,000	20,000

- 20×1 ~ 20×3년 판매가격 및 원가의 변동 없음
- 재공품은 없으며, 원가흐름은 선입선출법 적용

① ₩ 480,000
② ₩ 500,000
③ ₩ 520,000
④ ₩ 540,000

18 답 ③

20×3년의 전부원가계산하의 영업이익: 520,000

(1) 20×1년 변동원가 영업이익: A = 500,000(역산)
(−) 기초FOH: 0
(+) 기말FOH: (+)100,000 = 20,000개 × (₩ 300,000/60,000개)
20×1년 전부원가 영업이익: ₩ 600,000

(2) 20×1년과 20×3년의 당기판매량이 같으므로 변동원가 영업이익도 같다.
20×3년 변동원가 영업이익: ₩ 500,000
(−) 기초FOH: (−)100,000 = 10,000개 × (₩ 300,000/30,000개)
(+) 기말FOH: (+)120,000 = 20,000개 × (₩ 300,000/50,000개)
20×3년 전부원가 영업이익: ₩ 520,000

19 □□□

2024년 국가직 7급

㈜한국은 표준원가계산을 적용하고 있으며, 직접노무원가와 관련된 자료는 다음과 같다. ㈜한국의 직접노무원가 임률차이는?

• 직접노무원가 시간당 실제 임률	₩ 980
• 직접노무원가 시간당 표준 임률	₩ 1,000
• 제품 단위당 표준직접노무시간	2시간
• 제품 실제 생산량	800 단위
• 직접노무원가 능률차이	₩ 200,000 유리

① ₩ 16,000 불리한 차이
② ₩ 16,000 유리한 차이
③ ₩ 28,000 불리한 차이
④ ₩ 28,000 유리한 차이

19 답 ④

AQ × AP	AQ × SP	SQ × SP
1,400시간 × @980 = ₩ 1,372,000	1,400시간 × @1,000 = ₩ 1,400,000	800단위 × 2시간 × @1,000 = ₩ 1,600,000
임률차이 ₩ 28,000 유리		능률차이 ₩ 200,000 유리

20 □□□

2024년 국가직 7급

㈜한국의 20×1년 매출액은 ₩ 500,000, 총고정원가는 ₩ 100,000, 공헌이익률은 40%, 법인세율은 30%일 때, 옳지 않은 것은?

① 총변동원가는 ₩ 300,000이다.
② 영업레버리지도는 2.5이다.
③ 세후이익은 ₩ 70,000이다.
④ 안전한계율은 50%이다.

20 답 ②

옳지 않은 것: 영업레버리지도는 2이다.

(1) 총변동원가: 300,000 = 500,000 × (1 − 40%)

(2) 영업레버리지도: $\frac{\text{공헌이익 } 200,000}{\text{영업이익 } 100,000} = 2$

1) 공헌이익: 200,000 = 매출액 500,000 − 총변동원가 300,000
2) 영업이익: 100,000 = 공헌이익 200,000 − 총고정원가 100,000

(3) 안전한계율: $\frac{\text{영업이익 } 100,000}{\text{공헌이익 } 200,000} = 0.5$

TIP 안전한계율과 영업레버리지도는 역수관계이다. (안전한계율 × 레버리지도 = 1)

(4) 세후이익: 70,000 = 영업이익 100,000 × (1 − 법인세율 30%)

21 □□□

2024년 국가직 7급

㈜한국은 연산품 X와 Y를 추가 가공 후 판매하고 있으며, 순실현가치법을 적용하여 결합원가를 배부한다. Y에 배부된 결합원가가 ₩3,000이라면, X에 배부된 결합원가는?

연산품	생산량	단위당 추가 가공원가	단위당 최종 판매가격
X	200 단위	₩ 50	₩400
Y	300 단위	₩100	₩200

① ₩3,500
② ₩5,000
③ ₩7,000
④ ₩10,000

21 답 ③

X에 배부된 결합원가: 7,000

(1) 연산품 X, Y의 순실현가능가치
X: 70,000 = 생산량 200개 × (판매가격 400 - 추가가공원가 50)
Y: 30,000 = 생산량 300개 × (판매가격 200 - 추가가공원가 100)

(2) Y에 배부된 결합원가: 3,000 = 총결합원가 A × 30,000 / (70,000 + 30,000),
∴ A = 10,000

(3) X에 배부된 결합원가: 7,000 = 10,000 × 70,000 / (70,000 + 30,000)

22 □□□

2024년 국가직 7급

㈜한국은 종합원가계산을 적용하고 있으며 관련 자료가 다음과 같을 때, 기초재공품의 가공원가 완성도는?

- 직접재료는 공정 초기에 전량 투입되며, 가공원가는 공정 전반에 걸쳐 균등하게 발생한다.
- 가중평균법 또는 선입선출법 적용 시 완성품 환산량

구분	가중평균법	선입선출법
직접재료원가	4,000 단위	3,000 단위
가공원가	3,200 단위	2,600 단위

- 공손 및 감손은 없다.

① 30%
② 40%
③ 50%
④ 60%

22 답 ④

(1) 기초재공품 수량: 1,000단위
= 가중평균법 직접재료원가 완성품 환산량 - 선입선출법 직접재료원가 완성품 환산량
= 4,000단위 - 3,000단위

(2) 기초재공품의 가공원가 완성품 환산량 차이: 600단위
= 가중평균법 3,200단위 - 선입선출법 2,600단위

(3) 기초재공품 수량 1,000단위 × 기초재공품 가공원가 완성도 A = 기초재공품 가공원가 완성품 환산량 600단위, ∴ A = 60%

23 □□□

2023년 지방직 9급

평균법을 이용한 종합원가계산을 적용하는 ㈜한국은 공손품의 검사를 공정의 50% 시점에서 수행하며, 검사시점을 통과한 수량의 10%를 정상공손으로 허용하고 있다. ㈜한국의 생산 관련 자료가 다음과 같을 때, 정상공손수량과 비정상공손수량을 바르게 연결한 것은? (단, 가공원가는 공정 전반에 걸쳐 균등하게 발생한다.)

• 기초재공품	800단위(가공원가 완성도 80%)
• 당기착수량	4,200단위
• 당기완성량	3,500단위
• 기말재공품	1,000단위(가공원가 완성도 60%)

	정상공손수량	비정상공손수량
①	350단위	150단위
②	370단위	130단위
③	420단위	80단위
④	450단위	50단위

23 답 ②

(1) 공손수량: 500단위 = 기초 800 + 당기착수 4,200 − 당기완성 3,500 − 기말 1,000
(2) 검사시점 통과수량: 3,700단위 = 당기착수완성(3,500 − 800) + 기말재공품 1,000
(3) 정상공손수량: 370단위 = 통과수량 3,700 × 10%
(4) 비정상공손수량: 130단위 = 공손수량 500 − 정상공손수량 370

24 □□□

2023년 지방직 9급

단일제품을 생산 · 판매하는 ㈜한국은 20×1년에 영업을 시작하여 당해 연도에 제품 200단위를 단위당 ₩1,000에 판매하였다. ㈜한국의 20×1년도 공헌이익률이 40%, 영업레버리지도가 5일 때, 손익분기점 판매량은?

① 100단위 ② 120단위
③ 140단위 ④ 160단위

24 답 ④

(1) 공헌이익: ₩80,000 = 판매량 200단위 × @1,000 × 공헌이익률 40%
(2) 영업레버리지도: $5 = \frac{\text{공헌이익 } 80,000}{\text{영업이익 } A}$, ∴ A = 16,000
(3) 고정원가: 64,000 = 공헌이익 80,000 − 영업이익 16,000
(4) 손익분기점의 계산: P 1,000 × 40% × Q − ₩64,000 = 0, ∴ Q = 160개

25 □□□

2023년 지방직 9급

㈜한국은 표준원가계산을 적용하고 있으며, 고정제조간접원가 배부율 산정을 위한 기준조업도는 10,000기계시간, 고정제조간접원가 표준배부율은 기계시간당 ₩50이다. 실제 산출량에 허용된 표준조업도가 12,000기계시간이고, 실제 발생한 고정제조간접원가가 ₩660,000일 때, 고정제조간접원가 조업도차이와 예산차이를 바르게 연결한 것은?

	조업도차이	예산차이
①	₩50,000 유리한 차이	₩110,000 불리한 차이
②	₩50,000 불리한 차이	₩110,000 유리한 차이
③	₩100,000 유리한 차이	₩160,000 불리한 차이
④	₩100,000 불리한 차이	₩160,000 유리한 차이

25 답 ③

실제 고정제조간접원가	예산	배부
₩660,000	10,000시간 × @50 = ₩500,000	12,000시간 × @50 = 600,000
예산차이 ₩160,000 유리		조업도차이 ₩100,000 유리

26 □□□

2023년 지방직 9급

20×1년에 영업을 시작한 ㈜한국의 당해 연도 생산·판매와 관련된 자료가 다음과 같을 때, 변동원가계산에 의한 영업이익은?

• 생산수량	5,000단위
• 판매수량	4,000단위
• 단위당 판매가격	₩2,000
• 단위당 직접재료원가	₩500
• 단위당 직접노무원가	₩400
• 단위당 변동제조간접원가	₩300
• 단위당 변동판매관리비	₩200
• 총고정제조간접원가	₩350,000
• 총고정판매관리비	₩150,000

① ₩1,620,000 ② ₩1,900,000
③ ₩1,970,000 ④ ₩2,500,000

26 답 ②

매출액	₩8,000,000	= 4,000단위 × @2,000
(−)변동원가	(−) 5,600,000	= 4,000단위 × @(500 + 400 + 300 + 200)
= 공헌이익	= ₩2,400,000	
(−)고정원가	(−) 500,000	= 350,000 + 150,000
= 영업이익	= ₩1,900,000	

27 □□□ 2023년 지방직 9급

㈜한국은 정상개별원가계산을 적용하고 있으며, 기계가동시간을 기준으로 제조간접원가를 예정배부한다. ㈜한국의 20×1년 제조간접원가 관련 자료가 다음과 같을 때, 실제 발생한 제조간접원가는?

• 제조간접원가 예산	₩150,000
• 예상 기계가동시간	3,000시간
• 실제 기계가동시간	3,200시간
• 제조간접원가 배부차이	₩5,000 과소배부

① ₩155,000 ② ₩165,000
③ ₩170,000 ④ ₩175,000

27 답 ②

(1) 예정배부율: @50 = 제조간접원가 예산 150,000 ÷ 예상 기계가동시간 3,000
(2) 실제 제조간접원가: 165,000 = 160,000 + 과소배부 5,000

28 □□□ 2023년 국가직 7급

보조부문원가의 배부 방법에 대한 설명으로 옳지 않은 것은?

① 직접배분법은 보조부문 상호 간의 용역수수관계를 전혀 고려하지 않는 방법이다.
② 단계배분법은 보조부문의 배분순서가 달라지면 배분 후의 결과가 달라지는 방법이다.
③ 상호배분법은 보조부문 상호 간의 용역수수관계를 모두 고려한다.
④ 상호배분법이 직접배분법에 비해 적용과 계산이 간단한 방법이다.

28 답 ④

상호배분법이 직접배분법에 비해 적용과 계산이 복잡한 방법이다.

29 □□□

2023년 국가직 7급

㈜한국은 단일제품을 생산하고 있으며, 제품원가와 관련된 자료는 다음과 같다. 제품원가 계산 시 종합원가계산방법을 적용할 경우 비정상공손원가는?

- 검사시점: 60%
- 공손수량: 총 1,000개(정상공손 900개, 비정상공손 100개)
- 완성품환산량 단위당 원가: 전공정원가 ₩8, 재료원가 ₩5, 가공원가 ₩10
- 재료는 공정의 80% 시점에 투입된다.
- 가공원가는 공정 전반에 걸쳐 균등하게 발생한다.

① ₩1,200
② ₩1,400
③ ₩1,800
④ ₩2,300

29 답 ②

비정상공손원가: 100개 × @8 + 100개 ×60% × @10 = 1,400
재료는 80%에 투입되므로 공손수량에는 포함되지 않는다.

30 □□□

2023년 국가직 7급

조업도에 대한 설명으로 옳지 않은 것은?

① 원가 - 조업도 - 이익분석에서 사용되는 조업도는 판매량 혹은 생산량을 의미한다.
② 고정제조간접원가 표준배부율은 고정제조간접원가 예산을 기준조업도로 나눈 것이다.
③ 고정제조간접원가 조업도 차이는 고정제조간접원가 실제액과 고정제조간접원가 예산액의 차이이다.
④ 기준조업도는 고정제조간접원가를 제품원가에 배부하기 위한 기준이 되는 것으로 직접노무시간 예산, 기계가동시간 예산, 생산량 예산 등으로 표현된다.

30 답 ③

고정제조간접원가 예산 차이는 고정제조간접원가 실제액과 고정제조간접원가 예산액의 차이이다.

31 □□□

2022년 지방직 9급

㈜한국은 표준원가계산제도를 적용하고 있으며, 직접노무원가와 관련된 자료는 다음과 같다.

• 표준직접노동시간	1,000시간
• 실제직접노동시간	960시간
• 실제발생 직접노무원가	₩ 364,800
• 능률차이(유리한 차이)	₩ 14,800
• 임률차이(불리한 차이)	₩ 9,600

직접노무원가 시간당 표준임률은?

① ₩ 240
② ₩ 350
③ ₩ 370
④ ₩ 380

31 답 ③

(1) AQ × AP = 364,800
(2) AQ × SP = 364,800 − 9,600 = 355,200 = 960시간 × @370(역산)

32 □□□

2022년 지방직 9급

㈜한국은 제품 A와 B를 생산하여 제품 A 3단위와 제품 B 2단위를 하나의 묶음으로 판매하고 있다.

• 제품별 단위당 판매가격 및 변동원가

구분 \ 제품	A	B
단위당 판매가격	₩ 500	₩ 800
단위당 변동원가	₩ 300	₩ 700

• 고정제조간접원가 ₩ 600,000
• 고정판매비와관리비 ₩ 360,000

손익분기점에서 제품 A와 B의 판매량은?

	제품 A	제품 B
①	2,400단위	2,400단위
②	2,400단위	3,600단위
③	3,600단위	2,400단위
④	3,600단위	3,600단위

32 답 ③

(1) Set당 공헌이익: (500 − 300) × 3 + (800 − 700) × 2 = 800
(2) 손익분기점: 800 × Q − 960,000 = 0 ∴ Q = 1,200
(3) 손익분기점 판매량
1) A: 1,200 × 3개 = 3,600개
2) B: 1,200 × 2개 = 2,400개

33 □□□

2022년 지방직 9급

다음은 ㈜한국의 20×1년 6월 생산과 관련된 원가자료이다.

• 재고자산 현황

일자 \ 구분	직접재료	재공품	제품
6월 1일	₩ 3,000	₩ 6,000	₩ 9,000
6월 30일	₩ 2,000	₩ 2,000	₩ 8,000

• 6월의 직접재료 매입액은 ₩ 35,000이다.
• 6월 초 직접노무원가에 대한 미지급임금은 ₩ 5,000, 6월에 현금 지급한 임금은 ₩ 25,000, 6월 말 미지급임금은 ₩ 10,000이다.
• 6월에 발생한 제조간접원가는 ₩ 22,000이다.

20×1년 6월의 매출원가는?

① ₩ 74,000　② ₩ 88,000
③ ₩ 92,000　④ ₩ 93,000

33

답 ④

(1) 직접재료비: 3,000(기초재료) + 35,000(매입액) - 2,000(기말재료) = 36,000
(2) 직접노무비: 25,000(기초미지급임금) + 직접노무비 = 25,000(지급액) + 10,000(기말미지급임금),
　직접노무비: 30,000
(3) 당기총제조원가: 36,000 + 30,000 + 22,000 = 88,000
(4) 당기제품제조원가: 6,000(기초재공품) + 88,000(당기총제조원가) - 2,000(기말재공품) = 92,000
(5) 매출원가: 9,000(기초제품) + 92,000 - 8,000(기말제품) = 93,000

34 □□□

2022년 지방직 9급

㈜한국은 당기에 제1공정에서 결합원가 ₩ 120,000을 투입하여 결합제품 A, B, C를 생산하였다. A와 B는 분리점에서 각각 ₩ 100,000과 ₩ 80,000에 판매 가능하며, C는 분리점에서 판매 불가능하므로 추가가공원가 ₩ 60,000을 투입하여 ₩ 120,000에 판매한다. ㈜한국이 균등이익률법으로 결합원가를 배부할 경우, C에 배부될 결합원가는?

① ₩ 12,000　② ₩ 48,000
③ ₩ 60,000　④ ₩ 72,000

34

답 ①

(1) 매출액: 100,000 + 80,000 + 120,000 = 300,000
(2) 매출원가: 120,000 + 60,000 = 180,000
(3) 매출원가율: 180,000/300,000 = 60%
(4) C의 결합원가배부액: 120,000 × 60% - 60,000 = 12,000

35 □□□

2022년 지방직 9급

㈜한국은 보조부문 X, Y와 제조부문 P1, P2를 운영하여 제품을 생산하고 있다. 보조부문 X는 기계시간, Y는 전력소비량에 비례하여 보조부문원가를 제조부문에 각각 배부한다. ㈜한국의 각 부문원가와 용역제공 현황은 다음과 같다.

구분	보조부문		제조부문		합계
	X	Y	P1	P2	
부문원가	₩100,000	₩120,000	₩100,000	₩200,000	₩520,000
기계시간	–	400시간	300시간	300시간	1,000시간
전력소비량	500 kWh	–	200 kWh	300 kWh	1,000 kWh

㈜한국이 상호배부법을 이용하여 보조부문원가를 제조부문에 배부할 경우, 제조부문 P1, P2에 배부되는 보조부문원가는?

	P1	P2
①	₩ 98,000	₩122,000
②	₩100,000	₩120,000
③	₩120,000	₩100,000
④	₩122,000	₩ 98,000

35 답 ②

(1) X = 100,000 + 0.5Y
(2) Y = 120,000 + 0.4X
(3) X = 200,000, Y = 200,000
(4) P1: 200,000 × 0.3 + 200,000 × 0.2 = 100,000
(5) P2: 200,000 × 0.3 + 200,000 × 0.3 = 120,000

36 □□□

2022년 지방직 9급

다음은 20×1년 ㈜한국의 기계가동시간과 제조간접원가에 대한 분기별 자료이다.

분기	기계가동시간	제조간접원가
1	5,000시간	₩256,000
2	4,000시간	₩225,000
3	6,500시간	₩285,000
4	6,000시간	₩258,000

㈜한국은 고저점법을 이용하여 원가를 추정하며, 제조간접원가의 원가동인은 기계가동시간이다. 20×2년 1분기 기계가동시간이 5,500시간으로 예상될 경우, 제조간접원가 추정 금액은?

① ₩252,000
② ₩258,500
③ ₩261,000
④ ₩265,000

36 답 ③

(1) 단위당변동비: (285,000 − 225,000)/(6,500시간 − 4,000시간) = @24
(2) 고정비(129,000): 4,000시간 × @24 + 고정비 = 225,000
(3) 20×2년 1분기 제조간접원가: 5,500시간 × @24 + 129,000 = 261,000

37 □□□

2022년 지방직 9급

㈜한국은 정상개별원가계산을 적용하고 있으며, 직접노무시간을 기준으로 제조간접원가를 예정배부하고 있다. 다음 자료를 이용할 경우, 당기 말 제조간접원가 과소 또는 과대 배부액은?

- 제조간접원가 예산 ₩130,000
- 예상 직접노무시간 10,000시간
- 실제 제조간접원가 발생액 ₩120,000
- 실제 직접노무시간 9,000시간

① 과소배부 ₩3,000
② 과대배부 ₩3,000
③ 과소배부 ₩10,000
④ 과대배부 ₩10,000

37 답 ①

(1) 예정배부액: 9,000시간 × (130,000/10,000시간) = 117,000
(2) 실제발생액: 120,000
(3) 배부차이: (1) - (2) = 과소배부 3,000

38 □□□

2022년 국가직 9급

㈜한국은 종합원가계산을 적용하고 있으며, 물량흐름과 원가관련정보는 다음과 같다.

- 직접재료는 공정 초기에 전량 투입되며, 가공원가는 공정 전반에 걸쳐 균등하게 발생한다.
- 기초재공품: 1,000단위(가공원가 완성도 50%)
  당기착수량: 4,000단위, 당기완성품: 3,000단위
- 기말재공품 가공원가 완성도 50%
- 제조원가 내역

구분	직접재료원가	가공원가
기초재공품원가	₩ 4,000	₩14,000
당기발생원가	₩20,000	₩21,000

㈜한국의 선입선출법에 의한 완성품 원가는? (단, 공손 및 감손은 없다.)

① ₩16,000
② ₩18,350
③ ₩40,650
④ ₩43,000

38 답 ④

(1) 완성품환산량
  1) 직접재료비: 2,000단위(당기착수완성) + 2,000단위(기말) = 4,000단위
  2) 가공원가: 1,000단위 × 50%(기초착수완성) + 2,000단위(당기착수완성) + 2,000단위 × 50%(기말) = 3,500단위
(2) 완성품환산량단가
  1) 직접재료비: 20,000/4,000단위 = @5
  2) 가공원가: 21,000/3,500단위 = @6
(3) 완성품원가: 2,000개 × @5 + 2,500단위 × @6 + 4,000 + 14,000 = 43,000

39 □□□

2022년 국가직 9급

㈜한국은 화학재료 4,000 kg을 투입해서 정제공정을 거쳐 3 : 2의 비율로 연산품 A와 B를 생산하며, 분리점 이전에 발생한 결합원가는 다음과 같다.

구분	금액
직접재료원가	₩ 250,000
직접노무원가	₩ 120,000
제조간접원가	₩ 130,000
합계	₩ 500,000

결합제품의 kg당 판매가격은 연산품 A가 ₩ 40/kg이고, 연산품 B가 ₩ 60/kg이다. 분리점에서의 판매가치법에 따라 결합원가를 배분할 경우, 연산품 B에 배부되는 결합원가는?

① ₩ 250,000
② ₩ 350,000
③ ₩ 450,000
④ ₩ 550,000

39 답 ①

(1) 판매가치
 1) A: 4,000kg × 3/5 × 40 = 96,000
 2) B: 4,000kg × 2/5 × 60 = 96,000
(2) 연산품 B에 배부되는 결합원가: 500,000 × (96,000/192,000) = 250,000

40 □□□

2021년 서울시 7급

㈜서울이 판매하고 있는 제품 A와 제품 B의 단위당 공헌이익은 각각 ₩ 10과 ₩ 20이다. 총 고정비는 ₩ 6,000이며 그 밖의 다른 비용은 없다. 현재 제품 A와 제품 B의 판매수량비율은 2 : 1이나, 향후 1 : 2로 변경될 것으로 예측된다. 판매수량비율 변경에 따른 회사 전체의 손익분기점 판매수량 차이는?

① 90개 감소
② 90개 증가
③ 180개 감소
④ 차이 없음

40 답 ①

(1) 판매비율이 2 : 1인 경우
 1) 묶음당 공헌이익: (@10 × 2개) + (@20 × 1개) = 40
 2) 손익분기점 판매수량: 6,000 ÷ 40 = 150묶음, (150묶음 × 2개) + (150묶음 × 1개) = 450개
(2) 판매비율이 1 : 2인 경우
 (1) 묶음당 공헌이익: (@10 × 1개) + (@20 × 2개) = 50
 (2) 손익분기점 판매수량: 6,000 ÷ 50 = 120묶음, (120묶음 × 1개) + (120묶음 × 2개) = 360개
 ⇒ 손익분기점판매량은 90개 감소한다.

41 □□□

2021년 서울시 7급

㈜서울은 전동킥보드를 생산판매하고 있으며 이와 관련된 자료는 <보기>와 같다. 현재 월간 생산판매수량은 2,000단위이나 ㈜한국으로부터 800단위를 공급해 달라는 특별주문을 받았다. 동 주문은 변동제조원가가 기존보다 5% 증가하고 변동판매관리비는 기존의 10%만 발생하며 고정비에는 영향을 주지 않는다. ㈜서울이 동 주문을 수락하기 위한 단위당 최저 판매가격은?

〈보기〉

월간 최대 생산량	2,500단위
단위당 판매단가	₩ 20,000
단위당 변동제조원가	₩ 10,000
단위당 변동판매관리비	₩ 2,000
월간 고정원가	₩10,000,000

① ₩10,700
② ₩11,700
③ ₩12,700
④ ₩13,700

41

답 ④

(1) 특별 주문 수락에 따른 증분비용: 1) + 2) = 10,960,000
  1) 특별 주문 변동원가: [800단위 × (10,000 × 1.05)] + [800단위 × (2,000 × 0.1)] = 8,560,000
  2) 포기한 일반판매 이익: (2,000 + 800 − 2,500)단위 × (20,000 − 10,000 − 2,000) = 2,400,000
(2) 특별 주문 단위당 최저 판매가격: 10,960,000 ÷ 800단위 = 13,700

42 □□□

2021년 국가직 7급

다음은 ㈜한국의 20×1년 기초 및 기말 재고자산과 관련한 자료이다.

구분	기초	기말
직접재료	₩ 2,000	₩ 7,000
재공품	₩ 8,000	₩ 5,000
제품	₩ 7,000	₩ 10,000

㈜한국은 매출원가의 20%를 매출원가에 이익으로 가산하여 제품을 판매하고 있으며, 20×1년 매출액은 ₩ 60,000이다. ㈜한국의 20×1년 직접재료 매입액은 ₩ 15,000이고, 제조간접원가는 가공원가(conversion cost)의 40%일 때, 20×1년의 기초원가(prime cost)는?

① ₩ 24,000
② ₩ 32,800
③ ₩ 34,000
④ ₩ 40,000

42

답 ③

(1) 직접재료비: 2,000 + 15,000 - 7,000 = 10,000
(2) 매출원가: 60,000/(1 + 20%) = 50,000
(3) 당기제품제조원가: 10,000 + 50,000(매출원가) - 7,000 = 53,000
(4) 당기총제조원가: 5,000 + 53,000(당기제품제조원가) - 8,000 = 50,000
(5) 가공비: 50,000(당기총제조원가) - 10,000(직접재료비) = 40,000
(6) 제조간접비: 40,000(가공비) × 40% = 16,000
(7) 직접노무비: 40,000(가공비) - 16,000(제조간접비) = 24,000
(8) 기초원가: 10,000(직접재료비) + 24,000(직접노무비) = 34,000

43 □□□

2021년 국가직 7급

㈜대한은 상품운반용 신제품 드론 1대를 생산하였다. 1대를 생산하는 데 소요되는 원가자료는 다음과 같다.

• 직접재료원가	₩ 80,000
• 직접노무시간	100시간
• 직접노무원가	₩ 1,000 / 직접노무시간
• 변동제조간접원가	₩ 500 / 직접노무시간

직접노무시간에 대해 80% 누적 평균시간 학습모형이 적용될 때, 드론 3대를 추가로 생산할 경우 발생할 제조원가는? (단, 추가 생산 시 단위당 직접재료원가, 직접노무원가, 변동제조간접원가의 변동은 없으며, 고정제조간접원가는 발생하지 않는다.)

① ₩ 234,000
② ₩ 318,000
③ ₩ 396,000
④ ₩ 474,000

43 답 ④

(1) 노무시간
  1) 1대: 100시간
  2) 2대: 100시간 × 80% = 80시간
  3) 4대: 100시간 × 80% × 80% = 64시간
(2) 직접재료비: 3대 × 80,000 = 240,000
(3) 직접노무비: [(64시간 × 4대) - 100시간] × 1,000 = 156,000
(4) 변동제조간접비: [(64시간 × 4대) - 100시간] × 500 = 78,000
(5) 제조원가: (2) + (3) + (4) = 474,000

44 □□□

2021년 국가직 7급

㈜한국의 20×1년도 고정비는 ₩ 600,000이고 손익분기점 매출액이 ₩ 1,500,000이며, 안전한계율이 40%일 경우, 영업이익은?

① ₩ 0
② ₩ 200,000
③ ₩ 400,000
④ ₩ 1,000,000

44 답 ③

(1) 고정비 600,000 ÷ 공헌이익률 = 손익분기점 매출액 1,500,000, 공헌이익률: 0.4
(2) (매출 - 손익분기점 매출액 1,500,000) ÷ 매출 = 안전한계율 40%, 매출: 2,500,000
(3) 공헌이익: 매출 2,500,000 × 0.4 = 1,000,000
(4) 영업이익: 공헌이익 1,000,000 - 고정비 600,000 = 400,000

45 □□□

2021년 지방직 9급

정상개별원가계산을 적용하는 경우 발생할 수 있는 제조간접원가 배부차이에 대한 설명 중 옳지 않은 것은?

① 제조간접원가 배부차이는 회계기간 중에 배분된 제조간접원가 예정배부액과 회계기간 말에 집계된 제조간접원가 실제 발생액의 차이로 발생한다.
② 원가요소별 비례배분법은 기말의 재공품, 제품 및 매출원가에 포함되어 있는 제조간접원가 실제배부액의 비율에 따라 제조간접원가 배부차이를 조정한다.
③ 제조간접원가 배부 시 실제배부율은 사후적으로 계산되지만, 예정배부율은 기초에 사전적으로 계산된다.
④ 제조간접원가 과대배부액을 매출원가조정법에 의해 회계처리하는 경우, 매출원가가 감소하게 되므로 이익이 증가하는 효과가 있다.

45 답 ②

원가요소별 비례배분법은 기말의 재공품, 제품 및 매출원가에 포함되어 있는 제조간접원가 예정배부액의 비율에 따라 제조간접원가 배부차이를 조정한다.

46 □□□

2021년 지방직 9급

㈜한국의 다음 자료를 이용한 영업레버리지도는? (단, 기말 재고자산과 기초 재고자산은 없다.)

- 매출액: ₩1,000,000
- 공헌이익률: 30%
- 고정원가: ₩180,000

① 0.4
② 0.6
③ 2.0
④ 2.5

46 답 ④

(1) 0.3 × 손익분기점 매출액 = 180,000, 손익분기점 매출액 = 600,000
(2) 안전한계율: (1,000,000 − 600,000) ÷ 1,000,000 = 0.4
⇒ 영업레버리지도: 1 ÷ 0.4 = 2.5

47 □□□

2021년 지방직 9급

㈜한국의 다음 자료를 이용한 변동제조원가 발생액은? (단, 기초 제품재고와 기초 및 기말 재공품재고는 없다.)

- 당기 제품생산량: 50,000개
- 당기 제품판매량: 50,000개
- 변동매출원가: ₩ 900,000

① ₩ 600,000
② ₩ 700,000
③ ₩ 800,000
④ ₩ 900,000

47 답 ④

제품생산량과 판매량이 동일하므로 변동제조원가 발생액 전액이 변동매출원가 금액과 일치한다.

48 □□□

2021년 지방직 9급

전부원가계산에 의한 영업이익이 변동원가계산에 의한 영업이익보다 ₩ 10,000이 더 클 때, 다음의 자료를 이용한 당기 생산량은?

구분	수량 / 금액
판매량	500개
고정판매관리비	₩ 15,000
고정제조간접원가(총액)	₩ 30,000
기초 재고자산	없음

① 650개
② 700개
③ 750개
④ 800개

48 답 ③

30,000 × 500/당기 생산량 = 20,000, 당기 생산량 = 750

49 □□□

2021년 국가직 9급

다음은 ㈜한국이 생산하는 제품에 대한 원가자료이다.

• 단위당 직접재료원가	₩ 28,000
• 단위당 직접노무원가	₩ 40,000
• 단위당 변동제조간접원가	₩ 60,000
• 월간 총 고정제조간접원가	₩ 200,000

㈜한국의 제품 단위당 기초(기본)원가와 단위당 가공(전환)원가는? (단, 고정제조간접원가는 월간 총 생산량 20단위를 기초로 한 것이다.)

	단위당 기초(기본)원가	단위당 가공(전환)원가
①	₩ 68,000	₩ 110,000
②	₩ 68,000	₩ 128,000
③	₩ 110,000	₩ 68,000
④	₩ 128,000	₩ 68,000

49 답 ①

(1) 단위당 기초원가: 28,000 + 40,000 = 68,000
(2) 단위당 가공원가: 40,000 + 60,000 + (200,000/20단위) = 110,000

50 □□□

2021년 국가직 9급

㈜한국은 정상(예정)개별원가계산을 적용하며, 기계시간을 기준으로 제조간접원가를 예정배부한다. 20×1년 예정 기계시간이 10,000시간이고 원가 예산이 다음과 같을 때, 제조간접원가 예정배부율은?

항목	금액
직접재료원가	₩ 25,000
간접재료원가	₩ 5,000
직접노무원가	₩ 32,000
공장건물 임차료	₩ 20,000
공장설비 감가상각비	₩ 7,000
판매직원 급여	₩ 18,000
공장설비 보험료	₩ 13,000
광고선전비	₩ 5,000

① ₩ 4 / 기계시간
② ₩ 4.5 / 기계시간
③ ₩ 7.2 / 기계시간
④ ₩ 10.2 / 기계시간

50 답 ②

(1) 제조간접원가: 5,000 + 20,000 + 7,000 + 13,000 = 45,000
(2) 제조간접원가 예정배부율: 45,000/10,000시간 = 4.5

51 □□□

2021년 국가직 9급

㈜한국은 단일제품을 대량으로 생산하고 있으며, 종합원가계산을 적용하고 있다. 원재료는 공정초기에 투입되고 가공원가는 공정 전반에 걸쳐 균등하게 발생하는데, ㈜한국의 20×1년 4월의 생산자료는 다음과 같다.

• 기초 재공품(완성도 60%)	100,000개
• 당기 착수량	800,000개
• 당기 완성량	600,000개
• 기말 재공품(완성도 80%)	200,000개

㈜한국은 선입선출법을 적용하고 있으며, 생산공정에서 발생하는 공손품의 검사는 공정의 50% 시점에서 이루어지며, 검사를 통과한 합격품의 10%를 정상공손으로 허용하고 있을 때 비정상공손 수량은?

① 10,000개
② 30,000개
③ 60,000개
④ 70,000개

51 답 ②

(1) 공손수량: 100,000 + 800,000 - 600,000 - 200,000 = 100,000
(2) 정상공손수량: (600,000 - 100,000 + 200,000) × 10% = 70,000
(3) 비정상공손수량: 100,000 - 70,000 = 30,000

52 □□□

2021년 국가직 9급

㈜한국은 표준원가계산제도를 적용하고 있으며, 당기 변동제조간접원가 예산은 ₩1,500,000, 고정제조간접원가 예산은 ₩2,000,000이다. ㈜한국의 제조간접원가 배부율을 구하기 위한 기준조업도는 1,000기계시간이며, 당기 실제 기계시간은 800시간이었다. 변동제조간접원가 능률차이가 ₩75,000 불리한 것으로 나타났다면, 고정제조간접원가 조업도차이는?

① ₩250,000 유리한 차이
② ₩250,000 불리한 차이
③ ₩500,000 유리한 차이
④ ₩500,000 불리한 차이

52 답 ④

(1) 변동제조간접비
  1) SP: 1,500,000/1,000시간 = 1,500
  2) AQ(800시간) × SP(1,500) = 1,200,000
  3) SQ × SP = 1,200,000 - 75,000(불리한 차이) = SQ × SP(1,500), SQ = 750시간
(2) 고정제조간접비
  1) SP: 2,000,000/1,000시간 = 2,000
  2) 조업도차이: 2,000,000 - (750시간 × 2,000) = 500,000 불리한 차이

53 □□□

2020년 서울시 7급

〈보기〉는 단일제품을 생산하여 개당 ₩ 50에 판매하는 ㈜서울(20×1년 초 설립)의 20×1년도 제조원가와 생산량에 대한 자료이다. ㈜서울의 20×1년도 변동원가계산에 의한 영업이익이 ₩ 600,000일 때, 전부원가계산에 의한 영업이익은? (단, 판매관리비는 발생하지 않는다고 가정한다.)

〈보기〉

• 단위당 직접재료원가	₩ 10
• 단위당 직접노무원가	₩ 8
• 단위당 변동제조간접원가	₩ 12
• 연간 총 고정제조간접원가	₩ 1,000,000
• 당기 생산량	100,000개

① ₩ 400,000
② ₩ 600,000
③ ₩ 800,000
④ ₩ 1,000,000

53 답 ③

(1) 변동원가계산에 의한 영업이익
[@(50 − 10 − 8 − 12) × 판매수량] − 1,000,000 = 600,000, 판매수량: 80,000개

(2) 전부원가계산하의 영업이익
600,000 + 기말 재고자산의 고정제조간접원가 배부액(= @10* × 20,000개) = 800,000
* 고정제조간접원가 배부액: 1,000,000 ÷ 100,000개 = 10

54 □□□

2020년 서울시 7급

㈜서울은 두 종류의 제품 A와 B를 생산하여 판매하며, 각 제품 매출액이 회사 총 매출액에서 차지하는 비중은 각각 50%이다. 매출액에 대한 변동비는 제품 A가 60%, 제품 B가 40%이다. 총고정비는 ₩ 100,000이며, 그 밖의 다른 비용은 없다. 총고정비가 20%만큼 증가한다고 가정할 때, ₩ 10,000의 순이익을 얻기 위하여 필요한 매출액은? (단, 세금효과는 고려하지 않는다.)

① ₩ 130,000
② ₩ 220,000
③ ₩ 240,000
④ ₩ 260,000

54 답 ④

[0.5 × (1 − 0.6) × 매출] + [0.5 × (1 − 0.4) × 매출] − [100,000 × (1 + 20%)] = 10,000, 매출: 260,000

55 □□□

2020년 국가직 7급

㈜한국은 선입선출법을 이용하여 종합원가계산을 한다. 원재료는 공정시작 시점에서 전량 투입되며, 가공원가는 공정 전반에 걸쳐 균등하게 발생한다고 가정할 때, 다음의 자료를 이용한 가공원가의 완성품환산량은? (단, 공손과 감손은 없다.)

구분	수량(개)	가공원가완성도
기초 재공품	300	50%
완성품	1,000	100%
기말 재공품	500	40%

① 800
② 950
③ 1,050
④ 1,150

55 답 ③

재료원가	기초 재공품 수량 300개	+ 당기 착수량 1,200(역산)	= 완성품 수량 1,000개	+ 기말 재공품 수량 500개
	↓ × 완성도 × 50%			↓ × 완성도 × 40%
가공원가	기초 재공품 수량 (완성품환산량) ① 150개	+ 당기 가공량 (완성품환산량) ④ 1,050개(역산)	= 완성품 수량 ② 1,000개	+ 기말 재공품 완성품환산량 ③ 200개

56 □□□

2020년 국가직 7급

㈜한국은 단일제품을 생산 · 판매하고 있으며 제품 1단위를 생산하는 데 11시간의 직접노무시간을 사용하고 있고, 제품 단위당 변동판매관리비는 ₩25이다. ㈜한국의 총제조원가에 대한 원가동인은 직접노무시간이고, 고저점법에 의하여 원가를 추정하고 있다. 제품의 총제조원가와 직접노무시간에 대한 자료는 다음과 같다.

구분	총제조원가	직접노무시간
1월	₩14,000	120시간
2월	₩17,000	100시간
3월	₩20,000	135시간
4월	₩19,000	150시간

㈜한국이 5월에 30단위의 제품을 단위당 ₩500에 판매한다면 총 공헌이익은?

① ₩ 850
② ₩1,050
③ ₩1,250
④ ₩1,450

56 답 ②

(1) 직접노무시간당 제조원가: (19,000 - 17,000) ÷ (150 - 100) = @40/시간
(2) 총공헌이익: 30단위 × {@500 - [(@40 × 11시간) + @25]} = 1,050

57 □□□

2020년 국가직 7급

다음 자료를 이용하여 계산한 20×1년도 매출총이익은?

구분	20×1년 초	20×1년 기중	20×1년 말
직접재료	₩ 20		₩ 15
재공품	₩ 30		₩ 10
제품	₩ 20		₩ 10
직접재료 매입액		₩ 350	
직접노무원가		₩ 250	
간접노무원가		₩ 80	
공장 임차료		₩ 10	
영업장 화재보험료		₩ 5	
공장 수도광열비		₩ 15	
판매원 상여금		₩ 40	
매출액		₩ 1,400	

① ₩ 660
② ₩ 665
③ ₩ 730
④ ₩ 740

57

답 ①

(1) 매출원가

재고자산			
기초(직접재료 + 재공품 + 제품)	70	매출원가(대차차액)	740
직접재료 매입액	350		
직접노무원가	250		
간접노무원가	80		
공장임차료	10		
공장 수도광열비	15	기말(직접재료 + 재공품 + 제품)	35

(2) 매출총이익: 1,400 − 740 = 660

58 □□□

2020년 지방직 9급

원가행태에 대한 설명으로 옳지 않은 것은?

① 월급제로 급여를 받는 경우, 작업자가 받는 급여는 노무시간에 비례하지 않지만, 총 생산량에 따라 작업자의 인원을 조정할 수 있으면 총노무원가는 계단원가가 된다.
② 제품수준(유지)원가는 제품 생산량과 무관하게 제품의 종류 수 등 제품수준(유지)원가동인에 비례하여 발생한다.
③ 고정제조간접원가가 발생하는 기업에서 전부원가계산을 채택하면 생산량이 많아질수록 제품단위당 이익은 크게 보고된다.
④ 초변동원가계산에서는 직접재료원가와 직접노무원가를 제품원가로 재고화하고 제조간접원가는 모두 기간비용으로 처리한다.

58

답 ④

초변동원가계산에서는 직접재료원가만 제품원가로 자산처리하고 직접노무원가와 제조간접원가는 모두 기간비용으로 처리한다.

59 □□□

2020년 지방직 9급

㈜한국은 가공원가에 대해 활동기준원가계산을 적용하고 있다. 회사의 생산활동, 활동별 배부기준, 가공원가 배부율은 다음과 같다.

생산활동	활동별 배부기준	가공원가 배부율	
기계작업	기계작업시간	기계작업시간당	₩10
조립작업	부품수	부품 1개당	₩ 6

당기에 완성된 제품은 총 100단위이고, 총 직접재료원가는 ₩6,000이다. 제품 1단위를 생산하기 위해서는 4시간의 기계작업시간이 소요되고 5개 부품이 필요하다. 당기에 생산된 제품 100단위를 단위당 ₩200에 모두 판매가 가능하다고 할 때, 매출총이익은?

① ₩ 7,000
② ₩ 9,000
③ ₩11,000
④ ₩13,000

59

답 ①

(1) 매출: 100단위 × 200 = 20,000
(2) 매출원가: (100단위 × 4시간 × 10) + (100단위 × 5개 × 6) + 6,000 = 13,000
(3) 매출총이익: (1) − (2) = 7,000

60 □□□

2020년 지방직 9급

20×1년 초에 영업을 개시한 ㈜한국은 동 기간에 5,000단위의 제품을 생산 · 완성하였으며, 단위당 ₩1,200에 판매하고 있다. 영업활동에 관한 자료는 다음과 같다.

단위당 직접재료원가	₩450	고정제조간접원가	₩500,000
단위당 직접노무원가	₩300	고정판매관리비	₩300,000
단위당 변동제조간접원가	₩100		
단위당 변동판매관리비	₩100		

전부원가계산에 의한 영업이익이 변동원가계산에 의한 영업이익보다 ₩300,000이 많을 경우, 20×1년 판매수량은?

① 1,000단위
② 2,000단위
③ 3,000단위
④ 4,000단위

60

답 ②

(1) 기말 제품수량(3,000개) × 500,000/5,000개 = 300,000
(2) 판매수량: 5,000개 − 3,000개 = 2,000개

61 □□□

2020년 지방직 9급

㈜한국은 급여체계를 일부 변경하려고 고민하고 있는데, 현재의 자료는 다음과 같다.

제품 단위당 판매가격	₩100
공헌이익률	60%
연간고정원가	
임차료	₩15,000
급여	₩21,000
광고선전비	₩12,000

만약 매출액의 10%를 성과급으로 지급하는 방식으로 급여체계를 변경한다면 고정급여는 ₩6,000이 절약될 것으로 추정하고 있다. 급여체계의 변경으로 인한 손익분기점 판매량의 변화는?

① 40단위 증가
② 40단위 감소
③ 50단위 증가
④ 50단위 감소

61 답 ①

(1) 기존의 손익분기점: (100 × 0.6Q) - 48,000 = 0
∴ Q = 800개
(2) 새로운 손익분기점: (100 × 0.5Q) - 42,000 = 0
∴ Q = 840개
(3) 급여체계의 변경으로 인한 손익분기점 판매량의 변화: (1) - (2) = 40개 증가

62 □□□

2020년 지방직 9급

㈜한국은 하나의 공정에서 단일 제품을 생산하며 선입선출법을 적용하여 완성품환산량을 계산한다. 직접재료 중 1/2은 공정 초에 투입되고 나머지는 가공이 50% 진행된 시점부터 공정의 종점까지 공정 진행에 따라 비례적으로 투입된다. 가공원가는 공정 전반에 걸쳐 균등하게 투입된다. 검사는 공정의 60% 시점에서 실시되며 일단 검사를 통과한 제품에 대해서는 더 이상 공손이 발생하지 않는 것으로 가정한다. 정상공손은 검사통과수량의 10%로 잡고 있다. 3월의 수량 관련 자료가 다음과 같을 때, 비정상공손수량 직접재료원가의 완성품환산량은?

	수량(개)	가공원가완성도(%)
기초 재공품	2,800	30%
완 성 량	10,000	
공 손 량	2,000	
기말 재공품	3,000	70%

① 420개
② 430개
③ 440개
④ 450개

62 답 ①

(1) 정상공손: (10,000개 + 3,000개) × 10% = 1,300개
(2) 비정상공손: 2,000개 - 1,300개 = 700개
(3) 비정상공손의 완성품환산량(직접재료비): 700개 × 60% = 420개

63 □□□

2020년 국가직 9급

전부원가계산과 변동원가계산에 대한 설명으로 옳지 않은 것은? (단, 주어진 내용 외의 다른 조건은 동일하다.)

① 전부원가계산에서 판매량이 일정하다면 생산량이 증가할수록 영업이익은 증가한다.
② 전부원가계산은 외부보고 목적보다 단기의사결정과 성과평가에 유용하다.
③ 변동원가계산에서는 고정제조간접원가를 제품원가에 포함시키지 않는다.
④ 변동원가계산에서 생산량의 증감은 이익에 영향을 미치지 않는다.

63 답 ②

전부원가계산은 외부보고 목적으로 사용된다.

64 □□□

2020년 국가직 9급

㈜한국은 단일제품을 생산하고 있다. 20×1년 자료가 다음과 같을 때, 당기 직접재료 매입액과 당기에 발생한 직접노무원가는?

〈재고자산〉

	기초 재고자산	기말 재고자산
직접재료	₩ 18,000	₩ 13,000
재공품	₩ 25,000	₩ 20,000
기본원가	₩ 85,000	
가공원가	₩ 75,000	
당기제품제조원가	₩ 130,000	
매출원가	₩ 120,000	

	직접재료 매입액	직접노무원가
①	₩ 45,000	₩ 35,000
②	₩ 45,000	₩ 40,000
③	₩ 50,000	₩ 35,000
④	₩ 50,000	₩ 40,000

64 답 ①

(1) 당기총제조원가: 130,000(당기제품제조원가) + 20,000(기말 재공품) - 25,000 = 125,000
(2) 제조간접비: 125,000 - 85,000(기본원가) = 40,000
(3) 직접노무비: 75,000(가공원가) - 40,000 = 35,000
(4) 직접재료비: 85,000(기본원가) - 35,000 = 50,000
(5) 재료매입액: 50,000 + 13,000(기말 재료) - 18,000(기초 재료) = 45,000

65 □□□

2020년 국가직 9급

단일 제품 A를 제조하는 ㈜한국의 제품생산 및 판매와 관련된 자료는 다음과 같다.

• 총 판매량	200개
• 총 공헌이익	₩ 200,000
• 총고정원가	₩ 150,000

법인세율이 20%일 경우, 세후 순이익 ₩120,000을 달성하기 위한 제품 A의 판매수량은? (단, 제품 A의 단위당 공헌이익은 동일하다.)

① 120개
② 150개
③ 270개
④ 300개

65 답 ④

(1) 단위당 공헌이익: 200,000/200개 = 1,000
(2) CVP분석: (1,000Q − 150,000) × (1 − 20%) = 120,000
(3) 제품 A 판매수량(Q): 300개

66 □□□

2020년 국가직 9급

㈜한국은 정상원가계산을 적용하여 제조간접원가 배부차이 금액을 재공품, 제품, 매출원가의 조정 전 기말 잔액의 크기에 비례하여 배분한다. 다음 자료를 이용하여 제조간접원가 배부차이 조정 전후 설명으로 옳지 않은 것은?

구분	조정 전 기말 잔액
재공품	₩ 500,000
제품	₩ 300,000
매출원가	₩ 1,200,000
합계	₩ 2,000,000

• 실제 발생 제조간접비 ₩1,000,000
• 예정배부된 제조간접비 ₩1,100,000
• 재공품과 제품의 기초 재고자산은 없는 것으로 가정한다.

① 조정 전 기말 잔액에 제조간접원가가 과대배부되었다.
② 제조간접원가 배부차이 금액 중 기말 재공품에 ₩25,000이 조정된다.
③ 제조간접원가 배부차이 조정 후 기말 제품은 ₩315,000이다.
④ 제조간접원가 배부차이 조정 후 매출원가 ₩60,000이 감소된다.

66 답 ③

(1) 배부차이: 1,100,000(예정배부액) − 1,000,000(실제 발생액) = 100,000 과대배부
(2) 재공품 배부차이 조정액: 100,000 × 500,000/2,000,000 = 25,000
(3) 제품 배부차이 조정액: 100,000 × 300,000/2,000,000 = 15,000
(4) 매출원가 배부차이 조정액: 100,000 × 1,200,000/2,000,000 = 60,000
(5) 조정 후 재공품: 500,000 − 25,000 = 475,000
(6) 조정 후 제품: 300,000 − 15,000 = 285,000
(7) 조정 후 매출원가: 1,200,000 − 60,000 = 1,140,000

67 □□□

2019년 서울시 7급

㈜서울의 표준원가계산 자료는 〈보기〉와 같다. 당기 중의 실제 직접노무시간은?

〈보기〉

• 실제 제품생산량	10,000개
• 실제 직접노무원가 총액	₩ 5,000,000
• 제품단위당 표준직접노무시간	10시간
• 직접노무원가 임률차이(유리한 차이)	₩ 720,000
• 직접노무원가 능률차이(불리한 차이)	₩ 520,000

① 100,000시간　② 110,000시간
③ 120,000시간　④ 130,000시간

67 답 ②

(1) AQ × AP = 5,000,000
(2) AQ × SP = 5,000,000 + 720,000(유리) = 5,720,000
(3) SQ × SP = 5,720,000 − 520,000(불리) = 10,000개 × 10시간 × 52(역산)

68 □□□

2019년 서울시 7급

㈜서울은 종합원가계산방법을 적용하고 있으며, 당기 생산활동 관련 자료는 〈보기〉와 같다. 모든 제조원가는 공정 진척정도에 따라 투입되는 것으로 할 때, 완성품환산량 단위당 원가가 ₩ 200이면 기말 재공품의 완성도는?

〈보기〉

• 기초 재공품: 없음	• 당기 착수량: 1,600단위
• 당기 투입원가: ₩ 240,000	• 당기 완성품 수량: 800단위

① 30%　② 40%
③ 50%　④ 60%

68 답 ③

(1) 완성품환산량 단위당 원가(200) = 240,000 ÷ 환산량
→ 완성품환산량 = 1,200단위
(2) 완성품환산량(1,200단위) = 800단위 + (800단위 × 기말 재공품 완성도)
→ 기말 재공품 완성도 = 50%

69 □□□

2019년 서울시 7급

㈜대한은 각 작업에 대해서 활동기준원가를 계산하기 위하여 〈보기〉의 자료를 수집하였다. 활동기준원가계산을 이용하여 계산한 제품 A의 총원가는?

〈보기〉

활동	원가	원가동인	최대활동량
생산준비	₩30,000	생산준비시간	1,000시간
재료처리	₩30,000	재료처리횟수	3,000회
기계사용	₩500,000	기계작업시간	20,000시간

제품	기초원가	생산수량	생산준비	재료처리	기계작업
A	₩300,000	12,000단위	50시간	100회	2,000시간

① ₩352,500 ② ₩362,500
③ ₩372,500 ④ ₩382,500

69 답 ①

(1) 활동별 배부율
  1) 생산준비활동 = 30,000 ÷ 1,000시간 = 30
  2) 재료처리활동 = 30,000 ÷ 3,000회 = 10
  3) 기계사용 = 500,000 ÷ 20,000시간 = 25
(2) A의 총원가 = 300,000 + (50시간 × 30) + (100회 × 10) + (2,000시간 × 25) = 352,500

70 □□□

2019년 국가직 7급

㈜대한은 정상개별원가계산을 적용하고 있으며, 제조간접원가 배부기준은 직접노무시간이다. 20×1년 제조간접원가 예산은 ₩2,000이고, 예정 직접노무시간은 200시간이었다. 20×1년 실제 직접노무시간은 210시간, 제조간접원가 과대배부액이 ₩200이었다. 제조간접원가의 실제 발생액은?

① ₩1,700 ② ₩1,800
③ ₩1,900 ④ ₩2,000

70 답 ③

(1) 예정배부액: 210시간 × (2,000/200시간) = 2,100
(2) 실제 발생액: 2,100 − 200 = 1,900

71 □□□

2019년 국가직 7급

㈜한국의 당기 실제 제품 생산량은 400개, 직접노무비 실제 발생액은 ₩31,450, 제품 단위당 표준 직접노동시간은 5시간이다. 표준원가계산하에서 계산된 직접노무비 임률차이는 ₩3,700 불리한 차이, 직접노무비 능률차이는 ₩2,250 유리한 차이이다. 직접노무비의 시간당 표준임률은?

① ₩14　　② ₩15

③ ₩16　　④ ₩17

71　　답 ②

(1) AQ × AP = 31,450
(2) AQ × SP = 31,450 - 3,700(불리) = 27,750
(3) SQ × SP = 27,750 + 2,250(유리) = 400개 × 5시간 × 15(역산)

72 □□□

2019년 서울시 9급

〈보기〉의 자료로 계산한 변동원가계산방법과 전부원가계산방법 간 영업이익의 차이는?

〈보기〉

• 기초 재고수량	0개
• 생산량	200개
• 판매량	180개
• 매출액	₩180,000
• 총변동재료원가	₩100,000
• 총변동가공원가	₩20,000
• 총고정제조간접원가	₩30,000
• 총고정판매비	₩10,000

① ₩2,000　　② ₩3,000

③ ₩5,000　　④ ₩7,000

72　　답 ②

30,000(고정제조간접원가) × 20개(기말 재고)/200개(생산량) = 3,000

73 □□□

2019년 서울시 9급

〈보기〉의 원가자료를 이용하여 계산한 ㈜서울의 당기 매출원가는?

〈보기〉

• 당기 제조간접원가	₩180,000	• 당기총제조원가	₩320,000
• 기초 재공품	₩ 10,000	• 기말 재공품	₩ 5,000
• 기초 제품	₩ 20,000	• 기말 제품	₩ 22,000

① ₩ 321,000
② ₩ 322,000
③ ₩ 323,000
④ ₩ 325,000

73

답 ③

(1) 당기제품제조원가: 10,000 + 320,000 − 5,000 = 325,000
(2) 매출원가: 20,000 + 325,000 − 22,000 = 323,000

74 □□□

2019년 서울시 9급

㈜서울은 당기에 생산한 제품을 전량 판매하고 있는데, 제품 단위당 변동원가는 ₩450이고 공헌이익률은 25%이다. 총고정원가는 생산량이 1,500단위 이하일 경우 ₩180,000이고, 1,500단위를 초과하는 경우 ₩240,000이다. 목표이익 ₩60,000을 달성하기 위한 생산 · 판매량은? (단, 법인세는 없다.)

① 1,200단위
② 1,400단위
③ 1,600단위
④ 2,000단위

74

답 ④

(1) 단위당 판매가격: 450 ÷ (1 − 0.25) = 600
(2) 1,500단위 이하인 경우: (600 − 450)Q − 180,000 = 60,000, Q = 1,600단위(관련 범위 내 답 없음)
(3) 1,500단위 초과하는 경우: (600 − 450)Q − 240,000 = 60,000, Q = 2,000단위

75 □□□

2019년 지방직 9급

㈜한국은 단일 제품을 생산하여 판매하고 있다. 제품단위당 판매가격은 ₩500이며, 20×1년 매출 및 원가자료는 다음과 같다. 법인세율이 30%라고 할 때, (가) 손익분기점 판매량과 (나) 세후 목표이익 ₩70,000을 달성하기 위한 매출액은? (단, 기초 재고자산과 기말 재고자산은 없다.)

• 매출액	₩600,000
• 변동원가	₩360,000
• 고정원가	₩200,000

	(가)	(나)
①	1,000개	₩675,000
②	1,000개	₩750,000
③	1,200개	₩675,000
④	1,200개	₩750,000

75 답 ②

(1) 500 − {500 × [(360,000/600,000) × Q]} − 200,000 = 0, Q = 1,000개(가)
(2) (S − 0.6S − 200,000) × (1 − 30%) = 70,000, S = 750,000(나)

76 □□□

2019년 지방직 9급

다음은 ㈜한국의 20×1년 기초·기말 재고에 대한 자료이다. 20×1년도 직접재료 매입액은 ₩125,000이고, 제조간접원가는 직접노무원가의 50%였으며, 매출원가는 ₩340,000이었다. ㈜한국의 20×1년 기본원가(기초원가, prime cost)는?

구분	20×1년 1월 1일	20×1년 12월 31일
직접재료	₩20,000	₩25,000
재공품	₩35,000	₩30,000
제품	₩100,000	₩110,000

① ₩150,000　② ₩195,000
③ ₩225,000　④ ₩270,000

76 답 ④

(1) 직접재료비: 20,000(기초 재료) + 125,000(당기 매입) − 25,000(기말 재료) = 120,000
(2) 당기제품제조원가: 340,000(매출원가) + 110,000(기말 제품) − 100,000(기초 제품) = 350,000
(3) 당기총제조원가: 350,000 + 30,000(기말 재공품) − 35,000(기초 재공품) = 345,000
(4) 가공비: 345,000 − 120,000 = 225,000
(5) 직접노무비: 225,000 ÷ 1.5 = 150,000
(6) 기본원가: 120,000 + 150,000 = 270,000

77 □□□

2019년 지방직 9급

㈜한국은 보급형과 고급형 두 가지 모델의 제품을 생산 · 판매하고, 제조간접원가 배부를 위해 활동기준원가계산을 적용한다. ㈜한국은 당기에 보급형 800개, 고급형 100개를 생산 · 판매하였으며, 제조원가 산정을 위한 자료는 다음과 같다. ㈜한국의 고급형 모델의 단위당 제조원가는? (단, 기초 재고자산과 기말 재고자산은 없다.)

구분		보급형	고급형
직접재료원가		₩ 32,000	₩ 5,000
직접노무원가		₩ 24,000	₩ 3,500
제조간접원가	작업준비	₩ 6,000	
	제품검사	₩ 9,000	
	합계	₩ 15,000	

활동	원가동인	활동사용량		
		보급형	고급형	계
작업준비	준비횟수	20회	10회	30회
제품검사	검사시간	100시간	100시간	200시간

① ₩ 100
② ₩ 120
③ ₩ 135
④ ₩ 150

77 답 ④

(1) 작업준비배부율: 6,000 ÷ 30회 = 200
(2) 제품검사배부율: 9,000 ÷ 200시간 = 45
(3) 고급형 제조간접비: (10회 × 200) + (100시간 × 45) = 6,500
(4) 고급형제조원가: 5,000 + 3,500 + 6,500 = 15,000
(5) 고급형단위당제조원가: 15,000 ÷ 100개 = 150

78 □□□

2019년 지방직 9급

㈜한국은 당기에 손톱깎이 세트 1,000단위를 생산 · 판매하는 계획을 수립하였으며, 연간 최대 조업능력은 1,200단위이다. 손톱깎이 세트의 단위당 판매가격은 ₩ 1,000, 단위당 변동원가는 ₩ 400이며, 총 고정원가는 ₩ 110,000이다. 한편, ㈜한국은 당기에 해외 바이어로부터 100단위를 단위당 ₩ 600에 구매하겠다는 특별주문을 받았으며, 이 주문을 수락하기 위해서는 단위당 ₩ 150의 운송원가가 추가로 발생한다. 특별주문의 수락이 ㈜한국의 당기이익에 미치는 영향은?

① ₩ 35,000 감소
② ₩ 5,000 감소
③ ₩ 5,000 증가
④ ₩ 20,000 증가

78 답 ③

(1) 증분수익: 100단위 × 600 = 60,000
(2) 증분원가
단위당 변동비: 100단위 × 400 = 40,000
단위당 운송원가: 100단위 × 150 = 15,000
(3) 증분이익: 5,000

79 □□□

2019년 국가직 9급

㈜한국의 20×1년 4월 초와 4월 말 재고자산 금액은 다음과 같다.

구분	20×1. 4. 1.	20×1. 4. 30.
직접재료	₩18,000	₩16,000
재공품	₩ 4,000	₩14,000
제품	₩16,000	₩12,000

4월 중 직접재료 매입액은 ₩150,000이고, 가공원가는 ₩594,000이다. ㈜한국의 4월 매출원가는?

① ₩726,000
② ₩738,000
③ ₩740,000
④ ₩752,000

79 답 ③

(1) 직접재료비: 18,000 + 150,000 - 16,000 = 152,000
(2) 당기총제조원가: 152,000 + 594,000(가공비) = 746,000
(3) 당기제품제조원가: 4,000 + 746,000 - 14,000 = 736,000
(4) 매출원가: 16,000 + 736,000 - 12,000 = 740,000

80 □□□

2019년 국가직 9급

㈜한국은 제조부문인 조립부문과 도장부문이 있으며, 보조부문으로 전력부문이 있다. 20×1년 3월 중에 부문별로 발생한 제조간접원가와 제조부문이 사용한 전력의 실제 사용량과 최대사용가능량은 다음과 같다. 한편, 전력부문에서 발생한 제조간접원가 ₩325,000은 변동원가가 ₩100,000이고, 고정원가는 ₩225,000이다.

구분	전력부문	조립부문	도장부문	합계
제조간접원가	₩325,000	₩250,000	₩400,000	₩975,000
실제 사용량		300 kW	700 kW	1,000 kW
최대사용가능량		500 kW	1,000 kW	1,500 kW

㈜한국이 이중배분율법을 적용하여 보조부문원가를 제조부문에 배부할 때, 조립부문에 배분되는 전력부문의 원가는?

① ₩ 97,500
② ₩105,000
③ ₩108,330
④ ₩120,000

80 답 ②

(1) 변동제조간접비배부율: 100,000 ÷ 1,000kW = 100
(2) 고정제조간접비배부율: 225,000 ÷ 1,500kW = 150
(3) 조립부문에 배부되는 원가: (300kW × 100) + (500kW × 150) = 105,000

81 □□□

2019년 국가직 9급

㈜한국은 제품 1단위에 2 kg의 원재료를 사용하고 있으며, 원재료 1 kg당 가격은 ₩10이다. 각 분기 말 원재료 재고량은 다음 분기 원재료 예상 사용량의 10%를 유지하고 있다. ㈜한국이 1분기 초에 보유하고 있는 원재료는 220 kg이다. 분기별 실제(= 목표) 생산량이 다음과 같을 때, 1분기의 원재료 예산구입액은? (단, 재공품 및 제품 재고는 없다.)

구분	1분기	2분기
실제 생산량(= 목표생산량)	1,100개	1,500개

① ₩ 17,200
② ₩ 18,800
③ ₩ 22,800
④ ₩ 23,000

81 답 ③

(1) 당기 매입액: 110개 + 당기 매입액 = 1,100개 + 150개, 당기 매입액: 1,140개
(2) 1분기 예산구입액: 1,140개 × 2kg × 10 = 22,800

82 □□□

2019년 국가직 9급

㈜한국은 결합제품 A, B를 생산하고 있으며, 결합원가는 분리점에서의 상대적 순실현가치를 기준으로 배분한다. ㈜한국의 20×1년 원가자료는 다음과 같다.

구분	제품 A	제품 B
생산량	2,000단위	5,000단위
단위당 추가 가공원가	₩100	₩80
추가 가공 후 단위당 판매가격	₩400	₩160
결합원가	₩350,000	

기초와 기말 제품은 없다고 가정할 때, 20×1년도 제품 A와 제품 B의 매출총이익은?

	제품 A	제품 B
①	₩325,000	₩325,000
②	₩390,000	₩260,000
③	₩425,000	₩225,000
④	₩500,000	₩150,000

82 답 ②

(1) 순실현가능가치
1) 제품 A: 2,000단위 × (400 - 100) = 600,000
2) 제품 B: 5,000단위 × (160 - 80) = 400,000

(2) 결합원가 배부액
1) 제품 A: 350,000 × 600,000/1,000,000 = 210,000
2) 제품 B: 350,000 × 400,000/1,000,000 = 140,000

(3) 매출원가
1) 제품 A: 210,000 + (2,000단위 × 100) = 410,000
2) 제품 B: 140,000 + (5,000단위 × 80) = 540,000

(4) 매출총이익
1) 제품 A: (2,000단위 × 400) - 410,000 = 390,000
2) 제품 B: (5,000단위 × 160) - 540,000 = 260,000

83 □□□

2018년 서울시 7급

㈜서울은 사과를 가공해서 사과주스원액과 사과비누원액을 생산한 후, 추가 가공을 거쳐 사과주스와 사과비누를 생산하고 있다. 20×1년 1월 사과 1,000kg을 투입(분리점까지 발생원가: ₩ 3,000,000)하여 사과주스원액 500L와 사과비누원액 500L가 생산되었다. 사과주스원액 500L는 추가원가 ₩ 500,000으로 사과주스 2,000개가 생산되었으며, 사과비누원액 500L는 추가원가 ₩ 700,000으로 사과비누 2,000개가 생산되었다. 제품별 판매가격은 〈보기〉와 같다. 기초 및 기말 재고자산은 없으며 생산된 제품은 모두 판매되었다. 분리점에서의 판매가치법(sales value at split－off method)을 이용하여 결합원가를 배분할 경우 사과주스의 매출총이익은?

〈보기〉

- 사과주스원액: L당 ₩ 1,000
- 사과주스: 개당 ₩ 2,000
- 비누원액: L당 ₩ 2,000
- 비누: 개당 ₩ 3,000

① ₩ 1,200,000
② ₩ 1,500,000
③ ₩ 2,000,000
④ ₩ 2,500,000

83 답 ④

(1) 사과주스의 매출액: 2,000개 × 2,000 = 4,000,000
(2) 분리점에서의 판매가치
  1) 사과주스: 500L × 1,000 = 500,000
  2) 사과비누: 500L × 2,000 = 1,000,000
(3) 사과주스의 결합원가 배부액: 3,000,000 × 500,000/1,500,000 = 1,000,000
(4) 사과주스의 매출원가: 1,000,000 + 500,000 = 1,500,000
(5) 매출총이익: 4,000,000 － 1,500,000 = 2,500,000

84 □□□

2018년 서울시 7급

㈜서울의 2018년 매출이 ₩ 18,000,000이고, 총 비용은 ₩ 15,000,000이다. 총 비용 중 고정비와 변동비의 비율은 2 : 3이다. ㈜서울의 손익분기점이 되는 매출액은?

① ₩ 6,000,000
② ₩ 9,000,000
③ ₩ 12,000,000
④ ₩ 15,000,000

84 답 ③

(1) 변동비: 15,000,000 × 3/5 = 9,000,000
(2) 변동비율: 9,000,000 ÷ 18,000,000 = 50%
(3) S － 0.5S － 6,000,000(고정비) = 0
(4) 손익분기점 매출: 12,000,000

85 □□□

2018년 국가직 7급

㈜대한의 20×1년 기초 및 기말 재고자산금액은 다음과 같다.

구분	기초	기말
원재료	₩ 34,000	₩ 10,000
재공품	₩ 37,000	₩ 20,000
제품	₩ 10,000	₩ 48,000

원재료의 제조공정 투입금액은 모두 직접재료원가이고, 20×1년 중 매입한 원재료는 ₩ 56,000이다. 20×1년의 기본(기초)원가는 ₩ 320,000이고, 가공(전환)원가의 60%가 제조간접원가이다. ㈜대한의 20×1년 매출원가는?

① ₩ 659,000
② ₩ 695,000
③ ₩ 899,000
④ ₩ 959,000

85 답 ①

(1) 80,000(직접재료원가) + 직접노무원가 = 320,000(기본원가), 직접노무원가 = 240,000
(2) 가공원가: 240,000 ÷ 40% = 600,000
(3) 매출원가: 34,000 + 56,000 + 600,000 + 37,000 + 10,000 − 10,000 − 20,000 − 48,000 = 659,000

86 □□□

2018년 서울시 9급

표준원가계산 제도를 사용하고 있는 ㈜서울은 제품 단위당 표준 직접재료원가로 ₩ 200을 설정하였으며 단위당 표준 직접재료원가의 산정 내역과 2018년 3월 동안 제품을 생산하면서 집계한 자료는 〈보기〉와 같다. ㈜서울의 직접재료원가 변동예산차이에 대한 설명으로 가장 옳지 않은 것은?

〈보기〉

직접재료 표준원가 산정내역	실제 제품생산 관련 자료
• 제품 단위당 직접재료 표준사용량: 10 kg • 직접재료의 표준가격: ₩ 20/kg	• 제품 생산량: 100단위 • 실제 직접재료 사용량: 1,050 kg • 실제 직접재료원가: ₩ 20,600

① 총 변동예산차이는 ₩ 600(불리한 차이)이다.
② 가격차이는 ₩ 400(유리한 차이)이다.
③ 능률차이는 ₩ 1,000(불리한 차이)이다.
④ 총 변동예산차이는 ₩ 600(유리한 차이)이다.

86 답 ④

(1) AQ × AP: 20,600
(2) AQ × SP: 1,050 kg × 20 = 21,000
(3) SQ × SP: 100개 × 10 kg × 20 = 20,000
(4) 가격차이: 20,600 − 21,000 = 400 유리
(5) 능률차이: 21,000 − 20,000 = 1,000 불리
(6) 총차이: 20,600 − 20,000 = 600 불리

87 □□□

2018년 서울시 9급

㈜서울은 종합원가계산을 적용하고 있으며, 제품을 생산하기 위해 재료 A와 재료 B를 사용하고 있다. 재료 A는 공정초기에 전량 투입되며, 재료 B는 공정의 60% 시점에서 일시에 전량 투입되고 가공원가는 공정 전반에 걸쳐서 균등하게 발생한다. 당기 제품 제조활동과 관련한 자료가 〈보기〉와 같을 때, 선입선출법을 적용하여 계산한 완성품환산량은?

〈보기〉

구분	물량
기초 재공품	300개(완성도 20%)
당기 착수	1,500개
당기 완수	1,300개
기말 재공품	500개(완성도 50%)

	재료(A)	재료(B)	가공원가
①	1,500개	1,300개	1,490개
②	1,500개	1,550개	1,490개
③	1,800개	1,300개	1,550개
④	1,800개	1,550개	1,550개

87

답 ①

	재료(A)	재료(B)	가공원가
기초 완성품	0개	300개	240개
당기착수 완성품	1,000개	1,000개	1,000개
기말 재고자산	500개	0개	250개
완성품환산량	1,500개	1,300개	1,490개

88 □□□

2018년 서울시 9급

보조부문의 원가를 제조부문에 배부하는 방법에 대한 설명으로 가장 옳은 것은?

① 상호배부법은 보조부문 상호 간의 용역수수관계를 완전히 무시하고, 보조부문원가를 제조부문에만 배부하는 방법이다.
② 단계배부법은 보조부문 간의 용역수수관계를 부분적으로 고려하는 방법으로 보조부문의 배부순서가 달라지면 배부 후의 결과가 달라진다.
③ 이중배부율법은 보조부문원가를 변동원가와 고정원가로 구분하지 않고, 하나의 배부기준을 이용하여 총원가를 배부 하는 방법이다.
④ 직접배부법은 보조부문 상호 간의 용역수수관계를 완전히 고려하여 각 보조부문원가를 제조부문과 다른 보조부문에도 배부하는 방법으로, 가장 논리적이고 정확한 정보를 제공해주는 방법이다.

88 답 ②

선지분석

① 상호배부법은 보조부문 상호 간의 용역수수관계를 완전히 고려하여 각 보조부문원가를 제조부문과 다른 보조부문에도 배부하는 방법으로, 가장 논리적이고 정확한 정보를 제공해주는 방법이다.
③ 이중배부율법은 보조부문원가를 변동원가와 고정원가를 구분하여, 변동원가는 실제조업도를 적용, 고정원가는 최대조업도를 적용하여 두 개의 배부기준을 이용하여 총원가를 배부하는 방법이다.
④ 직접배부법은 보조부문 상호 간의 용역수수관계를 완전히 무시하고, 보조부문원가를 제조부문에만 배부하는 방법이다.

89 □□□

2018년 지방직 9급

서울상사의 가전 사업부는 투자중심점으로 운영되고 투자수익률에 근거하여 성과를 평가하는데, 목표 투자수익률은 20%이다. 가전 사업부의 연간 생산 및 판매에 대한 예상 자료는 다음과 같다.

구분	금액
고정원가	₩ 60,000,000
생산 단위당 변동원가	₩ 3,000
생산 및 판매 대수	40,000대
평균총자산	₩ 100,000,000

목표 투자수익률을 달성하기 위한 가전 사업부의 제품 단위당 최소판매가격은? (단, 기초 재고자산은 없으며 투자수익률은 평균총자산을 기준으로 한다.)

① ₩ 3,500
② ₩ 4,000
③ ₩ 4,500
④ ₩ 5,000

89 답 ④

(1) 투자수익률(20%) = 영업이익(20,000,000)/평균총자산(100,000,000)
(2) [판매가격(5,000) - 변동비(3,000)] × 40,000대 - 고정비(60,000,000) = 20,000,000
∴ 단위당 최소판매가격: 5,000

90 □□□

2018년 지방직 9급

㈜한국은 단일의 생산공장에서 단일 제품을 생산하고 있다. 회계연도 말에 원가를 계산하면서 기말 재공품에 대한 완성도를 실제보다 30% 낮게 평가하여 계산하였다. 재공품 완성도의 오류가 결산재무제표에 미치는 영향으로 옳지 않은 것은? (단, 당기 생산제품은 모두 판매되었고, 기말 제품은 없다.)

① 영업이익의 과소계상
② 매출원가의 과소계상
③ 기말 재공품의 과소계상
④ 이익잉여금의 과소계상

90 답 ②

판단 과정: 기말 재공품 과소 → 당기제품제조원가 과대 → 매출원가 과대 → 영업이익 과소 → 이익잉여금 과소

91 □□□

2018년 지방직 9급

제품 100개를 생산할 때 총 직접노동시간은 500시간이 걸릴 것으로 추정하고 있으며 표준임률은 시간당 ₩200이다. 당기의 실제 생산량은 120개였고 실제 작업시간은 600시간이었다. 당기에 ₩15,000의 불리한 임률차이가 발생하였다면, 실제임률은?

① ₩225
② ₩205
③ ₩195
④ ₩175

91 답 ①

(1) AQ × SP = 600시간 × 200 = 120,000
(2) AQ × AP = 120,000 + 15,000(불리) = 135,000 = 600시간 × 225(역산)

92 □□□

2018년 지방직 9급

제품단위당 변동비가 ₩800이며, 연간 고정비 발생액은 ₩3,600,000이다. 공헌이익률은 20%이며 법인세율이 20%인 경우, 법인세차감후순이익 ₩3,600,000을 달성하기 위해서 연간 몇 단위의 제품을 제조 · 판매해야 하는가? (단, 기초 재고자산은 없다.)

① 34,000단위
② 40,500단위
③ 44,500단위
④ 50,625단위

92 답 ②

{[(800 ÷ 0.8) - 800] × Q - 3,600,000} × (1 - 0.2) = 3,600,000, Q = 40,500단위

93 □□□

2018년 국가직 9급

㈜한국은 종합원가계산을 사용하며 선입선출법을 적용한다. 제품은 제1공정을 거쳐 제2공정에서 최종 완성되며, 제2공정 관련 자료는 다음과 같다.

구분	물량단위(개)	가공비완성도
기초 재공품	500	30%
전공정대체량	5,500	
당기 완성량	?	
기말 재공품	200	30%

제2공정에서 직접재료가 가공비완성도 50% 시점에서 투입된다면, 직접재료비와 가공비 당기 작업량의 완성품환산량은? (단, 가공비는 공정 전반에 걸쳐서 균일하게 발생하며, 제조공정의 공손 · 감손은 없다.)

	직접재료비 완성품환산량(개)	가공비 완성품환산량(개)
①	5,300	5,300
②	5,800	5,650
③	5,800	5,710
④	5,800	5,800

93 답 ③

구분	직접재료비	가공비
기초 재공품	500개	500 × 70% = 350개
+ 당기 착수	5,300개	5,300개
+ 기말 재공품	0개	200 × 30% = 60개
= 완성품환산량	5,800개	5,710개

94 □□□

2018년 국가직 9급

㈜한국은 표준원가계산을 사용하고 있다. 다음 자료를 근거로 한 직접노무원가의 능률차이는?

• 실제 직접노동시간	7,000시간
• 표준 직접노동시간	8,000시간
• 직접노무원가 임률차이	₩ 3,500(불리)
• 실제 노무원가 총액	₩ 24,500

① ₩ 3,000(유리)
② ₩ 3,000(불리)
③ ₩ 4,000(유리)
④ ₩ 4,000(불리)

94 답 ①

(1) AQ × AP = 24,500
(2) AQ × SP = 24,500 - 3,500(불리) = 7,000시간 × 3(역산)
(3) SQ × SP = 8,000시간 × 3 = 21,000 + 3,000(유리 - 역산)

95 □□□

2018년 국가직 9급

신설법인인 ㈜한국의 기말 제품은 1,000개, 기말 재공품은 없다. 다음 자료를 근거로 변동원가계산방법에 의한 공헌이익은?

• 판매량	4,000개
• 단위당 판매가격	₩ 1,000
• 생산량	5,000개
• 단위당 직접재료원가	₩ 300
• 단위당 직접노무원가	₩ 200
• 단위당 변동제조간접원가	₩ 100
• 총 고정제조간접비	₩ 1,000,000
• 단위당 변동판매관리비	₩ 150
• 총 고정판매관리비	₩ 800,000

① ₩ 1,000,000
② ₩ 1,250,000
③ ₩ 1,600,000
④ ₩ 2,000,000

95 답 ①

매출액: 4,000개 × 1,000 = 4,000,000
- 변동비: 4,000개 × 750 = (3,000,000)
= 공헌이익: 1,000,000

96 □□□

2018년 국가직 9급

㈜한국의 20×1년 제품 단위당 변동원가는 ₩600, 연간 고정원가는 ₩190,000이다. 국내시장에서 단위당 ₩1,000에 300개를 판매할 계획이며, 남은 제품은 해외시장에서 ₩950에 판매 가능하다. 20×1년 손익분기점 판매량은? (단, 해외시장에 판매하더라도 제품단위당 변동원가는 동일하며 해외판매는 국내수요에 영향을 주지 않는다.)

① 500개 ② 950개
③ 1,050개 ④ 1,100개

96 답 ①

[(1,000 - 600) × 300개] + [(950 - 600) × 해외판매수량] - 190,000 = 0
→ 해외판매수량: 200개
→ 손익분기점 판매량: 500개

97 □□□

2017년 국가직 7급

㈜한국의 20×1년도 손익분기점 매출액은 ₩100,000이고 단위당 공헌이익률은 20%, 순이익은 ₩30,000이다. ㈜한국의 20×1년도 총고정원가는?

① ₩250,000 ② ₩150,000
③ ₩20,000 ④ ₩6,000

97 답 ③

(100,000 × 20%) - 고정비 = 0, 고정비 = 20,000

98 □□□

2017년 지방직 9급

보조부문원가의 배부에 대한 설명으로 옳은 것은?

① 보조부문원가는 제조부문에 배부하지 않고 기간비용으로 처리하여야 한다.
② 보조부문원가의 배부순서가 중요한 배부방법은 상호배부법이다.
③ 직접배부법은 보조부문의 배부순서에 관계없이 배부액이 일정하다.
④ 상호배부법은 보조부문 상호 간의 용역수수관계가 중요하지 않을 때 적용하는 것이 타당하다.

98 답 ③

(선지분석)
① 보조부문의 원가는 제조부문에 배부해야 한다.
② 보조부문의 원가의 배부순서가 중요한 배부방법은 단계배부법이다.
④ 직접배부법은 보조부문 상호 간의 용역수수관계가 중요하지 않을 때 적용하는 것이 타당하다.

99 □□□

2017년 지방직 9급

㈜한국의 6월 제품 판매가격과 원가구조는 다음과 같다. ㈜한국이 세전순이익 ₩4,000을 달성하기 위한 6월 매출액은? (단, 판매량은 생산량과 동일하며, 법인세율은 30%이다.)

- 제품 단위당 판매가격: ₩5
- 공헌이익률: 20%
- 고정원가: ₩10,000

① ₩60,000
② ₩70,000
③ ₩80,000
④ ₩90,000

99 답 ②

0.2매출 − 10,000 = 4,000, 매출 = 70,000

100 □□□

2017년 지방직 9급

㈜한국의 4월 직접재료원가에 대한 자료는 다음과 같다. 4월의 유리한 재료수량차이(능률차이)는?

- 실제 재료구매량: 3,000 kg
- 실제 생산에 대한 표준재료투입량: 2,400 kg
- 실제 재료구입단가: ₩ 310/kg
- 실제 재료사용량: 2,200 kg
- 불리한 재료가격차이(구입 시점 기준): ₩ 30,000

① ₩ 50,000 ② ₩ 55,000
③ ₩ 60,000 ④ ₩ 65,000

100

답 ③

AQ × AP	AQ × SP
3,000kg × 310 = 930,000	3,000kg × 300 = 900,000
구입가격차이: 30,000 불리	

AQ × SP	SQ × SP
2,200kg × 300 = 660,000	2,400kg × 300 = 720,000
수량차이: 60,000 유리	

101 □□□

2017년 지방직 9급

㈜한국은 종합원가계산제도를 채택하고 있으며, 원가의 흐름으로 선입선출법을 적용하고 있다. 재료는 공정초기에 50%가 투입되고 나머지는 가공이 50% 진행된 시점부터 공정진행에 따라 비례적으로 투입된다. 다음의 5월 자료를 이용한 재료원가의 완성품환산량은?

- 기초 재공품(공정의 완성도 70%): 2,000개
- 당기 투입: 5,000개
- 완성품: 5,000개
- 기말 재공품(공정의 완성도 40%): 2,000개

① 4,400개 ② 4,600개
③ 4,800개 ④ 5,000개

101

답 ②

기초 착수 완성품: 2,000개 × 30% = 600개
+ 당기 착수 완성품: 5,000개 − 2,000개 = 3,000개
− 기말 재공품: 2,000개 × 50% = 1,000개
= 재료비 완성품환산량: 4,600개

102 □□□

2017년 국가직 9급

원가의 계산방법과 분석기법에 대한 설명으로 옳은 것은?

① 고저점법은 원가를 기준으로 최저점과 최고점에 해당하는 과거의 자료를 이용하여 혼합원가 추정식을 구하는 방법이다.
② 변동원가계산과 비교하여 전부원가계산은 회계기간 말에 불필요한 생산을 늘려 이익을 증가시키려는 유인을 방지할 수 있다.
③ 단위당 판매가격과 총고정원가가 일정할 경우 단위당 변동원가가 커지면 손익분기점은 높아진다.
④ 차이분석에서 유리한 차이는 실제원가가 예산보다 낮은 경우이므로 추가적인 관리를 할 필요가 전혀 없다.

102

답 ③

선지분석

① 고저점법은 조업도 기준으로 최저점과 최고점에 해당하는 과거의 자료를 이용하여 혼합원가 추정식을 구하는 방법이다.
② 전부원가계산과 비교하여 변동원가계산은 회계기간 말에 불필요한 생산을 늘려 이익을 증가시키려는 유인을 방지할 수 있다.
④ 차이분석에서 유리한 차이는 실제원가가 예산보다 낮은 경우이며 추가적인 관리 및 분석이 필요하다.

103 □□□

2017년 국가직 9급

㈜한국은 제품 A와 제품 B를 생산하고 있으며, 최근 최고경영자는 활동기준원가계산제도의 도입을 검토하고 있다. 활동기준원가계산 관점에서 분석한 결과가 다음과 같을 때, 옳지 않은 것은?

활동	제조간접비	원가동인	제품 A	제품 B
제품설계	₩400	부품 수	2개	2개
생산준비	₩600	준비횟수	1회	5회

① 제품설계활동의 원가동인은 부품 수, 생산준비활동의 원가동인은 준비횟수이다.
② 활동기준원가계산하에서 제품 A에 배부되는 제조간접비는 ₩300, 제품 B에 배부되는 제조간접비는 ₩700이다.
③ 만약 ㈜한국의 제품종류가 더 다양해지고 각 제품별 생산수량이 줄어든다면 활동기준원가계산제도를 도입할 실익이 없다.
④ 기존의 제품별 원가와 이익수치가 비현실적이어서 원가계산의 왜곡이 의심되는 상황이면 활동기준원가계산제도의 도입을 적극 고려해볼 수 있다.

103

답 ③

제품설계 활동별배부율: 400 ÷ 4개 = 100
생산준비 활동별배부율: 600 ÷ 6회 = 100
제품 A 배부되는 제조간접비: (2개 × 100) + (1회 × 100) = 300
제품 B 배부되는 제조간접비: (2개 × 100) + (5회 × 100) = 700
제품종류가 더 다양해지고 각 제품별 생산수량이 줄어든다면 활동기준원가계산제도를 도입할 실익이 존재한다.

104 □□□

2017년 국가직 9급

㈜한국은 단일의 공정을 거쳐 A, B 두 종류의 결합제품을 생산하고 있으며, 사업 첫 해인 당기에 발생한 결합원가는 ₩200이다. 다음의 자료를 이용하여 결합원가를 균등이익률법으로 배부할 경우 제품 A와 B에 배부될 결합원가로 옳은 것은?

구분	추가 가공 후 최종가치(매출액)	추가 가공원가
제품 A	₩100	₩50
제품 B	₩300	₩50

	제품 A	제품 B
①	₩ 25	₩175
②	₩ 50	₩150
③	₩150	₩ 50
④	₩175	₩ 25

104

답 ①

(1) 총원가: 200 + 50 + 50 = 300
(2) 총 매출액: 100 + 300 = 400
(3) 매출총이익: 400 - 300 = 100
(4) 매출총이익률: 100 ÷ 400 = 25%
　1) 제품 A 배부될 결합원가: (100 × 75%) - 50 = 25
　2) 제품 B 배부될 결합원가: (300 × 75%) - 50 = 175

105 □□□

2017년 국가직 9급

㈜한국은 보조부문인 동력부와 제조부문인 절단부, 조립부가 있다. 동력부는 절단부와 조립부에 전력을 공급하고 있으며, 각 제조부문의 월간 전력 최대사용가능량과 3월의 전력 실제 사용량은 다음과 같다.

구분	절단부	조립부	합계
최대사용가능량	500 kW	500 kW	1,000 kW
실제 사용량	300 kW	200 kW	500 kW

한편, 3월 중 각 부문에서 발생한 제조간접원가는 다음과 같다.

구분	동력부	절단부	조립부	합계
변동원가	₩ 50,000	₩ 80,000	₩ 70,000	₩200,000
고정원가	₩100,000	₩ 150,000	₩ 50,000	₩300,000
합계	₩150,000	₩230,000	₩120,000	₩500,000

이중배부율법을 적용할 경우 절단부와 조립부에 배부될 동력부의 원가는?

	절단부	조립부
①	₩ 75,000	₩75,000
②	₩ 80,000	₩70,000
③	₩ 90,000	₩60,000
④	₩100,000	₩50,000

105

답 ②

(1) 절단부: (50,000 × 300 kW/500 kW) + (100,000 × 500 kW/1,000 kW) = 80,000
(2) 조립부: (50,000 × 200 kW/500 kW) + (100,000 × 500 kW/1,000 kW) = 70,000

106 □□□

2016년 지방직 9급

㈜한국은 당해 연도 초에 영업을 시작하였으며, 당해 연도의 생산 및 판매와 관련된 자료는 다음과 같다. ㈜한국이 실제원가계산에 의한 전부원가계산방법과 변동원가계산방법을 사용할 경우, 영업이익이 더 높은 방법과 두 방법 간 영업이익의 차이는?

• 제품생산량	1,000개	• 제품판매량	800개
• 고정제조간접원가	₩1,000,000	• 고정판매비와 관리비	₩ 1,100,000
• 기말 재공품은 없음			

	영업이익이 더 높은 방법	영업이익의 차이
①	전부원가계산	₩ 200,000
②	변동원가계산	₩ 200,000
③	전부원가계산	₩ 220,000
④	변동원가계산	₩ 220,000

106 답 ①

기초 제품보다 기말 제품이 크므로 전부원가계산에 의한 영업이익이 변동원가계산에 의한 영업이익보다 높다.
1,000,000(고정제조간접비) × 200개(기말 제품) ÷ 1,000개(생산량) = 200,000

107 □□□

2016년 지방직 9급

다음 자료를 이용하여 직접재료원가를 계산하면?

• 영업사원급여	₩ 35,000	• 간접재료원가	₩ 50,000
• 공장감가상각비	₩ 50,000	• 매출액	₩ 700,000
• 공장냉난방비	₩ 60,000	• 기본(기초)원가	₩ 350,000
• 본사건물임차료	₩ 40,000	• 가공(전환)원가	₩ 300,000

① ₩ 160,000　② ₩ 190,000
③ ₩ 210,000　④ ₩ 250,000

107 답 ③

(1) 제조간접비: 50,000(간접재료비) + 50,000(공장감가상각비) + 60,000(공장냉난방비) = 160,000
(2) 직접노무비: 300,000(가공비) - 160,000 = 140,000
(3) 직접재료비: 350,000(기초원가) - 140,000 = 210,000

108 □□□

2016년 지방직 9급

㈜한국은 정상개별원가계산을 사용하고 있으며, 제조간접원가는 직접재료원가를 기준으로 배부하고 있다. 2016년 말 ㈜한국의 제조간접원가 과대 또는 과소배부액은?

구분	2016년도 예산	2016년도 실제 발생액
직접재료원가	₩ 2,000,000	₩ 3,000,000
직접노무원가	₩ 1,500,000	₩ 2,200,000
제조간접원가	₩ 3,000,000	₩ 4,550,000

① 과대배부액 ₩150,000
② 과대배부액 ₩50,000
③ 과소배부액 ₩150,000
④ 과소배부액 ₩50,000

108 답 ④

(1) 예정배부액: 3,000,000 × (3,000,000/2,000,000) = 4,500,000
(2) 배부차이: 4,550,000 – 4,500,000 = 50,000 과소배부

109 □□□

2016년 지방직 9급

준고정(계단)원가에 대한 설명으로 옳은 것은? (단, 조업도 이외의 다른 조건은 일정하다고 가정한다.)

① 조업도와 관계없이 단위당 원가는 항상 일정하다.
② 일정 조업도 범위 내에서는 조업도의 변동에 정비례하여 총원가가 변동한다.
③ 일정 조업도 범위 내에서는 총원가가 일정하지만, 일정 조업도 범위를 초과하면 총원가가 일정액만큼 증가한다.
④ 일정 조업도 범위 내에서는 조업도의 변동에 관계없이 총원가가 일정하므로, 단위당 원가는 조업도의 증가에 따라 증가한다.

109 답 ③

항목은 준고정비에 대한 설명이다.

110 □□□

2016년 지방직 9급

㈜한국은 제품 X, Y를 생산하고 있으며 관련 자료는 다음과 같다.

구분	제품 X	제품 Y
단위당 판매가격	₩110	₩550
단위당 변동원가	₩100	₩500
총 고정원가	₩180,000	

㈜한국은 제품 X, Y를 하나의 묶음으로 판매하고 있으며, 한 묶음은 제품 X 4개, 제품 Y 1개로 구성된다. 손익분기점에서 각 제품의 판매량은?

	제품 X	제품 Y
①	1,000개	1,000개
②	2,000개	2,000개
③	2,000개	8,000개
④	8,000개	2,000개

110 답 ④

(1) 제품 X의 단위당 공헌이익: 110 - 100 = 10
(2) 제품 Y의 단위당 공헌이익: 550 - 500 = 50
(3) Set당 공헌이익: (10 × 4개) + (50 × 1개) = 90
(4) 손익분기점 Set수량: (90 × Q) - 180,000 = 0, Q = 2,000Set
(5) 손익분기점 제품 판매량
　1) 제품 X: 2,000Set × 4개 = 8,000개
　2) 제품 Y: 2,000Set × 1개 = 2,000개

111 □□□

2016년 지방직 9급

㈜한국은 선입선출법에 의한 종합원가계산을 채택하고 있으며, 당기의 생산 관련 자료는 다음과 같다.

구분	물량(개)	가공비 완성도
기초 재공품	1,000	(완성도 30%)
당기 착수량	4,300	
당기 완성량	4,300	
공손품	300	
기말 재공품	700	(완성도 50%)

원재료는 공정 초기에 전량 투입되며, 가공비는 공정 전반에 걸쳐 균등하게 발생한다. 품질검사는 가공비 완성도 40% 시점에서 이루어지며, 당기 검사를 통과한 정상품의 5%에 해당하는 공손수량은 정상공손으로 간주한다. 당기의 비정상공손수량은?

① 50개
② 85개
③ 215개
④ 250개

111

답 ①

(1) 정상공손: 5,000개(검사를 통과한 정상품) × 5% = 250개
  1) 기초 1,000개(검사 시점 통과분)
  2) 당기 착수 완성품 4,300개 - 1,000개 = 3,300개(검사 시점 통과분)
  3) 기말 700개(검사 시점 통과분)
(2) 비정상공손: 300개(공손품) - 250개(정상공손) = 50개

112 □□□

2016년 국가직 9급

다음 자료를 토대로 계산한 당기총제조원가와 당기제품제조원가는?

• 기초 직접재료	₩15,000
• 당기 직접재료 매입액	₩50,000
• 기말 직접재료	₩10,000
• 직접노무원가 발생액	₩25,000
• 제조간접원가 발생액	₩40,000
• 기초 재공품	₩30,000
• 기말 재공품	₩21,000
• 기초 제품	₩15,000
• 기말 제품	₩30,000

	당기총제조원가	당기제품제조원가
①	₩ 110,000	₩ 120,000
②	₩ 120,000	₩ 111,000
③	₩ 120,000	₩ 129,000
④	₩ 129,000	₩ 114,000

112 답 ③

(1) 직접재료비: 15,000 + 50,000 − 10,000 = 55,000
(2) 당기총제조원가: 55,000 + 25,000 + 40,000 = 120,000
(3) 당기제품제조원가: 30,000 + 120,000 − 21,000 = 129,000

113 □□□

2016년 국가직 9급

㈜한국에는 보조부문에 수선부와 전력부가 있고, 제조부문에 A와 B가 있다. 수선부의 변동원가 당기 발생액은 ₩10,000이며, 전력부와 두 제조부문에 1,000시간의 수선 용역을 제공하였다. 전력부의 변동원가 당기 발생액은 ₩7,000이며, 수선부와 두 제조부문에 2,000 kWh의 전력을 제공하였다. ㈜한국이 보조부문 원가 중 수선부 원가를 먼저 배부하는 단계배부법을 사용할 경우, 제조부문 A에 배부되는 보조부문의 원가는?

제공 \ 사용	수선부	전력부	제조부문 A	제조부문 B
수선부(시간)	−	200	500	300
전력부(kWh)	500	−	1,000	500

① ₩ 11,000　② ₩ 12,000
③ ₩ 13,000　④ ₩ 14,000

113 답 ①

A에 배부되는 보조부문원가: (1) + (2) = 11,000
(1) 수선: 10,000 × 500시간/1,000시간 = 5,000
(2) 전력: [7,000 + (10,000 × 200시간/1,000시간)] × 1,000 kWh/1,500 kWh = 6,000

114 □□□

2016년 국가직 9급

㈜한국은 종합원가계산방법을 적용하고 있으며, 원가 관련 자료는 다음과 같다. ㈜한국의 완성품환산량에 대한 설명으로 옳은 것은?

- 직접재료는 공정의 초기에 전량 투입되고, 전환원가는 공정의 진행에 따라 균일하게 발생된다.
- 기초 재공품의 완성도는 50%, 기말 재공품의 완성도는 10%이다.
- 기초 재공품은 2,000개, 당기 착수 13,000개, 기말 재공품 3,000개이다.

① 평균법의 직접재료원가 완성품환산량은 13,000개이다.
② 평균법의 전환원가 완성품환산량은 10,300개이다.
③ 선입선출법의 직접재료원가 완성품환산량은 15,000개이다.
④ 선입선출법의 전환원가 완성품환산량은 11,300개이다.

114

답 ④

(1) 평균법

	직접재료비	가공비
완성	12,000개	12,000개
기말	3,000개	3,000개 × 10%
합계	15,000개	12,300개

(2) 선입선출법

	직접재료비	가공비
완성		
기초	0개	2,000개 × 50%
당기 착수	10,000개	10,000개
기말	3,000개	3,000개 × 10%
합계	13,000개	11,300개

115 □□□

2016년 국가직 9급

㈜대한은 종합원가계산방법을 적용하고 있다. 직접재료는 공정 초기에 전량 투입되며, 전환원가는 공정 전반에 걸쳐서 균등하게 발생한다. 당기 완성품환산량 단위당 원가는 직접재료원가 ₩60, 전환원가 ₩40이었다. 공정의 50% 시점에서 품질검사를 수행하며, 검사에 합격한 전체 수량의 10%를 정상공손으로 처리하고 있다. ㈜대한의 물량흐름 자료가 다음과 같을 때, 정상공손원가는?

• 기초 재공품	1,000개(완성도 30%)	• 당기 완성량	2,600개
• 당기 착수량	3,000개	• 공손수량	500개
		• 기말 재공품	900개(완성도 60%)

① ₩17,500　② ₩20,800
③ ₩28,000　④ ₩35,000

115　답 ③

(1) 정상공손수량: (1,000개 + 1,600개 + 900개) × 10% = 350개
(2) 정상공손원가의 완성품환산량
　1) 직접재료비: 350개
　2) 가공비: 350개 × 50% = 175개
(3) 정상공손원가: (350개 × 60) + (175개 × 40) = 28,000

116 □□□

2016년 국가직 9급

㈜대한은 A 투자안과 B 투자안 중에서 원가구조가 이익에 미치는 영향을 고려하여 하나의 투자안을 선택하고자 한다. 두 투자안의 예상 판매량은 각 100단위이고, 매출액 등의 자료가 다음과 같을 때, 두 투자안에 대한 비교 설명으로 옳은 것은?

구분	A 투자안	B 투자안
매출액	₩ 20,000	₩ 20,000
변동비	₩ 12,000	₩ 10,000
고정비	₩ 4,000	₩ 6,000
영업이익	₩ 4,000	₩ 4,000

① A 투자안의 변동비율이 B 투자안의 변동비율보다 작다.
② A 투자안의 단위당 공헌이익이 B 투자안의 단위당 공헌이익보다 크다.
③ A 투자안의 손익분기점 판매량이 B 투자안의 손익분기점 판매량보다 적다.
④ A 투자안의 안전한계는 B 투자안의 안전한계보다 작다.

116 답 ③

(1) 변동비율
  1) A: 12,000 ÷ 20,000 = 60%
  2) B: 10,000 ÷ 20,000 = 50%
(2) 단위당 공헌이익
  1) A: (20,000 - 12,000) ÷ 100단위 = 80
  2) B: (20,000 - 10,000) ÷ 100단위 = 100
(3) 손익분기점 판매량
  1) A: (200 - 120)Q - 4,000 = 0, Q = 50개
  2) B: (200 - 100)Q - 6,000 = 0, Q = 60개
(4) 안전한계
  1) A: 20,000 - (50개 × 200) = 10,000
  2) B: 20,000 - (60개 × 200) = 8,000

117 □□□

2016년 국가직 9급

다음 자료를 토대로 계산한 ㈜대한의 매출총이익은?

- 당기 중 직접재료원가는 전환원가의 50%이다.
- 직접노무원가 발생액은 매월 말 미지급임금으로 처리되며 다음 달 초에 지급된다. 미지급임금의 기초 금액과 기말 금액은 동일하며, 당기 중 직접노무원가의 지급액은 ₩450이다.
- 재공품 및 제품의 기초 금액과 기말 금액은 ₩100으로 동일하다.
- 기타 발생비용으로 감가상각비(생산현장) ₩100, 감가상각비(영업점) ₩100, CEO 급여 ₩150, 판매수수료 ₩100이 있다. CEO 급여는 생산현장에 1/3, 영업점에 2/3 배부된다.
- 매출액은 ₩2,000이다.

① ₩1,050
② ₩ 1,100
③ ₩ 1,150
④ ₩1,200

117 답 ②

(1) 직접노무비: 450
(2) 제조간접비: 100 + 150 × 1/3 = 150
(3) 직접재료비: [(1) + (2)] × 50% = 300
(4) 당기총제조원가: (1) + (2) + (3) = 900
(5) 당기제품제조원가: 100 + 900 - 100 = 900
(6) 매출원가: 100 + 900 - 100 = 900
(7) 매출총이익: 2,000 - 900 = 1,100

118 □□□

2015년 지방직 9급

원가에 대한 설명으로 옳지 않은 것은?

① 기회원가는 여러 대안 중 최선안을 선택함으로써 포기된 차선의 대안에서 희생된 잠재적 효익을 의미하며, 실제로 지출되는 원가는 아니다.
② 매몰원가는 과거 의사결정의 결과에 의해 이미 발생한 원가로서 경영자가 더 이상 통제할 수 없는 과거의 원가로 미래 의사결정에 영향을 미치지 못하는 원가이다.
③ 당기총제조원가는 특정 기간 동안 완성된 제품의 제조원가를 의미하며, 당기제품제조원가는 특정 기간 동안 재공품 계정에 가산되는 총 금액으로 생산완료와는 상관없이 해당 기간 동안 투입된 제조원가가 모두 포함된다.
④ 관련 범위 내에서 조업도 수준이 증가함에 따라 총 변동원가는 증가하지만 단위당 변동원가는 일정하다.

118 답 ③

당기제품제조원가는 특정 기간 동안 완성된 제품의 제조원가를 의미하며, 당기총제조원가는 특정 기간 동안 재공품 계정에 가산되는 총 금액으로 생산완료와는 상관없이 해당 기간 동안 투입된 제조원가가 모두 포함된다.

119 □□□

2015년 지방직 9급

다음은 단일제품인 곰인형을 생산하고 있는 ㈜한국의 판매가격 및 원가와 관련된 자료이다. 법인세율이 20%인 경우, 세후 목표이익 ₩200,000을 달성하기 위한 곰인형의 판매수량은? (단, 생산설비는 충분히 크며, 생산량과 판매량은 같다고 가정한다.)

• 단위당 판매가격	₩ 1,000	• 단위당 직접재료원가	₩ 450
• 단위당 직접노무원가	₩ 200	• 단위당 변동제조간접원가	₩ 100
• 단위당 변동판매원가	₩ 50	• 고정원가 총액	₩ 300,000

① 2,250단위
② 2,500단위
③ 2,750단위
④ 3,000단위

119 답 ③

단위당 공헌이익은 200이고, 세전이익은 250,000이므로 목표이익 판매수량은 (고정비 300,000 + 세전이익 250,000)/200 = 2,750이다.

120 □□□

2015년 지방직 9급

보조부문원가 배부 방법에 대한 설명으로 옳지 않은 것은?

① 상호배부법은 연립방정식을 이용하여 보조부문 간의 용역제공비율을 정확하게 고려해서 배부하는 방법이다.
② 단계배부법은 보조부문원가의 배부순서를 적절하게 결정할 경우 직접배부법보다 정확하게 원가를 배부할 수 있다.
③ 단계배부법은 우선순위가 높은 보조부문의 원가를 우선순위가 낮은 보조부문에 먼저 배부하고, 배부를 끝낸 보조부문에는 다른 보조부문원가를 재배부하지 않는 방법이다.
④ 직접배부법은 보조부문 간의 용역수수관계를 정확하게 고려하면서 적용이 간편하다는 장점이 있어 실무에서 가장 많이 이용되는 방법이다.

120 답 ④

직접배부법은 보조부문 간의 용역수수관계를 정확하게 고려하지 못한다.

121 □□□

2015년 지방직 9급

㈜한국은 정상개별원가계산을 채택하고 있으며, 당기에 발생한 제조간접원가의 배부차이는 ₩ 9,000(과대배부)이다. 다음의 원가자료를 이용하여 총원가비례법으로 배부차이를 조정하는 경우 조정 후의 매출원가는?

기말 재공품	₩ 20,000	기말 제품	₩ 30,000	매출원가	₩ 450,000

① ₩ 441,000
② ₩ 441,900
③ ₩ 458,100
④ ₩ 459,000

121 답 ②

과대배부이므로 배부차이 금액을 매출원가에서 차감해야 한다. 전체 비율중 매출원가의 비율이 90%이므로 8,100을 차감한다.
→ 450,000 - 8,100 = 441,900

122 □□□

2015년 지방직 9급

㈜한국은 평균법에 의한 종합원가계산을 채택하고 있다. 기초재공품이 75,000단위이고 당기 착수량이 225,000단위이다. 기말 재공품이 50,000단위이며 직접재료는 전량 투입되었고, 가공원가 완성도는 70%이다. 기초재공품에 포함된 가공원가가 ₩ 14,000이고 당기 발생 가공원가가 ₩ 100,000인 경우 기말 재공품에 배부되는 가공원가는?

① ₩ 12,000
② ₩ 14,000
③ ₩ 18,000
④ ₩ 20,000

122 답 ②

(1) 완성품 수량: 75,000 + 225,000 - 50,000 = 250,000
(2) 완성품환산량(가공비): 250,000 + 50,000 × 70% = 285,000
(3) 완성품환산량 단위당 원가: 114,000 ÷ 285,000 = 0.4
(4) 기말 재공품에 배부되는 가공원가: 35,000개 × 0.4 = 14,000

123 □□□

2015년 국가직 9급

㈜한국의 손익분기점매출액이 ₩100,000,000, 고정비는 ₩40,000,000, 단위당 변동비는 ₩1,200일 때, 단위당 판매가격은?

① ₩1,500
② ₩ 1,600
③ ₩1,800
④ ₩ 2,000

123 답 ④

손익분기점에서 '공헌이익 = 고정비'
공헌이익률: 40,000,000 ÷ 100,000,000 = 40%
변동비율: 1 - 40% = 60%
1,200(단위당 변동비) ÷ X(판매가격) = 60%
∴ 단위당 판매가격 = 2,000

124 □□□

2015년 국가직 9급

다음은 제품A ~ C에 대한 자료이다. 이 중에서 제품A에 대한 설명으로 옳지 않은 것은? (단, 결합원가 ₩70,000의 배분은 순실현가치기준법을 사용한다.)

제품	생산량	각 연산품 추가 가공비	단위당 공정가치
A	100 kg	₩ 15,000	₩ 500
B	150 kg	₩ 8,000	₩ 300
C	200 kg	₩ 12,000	₩ 200

① 매출액은 ₩50,000이다.
② 순실현가치는 ₩35,000이다.
③ 단위당 제조원가는 ₩245이다.
④ 결합원가의 배분액은 ₩24,500이다.

124 답 ③

(1) A제품의 제조원가: 24,500(결합원가배부) + 15,000(추가 가공비) = 39,500
(2) A제품의 단위당 제조원가: 39,500(A제품의 총제조원가) / 100kg = 395

(선지분석)
① A제품의 매출액: 100kg × 500 = 50,000
② A제품의 순실현가치: (100kg × 500) - 15,000 = 35,000
④ 총 제품의 순실현가능가치: (100kg × 500) - 15,000 + (150kg × 300) - 8,000 + (200kg × 200) - 12,000 = 100,000
A제품의 결합원가배부: 70,000 × 35,000 / 100,000 = 24,500

125 □□□

2015년 국가직 9급

다음은 ㈜한국의 2014년 중에 발생한 원가 및 비용에 관한 자료이다. 이 자료를 이용하여 기초원가와 전환원가를 계산하면?

• 직접재료원가	₩ 60,000	• 간접재료원가	₩ 15,000
• 직접노무원가	₩ 15,000	• 간접노무원가	₩ 7,500
• 공장건물감가상각비	₩ 10,000	• 영업사원급여	₩ 12,000
• 공장수도광열비	₩ 7,000	• 본사비품감가상각비	₩ 10,500
• 공장소모품비	₩ 5,000	• 본사임차료	₩ 15,000

	기초원가	전환원가
①	₩ 75,000	₩ 59,500
②	₩ 75,000	₩ 97,000
③	₩ 97,500	₩ 44,500
④	₩ 97,500	₩ 82,000

125 답 ①

(1) 기초원가: 60,000(직접재료비) + 15,000(직접노무비) = 75,000
(2) 전환원가: 15,000(직접노무비) + 15,000(간접재료비) + 7,500(간접노무비) + 10,000(공장건물감가상각비) + 7,000(공장수도광열비) + 5,000(공장소모품비) = 59,500

126 □□□

2015년 국가직 9급

다음은 ㈜한국의 제품제조 및 판매와 관련된 계정과목들이다. ㉠ ~ ㉣ 중 옳지 않은 것은?

• 직접재료원가	₩ 900	• 당기제품제조원가	₩ 13,000
• 직접노무원가	₩ 700	• 기초 제품	₩ 8,000
• 제조간접원가	(㉠)	• 기말 제품	(㉢)
• 당기총제조원가	₩ 2,000	• 매출원가	(㉣)
• 기초 재공품	₩ 14,000	• 매출액	₩ 25,000
• 기말 재공품	(㉡)	• 매출총이익	₩ 8,000

① ㉠ ₩ 400
② ㉡ ₩ 3,000
③ ㉢ ₩ 5,000
④ ㉣ ₩ 17,000

126 답 ③

(1) 제조간접비: 2,000(당기총제조원가) - 900(직접재료비) - 700(직접노무비) = 400
(2) 기말 재공품: 14,000(기초 재공품) + 2,000(당기총제조원가) - 13,000(당기제품제조원가) = 3,000
(3) 매출원가: 25,000(매출액) - 8,000(매출총이익) = 17,000
(4) 기말 제품: 8,000(기초 제품) + 13,000(당기제품제조원가) - 17,000(매출원가) = 4,000

PART 02 정부회계

01 □□□

2021년 서울시 7급

「지방자치단체 회계기준에 관한 규칙」에서 재무제표의 작성원칙에 대한 설명 중 옳지 않은 것을 <보기>에서 모두 고른 것은?

〈보기〉

ㄱ. 지방자치단체의 재무제표는 일반회계, 기타 특별회계 · 기금회계 및 지방공기업 특별회계의 유형별 재무제표를 통합하여 작성하되, 이 경우 내부거래는 상계하지 아니하고 작성한다.
ㄴ. 유형별 회계실체의 재무제표를 작성할 때에는 해당유형에 속한 개별 회계실체의 재무제표를 합산하지 아니하고 작성한다.
ㄷ. 개별 회계실체의 재무제표를 작성할 때에는 지방자치단체 안의 다른 개별 회계실체와의 내부거래를 상계하지 아니한다.
ㄹ. 재무제표는 당해 회계연도분과 직전 회계연도분을 비교하는 형식으로 작성되어야 하며, 회계정책과 회계추정의 변경이 발생한 경우에는 그 내용을 주석으로 공시하여야 한다.

① ㄱ, ㄴ
② ㄱ, ㄹ
③ ㄴ, ㄷ
④ ㄷ, ㄹ

01 답 ①

ㄱ. 지방자치단체의 재무제표는 일반회계, 기타 특별회계 · 기금회계 및 지방공기업 특별회계의 유형별 재무제표를 통합하여 작성하되, 이 경우 내부거래는 상계하고 작성한다.
ㄴ. 유형별 회계실체의 재무제표를 작성할 때에는 해당유형에 속한 개별 회계실체의 재무제표를 합산하여 작성하고, 유형별 회계실체 안에서의 내부거래는 상계하고 작성한다.

02 □□□

2021년 국가직 7급

「국가회계기준에 관한 규칙」의 수익과 비용에 대한 설명으로 옳은 것은?

① 정부가 부과하는 방식의 국세는 납세의무자가 세액을 자진신고하는 때에 수익으로 인식한다.
② 신고 · 납부하는 방식의 국세는 국가가 고지하는 때에 수익으로 인식한다.
③ 원가는 중앙관서의 장 또는 기금관리주체가 프로그램의 목표를 달성하고 성과를 창출하기 위하여 직접적 · 간접적으로 투입한 경제적 자원의 가치를 말한다.
④ 재화나 용역의 제공 등 국가재정활동 수행을 위하여 자산이 감소하고 그 금액을 합리적으로 측정할 수 있을 때 또는 금액을 합리적으로 측정할 수 없더라도 법령 등에 따라 지출에 대한 의무가 존재한다면 비용으로 인식한다.

02 답 ③

(선지분석)
① 부과하는 방식의 국세는 납세의무자가 세액을 고지하는 때에 수익으로 인식한다.
② 신고 · 납부하는 방식의 국세는 국가가 신고한 때에 수익으로 인식한다.
④ 금액을 합리적으로 측정할 수 없다면 법령 등에 따라 지출에 대한 의무가 존재하더라도 비용으로 인식할 수 없다.

03 □□□

2021년 국가직 7급

다음은 20×1년 중앙관서 A 부처 기타 특별회계의 재무제표 작성을 위한 자료이다. 재무제표에 대한 설명으로 옳지 않은 것은?

> • 프로그램총원가 ₩28,000, 프로그램수익 ₩12,000
> • 관리운영비: 인건비 ₩5,000, 경비 ₩3,000
> • 프로그램과 직접적인 관련이 없는 수익과 비용: 이자비용 ₩1,000, 자산처분손실 ₩1,000, 자산처분이익 ₩2,000
> • 국고수입 ₩10,000, 부담금수익 ₩5,000, 채무면제이익 ₩10,000, 국고이전지출 ₩3,000
> • 기초순자산 ₩20,000(기본순자산 ₩5,000, 적립금 및 잉여금 ₩10,000, 순자산조정 ₩5,000)

① 재정운영표상 재정운영결과는 ₩24,000이다.
② 순자산변동표상 재원의 조달 및 이전은 ₩22,000이다.
③ 순자산변동표상 기말 적립금 및 잉여금은 ₩7,000이다.
④ 순자산변동표상 기말 순자산은 ₩18,000이다.

03 답 ③

(1) 재정운영결과: 28,000 - 12,000 + 8,000 + 2,000 - 2,000 = 24,000
(2) 재원의 조달 및 이전: 10,000 + 5,000 + 10,000 - 3,000 = 22,000
(3) 기말 적립금 및 잉여금: 10,000 + 24,000(재정운영결과) = 34,000
(4) 기말 순자산: 20,000 - 24,000(재정운영결과) + 22,000(재원의 조달과 이전) = 18,000

04 □□□

2021년 지방직 9급

지방자치단체회계에 대한 설명으로 옳지 않은 것은?

① 지방자치단체의 회계는 신뢰할 수 있도록 객관적인 자료와 증명서류에 의하여 공정하게 처리되어야 한다.
② 지방재정활동에 따라 발생하는 경제적 거래 등을 발생사실에 따라 복식부기 방식으로 회계처리하는데 필요한 기준은 행정안전부령으로 정한다.
③ 지방자치단체의 회계는 재정활동의 내용과 그 성과를 쉽게 파악할 수 있도록 충분한 정보를 제공하고, 간단 · 명료하게 처리되어야 한다.
④ 재무제표는 지방회계기준에 따라 작성하여야 하고, 「공인회계사법」에 따른 공인회계사의 감사의견을 첨부하여야 한다.

04 답 ④

지방자치단체의 장은 결산검사에 필요한 서류를 제출할 때 재무제표에 공인회계사법에 따른 공인회계사의 검토의견을 첨부해야 한다.

05 □□□

2021년 지방직 9급

「국가회계기준에 관한 규칙」상 자산과 부채의 평가에 대한 설명으로 옳지 않은 것은?

① 재정상태표에 표시하는 자산의 가액은 해당 자산의 취득원가를 기초로 하여 계상한다.
② 국채는 국채발행수수료 및 발행과 관련하여 직접 발생한 비용을 뺀 발행가액으로 평가한다.
③ 일반 유형자산은 해당 자산의 건설원가 또는 매입가액에 부대비용을 더한 금액을 취득원가로 하고, 객관적이고 합리적인 방법으로 추정한 기간에 정액법 등을 적용하여 감가상각한다.
④ 국가회계실체 사이에 발생하는 관리전환은 무상거래일 경우에는 자산의 공정가액을 취득원가로 하고, 유상거래일 경우에는 자산의 장부가액을 취득원가로 한다.

05 답 ④

국가회계실체 사이에 발생하는 관리전환은 무상거래일 경우에는 자산의 장부가액을 취득원가로 하고, 유상거래일 경우에는 자산의 공정가액을 취득원가로 한다.

06 □□□

2021년 국가직 9급

「국가회계기준에 관한 규칙」에 대한 설명으로 옳지 않은 것은?

① 국채는 국채발행수수료 및 발행과 관련하여 직접 발생한 비용을 뺀 발행가액으로 평가한다.
② 파생상품은 공정가액으로 평가하여 해당 계약에 따라 발생한 권리와 의무를 각각 자산 및 부채로 계상한다.
③ 화폐성 외화부채는 재정상태표일 현재의 적절한 환율로 평가한다.
④ 사회기반시설에 대한 사용수익권은 부채로 표시한다.

06 답 ④

일반 유형자산과 사회기반시설에 대한 사용수익권은 해당 자산의 차감 항목에 표시한다.

07 □□□

2021년 국가직 9급

「지방자치단체 회계기준에 관한 규칙」의 자산 및 부채의 평가에 대한 설명으로 옳은 것은?

① 일반 유형자산과 주민편의시설은 당해 자산의 건설원가나 매입가액을 취득원가로 평가함을 원칙으로 한다.
② 무형자산은 정률법에 따라 당해 자산을 사용할 수 있는 시점부터 합리적인 기간동안 상각한다.
③ 사회기반시설 중 유지·보수를 통하여 현상이 유지되는 도로, 도시철도, 하천부속시설 등은 감가상각 대상에서 제외할 수 없다.
④ 퇴직급여충당부채는 회계연도 말 현재 「공무원연금법」을 적용받는 지방공무원을 제외한 무기계약근로자 등이 일시에 퇴직할 경우 지방자치단체가 지급하여야 할 퇴직금에 상당한 금액으로 한다.

07 답 ④

(선지분석)
① 일반 유형자산과 주민편의시설은 해당 자산의 건설원가 또는 매입가액에 부대비용을 더한 금액을 취득원가로 한다.
② 무형자산은 정액법에 따라 해당 자산을 사용할 수 있는 시점부터 합리적인 기간 동안 상각한다.
③ 사회기반시설 중 관리, 유지 노력에 따라 취득 당시의 용역잠재력을 그대로 유지할 수 있는 시설도 감가상각을 하지 않을 수 있다.

08 □□□

2020년 서울시 7급

지방자치단체 갑(甲)의 재정상태표상 순자산총계는 ₩10억이고, 고정순자산은 ₩6억이며, 특정순자산은 ₩1억이다. 지방자치단체 갑(甲)의 주민편의시설이 ₩2억 증가하였고, 그 시설의 투자재원을 마련할 목적으로 조달한 장기차입금이 ₩1억 증가하였으며, 순자산총계는 ₩3억 증가하였다. 언급한 사항을 제외한 고정순자산과 특정순자산의 변동은 없다고 가정할 때, 지방자치단체 갑(甲)의 일반순자산의 변동은?

① ₩1억 감소
② 변동 없음
③ ₩1억 증가
④ ₩2억 증가

08 답 ④

구분	기초	+ 증가	= 기말
고정순자산	6	+ 2 − 1	= 7
특정순자산	1	−	= 1
일반순자산	3(역산)	+ 2(역산)	= 5(역산)
순자산총계	10	+ 3	= 13

09 □□□

2020년 서울시 7급

「지방자치단체 회계기준에 관한 규칙」에서 특별회계에 대한 설명으로 가장 옳지 않은 것은?

① 특별회계예산은 특정 사업이나 자금을 운영하거나 특정한 세입으로 특정한 세출에 충당하는 경우를 위한 예산이다.
② 지방자치단체의 특별회계는 일반 특별회계와 기타 특별회계로 구분된다.
③ 특별회계를 설치하기 위해서는 법률이나 조례에 근거가 있어야 한다.
④ 특별회계는 행정기관이 자유재량을 갖도록 하여 행정능률을 높이기 위해 설치하는 것이다.

09 답 ②

지방자치단체의 특별회계는 지방공기업 특별회계와 기타 특별회계로 구분된다.

10 □□□

2020년 국가직 7급

다음 자료를 이용하여 계산한 지방자치단체의 재정상태표에 표시될 일반순자산은?

• 자산총계	₩ 2,000,000
• 부채총계	₩ 1,000,000
• 일반 유형자산, 주민편의시설, 사회기반시설투자액	₩ 900,000
• 무형자산투자액	₩ 200,000
• 일반 유형자산 투자재원을 위해 조달된 차입금	₩ 450,000
• 적립성기금의 원금	₩ 150,000

① ₩ 200,000
② ₩ 350,000
③ ₩ 400,000
④ ₩ 650,000

10

답 ①

구분	내역
고정순자산	일반 유형자산, 주민편의시설, 사회기반시설 및 무형자산의 투자액에서 그 시설의 투자재원을 마련할 목적으로 조달한 장기차입금 및 지방채증권을 차감한 금액 ⇒ (900,000 + 200,000 - 450,000) = 650,000
특정순자산	채무상환 목적이나 적립성기금의 원금과 같이 그 사용목적이 특정되어 있는 재원과 관련된 순자산 ⇒ 150,000
일반순자산	순자산총계 - 고정순자산 - 특정순자산 ⇒ (2,000,000 - 1,000,000) - 650,000 - 150,000 = 200,000

11 □□□

2020년 국가직 7급

「국가회계기준에 관한 규칙」에 대한 설명으로 옳은 것은?

① 현재 세대와 미래 세대를 위하여 정부가 영구히 보존하여야 할 자산으로서 역사적, 자연적, 문화적, 교육적 및 예술적으로 중요한 가치를 갖는 자산은 자산으로 인식하지 아니하고 그 종류와 현황 등을 필수보충정보로 공시한다.

② 미래 예상 거래의 현금흐름변동위험을 회피하는 파생상품 계약에서 발생하는 평가손익은 발생한 시점의 재정운영순원가에 반영한다.

③ 압수품 및 몰수품이 비화폐성 자산인 경우 압류 또는 몰수 당시의 시장가격으로 평가하며 감정가액으로 평가할 수 없다.

④ 우발자산은 과거의 거래나 사건으로 발생하였으나 국가회계실체가 전적으로 통제할 수 없는 하나 이상의 불확실한 미래 사건의 발생 여부로만 그 존재 유무를 확인할 수 있는 잠재적 자산을 말하며, 경제적효익의 유입 가능성이 매우 높은 경우 재정상태표에 자산으로 공시한다.

11

답 ①

(선지분석)

② 파생상품에서 발생한 평가손익은 발생한 시점에 재정운영표의 재정운영순원가에 반영한다. 다만, 미래 예상 거래의 현금흐름변동위험을 회피하는 계약에서 발생하는 평가손익은 순자산변동표의 조정 항목 중 파생상품 평가손익으로 표시한다.

③ 압수품 및 몰수품이 비화폐성 자산인 경우 압류 또는 몰수 당시의 감정가액 또는 공정가액 등으로 평가하며 그 내용을 주석으로 표시한다.

④ 우발자산은 과거의 거래나 사건으로 발생하였으나 국가회계실체가 전적으로 통제할 수 없는 하나 이상의 불확실한 미래 사건의 발생 여부로만 그 존재 유무를 확인할 수 있는 잠재적 자산을 말하며, 경제적효익의 유입 가능성이 매우 높은 경우 주석에 공시한다.

12 □□□

2020년 지방직 9급

「지방자치단체 회계기준에 관한 규칙」상 현금흐름표에 대한 설명으로 옳지 않은 것은?

① 현금흐름표는 회계연도 동안의 현금자원의 변동 즉, 자금의 원천과 사용결과를 표시하는 재무제표로서 영업활동, 투자활동, 재무활동으로 구분하여 표시한다.

② 현금의 유입과 유출은 회계연도 중의 증가나 감소를 상계하지 아니하고 각각 총액으로 적는 것이 원칙이지만, 거래가 잦아 총 금액이 크고 단기간에 만기가 도래하는 경우에는 순증감액으로 적을 수 있다.

③ 현물출자로 인한 유형자산 등의 취득, 유형자산의 교환 등 현금의 유입과 유출이 없는 거래 중 중요한 거래에 대하여는 주석으로 공시한다.

④ 투자활동은 자금의 융자와 회수, 장기투자증권 · 일반 유형자산 · 주민편의시설 · 사회기반시설 및 무형자산의 취득과 처분 등을 말한다.

12 답 ①

현금흐름표는 회계연도 동안의 현금자원의 변동 즉, 자금의 원천과 사용결과를 표시하는 재무제표로서 경상활동, 투자활동, 재무활동으로 구분하여 표시한다.

13 □□□

2020년 지방직 9급

「국가회계기준에 관한 규칙」과 「지방자치단체 회계기준에 관한 규칙」상 자산, 부채의 평가에 대한 설명으로 옳지 않은 것은?

① 국가의 도로는 관리, 유지 노력에 따라 취득 당시의 용역 잠재력을 그대로 유지할 수 있는 경우 감가상각 대상에서 제외할 수 있다.

② 재정상태표에 기록하는 자산의 가액은 해당 자산의 취득원가를 기초로 하여 계상함을 원칙으로 한다.

③ 부채의 가액은 따로 정한 경우를 제외하고는 원칙적으로 만기상환가액으로 평가한다.

④ 국가 외 지방자치단체의 일반 유형자산과 사회기반시설은 공정가액으로 재평가하여야 한다.

13 답 ④

지방자치단체 회계기준에서는 재평가의 기준이 없다.

14 □□□

2020년 국가직 9급

국가회계기준에 대한 설명으로 옳지 않은 것은?

① 재무제표는 재정상태표, 재정운영표, 순자산변동표로 구성하되, 재무제표에 대한 주석도 포함된다.

② 자산은 유동자산, 투자자산, 일반 유형자산, 사회기반시설, 무형자산 및 기타 비유동자산으로 구분하여 재정상태표에 표시한다.

③ 순자산은 자산에서 부채를 뺀 금액을 말하며, 기본순자산, 적립금 및 잉여금, 순자산조정으로 구분한다.

④ 재정상태표에 표시하는 자산의 가액은 해당 자산의 공정가액을 기초로 하여 계상한다.

14 답 ④

재정상태표에 표시하는 자산의 가액은 해당 자산의 취득원가를 기초로 하여 계상한다.

15 □□□

2020년 국가직 9급

중앙부처 A의 다음 재정운영표 자료에 근거하여 산출한 재정운영결과는?

프로그램총수익	₩ 40,000	프로그램총원가	₩ 300,000	비배분수익	₩ 20,000
비배분비용	₩ 30,000	비교환수익	₩ 24,000	관리운영비	₩ 60,000

① (-) ₩ 306,000
② (+) ₩ 306,000
③ (-) ₩ 330,000
④ (+) ₩ 330,000

15 답 ②

(1) 프로그램순원가: 300,000 - 40,000 = 260,000
 (+) 관리운영비: 60,000
 (+) 비배분비용: 30,000
 (-) 비배분수익: 20,000
(2) 재정운영순원가: 330,000
 (-) 비교환수익: 24,000
(3) 재정운영결과: 306,000

16 □□□

2019년 서울시 7급

「지방자치단체 회계기준에 관한 규칙」의 재정상태표에 대한 설명으로 가장 옳지 않은 것은?

① 재정상태표는 특정 시점의 회계실체의 자산과 부채의 내역 및 상호관계 등 재정상태를 나타내는 재무제표로서 자산·부채 및 자본으로 구성된다.
② 부채는 회계실체가 부담하는 현재의 의무를 이행하기 위하여 경제적효익이 유출될 것이 거의 확실하고 그 금액을 신뢰성 있게 측정할 수 있을 때에 인식한다.
③ 자산과 부채는 유동성이 높은 항목부터 배열하는 것을 원칙으로 한다.
④ 가지급금이나 가수금 등의 미결산 항목은 그 내용을 나타내는 적절한 과목으로 표시하고, 비망계정은 재정상태표의 자산 또는 부채 항목으로 표시하지 않는다.

16 답 ①

재정상태표는 특정 시점의 회계실체의 자산과 부채의 내역 및 상호관계 등 재정상태를 나타내는 재무제표로서 자산·부채 및 순자산으로 구성된다.

17 □□□

2019년 서울시 7급

〈보기〉의 중앙관서 또는 기금의 재정운영표에 표시된 수익과 비용을 이용하여 계산한 재정운영순원가는?

〈보기〉

• 프로그램총원가	₩ 250,000	• 프로그램수익	₩ 80,000
• 관리운영비	₩ 50,000	• 비배분수익	₩ 40,000
• 비배분비용	₩ 30,000	• 비교환수익	₩ 150,000

① ₩ 110,000
② ₩ 160,000
③ ₩ 170,000
④ ₩ 210,000

17 답 ④

재정운영순원가 = 250,000 − 80,000(프로그램 수익) + 50,000(관리운영비) + 30,000(비배분비용) − 40,000 (비배분수익) = 210,000

18 □□□

2019년 국가직 7급

「국가회계기준에 관한 규칙」상 '부채의 분류 및 평가'에 대한 설명으로 옳지 않은 것은?

① 재정상태표상 부채는 유동부채, 장기차입부채 및 기타유동부채로 분류한다.
② 장기연불조건의 거래, 장기금전대차거래 또는 이와 유사한 거래에서 발생하는 채권 · 채무로서 명목가액과 현재가치의 차이가 중요한 경우에는 현재가치로 평가한다.
③ 화폐성 외화부채는 재정상태표일 현재의 적절한 환율로 평가한다.
④ 재정상태표에 표시되는 부채의 가액은 「국가회계기준에 관한 규칙」에서 따로 정한 경우를 제외하고는 원칙적으로 만기상환가액으로 평가한다.

18 답 ①

재정상태표상 부채는 유동부채, 장기차입부채, 장기충당부채 및 기타유동부채로 분류한다.

19 □□□

2019년 국가직 7급

「국가회계기준에 관한 규칙」에 대한 설명으로 옳지 않은 것은?

① 재정상태표상 순자산은 자산에서 부채를 뺀 금액을 말하며, 기본순자산, 적립금 및 잉여금, 순자산조정으로 구분한다.
② 융자보조원가충당금은 융자사업에서 발생한 융자금 원금과 추정 회수가능액의 현재가치와의 차액으로 평가한다.
③ 유가증권의 회수가능액이 장부가액 미만으로 하락하고 그 하락이 장기간 계속되어 회복될 가능성이 없을 경우에는 장부가액과의 차액을 감액손실로 인식하고 재정운영순원가에 반영한다.
④ 일반 유형자산에 대해서는 재평가를 할 수 있으나 사회기반시설에 대해서는 재평가를 할 수 없다.

19 답 ④

일반 유형자산과 사회기반시설에 대해서는 재평가를 할 수 있다.

20 □□□

2019년 서울시 9급

「지방자치단체 회계기준에 관한 규칙」에서 규정하고 있는 재무제표 작성원칙이 아닌 것은?

① 유형별 회계실체의 재무제표를 작성할 때에는 해당 유형에 속한 개별 회계실체의 재무제표를 합산하여 작성한다.
② 지방자치단체의 재무제표는 일반회계 · 기타 특별회계 · 기금회계 및 지방공기업 특별회계의 유형별 재무제표를 통합하여 작성한다. 이 경우 내부거래는 상계하여 작성한다.
③ 개별 회계실체의 재무제표를 작성할 때에는 지방자치단체 안의 다른 개별 회계실체와의 내부거래를 상계하여 작성한다.
④ 재무제표는 당해 회계연도분과 직전 회계연도분을 비교하는 형식으로 작성되어야 한다.

20 답 ③

개별 회계실체의 재무제표를 작성할 때에는 지방자치단체 안의 다른 개별 회계실체와의 내부거래를 상계하지 않는다.

21 □□□

2019년 서울시 9급

〈보기〉는 어느 지방자치단체의 재정운영표의 내용이다. 일반수익은?

〈보기〉

• 사업순원가	₩ 180,000	• 관리운영비	₩ 220,000
• 비배분비용	₩ 40,000	• 비배분수익	₩ 30,000
• 재정운영결과	₩ 150,000		

① ₩ 180,000
② ₩ 210,000
③ ₩ 260,000
④ ₩ 270,000

21 답 ③

사업순원가: 180,000
(+) 관리운영비: 220,000
(+) 비배분비용: 40,000
(−) 비배분수익: (30,000)
재정운영순원가: 410,000
(−) 일반수익: (260,000)
재정운영결과: 150,000

22 □□□

2019년 지방직 9급

「지방자치단체 회계기준에 관한 규칙」상 자산의 평가에 대한 설명으로 옳은 것은?

① 미수세금은 합리적이고 객관적인 기준에 따라 평가하여 대손충당금을 설정하고 이를 미수세금 금액에서 차감하는 형식으로 표시하며, 대손충당금의 내역은 주석으로 공시한다.

② 재고자산은 구입가액에 부대비용을 더하고 이에 총평균법을 적용하여 산정한 가액을 취득원가로 할 수 있으나, 그 내용을 주석으로 공시할 필요는 없다.

③ 도로, 도시철도, 하천부속시설 등 사회기반시설은 예외 없이 감가상각하여야 한다.

④ 장기투자증권은 매입가격에 부대비용을 더하고 이에 종목별로 총평균법을 적용하여 산정한 취득원가로 기록한 후, 매년 말 공정가치와 장부금액을 비교하여 평가손익을 인식한다.

22 답 ①

(선지분석)

② 재고자산은 구입가액에 부대비용을 더하고 이에 총평균법을 적용하여 산정한 가액을 취득원가로 할 수 있으나, 그 내용을 주석으로 공시해야 한다.

③ 사회기반시설 중 관리·유지 노력에 따라 취득 당시의 용역잠재력을 그대로 유지할 수 있는 시설에 대해서는 감가상각하지 아니하고 관리·유지에 투입되는 비용으로 감가상각비용을 대체할 수 있다.

④ 장기투자증권은 매입가격에 부대비용을 더하고 이에 종목별로 총평균법을 적용하여 산정한 취득원가로 기록한 후, 취득원가로 평가한다.

23 □□□

2019년 지방직 9급

「지방자치단체 회계기준에 관한 규칙」상 재무제표의 작성원칙으로 옳은 것은?

① 지방자치단체의 재무제표는 기금회계의 유형별 재무제표를 제외한 일반회계, 기타 특별회계 및 지방공기업 특별회계의 유형별 재무제표를 통합하여 작성한다.

② 유형별 회계실체의 재무제표를 작성할 때에는 해당 유형에 속한 개별 회계실체의 재무제표를 합산하여 작성한다. 이 경우 유형별 회계실체 안에서의 내부거래는 상계하고 작성한다.

③ 개별 회계실체의 재무제표를 작성할 때에는 지방자치단체 안의 다른 개별 회계실체와의 내부거래를 상계하고 작성한다. 이 경우 내부거래는 해당 지방자치단체에 속하지 아니한 다른 회계실체 등과의 거래와 다르기 때문이다.

④ 재무제표는 당해 회계연도분과 직전 회계연도분을 비교하는 형식으로 작성되어야 한다. 이 경우 비교식으로 작성되는 양 회계연도의 재무제표는 계속성의 원칙에 따라 작성되어야 하며 회계변경은 허용되지 않는다.

23 답 ②

(선지분석)

① 지방자치단체의 재무제표는 일반회계·기타 특별회계·기금회계 및 지방공기업 특별회계의 유형별 재무제표를 통합하여 작성한다.

③ 개별 회계실체의 재무제표를 작성할 때에는 지방자치단체 안의 다른 개별 회계실체와의 내부거래를 상계하지 아니한다.

④ 재무제표는 당해 회계연도분과 직전 회계연도분을 비교하는 형식으로 작성되어야 한다. 이 경우 비교식으로 작성되는 양 회계연도의 재무제표는 계속성의 원칙에 따라 작성되어야하며 회계정책상의 변화 등 회계변경이 발생한 경우에는 그 내용을 주석으로 공시하여야 한다.

24 □□□

2019년 국가직 9급

다음의 자료를 이용하여 중앙관서 A의 재정운영표를 작성하는 경우 재정운영순원가는?

• 프로그램순원가	₩300,000	• 관리운영비	₩150,000
• 이자비용	₩130,000	• 유형자산처분이익	₩150,000
• 부담금수익	₩ 30,000	• 채무면제이익	₩300,000

① ₩150,000
② ₩220,000
③ ₩380,000
④ ₩430,000

24 답 ④

300,000(프로그램순원가) + 150,000(관리운영비) + 130,000(이자비용) - 150,000(유형자산처분이익) = 430,000

25 □□□

2019년 국가직 9급

국가재정법에 대한 설명으로 옳지 않은 것은?

① 기금은 국가가 특정한 목적을 위하여 특정한 자금을 신축적으로 운용할 필요가 있을 때에 한하여 법률로써 설치하며, 세입세출예산에 의하지 않고 운용할 수 있다.
② 예산총계주의는 한 회계연도의 모든 수입을 세입으로 하고 모든 지출을 세출로 하며, 세입과 세출은 예외 없이 모두 예산에 계상하여야 한다.
③ 세입세출예산은 독립기관 및 중앙관서의 소관별로 구분한 후 소관 내에서 일반회계와 특별회계로 구분한다.
④ 정부는 예산이 여성과 남성에게 미칠 영향을 미리 분석한 성인지 예산서를 작성하여야 한다.

25 답 ②

기금은 국가가 특정한 목적을 위하여 특정한 자금을 신축적으로 운용할 필요가 있을 때에 한하여 법률로써 설치하며, 세입세출예산에 의하지 않고 운용할 수 있다.

26 □□□

2018년 서울시 7급

「지방회계법 시행령」상 세입과 세출의 회계연도 구분에 대한 설명으로 가장 옳지 않은 것은?

① 납부기한이 정해져 있는 수입은 그 납부기한이 속하는 연도의 세입이다.
② 납입고지서를 발급하는 수시수입은 그 납입고지서의 납부기한이 속하는 연도의 세입이다.
③ 실비보상 · 급여 · 여비 · 수수료 또는 그 밖에 이와 유사한 것은 지급을 하여야 할 사실이 발생한 날이 속하는 연도의 세출이다.
④ 사용료 · 보관료 · 전기료 또는 그 밖에 이에 유사한 것은 지급청구를 받는 날이 속하는 연도의 세출이다.

26 답 ②

부과고지방식의 지방세수익은 징수결의 시점에 수익을 인식한다. 국가회계의 경우에도 고지하는 때 수익으로 인식하듯 일반회계에서의 외상매출과 유사한 개념으로 발생주의에 따라 재정운영표를 작성한다.

27 □□□

2018년 서울시 7급

「지방자치단체 회계기준에 관한 규칙」에서 현금흐름표, 순자산변동표, 주석에 대한 내용으로 가장 옳지 않은 것은?

① 현금흐름표는 회계연도 동안의 현금자원의 변동에 관한 정보로서 자금의 원천과 사용결과를 표시하는 재무제표로서 경상활동, 투자활동 및 재무활동으로 구성된다.

② 현금흐름표에서 현금의 유입과 유출은 회계연도 중의 증가나 감소를 상계하여 순증감액으로 적는다. 다만, 거래가 잦아 총금액이 크고 단기간에 만기가 도래하는 경우에는 총액으로 적을 수 있다.

③ 현물출자로 인한 유형자산 등의 취득, 유형자산의 교환 등 현금의 유입과 유출이 없는 거래 중 중요한 거래에 대하여 주석으로 공시한다.

④ 순자산변동표에서 순자산의 증가사항은 전기 오류수정이익, 회계기준의 변경으로 생긴 누적 이익 등을 말하며, 순자산의 감소사항은 전기 오류수정손실, 회계기준의 변경으로 생긴 누적 손실 등을 말한다.

27 답 ②

현금의 유입과 유출은 회계연도 중의 증가나 감소를 상계하지 아니하고 각각 총액으로 적는다. 다만, 거래가 잦아 총 금액이 크고 단기간에 만기가 도래하는 경우에는 순증감액으로 적을 수 있다.

28 □□□

2018년 국가직 7급

「국가회계기준에 관한 규칙」상 '자산과 부채의 평가'에 대한 설명으로 옳지 않은 것은?

① 국가회계실체 사이에 발생하는 관리전환이 무상거래일 경우에는 취득 당시의 공정가액을 취득원가로 한다.

② 무형자산은 정액법에 따라 해당 자산을 사용할 수 있는 시점부터 합리적인 기간 동안 상각한다.

③ 비화폐성 외화자산을 역사적 원가로 측정하는 경우 해당 자산을 취득한 당시의 적절한 환율로 평가한다.

④ 보증충당부채는 보증채무불이행에 따른 추정 순현금유출액의 현재가치로 평가한다.

28 답 ①

국가회계실체 사이에 발생하는 관리전환이 무상거래일 경우에는 제공한 실체의 장부금액을 취득원가로 한다.

29 □□□

2018년 국가직 7급

「국가회계기준에 관한 규칙」상 '수익과 비용'에 대한 설명으로 옳지 않은 것은?

① 부담금수익은 청구권 등이 확정된 때에 그 확정된 금액을 수익으로 인식한다.

② 몰수품이 화폐성 자산이어서 몰수한 때에 금액을 확정할 수 있는 경우에는 몰수한 때에 수익으로 인식한다.

③ 재화나 용역의 제공 등 국가재정활동 수행을 위하여 자산이 감소한 경우 금액을 합리적으로 측정할 수 없더라도 비용을 인식한다.

④ 과거에 자산으로 인식한 자산의 미래경제적효익이 감소 또는 소멸하거나 자원의 지출 없이 부채가 발생 또는 증가한 것이 명백한 때에 비용으로 인식한다.

29 답 ③

재화나 용역의 제공 등 국가재정활동 수행을 위하여 자산이 감소한 경우 금액을 합리적으로 측정할 수 있다면 비용을 인식한다.

30 □□□

2018년 국가직 7급

다음은 A 중앙관서의 일반회계 20×1년도 자료이다. 이를 근거로 A중앙관서의 20×1년 말 순자산변동표에 계상될 기말 순자산액은?

- 20×1년 기초 순자산은 ₩300,000이고, 재정운영결과는 ₩200,000이다.
- 20×1년 중 국고수입은 ₩150,000이고, 채무면제이익은 ₩50,000이다.
- 20×1년 중 국고이전지출은 ₩120,000이고, 무상이전지출은 ₩40,000이다.
- 20×1년 중 투자목적 장기투자증권을 ₩10,000에 취득하였으며, 재정상태표일 현재 공정가액은 ₩30,000이다.

① ₩160,000
② ₩180,000
③ ₩550,000
④ ₩560,000

30 답 ①

기초 순자산	300,000
- 재정운영결과	(200,000)
+ 국고수입	150,000
+ 채무면제이익	50,000
- 국고이전지출	(120,000)
- 무상이전지출	(40,000)
+ 장기투자증권 평가이익	20,000
= 기말 순자산	160,000

31 □□□

2018년 서울시 9급

「지방자치단체 회계기준에 관한 규칙」에 대한 설명 중 가장 옳지 않은 것은?

① 지방자치단체의 재무제표는 일반회계 · 기타 특별회계 · 기금 회계 및 지방공기업 특별회계의 유형별 재무제표를 통합하여 작성한다.
② 현금흐름표는 회계연도 동안의 현금자원의 변동에 관한 정보로서 자금의 원천과 사용결과를 표시하는 재무제표로서 경상활동, 투자활동 및 재무활동으로 구성된다.
③ 재정운영표의 수익과 비용은 그 발생원천에 따라 명확하게 분류하여야 하며, 해당 항목의 중요성에 따라 별도의 과목으로 표시하거나 다른 과목과 통합하여 표시할 수 있다.
④ 재정상태표의 순자산은 지방자치단체의 기능과 용도를 기준으로 고정순자산과 일반순자산의 2가지로 분류한다.

31 답 ④

재정상태표의 순자산은 지방자치단체의 기능과 용도를 기준으로 고정순자산, 특정순자산, 일반순자산으로 분류한다.

32 □□□

2018년 지방직 9급

「지방자치단체 회계기준에 관한 규칙」에 대한 설명으로 옳지 않은 것은?

① 재무제표는 재무상태표, 재정운영표, 현금흐름표, 순자산변동표, 주석으로 구성된다.
② 재무제표는 일반회계, 기타 특별회계, 기금회계 및 지방공기업 특별회계의 유형별 재무제표를 통합하여 작성한다. 이 경우 내부거래는 상계하지 않는다.
③ 재무제표는 당해 회계연도분과 직전 회계연도분을 비교하는 형식으로 작성한다.
④ 회계실체는 그 활동의 성격에 따라 행정형 회계실체와 사업형 회계실체로 구분할 수 있다.

32 답 ②

재무제표는 일반회계, 기타 특별회계, 기금회계 및 지방공기업 특별회계의 유형별 재무제표를 통합하여 작성한다. 이 경우 내부거래는 상계한다.

33 □□□

2018년 지방직 9급

「국가회계기준에 관한 규칙」상 수익의 인식기준에 대한 설명으로 옳지 않은 것은?

① 신고·납부하는 방식의 국세는 납세의무자가 세액을 자진신고하는 때 수익으로 인식한다.
② 정부가 부과하는 방식의 국세는 국가가 고지하는 때 수익으로 인식한다.
③ 연부연납 또는 분납이 가능한 국세는 세금이 징수되는 시점에 분납되는 세액을 수익으로 인식한다.
④ 원천징수하는 국세는 원천징수의무자가 원천징수한 금액을 신고·납부하는 때에 수익으로 인식한다.

33 답 ③

연부연납 또는 분납이 가능한 국세는 징수할 세금이 확정된 때 납부할 세액 전체를 수익으로 인식한다.

34 □□□

2018년 국가직 9급

「국가회계기준에 관한 규칙」에 대한 설명으로 옳은 것은?

① 회계처리와 재무제표 작성을 위한 계정과목과 금액은 그 중요성에 따라 실용적인 방법으로 결정하여야 한다.
② 자산 항목과 부채 또는 순자산 항목을 상계함으로써 그 전부 또는 일부를 재정상태표에서 제외할 수 있다.
③ 이 규칙에서 정하는 것 외의 사항에 대해서는 일반적으로 인정되는 회계원칙을 따를 수 있으나, 일반적으로 공정하고 타당하다고 인정되는 회계관습은 따르지 않는다.
④ 재무제표는 재정상태표, 재정운영표, 순자산변동표로 구성하되 재무제표에 대한 주석은 제외한다.

34 답 ①

선지분석

② 자산 항목과 부채 또는 순자산 항목을 상계함으로써 그 전부 또는 일부를 재정상태표에서 제외할 수 없다.
③ 이 규칙에서 정하는 것 외의 사항에 대해서는 일반적으로 인정되는 회계원칙과 일반적으로 공정하고 타당하다고 인정되는 회계관습을 따른다.
④ 재무제표는 재정상태표, 재정운영표, 순자산변동표로 구성하되 재무제표에 대한 주석을 포함한다.

35 □□□

2018년 국가직 9급

지방자치단체 수익에 대한 설명으로 옳지 않은 것은?

① 지방자치단체가 과세권을 바탕으로 징수하는 세금은 자체조달수익으로 분류한다.
② 지방자치단체가 기부채납방식으로 자산을 기부받는 경우 기부 시점에 수익으로 인식한다.
③ 회계실체가 국가 또는 다른 지방자치단체로부터 이전받은 수익은 정부간이전수익으로 분류한다.
④ 교환거래로 생긴 수익은 수익창출이 끝나고 그 금액을 합리적으로 측정할 수 있을 때에 인식한다.

35 답 ②

지방자치단체가 기부채납방식으로 자산을 기부받는 경우 생긴 순자산의 증가는 수익에 포함하지 아니한다.

36 □□□

2018년 국가직 9급

다음 자료를 이용하여 국가회계실체인 A부의 재정상태표에 표시할 자산의 장부가액은?

- 국가회계실체인 B부가 ₩200,000,000으로 계상하고 있던 토지를 관리전환 받아 공정가액 ₩300,000,000을 지급하고 취득함
- 국가 외의 상대방으로부터 공정가액 ₩1,000,000,000인 건물을 무상으로 기부받고 동시에 건물에 대하여 10년에 걸쳐 사용수익권 ₩500,000,000을 기부자에게 제공하기로 함
- 공정가액 ₩700,000,000인 무주토지를 발굴하여 자산에 등재함

① ₩1,400,000,000　　② ₩1,500,000,000
③ ₩2,000,000,000　　④ ₩2,500,000,000

36 답 ②

300,000,000 + 1,000,000,000 - 500,000,000 + 700,000,000 = 1,500,000,000

37 □□□

2017년 서울시 7급

「국가회계기준에 관한 규칙」에 따른 재무제표에 대한 설명으로 옳지 않은 것은?

① 재정운용표에는 프로그램(정책사업)별로 원가가 집계·표시된다.
② 재정상태표상 자산과 부채는 유동성배열법에 따라 표시된다.
③ 직접적인 반대급부가 없이 법령에 따라 납부의무가 발생한 금품의 수납은 재정운용표에 비교환수익으로 보고한다.
④ 재정상태표를 작성함에 있어서 자산에 대한 사용수익권은 무형자산 항목으로 표시된다.

37 답 ④

자산에 대한 사용수익권은 해당 자산의 차감 항목에 표시한다.

38 □□□

2017년 서울시 7급

「국가회계기준에 관한 규칙」상 자산의 정의와 인식기준으로 가장 옳지 않은 것은?

① 자산은 공용 또는 공공용으로 사용되는 등 공공서비스를 제공할 수 있거나 직접적 또는 간접적으로 경제적효익을 창출하거나 창출에 기여할 가능성이 매우높고 그 가액을 신뢰성 있게 측정할 수 있을 때에 인식한다.

② 현재 세대와 미래 세대를 위하여 정부가 영구히 보존하여야 할 자산으로서 역사적, 자연적, 문화적, 교육적 및 예술적으로 중요한 가치를 갖는 유산자산은 자산으로 인식하지 아니하고 그 종류와 현황 등을 필수보충정보로 공시한다.

③ 국가안보와 관련된 자산은 기획재정부장관과 협의하여 자산으로 인식하지 아니할 수 있다. 이 경우 헤당 중앙관서의 장은 해당 자산의 종류, 취득시기 및 관리현황 등을 별도의 장부에 기록하여야 한다.

④ 자산은 과거의 거래나 사건의 결과로 현재 국가 회계실체가 소유(실질적으로 소유하는 경우를 제외한다)하고 있는 자원으로서 미래에 공공서비스를 제공할 수 있거나 직접 또는 간접적으로 경제적효익을 창출할 것으로 기대하는 자원을 말한다.

38 답 ④

자산은 과거의 거래나 사건의 결과로 현재 국가회계실체가 소유(실질적으로 소유하는 경우를 포함한다) 또는 통제하고 있는 자원으로서, 미래에 공공서비스를 제공할 수 있거나 직접 또는 간접적으로 경제적효익을 창출하거나 창출에 기여할 것으로 기대되는 자원을 말한다.

39 □□□

2017년 국가직 7급

「국가회계기준에 관한 규칙」에 규정된 필수보충정보에 해당하지 않는 것은?

① 총 잉여금 · 재정운영결과조정표
② 국세징수활동표
③ 수익 · 비용 성질별 재정운영표
④ 순자산조정명세

39 답 ④

순자산조정명세는 주석 기재사항에 해당한다.

40 □□□

2017년 국가직 7급

「국가회계기준에 관한 규칙」의 내용으로 옳지 않은 것은?

① 자산과 부채는 유동성이 높은 항목부터 배열한다. 이 경우 유동성이란 현금으로 전환되기 쉬운 정도를 말한다.
② 정부가 부과하는 방식의 국세는 납세의무자가 세액을 납부하는 때에 수익으로 인식한다.
③ 압수품 및 몰수품 중 화폐성자산은 압류 또는 몰수 당시의 시장가격으로 평가한다.
④ 순자산은 자산에서 부채를 뺀 금액을 말하며, 기본순자산, 적립금 및 잉여금, 순자산조정으로 구분한다.

40 답 ②

정부가 부과하는 방식의 국세는 국가가 고지하는 때 수익을 인식한다.

41 □□□

2017년 서울시 9급

다음 중 국가회계 재정운영표 양식 구조에서 재정운영순원가의 계산에 반영되는 항목이 아닌 것은?

① 관리운영비 ② 비배분수익
③ 비교환수익 ④ 비배분비용

41 답 ③

프로그램순원가 = 프로그램총원가 − 프로그램총수익
(+) 관리운영비
(+) 비배분비용
(−) 비배분수익
재정운영순원가
(−) 비교환수익
재정운영결과

42 □□□

2017년 서울시 9급

「지방자치단체 회계기준」에 관한 규칙상의 자산 및 부채의 평가와 관련된 다음 설명 중 가장 옳은 것은?

① 사회기반시설 중 유지 · 보수를 통하여 현상이 유지되는 도로, 도시철도, 하천부속시설 등도 감가상각하여야 한다.
② 지방채증권은 발행가액으로 평가하되, 발행가액은 지방채증권 발행수수료 및 발행과 관련하여 직접발생한 비용을 가산한 가액으로 한다.
③ 일반 유형자산과 주민편의시설에 대한 사용수익권은 해당 자산의 차감 항목으로 표시한다.
④ 퇴직급여충당부채는 회계연도 말 현재 「공무원연금법」을 적용받는 지방공무원이 일시에 퇴직할 경우 지방자치단체가 지급하여야 할 퇴직금에 상당한 금액으로 한다.

42 답 ③

(선지분석)
① 제50조 제2항: 사회기반시설 중 유지 · 보수를 통하여 현상이 유지되는 도로, 도시철도, 하천 부속시설 등은 감가상각 대상에서 제외할 수 있으며, 유지 · 보수에 투입되는 비용과 감가상각을 하지 아니한 이유를 주석(註釋)으로 공시한다.
② 제54조 제1항: 지방채증권은 발행가액으로 평가하되, 발행가액은 지방채증권 발행수수료 및 발행과 관련하여 직접 발생한 비용을 뺀 후의 가액으로 한다.
④ 제55조 제1항: 퇴직급여충당 부채는 회계연도 말 현재 「공무원연금법」을 적용받는 지방공무원을 제외한 무기계약근로자 등이 일시에 퇴직할 경우 지방자치단체가 지급하여야 할 퇴직금에 상당한 금액으로 한다.

43 □□□

2017년 지방직 9급

「국가회계기준에 관한 규칙」과 「지방자치단체 회계기준에 관한 규칙」에 대한 설명으로 옳지 않은 것은?

① 국가의 일반 유형자산과 사회기반시설을 취득한 후 재평가할 때에는 공정가액으로 계상하여야 한다.
② 국가와 지방자치단체의 금융리스는 리스료를 내재이자율로 할인한 가액과 리스자산의 공정가액 중 낮은 금액을 리스자산과 리스부채로 각각 계상하여 감가상각한다.
③ 국가의 유가증권은 매입가액에 부대비용을 더하고 종목별로 총평균법 등을 적용하여 산정한 가액을 취득원가로 한다.
④ 기부채납 등으로 인한 지방자치단체의 순자산 증가는 수익에 포함한다.

43 답 ④

기부채납 등으로 인한 지방자치단체의 순자산 증가는 수익에 포함하지 아니한다(「지방자치단체 회계기준에 관한 규칙」 제27조 제1항).

44 □□□

2017년 지방직 9급

「지방자치단체 회계기준에 관한 규칙」상 재무제표의 작성원칙으로 옳지 않은 것은?

① 개별 회계실체의 재무제표를 작성할 때에는 지방자치단체 안의 다른 개별 회계실체와의 내부거래를 상계한다.
② 지방자치단체의 재무제표는 일반회계 · 기타 특별회계 · 기금회계 및 지방공기업 특별회계의 유형별 재무제표를 통합하여 작성한다.
③ 유형별 회계실체의 재무제표를 작성할 때에는 해당 유형에 속한 개별 회계실체의 재무제표를 합산하여 작성한다.
④ 재무제표는 당해 회계연도분과 직전 회계연도분을 비교하는 형식으로 작성되어야 한다.

44 답 ①

개별 회계실체의 재무제표를 작성할 때에는 지방자치단체 안의 다른 개별회계실체와의 내부거래를 상계하지 아니한다(「지방자치단체 회계기준에 관한 규칙」 제9조 제3항).

45 □□□

2017년 국가직 9급

정부 기관인 A부처는 2016년 7월 1일 ㈜한국과 수익(교환 또는 비교환)이 발생하는 계약을 체결하였다. 계약기간은 2016년 9월 1일부터 2017년 8월 31일까지이며, 계약금액 총액은 ₩1,200,000이다. 계약서상 청구권 확정/고지일과 금액이 다음과 같을 때, A부처가 2016년에 인식할 수익에 대한 설명으로 옳은 것은? (단, 해당 수익이 교환수익이면 사용료수익, 비교환수익이면 부담금수익으로 가정한다.)

청구권 확정/고지일	청구 금액
2016. 10. 31.	₩200,000
2017. 1. 31.	₩300,000
2017. 4. 30.	₩300,000
2017. 8. 31.	₩400,000

① 교환수익에 해당할 경우 비교환수익에 해당할 경우보다 수익을 ₩800,000 덜 인식한다.
② 교환수익에 해당할 경우 비교환수익에 해당할 경우보다 수익을 ₩200,000 더 인식한다.
③ 교환수익에 해당할 경우와 비교환수익에 해당할 경우 인식할 수익금액은 동일하다.
④ 비교환수익에 해당할 경우 인식할 수익금액은 ₩400,000이다.

45 답 ②

재정운영표의 모든 수익과 비용은 발생주의 원칙에 따라 거래나 사실이 발생한 기간에 표시한다.
교환수익: 1,200,000 × 4/12 = 400,000
비교환수익: 200,000
비교환수익은 해당 수익에 대한 청구권이 발생하고 그 금액을 합리적으로 측정할 수 있을 때에 인식한다.

46 □□□

2017년 국가직 9급

「지방자치단체 회계기준에 관한 규칙」에서 규정하는 자산의 회계처리에 대한 설명으로 옳은 것은?

① 재고자산은 구입가액에 부대비용을 더하고 이에 총평균법을 적용하여 산정한 가액을 취득원가로 평가함을 원칙으로 한다.
② 장기투자증권은 매입가격에 부대비용을 더하고 이에 종목별로 선입선출법을 적용하여 산정한 취득원가로 평가함을 원칙으로 한다.
③ 주민편의시설 중 상각 대상 자산에 대한 감가상각은 정액법을 원칙으로 한다.
④ 사회기반시설 중 유지·보수를 통하여 현상이 유지되는 도로, 도시철도, 하천부속시설 등에 대한 감가상각은 사용량비례법을 원칙으로 한다.

46 답 ③

(선지분석)
① 재고자산은 구입가액에 부대비용을 더하고 이에 선입선출법을 적용하여 산정한 가액을 취득원가로 평가함을 원칙으로 한다.
② 장기투자증권은 매입가격에 부대비용을 더하고 이에 종목별로 총평균법을 적용하여 산정한 취득원가로 평가함을 원칙으로 한다.
④ 사회기반시설 중 유지·보수를 통하여 현상이 유지되는 도로, 도시철도, 하천부속시설 등은 감가상각하지 아니하고 관리·유지에 투입되는 비용으로 감가상각비용을 대체할 수 있다.

47 □□□

2016년 서울시 7급

「국가회계기준에 관한 규칙」에 대한 설명으로 옳지 않은 것은?

① 재무제표는 재정상태표, 재정운영표, 순자산변동표로 구성하되, 재무제표에 대한 주석을 포함한다.
② 재무제표는 해당 회계연도분과 직전 회계연도분을 비교하는 형식으로 작성한다.
③ 재무제표는 국가의 재정활동에 직접적 또는 간접적으로 이해관계를 갖는 정보이용자가 국가의 재정활동 내용을 파악하고, 합리적으로 의사결정을 할 수 있도록 유용한 정보를 제공하는 것을 목적으로 한다.
④ 재무제표를 통합하여 작성하더라도 내부거래는 상계하지 않는다.

47 답 ④

재무제표를 통합하여 작성하는 경우 내부거래는 상계한다.

48 □□□

2016년 서울시 7급

「국가회계기준에 관한 규칙」상 유가증권의 평가에 대한 설명으로 옳지 않은 것은?

① 유가증권은 자산의 분류 기준에 따라 단기투자증권과 장기투자증권으로 구분한다.
② 유가증권은 매입가액에 부대비용을 더하고 종목별로 총평균법 등을 적용하여 산정한 가액을 취득원가로 한다.
③ 채무증권, 지분증권 및 기타 장·단기투자증권은 취득원가로 평가한다.
④ 유가증권의 회수가능액이 장부가액 미만으로 하락하고 그 하락이 장기간 계속되어 회복될 가능성이 없을 경우에는 장부가액과의 차액을 감액손실로 인식하고 재정운영순원가에 반영한다.

48 답 ③

채무증권은 상각후원가로 평가한다.

49 □□□

2016년 국가직 7급

「국가회계기준에 관한 규칙」상 재정상태표에 대한 설명으로 옳은 것은?

① 자산은 유동자산, 투자자산, 일반 유형자산, 사회기반시설, 주민편의시설 및 기타 비유동자산으로 구분한다.
② 부채의 가액은 「국가회계기준에 관한 규칙」에서 따로 정한 경우를 제외하고는 원칙적으로 현재가치로 평가한다.
③ 국가안보와 관련된 자산과 부채는 기획재정부장관과 협의하여 자산과 부채로 인식하지 아니할 수 있다.
④ 순자산은 고정순자산, 특정순자산 및 일반순자산으로 분류한다.

49 답 ③

(선지분석)

① 국가회계기준에 의한 자산은 유동자산, 투자자산, 일반 유형자산, 사회기반시설, 무형자산, 기타 비유동자산으로 구분한다.
② 부채의 가액은 「국가회계기준에 관한 규칙」에서 따로 정한 경우를 제외하고는 원칙적으로 만기상환금액으로 평가한다.
④ 국가회계기준에 의한 순자산은 기본순자산, 적립금 및 잉여금, 순자산조정으로 분류한다.

50 □□□

2016년 국가직 7급

「국가회계기준에 관한 규칙」에 대한 설명으로 옳지 않은 것은?

① 국세징수활동표는 재무제표의 내용을 보완하고 이해를 돕기 위하여 제공되는 필수보충정보이다.
② 유산자산의 종류, 수량 및 관리상태는 주석으로 표시한다.
③ 금융리스는 리스료를 내재이자율로 할인한 가액과 리스자산의 공정가액 중 낮은 금액을 리스자산과 리스부채로 각각 계상하여 감가상각한다.
④ 장기연불조건의 거래에서 발생하는 채권 · 채무로서 명목가액과 현재가치의 차이가 중요한 경우에는 현재가치로 평가한다.

50 답 ②

유산자산의 종류, 수량 및 관리상태는 필수보충정보에 표시한다.

51 □□□

2016년 서울시 9급

「지방자치단체 회계기준에 관한 규칙」에 대한 다음의 설명 중 가장 옳지 않은 것은?

① 무상으로 취득한 자산의 가액은 공정가액을 취득원가로 한다.
② 재정운영순원가는 사업순원가에서 관리운영비 및 비배분비용은 더하고, 비배분수익을 빼서 표시한다.
③ 자산은 공공서비스의 잠재력을 창출하거나 미래의 경제적효익이 회계실체에 유입될 가능성이 높고 그 금액을 신뢰성 있게 측정할 수 있을 때에 인식한다.
④ 지방자치단체의 재무제표는 일반회계 · 기타 특별회계 · 기금 회계 및 지방공기업 특별회계의 유형별 재무제표를 통합하여 작성한다. 이 경우 내부거래는 상계하고 작성한다.

51 답 ③

자산은 공공서비스의 잠재력을 창출하거나 미래의 경제적효익이 회계실체에 유입될 가능성이 매우 높고 그 금액을 신뢰성 있게 측정할 수 있을 때에 인식한다.

52 □□□

2016년 지방직 9급

「국가회계기준에 관한 규칙」과 「지방자치단체 회계기준에 관한 규칙」에 대한 설명으로 옳지 않은 것은?

① 국가회계기준의 재무제표에는 현금흐름표가 포함되나, 지방자치단체 회계기준의 재무제표에는 현금흐름표가 포함되지 않는다.
② 국가회계기준의 자산 분류에는 주민편의시설이 포함되지 않으나, 지방자치단체 회계기준의 자산 분류에는 주민편의시설이 포함된다.
③ 국가회계기준에서는 일반 유형자산에 대하여 재평가모형을 적용할 수 있으나, 지방자치단체 회계기준에서는 일반 유형자산에 대하여 재평가모형을 적용하지 않는다.
④ 국가회계기준과 지방자치단체 회계기준 모두 자산과 부채는 유동성이 높은 항목부터 배열하는 것을 원칙으로 한다.

52 답 ①

국가회계기준의 재무제표에는 현금흐름표가 포함되지 않지만, 지방자치단체 회계기준의 재무제표에는 현금흐름표가 포함된다.

53 □□□

2016년 지방직 9급

「지방자치단체 회계기준에 관한 규칙」에 대한 설명으로 옳지 않은 것은?

① 순자산은 특정순자산, 고정순자산, 일반순자산으로 분류되는데, 일반순자산은 고정순자산과 특정순자산을 제외한 나머지 금액을 의미한다.
② 지방세, 보조금 등의 비교환거래로 생긴 수익은 비록 금액을 합리적으로 측정할 수 없더라도 해당 수익에 대한 청구권이 발생한 시점에 수익으로 인식한다.
③ 일반 유형자산과 주민편의시설 중 상각 대상 자산에 대한 감가상각은 정액법을 원칙으로 한다.
④ 문화재, 예술작품, 역사적 문건 및 자연자원은 자산으로 인식하지 아니하고 필수보충정보의 관리책임자산으로 보고한다.

53 답 ②

수익은 금액을 합리적으로 측정할 수 있을 경우에 인식할 수 있다.

54 □□□

2015년 국가직 7급

「국가회계기준에 관한 규칙」상 자산의 인식기준으로 옳지 않은 것은?

① 자산은 공용 또는 공공용으로 사용되는 등 공공서비스를 제공할 수 있거나 직접적 또는 간접적으로 경제적효익을 창출하거나 창출에 기여할 가능성이 매우 높아야 한다.
② 자산은 그 가액을 신뢰성 있게 측정할 수 있어야 한다.
③ 국가안보와 관련된 자산은 기획재정부장관과 협의하여 자산으로 인식하지 아니할 수 있다.
④ 현재 세대와 미래 세대를 위하여 정부가 영구히 보존하여야 할 자산으로서 역사적, 자연적, 문화적, 교육적 및 예술적으로 중요한 가치를 갖는 유산자산은 재정상태표상 자산으로 인식한다.

54 답 ④

현재 세대와 미래 세대를 위하여 정부가 영구히 보존하여야 할 자산으로서 역사적, 자연적, 문화적, 교육적 및 예술적으로 중요한 가치를 갖는 유산자산은 자산으로 인식하지 않고, 필수보충정보에 공시한다.

55 □□□

2015년 국가직 7급

「국가회계기준에 관한 규칙」상 자산과 부채의 평가에 대한 설명으로 옳지 않은 것은?

① 재고자산의 시가가 취득원가보다 낮은 경우에는 시가를 재정상태표 가액으로 하며, 생산과정에 투입될 원재료의 시가는 순실현가능가치를 말한다.
② 재고자산은 제조원가 또는 매입가액에 부대비용을 더한 금액을 취득원가로 한다.
③ 재고자산은 실물흐름과 원가산정 방법 등에 비추어 선입선출법 이외의 방법을 적용하는 것이 보다 합리적이라고 인정되는 경우에는 개별법, 이동평균법 등을 적용하고 그 내용을 주석으로 표시한다.
④ 국가회계실체 사이에 발생하는 관리환은 무상거래일 경우에는 자산의 장부가액을 취득원가로 하고, 유상거래일 경우에는 자산의 공정가액을 취득원가로 한다.

55 답 ①

재고자산의 시가가 취득원가보다 낮은 경우에는 시가를 재정상태표 가액으로 하며, 생산과정에 투입될 원재료의 시가는 현행대체원가를 말한다.

56 □□□

2015년 서울시 9급

다음은 「국가회계기준에 관한 규칙」과 「지방자치단체 회계기준에 관한 규칙」에 대한 설명이다. 가장 옳지 않은 것은?

① 「국가회계기준에 관한 규칙」 및 「지방자치단체 회계기준에 관한 규칙」에서는 재무제표 작성원칙에 따라 재무제표의 과목은 해당 항목의 중요성에 따라 별도의 과목으로 표시하거나 다른 과목으로 통합하여 표시 가능하다고 명시적으로 규정하고 있다.
② 「지방자치단체 회계기준에 관한 규칙」에서는 「국가회계기준에 관한 규칙」과 달리 자산의 분류에 주민편의시설이 포함된다.
③ 「지방자치단체 회계기준에 관한 규칙」에서는 「국가회계기준에 관한 규칙」과 달리 현금흐름표가 재무제표에 포함된다.
④ 「국가회계기준에 관한 규칙」에서 순자산은 기본순자산, 적립금 및 잉여금, 순자산조정으로 구분되나, 「지방자치단체 회계기준에 관한 규칙」에서는 고정순자산, 특정순자산 및 일반순자산으로 분류하고 있다.

56 답 ①

「국가회계기준에 관한 규칙」에서는 재무제표의 과목은 해당 항목의 중요성에 따라 별도의 과목으로 표시하거나 다른 과목으로 통합하여 표시 가능하다고 명시적으로 규정하고 있지만, 「지방자치단체 회계기준에 관한 규칙」에서는 재무제표를 작성할 때 과목과 금액은 그 중요성에 따라 실용적인 방법을 통하여 결정하여야 한다고 규정하고 있다.

57 □□□

2015년 지방직 9급

「국가회계기준에 관한 규칙」상 비교환수익의 유형에 따른 수익의 인식기준에 대한 설명으로 옳지 않은 것은?

① 신고·납부하는 방식의 국세: 납세의무자가 세액을 자진신고하는 때에 수익으로 인식
② 정부가 부과하는 방식의 국세: 국가가 고지하는 때에 수익으로 인식
③ 연부연납 또는 분납이 가능한 국세: 납세의무자가 납부한 때에 납부한 세액을 수익으로 인식
④ 부담금수익: 청구권이 확정된 때에 그 확정된 금액을 수익으로 인식

57 답 ③

연부연납 또는 분납이 가능한 국세는 징수할 세금이 확정된 때에 그 납부할 세액 전체를 수익으로 인식한다.

58 □□□

2015년 국가직 9급

「국가회계기준에 관한 규칙」에 대한 설명으로 옳지 않은 것은?

① 재무제표는 재정상태표, 재정운영표, 순자산변동표로 구성하되 재무제표에 대한 주석을 포함한다.

② 현재 세대와 미래 세대를 위하여 정부가 영구히 보존하여야 할 자산으로서 역사적, 자연적, 문화적, 교육적 및 예술적으로 중요한 가치를 갖는 자산(유산자산)은 자산으로 인식하지 아니하고 그 종류와 현황 등을 필수보충정보로 공시한다.

③ 재정상태표에 표시하는 부채의 가액은 원칙적으로 현재가치로 평가한다.

④ 사회기반시설 중 관리 · 유지 노력에 따라 취득 당시의 용역 잠재력을 그대로 유지할 수 있는 시설에 대해서는 감가상각하지 아니하고 관리 · 유지에 투입되는 비용으로 감가상각 비용을 대체할 수 있다.

58 답 ③

재정상태표에 표시하는 부채의 가액은 이 규칙에서 따로 정한 경우를 제외하고는 원칙적으로 만기상환가액으로 평가한다.

59 □□□

2014년 국가직 7급

「국가회계기준에 관한 규칙」에서 규정하고 있는 자산의 평가와 관련된 설명으로 옳지 않은 것은?

① 융자보조원가충당금은 융자사업에서 발생한 융자금 원금과 추정 회수가능액의 현재가치와의 차액으로 평가하며, 보증충당부채는 보증채무불이행에 따른 추정 순현금유출액의 현재가치로 평가한다.

② 재정상태표일 현재 장기 및 단기 투자증권의 신뢰성 있는 공정가치를 측정할 수 있어 당해 자산을 공정가치로 평가할 경우 장기투자증권의 평가손익은 순자산의 변동으로 회계처리하고, 단기투자증권의 평가손익은 재정운영표의 수익 또는 비용으로 보고한다.

③ 기부채납을 통해 무상취득한 일반 유형자산의 경우에는 취득당시의 공정가액을 취득원가로 계상하는데, 일반 유형자산에 대한 사용수익권은 해당 자산의 차감 항목에 표시한다.

④ 효율적인 사회기반시설 관리시스템으로 사회기반시설의 용역 잠재력이 취득 당시와 같은 수준으로 유지된다는 것이 객관적으로 증명되는 경우에 사회기반시설 중 관리 · 유지 노력에 따라 취득 당시의 용역잠재력을 그대로 유지할 수 있는 시설에 대해서는 감가상각을 하지 않고, 관리 · 유지에 투입되는 비용으로 감가상각비용을 대체할 수 있다.

59 답 ②

재정상태표일 현재 장기 및 단기 투자증권의 신뢰성 있는 공정가치를 측정할 수 있어 당해 자산을 공정가치로 평가할 경우 장기투자증권 평가손익, 단기투자증권 평가손익은 순자산변동표에 조정 항목으로 표시한다.

60 □□□

2014년 국가직 7급

「국가회계기준에 관한 규칙」에 대한 설명으로 옳지 않은 것은?

① 국세수익은 중앙관서 또는 기금의 재정운영표에는 표시되지 않지만, 국가의 재정운영표에는 표시된다.
② 비교환수익은 수익창출활동이 끝나고 그 금액을 합리적으로 측정할 수 있을 때 인식한다.
③ 신고 · 납부하는 방식의 국세는 납세의무자가 세액을 자진신고하는 때에 수익으로 인식한다.
④ 원천징수하는 국세는 원천징수의무자가 원천징수한 금액을 신고 · 납부하는 때에 수익으로 인식한다.

60

답 ②

비교환수익은 해당 수익에 대한 청구권이 발생하고 그 금액을 합리적으로 측정할 수 있을 때 인식한다.

61 □□□

2014년 국가직 9급

「지방자치단체 회계기준에 관한 규칙」에서 규정하고 있는 자산 분류를 나타낸 것으로 적절하지 않은 것은?

① 유동자산: 현금및현금성자산, 단기금융상품, 미수세외수입금 등
② 투자자산: 장기금융상품, 장기대여금, 장기투자증권 등
③ 주민편의시설: 주차장, 도로, 공원 등
④ 사회기반시설: 상수도시설, 수질정화시설, 하천부속시설 등

61

답 ③

도로는 사회기반시설에 해당한다.

62 □□□

2014년 국가직 9급

「국가회계기준에 관한 규칙」에서 수익의 인식에 관한 설명으로 옳지 않은 것은?

① 정부가 부과하는 방식의 국세는 국가가 국세를 수납하는 때에 수익으로 인식한다.
② 원천징수하는 국세는 원천징수의무자가 원천징수한 금액을 신고 · 납부하는 때에 수익으로 인식한다.
③ 분납이 가능한 국세는 징수할 세금이 확정된 때에 그 납부할 세액 전체를 수익으로 인식한다.
④ 기부금 수익은 청구권이 확정된 때에 그 확정된 금액을 수익으로 인식한다.

62

답 ①

정부가 부과하는 방식의 국세는 국가가 고지하는 때에 수익을 인식한다.

63 □□□

2022년 지방직 9급

「지방자치단체 회계기준에 관한 규칙」의 회계변경과 오류수정에 대한 설명으로 옳지 않은 것은?

① 회계정책 또는 회계추정을 변경한 경우에는 그 변경내용, 변경사유 및 변경이 해당 회계연도의 재무제표에 미치는 영향을 주석으로 표시한다.

② 회계추정의 변경에 따른 영향은 비교표시되는 직전 회계연도의 기초순자산 및 그 밖의 대응금액을 회계추정의 변경 이전 처음부터 적용된 것으로 조정한다.

③ 오류의 수정은 전년도 이전에 발생한 회계기준적용의 오류, 추정의 오류, 계정분류의 오류, 계산상의 오류, 사실의 누락 및 사실의 오용 등을 수정하는 것이다.

④ 중대한 오류를 수정한 경우에는 중대한 오류로 판단한 근거, 비교재무제표에 표시된 과거회계기간에 대한 수정금액, 비교재무제표가 다시 작성되었다는 사실을 주석으로 포함한다.

63 답 ②

설명 중 옳지 않은 것: 회계추정의 변경에 따른 영향은 전진법을 적용한다.

64 □□□

2022년 지방직 9급

「국가회계예규」의 '재무제표의 통합에 관한 지침'에서 재무제표 작성방법에 대한 설명으로 옳은 것은?

① 중앙관서 내 국가회계실체가 발행한 국채(공채)를 동일 중앙관서 내 다른 국가회계실체가 취득하는 경우 중앙관서 재무제표 작성 시 해당 투자증권(국채(공채))을 국채(공채)의 차감계정인 자기국채(공채)로 대체한다.

② 중앙관서 내 국가회계실체 간 거래를 통해 재정운영표에 수익·비용을 인식한 경우 해당 내부거래로 인하여 상호 발생한 수익과 비용을 제거하지 않는다.

③ 국가 재무제표 작성 시에는 중앙관서 간 내부거래를 통한 일반유형자산의 취득, 처분, 관리전환 등의 거래는 상호 채권·채무를 보유하지 않으므로 내부거래 제거대상에서 제외하지 않는다.

④ 중앙관서 순자산변동표에 표시되는 재원의 조달 및 이전거래는 국가 재정운영표 작성 시에는 재정운영표상 '재정운영순원가'에 반영한다.

64 답 ①

(선지분석)

② 중앙관서 내 국가회계실체 간 거래를 통해 재정운영표에 수익·비용을 인식한 경우 해당 내부거래로 인하여 상호 발생한 수익과 비용을 제거한다.

③ 중앙관서 내 국가회계실체 간 거래를 통해 상호 채권·채무를 보유하고 있는 경우 중앙관서 재무제표 작성 시 해당 채권·채무를 상계하여 제거한다. 다만, 일반유형자산의 취득, 처분, 관리전환 등의 거래는 상호간 채권·채무를 보유하지 않으므로 내부거래 제거대상에서 제외한다.

④ 중앙관서 순자산변동표에 표시되는 재원의 조달 및 이전거래는 국가 재정운영표 작성 시에는 재정운영표상 '비교환수익 등'에 반영한다.

65 □□□

2022년 국가직 9급

「국가회계기준에 관한 규칙」상 중앙관서 또는 기금의 재정운영표에 대한 설명으로 옳지 않은 것은?

① 재정운영표는 회계연도 동안 수행한 정책 또는 사업의 원가와 재정운영에 따른 원가의 회수명세 등을 포함한 재정운영결과를 나타내는 재무제표를 말한다.
② 중앙관서 또는 기금의 재정운영표는 프로그램순원가, 재정운영순원가, 재정운영결과로 구분하여 표시한다.
③ 프로그램순원가는 프로그램을 수행하기 위하여 투입한 원가 합계에서 다른 프로그램으로부터 배부받은 원가를 빼고, 다른 프로그램에 배부한 원가는 더하며, 프로그램 수행과정에서 발생한 수익 등을 빼서 표시한다.
④ 비배분비용은 국가회계실체에서 발생한 비용 중 프로그램에 대응되지 않는 비용이며, 비배분수익은 국가회계실체에서 발생한 수익 중 프로그램에 대응되지 않는 수익이다.

65 답 ③

설명 중 옳지 않은 것: 프로그램순원가는 프로그램을 수행하기 위하여 투입한 원가 합계에서 다른 프로그램으로부터 배부받은 원가를 더하고, 다른 프로그램에 배부한 원가는 빼며, 프로그램 수행과정에서 발생한 수익 등을 빼서 표시한다.

66 □□□

2022년 국가직 9급

다음은 지방자치단체 A의 20×1년 재무제표 작성을 위한 자료이다. (단, 아래 이외의 다른 거래는 없다.)

- 20×1년 지방자치단체 A가 운영한 사업의 총원가는 ₩500,000이며, 사용료수익은 ₩200,000이다.
- 20×1년 관리운영비 ₩100,000이 발생하였다.
- 20×1년 사업과 관련이 없는 자산처분이익 ₩50,000과 이자비용 ₩10,000이 발생하였다.
- 20×1년 지방세수익은 ₩200,000이다.

20×1년 지방자치단체 A의 재정운영표상 재정운영순원가와 재정운영결과를 바르게 연결한 것은?

	재정운영순원가	재정운영결과
①	₩100,000	₩360,000
②	₩160,000	₩360,000
③	₩360,000	₩100,000
④	₩360,000	₩160,000

66 답 ④

(1) 재정운영순원가: 500,000 - 200,000 + 100,000 - 50,000 + 10,000 = 360,000
(2) 재정운영결과: 360,000 - 200,000 = 160,000

67 □□□

2021년 국가직 7급

「국가회계기준에 관한 규칙」의 수익과 비용에 대한 설명으로 옳은 것은?

① 정부가 부과하는 방식의 국세는 납세의무자가 세액을 자진신고하는 때에 수익으로 인식한다.
② 신고·납부하는 방식의 국세는 국가가 고지하는 때에 수익으로 인식한다.
③ 원가는 중앙관서의 장 또는 기금관리주체가 프로그램의 목표를 달성하고 성과를 창출하기 위하여 직접적·간접적으로 투입한 경제적 자원의 가치를 말한다.
④ 재화나 용역의 제공 등 국가재정활동 수행을 위하여 자산이 감소하고 그 금액을 합리적으로 측정할 수 있을 때 또는 금액을 합리적으로 측정할 수 없더라도 법령 등에 따라 지출에 대한 의무가 존재한다면 비용으로 인식한다.

67 답 ③

(선지분석)
① 정부가 부과하는 방식의 국세는 납세의무자가 세액을 고지하는 때에 수익으로 인식한다.
② 신고·납부하는 방식의 국세는 국가가 신고한 때에 수익으로 인식한다.
④ 금액을 합리적으로 측정할 수 없다면 법령 등에 따라 지출에 대한 의무가 존재하더라도 비용으로 인식할 수 없다.

68 □□□

2021년 국가직 9급

다음은 20×1년 중앙관서 A부처 기타특별회계의 재무제표 작성을 위한 자료이다. 재무제표에 대한 설명으로 옳지 않은 것은?

- 프로그램총원가 ₩28,000, 프로그램수익 ₩12,000
- 관리운영비: 인건비 ₩5,000, 경비 ₩3,000
- 프로그램과 직접적인 관련이 없는 수익과 비용: 이자비용 ₩1,000, 자산처분손실 ₩1,000, 자산처분이익 ₩2,000
- 국고수입 ₩10,000, 부담금수익 ₩5,000, 채무면제이익 ₩10,000, 국고이전지출 ₩3,000
- 기초순자산 ₩20,000(기본순자산 ₩5,000, 적립금 및 잉여금 ₩10,000, 순자산조정 ₩5,000)

① 재정운영표상 재정운영결과는 ₩24,000이다.
② 순자산변동표상 재원의 조달 및 이전은 ₩22,000이다.
③ 순자산변동표상 기말 적립금 및 잉여금은 ₩7,000이다.
④ 순자산변동표상 기말순자산은 ₩18,000이다.

68 답 ③

(1) 재정운영결과: 28,000 - 12,000 + 8,000 + 2,000 - 2,000 = 24,000
(2) 재원의 조달 및 이전: 10,000 + 5,000 + 10,000 - 3,000 = 22,000
(3) 기말 적립금 및 잉여금: 10,000 + 24,000 = 34,000
(4) 기말순자산: 20,000 - 24,000 + 22,000 = 18,000

69 □□□

2024년 국가직 9급

다음은 중앙관서 A의 기업특별회계(사업형회계) 프로그램 관련 자료이다. 중앙관서 A의 재정운영표에 대한 설명으로 옳지 않은 것은?

(단위: ₩)

세출		재무계정과목	금액	비고
프로그램/단위사업	목			
물자 및 시설조달	연구개발비	연구개발비	30,000	프로그램총원가
	-	감가상각비	1,000	프로그램총원가
전자조달운영	인건비	인건비	500	프로그램총원가
-	-	감가상각비	300	비배분비용
	-	자산처분손실	200	비배분비용
조달행정지원	인건비	인건비	40,000	행정운영성경비

세입(목)	재무계정과목	금액	관련 프로그램	비고
내자구매사업수입	재화및용역제공수익	20,000	물자 및 시설조달	프로그램수익
토지대여료	재화및용역제공수익	1,000	-	비배분수익
위약금	제재금수익	1,000	-	비교환수익

① 프로그램순원가는 ₩11,500이다.
② 관리운영비는 ₩40,000이다.
③ 재정운영순원가는 ₩51,500이다.
④ 재정운영결과는 ₩50,000이다.

69 답 ③

(1) 프로그램순원가: 30,000 + 1,000 + 500 - 20,000 = 11,500
(2) 관리운영비: 40,000
(3) 재정운영순원가: 11,500 + 300 + 200 - 1,000 + 40,000 = 51,000
(4) 재정운영결과: 51,000 - 1,000 = 50,000

70 □□□

2024년 국가직 9급

「국가회계기준에 관한 규칙」에 대한 설명으로 옳지 않은 것은?

① 기타 유동자산은 미수수익, 선급금, 선급비용 및 재고자산 등을 말한다.
② 중앙관서 또는 기금의 순자산변동표는 기초순자산, 재정운영결과, 재원의 조달 및 이전, 조정항목, 기말순자산으로 구분하여 표시한다.
③ 무주부동산의 취득, 국가 외의 상대방과의 교환 또는 기부채납 등의 방법으로 자산을 취득한 경우에는 취득 당시의 공정가액을 취득원가로 한다.
④ 국가회계실체 사이에 발생하는 관리전환은 유상거래일 경우에는 자산의 장부가액을 취득원가로 한다.

70 답 ④

국가회계실체 사이에 발생하는 관리전환은 유상거래일 경우에는 자산의 공정가액을 취득원가로 한다.

71 □□□

2024년 국가직 7급

「국가회계기준에 관한 규칙」에 따른 자산에 대한 설명으로 옳지 않은 것은?

① 자산은 공용 또는 공공용으로 사용되는 등 공공서비스를 제공할 수 있거나 직접적 또는 간접적으로 경제적 효익을 창출하거나 창출에 기여할 가능성이 매우 높고 그 가액을 신뢰성 있게 측정할 수 있을 때에 인식한다.

② 현재 세대와 미래 세대를 위하여 정부가 영구히 보존하여야 할 자산으로서 역사적, 자연적, 문화적, 교육적 및 예술적으로 중요한 가치를 갖는 자산은 자산으로 인식하지 아니하고 그 종류와 현황 등을 필수보충정보로 공시한다.

③ 국가안보와 관련된 자산은 국방부장관과 협의하여 자산으로 인식하지 아니할 수 있다. 이 경우 해당 중앙관서의 장은 해당 자산의 종류, 취득시기 및 관리현황 등을 별도의 장부에 기록하지 않는다.

④ 사회기반시설은 국가의 기반을 형성하기 위하여 대규모로 투자하여 건설하고 그 경제적 효과가 장기간에 걸쳐 나타나는 자산으로서, 도로, 철도, 항만, 댐, 공항, 하천, 상수도, 국가어항, 기타 사회기반시설 및 건설 중인 사회기반시설 등을 말한다.

71 답 ③

국가안보와 관련된 자산은 기획재정부장관과 협의하여 자산으로 인식하지 아니할 수 있다. 이 경우 해당 중앙관서의 장은 해당 자산의 종류, 취득시기 및 관리현황 등을 별도의 장부에 기록하여야 한다.

72 □□□

2024년 지방직 9급

「지방자치단체 회계기준에 관한 규칙」상 재정운영표에 대한 설명으로 옳지 않은 것은?

① 교환거래로 생긴 수익은 재화나 서비스 제공의 반대급부로 생긴 사용료, 수수료 등으로서 해당수익에 대한 청구권이 발생하고 그 금액을 합리적으로 측정할 수 있을 때에 인식한다.

② 사업순원가는 총원가에서 사업수익을 빼서 표시하며, 총원가는 사업을 수행하기 위하여 투입한 원가에서 다른 사업으로부터 배부받은 원가를 더하고, 다른 사업에 배부한 원가를 뺀 것이다.

③ 수익은 재원조달의 원천에 따라 지방자치단체가 독자적인 과세 권한과 자체적인 징수활동을 통하여 조달한 자체조달수익, 회계실체가 국가 또는 다른 지방자치단체로부터 이전받은 정부간이전수익, 자체조달수익 및 정부간이전수익 외의 수익인 기타수익으로 구분한다.

④ 재정운영순원가는 사업순원가에서 관리운영비 및 비배분비용은 더하고 비배분수익을 빼서 표시하며, 관리운영비는 조직의 일반적이고 기본적인 기능을 수행하는 데 필요한 인건비, 기본경비 및 운영경비이다.

72 답 ①

교환거래로 생긴 수익은 재화나 서비스 제공의 반대급부로 생긴 사용료, 수수료 등으로서 수익창출활동이 끝나고 그 금액을 합리적으로 측정할 수 있을 때에 인식한다.

73 □□□

2024년 지방직 9급

「지방자치단체 회계기준에 관한 규칙」상 자산 · 부채의 평가에 대한 설명으로 옳지 않은 것은?

① 회계실체 간 재산 이관이나 물품 소관의 전환으로 취득한 자산의 가액은, 무상거래일 경우에는 자산의 장부가액으로 하고 유상거래일 경우에는 자산의 공정가액으로 한다.

② 재정상태표에 기재하는 자산은 자산의 진부화, 물리적인 손상 및 시장가치의 급격한 하락 등의 원인으로 인하여 해당 자산의 회수가능가액이 장부가액에 미달하고 그 미달액이 중요한 경우에는 이를 장부가액에서 직접 차감하여 회수가능가액으로 조정하고 감액내역을 주석으로 공시한다.

③ 장기연불조건의 매매거래, 장기금전대차거래 또는 이와 유사한 거래에서 발생하는 채권 · 채무로서 명목가액과 현재가치의 차이가 중요한 경우에는 이를 현재가치로 평가한다.

④ 우발상황은 미래에 어떤 사건이 발생하거나 발생하지 아니함으로 인하여 궁극적으로 확정될 손실 또는 이익으로서 발생여부가 불확실한 현재의 상태 또는 상황을 말하며, 재정상태표 보고일 현재 우발손실의 발생이 확실하고 그 손실금액을 합리적으로 추정할 수 있는 경우 우발손실을 재무제표에 반영하고 그 내용을 주석으로 표시한다.

73 답 ①

회계실체 간 재산 이관이나 물품 소관의 전환으로 취득한 자산의 가액은 직전회계실체의 장부가액으로 한다.

74 □□□

2024년 지방직 9급

㈜한국의 20×1년 매출액이 ₩10,000,000, 총고정원가가 ₩2,000,000, 공헌이익률은 40%일 때 안전한계율은?

① 30%
② 40%
③ 50%
④ 60%

74 답 ③

(1) 공헌이익: 10,000,000 × 40% = 4,000,000
(2) 영업이익: 4,000,000 − 2,000,000 = 2,000,000
(3) 안전한계율: 2,000,000/4,000,000 = 50%

75 □□□

2024년 지방직 9급

㈜한국은 정상개별원가계산을 적용하고 있으며, 기계가동시간을 기준으로 제조간접원가를 예정배부한다. ㈜한국의 20×1년 제조간접원가 관련 자료가 다음과 같을 때 예정기계가동시간은?

• 제조간접원가 예산	₩ 500,000
• 실제 발생한 제조간접원가	₩ 600,000
• 실제 기계가동시간	45,000시간
• 제조간접원가 배부차이	₩ 150,000 과소배부

① 50,000시간　　② 60,000시간

③ 70,000시간　　④ 80,000시간

75　　답 ①

(1) 예정배부액: 600,000 - 150,000 = 450,000

(2) 예정배부율: 450,000 ÷ 45,000시간 = 10

(3) 예정기계가동시간: 500,000 ÷ 10 = 50,000

MEMO

부록

실전동형 모의고사

1회 실전동형모의고사

소요시간: ________ / 15분　　　　맞힌 답의 개수: ________ / 20

문 1. 근본적 질적 특성에 관한 설명으로 옳지 않은 것은?

① 완전한 서술은 필요한 기술과 설명을 포함하여 정보이용자가 서술되는 현상을 이해하는데 필요한 모든 정보를 포함하는 것이다.

② 재무정보가 예측가치를 갖기 위해서 그 자체가 예측치 또는 예상치일 필요는 없다.

③ 재무정보가 과거 평가에 대해 피드백을 제공한다면 확인가치를 갖는다.

④ 오류가 없다는 것은 현상의 기술에 오류나 누락이 없고, 보고 정보를 생산하는 데 사용되는 절차의 선택과 적용 시 절차 상 완벽함을 의미한다.

문 2. 다음 중 '재무제표 표시'에 규정된 내용들이다. 옳은 것은 어느 것인가?

① 재무제표는 기업의 재무상태, 재무성과 및 현금흐름을 공정하게 표시해야 하며, 한국채택국제회계기준에 따라 작성된 재무제표라고 하더라도 공정하게 표시된 재무제표라는 것을 보증하지는 않는다.

② 경영진이 기업을 청산하거나 경영활동을 중단할 의도를 가지고 있지 않거나, 청산 또는 경영활동의 중단 외의 다른 현실적 대안이 없는 경우가 아니라면 계속기업의 기준 하에 재무제표를 작성하여야 한다.

③ 기업은 발생기준 회계를 사용하여 전체 재무제표를 작성한다.

④ 당기순손익의 구성요소는 단일 포괄손익계산서의 일부로만 표시할 수 있다.

문 3. ㈜도도는 스마트폰을 매입하여 판매하는 기업으로 한 가지 모델만을 취급하고 있다. ㈜도도는 계속기록법으로 재고자산을 회계처리하고 있으며 단가는 가중평균법으로 계산하고 있다. 3월 초 보유중인 스마트폰은 10개이고 단가는 ₩50이며, 3월 한 달간 스마트폰의 매입과 매출에 관한 기록은 다음과 같다. 3월의 매출원가는 얼마인가?

- 3월 5일 스마트폰 20개를 개당 ₩80에 매입하다.
- 3월 12일 스마트폰 10개를 개당 ₩120에 판매하다.
- 3월 18일 스마트폰 10개를 개당 ₩100에 매입하다.
- 3월 25일 스마트폰 15개를 개당 ₩140에 판매하다.

① ₩2,050　　② ₩2,000
③ ₩1,900　　④ ₩1,752

문 4. 20×1년 초에 A회사는 그동안 사용해오던 장부금액 ₩80,000의 유형자산A를 B회사의 장부금액 ₩90,000의 유형자산B와 교환하였다. 아래의 각 경우에 대한 설명으로 옳지 않은 것은?

> 경우 1) 유형자산A와 유형자산B은 공정가치를 모두 신뢰성 있게 측정할 수 없으며. 교환 시 A회사가 현금₩30,000을 지급하였다.
> 경우 2) 유형자산A의 공정가치는 ₩120,000, 유형자산B의 공정가치는 ₩140,000이며, 공정가치의 신뢰수준은 동일하다. A회사가 교환 시 현금 ₩30,000을 지급하였으며, 이 교환거래는 상업적실질이 존재한다.
> 경우 3) 유형자산A의 공정가치는 ₩120,000이며 유형자산B의 공정가치는 신뢰성 있게 추정할 수 없다. A회사가 교환 시 현금 ₩30,000을 지급하였으며, 이 교환거래는 상업적실질이 존재한다.

① 경우 1)에서 A회사가 유형자산B의 취득원가로 계상할 금액은 ₩110,000이다.
② 경우 2)에서 A회사가 유형자산처분이익으로 계상할 금액은 ₩40,000이다.
③ 경우 3)에서 A회사가 유형자산처분이익으로 계상할 금액은 ₩20,000이다.
④ 경우 2)에서 B회사가 유형자산A의 취득원가로 계상할 금액은 ₩110,000이다.

문 5. ㈜한국은 20×1년 1월 1일부터 20×2년 10월 31일까지 공장건물을 신축할 예정이며, 공장신축과 관련하여 20×1년 1월 1일에 ₩6,000,000의 공사비를 지출하였고 추가적인 지출은 발생하지 않았다. 공장건물의 신축과 관련된 차입금내역은 다음과 같다.

종류	금액	차입기간	연 이자율
특정 차입금	₩3,000,000	20×1. 1. 1.~ 20×2. 6. 30.	5%
일반 차입금	₩3,000,000	20×1. 1. 1.~ 20×2. 12. 31.	6%

㈜한국이 20×2년도에 공장건물 신축과 관련하여 자본화할 차입원가는? (단, 전기에 발생한 자본화된 차입원가는 연평균 지출액에 포함하지 않는다.)

① ₩250,000　② ₩255,000
③ ₩280,000　④ ₩285,000

문 6. 기업이 보유하고 있는 토지나 건물 등의 부동산은 그 보유목적에 따라 회계처리를 달리한다. 부동산을 재화의 생산이나 용역의 제공 또는 관리목적에 사용하는 경우에는 유형자산으로 분류하며, 정상적인 영업과정에서의 판매를 목적으로 보유하는 경우에는 재고자산으로 분류한다. 하지만, 임대수익이나 시세차익 또는 그 두 가지 모두를 얻기 위하여 보유하고 있는 부동산은 투자부동산으로 분류하여 한국채택국제회계기준서 제1040호 '투자부동산'의 규정에 따라 회계처리하여야 한다. 다음의 설명 중 이와 관련된 설명으로 옳은 것은?

① 리스계약으로 보유한 부동산에 대한 권리를 투자부동산으로 분류하는 경우, 당해 투자부동산의 최초 원가는 금융리스와 같이 동 자산의 공정가치와 정기리스료의 현재가치 중 작은 금액으로 인식한다.
② 투자부동산에 대하여 공정가치모형을 선택한 경우에는 최초 인식 후 모든 투자부동산의 감가상각 후 장부금액을 공정가치로 재측정하며, 투자부동산의 공정가치 변동으로 발생하는 손익은 발생한 기간의 당기손익에 반영한다.
③ 투자부동산을 재개발하여 미래에도 투자부동산으로 사용하고자 하는 경우에도 재개발기간 동안 자가사용부동산으로 대체한다.
④ 유형자산을 공정가치로 평가하는 투자부동산으로 대체하는 경우, 사용목적 변경 시점의 장부금액과 공정가치의 차액은 재평가회계처리와 동일한 방법으로 회계처리한다.

문 7. 무형자산으로 인식하기 위하여는 무형자산의 정의와 함께 인식요건을 모두 충족하여야 한다. 다음 중 무형자산의 정의에 관한 설명으로 적절하지 않은 것은?

① 무형자산으로 정의되기 위해서는 식별가능성 조건을 충족하여야 한다. 자산이 식별 가능하다는 것은 자산이 분리 가능하다는 것을 의미하며 기업에서 분리하거나 분할할 수 있고, 개별적으로 또는 관련된 계약, 자산이나 부채와 함께 매각, 이전, 라이선스, 임대, 교환할 수 있다는 것을 말한다. 따라서 무형의 항목이 분리 가능하지 않다면 식별가능성의 요건을 충족한다고 볼 수 없다.
② 특정 경영능력이나 기술적 재능도 그것을 사용하여 미래경제적효익을 확보하는 것이 법적 권리에 의하여 보호되지 않거나 무형자산 정의의 기타 요건을 충족하지 않는다면 일반적으로 무형자산의 정의를 충족할 수 없다고 본다.
③ 고객과의 관계나 고객의 충성도를 지속할 수 있는 법적 권리나 그것을 통제할 기타 방법이 없다면 일반적으로 고객과의 관계나 고객의 충성도에서 창출된 미래경제적효익에 대해서는 그러한 항목이 무형자산의 정의를 충족하기에 기업이 충분한 통제를 가지고 있지 않다고 본다.
④ 개별 취득하는 무형자산은 자산에서 발생하는 미래경제적효익이 기업에 유입될 가능성이 높다는 발생가능성 인식기준을 항상 충족하는 것으로 본다.

문 8. A사는 20×1년 1월 1일에 사채를 발행하여 매년 말 액면이자를 지급하고 유효이자율법에 의하여 상각한다. 20×2년 말 이자와 관련된 회계처리는 다음과 같다.

(차) 이 자 비 용	4,800	(대) 현 금	6,000
사채할증발행차금	1,200		

위 거래가 반영된 20×2년 말 사채의 장부금액이 ₩38,800으로 표시되었다면, 사채의 유효이자율은? (단, 사채의 만기는 20×3년 12월 31일이다.)

① 연 11%　② 연 12%
③ 연 13%　④ 연 14%

문 9. ㈜뚠뚠이는 20×1년 중 신제품을 출시하면서 판매한 제품에 하자가 발생하는 경우 판매일로부터 1년간 무상으로 수리해주는 정책을 채택하였다. ㈜뚠뚠이는 보증비용으로 매출액의 4%가 발생하는 것으로 추정하였으며, 20×1년과 20×2년의 매출액과 실제 발생한 보증수리비용은 다음과 같다. 무상수리보증이 ㈜뚠뚠이의 20×2년도 당기손익에 미친 영향은 얼마인가?

회계연도	매출액	실제 보증비용	
		20×1년 분	20×2년 분
20×1년	₩400,000	₩6,000	-
20×2년	900,000	8,000	₩15,000

① ₩15,000　② ₩19,000
③ ₩21,000　④ ₩34,000

문 10. ㈜앵두는 20×1년 1월 20일 자사가 발행한 보통주식 30주를 주당 ₩2,000에 취득하였다. 20×1년 4월 10일 자기주식 중 10주를 주당 ₩3,000에 매각한 후, 20×1년 5월 25일 나머지 20주를 주당 ₩500에 매각하였다. 20×1년도 말 자본에 표시되는 자기주식처분손익은? (단, 20×1년 1월 1일 현재 자기주식과 자기주식처분손익은 없다고 가정한다.)

① 손실 ₩30,000　② 손실 ₩20,000
③ ₩0　④ 이익 ₩20,000

문 11. 다음 중 기업회계기준서 제1115호 '고객과의 계약에서 생기는 수익'에서 규정된 내용으로 옳지 않은 것은?

① 법률에 따라 기업이 보증을 제공하여야 한다면 그 법률의 존재는 약속한 보증이 수행의무가 아님을 나타낸다. 또한 보증기간이 길수록, 약속한 보증이 수행의무일 가능성이 높다.

② 용역 제공자는 계약을 준비하기 위해 다양한 관리업무를 수행할 필요가 있을 수 있다. 관리업무를 수행하더라도, 그 업무를 수행함에 따라 고객에게 용역이 이전되지는 않는다. 그러므로 그 계약준비활동은 수행의무가 아니다.

③ 고객과의 계약에서 식별되는 수행의무는 계약에 분명히 기재한 재화나 용역에만 한정되지 않을 수 있다. 고객에게 이전할 것이라는 정당한 기대를 하도록 하여도, 이러한 약속은 고객과의 계약에 포함될 수 없다.

④ 확신유형의 보증은 제품이 합의된 규격에 부합하므로 당사자들이 의도한 대로 작동할 것이라는 확신을 고객에게 주는 유형을 말한다.

문 12. 다음 자료를 이용하여 계산한 기말 매입채무 잔액은? (단, 매입은 모두 외상으로 한다.)

• 기초 매입채무	₩ 8,000
• 매입채무 상환	35,000
• 기초 상품	12,000
• 기말 상품	11,000
• 당기 현금매출	30,000
• 매출원가대비 매출총이익률 25%	
• 매출채권 회수	10,000
• 기초 매출채권	20,000
• 기말 매출채권	30,000

① ₩ 11,000 ② ₩ 12,000
③ ₩ 13,000 ④ ₩ 14,000

문 13. A사는 20×1년 7월 1일에 보험계약을 체결하면서 1년분 보험료 ₩ 200,000을 현금으로 지급하고 비용으로 회계처리하였다. 결산일인 20×1년 12월 31일에 필요한 수정분개는 무엇인가?

① (차) 선급보험료 ₩ 100,000 (대) 보험료 ₩ 100,000
② (차) 보험료 ₩ 100,000 (대) 선급보험료 ₩ 100,000
③ (차) 보험료 ₩ 50,000 (대) 현금 ₩ 50,000
④ (차) 선급보험료 ₩ 50,000 (대) 보험료 ₩ 50,000

문 14. 잔액시산표에 대한 설명으로 옳지 않은 것은?

① 차변 합계액과 대변 합계액이 일치하는 경우에도 오류의 발생 가능성이 있다.
② 계정기록의 정확성을 검증하기 위해 작성한다.
③ 시산표상의 자본금은 기초 자본금이다.
④ 대차평균의 원리에 의하여 자기검증기능을 한다.

문 15. 「지방자치단체 회계기준에 관한 규칙」의 내용으로 옳은 것은?

① 회계정책의 변경에 따른 영향은 해당 회계연도 후의 기간에 미치는 것으로 한다.
② 지방자치단체의 장기투자증권은 종목별 총평균법을 적용하고, 공정가액의 변동은 순자산에 직접 반영한다.
③ 재정상태표의 순자산은 고정순자산, 일반순자산, 특정순자산으로 분류한다.
④ 중대한 오류가 발생하였을 경우 비교재무제표를 작성할 때에는 중대한 오류의 영향을 받는 회계기간의 재무제표 항목을 다시 작성하지 않는다.

문 16. 다음 자료를 이용하여 계산한 지방자치단체의 재정상태표에 표시될 일반순자산은?

• 자산총계	₩ 2,000,000
• 부채총계	₩ 1,000,000
• 일반 유형자산, 주민편의시설, 사회기반시설 투자액	₩ 900,000
• 무형자산투자액	₩ 200,000
• 일반 유형자산의 투자재원을 위해 조달된 차입금	₩ 400,000
• 적립성기금의 원금	₩ 140,000

① ₩ 160,000　② ₩ 250,000
③ ₩ 300,000　④ ₩ 350,000

문 17. 활동기준원가계산과 관련된 설명이다. 다음 중 옳지 않은 것은?

① 생산과정에서 직접원가보다는 간접원가의 비중이 높을수록 활동기준원가계산의 도입효과가 큰 것으로 알려져 있다.
② 일반적으로 활동기준원가계산은 제품원가계산의 정확성을 향상시킨다.
③ 품질검사가 전수조사에 의할 경우 품질검사활동은 단위수준활동으로 분류된다.
④ 활동기준원가계산의 대상이 되는 것은 가공원가이다.

문 18. 다음 설명 중 옳지 않은 것은?

① 상호배분법은 보조부문 간의 용역수수관계를 완전히 고려하는 방법으로 가장 정확한 원가배분방법이다.
② 직접배분법은 보조부문 간의 용역수수관계를 완전히 무시하는 방법으로 보조부문 간 용역수수의 영향이 미비할 경우에 사용한다.
③ 보조부문은 제조부문의 제조활동을 보조하는 부문으로 보조부문에서 발생되는 모든 원가는 제조간접원가이다.
④ 단계배분법은 보조부문 간의 용역수수관계를 일부 인정하기 때문에 용역수수관계를 모두 인정하지 않는 직접배분법보다 정확한 원가배분방법이다.

문 19. ㈜국세의 20×1년 생산활동 및 제조간접원가에 관한 정보는 다음과 같다.

활동	원가	원가동인	원가동인 총량
생산준비	₩ 70,000	기계시간	35,000시간
구매주문	₩ 6,000	주문횟수	1,200회
품질검사	₩ 36,000	검사시간	1,800시간

제품#78의 생산 및 판매와 관련된 활동 및 원가정보는 다음과 같다.

단위당 판매가격	₩ 80
단위당 직접재료원가	₩ 21
단위당 직접노무원가	₩ 15
연간 생산 및 판매량	120단위
연간 기계시간	600시간
연간 주문횟수	80회
연간 검사시간	40시간

활동기준원가계산을 사용할 경우, 제품#78의 매출총이익은?

① ₩ 2,380　② ₩ 2,520
③ ₩ 2,580　④ ₩ 2,880

문 20. 다음의 개별원가계산 자료에 의한 당기총제조원가는?

• 직접재료원가는 ₩1,000이며 직접노동시간은 20시간이고 기계시간은 200시간이다.
• 직접노무원가의 임률은 직접노동시간당 ₩10이다.
• 회사는 기계시간을 기준으로 제조간접원가를 배부한다.
• 제조간접원가 예정배부율이 기계시간당 ₩5이다.

① ₩ 1,800　② ₩ 2,000
③ ₩ 2,200　④ ₩ 2,400

2회 실전동형모의고사

소요시간: ________ / 15분 맞힌 답의 개수: ________ / 20

문 1. 다음 중 거래요소의 결합관계로 적절하지 못한 것은?

	차변	대변
①	자산의 증가	자본의 증가
②	부채의 감소	자산의 감소
③	부채의 감소	수익의 발생
④	비용의 발생	자본의 감소

문 2. ㈜패스는 자산과 부채를 각각 ₩500,000씩 증가시키는 거래를 하였다. 다음 중 이러한 유형에 해당하는 거래는?

① 현금 ₩300,000과 약속어음 ₩300,000을 발행하여, 건물을 구입하는 거래
② 현금 ₩200,000과 약속어음 ₩500,000을 발행하여, 기계장치를 구입하는 거래
③ 원가 ₩500,000의 토지를 ₩600,000의 현금을 받고 매각한 거래
④ 정답 없음

문 3. 물가가 지속적으로 하락하는 경우, 재고자산의 평가방법이 자산의 평가와 이익측정에 미치는 효과를 설명한 것으로 옳은 것은?

① 매출원가의 크기 순서는 후입선출법 > 총평균법 > 선입선출법 순이다.
② 총평균법에 의한 재고자산과 매출원가의 금액은 선입선출법에 의한 금액과 후입선출법에 의한 금액 사이에서 결정된다.
③ 후입선출법에서는 재고자산과 순이익이 상대적으로 모두 낮게 평가된다.
④ 선입선출법에 의하면 재고자산은 상대적으로 높게 평가되고, 순이익은 상대적으로 낮게 나타난다.

문 4. 실지재고조사법을 이용하여 재고자산의 수량을 결정하는 ㈜대한은 당기에 외상으로 구입한 상품에 대하여 회계처리를 누락하였고, 동 재고자산을 외부에 보관하기 때문에 기말 재고실사에서도 누락하였다. 이러한 일련의 사건이 ㈜대한의 당기 말 현재 자산, 부채 및 자본에 미치는 영향으로 옳은 것은?

	자산	부채	자본
①	과소계상	과소계상	영향 없음
②	과소계상	과소계상	과대계상
③	과소계상	영향 없음	영향 없음
④	영향 없음	과소계상	과대계상

문 5. 12월 말 결산법인인 A사는 20×1년 1월 1일 건물을 ₩100,000에 취득(경제적 내용연수 5년, 잔존가치 ₩0, 정액법 적용)하고 재평가모형을 적용하고 있다. 20×1년 말과 20×2년 말 현재 건물의 공정가치가 각각 ₩96,000과 ₩36,000이라고 할 경우 다음의 설명 중 옳은 것은?

① 재평가잉여금을 이익잉여금으로 대체하는 정책을 채택하는 경우 20×2년도에 이익잉여금으로 대체할 금액은 ₩2,000이다.
② 재평가잉여금을 이익잉여금으로 대체하는 정책을 채택하는 경우가 대체하지 않는 경우보다 20×2년도 당기순이익이 ₩4,000만큼 크다.
③ 비례수정법으로 회계처리하는 경우 20×2년 말 현재 재무상태표에 보고할 감가상각누계액은 ₩24,000이다.
④ 재평가잉여금을 이익잉여금으로 대체하는 경우가 대체하지 않는 경우보다 20×2년도의 총포괄손익에 미친 영향이 ₩4,000크다.

문 6. A회사는 20×1년 1월 1일 내용연수 5년, 잔존가치가 없는 건물을 사무실 용도로 ₩100,000에 취득하였다. 건물에 대한 감가상각방법은 정액법을 적용하고 있으며, 재평가모형을 이용하여 회계처리를 수행하고 있다. 20×1년 12월 31일 건물의 공정가치는 ₩90,000이다. A회사는 20×2년 1월 1일에 사무실로 사용하던 건물을 임대 목적으로 변경하여 투자부동산으로 대체하였다. 투자부동산에 대해서 공정가치모형을 적용하며, 공정가치는 20×2년 1월 1일 ₩75,000, 20×2년 12월 31일 ₩85,000이다. A회사가 건물과 관련하여 20×2년의 포괄손익계산서에 인식할 당기손익효과는 얼마인가?

① ₩5,000 감소
② ₩5,000 증가
③ 당기손익효과 없음
④ ₩13,750 감소

문 7. 20×0년 5월 1일 A회사는 주당 ₩15,000(액면가 ₩5,000)에 자기주식 1,000주를 취득하였다. 20×0년 12월 31일 A회사의 주가는 주당 ₩20,000이었다. 회사는 20×1년 2월 1일에 자기주식 중 600주를 주당 ₩21,000에 매각하고 나머지 400주는 소각하였다. 20×1년 2월 1일에 발생한 자본 항목의 변동은? (단, A회사의 20×0년 초 재무상태표에는 자기주식처분손실 ₩2,000,000이 존재하였다.)

구분	납입자본		기타 자본구성
	자본금	자본잉여금	
①	₩5,000,000 감소	₩400,000 감소	₩15,000,000 증가
②	2,000,000 감소	변동 없음	14,600,000 증가
③	5,000,000 감소	7,600,000 증가	18,600,000 증가
④	2,000,000 감소	1,600,000 증가	13,000,000 증가

문 8. 20×1년 7월 1일 A회사가 상장기업인 B회사의 발행주식의 1%에 해당하는 보통주식 100주(액면금액 ₩5,000)를 주당 ₩9,500에 취득하였다. 20×1년 말 보통주의 공정가치는 주당 ₩10,600이다. 한편, B회사의 주식과 관련하여 20×2년 3월 5일에 주식배당 10%를 수령하였다. 20×2년 7월 15일에 B회사의 주식 전부를 공정가치인 주당 ₩11,000에 매각하였다. A회사가 B회사의 주식을 FVOCI금융자산으로 분류하였을 경우, 처분 시점에 인식할 처분손익과 기타포괄손익에 미친 영향을 구하면? (단, 20×2년 7월 15일에 B회사의 주식을 처분할 때 거래원가로 처분수수료 ₩30,000이 지출된다.)

	처분 시점에 처분손익	처분 시점에 기타포괄손익에 미친 영향
①	(−) 30,000	(+) 150,000
②	(+) 30,000	(−) 120,000
③	(−) 30,000	(−) 150,000
④	0	0

문 9. 다음에 제시되는 물음은 각각 독립된 상황이다. 12월 말 결산법인인 A회사는 20×1년 5월 1일에 B사로부터 도로건설을 수주하였다. 공사계약기간은 20×1년 7월 1일부터 20×3년 6월 30일까지이고, 공사계약금액은 ₩1,800,000이다. 진행기준 적용 시 진행률은 총 추정원가 대비 현재까지 발생한 누적 원가의 비율을 사용하고, 관련 자료는 아래와 같으며, 아래의 각 물음은 독립적이다.

구분	20×1년	20×2년	20×3년
당기 발생 계약원가	₩260,000	₩892,000	₩288,000
완성 시까지 추가 계약원가 예상액	1,040,000	288,000	-
계약대금 청구액	400,000	900,000	500,000
계약대금 회수액	300,000	900,000	600,000

다음 중 옳지 않은 것은?

① 20×1년 계약이익은 ₩100,000이다.
② 20×1년 말 재무상태표에 계상할 계약부채는 ₩40,000이다.
③ 20×2년 말 재무상태표에 계상할 수취채권은 ₩100,000이다.
④ 20×2년 계약이익은 ₩128,000이다.

문 10. ㈜여의는 20×1년 재무제표를 감사받던 중 몇 가지 오류사항을 지적받았다. 다음 오류사항들을 20×1년 재무제표에 수정·반영할 경우, 전기이월이익잉여금과 당기순이익에 미치는 영향은 얼마인가? (단, 아래의 오류사항은 모두 중요한 오류이며, 건물에 대해서는 원가모형을 적용하며, 감가상각은 월할 계산한다. 또한 20×1년도 장부는 마감되지 않았다고 가정한다.)

- 20×0년 7월 1일에 본사 건물을 ₩2,000,000(잔존가치 ₩0, 정액법 상각)에 취득하였는데 감가상각에 대한 회계처리를 한 번도 하지 않았다. 취득 당시 추정한 내용연수는 10년이다.
- 기말 재고자산은 20×0년에는 ₩100,000 과소계상, 20×1년에는 200,000 과대계상되었다.
- 20×0년에 보험료로 처리한 금액 중 ₩50,000은 20×1년 보험료의 선납분이다.

	전기이월이익잉여금	당기순이익
①	₩50,000 증가	₩500,000 감소
②	변동 없음	₩500,000 감소
③	₩50,000 증가	₩550,000 감소
④	변동 없음	₩550,000 감소

문 11. ㈜하늘은 20×1년 1월 1일 ㈜한국이 동 일자에 발행한 액면금액 ₩1,000,000, 표시이자율 연 10%(이자는 매년 말 지급)의 3년 만기의 사채를 ₩951,963에 취득하였다. 동 사채의 취득 시 유효이자율은 연 12%이었으며, ㈜하늘은 동 사채를 상각후원가로 측정하는 금융자산으로 분류하였다. 동 사채의 20×1년 12월 31일 공정가치는 ₩975,123이었으며, ㈜하늘은 20×2년 7월 31일에 경과이자를 포함하여 ₩980,000에 전부 처분하였다. 동 사채 관련 회계처리가 ㈜하늘의 20×2년도 당기순이익에 미치는 영향은? (단, 단수차이로 인한 오차가 있으면 가장 근사치를 선택한다.)

① ₩13,801 증가　② ₩14,842 감소
③ ₩4,877 증가　④ ₩34,508 감소

문 12. 다음은 ㈜포도의 20×1년도 현금흐름표를 작성하기 위한 자료이다.

- 20×1년도 포괄손익계산서 자료
  - 당기순이익: ₩100,000
  - 손상차손: ₩5,000(매출채권에서 발생)
  - 감가상각비: ₩20,000
  - 유형자산처분이익: ₩7,000
  - 사채상환손실: ₩8,000
- 20×1년 말 재무상태표 자료: 20×1년 기초 금액 대비 기말 금액의 증감은 다음과 같다.

자산		부채	
계정과목	증가(감소)	계정과목	증가(감소)
재고자산	(80,000)	매입채무	(4,000)
매출채권(순액)	50,000	미지급급여	6,000
유형자산(순액)	(120,000)	사채(순액)	(90,000)

㈜포도의 20×1년도 영업활동 순현금흐름은?

① ₩89,000　② ₩153,000
③ ₩158,000　④ ₩160,000

문 13. 다음은 ㈜송광의 재무상태표와 포괄손익계산서의 일부이다.

부분 재무상태표

	20×1년 말	20×2년 말
유형자산	₩ 245,000	₩ 270,000
감가상각누계액	(167,000)	(178,000)
미지급금	34,000	54,000
이익잉여금	100,000	119,000

부분 포괄손익계산서

(20×2. 1. 1 ~ 20×2. 12. 31)

감가상각비	₩ 32,000
유형자산처분이익	13,000
당기순이익	28,000

[추가정보]

(1) 20×2년 3월 1일 원가 ₩ 45,000의 유형자산을 현금을 받고 처분하였다. 또한 20×2년 8월 중 새로운 유형자산의 구입이 있었으며, 구입가격 중 현금 지급하지 못한 ₩ 20,000은 미지급금으로 계상되었다.

(2) 이익잉여금의 변동은 당기순이익과 현금배당의 선언에 의해서만 영향을 받았다.

20×2년도의 현금흐름표에 보고되어야 할 투자활동 순현금흐름과 재무활동 순현금흐름은? (단, 배당금 지급은 재무활동으로 분류한다고 가정한다.)

	투자활동 순현금흐름	재무활동 순현금흐름
①	₩ 25,000 유입	₩ 13,000 유출
②	₩ 5,000 유입	₩ 13,000 유출
③	₩ 13,000 유출	₩ 9,000 유출
④	₩ 3,000 유출	₩ 13,000 유출

문 14. ㈜한국은 20×1년 초 ₩ 720,000에 구축물을 취득(내용연수 5년, 잔존가치 ₩ 20,000, 정액법 상각)하였으며, 내용연수 종료 시점에 이를 해체하여 원상복구해야 할 의무가 있다. 20×1년 초 복구비용의 현재가치는 ₩ 124,180으로 추정되며 이는 충당부채의 요건을 충족한다. 복구비용의 현재가치 계산에 적용한 할인율이 10%일 때 옳지 않은 것은? (단, ㈜한국은 구축물에 대하여 원가모형을 적용하며, 소수점 발생 시 소수점 아래 첫째자리에서 반올림한다.)

① 20×1년 초 구축물의 취득원가는 ₩ 844,180이다.

② 20×1년 말 복구충당부채전입액(또는 이자비용)은 ₩ 12,418이다.

③ 20×1년 말 복구충당부채는 ₩ 136,598이다.

④ 20×1년 말 인식할 비용 총액은 ₩ 156,418이다.

문 15. 「지방자치단체 회계기준에 관한 규칙」의 내용으로 옳지 않은 것은?

① 문화재, 예술작품, 역사적 문건 및 자연자원은 자산으로 인식하지 아니하고 필수보충정보의 관리책임자산으로 보고한다.

② 비교환거래로 생긴 수익은 직접적인 반대급부 없이 생기는 지방세, 보조금, 기부금 등으로 해당 수익에 대한 청구권이 발생하고, 그 금액을 합리적으로 측정할 수 있을 때 인식한다.

③ 지방자치단체가 기부채납방식으로 자산을 기부받는 경우 기부 시점에 수익으로 인식한다.

④ 「공유재산 및 물품 관리법」 제12조에 따른 회계간의 재산 이관, 같은 법 제63조에 따른 물품 소관의 전환, 기부채납 등으로 생긴 순자산의 감소는 비용에 포함하지 아니한다.

문 16. 다음은 어느 지방자치단체의 재정운영표 내용이다. 재정운영순원가는?

사업총원가	₩120,000	사 업 수 익	₩40,000
관리운영비	₩65,000	비배분비용	₩47,000
비배분수익	₩38,000	수 익	₩37,000

① ₩106,000 ② ₩115,000
③ ₩143,000 ④ ₩154,000

문 17. ㈜한국은 단일제품을 생산하고 있다. 20×1년 자료가 다음과 같을 때, 당기 직접재료 매입액과 당기에 발생한 직접노무원가는?

재고자산

	기초 재고자산	기말 재고자산
직 접 재 료	₩18,000	₩13,000
재 공 품	₩25,000	₩20,000
기 본 원 가	₩85,000	
가 공 원 가	₩75,000	
당기총제조원가	₩125,000	
매 출 원 가	₩120,000	

	직접재료 매입액	직접노무원가
①	₩45,000	₩35,000
②	₩45,000	₩40,000
③	₩50,000	₩35,000
④	₩50,000	₩40,000

문 18. 보조부문인 수선부와 전력부에서 발생한 원가는 각각 ₩40,000과 ₩24,000이며, 수선부 원가에 이어 전력부 원가를 배부하는 단계배부법으로 제조부문인 A공정과 B공정에 배부한다. 보조부문이 제공한 용역이 다음과 같을 때, 보조부문의 원가 ₩64,000 중에서 A공정에 배부되는 금액은?

구분	수선부	전력부	A공정	B공정	합계
수선부	-	4,000	4,000	2,000	10,000 시간
전력부	8,000	-	4,000	4,000	16,000 kWh

① ₩33,000 ② ₩34,000
③ ₩36,000 ④ ₩38,000

문 19. ㈜한국은 결합제품 A, B를 생산하고 있으며, 결합원가는 분리점에서의 상대적 순실현가치를 기준으로 배분한다. ㈜한국의 20×1년 원가자료는 다음과 같다.

구분	제품 A	제품 B
생산량	2,000단위	5,000단위
단위당 추가 가공원가	₩100	₩80
추가 가공 후 단위당 판매가격	₩400	₩160
결합원가	₩350,000	

기초와 기말 제품은 없다고 가정할 때, 20×1년도 제품 A와 제품 B의 매출원가는?

	제품 A	제품 B
①	₩405,000	₩525,000
②	₩410,000	₩540,000
③	₩425,000	₩525,000
④	₩500,000	₩550,000

문 20. ㈜한국은 종합원가계산제도를 채택하고 있으며, 원재료는 공정의 초기에 전량 투입되며, 가공원가는 공정 전반에 걸쳐서 진척도에 따라 균등하게 발생한다. 재료원가의 경우 평균법에 의한 완성품환산량은 78,000단위이고, 선입선출법에 의한 완성품환산량은 66,000단위이다. 또한 가공원가의 경우 평균법에 의한 완성품환산량은 55,600단위이고, 선입선출법에 의한 완성품환산량은 52,000단위이다. 기초 재공품의 완성도는 몇 %인가?

① 10% ② 20%
③ 30% ④ 50%

3회 실전동형모의고사

소요시간: ________ / 15분　　　　맞힌 답의 개수: ________ / 20

문 1. 유용한 재무정보의 질적특성에 관한 설명으로 옳은 것은?

① 근본적 질적특성은 목적적합성과 검증가능성이다.
② 목적적합한 재무정보는 이용자들의 의사결정에 차이가 나도록 할 수 있다.
③ 보고기간이 지난 정보는 더 이상 적시성을 갖지 않는다.
④ 정보가 비교 가능하기 위해서는 비슷한 것은 다르게 보여야하고 다른 것은 비슷하게 보여야 한다.

문 2. 현금및현금성자산으로 재무상태표에 표시될 수 없는 것을 모두 고른 것은? (단, 지분상품은 현금으로 전환이 용이하다.)

ㄱ. 부채상환을 위해 12개월 이상 사용이 제한된 요구불예금
ㄴ. 사용을 위해 구입한 수입인지와 우표
ㄷ. 상환일이 정해져있고 취득일로부터 상환일까지 기간이 2년인 회사채
ㄹ. 취득일로부터 1개월 내에 처분할 예정인 상장기업의 보통주
ㅁ. 재취득한 자기지분상품

① ㄱ, ㄴ, ㄹ　　② ㄱ, ㄷ, ㄹ
③ ㄱ, ㄴ, ㄷ, ㄹ, ㅁ　　④ ㄱ, ㄴ, ㄷ, ㅁ

문 3. 공정가치 측정에 관한 설명으로 옳지 않은 것은?

① 공정가치란 측정일에 시장참여자 사이의 정상거래에서 자산을 매도할 때 받거나 부채를 이전할 때 지급하게 될 가격이다.
② 공정가치는 시장에 근거한 측정치이며 기업 특유의 측정치가 아니다.
③ 공정가치를 측정하기 위해 사용하는 가치평가기법은 관측할 수 있는 투입변수를 최소한으로 사용하고 관측할 수 없는 투입변수를 최대한으로 사용한다.
④ 기업은 시장참여자가 경제적으로 최선의 행동을 한다는 가정하에, 시장참여자가 자산이나 부채의 가격을 결정할 때 사용할 가정에 근거하여 자산이나 부채의 공정가치를 측정하여야 한다.

문 4. ㈜하늘은 20×1년 중 공정가치선택권을 적용한 당기손익-공정가치 측정 금융부채 ₩80,000을 최초 인식하였다. 20×1년 말 해당 금융부채의 공정가치는 ₩65,000으로 하락하였다. 공정가치 변동 중 ₩5,000은 ㈜하늘의 신용위험 변동으로 발생한 것이다. 해당 금융부채로 인해 ㈜하늘의 20×1년 당기순이익에 미치는 영향은? (단, ㈜감평의 신용위험 변동은 당기손익의 회계불일치를 일으키거나 확대하지는 않는다.)

① ₩10,000 증가　　② ₩5,000 감소
③ 영향 없음　　④ ₩5,000 증가

문 5. 다음의 특징을 모두 가지고 있는 자산은?

> • 개별적으로 식별하여 별도로 인식할 수 없다.
> • 손상 징후와 관계없이 매년 손상검사를 실시한다.
> • 손상차손환입을 인식할 수 없다.
> • 사업결합 시 이전대가가 피취득자 순자산의 공정가치를 초과한 금액이다.

① 특허권 ② 회원권
③ 영업권 ④ 라이선스

문 6. 다음은 ㈜하늘의 20×1년 중 발생한 자본거래이다.

• 무상증자 시행	₩500
• 자기주식 취득	600
• 당기순이익 발생	1,000
• 주식배당 결의	300
• 자기주식 소각	600
• 기타포괄이익 발생	800

20×1년 초 ㈜하늘의 자본은 ₩10,000이고 이외에 자본거래는 없다고 가정할 때, 20×1년 말 ㈜하늘의 자본은?

① ₩10,400 ② ₩11,000
③ ₩11,200 ④ ₩11,600

문 7. ㈜하늘의 기말 재고자산에 포함시켜야 할 항목을 모두 고른 것은?

> ㄱ. 창고가 작아 기말 현재 외부에 보관중인 ㈜하늘의 원재료
> ㄴ. ㈜하늘이 선적지인도조건으로 판매하였으나 기말 현재 도착하지 않은 상품
> ㄷ. ㈜하늘이 고객에게 인도하고 기말 현재 고객이 사용의사를 표시한 상품
> ㄹ. ㈜하늘이 도착지인도조건으로 매입하였으나 기말 현재 도착하지 않은 상품

① ㄱ ② ㄷ
③ ㄱ, ㄴ ④ ㄴ, ㄹ

문 8. 고객과의 계약에서 생기는 수익에 관한 설명으로 옳지 않은 것은?

① 거래가격을 산정하기 위해서는 계약 조건과 기업의 사업 관행을 참고하며, 거래가격에는 제3자를 대신해서 회수한 금액은 제외한다.
② 고객과의 계약에서 약속한 대가는 고정금액, 변동금액 또는 둘 다를 포함할 수 있다.
③ 변동대가의 추정이 가능한 경우, 계약에서 가능한 결과치가 두 가지뿐일 경우에는 기댓값이 변동대가의 적절한 추정치가 될 수 있다.
④ 기업이 받을 권리를 갖게 될 변동대가(금액)에 미치는 불확실성의 영향을 추정할 때에는 그 계약 전체에 하나의 방법을 일관되게 적용한다.

문 9. 투자부동산에 관한 설명으로 옳지 않은 것은?

① 소유 투자부동산은 최초 인식 시점에 원가로 측정한다.
② 투자부동산을 후불조건으로 취득하는 경우의 원가는 취득 시점의 현금가격상당액으로 한다.
③ 투자부동산의 평가방법으로 공정가치모형을 선택한 경우, 감가상각을 수행하지 아니한다.
④ 공정가치로 평가하게 될 자가건설 투자부동산의 건설이나 개발이 완료되면 해당일의 공정가치와 기존 장부금액의 차액은 기타포괄손익으로 인식한다.

문 10. 재무제표의 표시에 관한 설명으로 옳지 않은 것은?

① 재무제표가 한국채택국제회계기준의 요구사항을 모두 충족한 경우가 아니라면 한국채택국제회계기준을 준수하여 작성되었다고 기재하여서는 안 된다.
② 기업이 재무상태표에 유동자산과 비유동자산으로 구분하여 표시하는 경우, 이연법인세자산은 유동자산으로 분류하지 아니한다.
③ 비용을 기능별로 분류하는 기업은 감가상각비, 기타 상각비와 종업원급여비용을 포함하여 비용의 성격에 대한 추가 정보를 공시한다.
④ 수익과 비용의 어느 항목은 포괄손익계산서 또는 주석에 특별손익 항목으로 별도 표시한다.

문 11. ㈜하늘은 20×1년 초 기계장치(취득원가 ₩1,000,000, 내용연수 5년, 잔존가치 ₩50,000, 정액법 상각)를 구입하고, 원가모형을 적용하였다. 20×4년 초 ㈜하늘은 기계장치의 내용연수를 당초 5년에서 7년으로, 잔존가치도 변경하였다. ㈜하늘이 20×4년에 인식한 감가상각비가 ₩100,000인 경우, 기계장치의 변경된 잔존가치는?

① ₩20,000　② ₩30,000
③ ₩50,000　④ ₩70,000

문 12. 다음은 ㈜하늘의 20×1년도 상품 매입과 관련된 자료이다. 20×1년도 상품 매입원가는? (단, ㈜하늘은 부가가치세 과세사업자이며, 부가가치세는 환급대상에 속하는 매입세액이다.)

항목	금액	비고
당기 매입	₩110,000	부가가치세 ₩10,000 포함
매입운임	10,000	
하역료	5,000	
매입할인	5,000	
리베이트	2,000	
보관료	3,000	후속 생산단계에 투입하기 전에 보관이 필요한 경우가 아님
관세납부금	500	

① ₩108,500　② ₩110,300
③ ₩110,500　④ ₩113,500

문 13. ㈜하늘은 20×1년 초 기계장치(내용연수 3년, 잔존가치 ₩0, 정액법 상각)를 구입과 동시에 무이자부 약속어음(액면금액 ₩300,000, 3년 만기, 매년 말 ₩100,000 균등상환)을 발행하여 지급하였다. 이 거래 당시 ㈜감평이 발행한 어음의 유효이자율은 연 12%이다. 기계장치에 대해 원가모형을 적용하고, 당해 차입원가는 자본화 대상에 해당하지 않는다. 20×1년 ㈜하늘이 인식할 비용은? (단, 12%, 3기간의 연금현가계수는 2.4이고, 계산금액은 소수점 첫째자리에서 반올림하며, 단수차이로 인한 오차가 있으면 가장 근사치를 선택한다.)

① ₩59,800　② ₩80,000
③ ₩88,600　④ ₩108,800

문 14. ㈜하늘의 20×1년 초 유통보통주식수는 18,400주이다. ㈜하늘은 20×1년 7월 초 주주우선배정 방식으로 유상증자를 실시하였다. 유상증자 권리행사 전일의 공정가치는 주당 ₩50,000이고, 유상증자 시의 주당 발행금액은 ₩40,000, 발행주식수는 2,000주이다. ㈜하늘은 20×1년 9월 초 자기주식을 1,500주 취득하였다. ㈜하늘의 20×1년 가중평균유통보통주식수는? (단, 가중평균유통보통주식수는 월할 계산한다.)

① 18,667주　② 19,084주
③ 19,268주　④ 19,400주

문 15. 「국가회계기준에 관한 규칙」과 「지방자치단체 회계기준에 관한 규칙」에서 정하는 자산, 부채의 평가에 관한 설명으로 옳지 않은 것은?

① 다른 국가회계실체로부터 무상으로 취득한 관리전환의 경우 취득원가는 해당 자산을 이전한 국가회계실체의 장부가액으로 한다.
② 현재 세대와 미래 세대를 위하여 정부가 영구히 보전하여야 할 자산으로서 역사적, 문화적, 교육적 및 예술적으로 중요한 가치를 갖는 자산은 무형자산으로 인식하되, 상각 대상에서 제외할 수 있다.
③ 국가의 도로는 관리, 유지 노력에 따라 취득 당시의 용역 잠재력을 그대로 유지할 수 있는 경우 감가상각 대상에서 제외할 수 있다.
④ 지방자치단체의 재정상태표상 자산은 해당 자산의 취득원가를 기초로 계상함을 원칙으로 한다.

문 16. 지방자치단체의 부채의 평가에 대한 설명으로 옳지 않은 것은?

① 회계연도 말 현재 공무원연금법을 적용받는 지방공무원을 비롯한 무기계약근로자 등이 일시에 퇴직할 경우 지급해야 할 퇴직금에 상당한 금액을 퇴직급여충당부채로 인식한다.

② 장기금전대차거래에서 발생한 채무로서 명목가액과 현재가치의 차이가 중요한 경우에는 현재가치로 평가한다.

③ 지방채증권의 액면가액과 발행가액의 차이는 발행 시부터 최종 상환 시까지의 기간에 유효이자율법 등으로 상각 또는 환입하고 이를 이자비용에 가감한다.

④ 부채금액은 만기상환가액으로 평가하는 것이 원칙이나, 지방채증권은 현재가치로 평가한다.

문 17. ㈜하늘은 단일 제품을 대량생산하고 있으며, 가중평균법을 적용하여 종합원가계산을 하고 있다. 직접재료는 공정 초에 전량 투입되고, 전환원가는 공정 전체에서 균등하게 발생한다. 당기 원가계산 자료는 다음과 같다.

• 기초 재공품	3,000개(완성도 80%)
• 당기 착수수량	14,000개
• 당기 완성품	13,000개
• 기말 재공품	2,500개(완성도 60%)

품질검사는 완성도 70%에서 이루어지며, 당기 중 검사를 통과한 합격품의 10%를 정상공손으로 간주한다. 직접재료원가와 전환원가의 완성품환산량 단위당 원가는 각각 ₩30과 ₩20이다. 완성품에 배부되는 정상공손원가는?

① ₩35,000 ② ₩44,000
③ ₩55,400 ④ ₩57,200

문 18. ㈜하늘은 표준원가제도를 도입하고 있다. 변동제조간접원가의 배부기준은 직접노무시간이며, 제품 1개를 생산하는데 소요되는 표준직접노무시간은 2시간이다. 20×1년 3월 실제 발생한 직접노무시간은 10,400시간이고, 원가자료는 다음과 같다.

• 변동제조간접원가 실제 발생액	₩23,000
• 변동제조간접원가 능률차이	2,000(불리)
• 변동제조간접원가 총 차이	1,000(유리)

㈜하늘의 20×1년 3월 실제 제품생산량은?

① 4,600개 ② 4,800개
③ 5,000개 ④ 5,200개

문 19. ㈜하늘은 제조간접원가를 기계작업시간 기준으로 예정배부하고 있다. 20×1년 실제 기계작업시간은?

• 제조간접원가(예산)	₩928,000
• 제조간접원가(실제)	960,000
• 제조간접원가 배부액	840,710
• 기계작업시간(예산)	80,000시간

① 70,059시간 ② 71,125시간
③ 72,475시간 ④ 73,039시간

문 20. ㈜하늘이 20×2년 재무제표를 분석한 결과 전부원가계산보다 변동원가계산의 영업이익이 ₩30,000 더 많았다. 20×2년 기초 재고수량은? (단, 20×1년과 20×2년의 생산 · 판매활동 자료는 동일하고, 선입선출법을 적용하며, 재공품은 없다.)

당기 생산량	5,000개
기초 재고수량	?
기말 재고수량	500개
판매가격(개당)	₩1,500
변동제조간접원가(개당)	500
고정제조간접원가(총액)	750,000

① 580개 ② 620개
③ 660개 ④ 700개

4회 실전동형모의고사

소요시간: ________ / 15분　　　　맞힌 답의 개수: ________ / 20

문 1. ㈜하늘이 20×1년 말 재무상태표에 계상하여야 할 충당부채는? (단, 아래에서 제시된 금액은 모두 신뢰성 있게 측정되었다.)

사건	비고
20×1년 9월 25일에 구조조정 계획이 수립되었으며 예상 비용은 ₩300,000으로 추정된다.	20×1년 말까지는 구조조정계획의 이행에 착수하지 않았다.
20×1년 말 현재 소송이 제기되어 있으며, 동 소송에서 패소 시 배상하여야 할 손해배상금액은 ₩200,000으로 추정된다.	㈜하늘의 자문 법무법인에 의하면 손해발생 가능성은 높지 않다.
미래의 예상 영업손실이 ₩450,000으로 추정된다.	
회사가 사용 중인 공장 구축물 철거 시, 구축물이 정착되어 있던 토지는 원상복구의무가 있다. 원상복구원가는 ₩200,000으로 추정되며 그 현재가치는 ₩120,000이다.	
판매한 제품에서 제조상 결함이 발견되어 보증비용 ₩350,000이 예상되며, 그 지출 가능성이 높다. 동 보증은 확신유형보증에 해당한다.	예상 비용을 보험사에 청구하여 50% 만큼 변제받기로 하였다.

① ₩295,000　② ₩470,000
③ ₩550,000　④ ₩670,000

문 2. 20×1년 초 설립한 ㈜하늘의 법인세 관련 자료이다. ㈜하늘의 20×1년도 유효법인세율은? (단, 유효법인세율은 법인세비용을 법인세비용차감전순이익으로 나눈 값으로 정의한다.)

- 20×1년 세무조정 사항
  - 벌과금 손금불산입 ₩20,000
  - 접대비 한도 초과액 15,000
  - 감가상각비 한도 초과액 15,000
- 20×1년도 법인세비용차감전순이익은 ₩500,000이며, 이연법인세자산(부채)의 실현 가능성은 거의 확실하다.
- 연도별 법인세율은 20%로 일정하다.

① 19.27%　② 20%
③ 21.4%　④ 22%

문 3. ㈜하늘은 20×1년 중 연구개발비를 다음과 같이 지출하였다.

지출시기	구분	금액	비고
1월 초~6월 말	연구단계	₩50,000	
7월 초~9월 말	개발단계	100,000	자산인식 요건 미충족함
10월 초~12월 말	개발단계	50,000	자산인식 요건 충족함

㈜하늘은 20×2년 말까지 ₩100,000을 추가 지출하고 개발을 완료하였다. 무형자산으로 인식한 개발비(내용연수 10년, 잔존가치 ₩0, 정액법 상각)는 20×3년 1월 1일부터 사용이 가능하며, 원가모형을 적용한다. 20×3년 말 현재 개발비가 손상 징후를 보였으며 회수가능액은 ₩80,000이다. 20×3년 인식할 개발비 손상차손은?

① ₩50,000　② ₩50,500
③ ₩53,750　④ ₩55,000

문 4. 고객과의 계약으로 식별하기 위한 기준에 관한 설명으로 옳지 않은 것은?

① 계약 당사자들이 계약을 서면으로, 구두로 또는 그 밖의 사업 관행에 따라 승인하고 각자의 의무를 수행하기로 확약한다.
② 이전할 재화나 용역과 관련된 각 당사자의 권리를 식별할 수 있다.
③ 이전할 재화나 용역의 지급조건을 식별할 수 있다.
④ 계약에 상업적 실질을 요하지는 않는다.

문 5. 다음 항목과 계정 분류를 연결한 것으로 옳지 않은 것은?

① 직접 소유 또는 금융리스를 통해 보유하고 운용리스로 제공하고 있는 건물 - 재고자산
② 소유 자가사용부동산 - 유형자산
③ 처분 예정인 자가사용부동산 - 매각예정비유동자산
④ 통상적인 영업과정에서 판매하기 위한 부동산이나 이를 위하여 건설 또는 개발 중인 부동산 - 재고자산

문 6. 공기청정기를 위탁판매하고 있는 ㈜하늘은 20×1년 초 공기청정기 10대(대당 판매가격 ₩1,000, 대당 원가 ₩700)를 ㈜한국에 적송하였으며, 운송업체에 총 운송비용 ₩100을 현금으로 지급하였다. ㈜한국은 위탁받은 공기청정기 10대 중 7대를 20×1년에 판매하였다. 20×1년 위탁판매와 관련하여 ㈜하늘이 인식할 매출원가는?

① ₩4,970 ② ₩5,700
③ ₩7,070 ④ ₩8,100

문 7. ㈜하늘은 20×1년 초 주당 액면금액이 ₩150인 ㈜한국의 보통주 20주를 주당 ₩180에 취득하였고, 총 거래원가 ₩150을 지급하였다. ㈜하늘은 동 주식을 기타포괄손익-공정가치 측정 금융자산으로 분류하였고 20×1년 말 동 주식의 공정가치는 주당 ₩240이다. 동 금융자산과 관련하여 20×1년 인식할 기타포괄이익은?

① ₩1,050 ② ₩1,200
③ ₩1,350 ④ ₩1,600

문 8. ㈜하늘의 20×2년 발생주의 수익과 비용은 각각 ₩1,500과 ₩600이며, 관련 자산과 부채는 다음과 같다.

계정과목	20×1년 말	20×2년 말
재고자산	₩1,500	₩1,300
미수수익	500	800
매출채권	500	400
미지급비용	600	300

20×2년 순현금흐름(현금유입액 - 현금유출액)은?

① (-) ₩800 ② (-) ₩700
③ (+) ₩600 ④ (+) ₩400

문 9. ㈜하늘은 재고자산을 20×1년 말까지 평균법을 적용해 오다가 20×2년 초 선입선출법으로 회계정책을 변경하였다. 다음은 20×1년 말과 20×2년 말의 평가방법별 재고자산 금액이다.

구분		20×1년 말	20×2년 말
재고자산 금액	평균법	₩2,800	₩2,200
	선입선출법	2,500	2,800

평균법을 적용한 20×2년 당기순이익이 ₩2,000일 때, 변경 후 20×2년 당기순이익은? (단, 동 회계정책의 변경은 한국채택국제회계기준에서 제시하는 조건을 충족하는 것이며, 선입선출법으로의 회계정책의 변경에 대한 소급효과를 모두 결정할 수 있다고 가정한다.)

① ₩1,400 ② ₩2,000
③ ₩2,300 ④ ₩2,900

문 10. ㈜하늘은 취득원가 ₩2,500인(처분 당시 장부금액은 ₩1,500, 원가모형 적용)인 기계장치를 20×1년 초 ₩1,600에 처분하였다. ㈜하늘은 기계장치 장부금액을 제거하지 않고 처분대가를 잡수익으로 처리하고, 20×1년과 20×2년 각각 취득원가의 10%를 감가상각비로 계상하였다. 이러한 오류는 20×3년 초에 발견되었고, 20×2년도의 장부가 마감되었다면, ㈜하늘의 20×3년 당기순이익에 미치는 영향은? (단, 상기 오류는 오류의 영향이나 오류의 누적효과를 실무적으로 결정할 수 있으며 중요한 오류에 해당한다.)

① 영향 없음　　② ₩100 증가
③ ₩250 증가　　④ ₩500 증가

문 11. ㈜하늘이 사용하는 기계장치의 20×1년 말 장부금액은 ₩3,500(취득원가 ₩6,000, 감가상각누계액 ₩2,500, 원가모형 적용)이다. 20×1년 말 동 기계장치의 진부화로 가치가 감소하여 순공정가치는 ₩1,200, 사용가치는 ₩1,800으로 추정되었다. ㈜하늘이 20×1년 인식할 기계장치 손상차손은?

① ₩1,200　　② ₩1,700
③ ₩1,800　　④ ₩2,000

문 12. ㈜하늘은 20×1년 2월 초 영업을 개시하여 2년간 제품보증 조건으로 건조기(대당 판매가격 ₩100)를 판매하고 있다. 20×1년 1,500대, 20×2년 4,000대의 건조기를 판매하였으며, 동종업계의 과거 경험에 따라 판매수량 대비 평균 3%의 보증요청이 있을 것으로 추정되고 보증비용은 대당 평균 ₩20이 소요된다. 당사가 제공하는 보증은 확신유형의 보증이며 연도별 보증이행 현황은 다음과 같다.

구분	20×1년	20×2년
20×1년 판매분	5대	15대
20×2년 판매분		30대

20×2년 말 보증손실충당부채는? (단, 보증요청의 발생 가능성이 높고 금액은 신뢰성 있게 측정되었다. 충당부채의 현재가치요소는 고려하지 않는다.)

① ₩2,300　　② ₩1,000
③ ₩1,200　　④ ₩1,800

문 13. A사는 20×1년 1월 1일에 액면금액이 ₩40,000, 3년 만기 사채를 ₩36,962에 할인발행하였다. 사채 발행 시 유효이자율은 연 9%이고, 이자는 매년 말 후급한다. 20×2년 1월 1일 현재 사채의 장부금액이 ₩37,889이라고 하면 사채의 표시이자율은? (단, 화폐금액은 소수점 첫째자리에서 반올림한다.)

① 5.8%　　② 6.0%
③ 6.2%　　④ 6.5%

문 14. A사의 20×1년도 기초 자산총액은 ₩300,000이며, 동년 기말 자산총액과 부채총액은 각각 ₩500,000과 ₩200,000이다. A사는 20×1년도 중에 ₩50,000을 유상증자했고 주주에게 ₩30,000의 현금배당과 ₩20,000의 주식배당을 실시하였다. 20×1년에 보유 중인 FVOCI금융자산의 평가손실이 ₩40,000 발생하였고 20×1년의 총포괄이익은 ₩120,000일 때, A사의 20×1년도 기초 부채총액은 얼마인가?

① ₩40,000　　② ₩120,000
③ ₩140,000　　④ ₩170,000

문 15. 「지방자치단체 회계기준에 관한 규칙」에 대한 다음의 설명 중 가장 옳지 않은 것은?

① 무상으로 취득한 자산의 가액은 공정가액을 취득원가로 한다.
② 재정운영순원가는 사업순원가에서 관리운영비 및 비배분비용은 더하고, 비배분수익을 빼서 표시한다.
③ 자산은 공공서비스의 잠재력을 창출하거나 미래의 경제적효익이 회계실체에 유입될 것이 거의 확실하고 그 금액을 신뢰성 있게 측정할 수 있을 때 인식한다.
④ 지방자치단체의 재무제표는 일반회계 · 기타 특별회계 · 기금회계 및 지방공기업 특별회계의 유형별 재무제표를 통합하여 작성 한다. 이 경우 내부거래는 상계하고 작성한다.

문 16. 「지방자치단체 회계기준에 관한 규칙」에서 규정하는 자산의 회계처리에 대한 설명으로 옳은 것은?

① 재고자산은 구입가액에 부대비용을 더하고 이에 총평균법을 적용하여 산정한 가액을 취득원가로 평가함을 원칙으로 한다.

② 장기투자증권은 매입가격에 부대비용을 더하고 이에 종목별로 선입선출법을 적용하여 산정한 취득원가로 평가함을 원칙으로 한다.

③ 주민편의시설 중 상각 대상 자산에 대한 감가상각은 정액법을 원칙으로 한다.

④ 사회기반시설 중 유지 · 보수를 통하여 현상이 유지되는 도로, 도시철도, 하천부속시설 등에 대한 감가상각은 사용량비례법을 원칙으로 한다.

문 17. ㈜하늘은 제품 A와 제품 B를 생산 · 판매하고 있다. 20×1년 ㈜하늘의 매출액과 영업이익은 각각 ₩15,000,000과 ₩3,000,000이며, 고정원가는 ₩2,250,000이다. 제품 A와 제품 B의 매출배합비율이 각각 25%와 75%이며, 제품 A의 공헌이익률은 23%이다. 제품 B의 공헌이익률은?

① 29.25% ② 34.4%
③ 35% ④ 39%

문 18. ㈜하늘의 20×1년 매출 및 원가자료는 다음과 같다.

매출액	?
변동원가	₩700,000
공헌이익	500,000
고정원가	300,000
영업이익	₩200,000

20×2년에는 판매량이 20% 증가할 것으로 예상된다. ㈜하늘의 20×2년 예상 영업이익은? (단, 판매량 이외의 다른 조건은 20×1년과 동일하다.)

① ₩260,000 ② ₩280,000
③ ₩300,000 ④ ₩340,000

문 19. ㈜하늘은 평균영업용자산과 영업이익을 이용하여 투자수익률(ROI)과 잔여이익(RI)를 산출하고 있다. ㈜하늘의 20×1년 평균영업용자산은 ₩2,500,000이며, ROI는 10%이다. ㈜하늘의 20×1년 RI가 ₩25,000이라면 최저필수수익률은?

① 8% ② 9%
③ 10% ④ 11%

문 20. ㈜서울은 5월 중 ₩43,000의 직접재료를 구입하였다. 5월 중 제조간접비의 합은 ₩27,000이었고 총제조원가는 ₩106,000이었다. 직접재료의 5월 초 재고가 ₩8,000이었고 5월 말 재고가 ₩6,000이었다면 5월 중 직접노무비는 얼마인가?

① ₩34,000 ② ₩38,000
③ ₩36,000 ④ ₩45,000

5회 실전동형모의고사

소요시간: ________ / 15분　　　　맞힌 답의 개수: ________ / 20

문 1. 「국가회계기준에 관한 규칙」에서 정하고 있는 국세의 수익의 인식기준에 대한 설명으로 옳은 것은?

① 정부가 부과하는 방식의 국세는 납세의무자가 세액을 자진신고하는 때에 인식

② 신고 · 납부하는 방식의 국세는 국가가 고지하는 때에 인식

③ 원천징수하는 국세는 원천징수의무자가 납세자로부터 원천징수한 금액을 신고 · 납부하는 때에 인식

④ 연부연납 또는 분납이 가능한 국세는 징수할 세금을 납부하는 때에 그 납부할 세액 전체를 인식

문 2. 투자부동산의 계정대체와 평가에 관한 설명으로 옳지 않은 것은?

① 투자부동산을 원가모형으로 평가하는 경우에는 투자부동산, 자가사용부동산, 재고자산 사이에 대체가 발생할 때에 대체 전 자산의 장부금액을 승계한다.

② 자가사용부동산을 공정가치로 평가하는 투자부동산으로 대체하는 경우, 사용목적 변경 시점까지 그 부동산을 감가상각하고 발생한 손상차손을 인식한다.

③ 재고자산을 공정가치로 평가하는 투자부동산으로 대체하는 경우, 재고자산의 장부금액과 대체 시점의 공정가치의 차액은 기타포괄손익으로 인식한다.

④ 공정가치로 평가하게 될 자가건설 투자부동산의 건설이나 개발이 완료되면 해당일의 공정가치와 기존 장부금액의 차액은 당기손익으로 인식한다.

문 3. A사는 재화의 생산을 위하여 기계장치를 취득하였으며, 관련 자료는 다음과 같다. 동 기계장치의 취득원가는?

- 구입가격(매입할인 미반영): ₩ 1,000,000
- 매입할인: ₩ 15,000
- 설치장소 준비원가: ₩ 25,000
- 정상작동여부 시험과정에서 발생한 원가: ₩ 10,000
- 정상작동여부 시험과정에서 생산된 시제품 순매각금액: ₩ 5,000
- 신제품을 소개하는 데 소요되는 원가: ₩ 3,000
- 신제품 영업을 위한 직원 교육훈련비: ₩ 2,000
- 기계 구입과 직접적으로 관련되어 발생한 종업원 급여: ₩ 2,000

① ₩ 1,015,000　　② ₩ 1,017,000
③ ₩ 1,020,000　　④ ₩ 1,022,000

문 4. 20×6년 1월 1일 A사는 건물과 토지를 ₩ 2,000,000에 일괄구입하였다. 구입 당시 건물과 토지의 공정가치는 각각 ₩ 960,000과 ₩ 1,440,000이었다. 건물의 내용연수는 7년, 잔존가치는 ₩ 100,000으로 추정하였으며 정액법으로 감가상각한다. 20×6년 12월 31일 건물과 토지에 관한 순공정가치와 사용가치는 다음과 같으며 회수가능액과 장부금액의 차이는 중요하고 손상 징후가 있다고 판단된다.

구분	순공정가치	사용가치
건물	₩ 600,000	₩ 670,000
토지	1,150,000	1,000,000

A사가 20×6년도에 인식해야 할 손상차손은?

① ₩ 0　　② ₩ 80,000
③ ₩ 130,000　　④ ₩ 230,000

문 5. 유형자산의 장부금액에 가산하지 않는 항목을 모두 고른 것은?

> ㄱ. 시험과정에서 생산된 재화의 순매각금액
> ㄴ. 유형자산의 매입 또는 건설과 직접적으로 관련되어 발생한 종업원급여
> ㄷ. 기업의 영업 전부 또는 일부를 재배치하거나 재편성하는 과정에서 발생하는 원가
> ㄹ. 설치장소 준비 원가
> ㅁ. 정기적인 종합검사과정에서 발생하는 원가가 인식기준을 충족하는 경우

① ㄱ, ㄷ ② ㄱ, ㄹ
③ ㄴ, ㄹ ④ ㄴ, ㅁ

문 6. ㈜대한은 20×1년 1월 1일에 공사계약(계약금액 ₩6,000)을 체결하였으며 20×3년 말에 완공될 예정이다. ㈜대한은 진행기준에 따라 수익과 비용을 인식하며, 진행률은 추정 총 계약원가 대비 발생한 누적 계약원가의 비율을 사용한다. 공사 관련 자료가 다음과 같을 때 20×2년의 계약손실은?

구분	20×1년	20×2년
발생한 누적 계약원가	1,200	5,100
완성까지 추가 계약원가 예상액	3,600	2,400
계약대금 회수액	1,300	2,500

① ₩1,300 ② ₩1,500
③ ₩1,620 ④ ₩1,800

문 7. 다음 자료를 이용하여 계산한 ㈜대한의 기말 매출채권 잔액은?

> • 기초 매출채권은 ₩10,000이고, 당기 매출채권 현금 회수액은 ₩40,000이며, 당기 현금매출액은 ₩7,000이다.
> • 기초와 기말 상품은 각각 ₩16,000과 ₩22,000이며, 당기 상품 매입액은 ₩32,000이다.
> • 당기 매출총이익은 ₩13,000이다.

① ₩ 1,000 ② ₩ 2,000
③ ₩22,000 ④ ₩35,000

문 8. ㈜대한은 20×1년 초 건물을 ₩480,000에 취득(정액법 상각, 내용연수 4년, 잔존가치 없음)하여 사용하던 중 20×4년 9월 말 ₩130,000에 처분하였다. ㈜대한은 20×3년 초에 동 건물의 내용연수에 대한 추정을 변경하여 내용연수를 당초보다 1년 연장하였으나, 감가상각방법과 잔존가치에 대한 변경은 없었다. ㈜대한이 20×4년 9월 말 상기 건물의 처분 시점에 인식할 유형자산 처분이익은? (단, 감가상각비는 월할 계산한다.)

① ₩18,000 ② ₩24,000
③ ₩30,000 ④ ₩50,000

문 9. ㈜대전은 20×1년 초에 ㈜세종이 발행한 주당 액면금액 ₩500인 보통주식 10주를 주당 ₩1,000에 취득하면서 수수료로 총 ₩100을 지불하였고, 기타포괄손익 - 측정 금융자산으로 분류하였다. 이 주식의 20×1년 말 주당 공정가치는 ₩800이며, 20×2년 말 주당 공정가치는 ₩1,300이다. ㈜대전은 20×3년 4월 10일에 이 주식 전부를 주당 ₩1,100씩에 매각하였고, 처분 시 부담한 수수료는 총 ₩600이다. ㈜대전이 20×3년 4월 10일 이 주식을 매각할 때 인식해야 할 기타포괄손익 - 측정 금융자산처분손익은?

① ₩0
② 처분이익 ₩300
③ 처분이익 ₩400
④ 처분손실 ₩600

문 10. ㈜한국의 2017년도 수정전시산표는 다음과 같다.

현 금	₩ 100,000	단기차입금	₩ 500,000
매출채권	₩ 500,000	손실충당금	₩ 40,000
건 물	₩ 1,000,000	자 본 금	₩ 500,000
보 험 료	₩ 3,500	자본잉여금	₩ 50,000
급 여	₩ 300,000	매 출	₩ 760,000
합 계	₩ 2,000,000	합 계	₩ 2,000,000

결산수정분개를 위한 자료가 다음과 같을 때, 수정분개 후 당기순이익은?

- 단기차입금에 대한 미지급이자비용 ₩50,000이 있다.
- 매출채권 기말 잔액의 10%를 기대신용손실액으로 추정한다.
- 건물은 2017년 1월 1일에 취득하였고 정액법(내용연수 10년, 잔존가치 ₩0)으로 상각한다. (단, 건물은 원가모형을 적용한다.)
- 2018년에 해당하는 보험료는 1,500원이다.

① ₩258,000 ② ₩298,000
③ ₩298,500 ④ ₩300,000

문 11. 장부를 마감하기 전에 발견한 사항 중 당기순이익에 영향을 미치는 항목은?

① 확정급여제도 재측정요소를 과소계상하였다.
② 외상으로 판매한 대금이 전액 회수되었다.
③ 사업결합과정에서 발생한 염가매수차익을 영업권으로 계상하였다.
④ 토지의 재평가로 인한 기말 평가이익을 계상하지 않았다.

문 12. 「국가회계기준에 관한 규칙」에 따른 국고금관리 및 국고금회계에 대한 설명으로 옳지 않은 것은?

① 국고금회계란 일반회계, 특별회계 및 기금과 다른 별도의 회계로서 국고로 불입되어 관리되는 수입, 예산의 배정에 따른 지출 및 국고여유자금의 운용 등 국고에 관한 일체의 행위를 하나의 회계에서 모아 회계처리하기 위한 자금관리 회계를 말한다.
② 국고금회계는 일반회계와 기타 특별회계(우체국보험특별회계는 제외한다)의 국고금과 관련된 회계처리에 대해서만 적용한다.
③ 국고금회계는 기획재정부의 하부 회계로 독립하여 결산을 수행하고,국고금회계의 재무제표는 국가 재무제표 작성 시 중앙관서 재무제표와 함께 통합한다.
④ 「국고금관리법 시행령」에 따른 출납정리기한 중에 발생하는 거래에대한 회계처리는 차기 회계연도에 발생한 거래로 본다.

문 13. ㈜한국은 20×1년 초에 토지를 ₩500에 취득하였으며, 매 보고기간마다 재평가모형을 적용하기로 하였다. 20×1년 말 이 토지의 공정가치는 ₩550이었으며, ㈜한국은 20×2년 중 이 토지 전부를 ₩560에 처분하였다. 이 토지의 회계처리에 대한 다음 설명 중 옳은 것은?

① 20×1년 말 토지의 재평가 시 재평가잉여금 ₩50을 당기손익으로 인식한다.
② 20×1년 말 토지의 재평가 시 20×1년도 총포괄손익의 변동은 없다.
③ 20×2년 중 토지의 처분 시 유형자산처분이익 ₩10을 당기손익으로 인식한다.
④ 20×2년 중 토지의 처분 시 20×1년 말 인식한 재평가잉여금 ₩50을 당기손익으로 인식한다.

문 14. ㈜한국의 현재 유동비율과 부채비율은 각각 200%와 100%이다. ㈜한국이 2년 후 만기가 도래하는 장기차입금을 현금으로 조기 상환한 경우 유동비율과 부채비율에 미치는 영향은?

	유동비율	부채비율
①	증가	증가
②	감소	감소
③	감소	불변
④	증가	감소

문 15. 다음은 무형자산의 회계처리에 대한 설명이다. 옳지 않은 것은?

① 사업결합으로 취득한 무형자산이 인식요건을 충족한다면, 사업결합 전에 그 자산을 피취득자가 인식하였는지 여부에 관계없이 취득자는 취득일에 피취득자의 무형자산을 영업권과 분리하여 별도로 인식한다.
② 내용연수가 비한정인 무형자산은 상각하지 아니한다. 다만 매년 그리고 무형자산의 손상을 시사하는 징후가 있을 때마다 회수가능액과 장부금액을 비교하는 손상검사를 수행하여 손상차손을 인식한다.
③ 컴퓨터로 제어되는 기계장치가 특정 컴퓨터소프트웨어가 없으면 가동이 불가능한 경우에는 그 기계장치를 소프트웨어의 일부로 보아 무형자산으로 회계처리한다.
④ 기업은 숙련된 종업원이나 교육훈련으로부터 발생하는 미래경제적효익에 대해서는 일반적으로 무형자산의 정의를 충족하기에는 충분한 통제를 가지고 있지 않으므로 무형자산의 정의를 충족할 수 없다.

문 16. 20×1년 초에 설립된 ㈜대한의 20×1년도 법인세와 관련된 자료는 다음과 같다. ㈜대한이 20×1년도에 인식할 법인세비용은? (단, 차감할 일시적차이가 사용될 수 있는 미래 과세소득의 발생 가능성은 높다.)

• 20×1년도 법인세비용차감전순이익: ₩1,000,000
• 20×1년도 세무조정 결과 회계이익과 과세소득의 차이로 인한 차감할 일시적차이: ₩200,000
• 20×1년도 법인세율: 25%
• 세법개정으로 인한 20×2년도와 그 이후의 법인세율: 35%

① ₩200,000 ② ₩230,000
③ ₩250,000 ④ ₩350,000

문 17. ㈜대한은 20×1년 4월 1일에 거래처에 상품을 판매하고 그 대가로 이자부 약속어음(3개월 만기, 표시이자율 연 5%, 액면금액 ₩300,000)을 수취하였다. 동 어음을 1개월 보유하다가 주거래은행에서 연 8% 이자율로 할인할 경우, 금융자산처분손실은? (단, 어음의 할인은 금융자산의 제거요건을 충족한다.)

① ₩ 1,550 ② ₩ 2,500
③ ₩ 4,000 ④ ₩ 4,050

문 18. ㈜한국은 2017년 1월 1일에 액면금액이 ₩1,000,000, 만기가 3년, 이자 지급일이 매년 12월 31일인 사채를 ₩904,893에 할인발행하였다. 이 사채의 2018년 1월 1일 장부금액이 ₩925,382일 때, 액면이자율은? (단, 유효이자율은 연 10%이고, 문제풀이 과정 중에 계산되는 모든 금액은 소수점 이하 반올림한다.)

① 4% ② 5%
③ 6% ④ 7%

문 19. 다음은 제조업을 영위하는 ㈜대한의 20×1년도 기말 재고자산과 관련된 자료이다.

재고자산	장부재고	실지재고	단위당 원가	단위당 순실현가능가치
원재료	500kg	400kg	₩ 50/kg	₩ 45/kg
제품	200개	150개	₩ 300/개	₩ 350/개

㈜대한은 재고자산감모손실과 재고자산평가손실(환입)을 매출원가에서 조정하고 있다. ㈜대한의 20×1년도 매출원가에 가산될 재고자산감모손실과 재고자산평가손실(환입)의 순효과는 얼마인가? (단, ㈜대한은 단일 제품만을 생산 · 판매하고 있으며, 기초 재공품과 기말 재공품은 없다.)

① ₩ 5,000 ② ₩ 15,000
③ ₩ 20,000 ④ ₩ 22,000

문 20. 다음은 ㈜대한의 20×1년 현금흐름표 작성을 위한 자료이다.

감가상각비	₩ 40,000	미지급이자 증가액	₩ 5,000
유형자산처분손실	20,000	매출채권 증가액	15,000
이자비용	25,000	재고자산 감소액	4,000
법인세비용	30,000	매입채무 감소액	6,000
미지급법인세 감소액	5,000	당기순이익	?

㈜대한은 간접법으로 현금흐름표를 작성하며, 이자지급 및 법인세납부를 영업활동으로 분류한다. ㈜대한의 당기 영업활동으로 인한 현금흐름은 ₩190,000일 때, 당기순이익은?

① ₩ 117,000 ② ₩ 122,000
③ ₩ 147,000 ④ ₩ 152,000

6회 실전동형모의고사

소요시간: ________ / 15분　　　　맞힌 답의 개수: ________ / 20

문 1. 기업회계기준서 '재무제표 표시'에 따른 재무제표 작성 및 표시의 일반 원칙으로 옳지 않은 것은?

① 재무제표에는 중요하지 않아 구분하여 표시하지 않은 항목이라도 주석에서는 구분표시해야 할 만큼 충분히 중요할 수 있다.

② 비용을 기능별로 분류하는 것이 성격별 분류보다 더욱 목적적합한 정보를 제공하므로, 비용은 기능별로 분류한다.

③ 영업이익에 포함되지 않은 항목 중 기업의 영업성과를 반영하는 그 밖의 수익 또는 비용 항목이 있다면 이러한 항목을 추가하여 조정영업이익 등의 명칭을 사용하여 주석으로 공시할 수 있다.

④ 부적절한 회계정책은 이에 대하여 공시나 주석 또는 보충자료를 통해 설명할 수 있더라도 정당화될 수 없다.

문 2. ㈜국세의 20×1년 초 상품재고는 ₩30,000이며, 당기 매출액과 당기 매입액은 각각 ₩100,000과 ₩84,000이다. ㈜국세의 원가에 대한 이익률이 25%인 경우, 20×1년 재고자산회전율은? (단, 재고자산회전율 계산 시 평균상품재고와 매출원가를 사용한다.)

① 1.5회　② 2.0회
③ 2.5회　④ 3.0회

문 3. ㈜세무는 20×1년 초 5년 만기 사채를 발행하여 매년 말 액면이자를 지급하고 유효이자율법에 의하여 이자비용을 인식하고 있다. 20×2년 말 이자와 관련하여 다음과 같이 회계처리 후 사채의 장부금액이 ₩84,000이 되었다면, 20×3년 말 사채의 장부금액은?

(차) 이자비용	8,200	(대) 사채할인발행차금	2,000
		현　　금	6,200

① ₩86,200　② ₩86,600
③ ₩87,000　④ ₩87,200

문 4. 전부원가계산, 변동원가계산, 초변동원가계산에 관한 설명으로 옳지 않은 것은?

① 기초 재고자산이 없다면, 당기 판매량보다 당기 생산량이 더 많을 때 전부원가계산상의 당기 영업이익보다 초변동원가계산상의 당기 영업이익이 더 작다.

② 변동원가계산은 전부원가계산에 비해 판매량 변화에 의한 이익의 변화를 더 잘 파악할 수 있다.

③ 초변동원가계산에서는 기초 재고자산이 없고 판매량이 일정할 때 생산량이 증가하더라도 재료처리량 공헌이익(throughput contribution)은 변하지 않는다.

④ 전부원가계산은 변동원가계산에 비해 경영자의 생산과잉을 더 잘 방지한다.

문 5. ㈜국세는 신제품 개발활동으로 연구개발비가 다음과 같이 발생하였다. 차입원가는 연구 · 개발활동과 관련된 특정 차입금에서 발생한 이자비용이다. 20×1년은 연구단계이고, 20×2년은 개발단계(무형자산의 인식요건을 충족함)에 속하는데, 20×2년 7월 1일에 프로젝트가 완료되어 제품생산에 사용되었다. 무형자산(개발비)은 내용연수 5년, 잔존가치 ₩0, 정액법 상각(월할 상각)하며, 원가모형을 적용한다. 20×2년 12월 31일 무형자산(개발비)의 장부금액은?

내역	20×1. 1. 1. ~ 20×1. 12. 31.	20×2. 1. 1. ~ 20×2. 6. 30.
연구원 급여	₩40,000	₩30,000
시험용 원재료 사용액	25,000	20,000
시험용 기계장치 감가상각비	10,000	5,000
차입원가	5,000	5,000

① ₩49,500 ② ₩50,000
③ ₩54,000 ④ ₩55,000

문 6. ㈜국세는 상품의 단위원가를 결정하는 방법으로 총평균법을 적용하고 있다. 20×1년 상품 관련 자료는 다음과 같다.

구분	수량	단위당 취득원가	금액
기초	20개	₩500	₩10,000
매입	80개	₩600	₩48,000

20×1년도 판매수량은 90개이고 기말 재고실사수량은 8개이며 단위당 순실현가능가치는 ₩480이다. 재고자산과 관련하여 ㈜국세가 20×1년도에 인식할 비용 총액은? (단, 기초 재고자산의 재고자산평가충당금은 없다.)

① ₩52,200 ② ₩53,360
③ ₩54,010 ④ ₩54,160

문 7. 충당부채, 우발부채 및 우발자산에 관한 설명으로 옳지 않은 것은?

① 우발자산은 과거사건으로 생겼으나, 기업이 전적으로 통제할 수는 없는 하나 이상의 불확실한 미래 사건의 발생 여부로만 그 존재 유무를 확인할 수 있는 잠재적 자산을 말한다.
② 제3자와 연대하여 의무를 지는 경우, 이행할 전체 의무 중 제3자가 이행할 것으로 예상되는 부분에 대해서는 우발부채로 처리한다.
③ 과거에 우발부채로 처리한 항목에 대해서는, 미래경제적효익의 유출 가능성이 높아지고 해당 금액을 신뢰성 있게 추정할 수 있는 경우라 하더라도, 재무제표에 충당부채로 인식할 수 없다.
④ 충당부채를 현재가치로 평가할 때 할인율은 부채의 특유한 위험과 화폐의 시간가치에 대한 현행 시장의 평가를 반영한 세전 이율을 적용한다.

문 8. ㈜국세의 현금흐름표 작성을 위한 20×1년 자료가 다음과 같을 때, ㈜세무의 20×1년도 투자활동 순현금흐름은?

- 유상증자로 ₩250,000, 장기차입금으로 ₩300,000을 조달하였다.
- 당기에 유형자산을 총 원가 ₩1,500,000에 취득하였으며, 이 중에서 ₩900,000은 외상으로 취득하였다. 나머지 ₩600,000은 현금으로 지급하였다. 외상 미지급금의 상환은 20×2년 초부터 이루어진다.
- 취득원가가 ₩800,000이고 감가상각누계액이 ₩500,000인 공장 설비를 현금 매각하고, 유형자산처분이익 ₩100,000을 인식하였다.

① ₩200,000 유입 ② ₩200,000 유출
③ ₩400,000 유입 ④ ₩600,000 유출

문 9. 기업회계기준서 '재무제표 표시'에 따른 상계표시의 내용으로 옳지 않은 것은?

① 한국채택국제회계기준에서 요구하거나 허용하지 않는 경우 자산과 부채 그리고 수익과 비용은 상계하지 않는다. 따라서 재고자산평가충당금을 차감하여 재고자산을 순액으로 표시할 수 없다.

② 충당부채와 관련된 지출을 제3자와의 계약관계에 따라 보전받는 경우, 당해 지출과 보전받는 금액은 상계하여 표시할 수 있다.

③ 투자자산 및 영업용자산을 포함한 비유동자산의 처분손익은 처분대가에서 그 자산의 장부금액과 관련 처분비용을 차감하여 표시한다.

④ 외환손익 또는 단기매매금융상품에서 발생하는 손익과 같이 유사한 거래의 집합에서 발생하는 차익과 차손이 중요한 경우에는 구분하여 표시한다.

문 10. ㈜국세는 손익분기점 매출수량이 2,000개이고, 변동원가 총액이 ₩2,000이며, 고정원가가 ₩400,000인 경우 단위당 공헌이익을 구하면?

① ₩1,000 ② ₩200
③ ₩ 760 ④ ₩920

문 11. ㈜국세는 20×1년 1월 1일에 건물을 ₩5,000,000에 취득(내용연수 10년, 잔존 가치 ₩0, 정액법 감가상각)하였다. 20×1년 말 및 20×2년 말 기준 원가모형을 적용하는 건물의 순공정가치는 각각 ₩3,600,000과 ₩3,900,000이고, 사용가치는 각각 ₩3,000,000과 ₩4,300,000이다. ㈜감평은 건물의 회수가능액과 장부 금액의 차이가 중요하고 손상 징후가 있는 것으로 판단하여 손상차손(손상차손 환입)을 인식하였다. 관련 설명으로 옳지 않은 것은?

① 20×2년도에 감가상각비로 ₩400,000을 인식한다.

② 20×1년 말 재무상태표에 표시되는 건물 장부금액은 ₩3,600,000이다.

③ 20×1년도에 손상차손으로 ₩900,000을 인식한다.

④ 20×2년도에 손상차손환입으로 ₩1,100,000을 인식한다.

문 12. 다음 중 자본총계에 변동이 있는 자본거래는?

① 유상증자 ② 주식분할
③ 무상증자 ④ 주식배당

문 13. ㈜국세의 20×1년의 기초 미지급사채이자는 ₩220이고, 기말 미지급사채이자는 ₩250이다. 20×1년도 사채의 이자비용이 ₩6,000(사채할인발행차금 상각액 ₩400 포함)이라면, ㈜국세가 20×1년에 현금으로 지급한 이자액은?

① ₩5,030　② ₩5,200
③ ₩5,570　④ ₩5,970

문 14. 기업회계기준서 '회계정책, 회계추정의 변경 및 오류'에 대한 설명으로 옳지 않은 것은?

① 측정기준의 변경은 회계정책의 변경이 아니라 회계추정의 변경에 해당한다.
② 회계추정의 변경효과를 전진적으로 인식하는 것은 추정의 변경을 그것이 발생한 시점 이후부터 거래, 기타 사건 및 상황에 적용하는 것을 말한다.
③ 전기 오류는 특정 기간에 미치는 오류의 영향이나 오류의 누적효과를 실무적으로 결정할 수 없는 경우를 제외하고는 소급재작성에 의하여 수정한다.
④ 자산에 내재된 미래경제적효익의 예상 소비 형태가 유의적으로 달라졌다면 감가상각방법을 변경하고 회계추정의 변경으로 처리한다.

문 15. ㈜한국은 2018년 중 ㈜대한과 ㈜민국의 주식을 다음과 같이 매입하였다. 두 주식 취득 시 각각 ₩8,000을 거래수수료로 지급하였다. 주식의 주당 취득원가와 결산일인 2018년 12월 31일 현재 주식의 주당 공정가치가 다음과 같다. 주식과 관련하여 2018년도 포괄손익계산서 상 당기순이익과 기타포괄이익에 미치는 영향은 각각 얼마인가?

구분	분류	보유 수량	주당 취득원가	주당 공정가치
㈜대한	당기손익 - 측정 금융자산	100주	₩8,000	₩10,000
㈜민국	기타포괄손익 - 측정 금융자산	10주	₩2,000	₩3,000

	당기순이익에 미치는 영향	기타포괄이익에 미치는 영향
①	₩192,000 증가	₩2,000 증가
②	₩192,000 증가	₩10,000 증가
③	₩200,000 증가	₩1,800 증가
④	₩200,000 증가	₩10,000 증가

문 16. 다음은 20×1년 초 설립한 ㈜국세의 20×1년도 법인세와 관련된 내용이다.

<20×1년 과세소득 산출내역>

법인세비용차감전순이익	₩1,000,000
감가상각비 한도 초과액	250,000
접대비 한도 초과액	50,000
과세소득	1,300,000

- 감가상각비 한도 초과액은 20×2년에 전액 소멸한다.
- 차감할 일시적차이가 사용될 수 있는 미래 과세소득의 발생 가능성은 높다.
- 연도별 법인세율은 20%로 일정하다.

20×1년도에 인식할 법인세비용은?

① ₩200,000　② ₩210,000
③ ₩260,000　④ ₩310,000

문 17. ㈜세무는 20×1년 초 건물(내용연수 5년, 잔존가치 ₩100,000)을 ₩1,000,000에 취득하여 재평가모형을 적용하고, 이중체감법(상각률 40%)으로 감가상각하였다. 재평가일인 20×1년 말 건물의 공정가치가 ₩900,000이고 자산의 총장부금액에서 감가상각누계액을 제거하는 방법으로 재평가 회계처리할 때, 재평가 회계처리로 옳은 것은?

	(차변)		(대변)	
①	감가상각누계액	400,000	건 물	100,000
			재평가잉여금	300,000
②	감가상각누계액	260,000	재평가잉여금	260,000
③	감가상각누계액	360,000	건 물	100,000
			재평가잉여금	260,000
④	감가상각누계액	400,000	재평가잉여금	400,000

문 18. 20×1년 말 ㈜세무의 자산총액은 기초 대비 ₩4,000,000 증가하였고, 부채총액은 기초 대비 ₩2,000,000 감소하였다. 20×1년 중에 유상증자를 하고 그 대가 전액 ₩500,000을 토지 취득에 사용하였으며, 이후 무상증자 ₩1,000,000을 실시하였다. 또한 현금배당 ₩800,000과 주식배당 ₩500,000을 결의 · 지급하였고, 자기주식을 ₩600,000에 취득하였다. 기타포괄손익 - 측정 금융자산의 기말 공정가치가 기초 대비 ₩400,000 증가하였다면, 20×1년도 당기순이익은?

① ₩5,000,000　② ₩5,500,000
③ ₩6,000,000　④ ₩6,500,000

문 19. 「국가회계기준에 관한 규칙」에서 규정하고 있는 자산과 부채 및 순자산에 대한 다음의 설명 중 옳지 않은 것은?

① 유산자산은 자산으로 인식하지 않고 필수보충정보로 공시한다.
② 국가안보와 관련된 자산 및 부채는 인식하지 않을 수 있다.
③ 국가의 순자산은 고정순자산, 특정순자산 및 일반순자산으로 분류하여 재정상태표에 표시한다.
④ 국가의 자산은 유동자산, 투자자산, 일반 유형자산, 사회기반시설, 무형자산 및 기타 비유동자산으로 분류하여 재정상태표에 표시한다.

문 20. 「국가회계기준에 관한 규칙」상 자산과 부채의 평가에 대한 설명으로 옳지 않은 것은?

① 기부채납을 통해 무상취득한 일반 유형자산의 경우에는 취득 당시의 공정가액을 취득원가로 계상하는데, 일반 유형자산에 대한 사용수익권은 해당 자산의 차감 항목에 표시한다.
② 부채의 가액은 국가회계기준에 관한 규칙에서 따로 정한 경우를 제외하고는 원칙적으로 만기상환금액으로 평가한다.
③ 유가증권은 매입가액에 부대비용을 더하고 종목별로 총평균법 등을 적용하여 산정한 가액을 취득원가로 한다.
④ 국가회계실체 사이에 발생하는 관리전환은 무상거래일 경우 자산의 공정가액을 취득원가로 하고, 유상거래일 경우에는 자산의 장부가액을 취득원가로 한다.

7회 실전동형모의고사

소요시간: ________ / 15분　　　　맞힌 답의 개수: ________ / 20

문 1. 포괄손익계산서에 관한 설명으로 옳지 않은 것은?

① 기타포괄손익의 항목과 관련한 법인세비용 금액은 포괄손익계산서나 주석에 공시한다.

② 수익과 비용의 어느 항목도 당기손익과 기타포괄손익을 표시하는 보고서 또는 주석에 특별손익 항목으로 표시할 수 없다.

③ 비용을 기능별로 분류하는 기업은 감가상각비, 기타 상각비와 종업원급여비용을 포함하여 비용의 성격에 대한 추가 정보를 공시한다.

④ 기타포괄손익으로 인식한 재평가잉여금의 변동은 후속 기간에 재분류하지 않으며, 자산이 제거될 때 이익잉여금으로 대체될 수 없다.

문 2. ㈜서울은 20×1년도 현금흐름표를 작성 중이다. 기계장치 관련 내역은 다음과 같으며, 당기 중 취득 및 처분 거래는 모두 현금으로 이루어졌다.

계정과목	기초 금액	기말 금액
기계장치	₩300,000	₩320,000
감가상각누계액	₩ 55,000	₩ 60,000

㈜서울은 당기 중 기계장치를 ₩100,000에 취득하였으며, 포괄손익 계산서에는 기계장치처분이익 ₩5,000과 감가상각비(기계장치) ₩35,000이 보고되었다. ㈜서울의 기계장치 관련 거래가 20×1년도의 투자활동 현금흐름에 미치는 영향은?

① 유출 ₩15,000　　② 유출 ₩45,000
③ 유입 ₩5,000　　④ 유입 ₩30,000

문 3. ㈜서울의 20×1년도 법인세와 관련된 자료가 다음과 같을 때 20×1년도 법인세비용은? (단, 차감할 일시적 차이와 세무상결손금이 사용될 수 있는 미래 과세소득의 발생 가능성은 높고 20×1년 1월 1일 현재 이연법인세자산(부채)은 없다.)

법인세비용차감전순이익	₩240,000
접대비 한도 초과액	₩20,000
감가상각비 한도 초과액	₩40,000
20×1년 법인세율	20%
20×2년 이후 법인세율	30%

① ₩48,000　　② ₩52,000
③ ₩60,000　　④ ₩72,000

문 4. 「국가회계기준에 관한 규칙」에 대한 설명으로 옳지 않은 것은?

① 중앙관서 또는 기금의 순자산변동표는 기초순자산, 재정운영결과, 재원의 조달 및 이전, 조정항목, 기말 순자산으로 구분하여 표시한다.

② 국가의 재정운영표는 중앙관서별 재정운영순원가, 비교환수익 등, 재정운영결과로 구분하여 표시한다.

③ 국가회계실체란 국가재정법에 따른 일반회계, 특별회계 및 기금으로서 개별 회계실체, 유형별 회계실체 및 통합 회계실체로 구분된다.

④ 자산은 공용 또는 공공용으로 사용되는 등 공공서비스를 제공할 수 있거나 직접적 또는 간접적으로 경제적효익을 창출하거나 창출에 기여할 가능성이 매우 높고 그 가액을 신뢰성 있게 측정할 수 있을 때에 인식한다.

문 5. ㈜서울은 20×1년 초에 도급금액 ₩1,000,000인 건설공사를 수주하고, 20×3년 말에 공사를 완공하였다. 이와 관련된 원가자료는 다음과 같다. ㈜서울이 20×2년 말 재무상태표에 표시할 미청구공사(또는 초과 청구공사) 금액은? (단, 진행률은 발생 누적 계약원가를 추정 총 계약원가로 나눈 비율로 계산한다.)

구분	×1년	×2년	×3년
실제 발생 공사원가	₩320,000	₩200,000	₩250,000
연도 말 예상 추가원가	480,000	280,000	-
계약대금 청구액	350,000	350,000	300,000

① 초과 청구공사 ₩50,000
② 미청구공사 ₩50,000
③ 초과 청구공사 ₩30,000
④ 미청구공사 ₩30,000

문 6. ㈜서울의 20×1년 말 결산수정사항 반영 전 당기순이익은 ₩1,070,000 이었다 다음 결산수정사항을 반영한 후의 당기순이익은? (단, 이자와 보험료는 월할 계산한다.)

- 20×1년 7월 1일 거래처에 현금 ₩200,000을 대여하면서 1년 후에 원금과 이자(연 9%)를 회수하기로 약정하였다.
- 20×1년 12월 1일에 향후 1년치 보험료 ₩24,000을 현금으로 지급하면서 선급보험료로 회계처리하였다.

① ₩1,055,000 ② ₩1,061,500
③ ₩1,077,000 ④ ₩1,081,000

문 7. ㈜관세는 종합원가계산을 적용하고 있으며, 제품생산 관련 정보는 다음과 같다.

- 기초 재공품 수량 2,000단위(전환원가 완성도 60%)
- 당기 착수량 18,000단위
- 당기 완성품 수량 14,000단위
- 기말 재공품 수량 3,000단위(전환원가 완성도 80%)

원재료는 공정 초에 전량 투입되고 전환원가는 공정 전반에 걸쳐 균등하게 발생한다. ㈜관세는 재고자산 평가방법으로 평균법을 사용하며, 공정의 종료 시점에서 품질검사를 실시하였다. ㈜관세가 당기 중 품질검사를 통과한 물량의 10%를 정상공손으로 간주할 경우, 비정상공손수량은?

① 1,300단위 ② 1,400단위
③ 1,600단위 ④ 1,700단위

문 8. ㈜서울의 20×1년 1월 1일 보통주자본금은 ₩150,000(주당 액면금액 ₩500, 주식 수 300주)이며, 자기주식은 ₩100,000(주당 취득금액 ₩1,000)이다. ㈜서울은 20×1년 7월 1일에 보유중인 자기주식 중 50주를 주당 ₩1,500에 처분하였다. ㈜서울의 20×1년도 당기순이익이 ₩720,000인 경우, 20×1년도 기본주당이익은? (단, 유통보통주식수는 월할 계산한다.)

① ₩2,400 ② ₩3,200
③ ₩3,300 ④ ₩3,600

문 9. ㈜서울은 20×1년 초 ㈜대한을 합병하면서 이전대가로 현금 ₩1,500,000과 ㈜서울이 보유한 토지(장부금액 ₩200,000, 공정가치 ₩150,000)를 ㈜대한의 주주에게 지급하였다. 합병일 현재 ㈜대한의 식별 가능한 자산의 공정가치는 ₩3,000,000, 부채의 공정가치는 ₩1,500,000이며, 주석으로 공시한 우발부채는 현재의무이며 신뢰성 있는 공정가치는 ₩100,000이다. 합병 시 ㈜서울이 인식할 영업권은?

① ₩150,000 ② ₩200,000
③ ₩250,000 ④ ₩350,000

문 10. 환율변동효과에 대한 다음 설명 중 가장 옳지 않은 것은?

① 기능통화를 표시통화로 환산함에 있어 재무상태표의 자산과 부채는 해당 보고기간 말의 마감환율을 적용한다.
② 기능통화를 표시통화로 환산함에 있어 포괄손익계산서의 수익과 비용은 해당 거래일의 환율을 적용한다.
③ 공정가치로 측정하는 비화폐성 외화 항목은 공정가치가 측정된 날의 환율로 환산하며, 이 과정에서 발생하는 외환차이는 당기손익으로 인식한다.
④ 매 보고기간 말에 화폐성 외화 항목은 마감환율로 환산하고, 이때 발생하는 외환차이는 그 외환차이가 생기는 회계기간의 손익으로 인식한다. 다만, 기타포괄손익으로 분류하는 외환차이에는 이를 적용하지 않는다.

문 11. 다음은 ㈜관세의 20×1년 영업자료에서 추출한 정보이다. 직접노무원가가 기본원가(prime cost)의 50%일 경우, 당기제품제조원가는?

기초 직접재료	₩200	기말 직접재료	₩100
보험료 - 본사사옥	200	보험료 - 공장설비	100
감가상각비 - 본사사옥	100	감가상각비 - 공장설비	50
기타 제조간접원가	300	기초 재공품	1,500
기말 재공품	1,000	직접재료 매입액	500

① ₩1,850 ② ₩1,950
③ ₩2,050 ④ ₩2,150

문 12. 다음은 ㈜서울이 20×1년 1월 1일 발행한 사채의 회계처리를 위한 자료의 일부 이다. 이를 통하여 알 수 있는 내용으로 옳은 것은?

사채권면에 표시된 발행일은 20×1년 1월 1일, 액면금액은 ₩1,000,000이며 이자 지급일은 매년 12월 31일이고 만기는 3년이다.

〈유효이자율법에 의한 상각표〉

일자	유효이자	표시이자	상각액	장부금액
20×1년 1월 1일	-	-	-	₩951,963
20×1년 12월 31일	?	₩100,000	₩14,236	?

① 사채 발행 시 적용된 유효이자율은 연 10%이다.
② 사채 발행 시 인식할 사채할인발행차금은 ₩33,801이다.
③ 20×1년 말 상각 후 사채의 장부금액은 ₩937,727이다.
④ 20×2년 1월 1일 사채 전부를 ₩960,000에 상환한 경우 사채상환이익은 ₩6,199이다.

문 13. ㈜서울은 20×1년 초 투자목적으로 건물을 ₩2,000,000에 취득하여 공정가치모형을 적용하였다. 건물의 공정가치 변동이 다음과 같을 때, ㈜서울의 20×2년도 당기순이익에 미치는 영향은? (단, 필요할 경우 건물에 대해 내용연수 8년, 잔존가치 ₩0, 정액법으로 감가상각한다.)

구분	20×1년 말	20×2년 말
공정가치	₩1,900,000	₩1,800,000

① ₩100,000 감소 ② ₩200,000 감소
③ ₩350,000 감소 ④ ₩450,000 감소

문 14. ㈜서울은 공장건물을 20×1년 1월 1일 착공, 20×2년 10월 말에 완공하였다. 공장건물 신축 관련 자료가 다음과 같을 때, 20×1년에 자본화할 차입원가는? (단, 모든 차입금의 이자는 1년 후급조건이며 월할 계산한다.)

• 공사비 지출

일자	금액
20×1년 1월 1일	₩10,000
20×1년 7월 1일	7,000

• 차입금 현황

종류	금액	이자율	차입기간
특정 차입금	₩10,000	5%	20×1년 1월 1일 ~ 20×2년 12월 31일
일반 차입금 A	1,000	8%	20×0년 8월 1일 ~ 20×2년 7월 31일
일반 차입금 B	3,000	6%	20×1년 9월 1일 ~ 20×3년 10월 31일

① ₩640 ② ₩728
③ ₩745 ④ ₩760

문 15. ㈜서울의 20×1년 중 자본 관련 자료가 다음과 같을 때, 20×1년도 자본 증가액은? (단, ㈜서울은 주당 액면금액이 ₩1,000인 보통주만을 발행하고 있다.)

• 2월 1일: 보통주 200주를 주당 ₩1,500에 유상증자
• 3월 31일: 자기주식 50주를 주당 ₩1,000에 취득
• 5월 10일: 3월 31일에 취득한 자기주식 중 20주를 소각
• 7월 1일: 상장기업 A사 주식 150주를 주당 ₩1,500에 취득하여 기타포괄손익-공정가치 측정 금융자산으로 분류
• 8월 25일: 보통주 50주를 무상감자
• 9월 1일: 보통주 100주를 주당 ₩800에 유상감자
• 12월 31일: 상장기업 A사 주식의 공정가치 주당 ₩1,200

① ₩55,000 ② ₩105,000
③ ₩115,000 ④ ₩125,000

문 16. 20×1년 말 현재 ㈜서울의 장부상 당좌예금 잔액은 ₩11,800이며, 은행 측 잔액증명서상 잔액은 ₩12,800이다. 은행계정조정표 작성과 관련된 자료가 다음과 같다면, 은행 측 미기입예금은?

• 거래처에서 송금한 ₩1,500이 은행에 입금 처리되었으나 아직 은행으로부터 통보받지 못했다.
• 은행이 부과한 은행수수료 ₩200이 아직 회사 장부에 미정리된 상태다.
• 발행한 수표 중 ₩1,100이 아직 은행에서 인출되지 않았다.
• 거래처로부터 받아 예입한 수표 ₩600이 부도처리되었으나 은행으로부터 통보받지 못했다.
• 나머지 잔액 차이는 두 은행 측 미기입예금에 의한 것으로 확인되었다.

① ₩300 ② ₩400
③ ₩600 ④ ₩800

문 17. ㈜서울의 유동비율은 150%, 당좌비율은 70%이다. ㈜서울이 은행으로부터 자금대출을 받기 위해서는 유동비율이 120% 이상이고 당좌비율이 100% 이상이어야 한다. ㈜서울이 자금대출을 받기 위해 취해야 할 전략으로 옳은 것은?

① 기계장치를 현금으로 매입한다.
② 장기차입금을 단기차입금으로 전환한다.
③ 재고자산 판매를 통해 현금을 조기 확보하고 재고자산을 줄인다.
④ 외상거래처의 협조를 구해 매출채권을 적극적으로 현금화한다.

문 18. 충당부채와 우발부채에 관한 설명으로 옳지 않은 것은?

① 충당부채는 재무상태표에 표시되는 부채이나 우발부채는 재무상태표에 표시될 수 없고 주석으로만 기재될 수 있다.
② 충당부채를 현재가치로 평가하기 위한 할인율은 부채의 특유한 위험과 화폐의 시간가치에 대한 현행 시장의 평가를 반영한 세후 이율이다.
③ 우발부채는 처음에 예상하지 못한 상황에 따라 변할 수 있으므로, 경제적효익이 있는 자원의 유출 가능성이 높아졌는지를 판단하기 위하여 우발부채를 지속적으로 평가한다.
④ 예상되는 자산의 처분이 충당부채를 생기게 한 사건과 밀접하게 관련되었더라도 예상되는 자산의 처분이익은 충당부채를 측정하는 데 고려하지 아니한다.

문 19. 「국가회계기준에 관한 규칙」상 자산과 부채의 평가에 대한 설명으로 옳지 않은 것은?

① 재고자산은 제조원가 또는 매입가액에 부대비용을 더한 금액을 취득원가로 하고 품목별로 원칙상 총평균법을 적용하여 평가한다.
② 일반 유형자산은 해당 자산의 건설원가 또는 매입가액에 부대비용을 더한 금액을 취득원가로 하고, 객관적이고 합리적인 방법으로 추정한 기간에 정액법 등을 적용하여 감가상각한다.
③ 원칙적으로 채무증권은 상각후원가로 평가하고 지분증권과 기타 장기투자증권 및 기타 단기투자증권은 취득원가로 평가한다.
④ 미수채권, 장기대여금 또는 단기대여금은 신뢰성 있고 객관적인 기준에 따라 산출한 대손추산액을 대손충당금으로 설정하여 평가한다.

문 20. 회계추정의 변경은 당기손익에만 영향을 미치는 경우도 있지만, 당기손익뿐만 아니라 미래 기간의 손익에도 영향을 미치는 경우가 있다. 다음과 같은 회계추정의 변경 중 그 변경효과가 당기손익뿐만 아니라 미래 기간의 손익에도 영향을 미칠 수 있는 것을 모두 고른 것은?

ㄱ. 매출채권의 손상에 대한 추정의 변경
ㄴ. 감가상각자산에 대한 추정내용연수의 변경
ㄷ. 감가상각자산에 내재된 미래경제적효익의 기대소비 형태의 변경

① ㄴ
② ㄱ, ㄴ
③ ㄴ, ㄷ
④ ㄱ, ㄴ, ㄷ

8회 실전동형모의고사

소요시간: ________ / 15분　　　　맞힌 답의 개수: ________ / 20

문 1. 유용한 재무정보의 질적 특성 중 보강적 특성에 대한 설명으로 옳지 않은 것은?

① 비교가능성은 이용자들이 항목 간의 유사점과 차이점을 식별할 수 있게 하는 질적 특성이며, 일관성과는 구별된다.

② 검증가능성은 정보가 나타내고자 하는 경제적 현상을 충실히 표현하는지를 이용자들이 확인하는 데 도움을 주며, 검증은 간접적으로도 이루어질 수 있다.

③ 적시성은 의사결정에 영향을 미칠 수 있도록 의사결정자가 정보를 제때에 이용가능하게 하는 것을 의미한다.

④ 정보를 명확하고 간결하게 분류하고, 특징지으며, 표시하는 것은 정보를 이해가능하게 한다.

문 2. 다음 중 '재무제표 표시'에 규정된 내용들이다. 올바른 것은 어느 것인가?

① 재무제표는 기업의 재무상태, 재무성과 및 현금흐름을 공정하게 표시해야 하며, 한국채택국제회계기준에 따라 작성된 재무제표라고 하더라도 공정하게 표시된 재무제표라는 것을 보증하지는 않는다.

② 재무제표는 언제나 계속기업의 기준 하에 작성되어야 하며, 계속기업의 기준이 충족되지 않는 경우에는 그 내용을 공시하여야 한다.

③ 기업은 발생기준 회계를 사용하여 전체 재무제표를 작성한다.

④ 재무제표가 한국채택국제회계기준의 요구사항을 모두 충족한 경우가 아니라면 부분적으로 한국채택국제회계기준을 준수하여 작성되었다고 기재할 수 없다.

문 3. ㈜한국의 20×2년 초 매출채권에 대한 손실충당금(대손충당금) 잔액은 ₩50,000이다. 20×2년에 매출채권 중 ₩60,000이 회수가 불가능할 것으로 판단하여 장부에서 제거하였다. 20×2년 말 현재 매출채권 총액은 ₩100,000이며, 동 매출채권에 대해 추정된 기대신용손실은 ₩5,000이다. 20×2년도 포괄손익계산서에 반영할 손상차손(대손상각비)은?

① ₩18,000　　② ₩17,000

③ ₩15,000　　④ ₩10,000

문 4. 기업이 보유하고 있는 토지나 건물 등의 부동산은 그 보유목적에 따라 회계처리를 달리한다. 부동산을 재화의 생산이나 용역의 제공 또는 관리목적에 사용하는 경우에는 유형자산으로 분류하며, 정상적인 영업과정에서의 판매를 목적으로 보유하는 경우에는 재고자산으로 분류한다. 하지만, 임대수익이나 시세차익 또는 그 두 가지 모두를 얻기 위하여 보유하고 있는 부동산은 투자부동산으로 분류하여 한국채택국제회계기준서 제1040호 '투자부동산'의 규정에 따라 회계처리 하여야 한다. 다음의 설명 중 이와 관련된 설명으로 옳은 것은?

① 리스계약으로 보유한 부동산에 대한 권리를 투자부동산으로 분류하는 경우, 당해 투자부동산의 최초 원가는 금융리스와 같이 동 자산의 공정가치와 정기리스료의 현재가치 중 작은 금액으로 인식한다.

② 투자부동산에 대하여 공정가치모형을 선택한 경우에는 최초 인식 후 모든 투자부동산의 감가상각 후 장부금액을 공정가치로 재측정하며, 투자부동산의 공정가치 변동으로 발생하는 손익은 발생한 기간의 당기손익에 반영한다.

③ 투자부동산을 재개발하여 미래에도 투자부동산으로 사용하고자 하는 경우에도 재개발기간 동안 자가사용부동산으로 대체한다.

④ 유형자산을 공정가치로 평가하는 투자부동산으로 대체하는 경우, 사용목적 변경시점의 장부금액과 공정가치의 차액은 재평가회계처리와 동일한 방법으로 회계처리한다.

문 5. 무형자산에 대한 설명으로 옳지 않은 것은?

① 생산이나 사용 전의 시제품과 모형을 설계, 제작, 시험하는 활동과 같은 개발단계의 지출은 일정요건을 충족하면 무형자산으로 인식한다.

② 새로운 지식을 얻고자 하는 활동과 같은 연구단계의 지출은 발생시점에 비용으로 인식한다.

③ 내부적으로 창출된 영업권은 원가를 신뢰성 있게 측정할 수 없고 기업이 통제하고 있는 식별가능한 자원이 아니기 때문에 자산으로 인식하지 아니한다.

④ 무형자산을 창출하기 위한 내부 프로젝트를 연구단계와 개발단계로 구분할 수 없는 경우에는 모두 개발단계에서 발생한 것으로 본다.

문 6. ㈜한국은 20×1년 1월 1일 액면금액 ₩100,000, 액면이자율 연 10%(매년 말 이자지급), 만기 3년인 회사채를 ₩95,196에 발행하고 상각후원가측정금융부채로 분류하였다. 사채발행 당시의 유효이자율은 연 12%이다. ㈜한국이 20×1년 7월 1일에 동 사채를 ₩110,000(경과이자 포함)에 조기 상환하였다고 할 때, ㈜한국이 20×1년도에 인식할 사채상환손실은? (단, 이자는 월할계산하며, 단수차이로 인한오차가 있다면 가장 근사치를 선택한다.)

① ₩4,292 ② ₩5,000
③ ₩9,092 ④ ₩10,000

문 7. 다음은 한국채택국제회계기준서 제1037호 '충당부채, 우발부채 및 우발자산'에 관련된 설명이다. 기준서의 내용과 일치하지 않는 설명은 무엇인가?

① 충당부채는 현재의무이지만 지출의 시기 또는 금액이 불확실한 부채를 말한다. 하지만, 자원이 유출될 가능성이 높고 당해 금액을 신뢰성 있게 추정할 수 있는 경우에만 재무상태표에 부채로 인식한다.

② 제품보증 또는 이와 유사한 계약 등 다수의 유사한 의무가 있는 경우 의무이행에 필요한 자원의 유출가능성은 당해 유사한 의무 전체를 고려하여 결정한다. 개별항목의 의무 이행에 필요한 자원이 유출가능성이 높지 않다면 전체적인 의무이행을 위하여 필요한 자원의 유출가능성이 높을 경우에도 충당부채로 인식할 수 없다.

③ 부채의 인식요건을 만족하지 않는 충당부채는 우발부채로 분류하며, 우발부채는 재무상태표에 부채로 인식하지 아니하며, 주석으로 공시하는 것을 원칙으로 한다.

④ 과거에 우발부채로 처리하였더라도 미래경제적 효익의 유출가능성이 높아진 경우에는 그러한 가능성의 변화가 발생한 기간의 재무제표에 충당부채로 인식한다.

문 8. 다음은 ㈜한국의 20×1년 1월 1일 자본계정의 내역이다.

자본금(보통주, 주당액면가 ₩1,000)	₩ 3,000,000
자본잉여금	₩ 1,500,000
이익잉여금	₩ 5,500,000
자본 총계	₩ 10,000,000

다음과 같은 거래가 발생하였을 때, ㈜한국의 20×1년 재무상태표상 자본 총계는?

- 4월1일: 증자를 결의하고 보통주 1,000주(주당 액면가 ₩1,000)를 주당 ₩2,000에 전액 현금으로 납입받았다. 이 때 신주발행비 ₩500,000은 모두 현금으로 지급하였다.
- 5월1일: ㈜한국이 발행한 보통주 100주를 주당 ₩3,000원에 매입하였다.
- 11월1일: 자기주식 전량을 주당 ₩2,000에 외부 매각하였다.
- ㈜한국의 20×1년 당기순이익은 ₩1,000,000이며, 20×2년 3월 말 주주총회에서 보통주 1주당 0.1주의 주식배당을 결의하였다.

① ₩12,400,000　② ₩12,500,000
③ ₩12,800,000　④ ₩12,900,000

문 9. ㈜한국은 20×1년 1월 1일 상품을 ₩3,500,000에 판매하였다. 판매 시에 현금 ₩500,000을 수령하고, 잔금 ₩3,000,000은 20×1년 말부터 매년 말 ₩1,000,000씩 3년에 걸쳐 받기로 하였다. 이 매출거래와 관련하여 20×1년에 인식할 매출액과 이자수익은? (단, 유효이자율은 10%이다.)

기간	단일금액 ₩1의 현재가치	정상연금 ₩1의 현재가치
1	0.9091	0.9091
2	0.8264	1.7355
3	0.7513	2.4868

	매출액	이자수익
①	₩ 1,500,000	₩ 75,130
②	₩ 1,500,000	₩ 246,680
③	₩ 2,986,800	₩ 75,130
④	₩ 2,986,800	₩ 246,680

문 10. 확정급여제도를 도입하고 있는 ㈜한국의 20×1년 퇴직급여와 관련된 정보는 다음과 같다.

- 20×1년 초 순확정급여채무의 장부금액: ₩30,000
- 당기근무원가: ₩50,000
- 20×1년 초 제도변경으로 인한 과거근무원가: ₩12,000
- 퇴직급여지급액(사외적립자산에서 연말 지급): ₩90,000
- 당기 사외적립자산에 대한 기여금은 없음
- 퇴직급여관련 기타포괄손실: ₩20,000
- 20×1년 말 보험수리적 가정의 변동을 반영한 순확정급여채무의 현재가치: ₩117,040

위 퇴직급여와 관련하여 20×1년 초 확정급여채무의 현재가치 측정에 적용한 할인율은 얼마인가? (단, 자산인식상한효과는 고려하지 않았다.)

① 12%　② 14%
③ 16%　④ 18%

문 11. ㈜한국이 ㈜대한으로부터 선적지 인도조건으로 외상매입한 원가 ₩2,000의 상품이 20×1년 12월 31일 현재 운송 중에 있다. 해당 상품거래를 장부에 반영하지 않은 20×1년 말 ㈜한국의 유동자산과 유동부채는 각각 ₩10,000과 ₩6,000이다. 상기 미착품이 장부에 반영된 이후 20×1년 말 ㈜한국의 유동비율은?

① 80%　② 120%
③ 150%　④ 167%

문 12. ㈜서울이 보고한 20×2년의 당기순이익은 ₩1,000이다. 회사는 20×1년 기말재고자산이 ₩300 과대계상되었고 20×2년 기말재고자산이 ₩300 과소계상되었음을 발견하였다. 이러한 재고자산 오류가 발생하지 않았다면 ㈜서울이 20×2년에 보고할 당기순이익은? (단, 법인세 효과는 무시한다.)

① ₩400　② ₩700
③ ₩1,000　④ ₩1,600

문 13. ㈜한국이 20×1년 초 건물을 사용할 목적으로 토지와 건물을 ₩150,000에 일괄 취득하였다. 취득일 현재 토지와 건물의 공정가치는 각각 ₩100,000이다. ㈜한국은 매년 말 토지를 재평가하며, 토지의 공정가치는 다음과 같다.

구분	공정가치
20×1년 말	₩80,000
20×2년 말	₩70,000
20×3년 말	₩90,000

㈜한국은 20×4년 초 토지를 ₩90,000에 처분하였으며, 처분시점에 재평가잉여금을 이익잉여금으로 대체하였다. ㈜한국의 토지와 관련된 회계처리의 영향으로 옳지 않은 것은?

① 20×1년도 당기손익의 증감은 없고 기타포괄이익 ₩5,000이 증가한다

② 20×2년도 당기손실 ₩5,000이 발생하고 기타포괄이익 ₩5,000이 감소한다.

③ 20×3년도 당기손익의 증감은 없고 기타포괄이익 ₩20,000이 증가한다.

④ 20×4년도 자본 총계에 미치는 영향은 없다.

문 14. ㈜한국은 20×1년 7월 1일에 기계장치를 ₩20,000에 취득하여 즉시 사용하기 시작하였다. 동 기계장치의 내용연수는 10년이고 잔존가치는 없다고 추정하였다. ㈜한국은 기계장치를 정액법으로 감가상각하다가 20×3년 초부터 감가상각 방법을 이중체감법으로 변경하였다. ㈜한국의 20×3년도 기계장치의 감가상각비는?

① ₩1,000　② ₩2,000

③ ₩3,000　④ ₩4,000

문 15. 「국가회계기준에 관한 규칙」의 수익과 비용에 대한 설명으로 옳은 것은?

① 정부가 부과하는 방식의 국세는 납세의무자가 세액을 자진신고하는 때에 수익으로 인식한다.

② 신고·납부하는 방식의 국세는 국가가 고지하는 때에 수익으로 인식한다.

③ 원가는 중앙관서의 장 또는 기금관리주체가 프로그램의 목표를 달성하고 성과를 창출하기 위하여 직접적·간접적으로 투입한 경제적 자원의 가치를 말한다.

④ 재화나 용역의 제공 등 국가재정활동 수행을 위하여 자산이 감소하고 그 금액을 합리적으로 측정할 수 있을 때 또는 금액을 합리적으로 측정할 수 없더라도 법령 등에 따라 지출에 대한 의무가 존재한다면 비용으로 인식한다.

문 16. 「국가회계기준에 관한 규칙」에 대한 설명으로 옳지 않은 것은?

① 국채는 국채발행수수료 및 발행과 관련하여 직접 발생한 비용을 뺀 발행가액으로 평가한다.

② 파생상품은 공정가액으로 평가하여 해당 계약에 따라 발생한 권리와 의무를 각각 자산 및 부채로 계상한다.

③ 화폐성 외화부채는 재정상태표일 현재의 적절한 환율로 평가한다.

④ 사회기반시설에 대한 사용수익권은 부채로 표시한다.

문 17. ㈜한국은 제품 X, 제품 Y, 제품 Z를 생산·판매하는데 20×1년 1분기 각 제품의 원가자료는 다음과 같다.

구분	제품 X	제품 Y	제품 Z
단위당 판매가격	₩50	₩30	₩20
단위당 변동원가	20	10	10
고정원가	₩4,000		

20×1년 1분기 제품 X, 제품 Y, 제품 Z의 매출수량비율이 1:2:3이면, 제품 Z의 손익분기점 매출액은 얼마인가? (단, 법인세율은 40%이다.)

① ₩2,000 ② ₩1,800
③ ₩1,200 ④ ₩2,400

문 18. 아래는 ㈜한국의 20×1년 4월 중 제품 A의 원가자료이다. 4월 중 제품 A는 300단위 판매하였다.

판매단가	₩50
단위당 변동제조원가	10
고정제조원가	3,200
단위당 변동판매관리비	4
고정판매관리비	1,200

㈜한국의 20×1년 4월 중 전부원가계산의 영업이익이 변동원가계산의 영업이익에 비해 ₩800 많다면 제품 A의 생산량은? 단, 제품 A의 월초재고는 없다고 가정한다.

① 300단위 ② 320단위
③ 400단위 ④ 500단위

문 19. 다음 자료를 이용하여 계산한 20×1년도 매출총이익은?

구분	20×1년 초	20×1년 기중	20×1년 말
직접재료	₩20		₩15
재공품	₩30		₩10
제품	₩20		₩10
직접재료 매입액		₩350	
직접노무원가		₩250	
간접노무원가		₩80	
공장 임차료		₩10	
영업장 화재보험료		₩5	
공장 수도광열비		₩15	
판매원 상여금		₩40	
매출액		₩1,400	

① ₩660 ② ₩665
③ ₩730 ④ ₩740

문 20. ㈜한국은 사업부 A와 B로 구성되어 있다. 사업부 A는 부품을 생산하여 이를 외부에 판매하거나 사업부 B에 내부대체할 수 있으며, 사업부 B도 사업부 A의 부품을 내부대체 받거나 외부에서 구입할 수 있다. 사업부 A에서 생산하는 부품한 단위의 생산 및 외부판매에 소요되는 원가는 아래와 같다.

- 제조원가: 변동제조원가 ₩200,
  고정제조원가 ₩100
- 판매비: 변동판매비 ₩100, 고정판매비 ₩5

사업부 A는 부품을 생산하여 외부에 단위당 ₩400에 1,000단위를 판매하고 있다. 사업부 A는 사업부 B로부터 부품 200단위에 대해 내부대체 요청을 받았으며, 내부대체할 경우 변동판매비 ₩100을 모두 절약할 수 있다. 사업부 A의 최대생산능력이 1,000단위일 경우, 사업부 A가 사업부 B에 요구할 수 있는 최소대체가격은?

① ₩200 ② ₩250
③ ₩300 ④ ₩350

9회 실전동형모의고사

소요시간: ________ / 15분　　　　맞힌 답의 개수: ________ / 20

문 1. 재무제표 표시에 관한 일반사항으로 옳지 않은 것은?

① 서술형 정보는 당기 재무제표를 이해하는 데 목적적합하더라도 비교정보를 표시하지 아니한다.
② 재무제표가 계속기업 기준으로 작성되지 않을 경우, 그 사실과 함께 재무제표 작성기준과 계속기업으로 보지 않는 이유를 공시하여야 한다.
③ 기업은 현금흐름 정보를 제외하고는 발생기준 회계를 사용하여 재무제표를 작성한다.
④ 중요하지 않은 항목은 성격이나 기능이 유사한 항목과 통합하여 표시할 수 있다.

문 2. 무형자산에 관한 설명으로 옳지 않은 것은?

① 무형자산은 손상의 징후가 있거나 그 자산을 사용하지 않을 때에 상각을 중지한다.
② 무형자산의 인식기준을 충족하지 못해 비용으로 인식한 지출은 그 이후에 무형자산의 원가로 인식할 수 없다.
③ 내부적으로 창출한 영업권은 자산으로 인식하지 아니한다.
④ 개별취득 무형자산은 자산에서 발생하는 미래경제적효익의 유입가능성이 높다는 인식 기준을 항상 충족한다.

문 3. 투자부동산의 분류에 관한 설명으로 옳지 않은 것은?

① 미사용부동산을 운용리스로 제공한 경우에는 투자부동산으로 분류한다.
② 리스계약에 따라 이전받은 부동산을 다시 제3자에게 임대한다면 리스이용자는 해당 사용권자산을 투자부동산으로 분류한다.
③ 지배기업이 다른 종속기업에게 자가사용 건물을 리스하는 경우 당해 건물은 연결재무제표에 투자부동산으로 분류할 수 없다.
④ 처분예정인 자가사용부동산은 투자부동산으로 분류한다.

문 4. 재무보고를 위한 개념체계에 관한 설명으로 옳지 않은 것은?

① 개념체계는 특정 거래나 다른 사건에 적용할 회계기준이 없는 경우에 재무제표 작성자가 일관된 회계정책을 개발하는 데 도움을 준다.
② 개념체계의 어떠한 내용도 회계기준이나 회계기준의 요구사항에 우선하지 아니한다.
③ 일반목적재무보고의 목적을 달성하기 위해 회계기준위원회는 개념체계의 관점에서 벗어난 요구사항을 정하는 경우가 있을 수 있다.
④ 개념체계는 수시로 개정될 수 있으며, 개념체계가 개정되면 자동으로 회계기준이 개정된다.

문 5. 20×1년 설립된 ㈜하늘의 20×1년 주식과 관련된 자료는 다음과 같다.

> • 20×1년 1월 초 유통주식수: 보통주 5,000주,
> 우선주 300주
> • 6월 초 모든 주식에 대해 무상증자 10% 실시
> • 10월 초 보통주 자기주식 300주 취득
> • 20×1년도 당기순이익: ₩900,000

20×1년 ㈜하늘의 기본주당이익이 ₩162일 때, 우선주 배당금은? (단, 기간은 월할 계산한다.)

① ₩21,150 ② ₩25,200
③ ₩27,510 ④ ₩32,370

문 6. 20×1년 말 ㈜하늘의 올바른 당좌예금 금액을 구하기 위한 자료는 다음과 같다. ㈜하늘의 입장에서 수정 전 당좌예금계정 잔액에 가산 또는 차감해야 할 금액은?

> • 수정 전 잔액
> 은행의 당좌예금잔액증명서상 금액: ₩4,000
> ㈜하늘의 당좌예금 계정원장상 금액: ₩2,100
> • 은행과 ㈜하늘의 당좌예금 수정 전 잔액 차이 원인
> - 20×1년 말 현재 ㈜하늘이 발행·기록한 수표 중 은행에서 미결제된 금액: ₩1,200
> - 20×1년도 은행이 기록한 수수료 미통지 금액: ₩100
> - 20×1년 말 받을어음 추심으로 당좌예금 계좌에 기록되었으나, ㈜하늘에 미통지된 금액: ₩1,000
> - 20×1년 중 거래처로부터 받아 기록하고 추심의뢰한 수표 중 은행으로부터 부도 통지 받은 금액: ₩200

	가산할 금액	차감할 금액
①	₩1,000	₩ 300
②	₩1,100	₩ 200
③	₩1,300	₩1,400
④	₩1,400	₩ 100

문 7. ㈜하늘은 20×1년 초 영업에 사용할 목적으로 특수장비(내용연수 5년, 잔존가치 ₩0, 정액법 감가상각, 원가모형 적용)를 ₩30,000에 취득하여 사용하다가, 20×2년 중 동 특수장비에 심각한 손상이 발생하였다. 특수장비의 회수가능액은 20×2년 말 ₩15,000으로 추정되었다. ㈜하늘의 20×2년 말 특수장비와 관련된 회계처리가 당기순이익에 미치는 영향은?

① ₩3,000 증가 ② ₩3,000 감소
③ ₩9,000 감소 ④ ₩6,000 감소

문 8. ㈜하늘은 고객에게 매출액의 1%를 사용기간 제한 없는 포인트로 제공한다. 고객은 이 포인트를 ㈜하늘의 상품 구매대금 결제에 사용할 수 있다. ㈜하늘의 20×1년도 매출액은 ₩50,000, 포인트의 단위당 공정가치는 ₩10이다. 20×1년에 총 2,500포인트가 사용될 것으로 추정되며, 20×1년 중 500포인트가 실제로 사용되었다. ㈜하늘이 20×1년 인식할 포인트 관련 매출은?

① ₩0 ② ₩1,000
③ ₩1,250 ④ ₩1,500

문 9. 20×1년부터 ㈜하늘은 제품판매 후 2년 동안 제품하자보증을 실시하고 있다. 20×2년도에 판매된 제품에 대하여 경미한 결함은 ₩100, 치명적인 결함은 ₩4,000의 수리비용이 발생한다. 과거 경험에 따르면 10%는 경미한 결함이, 5%는 치명적인 결함이 발생할 것으로 예상된다. 20×1년 말에 제품보증충당부채 잔액은 ₩200이다. 20×2년 기중에 20×1년 판매된 제품에 대한 수리비용이 ₩300 지출되었다면, ㈜하늘의 20×2년도 재무제표에 보고할 제품보증비와 제품보증충당부채는?

	제품보증비	제품보증충당부채
①	₩100	₩310
②	₩210	₩210
③	₩210	₩310
④	₩310	₩210

문 10. ㈜하늘은 20×1년 초 총 계약금액이 ₩1,200인 공사계약을 체결하고, 20×3년 말에 완공하였다. 다음 자료를 기초로 ㈜하늘이 20×1년도 재무제표에 인식할 공사이익과 계약자산(또는 계약부채)은? (단, 진행률은 누적발생공사원가를 추정총공사원가로 나눈 비율로 계산한다.)

	20×1년	20×2년	20×3년
실제발생 공사원가	₩300	₩500	₩350
완성시까지 예상 추가 공사원가	700	200	-
공사대금 청구액	400	300	500
공사대금 회수액	320	200	680

	공사이익	계약자산(계약부채)
①	₩40	₩ 40
②	₩60	₩ 40
③	₩60	₩(40)
④	₩80	₩ 40

문 11. ㈜하늘의 20×2년 자본관련 자료이다. 20×2년 말 자본총계는? (단, 자기주식 거래는 선입선출법에 따른 원가법을 적용한다.)

- 기초자본
  - 보통주 자본금(주당 액면금액 ₩500, 발행주식수 40주) ₩20,000
  - 보통주 주식발행초과금 4,000
  - 이익잉여금 30,000
  - 자기주식(주당 ₩600에 10주 취득) (6,000)
  - 자본총계 ₩48,000
- 기중자본거래
  - 4월 1일 자기주식 20주를 1주당 ₩450에 취득
  - 5월 25일 자기주식 8주를 1주당 ₩700에 처분
  - 6월 12일 자기주식 3주를 소각
  - 8월 20일 주식발행초과금 ₩4,000과 이익잉여금 중 ₩5,000을 재원으로 무상증자 실시
- 20×2년 당기순이익: ₩50,000

① ₩77,300 ② ₩87,500
③ ₩94,600 ④ ₩96,250

문 12. ㈜하늘의 창고에 보관 중인 20×1년 말 상품 재고실사 금액은 ₩2,840이다. 다음 자료를 반영한 이후 20×1년 말 재무상태표에 표시할 기말상품 금액은?

- 기말 현재 일부 상품(원가 ₩100)을 물류회사에 보관 중이며, 보관료 ₩20을 지급하기로 하였다.
- 수탁회사에 적송한 상품(원가 ₩600) 중 20%는 기말까지 판매되지 않았다.
- 고객에게 발송한 시송품(원가 ₩500) 중 기말 현재 고객으로부터 매입의사표시를 통보받지 못한 상품이 ₩200이다.
- 20×1년 12월 28일에 도착지 인도조건으로 거래처에서 매입한 상품(원가 ₩250)이 기말 현재 운송 중에 있다.

① ₩3,260 ② ₩3,510
③ ₩3,560 ④ ₩3,740

문 13. ㈜하늘은 기계장치(장부금액 ₩2,000, 공정가치 ₩3,500)를 제공하고, ㈜한국의 건물과 현금 ₩700을 취득하는 교환거래를 하였다. 건물의 공정가치는 ₩2,500으로 기계장치의 공정가치보다 더 명백하며, 이 교환거래는 상업적 실질이 있다고 할 때, ㈜하늘이 인식할 유형자산처분손익은?

① 유형자산처분손익 ₩0
② 유형자산처분손실 ₩1,200
③ 유형자산처분이익 ₩1,200
④ 유형자산처분손실 ₩2,200

문 14. ㈜하늘의 매출액은 ₩215,000, 재고구입에 따른 현금 유출액은 ₩120,000이다. 다음 ㈜하늘의 재고자산, 매입채무 변동 자료를 이용할 경우, 매출총이익은?

구분	금액
재고자산 증가액	₩4,000
매입채무 증가액	6,000

① ₩85,000 ② ₩89,000
③ ₩91,000 ④ ₩93,000

문 15. 변동원가계산제도를 채택하고 있는 ㈜하늘의 당기 기초재고자산과 영업이익은 각각 ₩64,000과 ₩60,000이다. 전부원가계산에 의한 ㈜하늘의 당기 영업이익은 ₩72,000이고, 기말재고자산이 변동원가계산에 의한 기말재고자산에 비하여 ₩25,000이 많은 경우, 당기 전부원가계산에 의한 기초재고자산은?

① ₩58,000 ② ₩62,000
③ ₩68,000 ④ ₩77,000

문 16. ㈜하늘은 정상개별원가계산제도를 채택하고 있다. 제조간접원가는 직접노무원가의 40%를 예정배부하고 있으며, 제조간접원가 배부차이는 전액 매출원가에서 조정하고 있다. ㈜하늘의 당기 재고자산 및 원가 관련 자료는 다음과 같다.

구분	기초잔액	기말잔액
직접재료	₩3,200	₩6,200
재공품	8,600	7,200
제품	6,000	8,000

- 직접재료매입액: ₩35,000
- 기초원가(기본원가): ₩56,000

㈜하늘의 당기 제조간접원가 배부차이 조정 후 매출원가가 ₩67,700인 경우, 당기에 발생한 실제 제조간접원가는?

① ₩6,900 ② ₩9,700
③ ₩10,700 ④ ₩12,300

문 17. ㈜포도는 종합원가계산제도를 채택하고 있다. 직접재료는 공정의 초기에 전량투입되며, 전환원가(conversion costs)는 공정 전반에 걸쳐 균등하게 발생한다. 당기 제조활동과 관련하여 가중평균법과 선입선출법에 의해 각각 계산한 직접재료원가와 전환원가의 완성품환산량은 다음과 같다.

	직접재료원가 완성품환산량	전환원가 완성품환산량
가중평균법	3,000단위	2,400단위
선입선출법	2,000단위	1,800단위

기초재공품의 전환원가 완성도는?

① 70% ② 60%
③ 55% ④ 50%

문 18. ㈜포도의 20×1년 1월의 재고자산 자료는 다음과 같다.

	직접재료	재공품	제품
20×1년1월1일	₩80,000	₩100,000	₩125,000
20×1년1월31일	60,000	75,000	80,000

20×1년 1월 중 직접재료의 매입액은 ₩960,000이고, 직접노무원가는 제조간접원가의 40%이다. 1월의 매출액은 ₩2,500,000이며, 매출총이익률은 16%이다. 20×1년 1월의 기본원가(prime costs)는?

① ₩1,050,000 ② ₩1,160,000
③ ₩1,280,000 ④ ₩1,380,000

문 19. 「지방자치단체 회계기준에 관한 규칙」에 대한 설명으로 옳은 것은?

① 지방자치단체의 재정상태표상 자산은 유동자산, 투자자산, 일반유형자산, 주민편의시설, 무형자산 및 기타비유동자산으로 분류한다.
② 일반유형자산, 주민편의시설, 사회기반시설 및 무형자산의 투자액에서 그 시설의 투자재원을 마련할 목적으로 조달한 장기차입금 및 지방채증권을 차감한 금액을 일반순자산이라고 한다.
③ 지방자치단체가 기부채납으로 자산을 받은 경우 당해 자산의 공정가액을 취득원가로 하고, 상대계정인 기부채납에 의한 자산 증가는 순자산에 직접 반영한다.
④ 관리책임자산은 자산으로 표시되지 않고 주석으로 공시된다.

문 20. 「지방자치단체 회계기준에 관한 규칙」에 대한 다음 설명 중 옳지 않은 것은?

① 장기연불조건의 매매거래, 장기금전대차거래 또는 이와 유사한 거래에서 발생하는 채권·채무로서 명목가액과 현재가치의 차이가 중요한 경우에는 이를 현재가치로 평가한다. 현재가치는 당해 채권·채무로 인하여 받거나 지급할 총금액을 유효이자율로 할인한 가액으로 하는데 당해 거래의 유효이자율을 확인하기 어려운 경우에는 유사한 조건의 지방채수익률을 적용한다.
② 회계정책의 변경에 따른 영향은 해당 회계연도 재정상태표의 순자산에 반영한다. 다만, 회계정책의 변경에 따른 누적효과를 합리적으로 추정하기 어려운 경우에는 회계정책의 변경에 따른 영향을 해당 회계연도와 그 회계연도 후의 기간에 반영할 수 있다.
③ 사회기반시설은 초기에 대규모 투자가 필요하고 파급효과가 장기간에 걸쳐 나타나는 지역사회의 기반적인 자산으로서 도로, 도시철도, 상수도시설, 수질정화시설, 하천부속시설 등을 말한다.
④ 재고자산은 구입가액에 부대비용을 더하고 이에 선입선출법을 적용하여 산정한 가액을 취득원가로 한다. 다만, 실물흐름과 원가산정방법 등에 비추어 다른 방법을 적용하는 것이 보다 합리적이라고 인정되는 경우에는 개별법, 이동평균법 등을 적용하고 그 내용을 주석으로 공시한다.

10회 실전동형모의고사

소요시간: ________ / 15분　　　　맞힌 답의 개수: ________ / 20

문 1. 다음은 개념체계에서 설명하고 있는 자본유지개념에 대한 설명이다. 다음 중 옳은 설명은 무엇인가?

① 재무자본유지는 명목화폐단위로 측정하여야 한다.
② 자본유지개념은 기업의 자본에 대한 투자수익과 투자회수를 구분하기 위한 필수요건이다. 자본유지를 위해 필요한 금액을 초과하는 자산의 유입액만이 이익으로 간주될 수 있고 결과적으로 자본에 대한 투자수익이 된다.
③ 실물자본유지개념을 사용하기 위해서는 순자산을 역사적 원가기준에 따라 측정해야 한다.
④ 실물자본유지개념 하에서 기업의 자산과 부채에 영향을 미치는 모든 가격변동은 해당 기업의 실물생산능력에 대한 측정치의 변동으로 간주되어 투자이익으로 처리된다.

문 2. ㈜국세는 20×3년 초에 ㈜대한의 주식 20%를 ₩50,000에 취득하면서 유의적인 영향력을 행사할 수 있게 되었다. 추가자료는 다음과 같다.

> • 20×3년 중에 ㈜대한은 토지를 ₩20,000에 취득하고 재평가모형을 적용하였다.
> • ㈜대한은 20×3년 말 당기순이익 ₩10,000과 토지의 재평가에 따른 재평가이익 ₩5,000을 기타포괄이익으로 보고하였다.
> • 20×3년 중에 ㈜대한은 중간배당으로 현금 ₩3,000을 지급하였다.

㈜국세의 20×3년 말 재무상태표에 인식될 관계기업투자주식은 얼마인가?

① ₩51,400　　② ₩52,400
③ ₩53,600　　④ ₩55,000

문 3. ㈜한국이 20×1년 초 건물을 취득하여 투자부동산으로 분류하였을 때, 다음 자료의 거래가 ㈜한국의 20×1년 당기손익에 미치는 영향은? (단, 투자부동산에 대하여 공정가치모형을 적용하며, 감가상각비는 정액법으로 월할계산한다.)

> • 건물(내용연수 5년, 잔존가치 ₩0)의 취득가액은 ₩2,000,000이며, 이와 별도로 취득세 ₩100,000을 납부하였다.
> • 20×1년 6월 말 건물의 리모델링을 위해 ₩1,000,000을 지출하였으며, 이로 인해 건물의 내용연수가 2년 증가하였다.
> • 20×1년 12월 말 건물의 공정가치는 ₩4,000,000이다.

① ₩900,000　　② ₩1,000,000
③ ₩1,900,000　　④ ₩2,000,000

문 4. 상품매매기업인 ㈜도도의 정상영업주기는 상품 매입시점부터 판매대금 회수시점까지 기간으로 정의된다. 20×1년 정상영업주기는 42일이며, 매출이 ₩1,000,000, 평균매출채권이 ₩50,000, 평균재고자산이 ₩40,000이라면 ㈜도도의 20×1년 매출원가는? (단, 매출은 전액 외상매출이고, 1년은 360일로 가정한다.)

① ₩520,000　　② ₩540,000
③ ₩600,000　　④ ₩580,000

문 5. 12월 말 결산법인인 A사는 20×1년 1월 1일 건물을 ₩100,000에 취득(경제적 내용연수 10년, 잔존가치 ₩0, 정액법 적용)하고 재평가모형을 적용하고 있다. A사는 각 회계연도 말 공정가치와 회수가능액을 다음과 같이 추정하였다. 회수가능액이 공정가치에 미달하는 경우에는 손상징후가 발생하였다고 가정한다.

구분	20×1년 말	20×2년 말	20×3년 말
공정가치	₩126,000	₩80,000	₩105,000
회수가능액	130,000	48,000	120,000

A사가 비례수정법에 따라 재평가에 대한 회계처리를 한다고 할 경우 20×1년 말에 재무상태표에 계상될 건물의 취득금액은 얼마인지 계산하시오.

① ₩130,750 ② ₩126,000
③ ₩100,000 ④ ₩140,000

문 6. ㈜대한은 20×3년 말 장부 마감 전에 과거 3년 간의 회계장부를 검토한 결과 다음과 같은 오류사항을 발견하였으며, 이는 모두 중요한 오류에 해당한다.

- 기말재고자산은 20×1년에 ₩20,000 과소계상, 20×2년에 ₩30,000 과대계상, 20×3년에 ₩35,000 과대계상되었다.
- 20×2년에 보험료로 비용 처리한 금액 중 ₩15,000은 20×3년 보험료의 선납분이다.
- 20×1년 초 ㈜대한은 잔존가치없이 정액법으로 감가상각하고 있던 기계장치에 대해 ₩50,000의 지출을 하였다. 동 지출은 기계장치의 장부금액에 포함하여 인식 및 감가상각하여야 하나, ㈜대한은 이를 지출 시점에 즉시 비용(수선비)으로 처리하였다. 20×3년 말 현재 동 기계장치의 잔존내용연수는 2년이며, ㈜대한은 모든 유형자산에 대하여 원가모형을 적용하고 있다.

위 오류사항에 대한 수정효과가 ㈜대한의 20×3년 전기이월이익잉여금과 당기순이익에 미치는 영향은 각각 얼마인가?

	전기이월이익잉여금	당기순이익
①	₩15,000 감소	₩15,000 감소
②	₩15,000 증가	₩15,000 감소
③	₩15,000 감소	₩30,000 감소
④	₩15,000 증가	₩30,000 감소

문 7. 포괄손익계산서와 재무상태표에 관한 설명으로 옳지 않은 것은?

① 수익과 비용의 어느 항목도 당기손익과 기타포괄손익을 표시하는 보고서 또는 주석에 특별손익 항목으로 표시할 수 없다.
② 비용의 성격별 분류방법은 기능별 분류방법보다 자의적인 배분과 상당한 정도의 판단이 더 개입될 수 있다.
③ 해당 기간에 인식한 모든 수익과 비용의 항목은 단일 포괄손익계산서 또는 두 개의 보고서(당기손익 부분을 표시하는 별개의 손익계산서와 포괄손익을 표시하는 보고서) 중 한 가지 방법으로 표시한다.
④ 영업주기는 영업활동을 위한 자산의 취득시점부터 그 자산이 현금이나 현금성자산으로 실현되는 시점까지 소요되는 기간이다.

문 8. ㈜세무의 현금흐름표 작성을 위한 20×1년 자료가 다음과 같을 때, ㈜세무의 20×1년도 투자활동순현금흐름과 재무활동순현금흐름은? (단, ㈜세무는 이자의 지급, 이자 및 배당금의 수입은 영업활동으로, 배당금의 지급은 재무활동으로 분류하고 있다.)

- 유상증자로 ₩ 250,000, 장기차입금으로 ₩ 300,000을 조달하였다.
- 20×1년 초 매출채권 잔액은 ₩ 300,000이었고, 여기에 대손충당금 잔액이 ₩ 20,000 설정되어 있다. 20×1년 말 매출채권 잔액은 ₩ 500,000이며, 대손추정을 통하여 기말 대손충당금 잔액이 ₩ 50,000으로 증가하였다.
- 20×0년 경영성과에 대해 20×1년 3월 주주총회 결의를 통해 주주들에게 배당금으로 ₩ 200,000을 지급하였다.
- 기초와 기말의 법인세 부채는 각각 ₩ 300,000과 ₩ 400,000이었다.
- 당기에 유형자산을 총원가 ₩ 1,500,000에 취득하였으며, 이 중에서 ₩ 900,000은 리스로 취득하였다. 나머지 ₩ 600,000은 현금으로 지급하였다. 리스부채의 상환은 20×2년 초부터 이루어진다.
- 취득원가가 ₩ 800,000이고 감가상각누계액이 ₩ 500,000인 공장 설비를 현금매각하고, 유형자산처분이익 ₩ 100,000을 인식하였다.

	투자활동순현금흐름	재무활동순현금흐름
①	₩ 200,000 유출	₩ 350,000 유입
②	₩ 200,000 유출	₩ 550,000 유입
③	₩ 400,000 유입	₩ 200,000 유출
④	₩ 600,000 유출	₩ 350,000 유입

문 9. 자본에 관한 설명으로 옳지 않은 것은?

① 자본금은 발행된 주식의 액면금액 합계를 의미하므로, 기업이 무액면주식을 발행하는 경우 자본금의 변동은 없다.

② 자본총액은 그 기업이 발행한 주식의 시가총액 또는 순자산을 나누어서 처분하거나 기업 전체로 처분할 때 받을 수 있는 대가와 일치하지 않는 것이 일반적이다.

③ 자본은 기업의 자산에서 모든 부채를 차감한 후의 잔여지분이다.

④ 무상증자나 무상감자(형식적 감자)가 있는 경우 원칙적으로 기업의 자본총계는 변하지 않는다.

문 10. ㈜한국의 20×1년 중 거래가 다음과 같을 때 옳은 것은?

- ㈜한국은 20×1년 중 용역을 제공하기로 하고 현금 ₩ 120,000을 받았다. 20×1년 선수용역수익계정의 기초잔액은 ₩ 30,000이고, 기말잔액은 ₩ 40,000일 때, 20×1년도에 인식한 용역수익은?
- ㈜한국은 20×1년 중 건물임차료로 현금 ₩ 70,000을 미리 지급하였다. 20×1년 선급임차료계정의 기초잔액은 ₩ 10,000이고, 기말잔액은 ₩ 30,000일 때 20×1년 인식한 임차료는?

	용역수익	임차료
①	₩ 110,000	₩ 50,000 유입
②	₩ 110,000	₩ 50,000 유입
③	₩ 120,000	₩ 70,000 유출
④	₩ 120,000	₩ 70,000 유입

문 11. ㈜한국은 20×1년 1월 1일에 액면가 ₩10,000, 만기 3년, 표시이자율 8%, 이자지급일이 매년 12월 31일인 사채를 ₩9,503에 할인발행하였다. 이 사채를 20×2년 1월 1일에 ₩9,800원을 지급하고 조기상환할 때, 사채상환손익은? (단, 발행일의 유효이자율은 10%이고, 금액은 소수점 첫째자리에서 반올림한다.)

① 사채상환손실 ₩18　② 사채상환손실 ₩147
③ 사채상환이익 ₩18　④ 사채상환이익 ₩147

문 12. 다음은 ㈜포도의 20×1년 발생 거래내역이다. 다음 거래의 결과로 증가되는 ㈜포도의 자본총액은?

- 3월 10일: 주당 액면금액 ₩ 1,000의 자기주식 100주를 주당 ₩ 3,000에 취득하였다.
- 6월 30일: 3월 10일에 취득한 자기주식 중 50주를 주당 ₩ 3,600에 처분하였다.
- 10월 13일: 3월 10일에 취득한 자기주식 중 50주를 소각하였다.
- 11월 30일: 주당 액면금액 ₩ 1,000의 보통주 50주를 주당 ₩ 4,000에 발행하면서, 추가적으로 주식발행비 ₩ 35,000을 지출하였다.
- 12월 31일: ₩ 200,000의 당기순이익과 ₩ 130,000의 기타포괄이익을 보고하였다.

① ₩ 260,000　② ₩ 375,000
③ ₩ 410,000　④ ₩ 710,000

문 13. A사는 보험료를 1년 단위로 납부한다. 보험료 납부 시에 보험료로 비용처리한 후, 결산 시에 미경과분에 대하여 선급비용으로 수정분개 처리를 하지 않았다면 당기에 기업에 미치는 영향은?

① 자산, 순이익, 자본의 과대계상
② 자산, 순이익, 자본의 과소계상
③ 부채의 과대계상, 순이익과 자본의 과소계상
④ 부채의 과소계상, 순이익과 자본의 과대계상

문 14. A사의 수정 전 당기순이익은 ₩300,000이다. 수정분개사항으로 선수수익 ₩10,000, 선급비용 ₩20,000, 미수수익 ₩30,000, 미지급비용 ₩50,000, 감가상각비 ₩10,000이 있다. 수정분개사항을 모두 반영할 경우 정확한 당기순이익은 얼마인가?

① ₩300,000 ② ₩290,000
③ ₩280,000 ④ ₩270,000

문 15. ㈜패스는 변동원가계산을 사용하여 ₩150,000의 순이익을 보고하였다. 기초 및 기말재고자산은 각각 20,000단위와 15,000단위이다. 매 기간 고정제조간접비배부율이 단위당 ₩2이었다면 전부원가계산에 의한 순이익은? (단, 법인세는 무시한다.)

① ₩150,000 ② ₩140,000
③ ₩130,000 ④ ₩120,000

문 16. ㈜세무는 완제품 생산에 필요한 부품 A를 자가제조하고 있다. 부품 A의 월간 필요량은 30,000단위이며, 최대 생산능력은 월 84,000단위이다. 부품 A의 단위당 변동제조원가는 ₩11이고, 부품 A의 생산에 현재 사용되고 있는 설비의 월간 고정제조원가는 ₩150,000이다. 부품 A를 외부에서 구입하더라도 월간 고정제조원가의 40%는 회피불가능하다. 외부에서 부품 A를 구입할 경우 부품 A의 단위당 외부구입가격의 상한은 얼마인가?

① ₩14 ② ₩15
③ ₩16 ④ ₩18

문 17. A사는 기계가동시간을 기준으로 제조간접비예정배부율을 적용한다. A사의 20×9년 정상기계가동시간은 10,000시간, 제조간접비예산은 ₩300,000이다. 20×9년의 실제기계가동시간이 9,000시간, 실제제조간접비 발생액이 ₩305,000일 경우, 제조간접비 초과 또는 부족배부액은 얼마인가?

① ₩30,000 부족 ② ₩35,000 부족
③ ₩30,000 초과 ④ ₩35,000 초과

문 18. ㈜하늘은 표준원가계산을 사용하고 있다. 다음 자료에 의할 때 ㈜하늘의 고정제조간접비 조업도차이는 얼마인가?

- 실제생산량에 허용된 표준노무시간: 15,000시간
- 고정제조간접비 예산액: ₩48,000
- 정상조업도(직접노동시간): 12,000시간

① ₩3,000 불리 ② ₩3,000 유리
③ ₩13,500 불리 ④ ₩12,000 유리

문 19. 「지방자치단체 회계기준에 관한 규칙」에 대한 설명으로 옳은 것은?

① 지장자치단체의 재무제표는 지방자치단체 회계실체를 구분하지 않고 합계액만을 표시한다.
② 지방자치단체의 유형별 회계실체는 일반회계, 기타특별회계, 기금회계로 구분한다.
③ 지방자치단체의 회계실체에 따라 실제로 재무제표를 작성할 때는 활동의 성격에 따라 회계실체를 구분한다.
④ 지방자치단체의 재정상태표에는 일반회계, 기타특별회계, 기금회계, 지방공기업회계의 유형별 금액 및 내부거래 제거금액과 총액이 모두 표시되도록 한다.

문 20. 「지방자치단체 회계기준에 관한 규칙」에 대한 설명으로 옳은 것은?

① 지방자치단체의 재정상태표상 자산은 유동자산, 투자자산, 일반유형자산, 주민편의시설, 무형자산 및 기타비유동자산으로 분류한다.
② 일반유형자산, 주민편의시설, 사회기반시설 및 무형자산의 투자액에서 그 시설의 투자재원을 마련할 목적으로 조달한 장기차입금 및 지방채증권을 차감한 금액을 일반순자산이라고 한다.
③ 지방자치단체가 기부채납으로 자산을 받은 경우 당해 자산의 공정가액을 취득원가로 하고, 상대계정인 기부채납에 의한 자산 증가는 순자산에 직접 반영한다.
④ 관리책임자산은 자산으로 표시되지 않고 주석으로 공시된다.

정답 및 해설

1회 | 실전동형모의고사

정답

01	④	02	②	03	③	04	③	05	②
06	④	07	①	08	②	09	④	10	②
11	③	12	②	13	①	14	③	15	③
16	①	17	④	18	④	19	④	20	③

01

답 ④

경제적 현상의 서술에 오류나 누락이 없고, 정보를 생산하는 데 사용된 절차의 선택과 적용에 절차상 오류가 없다는 것을 의미한다. 따라서 오류가 없다는 것이 모든 면에서 완벽하게 정확하다는 것을 의미하지는 않는다.

02

답 ②

(선지분석)

① 한국채택국제회계기준에 따라 작성된 재무제표는 공정하게 표시된 재무제표로 본다.
③ 현금흐름표에 공시되는 현금흐름 정보는 발생기준으로 작성되지 않는다.
④ 당기순손익의 구성요소는 단일 포괄손익계산서의 일부로 표시하거나 별개의 손익계산서에 표시할 수 있다.

03

답 ③

(1) 3월 25일 기말 재고자산 수량: 10 + 20 − 10 + 10 − 15 = 15개
(2) 3월 12일 평균단가: [(10개 × @50) + (20개 × @80)]/30개 = @70
(3) 3월 25일 평균단가: [(20개 × @70) + (10개 × @100)]/30개 = @80
(4) 3월의 매출원가: (10개 × @70) + (15개 × @80) = 1,900

04

답 ③

(1) A회사

[경우 1]

(차) 유 형 자 산 B	80,000	(대) 유 형 자 산 A	80,000
(차) 유 형 자 산 B	30,000	(대) 현 금	30,000

[경우 2, 3]

(차) 유 형 자 산 B	120,000	(대) 유 형 자 산 A	80,000
		유형자산처분이익	40,000
(차) 유 형 자 산 B	30,000	(대) 현 금	30,000

(2) B회사

[경우 1]

(차) 유 형 자 산 A	90,000	(대) 유 형 자 산 B	90,000
(차) 현 금	30,000	(대) 유 형 자 산 A	30,000

[경우 2]

(차) 유 형 자 산 A	140,000	(대) 유 형 자 산 B	90,000
		유형자산처분이익	50,000
(차) 현 금	30,000	(대) 유 형 자 산 A	30,000

[경우 3]

(차) 유 형 자 산 A	120,000	(대) 유 형 자 산 B	90,000
현 금	30,000	유형자산처분이익	60,000

05

답 ②

(1) 연평균 지출액: 6,000,000 × 10/12 = 5,000,000
(2) 특정 차입금
 1) 특정 차입금 연평균 지출액: 3,000,000 × 6/12 = 1,500,000
 2) 특정 차입금 자본화할 차입원가: 1,500,000 × 5% = 75,000
(3) 일반 차입금
 1) 일반 차입금 연평균 지출액: 5,000,000 - 1,500,000 = 3,500,000
 2) 일반 차입금 실제 이자비용(한도): 3,000,000 × 6% = 180,000
 3) 일반 차입금 자본화할 차입원가: MIN[3,500,000 × 6% = 210,000, 180,000] = 180,000
(4) 20×2년에 자본화할 차입원가: 75,000 + 180,000 = 255,000

06

답 ④

(선지분석)

① 리스계약으로 보유한 부동산에 대한 권리를 투자부동산으로 분류하는 경우, 당해 투자부동산의 최초 원가는 금융리스와 같이 동 자산의 공정가치와 최소 리스료의 현재가치 중 작은 금액으로 인식한다.
② 투자부동산에 대하여 공정가치모형을 선택한 경우 실익이 없어 감가상각은 수행하지 않고 기말에 공정가치 평가만을 수행한다.
③ 투자부동산을 재개발하여 미래에도 투자부동산으로 사용하고자 하는 경우에도 재개발기간 동안 계속 투자부동산으로 분류하며 자가사용부동산으로 대체하지 않는다.

07

답 ①

자산이 계약상 권리 또는 기타 법적 권리로부터 발생한다면, 그러한 권리가 이전 가능한지 여부 또는 기업이나 기타 권리와 의무에서 분리가능한지 여부와 상관없이 식별가능성의 요건을 충족한다고 볼 수 있다.

08

답 ②

(1) 사채 20×2년 초 장부금액: 38,800 + 1,200(20×2년 상각액) = 40,000
(2) 유효이자율(R): 40,000 × R = 4,800, R = 12%

09

답 ④

(1) 20×1년 말 제품보증충당부채: (400,000 × 4%) - 6,000 = 10,000
(2) 20×2년 말 제품보증충당부채: (900,000 × 4%) - 15,000 = 21,000
(3) 20×2년 당기손익에 미치는 영향: ⓐ + ⓑ = (34,000)
ⓐ 실제 보증비용 지출액: (8,000) + (15,000) = (23,000)
ⓑ 충당부채 증감액: (21,000) - (10,000) = (11,000)

10

답 ②

[20×1년 1월 20일]

(차) 자기주식	60,000	(대) 현금	60,000

[20×1년 4월 10일]

(차) 현금	30,000	(대) 자기주식	20,000
		자기주식처분이익	10,000

[20×1년 5월 25일]

(차) 현금	10,000	(대) 자기주식	40,000
자기주식처분이익	10,000		
자기주식처분손실	20,000		

11

답 ③

고객과의 계약에서 식별되는 수행의무는 계약에 분명히 기재한 재화나 용역에만 한정되지 않을 수 있다. 고객에게 이전할 것이라는 정당한 기대를 하도록 한다면, 이러한 약속도 고객과의 계약에 포함될 수 있다.

12

답 ②

(1) 당기 외상매출: 20,000
* 기말 매출채권 30,000 + 매출채권회수 10,000 - 기초 매출채권 20,000
(2) 당기 매출원가: (현금매출 30,000 + 외상매출 20,000) ÷ (1 + 25%) = 40,000
(3) 당기 매입: 매출원가 40,000 + 기말 재고자산 11,000 - 기초 재고자산 12,000 = 39,000
(4) 기말 매입채무: 기초 매입채무 8,000 + 매입 39,000 - 매입채무 상환 35,000 = 12,000

13

답 ①

[20×1년 7월 1일 지급 시점]

(차) 보험료	200,000	(대) 현금	200,000

[20×1년 12월 31일 기말 시점]

(차) 선급보험료	100,000	(대) 보험료	100,000

지급 시점에 비용으로 처리한 경우 결산 시점에 미경과액(6개월)을 선급보험료로 인식하고 보험료를 줄여주어야 한다.

14 답 ③

잔액시산표는 총계정원장 각 계정의 차변 합계와 대변 합계의 차액을 구하여 그 차액을 기입하는데, 각 계정의 차변 잔액(차변 합계가 더 큰 경우)는 시산표의 차변에 기입하고, 각 계정의 대변 잔액(대변 합계가 더 큰 경우)는 시산표의 대변에 기입하여 작성한다. 잔액시산표의 차변에는 자산의 잔액과 비용 발생액을, 대변에는 부채 및 자본의 잔액과 수익 발생액을 기록하게 되는데, 잔액시산표의 차변에 기입한 자산, 비용의 합계액과 대변에 기입한 부채, 자본, 수익의 합계액은 반드시 일치한다.

- 시산표의 자본: 기초 자본 + 유상증자 - 유상감자 - 현금배당
- 기말 자본: 기초 자본 + 유상증자 - 유상감자 - 현금배당 + 순이익

15 답 ③

(선지분석)

① 회계정책의 변경에 따른 영향은 비교표시되는 직전 회계연도의 기초 순자산 및 그 밖의 대응금액을 새로운 회계정책이 처음부터 적용된 것처럼 조정한다. 다만, 회계정책의 변경에 따른 누적효과를 합리적으로 추정하기 어려운 경우에는 회계정책의 변경에 따른 영향을 해당 회계연도와 그 회계연도 후의 기간에 반영할 수 있다.
② 지방자치단체 회계기준은 장기투자증권에 대해서 공정가액 변동을 인식하지 않는다.
④ 비교재무제표를 작성할 때에는 중대한 오류의 영향을 받는 회계기간의 재무제표 항목을 다시 작성한다

16 답 ①

고정순자산	일반 유형자산, 주민편의시설, 사회기반시설 및 무형자산의 투자액에서 그 시설의 투자재원을 마련할 목적으로 조달한 장기차입금 및 지방채증권을 차감한 금액 ⇒ (900,000 + 200,000 - 400,000) = 700,000
특정순자산	채무상환 목적이나 적립성기금의 원금과 같이 그 사용목적이 특정되어 있는 재원과 관련된 순자산 ⇒ 140,000
일반순자산	순자산총계 - 고정순자산 - 특정순자산 ⇒ (2,000,000 - 1,000,000) - 700,000 - 140,000 = 160,000

17 답 ④

활동기준원가계산의 대상이 되는 것은 제조간접비이다.

참고사항 활동기준원가계산의 장점과 단점

장점	단점
• 원가의 추적 가능성이 향상되어 정확한 원가계산이 가능 • 다양한 원가 대상의 원가정보를 획득하고 분석하는 것이 가능 • 의사결정에 보다 유용한 원가정보를 이용 할수 있게 되어 의사결정의 효과가 향상 • 활동별로 원가통제를 실시함으로써 보다 효과적인 원가통제 가능 • 성과평가의 신뢰성이 향상 • 활동분석을 통한 원가절감이 가능	• 도입 및 적용에 많은 비용과 노력 • 활동과 원가동인을 명확하게 정의하고 파악하는 것이 곤란 • 원가동인이 원가발생의 인과관계를 잘 반영하지 못하는 경우 원가왜곡 초래 • 원가동인을 파악하기 어려운 경우에는 여전히 자의적인 원가배부가 필요(설비유지활동)

18 답 ④

단계배분법은 배부순서가 적절하지 않은 경우에는 직접배분법보다 원가왜곡이 크게 나타날 수 있다.

(1) 직접배분법: 보조부문 상호간의 용역수수관계를 완전히 무시하고 보조부문원가를 제조부문에 직접 배분하는 방법
(2) 단계배분법: 보조부문원가의 배부순서를 정하여 그 순서에 따라 단계적으로 보조부문원가를 후순위 보조부문과 제조부분에 배분하는 방법으로 배부순서에 따라 배분 결과가 달라짐
(3) 상호배분법: 보조부문 상호간의 용역수수관계를 완전히 인식하여 보조부문원가를 보조부문과 제조부분에 모두 배분하는 방법

19

답 ④

(1) 활동별 원가동인 배부율
  1) 생산준비활동: 70,000/35,000 = @2
  2) 구매주문활동: 6,000/1,200 = @5
  3) 품질검사활동: 36,000/1,800 = @20
(2) 총원가: 6,720
  * [@(21 + 15) × 120단위] + (@2 × 600) + (@5 × 80) + (@20 × 40) = 6,720
(3) 매출총이익: (@80 × 120단위) - 6,720 = 2,880

20

답 ③

당기총제조원가	• 당기에 제조활동에 투입된 총제조원가 • 직접재료원가(DM) + 직접노무원가(DL) + 제조간접원가(OH)
당기제품제조원가	• 당기에 생산된 제품의 총제조원가 • 기초 재공품 + 당기총제조원가 - 기말 재공품
매출원가	• 당기에 판매된 제품의 총제조원가 • 기초 제품 + 당기제품제조원가 - 기말 제품

⇒ 당기총제조원가: 1,000(DM) + [20시간 × 10(DL)] + [200시간 × 5(OH)] = 2,200

2회 | 실전동형모의고사

정답

01	④	02	②	03	②	04	①	05	③
06	②	07	④	08	①	09	④	10	③
11	①	12	②	13	③	14	④	15	③
16	④	17	①	18	③	19	②	20	③

01

답 ④

비용의 발생과 자본의 감소는 모두 차변요소이므로 서로 결합될 수 없다.

<거래의 8요소>

차변	대변
자산의 증가	자산의 감소
부채의 감소	부채의 증가
자본의 감소	자본의 증가
비용의 발생	수익의 발생

02

답 ②

(차) 기 계 장 치	700,000	(대)	현 금	200,000
			미 지 급 금	500,000

(1) 자산의 증가액: 700,000 - 200,000 = 500,000
(2) 부채의 증가액: 500,000

03

답 ②

선지분석

① 매출원가의 크기 순서는 선입선출법 > 총평균법 > 후입선출법이다.
③ 후입선출법은 재고자산과 순이익이 상대적으로 높게 평가된다.
④ 선입선출법은 재고자산과 순이익이 상대적으로 낮게 평가된다.

04

답 ①

수정분개: (차) 재고자산 (대) 매입채무
자산: 과소계상, 부채: 과소계상, 자본: 영향 없음

05

답 ③

비례수정법: 36,000 ÷ 3년(잔여내용연수) × 2년(20×2년 말 현재 경과 연수) = 24,000

(선지분석)

① 20×2년 이익잉여금으로 대체할 금액: 96,000 / 4년 - 100,000 / 5년 = 4,000

② • 20×1년 재평가잉여금: 96,000 - (100,000 × 4/5) = N/I 16,000
 • 20×2년 감가상각비: 96,000 / 4년 = (24,000)
 • 20×2년 재평가잉여금 대체 시 재평가손실(N/I):
  * (96,000 - 24,000) - 36,000 - (16,000 - 4,000) = 재평가손실 24,000
 • 20×2년 재평가잉여금 대체하지 않는 경우 재평가손실(N/I):
  * (96,000 - 24,000) - 36,000 - 16,000 = 재평가손실 20,000
 ⇒ 재평가잉여금을 대체하는 경우가 그렇지 않는 경우보다 당기순이익이 4,000만큼 적다.

④ 총포괄손익 = 자산의 증감 이므로 재평가잉여금의 대체 여부는 자산의 증감과 관계가 없으므로 총포괄손익 역시 재평가잉여금의 대체 여부와는 관계가 없다.

06

답 ②

(1) 20×1년 말 재평가잉여금: 90,000 - [100,000 - (100,000/5년)] = 10,000
(2) 20×2년 초 재분류 회계처리

(차) 투자부동산	75,000	(대) 유형자산	90,000
재평가잉여금	10,000		
재평가손실	5,000		

(3) 20×2년 투자부동산 평가손익: 85,000 - 75,000 = 10,000
(4) 20×2년 당기손익에 미치는 영향: (5,000) + 10,000 = 5,000 증가

07

답 ④

(1) 자본금: 2,000,000 감소
(2) 자본잉여금: 1,600,000 증가
(3) 자본조정: 9,000,000 + 2,000,000 + 6,000,000 - 4,000,000 = 13,000,000 증가

[×0년 5월 1일]

(차) 자기주식	15,000,000	(대) 현금	15,000,000

[×0년 12월 31일]

회계처리 없음

[×1년 2월 1일]

(차) 현금	12,600,000	(대) 자기주식	9,000,000
		자기주식처분손실	2,000,000
		자기주식처분이익	1,600,000
(차) 자본금	2,000,000	(대) 자기주식	6,000,000
감자차손	4,000,000		

08

답 ①

[20×2년 7월 15일]

(차) FVOCI금융자산	150,000	(대) 평가이익*1	150,000
(차) 현금	1,180,000	(대) FVOCI금융자산	1,210,000
처분손실	30,000		

*1 금융자산 평가이익: (11,000 × 100주 × 1.1) - (10,600 × 100주) = 150,000

* FVOCI금융자산(지분상품)은 재분류조정을 금지하고 있으므로, 처분 시 발생한 수수료에 대해서만 처분손익을 계상한다.

09

답 ④

(1) 진행률

1) 20×1년: 260,000 ÷ (1,300,000 = 260,000 + 1,040,000) = 20%

2) 20×2년: (1,152,000 = 260,000 + 892,000) ÷ (1,440,000 = 1,152,000 + 288,000) = 80%

(2) 회계처리

1) 20×1년

원가투입 시	(차) 미성공사	260,000	(대) 현 금	260,000
기말 결산 시	(차) 계약자산	360,000	(대) 계약수익	360,000
	(차) 계약원가	260,000	(대) 미성공사	260,000

대금청구 시	(차) 수취채권	400,000	(대) 계약자산	360,000
			계약부채	40,000
대금회수 시	(차) 현 금	300,000	(대) 수취채권	300,000

2) 20×2년

원가투입 시	(차) 미성공사	892,000	(대) 현 금	892,000
기말 결산 시	(차) 계약부채	40,000	(대) 계약수익*	1,080,000
	계약자산	1,040,000		
	(차) 계약원가	892,000	(대) 미성공사	892,000

*1,800,000 × (80% - 20%) = 1,080,000

대금청구 시	(차) 수취채권	900,000	(대) 계약자산	900,000
대금회수 시	(차) 현 금	900,000	(대) 수취채권	900,000

10

답 ③

	×0년	×1년
(1) 건물감가상각비	(100,000)	(200,000)
(2) 기말 재고자산 과소계상(20×0년)	100,000	(100,000)
기말 재고자산 과대계상(20×1년)		(200,000)
(3) 선급보험료 누락(20×1년)	50,000	(50,000)
합계	50,000	(550,000)

∴ 전기 이월이익잉여금 50,000 증가
당기순이익 550,000 감소

11

답 ①

(1) 20×1년 말 총장부금액: (951,963 × 1.12) - 100,000 = 966,199

(2) 20×2년 당기순이익에 미친 영향: 980,000 - 966,199 = 13,801

12

답 ②

당기순이익 (A + B)	100,000
영업활동과 관련이 없는 손익 차감 (- B)	
- 감가상각비, 유형자산처분이익, 사채상환손실	20,000 - 7,000 + 8,000
이자손익, 배당금, 법인세 관련 손익 차감 (- B)	-
영업활동 관련 자산·부채의 증감 (+ C)	
- 재고자산	80,000
- 매출채권	(50,000)
- 매입채무	(4,000)
- 미지급급여	6,000
영업에서 창출된 현금 (A + C)	153,000
이자 수령·지급	-
배당금 수령	-
법인세 지급	-
영업활동 순현금흐름	153,000

13

답 ③

(1) 투자활동 순현금흐름

[20×2. 3. 1.]

(차) 현금	37,000	(대) 유형자산	45,000
감가상각누계액	21,000*	유형자산처분이익	13,000

* (167,000 + 32,000) - 178,000 = 21,000

[20×2. 8월 중]

(차) 유형자산	70,000*	(대) 현금	50,000
미지급금	20,000		

* 270,000 - (245,000 - 45,000) = 70,000

[20×2. 12. 31.]

(차) 감가상각비	32,000	(대) 감가상각누계액	32,000

∴ 투자활동 순현금흐름: 37,000 - 50,000 = (13,000) 유출

(2) 재무활동 순현금흐름

[20×2. 주주총회 시]

(차) 이익잉여금	9,000*	(대) 미지급배당금	9,000

* 100,000 + 28,000 - 119,000 = 9,000

[20×2. 배당금 지급 시]

(차) 미지급배당금	9,000	(대) 현금	9,000

[20 × 2. 12. 31.]

(차) 집합손익	28,000	(대) 이익잉여금	28,000

∴ 재무활동 순현금흐름: (9,000) 유출

(1) 20×1년 초 구축물의 취득원가: 720,000 + 124,180 = 844,180
(2) 20×1년 말 이자비용: 124,180 × 10% = 12,418
(3) 20×1년 말 복구충당부채: 124,180 × 1.1 = 136,598
(4) 20×1년 말 인식할 비용 총액: 177,254
  1) 이자비용: 124,180 × 10% = 12,418
  2) 감가상각비: (844,180 - 20,000) ÷ 5년 = 164,836

설명 중 옳지 않은 것: ×1년 말 인식할 비용 총액은 177,254이다.
= ×1년 Dep 164,836 + ×1년 이자비용 12,418

1. 자산 관련 사항
  (1) ×1년 취득원가(구축물): 844,180 = 720,000 + 124,180
    1) 구입가격: (+) 720,000
    2) 복구충당부채: (+) 124,180 = × 1년 PV(복구원가)
  (2) ×1년 Dep: 164,836 = (844,180 - 20,000) × 1/5
  (3) ×1년 말 BV: 679,344 = 844,180 - 164,836

2. 복구충당부채 관련 사항
  (1) ×1년 PV(복구원가): 124,180
  (2) ×1년 이자비용: 12,418 = 124,180 × 10%
  (3) ×1년 말 BV: 136,598
    1) 계산방법 1: 136,598 = 124,180 + 12,418
    2) 계산방법 2: 136,598 = 124,180 × (1 + 10%)

3. 취득 시 회계처리

(차) 구 축 물	844,180	(대) 현 금	720,000
		복 구 충 당 부 채	124,180

* 구축물: 720,000 + 124,180 = 844,180

별해 복구원가의 구조 적용

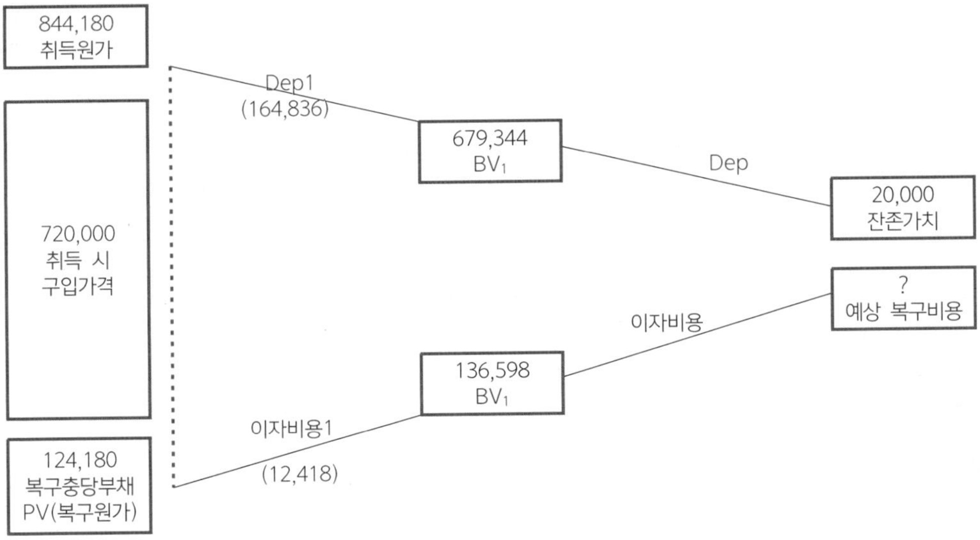

참고사항 복구충당부채
(1) **개념**: 자산을 제거, 해체하거나 부지를 복원하는 데 소요될 것으로 최초에 추정되는 원가에 따라 인식하는 부채
(2) **회계처리**: 예상되는 복구원가를 현재가치로 평가하여 복구충당부채로 인식하고 해당 금액을 유형자산의 원가에 가산함

(차) 유 형 자 산	(대) 현 금
	복 구 충 당 부 채

* 복구충당부채: 예상되는 복구원가를 구입 시점의 시장이자율로 할인한 현재가치

15

답 ③

지방자치단체가 기부채납방식으로 자산을 기부받은 경우 재정운영표의 수익이 아닌 재정상태표의 순자산 증가로 회계처리된다.

16

답 ④

(1) 사업순원가: 120,000 - 40,000 = 80,000
(2) 재정운영순원가: 80,000 + 65,000 + 47,000 - 38,000 = 154,000

사업 총원가 사업 수익	(+) 120,000 (-) 40,000	⇒ 예 서비스 제공 ⇒ 예 판매수익 등
= 사업순원가	80,000	⇒ 각 항목 구분 가능
관리운영비 비배분비용 비배분수익	(+) 65,000 (+) 47,000 (-) 38,000	⇒ 예 부서별 인건비 등 ⇒ 예 영업외비용 ⇒ 예 영업외수익
= 재정운영순원가	154,000	
수익(개정 전: 일반수익)	(-) 37,000	
= 재정운영결과	117,000	

17

답 ①

(1) (기본원가 + 가공원가)(= 직접재료비 + 직접노무비 × 2 + 제조간접비) - 당기총제조원가(= 직접재료비 + 직접노무비 + 제조간접비) = 직접노무비
⇒ 85,000 + 75,000 - 125,000 = 직접노무비 35,000
(2) 직접재료비: 85,000 - 35,000 = 50,000
(3) 18,000 + 직접재료 매입액 = 50,000 + 13,000, 직접재료 매입액 = 45,000

18

답 ③

(1) 수선부의 A공정 배부액: 40,000 × 4,000시간 / 10,000시간 = 16,000
(2) 전력부의 A공정 배부액: 20,000*
* [24,000 + (40,000 × 4,000시간 / 10,000시간)] × 4,000 kWh ÷ (16,000 - 8,000) kWh = 20,000
(3) A공정 배부액: 16,000 + 20,000 = 36,000

19

답 ②

(1) 순실현가능가치
1) 제품 A: 2,000단위 × (400 - 100) = 600,000
2) 제품 B: 5,000단위 × (160 - 80) = 400,000
(2) 결합원가배부
1) 제품 A: 350,000 × 600,000 / 1,000,000 = 210,000
2) 제품 B: 350,000 × 400,000 / 1,000,000 = 140,000
(3) 매출원가
1) 제품 A: 210,000 + (2,000단위 × 100) = 410,000
2) 제품 B: 140,000 + (5,000단위 × 80) = 540,000

20

답 ③

기초 재공품 가공원가 완성품환산량: (55,600 − 52,000) = 3,600
기초 재공품의 완성도: A
3,600 = 12,000(= 78,000 − 66,000) × A, A = 30%

참고사항 기초 재공품의 완성품환산량을 구하는 두 가지 방법

(1) 기초 재공품 수량 × 기초 재공품의 완성도
(2) 평균법하의 가공원가 완성품환산량 − 선입선출법하의 가공원가 완성품환산량

정답

01	②	02	③	03	③	04	①	05	③
06	③	07	①	08	③	09	④	10	④
11	②	12	①	13	④	14	②	15	②
16	①	17	②	18	②	19	③	20	④

01

답 ②

(선지분석)

① 근본적 질적특성은 목적적합성과 표현의 충실성이다.
③ 보고기간이 지난 정보도 적시성을 갖는 경우가 있다(추세 분석).
④ 정보가 비교 가능하기 위해서는 비슷한 것은 비슷하게 보여야하고 다른 것은 다르게 보여야 한다.

02

답 ③

ㄱ. 부채상환을 위해 12개월 이상 사용이 제한된 요구불예금 → 비유동부채
ㄴ. 사용을 위해 구입한 수입인지와 우표 → 선급비용
ㄷ. 상환일이 정해져있고 취득일로부터 상환일까지 기간이 2년인 회사채 → 비유동부채
ㄹ. 취득일로부터 1개월 내에 처분할 예정인 상장기업의 보통주 → FVPL금융자산
ㅁ. 재취득한 자기지분상품 → 자기주식

03

답 ③

공정가치를 측정하기 위해 사용하는 가치평가기법은 관측할 수 있는 투입변수를 최대한으로 사용하고 관측할 수 없는 투입변수를 최소한으로 사용한다.

04

답 ①

(1) 공정가치 변동액: 65,000 - 80,000 = (-)15,000 부채의 감소
(2) 신용위험 이외의 요인으로 발생한 평가이익: (-)15,000 + 5,000 = (-)10,000
　* 부채의 감소로 10,000은 평가이익으로 인식한다.

05

답 ③

영업권에 대한 설명이다.

06

답 ③

(1) 자본 변동액: - 600 + 1,000 + 800 = 1,200
(2) 기말 자본: 10,000 + 1,200 = 11,200

07

답 ①

재고자산 조정	1st In 창고	→	2nd My 재고	→	창고실사재고자산 가산(차감) 여부
ㄱ	×	→	O	→	가산 조정
ㄴ	×	→	×	→	조정사항 없음
ㄷ	×	→	×	→	조정사항 없음
ㄹ	×	→	×	→	조정사항 없음

08

답 ③

변동대가의 추정이 가능한 경우, 계약에서 가능한 결과치가 두 가지뿐일 경우에는 둘 중 가능성이 더 높은 경우가 적절한 추정치가 될 수 있다.

09

답 ④

공정가치로 평가하게 될 자가건설 투자부동산의 건설이나 개발이 완료되면 해당일의 공정가치와 기존 장부금액의 차액은 당기손익으로 인식한다.

10

답 ④

특별손익은 포괄손익계산서나 주석에 공시할 수 없다.

11

답 ②

(1) 20×4년 초의 장부금액: 1,000,000 - [(1,000,000 - 50,000) × 3/5] = 430,000
(2) 20×4년 감가상각비: (430,000 - 잔존가치) ÷ (7 - 3) = 100,000, 잔존가치 = 30,000

12

답 ①

매입원가: (110,000 - 10,000) + 10,000 + 5,000 - 5,000 - 2,000 + 500 = 108,500

13

답 ④

(1) 기계장치의 취득원가: 100,000 × 2.4 = 240,000
(2) 감가상각비: 240,000/3년 = 80,000
(3) 미지급금 이자비용: 240,000 × 12% = 28,800
⇒ 비용의 합계: 80,000 + 28,800 = 108,800

14

답 ②

(1) FV 기준 발행가능 유상증자 주식 수: 2,000주 × 40,000/50,000 = 1,600
(2) 무상증자 비율: (2,000 - 1,600)/(18,400 + 1,600) = 2%
(3) 가중평균유통보통주식수: [(18,400 × 1.02 × 12) + (1,600 × 1.02 × 6) - (1,500 × 4)]/12 = 19,084

15

답 ②

유산자산은 자산으로 인식하지 않고 그 종류와 현황 등을 필수보충정보로 공시한다.

16

답 ①

회계연도 말 현재 공무원연금법을 적용받는 지방공무원을 제외한 무기계약근로자 등이 일시에 퇴직할 경우 지급해야 할 퇴직금에 상당한 금액을 퇴직급여충당부채로 인식한다.

17

답 ②

(1) 정상공손수량: (13,000 - 3,000) × 10% = 1,000개
(2) 정상공손원가: 44,000
  1) 직접재료원가: 1,000개 × @30 = 30,000
  2) 전환원가: 1,000개 × @20 × 70% = 14,000

18

답 ②

(1) AQ × AP = 23,000
(2) SQ × SP - 1,000 = 23,000, SQ × SP = 24,000
(3) AQ(10,400시간) × SP = 24,000 + 2,000, SP = @2.5
(4) SQ × SP = 24,000 = 실제 생산량 × 2시간 × @2.5, 실제 생산량 = 4,800개

19

답 ③

제조간접비 예산	928,000
÷ 예정조업도	÷ 80,000시간
= 제조간접원가 예정배부율	= @11.6
× 실제조업도	× 72,475(역산)
= 제조간접비 예정배부액	= 840,710

20

답 ④

변동원가계산하의 영업이익	A + 30,000
- 기초 고정제조간접원가	750,000/5,000 × ?
+ 기말 고정제조간접원가	750,000/5,000 × 500
전부원가계산하의 영업이익	A

⇒ 기초 재고자산 수량: 700개

4회 | 실전동형모의고사

정답

01	②	02	③	03	④	04	④	05	①
06	①	07	①	08	③	09	④	10	①
11	②	12	①	13	②	14	③	15	③
16	③	17	④	18	③	19	②	20	①

01 답 ②

충당부채: 120,000 + 350,000 = 470,000

02 답 ③

(1) 법인세비용: (500,000 + 20,000 + 15,000) × 20% = 107,000
(2) 유효법인세율: 107,000/500,000 = 21.4%

03 답 ④

(1) 20 × 3년 초 개발비 장부금액: 50,000 + 100,000 = 150,000
(2) 20 × 3년 손상차손: 80,000 − (150,000 × 9/10) = (−) 55,000

04 답 ④

계약의 식별 요건으로 상업적 실질이 요구된다.

05 답 ①

운용리스로 제공하고 있는 건물은 운용리스자산으로 분류하고 금융리스를 제공한 자산은 재무제표에서 제거한다.

06 답 ①

매출원가: (7대 × 700) + (100 × 7/10대) = 4,970

07 답 ①

20×1년 기타포괄이익: (240 × 20주) − [(180 × 20주) + 150] = 1,050

08

답 ③

약식분개법에 따른 회계처리

(차)	미 수 수 익	300	(대) 재 고 자 산	200
	미 지 급 비 용	300	매 출 채 권	100
	비 용	600	수 익	1,500
	현 금(역산)	600		

09

답 ④

구분	20×1년	20×2년
평균법	(−)300	300
선입선출법		600
당기순이익에 미치는 영향	(−)300	900

⇒ 20×2년 당기순이익: 2,000 + 900 = 2,900

10

답 ①

중대한 오류이므로 소급법을 적용한다. 그러므로 20×3년의 당기순이익에는 영향을 미치지 않는다.

11

답 ②

손상차손: MAX[1,200, 1,800] − 3,500 = (−)1,700

12

답 ①

20×2년 말 충당부채: [(1,500 + 4,000)대 × 3% × 20] − [(5 + 15 + 30)대 × 20] = 2,300

13

답 ②

(1) 20×2년 초 사채의 장부금액 37,889 = [36,962 × (1 + 9%)] − 액면이자, 액면이자 = 2,400
(2) 표시이자율(R): 40,000 × R = 2,400, R = 6%

14

답 ③

자본의 증감: 140,000 • 기말 자본 500,000 − 200,000 = 300,000 • 기초 자본 300,000 − 기초 부채 = 160,000	=	1) 주주와의 거래: 50,000 − 30,000 = 20,000 2) 총포괄손익: 120,000
⇒ 기초 부채: 140,000		

15

답 ③

자산은 공공서비스의 잠재력을 창출하거나 미래의 경제적효익이 회계실체에 유입될 가능성이 매우 높고 그 금액을 신뢰성 있게 측정할 수 있을 때에 인식한다.

16

답 ③

(선지분석)

① 재고자산은 구입가액에 부대비용을 더하고 이에 선입선출방법을 적용하여 산정한 가액을 취득원가로 한다.
② 장기투자증권은 매입가액에 부대비용을 더하고 이에 종목별로 총평균법을 적용하여 산정한 취득원가로 평가함을 원칙으로 한다.
④ 사회기반시설 중 유지·보수를 통해 현상이 유지되는 도로, 도시철도, 하천부속시설 등은 감가상각 대상에서 제외할 수 있다.

17

답 ④

(15,000,000 × 25% × 23%) + (15,000,000 × 75% × A%) − 2,250,000 = 3,000,000, A = 39%

18

답 ③

예상 영업이익: (500,000 × 1.2) − 300,000 = 300,000

19

답 ②

(1) ROI = 영업이익/평균영업용자산 2,500,000 = 10%, 영업이익 = 250,000
(2) RI = 영업이익 250,000 − 평균영업용자산 2,500,000 × 최저필수수익률 = 25,000
⇒ 최저필수수익률 = 9%

20

답 ①

(1) 직접재료비(DM): 8,000 + 43,000 = DM + 6,000, DM: 45,000
(2) 총제조원가: 106,000 = 45,000(DM) + DL + 27,000(OH), DL: 34,000

정답

01	③	02	③	03	④	04	②	05	①
06	④	07	②	08	③	09	④	10	②
11	③	12	④	13	③	14	②	15	③
16	②	17	①	18	④	19	③	20	③

01

답 ③

(선지분석)

① 정부가 부과하는 방식의 국세는 국가가 고지하는 때에 인식
② 신고·납부하는 방식의 국세는 납세의무자가 세액을 자진신고하는 때에 인식
④ 연부연납 또는 분납이 가능한 국세는 징수할 세금이 확정된 때에 그 납부할 세액 전체를 인식

02

답 ③

재고자산을 공정가치로 평가하는 투자부동산으로 대체하는 경우, 재고자산의 장부금액과 대체 시점의 공정가치의 차액은 당기손익으로 인식한다.

03

답 ④

취득원가: 1,022,000 = 구입가격 1,000,000 - 매입할인 15,000 + 설치장소 준비원가 25,000 + 시험과정 원가 10,000 + 직접관련급여 2,000 = 1,022,000
시제품순매각금액은 별도의 당기이익으로, 신제품 소개 원가와 교육훈련비는 별도 비용으로 처리하고 취득원가에는 포함하지 않는다.

04

답 ②

(1) 건물
  1) 취득원가: 2,000,000 × 960,000/2,400,000 = 800,000
  2) 손상차손: (800,000 - 100,000*) - MAX[600,000, 670,000] = 30,000
    * 감가상각비: (800,000 - 100,000)/7 = 100,000
(2) 토지
  1) 취득원가: 2,000,000 × 1,440,000/2,400,000 = 1,200,000
  2) 손상차손: 1,200,000 - MAX[1,150,000, 1,000,000] = 50,000
  ⇒ 손상차손: 30,000 + 50,000 = 80,000

05

답 ①

시험과정에서 생산된 재화의 순매각금액은 취득원가에서 차감하지 않고 당기손익에 반영한다.

참고사항 유형자산의 원가에 포함되지 않는 항목

(1) 직접적으로 관련된 원가 ×

1) 새로운 시설을 개설하는 데 소요되는 원가
2) 새로운 상품과 서비스를 소개하는 데 소요되는 원가
3) 새로운 지역 또는 고객층을 대상으로 영업을 하는 데 소요되는 원가
4) 관리 및 기타 일반간접원가

(2) 사용하거나 이전하는 과정에서 발생하는 원가

1) 유형자산이 경영진이 의도하는 방식으로 가동될 수 있으나 실제 사용되지 않고 있는 경우 또는 가동수준이 완전조업도 수준에 미치지 못하는 경우에 발생하는 원가
2) 유형자산과 관련된 산출물에 대한 수요가 형성되는 과정에서 발생하는 초기 가동손실
3) 기업의 영업 전부 또는 일부를 재배치하거나 재편성하는 과정에서 발생하는 원가

06

답 ④

(1) ×1년 진행률: 1,200/4,800 = 25%
(2) ×1년 계약손익: (6,000 - 4,800) × 25% = 300
(3) ×2년 누적 계약손익: (6,000 - 7,500) × 1 = (1,500)
(4) ×2년 당기 계약손실: 300 - (-)1,500 = 1,800

참고사항

총 계약원가가 총 계약수익을 초과하는 경우 예상되는 손실은 즉시 비용으로 인식한다.
예상 손실 = 당기 총 계약손실 예상액 × (1 - 당기 진행률)

07

답 ②

(1) 매출원가: 16,000 + 32,000 - 22,000 = 26,000
(2) 매출: 13,000 + 26,000 = 39,000
(3) 현금매출이 7,000원이므로 외상매출은 32,000

(차)	현금	40,000	(대) 외상매출	32,000
			채권	8,000

(4) 기말 매출채권 잔액: 10,000 - 8,000 = 2,000

참고사항

매출	X = 39,000
매출원가	(26,000)
매출총이익	13,000

매출채권

기초	10,000	회수	40,000
외상(순)		기말	2,000

08

답 ③

(1) ×3년 초 장부금액: 480,000 × (1 - 2/4) = 240,000
(2) ×4년 9월 말 장부금액: 240,000 × (1 - 21/36) = 100,000
(3) 처분이익: 130,000 - 100,000 = 30,000

참고사항
(1) ×3년 초 내용연수가 1년 연장되었으므로 잔존내용연수는 4 - 2 + 1 = 3년(36월)
(2) 잔존가치가 없는 경우 기말 장부금액은 취득원가 × (1 - 감가상각연수(월수)/총 내용연수)로 풀 수 있다.

(차) 현 금	130,000	(대) 건 물	480,000
감가상각누계액	380,000	처 분 이 익	30,000

09

답 ④

(1) 처분손실 = 수수료비용 600원
(2) 기타포괄손익 - 공정가치 측정 지분상품의 경우 기타포괄손익누계액이 당기손익으로 재분류되지 않으며 처분 시 처분손익은 0이다.
(3) 단, 처분 시 처분비용(예 처분수수료)이 발생하면 처분비용만큼 처분손실을 인식한다.

10

답 ②

매출	760,000
급여	(300,000)
이자비용	(50,000)
손상차손*1	(10,000)
감가상각비*2	(100,000)
보험료*3	(2,000)
당기순이익	298,000

*1 기대신용손실 50,000 - 기말 손실충당금 잔액 40,000

(차) 손 상 차 손	10,000	(대) 손 실 충 당 금	10,000

*2 1,000,000 × 1/10
*3 수정분개

(차) 선 급 보 험 료	1,500	(대) 보 험 료	1,500

11

답 ③

사업결합 시 염가매수차익: 당기순이익

선지분석
① 확정급여제도의 재측정요소: 기타포괄손익(당기순이익 재분류 ×)
②

(차) 현 금	×××	(대) 매 출 채 권	×××

④ 토지의 재평가잉여금: 기타포괄이익(당기순이익 재분류 ×)

12

답 ④

「국고금관리법 시행령」에 따른 출납정리기한 중에 발생하는 거래에 대한 회계처리는 당해 회계연도에 발생한 거래로 본다.

13

답 ③

(선지분석)

① 재평가이익은 재평가잉여금의 과목으로 기타포괄손익으로 인식한다.
② 총포괄이익 50이 발생한다.
④ 재평가잉여금은 재분류조정 대상이 아니다.

14

답 ②

(차) 장 기 차 입 금 (비 유 동 부 채)	(대) 현 금 (유 동 자 산)

(1) 유동자산↓ → 유동비율 감소
(2) 부채↓ → 부채비율 감소

참고사항

(1) 유동비율 = 유동자산 / 유동부채
(2) 부채비율 = 부채 / 자본
* 부채 = 유동부채 + 비유동부채

15

답 ③

특정 소프트웨어가 없으면 가동이 불가능한 기계장치는 그 소프트웨어를 관련된 하드웨어의 일부로 보아 유형자산으로 회계처리한다.

16

답 ②

(1) 당기법인세부채: (1,000,000 + 200,000) × 0.25 = 300,000
(2) 이연법인세자산: 200,000 × 0.35 = 70,000
(3) 법인세비용: 70,000 − 300,000 = (230,000)

구분	×1년	×2년
법인세비용차감전순이익	1,000,000	
차감할 일시적차이	200,000	(200,000)
과세소득	1,200,000	
× 세율	× 25%	× 35%
= 당기법인세부채	300,000	(70,000) 이연법인세자산

(차) 이연법인세자산	70,000	(대) 당기법인세부채	300,000
법 인 세 비 용	230,000		

17

답 ①

(1) 만기 금액: 300,000 + (300,000 × 0.05 × 3/12) = 303,750
(2) 할인액: 303,750 × 0.08 × 2/12 = 4,050
(3) 현금 수령액: (1) - (2) = 299,700
(4) 매출채권처분손익: 299,700 - 301,250 = (1,550)

참고사항 **처분 시 회계처리**

(차) 현 금	299,700	(대) 매 출 채 권	300,000
처 분 손 실	1,550	이 자 수 익	1,250*

* 300,000 × 0.05 × 1/12

18

답 ④

90,489 - X(표시이자) = 925,382 - 904,893
X = 70,000 → 표시(액면)이자율은 7%

참고사항

(차) 이 자 비 용	90,489	(대) 현 금	70,000
		사채할인발행차금	20,489

×1년 말 부분재무상태표

	사채	1,000,000
	사채할인발행차금	(74,618)
	BV	925,382

19

답 ③

(1) 제품
  1) 감모손실: 50개 × @300 = 15,000
  2) 평가손실: 0
(2) 원재료
  1) 감모손실: 100kg × @50 = 5,000
  2) 평가손실: 0
  매출원가에 가산될 감모손실과 평가손실 = 20,000

참고사항

완성될 제품이 원가 이상으로 판매될 것으로 예상하는 경우에는 그 생산에 투입하기 위해 보유하는 원재료는 감액하지 아니한다. 따라서 문제자료에 원재료, 제품이 주어졌다면 제품부터 고려한 후에 제품의 평가손실 계상여부를 먼저 판단한다.

20

답 ③

이자와 법인세를 영업활동으로 처리

당기순이익	X = 147,000
감가상각비	40,000
유형자산처분손실	20,000
미지급법인세	(5,000)
미지급이자	5,000
매출채권	(15,000)
재고자산	4,000
매입채무	(6,000)
영업활동 현금흐름	190,000

정답

01	②	02	③	03	①	04	④	05	③
06	④	07	③	08	②	09	①	10	②
11	④	12	①	13	③	14	①	15	①
16	②	17	①	18	④	19	③	20	④

01

답 ②

비용의 분류방법
(1) 기능별 분류: 미래 현금흐름 예측 유용
(2) 성격별 분류: 목적적합함
(3) 비용의 분류방법은 신뢰성↑ + 목적적합한 방법을 경영진이 선택해야 함

(선지분석)

① 재무제표에는 중요하지 않아 구분하여 표시하지 않은 항목이라도 주석에서는 구분표시해야 할 만큼 충분히 중요할 수 있다.
③ 조정영업이익: 영업이익에 포함되지 않은 항목 중 기업의 영업성과를 반영하는 그 밖의 수익 또는 비용 항목이 있다면 이러한 항목을 추가하여 조정영업이익 등의 명칭을 사용하여 주석으로 공시할 수 있다(없다 ×).

02

답 ③

(1) 매출원가 = 100,000 ÷ (1 + 25%) = 80,000
(2) 기말 재고자산 = 30,000 + 84,000 - 80,000 = 34,000
(3) 재고자산회전율: 80,000 ÷ 32,000 = 2.5회

참고사항

(1) 재고자산회전율 = 매출원가 ÷ 평균재고자산
  * 평균재고자산 = (기초 재고자산 + 기말 재고자산) ÷ 2
(2) 원가에 대한 이익률 = 매출총이익 ÷ 매출원가
  1) 매출원가 × 1.25 = 100,000
  2) 매출원가 = 100,000 ÷ 1.25
  3) 매출원가 = 80,000

03

답 ①

(1) ×2년 초 장부금액: 84,000 - 2,000 = 82,000
(2) 사채 유효이자율: 10%
(3) ×3년 장부금액: (84,000 × 1.1) - 6,200 = 86,200

×2년 초 사채 BV	82,000	
+ 유효이자	8,200	82,000 × 유효R = 8,200
- 표시이자	6,200	
×2년 말 사채 BV	84,000	
+ 유효이자	8,400	84,000 × 10%
- 표시이자	6,200	
×3년 말 사채 BV	86,200	

04

답 ④

변동원가계산은 전부원가계산에 비해 경영자의 생산과잉을 더 잘 방지한다.

05

답 ③

(1) ×2년 7/1 BV: 30,000 + 20,000 + 5,000 + 5,000 = 60,000
(2) ×2년 감가상각비: 60,000 × 1/5 × 6/12 = 6,000
(3) ×2년 말 장부금액: 60,000 - 6,000 = 54,000

06

답 ④

(1) 평균 단위원가: (10,000 + 48,000) ÷ 100개 = @580
(2) 매출원가: 10,000 + 48,000 - (10개 × @580)
(3) 감모손실: (10개 - 8개) × @580
(4) 평가손실: 8개 × @ (580 - 480)
(5) 계: 52,200 + 1,160 + 800 = 54,160
∴ 20×1년도에 인식할 비용 총액: 54,160 = 10,000 + 48,000 - (8개 × @480)
* 기말 순실현가능가치

07

답 ③

과거에 우발부채로 처리한 항목에 대해서는, 미래경제적효익의 유출 가능성이 높아지고 해당 금액을 신뢰성 있게 추정할 수 있는 경우 재무제표에 충당부채로 인식한다.

선지분석

① 우발자산
- 재무제표 인식 여부: 인식 ×
- 추후 수익 실현이 거의 확실하다면 자산으로서 재무제표 인식O

② 제3자와 연대하여 의무를 지는 경우
- 회사가 직접 이행해야 하는 부분: 충당부채
- 제3자가 이행할 것으로 예상되는 부분: 우발부채

④ 충당부채를 현재가치로 평가 시 할인율
- 현행 시장의 평가를 반영한 세전 이율
- 미래 현금흐름을 추정할 때 고려한 위험 반영 ×

08

답 ②

(1) 현금유출: 600,000(유형자산 취득)
(2) 현금유입: 400,000(공장설비 처분)
(3) 투자활동 순현금흐름: 200,000 유출

참고사항

(1) 유상증자 및 장기차입금 조달: 재무활동
(2) 유형자산 취득의 회계처리

(차)	유 형 자 산	1,500,000	(대) 미 지 급 금	900,000
			현 금	600,000

(3) 공장설비 매각의 회계처리

(차)	현 금	400,000	(대) 공 장 설 비	800,000
	감가상각누계액	500,000	처 분 이 익	100,000

09

답 ①

상계표시에 해당하지 않는 경우
(1) 재고자산 - 재고자산평가충당금 = 순액
(2) 매출채권 - 손실충당금 = 순액

(선지분석)

④ 외환손익 또는 단기매매금융상품에서 발생하는 손익과 같이 유사한 거래의 집합에서 발생하는 차익과 차손
- 원칙: 순액으로 표시
- 차익과 차손이 중요한 경우: 구분하여 표시

10

답 ②

손익분기점 매출수량: 고정원가 ÷ 단위당 공헌이익 = 400,000 ÷ 단위당 공헌이익 = 2,000
단위당 공헌이익 = @200

11

답 ④

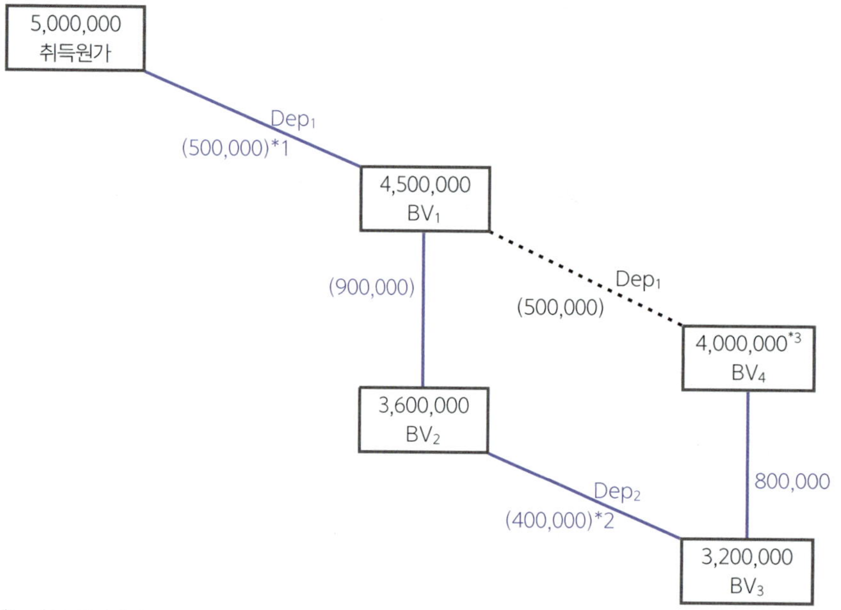

*1 ×1년 감가상각비: 5,000,000 ÷ 10
*2 ×2년 감가상각비: 3,600,000 ÷ 9
*3 ×2년 손상되지 않았을 때의 BV: MIN[①, ②] = 4,000,000

(1) 회수가능액 = Max[3,900,000, 4,300,000] = 4,300,000
(2) 손상되지 않았을 때의 BV: 4,500,000 - 500,000 = 4,000,000

12

답 ①

자본총계의 변동이 없는 자본거래: 무상증자 · 주식배당 · 주식분할 · 주식병합
참고 자본총계의 변동이 있는 자본거래: 유상증자 · 현금배당 등

13

답 ③

(차) 이 자 비 용[*1]	5,600	(대) 미지급이자(증가)	30
		현 금	5,570

[*1] 이자비용 = 6,000 - 400

> **참고사항**
>
> | | | | |
> |---|---|---|---|
> | (차) 이 자 비 용 | 400 | (대) 사채할인발행차금 | 400 |
> | 이 자 비 용 | 5,600 | 미지급이자(증가) | 30 |
> | | | 현 금 | 5,570 |
>
> * 이자비용은 총액으로 표시함
> * 사채할인발행차금은 현금유출을 수반하지 않는 이자비용임

14

답 ①

측정기준의 변경은 회계추정의 변경이 아니라 회계정책의 변경에 해당한다.

선지분석

② 회계추정의 변경효과를 전진적으로 인식하는 것은 추정의 변경을 당기 및 그 후의 회계기간에 인식하는 것이다.

④ 자산에 내재된 미래경제적효익의 예상 소비 형태가 유의적으로 달라졌다면 감가상각방법을 변경하고 회계추정의 변경으로 처리한다.

15

답 ①

(1) 당기손익에 미치는 영향

1) ㈜대한의 수수료비용: (8,000)

2) ㈜대한의 평가이익: (10,000 - 8,000) × 100주

3) 계: (8,000) + 200,000 = 192,000 증가

(2) 기타포괄손익에 미치는 영향

30,000 - [(@2,000 × 10주) + 8,000] = 2,000 이익

> **참고사항**
>
> **(1) 당기손익 - 공정가치 측정 금융자산**
>
> 1) 거래수수료: 당기비용
>
> 2) 기말 평가이익(당기순이익): 기말 FV - 장부금액*
>
> * 취득금액(취득한 해) 또는 전기 말 장부금액
>
> **(2) 기타포괄손익 - 공정가치 측정 금융자산**
>
> 1) 거래수수료: 취득원가 가산
>
> 2) 기말 평가이익(기말 평가이익): 기말 FV - 장부금액
>
> * 취득금액(취득한 해) 또는 전기 말 장부금액

16

답 ②

(1) 당기법인세부채: 1,300,000 × 0.2 = 260,000
(2) 이연법인세자산: 250,000 × 0.2 = 50,000
(3) 법인세비용: 260,000 - 50,000 = 210,000

구분	×1년	×2년
회계이익	1,000,000	
+ 감가상각비 한도 초과액	250,000	(250,000)
+ 접대비 한도 초과액	50,000	-
과세소득	1,300,000	(250,000)
× 세율	× 20%	× 20%
= 당기법인세부채	260,000	(50,000) 이연법인세자산

* 접대비 한도 초과액: 영구적차이

(차) 이연법인세자산	50,000	(대) 당기법인세부채	260,000
법 인 세 비 용	210,000		

17

답 ①

×1년 초		×1년 말	
1,000,000	→	600,000	
	(400,000)	↓	+ 300,000
	감가상각비*	900,000	재평가잉여금

* ×1년 감가상각비: 1,000,000 × 0.4(정률법은 잔존가치 고려 ×)

참고사항 비례수정법에 따른 회계처리

(차) 건 물	500,000	(대) 재 평 가 잉 여 금	300,000
		감가상각누계액	200,000

건물	1,000,000	→ 1.5	1,500,000
감가상각누계액	400,000	→ 1.5	600,000
장부금액	600,000	→ 1.5	900,000

18

답 ④

(1) 유상증자 500,000 + 기타포괄이익 400,000 - 현금배당 800,000 - 자기주식 취득 600,000 + 당기순이익 = 6,000,000 증가
(2) 당기순이익 = 6,500,000

19

답 ③

국가의 순자산은 기본순자산, 적립금 및 잉여금, 순자산조정으로 분류한다.

20

답 ④

국가회계실체 사이에 발생하는 관리전환

(1) 무상거래: 자산의 장부가액을 취득원가

(2) 유상거래: 자산의 공정가액을 취득원가

(선지분석)

① 기부채납을 통해 무상취득한 일반 유형자산의 경우에는 취득 당시의 공정가액을 취득원가로 계상하는데, 일반 유형자산에 대한 사용수익권은 해당 자산의 차감 항목에 표시한다.

② 부채의 가액은 「국가회계기준에 관한 규칙」에서 따로 정한 경우를 제외하고는 원칙적으로 만기상환금액으로 평가한다.

③ 유가증권은 매입가액에 부대비용을 더하고 종목별로 총평균법 등을 적용하여 산정한 가액을 취득원가로 한다.

정답

01	④	02	②	03	①	04	③	05	①
06	③	07	③	08	②	09	③	10	③
11	④	12	④	13	①	14	①	15	④
16	④	17	③	18	②	19	①	20	③

01

답 ④

기타포괄손익으로 인식한 재평가잉여금의 변동은 후속 기간에 재분류될 수 있으며, 자산이 제거될 때 이익잉여금으로 대체될 수 있다.

02

답 ②

구분	기초	증가	감소	기말
기계장치	300,000	100,000	X = 80,000	320,000
감가상각누계액	55,000	35,000	Y = 30,000	60,000

(차) 기 계 장 치	100,000	(대) 현 금	100,000

(차) 현 금	55,000	(대) 기 계 장 치	80,000
감가상각누계액	30,000	처 분 이 익	5,000

참고사항

(1) 기계장치의 증가 = 기계장치의 취득 → 현금유출
(2) 기계장치의 감소 = 기계장치의 처분 → 현금유입
(3) 감가상각누계액의 증가 = 해당 연도의 감가상각비
(4) 감가상각누계액의 감소 = 해당 자산의 처분

03

답 ①

구분	×1년	×2년
회계이익	240,000	
+ 접대비 한도 초과액	20,000	
+ 감가상각비 한도 초과액	40,000	(40,000)
과세소득	300,000	
× 세율	× 20%	× 30%
= 당기법인세부채	60,000	(12,000) 이연법인세자산

법인세비용 = 60,000 − 12,000 = 48,000

참고사항

(1) 접대비 한도 초과액: 손금불산입(기타사외유출) → 영구적차이
(2) 감가상각비 한도 초과액: 손금불산입(유보) → 차감할 일시적차이

(차) 이연법인세자산	12,000	(대) 당기법인세부채	60,000
법 인 세 비 용	?		

04

답 ③

국가회계실체란 국가재정법에 따른 일반회계, 특별회계 및 같은 법 제5조에 따른 기금으로서 중앙관서별로 구분된 것을 말한다.
비교 회계실체란 재무제표를 작성하는 단위를 말하며, 개별 회계실체, 유형별 회계실체, 통합 회계실체와 같이 구분한다.

(선지분석)

① **비교** 국가의 순자산변동표는 기초 순자산, 재정운영결과, 조정 항목, 기말 순자산으로 구분하여 표시한다.
② 국가의 재정운영표는 중앙관서별 재정운영순원가, 비교환수익 등, 재정운영결과로 구분하여 표시한다.

05

답 ①

∴ 20×2년 말 초과 청구공사: (1,000,000 × 65%) − 700,000 = (50,000)

* ×2년도 진행률 = $\frac{320,000 + 200,000}{320,000 + 200,000 + 280,000}$ = 65%

참고사항 미청구공사 또는 초과 청구공사의 계산방법

방법 1	= 누적 수익 − 누적 대금 청구액 = (총 계약금액 × 누적 진행률) − 누적 대금 청구액
방법 2	= 누적 원가 + 누적 이익 − 누적 대금 청구액

* 해당 연도 말 손실이 예상되는 경우 방법 2를 쓰는 것이 실수를 줄임

06

답 ③

결산 전 당기순이익	1,070,000
이자수익: 200,000 × 0.09 × 6/12	9,000
보험료: 24,000 × 1/12	(2,000)
결산 후 당기순이익	1,077,000

참고사항

(1) 이자수익 수정분개

(차) 미수이자	9,000	(대) 이자수익	9,000

(2) 보험료 수정분개

회사	(차) 선급보험료	24,000	(대) 현 금	24,000
발생	(차) 선급보험료	22,000	(대) 현 금	24,000
	보 험 료	2,000		
수정	(차) 보 험 료	2,000	(대) 선급보험료	2,000

07

답 ③

(1) 합격수량: 14,000 × 10% = 1,400
(2) 공손수량: 2,000 + 18,000 − 14,000 − 3,000 = 3,000
(3) 비정상공손수량: 3,000 − 1,400 = 1,600

08

답 ②

(1) 가중평균유통보통주식수: 225주

1) 기초: 300주 − 100주 = 200주

2) 7/1: 50주 × 6/12 = 25

(2) 기본주당이익 = $\frac{720,000}{225주}$ = 3,200

> **참고사항 가중평균유통보통주식수 계산**
> (1) 기초: 기초 발행주식에서 자기주식 100주를 차감하여야 함
> (2) 7월 1일 자기주식 처분: 발행주식수 증가

09

답 ③

영업권 = (1) 이전대가 − (2) 순자산공정가치 = 250,000

(1) 이전대가: 1,500,000 + 150,000(공정가치) = 1,650,000

(2) 순자산공정가치: 3,000,000 − 1,500,000 − 100,000 = 1,400,000

> **참고사항**
> (1) 사업결합에서 이전대가는 피취득자의 소유주에게 지급한 사업결합의 대가로 공정가치로 측정함
>
> | 이전대가 = 이전 자산의 공정가치 + 부채의 공정가치 + 취득자가 발행한 지분의 공정가치 |
> |---|
>
> (2) 과거사건에서 생긴 현재의무고 그 공정가치를 신뢰성 있게 측정할 수 있다면, 해당 의무를 이행하기 위하여 경제적효익이 있는 자원이 유출될 가능성이 높지 않더라도 취득자는 취득일에 사업결합으로 인수한 우발부채를 부채로 인식함
> 따라서 사업결합 시 취득한 우발부채도 순자산 계산 시 차감하여야 함

10

답 ③

공정가치로 측정하는 비화폐성 외화 항목은 공정가치가 측정된 날의 환율로 환산한다. 비화폐성 항목에서 생긴 손익을 기타포괄손익으로 인식하는 경우에 그 손익에 포함된 환율변동효과도 기타포괄손익으로 인식한다. 그러나 비화폐성 항목에서 생긴 손익을 당기손익으로 인식하는 경우에는 그 손익에 포함된 환율변동효과도 당기손익으로 인식한다.

선지분석

① 기능통화가 초인플레이션 경제의 통화가 아닌 경우, 경영성과와 재무 상태를 기능통화와 다른 표시통화로 환산하는 방법

(가) 재무상태표의 자산과 부채: 해당 보고기간 말의 마감환율로 환산 (나) 포괄손익계산서의 수익과 비용: 해당 거래일의 환율로 환산

④ 화폐성 항목의 결제 시점에 생기는 외환차이와 화폐성 항목의 환산에 사용한 환율이 회계기간 중 최초로 인식한 시점이나 전기의 재무제표 환산 시점의 환율과 다르기 때문에 생기는 외환차이는 그 외환차이가 생기는 회계기간의 손익으로 인식한다. 다만, 기타포괄손익으로 분류 하는 외환차이에는 이를 적용하지 아니한다.

11

답 ④

(1) DM: 200 + 500 − 100 = 600

(2) DL: 600(기본원가 = DM + DL)

(3) 당기제품제조원가: 1,500 + 600 + 600 + 100 + 50 + 300 − 1,000 = 2,150

12

답 ④

사채상환이익: 6,199

(차) 사	채	966,199	(대) 현	금	960,000
			상 환 이	익	6,199

(선지분석)

① 사채발행 시 적용된 유효이자율: 연 12%
② 사채발행 시 인식할 사채할인발행차금: 48,037
∵ 1,000,000 − 951,963 = 48,037
③ 20×1년 말 상각 후 사채의 장부금액: 966,199
∵ 951,963 + 14,236

13

답 ①

20×2년도의 당기순이익에 미치는 영향: 1,800,000 − 1,900,000 = (100,000)

참고사항 투자부동산 모형에 따른 비교정리

구분	감가상각	기말 공정가치 평가
원가모형	○	×
공정가치모형	×	○(당기손익 반영)

14

답 ①

STEP1	연평균 지출액의 계산	10,000 + (7,000 × 6/12) = 13,500
STEP2	특정 차입금의 자본화이자	10,000 × 12/12 × 0.05 = = 500
STEP3	일반 차입금의 자본화이자	(13,500 − 10,000) × 0.07* = 245(한도: 140)

* R = (80 + 60)/2,000 = 0.07

자본화 차입이자 = 500 + 140(실제 이자 발생분) = 640

참고사항

STEP1	적격자산의 연평균 지출액 계산하기
STEP2	특정 차입금의 자본화이자 계산(특정 차입금의 연평균 지출액 × 이자율) − 일시 운용수익 * 일시 운용수익 = 일시 투자액 × 연R × 자본화기간 / 12
STEP3	(1) 일반 차입금의 연평균 지출액 = 적격자산의 연평균 지출액 − 특정 차입금의 연평균 지출액 (2) 일반 차입금의 자본화이자 계산 일반 차입금의 연평균 지출액 × 자본화R(한도: 실제 이자 발생분)

* 자본화이자율 = $\frac{\text{회계기간 중 일반 차입금에 대한 이자비용}}{\text{일반 차입금의 연평균 지출액}}$

15

답 ④

20×1년도의 자본 증가액: (200주 × 1,500) - (50주 × 1,000) - (100주 × 800) - [150주 × (1,500 - 1,200)] = 125,000

2/1	(차) 현 금	300,000	(대) 자 본 금 주식발행초과금	200,000 100,000
3/31	(차) 자 기 주 식	50,000	(대) 현 금	50,000
5/10	(차) 자 본 금	20,000	(대) 자 기 주 식	20,000
7/1	(차) FVOCI금융자산	225,000	(대) 현 금	225,000
8/25	(차) 자 본 금	50,000	(대) 이 월 결 손 금	50,000
9/1	(차) 자 본 금	100,000	(대) 현 금 감 자 차 익	80,000 20,000
12/31	(차) 평가손실(OCI)	45,000	(대) FVOCI금융자산	45,000

16

답 ④

회사 측 잔액	11,800	은행 측 잔액	12,800
미통지입금	1,500	기발행미인출수표	(1,100)
은행수수료	(200)	미기입예금	? = 800
부도수표	(600)		
수정 후 잔액	12,500	수정 후 잔액	12,500

17

답 ③

유동비율 120% 이상 + 당좌비율을 높이기 위한 전략

(1) 유동자산↓ + 당좌자산↓ → 유동비율↓ + 당좌비율↓

(2) 유동부채↑ → 유동비율↓ + 당좌비율↓

(3) 당좌자산↑ + 유동자산↑ → 유동비율↑ + 당좌비율 ↑
유동비율이 더 높아짐 = 120% 이상 유지

(4) 유동(당좌)자산↑ + 유동(당좌)자산↓ → 유동·당좌비율 불변

참고사항

(1) 유동비율 = 유동자산 ÷ 유동부채

(2) 당좌비율 = 당좌자산 ÷ 유동부채
* 당좌자산: 유동자산 - 재고자산

18

답 ②

충당부채를 현재가치로 평가하기 위한 할인율은 부채의 특유한 위험과 화폐의 시간가치에 대한 현행 시장의 평가를 반영한 세전 이율이다.

선지분석

① • 충당부채: 부채로서 재무상태표 인식
• 우발부채: 재무상태표 표시 × → 주석으로 기재

19

답 ①

재고자산은 제조원가 또는 매입가액에 부대비용을 더한 금액을 취득원가로 하고 품목별로 선입선출법을 적용하여 평가한다.

20

답 ③

회계추정의 변경은 당기손익에만 영향을 미치는 경우와 당기손익과 미래 기간의 손익에 모두 영향을 미치는 경우가 있다.

당기손익에만 영향을 미치는 경우	당기손익과 미래 기간의 손익에 모두 영향을 미치는 경우
손상에 대한 추정의 변경은 당기손익에만 영향을 미치므로 변경의 효과가 당기에 인식된다.	감가상각자산의 추정내용연수의 변경 또는 감가상각자산에 내재된 미래경제적 효익의 기대소비 형태의 변경은 당기의 감가상각비뿐만 아니라 그 자산의 잔존내용연수 동안 미래 기간의 감가상각비에 영향을 미친다.

정답

01	③	02	④	03	③	04	④	05	④
06	③	07	②	08	①	09	④	10	①
11	③	12	④	13	③	14	④	15	③
16	④	17	④	18	③	19	①	20	③

01

답 ③

적시성은 의사결정에 영향을 미칠 수 있도록 의사결정자가 정보를 제때에 이용가능하게 하는 것을 의미한다. 일반적으로 정보는 오래될수록 유용성이 낮아진다. 그러나 일부 정보는 보고기간 말 후에도 오랫동안 적시성이 있을 수 있다.

02

답 ④

(선지분석)

① 한국채택국제회계기준에 따라 작성된 재무제표는 공정하게 표시된 재무제표로 본다.
② 경영진이 기업을 청산하거나 경영활동을 중단할 의도를 가지고 있지 않거나, 청산 또는 경영활동의 중단 외의 다른 현실적 대안이 없는 경우가 아니라면 계속기업의 기준 하에 재무제표를 작성하여야 한다.
③ 현금흐름표에 공시되는 현금흐름 정보는 발생기준으로 작성되지 않는다.

03

답 ③

손실충당금 T계정: 기초 50,000 + 설정액 = 손상확정 60,000 + 기말 5,000, 설정액: 15,000

04

답 ④

(선지분석)

① 리스계약으로 보유한 부동산에 대한 권리를 투자부동산으로 분류하는 경우, 당해 투자부동산의 최초 원가는 금융리스와 같이 동 자산의 공정가치와 최소리스료의 현재가치 중 작은 금액으로 인식한다.
② 투자부동산에 대하여 공정가치모형을 선택한 경우 실익이 없어 감가상각은 수행하지 않고 기말에 공정가치 평가만을 수행한다.
③ 투자부동산을 재개발하여 미래에도 투자부동산으로 사용하고자 하는 경우에도 재개발기간 동안 계속 투자부동산으로 분류하며 자가사용부동산으로 대체하지 않는다.

05

답 ④

새롭거나 개선된 재료, 장치, 제품, 공정, 시스템이나 용역에 대한 여러 가지 대체안을 제안, 설계, 평가, 최종선택하는 활동은 연구활동에 해당한다.

06

답 ③

사채상환손실: −110,000 + (95,196 + 95,196 × 12% × 6/12) = (−)9,092

07

답 ②

제품보증 또는 이와 유사한 계약 등 다수의 유사한 의무가 있는 경우 의무이행에 필요한 자원의 유출가능성은 당해 유사한 의무 전체를 고려하여 결정한다. 비록 개별항목의 의무 이행에 필요한 자원이 유출가능성이 높지 않더라도 전체적인 의무이행을 위하여 필요한 자원의 유출가능성이 높을 경우에는 충당부채로 인식할 수 있다.

08

답 ①

기말 자본 총계: 12,400,000 = 기초자본총계 1,000,000 + 1,000주 × @2,000 – 신주발행비 500,000 – (100주 × @3,000)
+ 당기순이익 1,000,000

09

답 ④

장기할부판매의 매출액은 판매시점의 현금가격상당액으로 한다.
(1) 매출액: 2,986,800 = 500,000 + 1,000,000 × 2.4868
(2) 이자수익: 248,680 = 2,486,800 × 10%

10

답 ①

순확정급여채무

기여금	0	기초	30,000
		근무원가(당기 + 과거)A	62,000
		이자비용: (기초 + 과거) × 기초R	5,040
기말(I)	117,040	재측정요소	20,000

⇒ 할인율: (30,000 + 12,000) × R = 5,040, R = 12%
* 과거근무원가의 제도변경이 연 초에 이루어지면 동 금액을 당기 이자비용에 고려한다.

11

답 ③

유동비율: (10,000 + 2,000)/(6,000 + 2,000) = 150%

12

답 ④

재고자산 오류가 발생하지 않았을 경우 20×2년 당기순이익: 1,600 = 1,000 + 600
<정산표>

구분	×1년 당기순이익 변동	×2년 당기순이익 변동
×1년 기말 재고자산 과대계상	(300)	+300
×2년 기말 재고자산 과소계상	–	+300
합계	(300)	+600

13

답 ③

20×3년도 당기순이익은 ₩5,000 증가하고, 기타포괄이익은 ₩15,000 증가한다.

[20×1년 초]

(차) 토 지	75,000*	(대) 당기법인세부채	260,000
건 물	75,000*		

* 토지와 건물의 취득원가 75,000 = 150,000 × 100,000 / (100,000 + 100,000)

[20×1년 말]

(차) 토 지	5,000	(대) 재평가잉여금(OCI)	5,000

[20×2년 말]

(차) 재평가잉여금(OCI)	5,000	(대) 토 지	10,000
재평가손실(N/I)	5,000		

[20×3년 말]

(차) 토 지	20,000	(대) 재평가이익(N/I)	5,000
		재평가잉여금(OCI)	15,000

[20×4년 초]

(차) 현 금	90,000	(대) 토 지	90,000
재평가잉여금	15,000	이익잉여금	15,000

14

답 ④

(1) 20×3년 초 기계장치 장부금액: 20,000 – (20,000 – 0) × 18/120 = 17,000
(2) 20×3년 감가상각비: 17,000 × 2/8.5 = 4,000

15

답 ③

선지분석

① 부과하는 방식의 국세는 납세의무자가 세액을 고지하는 때에 수익으로 인식한다.
② 신고·납부하는 방식의 국세는 국가가 신고한 때에 수익으로 인식한다.
④ 금액을 합리적으로 측정할 수 없다면 법령 등에 따라 지출에 대한 의무가 존재하더라도 비용으로 인식할 수 없다.

16

답 ④

일반유형자산과 사회기반시설에 대한 사용수익권은 해당 자산의 차감항목에 표시한다.

17

답 ④

(1) 꾸러미 공헌이익: (50 – 20) × 1 + (30 – 10) × 2 + (20 – 10) × 3 = 100
(2) 손익분기점 꾸러미 판매량: 4,000/100 = 40개
(3) 제품Z 손익분기점 매출액: 40개 × 3 × 20 = 2,400

18

답 ③

800 = 3,200 × (생산량 – 300단위) ÷ 생산량, 생산량: 400단위

19

답 ①

(1) 매출원가

재고자산

기초(직접재료 + 재공품 + 제품)	70	매출원가(대차차액)	740
직접재료 매입액	350		
직접노무원가	250		
간접노무원가	80		
공장임차료	10		
공장 수도광열비	15	기말(직접재료 + 재공품 + 제품)	35

(2) 매출총이익: 1,400 − 740 = 660

20

답 ③

(P − 200) × 200단위 − (400 − 200 − 100) × 200단위 = 0

9회 | 실전동형모의고사

정답

01	①	02	①	03	④	04	④	05	①
06	①	07	③	08	②	09	④	10	③
11	③	12	①	13	③	14	④	15	④
16	④	17	②	18	③	19	③	20	①

01

답 ①

서술형 정보는 당기 재무제표를 이해하는 데 목적적합하다면 비교정보를 표시한다.

02

답 ①

무형자산은 손상의 징후가 있거나 그 자산을 사용하지 않을 때에 상각을 중지하지 않는다.

03

답 ④

처분예정인 자가사용부동산은 매각예정비유동자산으로 분류한다.

04

답 ④

개념체계는 수시로 개정될 수 있으며, 개념체계가 개정되면 자동으로 회계기준이 개정되지 않는다.

05

답 ①

(1) 가중평균유통보통주식수: (5,000 × 1.1 × 12 - 300 × 3)/12 = 5,425
(2) 162 = (900,000 - 우선주배당금)/5,425, 우선주 배당금: 21,150

06

답 ①

구분	㈜하늘	은행
수정전 금액	2,100	4,000
(1)		-1,200
(2)	-100	
(3)	1,000	
(4)	-200	

07

답 ③

(1) 20×2년 초 특수장비 장부금액: 30,000 × 4/5 = 24,000
(2) 20×2년 당기순이익에 미친 영향: 15,000 - 24,000 = (-)9,000

08

답 ②

(1) 계약부채: 50,000 × 1% × 10 = 5,000
(2) 포인트관련 매출: 5,000 × 500/2,500 = 1,000

09

답 ④

(1) 20×2년 말 제품보증충당부채 장부금액: 100 × 10% + 4,000 × 5% = 210
(2) 20×2년 보증비: 300 + (210 - 200) = 310

10

답 ③

(1) 진행률: 300/(300 + 700) = 30%
(2) 공사이익: (1,200 - 1,000) × 30% = 60
(3) 계약부채: 1,200 × 30% - 400 = (-)40

11

답 ③

자본총계: 48,000 - 20주 × 450 + 8주 × 700 + 50,000 = 94,600

12

답 ①

기말상품재고: 2,840 + 100 + 600 × 20% + 200 = 3,260

13

답 ③

유형자산처분손익: 2,500 + 700 - 2,000 = 1,200

14

답 ④

(1) 매출원가: 120,000 + 6,000 - 4,000 = 122,000
(2) 매출총이익: 215,000 - 122,000 = 93,000

15

답 ④

(1) 영업이익 차이: 72,000 - 60,000 = 12,000
(2) 12,000 = 기말 고정제조간접비 25,000 - 기초 고정제조간접비, 기초 고정제조간접비 = 13,000
(3) 전부원가계산에 의한 기초재고자산: 64,000 + 13,000 = 77,000

16

답 ④

(1) DM: 3,200 + 35,000 - 6,200 = 32,000
(2) DL: 56,000 - 32,000 = 24,000
(3) OH배부액: 24,000 × 40% = 9,600
(4) 매출원가(배부차이 조정전): (8,600 + 6,000) + (32,000 + 24,000 + 9,600) - (7,200 + 8,000) = 65,000
(5) 배부차이: 67,700 - 65,000 = 2,700
(6) OH실제발생액: 9,600 + 2,700 = 12,300

17

답 ②

(1) 기초 재공품 수량: 3,000 - 2,000 = 1,000
(2) 2,400 - 1,000 × 완성도 = 1,800, 완성도: 60%

18

답 ③

(1) 매출원가: 2,500,000 × (1 - 16%) = 2,100,000
(2) 80,000 + 100,000 + 125,000 + 960,000 + 가공원가 = 2,100,000 + 60,000 + 75,000 + 80,000, 가공원가 = 1,050,000
(3) 0.4OH + OH = 1,050,000, OH = 750,000, DL = 300,000
(4) DM: 80,000 + 960,000 - 60,000 = 980,000
(5) DM + DL = 1,280,000

19

답 ③

(선지분석)

① 유동자산, 투자자산, 일반유형자산, 주민편의시설, 사회기반시설 및 기타비유동자산으로 분류된다.
② 일반유형자산, 주민편의시설, 사회기반시설 및 무형자산의 투자액에서 그 시설의 투자재원을 마련할 목적으로 조달한 장기차입금 및 지방채증권을 차감한 금액을 고정순자산이라고 한다.
④ 필수보충정보에 보고된다.

20

답 ①

장기연불조건의 거래, 장기금전대차거래 또는 이와 유사한 거래에서 발생하는 채권, 채무로서 명목가액과 현재가치의 차이가 중요한 경우에는 현재가치로 평가한다. 위의 현재가치 가액은 해당 채권 · 채무로 미래에 받거나 지급할 총금액을 해당 거래의 유효이자율(유효이자율을 확인하기 어려운 경우에는 유사한 조건의 국채 유통수익률을 말한다)로 할인한 가액으로 한다.

10회 | 실전동형모의고사

정답

01	②	02	②	03	①	04	③	05	④
06	④	07	②	08	①	09	①	10	①
11	②	12	②	13	②	14	③	15	②
16	①	17	②	18	④	19	④	20	③

01

답 ②

(선지분석)

① 재무자본유지는 명목화폐단위 또는 불변구매력단위로 측정하여야 한다.
③ 실물자본유지개념을 사용하기 위해서는 순자산을 현행원가기준에 따라 측정해야 한다.
④ 실물자본유지개념 하에서 기업의 자산과 부채에 영향을 미치는 모든 가격변동은 해당 기업의 실물생산능력에 대한 측정치의 변동으로 간주되어 자본의 일부인 자본유지조정으로 처리된다.

02

답 ②

관계기업투자주식: 50,000 + (10,000 + 5,000 - 3,000) × 20% = 52,400

03

답 ①

20×1년 당기손익에 미치는 영향: 900,000 = 4,000,000 - 3,100,000
(1) 20×1년 말 건물 장부금액: 3,100,000 = 2,000,000 + 취득세 100,000 + 자본적지출 1,000,000
(2) 평가이익: 900,000 = 공정가치 4,000,000 - 장부금액 3,100,000

04

답 ③

(1) 매출채권회전율: 1,000,000/50,000 = 20일 = 360/매출채권보유기간, 매출채권보유기간: 18
(2) 재고자산회전율: 360/(42 - 18) = 매출원가/40,000, 매출원가: 600,000

05

답 ④

(1) 20×1년 말 공정가치 기준 이후 감가상각비: (126,000 - 0)/9년(잔여내용연수) = 14,000
(2) 20×1년 말 감가상각누계액: 14,000 × 1년(경과연수) = 14,000
(3) 20×1년 말 공정가치: 126,000
(4) 20×1년 말 취득금액: 14,000 + 126,000 = 140,000

06

답 ④

구분	20×1년	20×2년	20×3년
20×1년 재고자산 과소계상	20,000	(20,000)	
20×2년 재고자산 과대계상		(30,000)	30,000
20×2년 재고자산 과대계상			(35,000)
보험료 선납		15,000	(15,000)
기계장치 비용처리	50,000		
감가상각비	(10,000)	(10,000)	(10,000)
당기순이익에 미치는 영향	60,000	(45,000)	(30,000)

⇒ 20×3년 당기순이익에 미치는 영향: 30,000 감소
⇒ 20×3년 전기이월이익잉여금에 미치는 영향: 60,000 - 45,000 = 15,000 증가

07

답 ②

비용의 기능별 분류방법은 성격별 분류방법보다 자의적인 배분과 상당한 정도의 판단이 더 개입될 수 있다.

08

답 ①

(1) 투자활동 순현금흐름: 400,000 - 600,000 = (200,000) 유출
  1) 유형자산의 처분(현금의 유입): (800,000 - 500,000) + 100,000 = 400,000
  2) 유형자산의 구입(현금의 유출): (600,000)
(2) 재무활동의 순현금흐름: 550,000 - 200,000 = 350,000 유입
  1) 유상증자 및 장기차입금(현금의 유입): 250,000 + 300,000 = 550,000
  2) 배당금 지급(현금의 유출): (200,000)
  * 매출채권은 영업활동이고, 리스부채의 상환은 재무활동이다.

09

답 ①

무액면주식을 발행하는 경우에도 자본금은 증가한다.

10

답 ①

약식분개법

(1) 용역수익

(차)	현금	120,000	(대) 선수용역수익	10,000*
	용역수익(역산)	110,000		

* 기말잔액 40,000 - 기초잔액 30,000

(2) 임차료

(차)	선급임차료	20,000*	(대) 현금	70,000
	임차료(역산)	50,000		

* 기말잔액 30,000 - 기초잔액 10,000

11

답 ②

(1) 20×1 말 사채BV: 9,653 = 9,503 × 1.1 - 800*
  * 액면이자 10,000 × 8%
(2) 20×2년 초 사채상환손익: 상환금액 9,800 - BV 9,653 = 상환손실 147

12

답 ②

자본증가액: −100주 × 3,000 + 50주 × 3,600 + 50주 × 4,000 − 35,000 + 200,000 + 130,000 = 375,000

13

답 ②

선급보험료 누락으로 자산이 과소계상되고 보험료과대계상은 순이익과소계상과 자본과소계상으로 나타나게 된다.

14

답 ③

수정전 당기순이익:	300,000
− 선수수익	(10,000)
+ 선급비용	20,000
+ 미수수익	50,000
− 감가상각비	(10,000)
수정후 당기순이익:	280,000

15

답 ②

변동원가계산의 이익	150,000
(+)기말재고의 고정제조간접원가	15,000 × 2 = 30,000
(−)기초재고의 고정제조원가	−20,000 × 2 = (40,000)
전부원가계산의 이익	140,000

16

답 ①

$$최대구입가격 = @11 + \frac{150,000 \times (1 - 0.4)}{30,000} = @14$$

17

답 ②

(1) 제조간접비 예정배부율: ₩ 300,000 / 10,000 시간 = ₩ 30/시간
(2) 배부액: 9,000시간 × ₩ 30 = ₩ 270,000
(3) 배부차이: ₩ 305,000(실제 제조간접비) − ₩ 270,000(예정 제조간접비배부액) = ₩ 35,000(부족배부)

18

답 ④

(1) SQ = 48,000/12,000시간 = @4
(2) SQ × SP = @4 × 15,000시간 = 60,000
(3) 조업도차이: 60,000 − 48,000 = 12,000 유리

19

답 ④

(선지분석)
① 지방자치단체의 재무제표는 유형별 회계실체를 구분하여 작성한다.
② 일반회계, 기타특별회계, 기금회계 및 지방공기업특별회계로 구분한다.
③ 회계구분에 따라 회계실체를 구분한다.

20 답 ③

(선지분석)

① 유동자산, 투자자산, 일반유형자산, 주민편의시설, 사회기반시설 및 기타비유동자산으로 분류된다.

② 일반유형자산, 주민편의시설, 사회기반시설 및 무형자산의 투자액에서 그 시설의 투자재원을 마련할 목적으로 조달한 장기차입금 및 지방채증권을 차감한 금액을 고정순자산이라고 한다.

④ 필수보충정보에 보고된다.

2026 대비 최신개정판

해커스공무원 정윤돈 회계학 단원별 기출문제집

개정 5판 1쇄 발행 2025년 11월 3일

지은이	정윤돈 편저
펴낸곳	해커스패스
펴낸이	해커스공무원 출판팀
주소	서울특별시 강남구 강남대로 428 해커스공무원
고객센터	1588-4055
교재 관련 문의	gosi@hackerspass.com 해커스공무원 사이트(gosi.Hackers.com) 교재 Q&A 게시판 카카오톡 채널 [해커스공무원 노량진캠퍼스]
학원 강의 및 동영상강의	gosi.Hackers.com
ISBN	979-11-7404-584-3 (13320)
Serial Number	05-01-01